U0858095

国家清史编纂委员会·文献丛刊

义和团运动文献资料汇编

英译文卷（上）

路遥 主编

山东大学出版社

审　者　刘林海

本卷译者　刘天路　刘甜甜

戴　逸

邹爱莲　孟　超　徐兆仁

成崇德　李文海　陈　桦

马大正　于　沛　朱诚如

（按姓氏笔画排序）

国家清史编纂委员会出版委员会

总序

戴逸

二〇〇二年八月，国家批准建议纂修清史之报告，十一月成立由十四部委组成之领导小组，十二月十二日成立国家清史编纂委员会，清史编纂工程于焉肇始。

清史之编纂酝酿已久，清亡以后，北洋政府曾聘专家编写《清史稿》，历时十四年成书。识者议其评判不公，记载多误，难成信史，久欲重撰新史，以世事多乱不果。中华人民共和国成立后，中央领导亦多次推动修清史之事，皆因故中辍。新世纪之始，国家安定，经济发展，建设成绩辉煌，而清史研究亦有重大进步，学界又倡修史之议，国家采纳众见，决定启动此新世纪标志性文化工程。

清代为我国最后之封建王朝，统治中国二百六十八年之久，距今未远。清代众多之历史和社会问题与今日息息相关。欲知今日中国国情，必当追溯清代之历史，故而编纂一部详细、可信、公允之清代历史实属切要之举。

编史要务，首在采集史料，广搜确证，以为依据。必藉此史料，乃能窥见历史陈迹。故史料为历史研究之基础，研究者必须积累大量史料，勤于梳理，善于分析，去粗取精，去伪存真，由此及彼，由表及里，进行科学之抽象，上升为理性之认识，才能洞察过去，认识历史规律。史料之于历史研究，犹如水之于鱼，空气之于鸟，水涸则鱼逝，气盈则鸟飞。历史科学之辉煌殿堂必须肖然耸立于丰富、确凿、可靠之史料基础上，不能构建于虚无飘渺之中。吾侪于编史之始，即整理、出版《文献丛刊》、《档案丛刊》，二者广收各种史料，均为清史编纂工程之重要组成部分，一以供修撰清史之用，提高著作质量；二为抢救、保护、开发清代之文化资源，继承和弘扬历史文化遗产。

清代之史料，具有自身之特点，可以概括为多、乱、散、新四字。

一曰多。我国素称诗书礼义之邦，存世典籍汗牛充栋，尤以清代为盛。盖清代统治较久，文化发达，学士才人，比肩相望，传世之经籍史乘、诸子百家、文字声韵、目录金石、书画艺术、诗文小说，远轶前朝，积贮文献之多，如恒河沙数,不可胜计。昔梁元帝聚书十四万卷于江陵,西魏军攻掠,悉燔于火,人谓丧失天下典籍之半数,是五世纪时中国书籍总数尚不甚多。宋代印刷术推广,载籍日众,至清代而浩如烟海,难窥其涯涘矣。《清史稿·艺文志》著录清代书籍九千六百三十三种,人议其疏漏太多。武作成作《清史稿艺文志补编》,增补书一万零四百三十八种,超过原志著录之数。彭国栋亦重修《清史稿艺文志》,著录书一万八千零五十九种。近年王绍曾更求详备,致力十余年,遍览群籍,手抄目验,成《清史稿艺文志拾遗》,增补书至五万四千八百八十种,超过原志五倍半,此尚非清代存留书之全豹。王绍曾先生言:"余等未见书目尚多,即已见之目,因工作粗疏,未尽钩稽而失之眉睫者,所在多有。"清代书籍总数若干,至今尚未能确知。

清代不仅书籍浩繁,尚有大量政府档案留存于世。中国历朝历代档案已丧失殆尽(除近代考古发掘所得甲骨、简牍外),而清朝中枢机关(内阁、军机处)档案,秘藏内廷,尚称完整。加上地方存留之档案,多达二千万件。档案为历史事件发生过程中形成之文件,出之于当事人亲身经历和直接记录,具有较高之真实性、可靠性。大量档案之留存极大地改善了研究条件,俾历史学家得以运用第一手资料追踪往事,了解历史真相。

二曰乱。清代以前之典籍,经历代学者整理、研究,对其数量、类别、版本、流传、收藏、真伪及价值已有大致了解。清代编纂《四库全书》,大规模清理、甄别存世之古籍。因政治原因,查禁、篡改、销毁所谓"悖逆"、"违碍"书籍,造成文化之浩劫。但此时经师大儒,联袂入馆,勤力校理,尽瘁编务。政府亦投入巨资以修明文治,故所获成果甚丰。对收录之三千多种书籍和未收之六千多种存目书撰写详明精切之提要,撮其内容要旨,述其体例篇章,论其学术是非,叙其版本源流,编成二百卷《四库全书总目》,洵为读书之典要、后学之津梁。乾隆以后,至于清末,文字之狱渐戢,印刷之术益精,故而人竞著述,家娴诗文,各握灵蛇之珠,众怀昆冈之璧,千舸齐发,万木争荣,学风大盛,典籍之积累远迈从前。惟晚清以来,外强侵凌,干戈四起,国家多难,人民离散,未能投入力量对大量新出之典籍再作整理,而政府档案,深藏中秘,更无由一见。故不仅不知存世清代文献档案之总数,即书籍分类如何变通、版本庋藏应否标明,加以部居舛误,界划难清,亥豕鲁鱼,订正未遑。大量稿本、抄本、孤本、珍本,土埋尘封,行将澌灭。殿刻本、局刊本、精校本与坊间劣本混淆杂陈。我国自有典籍以来,其繁杂混乱未有甚于清代典籍者矣!

三曰散。清代文献、档案,非常分散,分别庋藏于中央与地方各个图书馆、档案馆、博物馆、教学研究机构与私人手中。即以清代中央一级之档案言,除北京第一历史档案馆所藏一千万件以外,尚有一大部分档案在战争时期流离播迁，现存于台湾故宫博物院。此外，尚有藏于沈阳辽宁省档案馆之圣训、玉牒、满文老档、黑图档等，藏于大连市档案馆之内务府档案，藏于江苏泰州市博物馆之题本、奏折、录副奏折。至于清代各地方政府之档案文书，损毁极大，但尚有劫后残余，璞玉浑金，含章蕴秀，数量颇丰，价值亦高。如河北获鹿县档案、吉林省边务档案、黑龙江将军衙门档案、河南巡抚藩司衙门档案、湖南安化县永历帝与吴三桂档案、四川巴县与南部县档案、浙江安徽江西等省之鱼鳞册、徽州契约文书、内蒙古各盟旗蒙文档案、广东粤海关档案、云南省彝文傣文档案、西藏噶厦政府藏文档案等等分别藏于全国各省市自治区，甚至清代两广总督衙门档案（亦称《叶名琛档案》），英法联军时遭抢掠西运，今藏于英国伦敦。

清代流传下之稿本、抄本，数量丰富，因其从未刻印，弥足珍贵，如曾国藩、李鸿章、翁同龢、盛宣怀、张謇、赵凤昌之家藏资料。至于清代之诗文集、尺牍、家谱、日记、笔记、方志、碑刻等品类繁多，数量浩瀚，北京、上海、南京、广州、天津、武汉及各大学图书馆中，均有不少贮存。丰城之剑气腾霄，合浦之珠光射日，寻访必有所获。最近，余有江南之行，在苏州、常熟两地图书馆、博物馆中，得见所存稿本、抄本之目录，即有数百种之多。

某些书籍，在中国大陆已甚稀少，在海外反能见到，如太平天国之文书。当年在太平军区域内，为通行之书籍，太平天国失败后，悉遭清政府查禁焚毁，现在已难见到，而在海外，由于各国外交官、传教士、商人竞相搜求，携赴海外，故今日在世界各地图书馆中保存之太平天国文书较多。二十世纪，向达、萧一山、王重民、王庆成诸先生曾在世界各地寻觅太平天国文献，收获甚丰。

四曰新。清代为传统社会向近代社会之过渡阶段，处于中西文化冲突与交融之中，产生一大批内容新颖、形式多样之文化典籍。清朝初年，西方耶稣会传教士来华，携来自然科学、艺术和西方宗教知识。乾隆时编《四库全书》，曾收录欧几里得《几何原本》，利玛窦《乾坤体仪》，熊三拔《泰西水法》、《简平仪说》等书。迄至晚清，中国力图自强，学习西方，翻译各类西方著作，如上海墨海书馆、江南制造局译书馆所译声光化电之书，后严复所译《天演论》、《原富》、《法意》等名著，林纾所译《茶花女遗事》、《黑奴吁天录》等文艺小说。中学西学，摩荡激励，旧学新学，斗妍争胜，知识剧增，推陈出新，晚清典籍多别开生面、石破天惊之论，数千年来所未见，饱学宿儒所不知。突破中国传统之知识框架，书籍之内容、形式，超经史子集之范围，越子曰诗云之牢笼，发生前所未有之革命性变化，出现众多新类目、新体例、新内容。

清朝实现国家之大统一，组成中国之多民族大家庭，出现以满文、蒙古文、藏文、维吾尔文、傣文、彝文书写之文书，构成为清代文献之组成部分，使得清代文献、档案更加丰富,更加充实,更加绚丽多彩。

清代之文献、档案为我国珍贵之历史文化遗产,其数量之庞大、品类之多样、涵盖之宽广、内容之丰富在全世界之文献、档案宝库中实属罕见。正因其具有多、乱、散、新之特点,故必须投入巨大之人力、财力进行搜集、整理、出版。吾侪因编纂清史之需,贾其余力,整理出版其中一小部分;且欲安装网络,设数据库,运用现代科技手段,进行贮存、检索,以利研究工作。惟清代典籍浩瀚,吾侪汲深绠短,蚁衔蚊负,力薄难任,望洋兴叹,未能做更大规模之工作。观历代文献档案,频遭浩劫,水火兵虫,纷至沓来,古代典籍,百不存五,可为浩叹。切望后来之政府学人重视保护文献档案之工程,投入力量,持续努力,再接再厉,使卷帙长存,瑰宝永驻,中华民族数千年之文献档案得以流传永远,沾溉将来,是所愿也。

《义和团运动文献资料汇编》序言

路　遥

我国史学界系统编辑《中国近代史资料丛刊》，始于一九四九年新中国成立之后。所谓"中国近代史"，其概念最初系指一八四〇年鸦片战争至一九一九年五四运动前这一属于旧民主主义革命阶段的历史。后来史学界将其下限延至一九四九年中华人民共和国成立之前，即将新民主主义革命阶段的历史也纳入"近代史"范畴之内。"中国近代史"被作为一个重点学科来研究，是从新中国成立之后才正式兴起。它以民族解放斗争结合社会阶级斗争作为主流，义和团运动即其中重大事件之一。

一九五〇年为义和团运动五十周年，著名历史学家翦伯赞主持编辑了《义和团》资料四册，是《中国近代史资料丛刊》最早出版的一种。翦老在该资料集"序言"中说："清算帝国主义血账，是纪念义和团的最好方法，也是我们编辑这部书的动机。"这就是当时编辑这部资料集之指导思想，对义和团研究起了重要推动作用。六十年代，中国大陆经历了一场"文化大革命"，史学研究领域（也包括义和团研究）陷入了非正常状态。迨至七十年代"四人帮"被粉碎，学术界开始拨乱反正，义和团研究又步入正轨。从八十年代开始，由于中外学术交流沟通，义和团研究才开始面向世界。一九八〇年十月，山东大学等五个单位联合发起在济南举办了"义和团运动学术讨论会"，共一百二十多人出席，其中有美、日、加、澳等国十位学者参加，这是义和团研究第一次具有国际性的学术研讨会。在这次大会上成立了"中国义和团研究会"，常务机构设在山东大学。隔了十年，至一九九〇年，山东大学又联合中国史学会、中国义和团研究会等六个单位，再次在济南举办了"义和团运动与近代中国社会国际学术讨论会"，共一百三十多人出席，其中有日、美、法、德、匈、波等国二十五位学者。再隔十年，二〇〇〇年十一月，又一次由山东大学联合中国史学会、中国义和团研究会等八个单位，仍在济南举办了"义和团运动一百周年国际学术讨论会"，代表近一百五十人出席，其中来自日、美、英、法、德、澳、韩、以色列等国及中国香港、台湾地区等二十八位学者。通过前后三次义和团国际学术研讨会的召开与讨论，对义和团研究有重大的推动。在这二十年内，无论中、日或美、欧，都相继有一些代表性的论著和资料出现，其成绩毋庸置疑。尽管如此，但由于义和团运动具有浓厚神秘性及其现象之复杂性，又由于文献资料之严重阙失，致使义和团研究中有不少重要问题难以突破，甚至停滞不前。其主要难题，有以下几点：

一、以往研究习惯于阶级斗争(包括民族斗争)的考察，着重于性质的论述，并满足于研究方法上的线性分析。从八十年代开始，研究者已不满足于纯以阶级斗争理论为指导，要求扩大视野，进一步从剖析社会结构着手。一九八六年在天津由南开大学等单位举办的“义和团学术讨论会”(国内)，就已有这方面的一些研究成果出现，但那时还是着重于对社会经济基础的探索。从社会结构或经济基础层面去探讨这场运动的成因，是研究发展的必然趋势。因为人类历史是具有社会的历史，有社会存在是人类的特征，而人类社会又是以众多群体及其组织为主干，并以民族、国家、政治、经济、宗教、文化、地理等各种要素为其有机构成。所以从社会结构入手乃是深入研究义和团的有效方法，它实是采取历史学同社会人类学相结合，而被称为历史社会学或历史人类学的研究方法。

二、利用“矛盾论”——近代中国社会的基本矛盾和主要矛盾的理论，以考察这场运动中所体现出来之义和团、清政府与外来势力之间的复杂关系，当是可以继续遵循的研究方法。但其不足之处，在于更多研究者仍习惯于从矛盾各方之对抗、斗争，而不从或少从各方之相互制约的发展过程中去作具体而深入分析，把一场极其复杂的历史运动直线化、单一化了，因而也就很难有什么规律性的探索。即以近代中国社会的两个基本矛盾而言，民族矛盾当然是最主要的，而它怎样同社会矛盾相交织而促进了义和团运动的发生、发展；义和团运动同时期，国内曾爆发过几次规模较大的下层群众反抗斗争，它对义和团运动究竟产生什么样的影响等等，至今还未见有分量的论著出现。

三、义和团运动的产生从其历史条件看，主要是因德国侵占胶州湾出现民族危机而激发，同时也是反洋教、反教会斗争之延续与发展；而义和团之反教会斗争，又是同长期之民教矛盾密切关联。民教矛盾从西方宗教一方说，起主导作用的是教会及其传教士。义和团爆发于山东、直隶地区，在这些地区传教的天主教组织，有方济各会、圣言会、遣使会、直隶东南耶稣会与江南耶稣会等。这些修会在义和团运动地区原设有众多堂口，均受总铎区或主教代牧区领导。不同修会所采取的传教方针有什么异同？它吸收教民的手段有哪些特征？各修会同其所在国家的政治关系如何？这些方面的研究几乎是个空白。

尤其当民教矛盾尖锐爆发后，传教士同主教之间、主教同驻华公使、领事之间都有许多公文往来，教会内部更有大量通讯报道。台湾“中央研究院”近代史研究所曾于二十世纪六十年代整理过《教案教务档》，从中已不难看到大量民教矛盾都因民事、刑事纠纷而涉及司法权以及其他的相关资源问题。在各教会内部对此更有不少档案记录，却至今未有任何披露，这是导致“教案”研究难于推进的主要原因。

四、从思想意识方面看，围绕义和团运动暴露了中西方之间在思想文化与宗教信仰之间的重大差异。但不少研究者多习惯于从中西文化差异、冲突去论述义和团与教会之间的矛盾，而很少从基督教会将上帝信仰移植异境时应怎样同乡土文化、民间习俗相调适以化解矛盾这个视角入手，对此西方教会根本不予考虑。义和团运动的主体是中国下层民众的运动，应该考虑到这场运动的中国下层民众意识与民间信仰。所谓“民众意识”，是指特定时期在下层民众中间流行的日常各种意识；所谓“民间信仰”，是指其与日常生活紧密联系而刻印于民众心理结构中的信仰与仪式。就教会一方说，无论其在民间传播或使教民皈依，都莫不以精神征服为指引，其遭到乡土文化抵制与民间信仰对抗乃势所必然。一九六二年至一九六五年梵蒂冈曾召开了第二届大公会议，制定、发表了许多文献，对以往传教也有过若干反思与检讨。以之联系义和团运动时期，应如何评价教会的对华传教方针及其所形成的民教矛盾，却是亟待研究的问题。

以上仅就我们思虑所及，提出几个问题，并非全面。现所汇编的这套中外文献资料，也可以说是应对于上述研究困境而编辑的。

编辑这套资料也是我多年所愿望，记得一九九〇年十月在济南举行“义和团运动与近代中国社会国际学术讨论会”之际，中华书局总编辑李侃同志曾约我商谈，建议由我主持编辑一套大型的《义和团运动资料汇编》。其途径可从两方面着手：一是集中已出版的零散资料，二是搜索在各地的文献。基于当时条件，我心有余而力不足，难于负起此重担，但我对此事一直萦回脑际。二〇〇二年国家成立清史编纂委员会，二〇〇四年编委会抛出基础工程项目，本课题《义和团运动文献资料汇编》承国家清史编纂委员会戴逸主任大力支持而获得批准，终于实现了我的夙愿。现在这套资料同以往相比较，它涉及面广，有些从海外搜求来，因受经济条件限制，还不能达到我们预期的要求，但它会给研究者以有益的借鉴和启示。拿义和团运动同中国近代历史上许多重大事件相比，它的神秘性与复杂性远超过其他。义和团运动发生在十九世纪末，在中国社会危机之外又多出了民族危机，世界历史上西方资本主义对亚非地区的征服也已开始转向帝国主义扩张阶段；在中国是两个危机交织在一起，而义和团运动又是中国具有乡土文化、信仰的下层群众所自发的一场反抗斗争运动,其所映现出神秘而诡异的特征乃不可避免。仅从现象上看,义和团运动恰似一面多棱镜,从不同侧面观察,各有其不同特征,但这不等于它没有正面的形象和本质的构成,研究者可以从《汇编》中作各自探析。我们除大量摘录当时中文报刊外,还选译了日、英、法、德等不同语种的文献资料。本《汇编》共分五卷八册,其中:中文资料一卷二册,英、日译文各一卷二册,法、德译文各一卷一册,约计五百四十七万字。其来源主要如下:

一、外国的官方文档,如日本外务省和参谋本部文件,涉及日本对华政策以及出兵参与联军共同侵华过程的相当详细记录。

二、西方的天主教内部文献,主要有德国圣言会和法国耶稣会对华传教活动与民教矛盾频发的记载。

三、侵略方的国内舆论,选德、法两国国内有关报刊的评述。

四、选自基督教传教士和西方学者的最早或较早撰述义和团的论著。

以上大部分记述来自与义和团不同的立场,有许多诬蔑义和团为"匪"、"拳匪"、"团匪"等词句,均非我们所认可,为要保持资料之原始性,一概不予改动,它涉及义和团运动诸多方面问题,仍有重要参考价值。限于我们水平,所选译内容与编辑方法当有许多不足之处,尚望研究者、专家批评指正!

二〇一〇年五月

目　录

动乱中的中国

（明恩溥　著）

中国内幕:中国危机的故事

（司米德　著）

在北京的中心:樊国梁主教围困日记

（弗拉里牧师　编）

义和团暴乱析论

（卜舫济牧师　著）

动乱中的中国

China in Convulsion

明恩溥(Arthur H. Smith) 著

纽约、芝加哥、多伦多:弗莱明 H. 雷维尔公司
(New York,Chicago,Toronto:Fleming H. Revell Company)
1901 年出版

前 言

如同人类的大多数事情一样,也如同中国所有的事情一样,世纪末在中国发生的反外事件的根源存在于遥远的过去,不了解这一点,就不可能理解这一事件。

当这场起义展现出它的国际性的时候,当对帝国首都的十一座外国使馆进行攻打从而表现出这场起义的真实性质的时候,就清楚地表明了,中国正在有意无意地和整个世界进行对抗。整个世界立刻就极为关注地注视着这场史无前例的斗争的发展进程。

所谓的7月7日屠杀英国使馆的那些耸人听闻的细节,差一点就要在圣保罗大教堂举行的追思弥撒,以及随后了解到的基本事实,吸引了所有国家的注意。在中国发生的这些事件,以其前所未闻的新奇性、丰富的戏剧元素、世界性的范围和深远的影响,把这场动乱与帝国历史上的任何一次事件——无论是古代的还是现代的——区别开来,并且证明了中国人的一句格言:只有绝对想象不到的事,没有不可能发生的事。这一事件将会长期地吸引人们的注意力,人们必将会从各个不同的角度对这整个事件进行彻底的考察,以便使历史研究者们今后能够比较放心地使用所得出的那些明确结论。

目前,对许多重要事件,尤其是对与中国政府的行动有关的事件,还难以进行足够的了解。在许多问题上也存在着许多极其不同的看法,这不仅是十分正常的,也是难以避免的。

本书不仅要详细叙述与北京围困相关的那些事件,而且还要概要地叙述导致起义发生的那些重要的历史进程。涵盖了如此巨大的领域,必然就要进行许多省略,也必然会有许多不准确的地方,尤其是一些细节。我们也很有理由担心,由于对事情了解得并不全面,某些事件可能并没有按其应有的比例和适当的关系得到充分的论述。

之所以出现这种情况,部分原因是由于除了英国政府的蓝皮书和白皮书——该书最后一卷出版得太晚,本书未及利用——以外,几乎没有什么官方报告可以利用,对军事行动自然只能进行概括性叙述。不过,这方面的欠缺可以从其他资料得到一些弥补。

要充分研究这样一个真正涉及欧洲大陆的课题,就要记叙起义爆发一年以后的那些事件,包括和约的谈判和最后的结果。然而,对于和谈进行的几个月中所发生的事情,我们目前还没有太多的了解。什么事情都还没有真正决定,在中国,也从来没有过任何的"最终结果"。因此只好根据过去的情况,对形势做一个概括的考察。

重要的是承认这样一个明白无误的事实:中国需要新的道德生活。在这方面,基督教的传播已经做了一些工作。它表明,在合适的条件下,基督教可以做更多的事情。中国基督教徒在过去的动乱中的行为,总的来说,为基督教的见证提供了令人激动的新篇章。

某些来自西方国家的人在中国土地上的所作所为,严重地损害了基督教在中国人心中的良好名声。但是,当骚乱平息下去以后,道德力量必然会重新发挥作用。或许,这种作用的范围会更广阔,会取得比以往更为巨大的成果。

无论中华帝国的政治前途是什么,中国人民都将继续是世界生活中的重要因素。过去的错误应该被纠正,中国和列强的关系应该被放置到一个完全不同的基础上,这对于世界和平是至关重要的。

要达到这一目的,就必须清楚地了解与这场动乱有关的过去,本书就是在这一方向上的一个微薄贡献。

天津,1901 年 6 月

第一章

仇恨的深层原因

在当代历史进程中出现了像中国的义和团运动这样一个突如其来而又范围广阔的运动时，那些希望研究事件深层问题的人应该先去考察这是一场什么运动，它为什么会发生，因为只有这样，他们才有可能进行下一步，去决定到底要弄清什么问题。那么，原因究竟是什么呢?

中国是一个庞大的帝国，而众所周知，它又是一个无论花费多少时间都让人难以理解的国家。柯乐洪(A. R. Colquhoun)先生说得很好，悠久而又模糊的历史，再加上不计其数的人口，必然会使这一集合体难以得到确切的理解。不说别的，仅从这一点来看，对那些未作深入研究就对一个困难而又复杂的问题作出的轻率解释，就一定要保持警惕。这些解释错误地叙述了一些事实，省略了一些事实，对更多的事实一无所知，只用一些简单的、措辞巧妙的段落，似乎就能够对中国这场刚刚结束的起义的一切作出圆满解释了。

中国人是谁? 他们是人类中人数最多的同种民族，是由许多不同人群逐渐融合而成的。他们占据着地球上一块似乎可以与外部世界相隔绝的土地——在地球上，这样的土地并不算太多。不用说，中国人一定来自某个地方，但他们究竟起源于哪里，并没有一致的意见。鉴于这一问题会把我们带回四千年前的原始时期，所以它不是一个需要回答的重要问题。中国人从西面进入中国，占据了一些大河流域，然后逐渐扩展到现今的陕西和山西一带。过了很长时间，他们的领土又伸展到现在被笼统地称为长江流域的地方。而“南蛮子”，即生活在现在的福建和广东两省的人，被迫归顺并被“开化”，只不过距今一千年左右，这对中国人来说，实在是一个相当短的时间。

古代中国人与古代埃及人生活在同一个时代，同时，和中国与其邻近领土相隔离一样，埃及也孤立于它周围的国家。但是，将埃及与外界分离开来的地方，实际上也是它和外界联系的纽带。它的地峡是国家间的交通要道，埃及的历史也和同时期其他帝国的历史紧密地联系在一起。相反的，中国的壁垒却是实实在在的。面积广大的沙漠和宽阔无垠的海洋分别从背后和身前保护着她，而绵延的山脉就像哨兵一样守卫着她富饶肥沃的平原。尽管她未能完全避免外来的入侵，但确实也没有被同时期人类生活的潮流所吞没。她的蒙古王朝在成吉思汗领导下，统治范围超出了中国，但它出现了，又消失了，而中国仍然是原先的中国。在北面，是一直伸展到阿穆尔河流域的广袤草原，而这些草原以北呢，就什么都没有了。在西面，是中亚的游牧部落，中国人用带犬字旁的字书写他们的名称。在人类历史上，种族自豪感既不是新鲜事物，也不是无关紧要的因素。如果说，一个民族相对于邻近民族的卑劣而表现出来的优越，为民族的骄傲提供了自然基础的话,那么,中国人自然有资格骄傲。他们天下第一,而位居第二的民族尚未出现。这实在是所有恭维话当中最精妙的,因而也是最危险的。不过,这并不能减少它的真实性,而且中国人也一直相信这样的看法。直到最近一个相当短的时期里,这种认识才得到改变。但这个时期实在是太短了,和他们那几乎是地质年代的国家历史相比较,短得似乎可以忽略不计。

还必须要考虑进我们姑且称之为中国人性情——因为找不到更为明确的术语——的某种东西。一个文明的、有教养的、富有生产力的、有进取心的种族,生存在这个星球上,竟然没有任何欲望要去改善其生存条件,从而生活在更为理想的状态中。在这一点上,中国人和盎格鲁-萨克逊人之间几乎永远也不可能达成一致。谁也无法解释,中国人的各种制度是如何成为现在这种形式的。但可以十分肯定的是,所有那些制度显然都是进化来的结果,是按照某种必然次序从先前的事业中得来的,就像人类历史上其他任何一个发展进程所表明的那样,它们都会留下充分的空间,供自由意志和各种不同的思想喜好进行选择。

然而,西方人一直想弄清楚的是:为什么中国人已经走上了向上的道路,却不再继续向前发展了?长久以来,这一直是中国历史上的一个谜。但对中国人来说,这并不神秘,也没有什么好解释的。韦兰德(Wayland)校长对一班男学生讲话时说过一句至理名言:"一个事物已经好得不能再好了,你就无法让它更好了。"即使韦兰德博士在中国众多的圣贤中排在第一位,他也不可能说出比这更为恰当的话,来表达始终存在于中国民族意识中的这个深层命题了。

这推动着我来谈谈中国人的理想。他们有着人类在不依靠神启帮助下所能产生的最为崇高的道德准则,它那些水晶般的规诫,始终是每一个具有连续性的现在从每一个具有连续性的过去所继承下来的最为丰富的遗产。坚定地相信中国的道德准则是有关人与人之间关系最为优秀的思想体系,在每个受过教育的中国人思想中的重要性,就像脊椎骨在骨架中的重要性一样。只要把"中国人的思想"换为"中国人的感觉",这句话同样可以用在没有受过教育的中国人身上。学者们因为思想而感觉,而农民感觉并不需要思想。但是他们感觉的方向是一致的,而且当触及到他们的本性时,他们的感觉往往也同样的强烈。如此广泛的普遍性,在天朝中国之外也许不容易发现,但在中国范围之内,几乎没有人能够例外。无论是在整体上还是在一些具体内容上,无论是在思想上还是在心理上,中国人已经把儒家教义拔高到自然法则那样的高度来对待。而在西方国家,与托勒密"天动说"截然不同的哥白尼天文学体系就没有得到如此坚定不移的信服。这样的比较还不能完全说明问题,因为直到今天,即使是在美国的一些地区,仍然有学校教师要"按家长的喜好来讲授地球是圆的还是平的",也仍然可以找到在公开辩论中坚持认为太阳每天都在围绕地球旋转这种看法的人。而对于中国人来说,圣人的话都是真理,所有的真理都来自圣人,这样两个命题几乎是完全相同的。如今已经没有圣人了,所以中国人的黄金时代只能存在于遥远的过去。

这些很能说明问题的事实和本书的主题有着至关重要的直接关系。任何有可能会推动中国种族背离过去的事物,仅仅因为背离过去这一个原因,就必须要加以禁止。这首先就是一个不容争辩的问题,而实际上它也已经成为一种出于本能的认识。这种本能,就像老鹰绝对不会潜到水中去捕食它想吃但又得不到的鱼，就像鱼儿绝对不会因为要躲避水中的敌人而选择上岸生活。唐朝（一千多年以前）一位伟大的皇帝说过一句极富创造性的话，圣人的教义就像水适合鱼那样适合人民，中国人和圣人之间的关系就像鱼和水的关系一样——水干了，鱼也就死了。正是由于这样的原因，尽管中国人在需要的时候会请和尚或道士来主持宗教仪式，但他们在任何意义上都不会是佛教徒或者道教徒，他永远是一名自然而然的儒家信徒。如果他背离了儒家教义，那他就会像一颗脱离了原来星球的小行星——必定是因为另一方向上有着无法抵抗的吸引力。

中国人厌恶战争，这种厌恶感出于本能，也来自遗传。在非常情况下，他们能去战斗，而且也确实去战斗。在许多世纪的战斗中，他们曾经取得过大大小小的胜利。但是，战争并不是中国人正常的行为状态，军人无论从哪一方面看都要明显地低于文职官员。中国人发明了火药，但他们从来没有利用它来把不同制度、不同族群强力黏合到一起，尽管不这样做的话，这些制度和族群就有可能会分裂。如果中国人在本性上就是一个崇尚武力的民族，或者如果环境迫使他们成为一个崇尚武力的民族，那么他们就能够侵占整个世界。但是，可能根本就没有任何一名中国统治者或者军事将领有过这样的野心，甚至连这样的想法都不曾有过。每一次出动军队平息了某个骚乱之后，事情就又以先前的同样方式开始运行。中国人过去进行的战斗的目的，并不是要去改善那些让人感到无法忍受的事物，而是要让现在保持住某个过去的那些传统。军事生活被认为不是受过教育的中国人应该做的事，一般是留给那些没能通过科举考试的人。有许多高级军官甚至都不会读书写字，而普通士兵则大多来自于那些不安分的、不幸的、心怀不满的阶层，他们厌倦了枯燥无味的日常生活，渴望生活变化多样，甚至渴望去冒险。有句俗话说，好男不当兵。既然中国人对于国家的军事活动是这样一种态度，那么他们仅仅把它看作一种必要的罪恶，不想对这方面长期存在的弊端加以改进或者纠正，也就不足为怪了。近代与西方国家一百多年的接触已经不断地向中国人表明，就诉诸武器的能力来看，他们在武器装备方面明显地、也是必然地不如他们的对手。不过，中国人似乎从来没有丝毫怀疑过，如果综合考虑所有的一切，他们仍然要远比任何外国民族更为优秀，最终必定会取得胜利。从许多方面来看，中国人都非常不愿意通过武力解决问题。他们不希望发生战争，只希望能够不被打扰。不得不和那些随时都可能制造威胁的人打交道，这样的感觉会让中国人非常烦恼。

要说中国种族有什么天生特别适宜从事的活动的话，这类活动大致可以归之为“生产”和“交换”这两个名词。中国人知道该如何充分利用他所拥有的东西，同时他知道如何把他生产的产品拿到一个特定地点，在那里可以为所付出的艰辛换得最大的回报。为了得到很少的报酬，他愿意长途跋涉，愿意经历极端的艰苦和危险，愿意长时期地忍受各种不便和痛苦，并且把这些视为自己的本分。他是天生的生产者，也是天生的善于经营的商人。然而，尽管如此，中国人并没有把商业摆在一个与之相应的位置上。人们时常能够注意到那个具有引导性意义的事实：中国人被划分为四个阶层，士人处于第一位，农民处于第二位，工人处于第三位，而商人处于最后一位。在任何一个有可能这样做的情况下，中国的官员总是会对商人摆出一副高傲的蔑视态度。

就外国人来说，他们最初就是作为经销货物的商人和商品交换的中间人来到中国的，这类活动从一开始就吸引着他们。在好几十年的时间里，外国人的人数很少，贸易数量也很不起眼,但一直都在增长之中,而且双方都能获得相当不错的经济收益。无论是对于中国政府来说,还是对于中国商人来说,这都是一项非常有利的商业往来。但是中国政府从来没有承认过、甚至都没有默认过这一事实。它总是一成不变地摆出一副高傲态度,似乎容忍这些“野蛮人”在中国存在,以及对它的臣民与之交往的这类不良喜好并不加以管制,都是出于它的恩赐。中国人对大海始终怀有某种异乎寻常的胆怯。尽管他们确实是航海罗盘的发明者,但是只能在一些笨拙的、不适于航海的中国式平底帆船上看到罗盘的使用。这种航海上的荒唐事物,现在仍然没有消失。部分地由于他们自身对海洋的恐惧,他们完全不能理解推动外国商人不断来到中国沿海的那种永无休止的坚韧精神。中国人能够相信的或者说是能够想象到的唯一解释,就是有关外国人是因为没有办法生存才来到中国的说法。他们居住在地球上一个遥远的角落里,那里地域狭小,寸草不生,人们生活极其穷困。那里既不出产茶叶,又不出产大黄。没有茶叶,他们就没有东西可以饮用;没有大黄,他们根本就无法消化食物。因此,与中国通商对他们来说,是生存的前提。不然的话,他们怎么会在一次次遭到拒绝之后又一次次锲而不舍地来到中国呢?然而,对于中国人来说,这种商业交往纯粹是一种消遣。从遥远的地方把“象牙、猿猴和孔雀”带进来,而这些东西不过是些无关实际、毫无用处的奢侈品而已,而且还经常吵闹、烦人,不断地制造麻烦。

所有这些,就是本世纪初在极为有限的允许通商的地区里,那些自以为是的中国人的普遍意识。然而,经过一百年的启蒙以后,很多极其崇拜自己国家的中国人仍然坚持认为,他们伟大的帝国幅员广阔到占据了整个世界的五分之四,而剩余部分留给了“海洋”、“英国”、“法国”和“回回”,完全忽略了地球上其他他们不知道或者与他们无关的地区。地理学知识现在在中国传播很广,甚至已经深入到了中国的衙门里,启发了很多官员。在“维新”热情高涨的时候,这些官员从传教士手中购买了大量有关西学的书籍。然而,维新活动结束还不到一年,在这些官员之中,就有一位很有能力也很有学问的北京人,在本文作者所在的传教区内印行了一篇精心炮制的小册子,目的是为了教育和引导他同乡的文人们。在小册子开头几句里,他重复了前面提到的那些观点,说外国人来自一个拥挤不堪的地方,在那里他们无法生存,因此才来到伟大的中华帝国。承蒙皇帝开恩,他们才能在中国居住和通商。事实上,在这个传教区的有些地方,每平方英里的人口超过了两千人,当地人穷得几乎不能抵御狼的袭击,而且根本没有任何形式的对外贸易,居住在这个地区里的那一小群外国人的生存,依靠的并不是中国,而是他们自己那些被描述成拥挤不堪的国家。不过,引起我们注意的并不是这些事实,而是一名有才智的中国官吏私下对他同乡中受过最好教育的文人进行的书面教导,竟然会把这样一些语句写在他那劝学的小册子的开头。

到这一世纪越来越接近结束的时候,西方世界已经不加掩饰地承认:如果不进行对外贸易,各个民族就难以继续生存下去。与之形成鲜明对照的是,无数中国人仍然坚持认为:对于中国来说,彻底断绝全部对外贸易是一件好事。这一看法十分荒谬。史实向人们表明,正是通过这一贸易,上海从一个偏僻的县城发展成为远东巨大的商业之都,它的一些曾经毫无价值的地产的地价,现在已经可以和伦敦最贵的地方相匹敌;烟台从一个默默无闻的小渔村发展成为一个大港口,通过这一港口,可以进入一个有着众多人口的庞大地区;天津在几十年以前还只是一片片菜地,现在则成为帝国北方四省的大都会,其重要性仅次于上海。所有这些和其他许多证据,都可以被出示,被证明,被确认,得到合乎逻辑的论证,并且予以大量的说明。但是,这又有什么用呢?外国人不需要这种论证,而中国人呢,大部分人对此也不会关心。对中国进行高度的概括,永远都会是非常危险的。大家都知道,只根据中国人说的话来确定他们的思想或者他们的真实意思,是不可能的。不过,研究他们的行为往往是做到这一点的一个非常实用的方法。在上面提到的这些通商口岸以及其他一些地方的中国人,不是已经通过一次次明白无误的直观演示表明,如果要让中国人自己——包括士、农、工、商这几个阶层都在内——投票进行决定的话,一定会让外国人离开中国吗?

一直有着这样的流行看法,认为表达出中国人这种情绪的那些事件,只是一些孤立的、零星的、偶然的、暂时的现象。天津大屠杀应该归咎于这个城市中一些被人称为"混星"(Turbid-Stars)的暴徒和流氓;几乎横扫清江外国人居住区的那场突如其来的暴乱,起因于漕船上那些难以驾驭的船工;遥远的长江港口宜昌府那场同样突然爆发的毁灭性冲杀,是由清朝的官方——因此也是难以控制的——军队策划进行的;福州人的骚乱是因为他们是"中国的爱尔兰人",骚乱本身并没有什么深层意义;不断发生在广州的破坏性骚动和暴乱,是由上百年来的误会和仇恨引起的,并非典型事件;上海的手推车工人,或者说上海的整个宁波人群体,不同时间因为不同原因爆发的狂暴行为,被认为只不过说明了中国工人罢工的力量聚合,表现出受特殊情况下产生的感情因素和利益因素的驱动,一个强大的以省份为基础的行会行动中所蕴涵的凝聚力。

上述这些观点得到一些对中国和中国人相当了解的人士的广泛赞同。但是,如果全面地看待所有事实的话,就不能不认为这些观点非常不妥当,根本站不住脚。当一片多岛之海中有着许多座处于不同活动时期的火山时,不管它们是不是会碰巧同时喷发,都有理由认为各座火山的喷发之间存在着相互联系。我们上面所探讨的有关中国这场大规模运动的爆发原因,只是一些比较深层的原因,或许也是一些不那么明显的原因。用医生的术语说,这些原因可以被称作诱病因素,但不是直接导致疾病的因素。更为密切、更为直接的原因,要到各种各样的现象中去找寻。这些现象交织在一起,很难把它们拆解开来,对于这些现象中的任何一个现象,都不能够单独地给出一个完全充分的解释。不过,在接下来的章节中,仍然要去拆解这些复杂现象。至少这是一个尝试。

第二章
复杂的国际局势

任何努力研究中国同其他国家关系简史的学者都不能忽视一个事实，就是已经签署的条约都是长期以来对中国逐渐施加武力的结果。外国人最初到中国来是为了做生意，他们总是尽力争取条约给予的权利，而尽管与中国人发生了许多冲突，在根本上他们还是以争取商业权利为目的。中国人也很愿意进行贸易往来，但是他们只允许这类活动在距北京的中央政府最远的地方进行，也就是在最东南的沿海城市广州。很多年前，当笔者在陕西省旅行时，在省城西安府见到一份文件，经证实是给美国第一位正式派到中国的使节德威士(John W. Davis)先生的指示。在信中，美国总统告诉“伟大的好朋友”道光皇帝，他委派德威士先生给皇帝带来最诚挚的祝愿，并且“去到陛下身边”。这可能就是波尔克(Polk)总统没有明确说明的派遣德威士先生的目的，与皇帝只在广州接待他、然后将他和其他所有外交代表限制在那里的用意显然大相径庭。

人们很难耐心地去读那些关于外国人早期与中国人交往的经历。中国政府及其自上而下的所有官员非常狂妄自大，让人无法忍受。我们现在来看，没有一个有自尊的国家可以忍受他们超过一年的时间。尽管不愿意同中国当局发生冲突，但是有一次，一名美国水手不小心将一个盘子掉到舷侧下方一位年长的女船工头上，然后指挥官屈从了中国人的要求，将这个倒霉的家伙送到了城里，接受中国人的审问，结果他很快就被绞死了！在东印度公司同中国人之间错综复杂的关系中，也存在着潜在的也是不可避免的与中国当局的争端。任命那名负责广东和广西两省事务的称作“总督”的地方官，一般是取决于他处理与粗暴的、难对付的蛮夷之人之间关系的技巧，要容忍他们，又要斥责他们，还要勒索他们。

鉴于上述情况，1840年到1842年的战争没有早些爆发已经是个奇迹了。在此之前数十年，中国人就有了吸食鸦片的习惯，他们不愿意、大概也不能够戒掉烟瘾，同时他们对鸦片的需求量开始增加。英国鸦片贸易在中国的广泛开展与战争的爆发有直接联系(战争迟早都要到来)。很多正义的英国作家和政治家都承认，并且在议会以及许多公开场合宣布，如果仅从战争本身来考虑的话，中国人要比英国处在更为有理的方面。不过，这类战争不存在“仅从战争本身来考虑”的情况。另外，还有比鸦片贸易更严重的，就是有关整个中国前途的问题，中国那些无知的、顽固的统治者们是不可能有什么预见性的。为了世界的和平，也为了中华帝国的安宁，中国人的令人无法忍受的傲慢有必要受到一次决定性的打击，一次用中国人民和中国帝王唯一能够理解的方式——军事力量进行的打击。虽然经过慎重考虑，但打击最终还是由大英帝国一个国家参与完成。有些人常常忽略这一重要事实，因为他们的主要想法是为了自己的垄断利益剥削中国，而把其他所有人都排除在外。

从政治、商业、道德和理性的立场上考虑，卫三畏(Williams)博士将1842年春天《南京条约》的签订客观地评价为"人类历史的转折点之一，其广泛的影响将惠及所有国家"。条约的签署使中国的皇帝受到了惩罚。在此之前，他拒绝以平等的权利对待外国人；阻止想要与中国人开展贸易的外国人接近中国人；驱逐其他国家派来的使节；还拒绝同世界上其他地方进行交流，而其他国家则认为国与国之间交流是很正常的。条约开辟了四个通商口岸，其实英国人早些时候就已经占领了这几个地方，中国人无法把他们驱逐出去。英国方面要求另辟一个港口整修船只。另外，由于他们早就在一定程度上占领了香港岛，中国政府只得将其割让，二十年后英国又因为扩张的需要要求中国政府割让大陆上邻近香港岛的一块领土。在每一个新开口岸都有专门为外国人留用的土地，这些区域分别被不同的国家管理。

由于没有一个外国人能够顺从按中国程序执行的中国法律，治外法权的发展就成为一种必然，但是很快就表明，治外法权是一个巨大的罪恶。外国租界越来越繁荣，商业活动飞速发展，随之而来的就是成千上万的中国人涌入上海的外国租界。对这些人，中国的官员只能行使有限的、非直接的管辖权。这种"国中之国"的现象引起的摩擦在一定程度上是不可避免的，尤其是在由此形成的"混合法庭"中，相关的中国官员或外国官员如果不太理智或者有意进行阻挠的时候，摩擦就会大大增加。中国人对于与治外法权相关联的不平等和不公正远远不如日本人那样敏感，日本人经过自己奋力斗争，已经摆脱了这种不平等和不公正。无论如何，这种不平等和不公正，对于数以百计的中国官员、数以万计的中国民众来说，无疑就像醋会酸倒牙齿、烟会熏伤眼睛一样让人难受。对中央政府本身来说也是如此，因为这不断地让它想到自己的短视、虚弱以及与其他"兄弟国家"相比的劣势。

1842年的条约还给予外国人进入广州城的权利，在其他几个通商口岸也是如此。但是当地的官员不愿意、可能也没有能力控制这一地区的民众，因此进城的事情一直搁置了五年。最后，有一名英国海军军官带着几艘战船缴获了控制珠江的虎门炮台的所有枪支弹药，然后强迫清政府为外国居民和仓库提供更多的土地，同时强迫清政府同意，在两年之内广州城门要像其他城市一样无条件向所有外国人开放。但是到了规定期限后，皇帝命令总督重视百姓的愿望而不履行之前的约定。由于英国方面要求得到的权利并没有很明确地规定下来，因此有关人士根据英国政府的命令没有再给中国施加压力。直到英国在1857年到1858年间完全占领广州后，自由进出这个城市的权利才最终被认可。

仅从广州这一个例子，有判断力的读者就很容易看出，尽管外部环境在不可抗拒的外国势力的重压之下不断发生变化，但中国人的抵抗运动跟从前相比并没有多少改变。在完全"开放"后不到十五年的时间里，中国对英国人的抱怨越积越多，出现了一些更加严重、更加激烈的情况，一场新战争的爆发也因之不可避免。这次战争的目的性很明显，同样没有顾及中国人的权利，也同样没有在意其他国家在上一次战争开始时就表现出来的态度，因此在很多方面引起了正义的批评。麦卡锡(Justin McCarthy)先生没有偏爱中国人的嫌疑，但是他在其著作《我们这个时代的历史》中写到："事实上，在强国和弱国的交往中,很少出现像这样臭名昭著、不可原谅的违背法律的行为。”英国的立场和要求都是正确的,战争也是不可避免的,不过战争中发生了很多令人感到遗憾的事件,这些事件刺激起中国人的民族自觉意识,他们继续公然违背自己一次次订立的明确约定。1858年,大沽炮台稍作抵抗即被占领,之后不久中英两国就条约事宜在天津谈判,因为害怕导致更坏的后果,中国方面同意让步。额尔金(Elgin)勋爵的日记提到:“作为一个谈判者感到痛心,因为谈判对手完全是屈服于恐惧而不是理智,同时他们又对谈判的事项和他们真正的利益究竟是什么一无所知。”

第二年,英、法、美三国要互换条约批准书,而英、法两国明确指定北京为换约地。由于没有其他办法,中国政府只得同意,但同时他们加强了大沽炮台,设置了一个穿过白河的防御网。英国舰队按照协定向天津进发,却在毫无准备的情况下遇到了顽强的抵抗。舰队在试图登陆时被击退,八十九人阵亡,三百四十五人受伤。

一年多以后,英法联军再一次(从背面)占领了大沽炮台,强行向大清帝国的都城进军,并且迫使中国签署了一个开启新时代的条约。中国许多杰出的人物参加了条约的签订,从中似乎可以看出中国人和其他种族的区别。天津和通州这两个通往北京必经的城市为了各自的利益放弃抵抗,并且在自己不受侵扰的条件下为侵略军提供补给。给英军提供最多帮助的群体之一是从香港雇来的苦力团,他们心甘情愿地完成了很多有价值的、必不可少的工作。一些苦力被中国军队俘虏后并没有立即杀头,而是被剪去辫子送还给英军。中国人因为俘虏巴夏礼(Parkes)先生和其他几名商订停战协议的人士这一背信弃义的行为而受到惩罚,联军彻底毁坏了圆明园和周围几处皇家园林,作为对中国的“正义的报复”。自然,这一行为也激起了中国民众不少的骚乱,直到最近几年,被破坏的园林才开始部分修复。

就这样,在违背自己意愿的情况下,中国政府被迫通过了一系列与世界其他国家建立联系的条约。而且,通过最惠国待遇条款,任何一个国家都能分享其他国家已经争得的权利。丁韪良(Martin)博士对此作了一个恰当的比喻,说当时各个国家就像是处在同一个船闸内的船只一样,被闸内的水提到了同一个平面。

为了正确地评价中国人其后的行为,就必须考虑中国人对各种问题的看法。所有这些问题都被纳入条约的范围之内,同时这些问题中的每一个问题又都引起了不尽的讨论和冲突。《天津条约》与四个国家签订,关税是其中一个重要的组成部分,因此,除非所有这些国家在未来的某个时刻联合进行修正,关税税率的不平等和不公正就不可能得到改变。另外,还有其他一些令人难堪的限制性条款,中国人在这方面的知识几乎等于零,但是一旦接受这些条款,他们的手脚就要被束缚住。这样一种事态还在继续,而这种情况是不是会影响到后来几代的中国人,使他们对这种外部强加的、强迫实施的限制进行反抗,是很难说清的事。如果我们假定事情是相反的一种情况,我们自己的国家被迫承认各种商品都课以货物价值5%的统一税率,不难相信,我们的国务卿、陆军部长和海军部长很快就会有大量的工作要做了。

在中国南方兴起的、以澳门为中心的劳工贸易是中国一个难以抹去的悲哀,它给中国带来的痛苦,在现代历史上很少有其他事情能够超过。《天津条约》签订以后,中国派出特派使节到古巴和秘鲁,他们的报告完全证实了对这种“劳工制度”及其伴生物的最为猛烈的指责。事实上,中国人的理论一向就是,那些自愿移居国外的人自然也就因此而丧失了国家的保护,他们所遇到的事情就只能由他们个人负责,而与在北京的满族政府无关。但是,当中国人开始通过教科书了解国际法以后,他们逐渐感觉到他们的人民在美国和澳大利亚所遭受到并且还在经历着的苦痛是一个难以忍受的错误。当个别美国人在中国受到虐待的时候,美国政府把它看作是一个"案子",对之进行控诉,一直到有了令人满意的结果。而当石泉城和其他许多采矿城市的中国人大批地遭到杀害的时候,就常常被认为只需要向中国的使节或者任何一名提出疑问的中国官员——比如李鸿章——指出,这一特殊事件是在一个政府控制比较松散和比较不完备的"领土"内进行的,或者只需要向他们指出,这些行动发生在一个根据美国宪法中央政府完全不能行使司法权的"州"里进行的,就足够了。无论在哪种情况下,死伤的中国人的朋友回到中国以后,都会热切地争取得到在国外要求得到而在国内被拒绝的"平等权利"。本土报刊的影响和发行量都在飞速增长,这些报刊有着我们先进文明中大多数"黄色刊物"所具有的令人动情的虚假报道,但是却使得一个世代以来一直受到忽略的这类控诉得到前所未有的重视,一个有关这方面问题的报道就可能会像繁殖力极强的微生物一样,不久就会引发一场大风暴。

可以说,根据《天津条约》,中华帝国在它并不希望也违背其意愿的情况下,被介绍进了所谓的"国际家庭"。对于这种新的关系,中国的统治者一无所知,也毫不关心。然而,既然已经被迫进入这一关系之中,有着中国式柔韧性的中国人就开始使自己适应所处的新环境。从《天津条约》签订到义和团起义之间的四十年,为了方便,可以划分为五大阶段,每一阶段的结束都有某个对中国人和外国人具有重要意义的事件作为标志。在这些阶段中,第一个阶段从1860年到1870年6月的天津惨案。在这十年的前半段中,中国还在与太平天国起义进行斗争。在后半段,蒲安臣(Burlingame)使团被派到西方国家,以强调并且扩大这种"国际家庭"关系,但是随着这一使团主要人物蒲安臣的去世,它所带来的希望也就结束了。

五大阶段中的第二阶段从1870年到1875年马嘉理(Margary)被害。马嘉理是一名年轻的英国外交官,在从云南到缅甸边界的公务旅行中,被得到中国地方官员默许的凶手杀害。这一案件差一点引起中国和英国之间的决裂,威妥玛(Thomas Wade)爵士降下了英国使馆的旗帜,并且离开北京前往烟台。此后不久,李鸿章也到了烟台。在二三十年的时间里,李鸿章一直被委以在困难情况下进行"和谈"的重任。威妥玛是一名"老中国通",有着长期的在华经验,十分了解中国,并且精通中国语言。但是,他脾气暴躁,经常作出一些不正常的判断。现在再来提出一些当初可能能够解决的问题,已经毫无用处,但是,考虑到英国在那个时代的威望,考虑到当时的一些所谓的强国还远远没有势力,更不用说具有支配性地位,人们很容易得到这样的结论,就是英国失去了在中国播下巨大变化和改革的种子的绝好机会,它在烟台几乎是毫无所得,只是增开了几个通商口岸。

正是在这一阶段,中国向美国派出了著名的教育使团。这一决定主要得益于容闳先生的影响,他既是中国人又是美国人,毕业于耶鲁大学,真正地热爱他的人民。这一教育计划是选择一部分年轻的中国人接受西方式的教育,让他们以后为创造一个新中国而发挥重要作用。这一计划的实行,充满着热情、洞见力,也是成功的。但是,这一成功最终却遭到一种让人不可思议的失败。这些年轻人被美国化了,清楚地认识到中国传统思想的错误,满怀热情地要把他们学到的新思想、新理念灌输进不思进取的中国保守主义之中。新的留学生监督一发现这一点,马上就命令所有留学生返回国内。在中国,他们成了那些目光短浅、妨碍进步的道台们蛮横行为的目标,这些道台们想让他们认识到他们新取得的外国观念在中国不能也不会得到容忍。这些人此后的经历不仅让他们自己沮丧,也让这一计划的倡导者们感到失望。他们中许多人在某个有限的领域进行了很好的服务,但是没有一个人把握住机会,发挥出人们所期望的作用。其中最勇敢、最有希望的一个人叫金大廷(Kin Ta T'ing),他在天津外国租界遭到攻击时中弹身亡,很可能是被误杀的。

几乎可以肯定,这一充满希望的照亮黑暗中国的努力,产生了一个不幸的、未曾预料到的影响。它使得相当一批有影响的中国官员越来越明确地认为,东西方思想之间存在"不可调和的冲突",并且进一步加强了他们对作威作福的西方人的反感。这一点,当时就已经多少表现出来,但并不十分突出,而到后来就越来越明显。

这一阶段结束于断断续续进行而持续时间很长的中法战争。这场战争从中国方面来看,起因于法国的侵略,而在法国人看来,则是因为中国人的顽固和欺骗行为。中国人第一次学会了在战争进行期间把不同国家的国民区别开来,并且保护所有非战斗人员,甚至包括法国人。根据列强之间的协议,上海不受战争的打扰,战事被限制在一些不太重要的口岸。法国人谴责中国人对于他们在越南北部边界重镇谅山的失败负有责任,给他们造成惨重的损失。中国人提出重新进行谈判,但是大为恼怒的法国人要求中国政府赔款。当这一要求被拒绝的时候,事情交到了舰队司令孤拔(Courbet)的手中。孤拔首先封锁了台湾海岸,然后转移到距离福州十英里的海面上,让他的九艘军舰面对中国人的十一艘木船,要求炮台和舰队立即投降,尽管这时双方还没有宣战。除了一艘以外,所有的中国舰船在几分钟之内就被炸毁,三千名中国人死亡。福州英华书院的施美志(B. Smyth)校长在《北美评论》的一篇文章中提到:"死者的尸体随着潮水流到海里,许多尸体又被返回的潮水冲了回来。有好多天,只要过江去,从轮船停泊处直到二十英里外的海边,到处都可以看到一些可怕的情景,让人想到法国人的奸诈和野蛮。城里的人愤怒极了,如果不是美国和英国的兵舰就停泊在外国人居住的地方保护他们,这些外国人一定会受到攻击。"对中国人来说,持续时间很长的对法战争是非常重要的,它表明外国人不再是不可抵御、不可战胜的,而公正的评论家也会同意,中国的民族仇恨的确有着十分正当的理由。

战争结束、和平到来以后,中国又回到了以往的混乱状态。一些有影响的官员上奏要求修建铁路,而电报早在几年以前就已经开始在广大地区进行铺设。另外一些有势力的官员上奏,对于修筑铁路提出不同的意见。尽管朝廷这时正式批准修建从天津到北京的铁路,但支持者和反对者两方面所采取的行动正好相互抵消,结果铁路并没有动工。但是,从唐山煤矿通往一条运河——它与白河相连接——起点的几英里长的铁路,在精明机智的英国工程师金达(Kinder)的领导下,发展成为一条可以覆盖天津周围地区的铁路线,取代了运河,给中国人上了一堂很好的实物教学课。如果其他向中国介绍西方新事物的人能够像金达先生那样有耐心、那样足智多谋、那样讲究策略的话,由此而产生的冲突可能就会减少许多,而取得的进步也会更为巨大。

1891 年夏天,长江流域发生了一系列可怕的骚乱,几名外国人丧失了生命(并非所有受害者都是传教士),财产也受到严重的损失。这一年的这些事件对九年以后的大爆发有着重要的影响,因为这些骚乱的许多起因是普遍存在的,也是持久存在的。对此,以后的章节将会加以详细论述,这里只需要说明,居住在中国的消息灵通人士对于这些骚乱进行了许多讨论,他们对于这些事件的起因及其真实意义有着相当不同的看法。这一事实本身具有特殊意义,它说明中国现代历史上的一些复杂现象非常难以理解,在作出结论之前,必须慎之又慎。

中日战争(1893～1894)标志着第四阶段的结束。这场战争对于中国有着极其重大的影响,它刺破了"中国的泡泡",向那些了解事实的中国人表明,北京城高大城门顶部箭楼上的四十八个绘制着大炮炮口的木制窗户挡板,就是他们国家的最好象征。战争表明,中国只是一个虚空的外壳,一座木头背景上画出来的大炮,一个被"矮子"种族套上枷锁的巨人。它那些没有薪水的、膳食糟糕的、装备落后的、缺乏训练的、指挥无方的军队只能被迫逃跑。他们还能做什么呢?所有中国的朋友们,那些为了中国的缘故而希望看到它重整旗鼓的人,都痛苦地失望了。他们大多数人在看到它令人绝望的腐败时,都厌恶得无话可说。[然而,并不是他们所有人都是这样。已故的帕克(Park)教授就坚持他先前的观点,因为他始终认为,中国人最终必将会走到前面!]有句历史悠久的格言说,经历是一所很好的学校,但愚蠢的人从中学不到什么。尽管过去发生了许多事,但我们还是有许多理由认为,这句话对于现在的中国来说仍然是正确的。当一条大鲸鱼背上中了一把鱼叉、而绳子的另一端有着满满一船捕鲸人的时候,没有一个人对这条鲸鱼的感情和情感写下自传式的记载。就中国来说,有好几条船上的船员们都倾其全力,准备去榨取这条搁浅了的庞然大物的油。台湾丢掉了,并且以"当场交付现金"的形式支付了巨额赔款,还有比这更为巨大的危险已经开始崭露头角。中国已经有一些能干的人清楚地察觉到它所有问题的根源,无数奏折提出了许多许多挽救方案,或者说是缓和危机的方法。看出一条船驶错了航线被冲进急流中并不怎么困难,而要想把它从不可抵御的水流中拯救出来,就是另外一回事了。

在这一过程的整个后半段里,西方国家和中国之间的误解——或者说是不可调和的争论——始终存在着一个根源,这就是觐见问题。在那些对东方事务不得要领的人看来,外国公使获准可以觐见皇帝以后,他们在北京会以什么样的礼仪被接见,可能只是一个小问题。但是,所有国家的政府都正确地认识到,开创一个不仅不需要行"叩头"礼,而且使这些平等国家与中国历史上大量的藩属国或者朝贡国区别开来的先例,是极其重要的。因此,它们联合起来致力于这一共同的事业。1873 年 6 月,年幼的皇帝以一种符合来自兄弟国家使节的品级和官职的方式,接见了来自西方国家的使节。然而,在经过长期的激烈争论之后,这样一个胜利仍然被看作是不完全的,因为接见被不适当地安排在一个特别选定的建筑内,而这个建筑一直是用于接见朝贡国或者藩属国使节的。这些困难一点一点被克服,直到 1899 年年初的几个月才取得最重大的胜利。慈禧太后在一个特殊的地方接见了外国公使的夫人,以全部的真诚和尊敬亲自欢迎每一个人,温和地向每一个人念叨着我们是"一家人"的格言。过了几个小时后,她又以一种非常得体的姿态向她们道别,夫人们满怀着对太后陛下的赞美和对中国的希望离去。应使馆的外国夫人们的请求,这样的接见在 1900 年初又进行了一次,接见的情景和上次一样感人。然而,五个月以后,太后陛下就发布了谕旨,命令她那人数众多而且还在不断招募的军队,用各种新式枪炮向这些来自西方的夫人们居住的地方开火，目的是迅速地消灭他们，只让“一家人”中的汉人(和满人)生存。

这就是三十五年强制性缔造“国际家庭”这个事业的结果。从明智而又不怀偏见的外国人(如果有这样的外国人的话)的立场上来看，中国的灾难是“咎由自取”。从中国人的立场上来看，它的大多数问题都直接来自它并不想得到但又无法逃避的条约，这些条约就像罗网一样，越收越小，越来越迫近。从中国人的思维前提出发，以中国人的经验、知识、预见和洞察力，对于那些用条约把中国束缚住的人，那些让中国遭受条约这个贪婪的大暴君奴役的人，那些不断地要求得到不可能给予的东西的人，那些因为某些东西被拒绝或者不满足而强迫索取更多东西的人，中国人会充满了愤怒和仇恨，中国人会憎恨“条约”这个名词，有什么可以感到吃惊的呢?“谁不屈从于理性，谁就会屈从于恐惧”，我们引用过的额尔金爵士这句饶有意味的话，涵盖了一直到这个世纪结束前的整个中国历史。

《马关条约》签订以来这短暂而重要的几年又发生了许多事件，这些事件直接或间接地导致了后来的大灾难。不过，这些事件要放到后面的章节中去叙述。

第三章
中国的新教

在思考中国人对西方人的仇恨的时候，试图在这两个种族之间划出一条十分清晰的界线既是不可能的，也是不妥当的，因为从本质上说，他们在某些方面都是相同的。中国人不喜欢外国人的理由，仅仅是因为他们不是中国人。不管在此之前的历代王朝是否是这样，但在满族人统治中国时，他们是抱着提防和不信任的态度来对待外国人的。满族的统治者们记得，他们的祖先不费吹灰之力就攻陷了京城，攻占了富丽堂皇的宫殿，因此十分自然，他们希望和任何一个能够做同样事情的力量保持距离。这种情绪在宫廷的王公大臣中间非常普遍，所以也很容易影响到这个帝国中其余的人。在中国，帝王像是容器，人民则像是水：容器是圆的，水就是圆的；容器是方的，那水就是方的。

我们必须承认，清朝统治者对基督教的不信任有着其特定的历史原因。太平天国的叛乱一度波及清帝国的大部分地区，在长达十五年的时间里，破坏了当时一些最富足的省份和最大的城市。而清朝统治者认为，这次暴乱的发生是由于太平天国的创立者洪秀全接触了一些基督教的书籍，并经常与中国的基督教徒和一个叫罗孝全(Roberts)的美国传教士交流，从而受到了他们的影响。太平天国叛乱的目的之一是颠覆原来的偶像崇拜，代之以另外一种不同形式的崇拜，不过它很快就变质，充满了腐败、放纵和渎神行为。太平天国发动起义一段时间之后，人们才开始认识到它注定是失败的，在此之前，有许多外国人掩饰不住他们的喜悦，认为如果这次运动能够得到正确指引的话，将会是推翻现在的政权、重新使帝国得到复兴的大好机会。但是，太平天国领导人过分的自负和荒谬的主张，很快就使一切希望化为泡影，外国人也都失去了对它的兴趣和关注。不过，仍然有不少以赚钱为目的的外国冒险家继续支持这次运动。这一运动发生时的整个大环境也必然会引起中国人对西方人的憎恨以及对基督教的怀疑。

几百年以来，中国人对于天主教还是有一定的了解，但是新教在中国大规模地传播开来，只不过才半个世纪——在中国历史上，这是一段相当短的时间。罗马天主教有着外在的、看得到的统一，而新教则完全缺少这种一致性。新教传教士从不为人知的地方、为了谁也不知道的原因来到中国，分散地居住在十八行省的各个地方。在某个地方定居下来之前，他们到处旅行，贩卖书籍，也经常散发药品，同时不断地进行布道，或多或少地搅动着中国百姓们的心，让他们去思考基督教的教导。十三年以前，作者和一个同伴在一条通往山东省城的大路上，看到一位蹲坐在路边的老人。他板着脸盯着我们，当我们从他身边走过时，他嘴里咕哝着："怎么没完没了啊！"我们很容易就从他的脸上读出他在想什么，虽然这在中国并不是普遍的现象。他还能够记得这个地区完全没有外国人时的情形，后来一年里会出现一个外国人,再后来一年会出现几个,再后来就是一伙一伙地出现了,而且还有女人和孩子,到现在已经是“没完没了”了。这位老人不喜欢现在的情形,当然他也不一定能说出为什么,但他显然认为现在的日子很糟糕,而以前没有外国人的时候要比现在更好一些。

除了这种对于越洋而来的人所抱有的这种出自民族本能的厌恶以外,中国的文人阶层对于试图向中国介绍在他们看来想和古代圣人的教导进行竞争的思想的人,有着更加强烈的憎恨。在正统的儒家士子们看来,认为中国的智慧上面还能够增加一些东西的看法,绝对是一种极其狂妄的观点。这就像一个基督教徒自然会认为,要在《新约》上增加一些和原有的二十七章具有同样价值、同样权威性的内容,是一种非常自大的做法。典型的儒家士子对于这种新传播进来的教导和思想,在感到新奇的同时,也总是怀抱着蔑视。正是在这种态度里,包含着传教士在中国所遭遇到的全部麻烦的根源。因为在中国,社会力量的平衡总是要依靠文人阶层的代表们,从一般的学塾先生、取得功名的士子,直到在地方乡绅中占据领导地位的退休官员。不管什么时候,只要在职的官员和不在职的士绅们联合起来讨论某个实际的问题,他们就会像强劲的山风必然能在浅浅的湖水中掀起波澜一样,让百姓追随着他们。这真可以说是“风吹草动”。如果像人们时常断定的那样,认为所有反对传教士的骚乱都是由中国的士人们直接煽动起来的,可能有些把它过于普遍化,但是在一般情况下,这是不会错的。

新教传教士布道时,听众非常杂乱,往往都是来自中国各地的、各个阶层的人混杂在一起。在这种情况下,就不可避免地会出现冒犯那些最洁身自好的儒家士子的情况。并非所有的传教士都那么谨慎,都那么富有经验,所以很有可能他们一个不经意的表情就会使最友好的中国人疏远他们——其实刚开始几乎没有中国人是真正友好的,最多只能期望他们保持中立立场。如果新教传教士在谈及孔子和孟子时表现出不尊重,或者是小看他们对中国不可估量的贡献的话,那么这些传教士就会受到严厉指责,得不到中国人的信任。无论如何,过去的情况一直就是这样,而且现在仍然是这样,这些传教士因而很可能就会带来非常不幸的结果。实际上,许多在中国居住了很久时间的传教士和非基督教听众谈论起中国历史或者中国文学来,感觉越来越困难(而不是像一般人认为的那样越来越容易),他们要么大谈特谈,要么很少谈论。

基督教徒拒绝遵行中国的传统风俗,这被认为是一种可恶而又不可饶恕的罪过,那些文人士子们尤其这样认为。中国有句非常古老的俗话:“入乡随俗,入国问禁。”他们认为如果到了另一个地方,就应该遵守别人的风俗习惯,避开其禁忌。但是现在来了一批中国人并不了解的先生,他们千方百计迷惑中国人,要使他们变成坚决不遵从中国风俗的人。在中国的一些地方,到庙宇中进行祭祀活动以及偶像崇拜仪式比起在另外一些地方进行要具有更为重要的意义,但是无论在什么地方,最关键的问题都是如何对待祭拜祖先这一活动。在这个问题上,传统风俗习惯的严厉要求和开明中国人的认识,仍然有着相当大的距离。

可能我们在与中国人谈论这个话题的方式上还有很多不恰当的地方,也可能作出了许多未经证实的假设,尤其是对中国人的祭拜礼仪,在中国人并没有作出明确解释或者当他们的解释并没有得到很好理解的情况下,基督教人士立即就提出了质疑。另外,有些必须使用的汉语词汇自身存在着模糊性，比如，被翻译成“worship”的汉字同时也表示“尊敬”或者“举止合乎礼节”。或许解决这种难题最好的办法就是历史分析的方法(中国基督教徒学者已经在进行这种尝试)，这种方法可能能够说明现在的习俗既不具有古代的意义，也没有权威性，同时又能够表明基督教并没有忽视中国人关于祖先崇拜本来的思想基础，这一基础仍然可以完整地表述出来，而不必违背中国人的良知。不过，运用这种历史分析的方法也存在着十分严重的障碍，尽管这种障碍不是不可逾越的。那些能被说服前来听取基督教解释的人，无论如何也理解不了这种历史的方法，因为他们中的大部分人没受过教育，很多人甚至不识字。要让这些人理解道德的要求，就像从头开始教育小孩子一样，要用绝对的命令口气——“你要……”、“你不能……”，而这样做的原因，要到以后才能理解。

这里，我们既无意为在华基督教会在中国人祭拜祖先问题上的普遍判断进行辩护，也无意去探究通过什么途径来找到某种调和的方法，来把对人的尊敬与对神的崇拜结合起来，使得这两个方面互不干扰。我们的目的只是要清楚地表明，我们已经认识到，基督教会(新教和天主教都一样)目前的态度是福音在中国传播的巨大障碍，而且也可能是招致中国人敌视的最为主要的原因。

在一本讲述基督教在中国、鞑靼和西藏传播过程的书中，于克(Abbé Huc)叙述了康熙皇帝和科隆主教梅格罗(Maigrot)之间有关中国人祭拜祖先仪式的真正意义的谈话。在和这个顽固的主教争论了很长时间之后，康熙皇帝希望能够证实人们所说的主教的汉语知识很丰富的传言，于是请他辨认觐见宫殿上雕刻的四个汉字。根据他的对手耶稣会士的记载，这名高级教士只认识其中的两个字，而且一个字的意思也说不出来。尽管这个具体事例并不能说明主教没有资格在这个问题上发表意见，甚至也不能说明他不精通汉语，然而，康熙皇帝自然会认为，一个连这样的铭文都不能认识的欧洲人没有权利教中国文人汉字的意义。梅格罗无疑会感觉十分沮丧，气势被压倒了，而康熙皇帝则获得胜利(作为皇帝就应该胜利)。但是前者一定有其自己的想法，他会认为这样的问题最终并不能通过这样的方式来解决。不管是皇帝的圣旨还是教皇的训令，最终都不能束缚中国人受过教育的良知。与此同时，基督教在中国的传播遭受到了严重的阻碍，而很多对汉语一窍不通的人，尽管从来没有直接研究过中国人祭拜祖先的活动，却也无所顾忌，非常轻易地就得出令他们自己非常满意的解释：整个问题产生于外国传教士毫无道理的固执，以及跟从外国传教士的中国人过分的顺从。

在春节期间，在清明祭扫坟墓时，在婚礼上，尤其是在葬礼上，基督教徒拒绝遵行被他们视为偶像崇拜的仪式，从而使他们受到严重的迫害。有的人被赶出家门，剥夺所有的财产；有的人被从他们的社区甚至是他们出生的地方驱逐出来。作为这些教徒的牧师，在面对这些迫害(这些迫害的程度有所不同，但经常会发生)的时候，很难不去努力帮助他们，为他们争取条约明确给予中国基督教徒的权利。在许多情况下，要实现对迫害的救助，往往要经过激烈程度不同的斗争，最终才能为教会争取到一定的宗教自由。但是，在许多情况下，能够争取到的最好结果，就是中国人一般不主动去侵犯他们，但是只要他们触犯了反基督教人士的利益，就会再次受到威胁。与这类行动明显有关的迫害，往往与财产权有着复杂的关系，许多极其错综复杂的情况经常让人绝望，人们根本不知道应该如何去做。

那些最不愿意进中国衙门交涉的人反倒不得不经常去,有的时候,对于一个案件,到底应该插手干预还是放手不管,非常难以作出决定。

中国人的一个最为优秀的性格,就是对于无法改变却始终存在的问题有着极强的忍耐力。还有一个非常重要的特点,那就是他们的复仇欲望(这在近年来尤其明显)。这种欲望有时候会伴随一个人的一生,甚至会延续到子孙后代。在中国这样的社会里,如果结下仇怨的一方是那些加入像基督教会这样一个社群的人,那么就一定要进行复仇。双方结仇的情况非常多,结仇的方式也随着人们利益关系的不同而多种多样。基督教徒可能完全占理,他们可能被人以一种非常不道德的方式羞辱,比如他们在婚礼上、更糟糕的则是在葬礼上受到干涉,而且事后没有得到补偿。但如果这时教徒试图保护自己的权利,他肯定会被迫害者视作宿敌,等时机到来的时候迫害者就会连本带利地还回来,就像义和团叛乱时各地所发生的情况那样。虽然他完全是无辜的,甚至连做错事的心都没有,但这拯救不了他,就像拯救不了他的主,或者就像拯救不了世界上任何一个时代的主的信徒们一样。所有有关中国人的案子,差不多都与有关人不审慎的言语或者行动有关。许多中国人在攻击他的敌人时表现得非常精明、狠毒、坚韧和伪善,他们的怒火一旦被点燃,就非要闹个筋疲力尽不可。“不管石头砸缸,还是缸砸石头,都是缸倒霉。”所有上面这些话,都可以用来说明各个基督教会在中国所遭遇到的问题。

在像中国的新教教会这样庞大而又发展迅速的组织中,一定会存在着一些动机不纯的人,他们的目的并不是“追寻教义”,而是想从有影响力的、估计也是很富裕的外国人那里得到什么好处。他们中的有些人在被发现并赶出教会之前,就已经坏了教会组织的名声。就我们所知,基督教会中所有的新教团体都不会给这类人任何的鼓励,不过毫无疑问,他们已经直接或间接地对教会造成了极大的危害,在一个普遍仇视“外国训导”的时代,任何一个这样的例子都不会被忘记,也不会被原谅。地方官员本来就心怀偏见,偏袒一方,办事不公,效率低下,又加上那些颠倒是非的人的煽动,当然更不会欢迎这些入侵者。在风平浪静的时候,他们表现得就像新教可靠的朋友(尽管他们反对法国人贪婪的要求),而一有风吹草动,他们又会轮流召集乡绅和村庄首领们,在这些人面前表示他们从来都十分坚定地反对每一个洋鬼子,并且宣称彻底摆脱这些外国人的时候到了。

在教会需要购置房产的时候,就很有可能发生冲突,因为始终有人想通过一场激烈的骚乱来报旧仇、算旧账。不愿意甚至拒绝参加在庙宇中举行的祭拜活动,尽管远不如与宗族有关的事情重要,但也一定会遭到那些在金钱方面关心这一“古老信仰”的人们的批评和恶意对待。

坚决拒绝缴纳用于进行戏曲表演或道教活动的份子钱,必然也会触怒大批的中国人。一旦计划好了的活动因此而被迫取消,所有的主要参与者都会憎恶造成这种令人不愉快的后果的那些人,而那些一直生活在单调的死气沉沉的氛围中期待某种刺激出现的老百姓,自然也会对他们表示反感。如果基督教徒不参与这类活动,并且拒绝缴纳他们的份子钱,其他人就必须要相应地多负担一些。中国人对于看戏有着与生俱来的激情,他们从来抵挡不住戏曲表演的诱惑,就如同坐在电椅上的人无法控制身体的抖动一样。甚至连站在人群最外围看戏,都有可能会引起麻烦。基督教有着和佛教、道教等宗教“界限明显”而又“完全相反”的性质,佛教和道教的僧侣们没有更早、更普遍地认识到这一点,只能说明这些被认为足以通过管理庙宇和公共礼仪而代表这些宗教信仰的人智力低下。人们普遍注意到,在义和团骚乱期间,和尚和道士往往十分引人注目,有时甚至是义和团的首领。唯一让人感到惊奇的,是这种情况竟然没有发生在很久以前。

为了公平起见,这里有必要提一下,当时很多来自西方的传教士对中国的语言、礼节、思维方式以及意识形态还不是很熟悉,因此当他们大规模传播像基督教这样与中国传统道德体系和学说不相协调的宗教观念时,一定会引起中国人的偏见,虽然他们可能意识不到。怎样在中国这样一个非基督教的国家传播福音这个问题,可能只有少数为此事业献出生命的人才知道答案。无论基督教提出多么高尚的主张,都不可避免地会遭到中国人的抵制,就像在其他国家传教时曾经受到过的抵制一样。也许中国反对基督教的理由在其他时代的其他国家全部都出现过,但这并不能改变基督教的倡导者在中国人心目中的野蛮形象,同时中国人认为不值得给予他们过多的关注。

或许应该从另外一个新的角度来看待在华新教差会出版的文献。如果和它们要满足的千百万中国人的需要相比较的话,这些文献的数量和说服力都有问题;而如果把这些文献看作是一个成长过程而不是一种产品的话,那么已经取得的进步表明至少还是充满了希望。但是不可否认,作为一个整体来看,新教教会文献的形象有点像尼布甲尼撒二世的形象,其构成成分有金、银、铜、铁,当然还有泥。在九年前在上海一份日报上发表的一篇针对基督教的文章中,受过西方教育的作者用"一片漆黑"来形容这些基督教文献,而这个词语本身就是矛盾的,"黑"至少不会对人构成伤害,而且一旦有了光亮便即刻消失。过去几十年间由遍布中国的圣书会和圣经会出版发行的各类文献书籍可谓不计其数,虽然很难评价它们产生的影响,但可以肯定的是,光明已经散布开来,很多被麻痹的头脑和灵魂被重新唤醒。另一方面,在基督教文献广泛发行的时候,出乎人们意料之外的是湖南出现了一些讥讽甚至辱骂基督教的宣传册。这至少说明此类作品的传播起到了一定效果,但同时人们又担心这样可能会带来更多的麻烦。

西药的广泛应用在减少中国人对基督教的偏见方面,起到了比其他事业更为重要的作用,但是仍有中国人认为这对他们并不是完全有益的。还有大批的人坚信中药的疗效,而且在卖药的时候,他们也会极力说服那些对西药半信半疑的人和容易轻信的人反对西医西药,甚至编造西医"购买人的心脏入药"的谣言。西医无法治愈一些不治之症,有时在外科手术时又会发生意外,而最主要的是有人散布针对西医的谣言,污蔑他们的治疗方法、方案,甚至污蔑哪怕是刚刚完成得很成功的工作,因此医院和诊所要想消除人们的偏见,还需要做大量工作。比较半个世纪以来的资料,计算一下得到救治的人数,看到医疗工作的确能逐渐化解偏见、将憎恨变为友谊的事实,我们应该感到欣慰。然而一旦群众的愤怒被人恶意煽动起来,诊所和医院可能是最先遭到破坏的,这时就没有人会站出来抗议,说外国的医生已经证明他们的治疗是值得信任的、有保留价值的了。而且中国保守的文人士子还经常会最大限度地使用他们的权力,反对医院和诊所的建立。另一方面,各级官员都是这些文人士子的后台和朋友。在过去的十年间,他们利用官员已经得到了无法估量的好处,以后还会获取更多。

前面已经提到,新教团体多种多样,它们在行动和传教方式上也缺乏协调,因此引起中国人对新教的混乱认识。不过,极为重要的是,要警惕中国人从这种现象中推论出来的流传很广的错误理论,即认为基督教教义充满了自相矛盾的地方,而且认为不同基督教会的主张相互否定。我们可以毫不犹豫地说,这是一种加诸于中国人的西方思想,与中国人自然产生的思想意识有着很大的不同。在中国和中国人的意识形态中,统一中的多样化是其哲学基调。在中国道家的"八卦图"中,每一个符号都是这个神秘整体的一部分,而这个整体的完成要由这八部分结合才能实现。因此,中国人对以不同形式表现出来的基督教教义也不会感到奇怪或是愤怒。然而,当属于不同差会的新教教徒之间互相忽视或者互相敌对时,中国人的统一思想就开始作祟了——我们西方人也是一样的。所以,应该抛弃原来固有的认识问题的方式而建立新的意识形态,目的就是为了以最高的效率、最省力的方式得到最好的结果。

新教教会的组成原则及其在中国长期以来一直使用的传教方式,使得中国人没有理由怀疑它们是任何一类的政治性机构。在教会管理方面,在处理与非教徒之间的关系方面,一直存在着许多不恰当、不完美甚至是错误的地方。不过,在讨论过那些真正应该受到指责的方面以后,仍然可以说,遭到指责的那些有害因素并不严重,都是一些次要问题,其中大部分问题会随着时间的流逝而逐步得到解决。另外,无论是这些问题中的任何一个,还是所有这些问题加在一起,都没有影响到中国百姓变得越来越友好,也没有影响到明智的官员们日益宽容的态度。

中国同日本的战争已经结束五年了,中国人对各新教差会传教活动的本质和宗旨有了更深刻的了解。这些差会的出版品,尤其是由实用知识传播会在中国人中间传播的那些内容,甚至影响到了皇宫里的人。在排外情绪高涨的湖南省,人们也仔细阅读这些作品。中国皇帝在1898年所计划的那些改革措施,一旦能够得到部分的实行,新教传教士的作品和教导就有可能对中国历史上这一关键时期产生重要的指导作用。对于当前这次巨大危机的突然爆发,新教差会无疑也是有责任的,但是它只是一个较小的、相对不那么重要的因素。

第四章
中国的天主教

作为一个新教传教士，要公正地讨论中国人对外国人的仇恨，尤其是对天主教的仇恨，可能会被认为不太合适，因为他很容易受到被斯宾塞（Herbert Spence）称为"阶级偏见"的影响。实际上，还存在着另外一个更为严重的困扰，一个不可能摆脱的困扰。在任何一场辩论中，在作出一个决定之前，最重要的是要听取双方的意见。但是，在中国人与天主教之间的冲突中，天主教之外的在华外国人通常只能听到中国人一方面的意见。因此，在考察这样一个对其中某些因素并不十分了解的问题时，就必须要十分谨慎。我们所得出的结论，只能是一种可能性，而不是一个经过证实的确定性结论。

有相当多的资料或多或少地直接与这一问题有关，那些想进行充分讨论而不仅仅是做大致勾画的人，在大量的有关中国的专门著作中，在游历性记载中，在远东现在的期刊文献中，可能会找到所需要的资料。除了李佳白（Gilbert Reid）牧师的许多精彩文章以外，可能还会注意到宓吉（Alexander Michie）先生的两个专题文章。最近，这两篇文章以书的形式在美国再次出版，书名为《中国与基督教》。这两篇文章尽管具有启发性，而且也没有当事人的偏见，但它们并没有说明任何问题，也没有得出任何结论，就像一条满是小刺的鱼那样充满着不能证明的假说。当一个朋友告诉宓吉他的看法很容易反驳的时候，宓吉亲切地回复说，他对这一点相当清楚，甚至他自己都有一些新的思想去回击他自己书里的那些观点。

理解这一问题的一个重要文献，是中国政府通过总理衙门于1871年给法国临时代办的一个备忘录或者是函件。宓吉的书中全文印出了这一文件，卫斐列（Frederic Williams）先生的《中国历史》中可能也有对这一文件结论的简短概括。据说，起草这一文件的是文祥——"总理衙门中迄今最开明、最公正、思想最开放的大臣"。宓吉先生认为这一文件的产生"可以说是真正具有创造性的唯一事例"。决不能因为在这样一篇政府文件中进行了一系列正式的指责，就认为这些指责都是事实。但是，当这些指责被运用在文祥这样一种类型的人起草的文件中，以一种友好的方式，在并没有需要处理的具体事件的情况下，并且声称为了防止类似天津惨案一类灾难再次发生而递交给法国政府时，就可以认定，中国政府相信这些指责都是事实。我知道那些被引用的具体事例并没有被推翻，因为在过了将近三十年以后，这些事例在每一次有关这个问题的讨论中都会被人引用。这一备忘录提出了八项规定，遵守这些规定，已经存在的困难就可能会消失。每条规定都举出了天主教强横行为的事例来加以支持。整篇文章的矛头指向教会，而新教教会当时的势力还没有发展到引起政府关注的程度。大多数外国公使在相当一段时间里没有对这一备忘录作出答复,结果十分不幸,使得这一文件并没有产生任何实际的效果。但是,它仍然是传教士与中国关系史上的一个里程碑。因为不能对总理衙门这一特别建议进行详细的考察(这会占用太多的篇幅),这里只能引用其中的几段话,并且对我们认为中国人憎恨天主教会的几点理由进行一下概括。

首先,天主教被认为具有政治目的,而且它本身就是一个政治性机构。这一根深蒂固的信念即使不能追溯到明朝,也要追溯到现在这个朝代最初几个皇帝统治的时代。这与教皇当时的决定有直接关系。教皇与中国有史以来最伟大的君主作对,认定祭拜祖先的礼仪是偶像崇拜,因而禁止实行。而康熙皇帝本人明确地宣布,这些礼仪是世俗礼仪,没有任何宗教性质。尽管几名教皇相继在这方面划定了范围,但并没有起到任何改善作用。中国人基本的认识是,一名意大利绅士竟敢告诉中国皇帝的臣民,皇帝在一个涉及中文解释的技术问题上是错误的。康熙皇帝甫一去世,他的儿子和继任者就开始运用国家权力对天主教徒进行迫害。这样的迫害,从那时到现在,断断续续地一直没有停止。这一事实本身就彻底否定了认为罗马天主教的强横是当前问题的主要症结的肤浅认识。证明的东西过多,就什么也证明不了。中国人十分精明,他们把一名罗马天主教主教在越南的出现看作一个开端,正是从这里开始,这个国家被一分为二,其中的一部分被置于法国的统治之下。他们知道法国从它自己的国土上驱逐耶稣会士,也知道法国是在华耶稣会和其他天主教会的保护者。他们有充分理由认为,这样一个重要事实的背后一定有着十分坚实的原因。

没有一个国家像中国这样,在官员和人民之间有着极其明显的界限。罗马天主教会是一个强大而古老的等级森严的组织。从它那些代表们的观点来看,那些掌握如此绝对权力的人公开地把这些权力推行到整个世界,可能是十分自然的,也是不可避免的。就这样,主教作为一个幅员辽阔的省份的灵魂统治者,采用中国巡抚的品级,帽子上缀有一个证明他的品级的顶珠。他旅行时乘坐一顶轿夫人数和他的品级相符的轿子,有骑马的和步行的侍从陪同,轿子前面还打着一顶表示尊贵的大伞。在他到达和离开的时候,要鸣炮致意。总理衙门的备忘录并没有详细描写这些细节,但它表示特别反对使用官印来表示品级,并且引证了这样的例子。所有这些以及其他一些行为,都是天主教会的既定政策,而不是某个地方的个别情况。这样一种政策在许多方面都伤害着中国人的自尊,也被他们认为是非常不得体的行为。这种炫耀行为在某个官员的辖区内不断地进行,无论什么品级的官员都会非常自然地感到愤恨,对此他们也不会加以掩饰。这种嫉恨是难以克服的,因为它建立在合理的基础上。

在法国使馆不断施加的压力之下,中国政府于 1899 年 3 月 15 日同意了天主教会多年以来的要求。这时发布的一道谕旨给予天主教士以政治地位,具有深远的意义。这些重要的让步一经公布,就在在华新教传教士中间引起了他们在这种情况下应该如何行动的热烈讨论。因为据说一直有人试图劝说中国政府只把这种特权给予天主教传教士,而中国政府出于只有他们自己才最清楚的原因,并不希望让天主教会垄断这种特权。新教并没有一个中心,也没有人有权代表各个新教差会说话,甚至没有人能够代表某个新教差会发表意见,但是新教传教士普遍的舆论还是十分清楚,就是认为这是一个极其危险的特权,它肯定会被滥用,而且不符合新教教会的简单性和单纯性。

要理解以这种方式给予天主教传教士的这一惊人特权的性质，就必须要去思考中国人不喜欢天主教会的第二个原因，它与前一原因有着相同的性质。在总理衙门提出备忘录之前将近十年，曾经发布过一道谕旨说："外国传教士不是官员，不能干涉公共事务。"但是十年之后的备忘录指责他们确实进行了这类干涉活动："近观在中国传教者所行所为，实与本王大臣所闻各节大不相同，犹之一国之中有无数敌国而自专自主者。"[①]这意味着传教士引导着教徒的行动，这些行动有时候会违背当地官员的命令，从而使教徒感觉他首先应该效忠的是拯救其灵魂的教会，而不是国家。当然，这并不是罗马天主教会关于中国人对其国家和君主的义务的说法，而是许多天主教徒自然产生出来的认识，也是中国官员在可以自由表达的情况下普遍持有的一种看法。

总的来看，可以说在中国的法庭上没有"正义"可言。中国教徒时常会陷入一些极其复杂的事件之中，当他们向其灵魂导师们请求帮助的时候，这些灵魂导师们就会处在一个两难的境地。不加干涉，任由他的教徒让衙门的"虎狼们"撕成碎片，这违背了基督教所培育的正义感，也违背了一个基督教心灵天生的良知；伸出援手去保护他们，使他们不受中国臣民深陷其中的不公正网罗的侵犯，就会开启一个大工程，没有人知道它将会带来什么后果。

我们没有途径知道天主教会行动的背后有着什么样的理论，要弄清这一点，只能通过它那些广为人知的活动。每一个天主教的堂口都有一些非常能干的中国人，其中有些人是和官府打交道的老手，并且为那些有官司要打的人做讼师。这或许是一个非常聪明的储备，但也有可能带来很大的弊端。那些在新的草地牧场为天主教开拓领域的人一般都会宣称，与天主教组织建立起联系的人无论发生什么事，在进行诉讼的时候都会得到保护。并不是说这是根据某个神父的命令而采取的做法，也不能肯定神父知道有着这样的保证。但是，不断地有人作出这样的保证，也不断地有人接受这样的保证，这一点是肯定的。任何一个多少熟悉中国人性格的人，都会非常容易地预见到一定会出现也确实出现了的结果。恃强凌弱是中国社会的一个特色，在恃强凌弱的人中间，那些认为自己有一个不可抗拒的外国靠山的人最为强横，最让人无法忍受。就这样，诉讼就像霉菌在八月的湿热中毫无理由地生长起来一样，一下子就在各个地方出现了。当诉讼刚刚开始没多久的时候，外国神父出现了，案子也因此变得严重起来。外国神父通过什么手段，在没有显赫威望而且经常(不是经常，而是总是)不受地方官欢迎的情况下，能够取得他实际上取得的诉讼结果，这一直是个谜，一个那些不了解情况的人永远无法解释的谜。是的，他有时也会放弃，但是到那时，他的案子已经以一种和一个英国臣民或者一个美国公民的案子中所见到的那种形式完全不同的形式得到了审理。

在像现在这样的一篇文章中，不可能对此作详细的论述。这里只需要说，笔者比较熟悉直隶和山东数十个县的传教工作，在这里到处都可以听到对于罗马天主教在诉讼中不公正和专横行为的指责。这些指责往往都有非常充分、非常精确的叙述的支持，往往有确实的证据证明它们的真实性，因此不能不让人相信。在笔者家附近的某个县，天主教曾经

① 译文据《总署与各国大臣商办传教条款》，见廉立之、王守中编《山东教案史料》，齐鲁书社 1980 年版，第 411 页。——译者注

有过一个很强大的堂口,但后来却丢失掉了。在过了一代人的时间以后,人们仍然普遍认为,天主教之所以丢失掉这个堂口,是由于一名天主教徒在神父的支持下向一名非教徒提出了特别蛮横的要求。地方官不愿意开罪教会,因为担心可能会给他带来至少是难以预料的后果,但是他又不愿意作出一个明显地激怒任何一方的决定。于是,他当着外国神父的面告诉诉讼双方,他没有资格作出判决,他们必须到城隍庙里,在神灵面前发誓,让上天来作出裁决。这件事所产生的道德作用,就是终结了那个县的罗马天主教,而且直到现在都没有能够发展起来。

与这一问题相联系的一个特别重要的问题是,无论是官员还是百姓,都认为天主教是坏人的避难所,他们加入了天主教,就能够逃避中国的法律,并且在外国的保护下更加任意地胡作非为。这绝不是说教会事务的管理者们有意要这样做,我们只是要表明,人们相信这是真实的,而且它在某种程度上是真实的。总理衙门备忘录有这方面的详细论述,这里就没有必要具体说了。由于不能对这一问题进行更为充分的探讨,这里就必须要说,有关这个问题有着大量有说服力的证据,这些证据在中国各个地方都可以搜集到,完全可以证实这一类的指责。

这些不断发生的事情给那些消息灵通而且似乎还算公正的评论家留下的印象,可以通过下面这段话反映出来。这段话摘自柯乐洪先生的《由陆路去中国》,这本书和他此前的一本书《转变中的中国》,反映出他对中华帝国的深刻了解。

"殉教者的鲜血在中国成为法国扩张的种子,法国利用传教士和本土教徒来诱使中国人犯罪,以便从中渔利,暴行和殉教是它在政治上的收获。商业对于英国的重要性,如同天主教保护权对于法国的重要性一样,这样,它们各自在中国的地位才能得到平衡。但是,法国从它的宗教资源中得到的资本,要十倍于英国从它的商业上所能够得到的东西。在法国政府鼓励性的关怀下,天主教成为一个真正的国中之国,它蔑视地方法规和习俗,欺压异教的邻人,践踏这个国家的法律。只要天主教徒与异教徒之间发生争执,无论是什么方面的问题,争执就会立即由神父接手。如果神父不能亲自威胁地方官员,强迫他们给予天主教徒权利的话,他就会把这一案件说成是宗教迫害,要求法国领事进行干预。然后,就是严厉地勒索赔款,一点也不考虑要求是否合理。外国列强一定会进行这样一类干涉,相信这一点的教徒们当然就会更加肆无忌惮。在威吓官府欺压百姓方面,法国传教士能走多远,中国教徒就会走得更远。"接下去是一个具体的事例和这样的评论:"像这样强横的行为会使教徒变得让人害怕,让人憎恨,丝毫不足为奇。当这样的情绪在整个国家普遍蔓延的时候,偶尔出现一名神父被杀的消息,我们也不会感到奇怪。"

在所有涉及中国人和天主教徒的案子里,我们只了解其中的一部分,这对我们很不利,但并不能因此而抹杀这些事实。然而,还有一些具有重要性的事例,是天主教徒有意去伤害或者去激怒新教教徒。不幸的是,这类事情的数目还在不断增长。我们对这类事例的详情进行了全面的调查,因而有着坚实的基础。可以举两件这方面的事情作为例子。

在1899年11月发表在《教务杂志》上的一篇文章中,在华传教十六年的德国礼贤会的叶道胜(Immanuel Genahr)牧师,详细描写了一名名叫朱利昂(Julien)的天主教神父对扎恩(Franz Zahn)牧师及其中国助手的可耻的暴力攻击。这名神父殴打扎恩牧师,把他打倒在地,然后用链子锁起来,像对待一个不值得生存的罪犯一样对待他。这一切都是出于一个不存在的指责,说扎恩牧师是一伙暴徒的首领。相反的,朱利昂神父本人才是这样一伙暴徒的首领,他们闯入一个村庄,洗劫了新教望道者和教徒的家,造成了数千元的损失。

这些事实在其后由法国和德国领事主持的司法审讯中得到证实。他们认为,朱利昂应该当着领事们的面向扎恩先生道歉。朱利昂承认他亲自率领一伙人袭击和劫掠了那个村庄,并且向扎恩先生道了歉。他还被要求进行赔偿,归还偷去的表和其他物品。同时,领事们都同意,应该将他转到其他区域去传教。叶道胜牧师在评论这一典型事件时说:"每一个真正谋求教会福祉的人,对教会'在保护的旗帜下包庇坏人'的政策都会深感痛心。事实本身不可否认,全中国十八省都回响着由这一政策所引起的控诉声。新教传教士已经知道要认真对待它,1901 年在上海举行的大会将被迫明确对这一政策的立场。"

1896 年的《教务杂志》发表了耶士谟(William Ashmore)牧师的四篇文章,详细记载了罗马天主教会成员在其神父的唆使下,对汕头附近的美国浸信会的攻击,包括抢劫以及实际上反抗地方官府的叛乱。这件事先是提交给美国驻广州领事西摩(Seymour)先生,然后又转送到北京。在北京,美国公使田贝(Denby)先生进行了调查,证明这些事实是不可推翻的。但是,法国公使拒绝考虑这些证据,反而把此事交给总理衙门处理。由于法国对总理衙门施加了无法抗衡的强大影响,案件的双方被迫达成一个脆弱的妥协。按照这一妥协,无辜的中国人被释放,但是罪犯也得以离开监狱,逍遥法外。在当时,就有人在讨论这一著名案件时指出,这样的行动是一把双刃剑,对双方都会起破坏作用。这样一个预言,直到现在还在不断地被证实。在过去几年里,在中国的外国杂志详细报道了与上述案例相类似的许多事件,有的发生在满洲,还有一个最著名的事件发生在浙江。在这些文章中,有一篇点名指责罗马天主教的文章,是安立甘会的慕稼谷(Moule)主教写的,他的对手是浙江省天主教的主教。

中国人仇恨罗马天主教的一个重要原因,可以在以下事实中发现:根据 1860 年条约,在出具能够证明此前占有的证据后,大量原先属于教会的房产将归还给教会。但是,在这之前十五年,道光皇帝曾经下过一道命令,允许归还天主教的房产,但是已经被转作庙宇和已经成为百姓住房的除外。然而,1860 年的条约废除了这一例外,结果就出现了大大小小的冲突。总理衙门备忘录承认,中国有许多这类房产,并且提到,这些房产往往已经多次易主,而且大都经过大规模的修缮,有些甚至是重新翻盖的。"传教士对此丝毫不予考虑,强迫要求归还原先的房产,甚至连最起码的赔偿也不支付。有的时候,传教士甚至要求对这些房产进行修缮,如果不能修缮的话,就要求赔钱。这样的行为激起了百姓的愤怒,他们用不友好的眼光看待传教士。事实既然如此,就不可能存在任何友好感情。"

在中国,有许多高大建筑会让中国人感到恼怒,仅仅是为了怀念过去,就会引起攻击行为。位于天津白河和大运河交汇处的教堂,就是一个这样的建筑。这座教堂是 1865 年在从中国人那儿要回来的地基上建起来的,1870 年被一群暴徒毁掉。1897 年重建以后又受到严重的威胁,1900 年又一次被毁掉。在整个中国,或许没有一座教堂像广州那座巨大的叉形建筑那样让中国人感到痛苦了。它矗立在原两广总督叶名琛的衙门的旧址上,叶名琛在英国人攻占广州时被俘获,被带到加尔各答并且死在那儿。任何人看到这座建筑时都会感觉到,它的设计显然是要能抵抗住无论多么猛烈的攻击。广州一名老资格的传教士那夏礼(Noyes)先生在一篇题为《广州城的五次愤怒风暴》的文章(《教务杂志》1895年2月)中提到,他听到一名非常有学识的人说:"我们中国人一定要让这座教堂倒掉,哪怕从现在开始需要一百年的时间。"

通过购买取得房产,往往也会给中国人心中留下许多痛苦,一旦有了可以发泄不满的机会,这些痛苦就会集中爆发出来。一般情况下,中国人不愿意外国人在任何地方购置土地,建筑房屋,并且很容易就会找到拒绝的理由。从他们的观点来看,无论你选择在什么地方建房,这些拒绝的理由都会非常有道理。经验表明,极其原始的风水"科学",或者叫"地理占卜",在用以阻止外国人得到一个落脚点时,表现出从来没有过的强大力量。天主教会在这方面不断地得罪中国百姓,因而在各地都遭到他们的反对。天主教会或者坚持要得到一块遭到中国人强烈反对的房址,或者在居高临下的地方建立起又高又大的建筑。在中国人看来,这些建筑就是民族耻辱的永久性证据,不断地提醒人们不要忘记外国人的强横行为。英国政府曾经做过一个明智的举动,它在数年以前曾经发布过一个文告,告诫传教界:"在修建房屋时,房屋形式和高度的设计应该更为谨慎地考虑中国人的成见和迷信。"

在中国某些通商口岸的外国人居住区里,天主教是最大的房产拥有者之一。比如在天津的法国租界、在清江,天主教都是最大的房产主。从这些巨大的财产中得到的收入,被用来支持教会,因为它们没有新教教会所赖以生存的每年的募捐收入。在中国内地也可以看到同样的现象,有相当大面积的土地处在天主教神父的控制之下,并由此集聚起不大的教徒群体。我们了解到,在饥荒发生的时候,教会会向一些答应遵守条件的人发放小笔借款,这些条件包括参加宗教活动、学习教义问答等。另外,也可以将土地抵押给教会,根据借款的数量给予一个固定的利率,并且每年要向教会交租子,直到借款全部还清为止。这样一种把慈善事业和金融交易混合在一起的做法可能有其有利之处,但它肯定也会让精明多疑的中国人比以前更加确信,教会不仅是一个政治性组织,而且还是拥有土地和金融力量的势力。最终的结果就是使得教会比以前更加成为仇视的对象,作者本人就曾经见到过这样的情形。

总理衙门计划提出的八项管理规定的第一条,是有关天主教在中国的育婴堂的。这些育婴堂所招致的反感以及对天主教生命财产的攻击,或许比其他任何一种因素都要更为严重。1870年的天津骚乱以及1891年的长江流域的骚乱,就是直接由关于育婴堂这类机构的煽动性传言而引发的严重事件。总理衙门的备忘录和民间的传言都强烈反对这类机构的设立。中国人不可能理解这类大规模慈善机构的动机,如此多的无依无靠的婴儿的出现,尤其是像在有些事例中那样有很多婴儿死亡的时候,马上就会让人联想到影响很大的迷信说法,以为外国人想通过肢解尸体来行施炼金术,把铅炼成银子。

总理衙门希望改变这些育婴堂的管理方式,但他们最希望的是废除这些育婴堂。"于中国所立外国育婴堂,收养幼孩不问来历,不肯报官;到堂后他人不得抱养,其家不准领回,且不许亲人来看,如此何能不使百姓生疑?即如津案妄传剜眼剖心,曾经奏明并无其事,而民心至今疑怀莫释,故能钳其口,万不能服其心,而欲将来不再因疑生事耶?果能将外国育婴堂概行撤回,仍归本国设立,凡中国幼孩,无论在教与否,皆归收养。中国各省办此善事不可枚举，何必西人搀越，致以善举而启疑团。故此事不如各行其善，实为两便。”①

中国人在照管无依无靠的流浪儿童方面，一直是几乎无所作为，所以这方面的工作的确是最为仁厚的善举。但是，它一直受到误解，部分原因是某些中国人从一开始就蓄意制造这种误解，而且直到现在仍然在这样做。如果使用明智的、息事宁人的方式，可以相信中国人就会从根本上改变现在的态度，直到最终完全消除。

天主教神父不把教堂的大门敞开，对外边的人进行布道，他们不进行面向所有百姓的医疗工作，他们大部分时间与外界相对隔离，这些事实都极大地刺激了中国人多疑的天性，对这种对他们来说如此陌生而又如此不自然的生活进行各种猜测。李佳白先生引用过一个曾经深入到湖南省衡州府的《圣经》贩书人的话，据他说，尽管外国神父已经在这里居住两个多世纪了，但在他所到过的每一个城市里，外国人都会引起人们极大的好奇。他补充说：“外国神父们居住在一种神秘的、与世隔绝的环境中，本土人根本没有办法进入这一环境，因此就制造出许多有关他们的最离奇的故事。”无论天主教会出于什么理由让教会大院以及在其中生活的那些人的活动保持如此巨大的神秘性，这种做法给外面的人造成的总体影响都非常不好，只能给那些不断产生的怀疑增添更多的色彩。在中国，任何一件不能十分轻易地澄清不利传闻的事情，都不可避免地要引起种种怀疑。

在造成误解的一系列原因中，还需要再增添上由教会的礼仪而产生出来的误解。对死亡婴儿的洗礼不可避免地会导致一些最为荒谬的误解，尤其是在把这一礼仪与使用人体施行炼金术的顽固迷信联系起来的时候。临终涂油礼甚至更容易引起误解，由于同样的原因，很可能会成为中国人仇恨外国人的理由。

任何一个对中国百姓有着美好希望的人，都不会愿意对天主教为中国各地的百姓所做过的而且现在还在做着的那些善事说任何诋毁性的言语。在天主教会中，有许多具有牺牲精神和献身精神的高尚的男人和女人，他们为了一个对牺牲精神通常缺乏理解的民族的利益整个地献出了自己。在新教教会把中国从长期的沉睡中唤醒之前的几百年里，圣母的教会一直在进行着它从未曾做过的艰苦工作，沉着坚强，坚持不懈，无论是仇视还是批评都不能动摇它。然而，正是为了所有这一切——不，正是因为所有这一切，就更需要以最能引起注意的方式提请注意这个事实，这就是在华天主教现在的半政治性管理非常不好，它正在播下罪恶的种子。这方面的一些具体问题，有些已经被明确地指了出来，有些也已经受到了注意。对天主教的传教方式及其结果长达二十五年的关注和实际考察，证明前面所说的所有事情都是可靠的。已经播下的种子一定会按其本性结出它的果实，现在这样的结果，总理衙门备忘录早在将近三十年前就已经明确地预见到了：“似此而欲久安，官民不同心怨恨，岂易能乎？本王大臣思患预防，惟恐津案已结，各处教民闻之，必以津案为口实，而反气焰凌人，平民不怨毒更甚乎？一旦发泄而成巨案，地方官办理不下，督抚亦无可如何，即总理衙门有力难施。倘将中国百姓同心变乱，我大皇帝遣将命师，万不能胥中国之民而悉诛之。况众怒已成，谁肯束手待毙？……且无论中外何国，必以得

① 译文据《总署与各国大臣商办传教条款》，见廉立之、王守中编《山东教案史料》，齐鲁书社 1980 年版，第 412～413 页。——译者注

民心为要,民心未得,以势迫之,定必生变。”①

将近三十年前预言的“定必生变”最终还是发生了。但是这场变乱并不是直接针对作为天主教的罗马天主教会,而是针对作为整体的全部外国人,它的旗帜和揭贴上大张旗鼓地书写着它的口号——“灭洋”。孔子有关于“相互关系”的解说:“己所不欲,勿施于人。”那些一直跟随着我们阅读的人一定能够自己作出判断,像天主教这样一个组织在过去六十年里在中国的传教方式,如果换在任何一个和中国签订条约的国家的土地上,会产生出什么样的结果。完全可以认为,前面提到的那些原因在任何一个国家产生出来的后果,都会比最近的起义开始之前在中国看到的情况更为严重。人们已经在多得不能再多的场合,清楚得不能再清楚地指出,这场起义的特殊性是由于中国政府从最初的容忍到后来的助长再到最后的直接领导而造成的。它的主要根源是种族仇恨和西方国家的政治侵略。然而,整个中国对罗马天主教会的要求和活动普遍而又深刻的憎恶,极大地增加了人们的愤怒,增强了攻击外国人的激烈程度,也会实质性地增加最后解决的难度。坦率地承认这一不争的事实,对中国人民的利益有着非常重要的作用,也有利于为了这个民族的福祉而遭受如此多的迫害、有如此多的人为之殉难的宗教的和平传播。

① 译文据《总署与各国大臣商办传教条款》,见廉立之、王守中编《山东教案史料》,齐鲁书社1980年版,第411～412页。——译者注

第五章
半个世纪的反外骚乱

大量来自不同国家的外国人在一个和欧洲面积一般大的国家中积累了四十年以上的经验，应该能为西方人和中国人之间某些实际层面关系的处理提供极其有价值的参考。但是，要研究由这一关系——人们对它思考的时间更长，所以也更为重视——所引起的那些骚乱，还有许多内在的困难。许多国家的人对中国大多数省份的名字毫无所知，一般人都认为它那庞大的领土缺乏趣味，用密迪乐(Thomas Taylor Meadows)先生——一名最有智慧的中国研究权威，但现在已经差不多被人遗忘了——的话说，就是它有“十万八千里远”，人们不会认真地考虑它。偶尔会有关于在沿海或内陆某地发生骚乱的报告，但是，除非骚乱的情况特别恐怖(情况往往是这样)，否则，很快就会被遗忘，根本没有人对之进行任何深入的了解。而对于那些长期在中国居住的人来说，则有着另外的困难：这些骚乱表面看来大都比较相似，而且各个骚乱之间距离的时间也并不太久。这样一来，即使是记忆力最强的人，也很难把它们都记在心里。

对每一次骚乱进行详细的历史性和批评性考察，探究它的表面的和真正的起因、它的进行方式、它所造成的损失，特别是相关外国政府对骚乱的处理，具有极大的价值，尤其是考虑到许多骚乱的相关记载，即使是能够接触到各种资料的在华外国人也很难利用，因为这些资料并没有被整理成永久性的形式，只存在于一些临时性的出版物中。无论如何，我们在这里只能够考察过去四十年中发生的几起针对外国人的典型骚乱，以帮助我们理解这类不断出现的恶性暴力事件。由于这一时期在华传教士分散在中国各地，所以大多数这类事件所直接攻击的是传教士、他们的房子和教堂。但是，正像下面一段文字较为充分地描述的那样，暴力行动并不只是针对传教士，因此把这些骚乱称为反对外国人的骚乱是完全正确的。

迄今为止，在中国最大的新教组织是1865年左右由戴德生(J. Hudson Taylor)牧师创办的内地会，自那以后，戴德生一直是该组织的领导人。1868年，戴德生和一个同伴在扬州开始进行传教工作。扬州位于长江的通商口岸镇江以北十五英里，紧靠运河，有三十六万居民。传教士在试图租赁大约三十处房子都没有成功以后，最终找到了一处房屋。但是，有关镇江发生了仇外活动的传言煽动起一些士子，他们组织起来，力图阻止传教士占用这处房屋。先是出现了一些诽谤性的小揭帖以鼓动当地居民，后来感觉这还不够，又出现了一些大告示，最终闹得满城风雨。就在这紧要关头，科举考试又开始了，传教士收到了将要攻击他们的通知。他们尽了一切努力，试图消除这些揭帖的影响和威胁，并且准许百姓参观他们的房产，但是都没有产生作用。

8月22日,暴徒猛烈地攻击了这处房屋。在几次派人报官均未能得到帮助的情况下,戴德生先生和他的同伴冒着生命危险来到了衙门。他们在那儿等了四十五分钟,期间听到远处传来暴徒们的叫声。暴徒们在毁坏财产,也很有可能危及留在房子里的女士们的生命。等到官员终于出现的时候,却向他们提出了莫须有的有关中国儿童被拐卖的侮辱性问题。无论如何,官员答应处理这件事,但传教士们必须留下等待结果,因为据说他们一旦出现在街道上,就不可能把暴徒驱散了。在痛苦地等待了两个小时以后,他们被允许返回。他们的房屋已经完全被毁掉了,留在家里的传教士们都藏了起来,好不容易才幸免于难。尽管暴徒们已经把一些门窗和房墙洗劫一空,但坚强的、同时也已经筋疲力尽的传教士们还是回到了他们的房子里,让官员们对损失进行认定。令人意想不到的是,第二天又发生了骚乱,他们又一次重复了前一天的不幸经历。传教士们又几乎是不抱希望地告到知府那儿,在那儿同样是冗长的等待,知府还没有起床,不愿意别人打扰他。最后知府派了一名官员到骚乱现场,驱散了暴徒,外国人的生命再一次幸免于难。

有人告诉戴德生先生,要给知府写一封温和的信,一定不能把这次事件称为"骚乱",而只能说是一次"扰乱",而且一定要请求惩处那些被捕的人,并且要求发布告示。尽管可以肯定道台和知府参与策划了这次骚乱,但戴德生对此也无可奈何。戴德生给知府写了信,同时也给驻清江的领事送去了一个口信,后来又送了一份正式信件。领事在其他人陪伴下立即前来救助,驻上海领事麦华陀(Medhurst)先生以极大的热情接手了这一事件。他乘坐一艘小型蒸汽轮船,在由英国海军舰艇里纳尔多号上的七十名水兵组成的一支卫队的护送下,来到了扬州。他把卫队驻扎在吓坏了的知府的衙门口,要求会见知府。知府力图减轻骚乱的严重性,但被领事一一驳回,直到最后无话可说。然后,麦华陀领事发出最后通牒,要求惩处点名指出的带头进行骚乱的人,要求修复房产,要求发布告示公布英国传教士的权利,并且要求释放因为传教士而被逮捕的中国人。知府同意了其中某些要求,对另外一些要求,则表示需要向在南京的总督曾国藩请示。办事果决的麦华陀领事当即决定带知府去见总督本人,以阻断可能会找到的无数借口。知府要求乘坐自己的船前去,而不能像一个囚犯那样被带去。在路上,知府要求允许他的船在河的另一侧过夜,并且写下书面保证会在那儿待到早上。然后,他就在夜里离开他的船溜走了,可能是想在领事到达之前先见到总督,以便向总督报告他自己对这次事件的描述。麦华陀先生及时赶到了南京,会见了总督。总督非常有礼貌,许诺要公正地处理此事。

然而就在这个关口,发生了一件意外事件,这种意外事件在东方外交中往往是灾难性的。里纳尔多号的舰长因病返回了上海,把失去精神支持的麦华陀先生留在了中国人身边。曾国藩立即改变了口气,坚决拒绝按要求给予赔偿或者惩处士子、知府和地方官,尽管文件表明他们在骚乱发生之前十天就多次得到即将要出乱子的警告。所得到的全部许诺只是修复房屋,以便让传教士们能够在两三个月以后返回,同时发布一道禁止打扰外国人的布告,提出的有关损失也被砍掉了一半。戴德生先生在骚乱发生三个月以后住进了这座房屋。

麦华陀先生的策略和能力受到深知这一事件复杂性和困难的所有人的赞扬,不过英国外交部对他这种咄咄逼人的做法并不欣赏。在中国的外国人都知道这个事实,可能中国政府对此也非常了解。值得一提的是,在扬州骚乱中难脱干系的道台事后坦白地承认,他没有在总督面前说实话,并说这样做是他的职责所在。

在过了二三十年以后,到了现在这个大多数人都具有洞察力的时代,每个人都能够很明显地看出,在这个可以作为判例的典型事件中,英国政府要么应该干脆不加干涉,要么就应该干涉到底,给整个长江流域甚至给整个中国提供一个重要的可资借鉴的先例。在这一事件以及此前此后发生的每一个类似事件中,通向正确结果的"阿里阿德涅线团"可以用额尔金勋爵言简意赅的格言来阐明:"不要提出不正当的要求,对于已经提出的要求绝不退让。"对外国人对华条约权利的公开反抗,在很大程度上都可以直接归咎于外国政府摇摆不定、不够强硬的对华政策。

直到现在,1870 年 6 月 21 日发生的天津惨案一直是体现中国人对外国人仇恨的最大规模的行动。法国人之前占领天津一处颇受民众喜爱的庙宇作为自己的领事馆,已经激起了中国人的愤恨,而关于天主教育婴堂残害收养的中国儿童的谣言又让人们深信不疑(因为当时一场传染病流行,有相当数量的儿童死亡)。法国领事的行为极不明智,而且语气傲慢,而中国官员像往常一样反应迟钝,直到最后,一切都已经太晚了。冲突中有二十名外国人被杀死,遇害的中国人可能也有二十多人。我们在南京见到的总督曾国藩这时已经是直隶总督,不过他在这里的处境非常困难。百姓都同情参与屠杀的暴民,对谣传中有关外国人的暴行满怀愤怒。在本来留给朝廷使用的一块土地上修建的天主教堂也被焚毁,废墟保留在那里长达二十七年之久。在很长一段时间里,一直都有人出售绘有屠杀场景的扇子,民众显然从毁坏外国人财物和杀害外国人的绘画中享受到快乐。由于紧随其后爆发的普法战争的压力,这一事件的解决方案未能保证以后不再发生类似事件。十六名中国人被斩首,还有一些人被流放。不过,受到处罚的人到底是不是参与屠杀的人,无从考证,而且他们每个家庭都从清政府和官员那里领到了一笔可观的抚恤金,这就在很大程度上抵消了惩处的效果。如果读者对这一问题感兴趣,希望详细了解这一事件和后来爆发的一些反对外国人的骚乱,可以参阅卫斐列先生所著《中国历史》一书(这本书是其父亲卫三畏博士著作的续篇)的最后一章。了解情况的读者都会赞同他关于天津暴乱的明智观点:"简而言之,这一暴乱的整个历史——它的起因、发展、高潮、结果以及镇压——包含着曾经出现过的严重妨碍中国文明与欧洲文明和谐相处的所有因素。"

1874 年,在上海的法租界又发生了一次严重的骚乱,起因是法国工部局要占用一块属于来自邻省浙江的人修建的同乡会馆的土地,修建一条从中穿过的道路。这一大片地产内有个地方存放着客死他乡的浙江人的棺木,这更进一步增强了中国人的反对态度,因为按照中国人的习俗,棺木的存放使得这里就像墓地一样神圣。即便是从外国观点来看,法国人也是蛮横无理的。到了 1898 年 7 月,关于同一处地产又产生了同样的问题,而这一次法国人的要求比前次更为迫切。在法国总领事的支持下,法国工部局准备占领会馆及周边的房产,以进行某种改善。中国人成群地聚集起来,表示反对,甚至有一些中国人在冲突中受伤。四分之一世纪的时间都没有能够愈合双方的裂痕,也没有能够教会冲动的法国人找到一条更为明智的道路,确实应该让人引以为训。

第二天,中国人的抗议更为激烈,水手、警察和志愿者用武器杀死了至少十五名中国人,还有更多人受伤。过了几天以后,这件事情暂时平息下来,等待北京最后的解决方案,情况又恢复到以前的局面。上海乃至全中国的外国人都感到他们的生命都受到了严重威胁,认为法国人不愿意等待谈判结果而使用暴力,导致了许多不必要的伤亡,实在是犯了一个极大的错误。因此,两年之后的1900年7月,当人们从上海报刊的宁波通讯中读到,由于大量浙江人刚刚从宁波到达,反外情绪空前高涨,从而导致至少八名中国内地会传教士及其三个孩子以及几名罗马天主教神父和中国教徒被杀的时候,人们会为此感到惊奇吗?

从反对外国人的天津到骚乱频发的广州大约有一千英里的路程,在《天津条约》签订十年之后,广州人从前对所有外国人的普遍蔑视已经被对外国势力的敬畏所代替。然而,1871年7月,广州全城到处都布满揭帖,指责外国人发放的所谓治病效果灵验的药粉实际是一种慢性毒药。这些煽动性的揭帖贴出后的第二天,惊恐和愤怒如暴风雨一样席卷了整个城市,来势之猛烈是所有外国人都未曾见过的。四分之三的民众相信关于药粉的传言,所有人都处在恐慌之中。"在两个礼拜里,每一天都可能会有大胆而能干的领头人集合起一群暴徒,去袭击外国人的住所,伤害外国人的性命。"

友好的总督处死了几名领头人,平息了民众的骚乱,但骚乱又蔓延到厦门,甚至蔓延到福州,几乎毁掉了那儿的传教工作。

十二年以后,就在广州人被在越南的法国人的侵略活动激怒的时候,一名外国人酒后开枪误杀一名中国年轻男子,被判七年监禁;一名葡萄牙看门人将一名中国人从汽船上推入海中,使后者溺水身亡。这就像一点火星落到火药上一样,"在没有任何警告的情况下,一群暴徒像愤怒的老虎一样冲进租界,男人们立刻离开他们的早餐桌或是办公桌,女人们抱起她们的孩子,可能还会收拾起她们的一些首饰,逃到港湾中停泊的唯一一条船上。黑烟笼罩着租界,越来越浓,面积也越来越大,直到看不到一所房子,但是在黑暗中还能听见屋顶和房墙倒塌的声音。大火和劫掠持续了三个小时,直到总督派来的士兵驱散了暴徒。四名参加暴乱者被杀死,十三处大型商业建筑在暴乱之后只剩下一堆堆烧焦的木头和熏黑的瓦砾"。

第二年,总督张之洞——现在武昌担任总督——和水师提督彭玉麟联名发布了一份布告,表面的措辞是要平息民众对所有外国国民和中国教徒的愤怒,实际是针对当时处于敌对状态的法国。布告宣称,为法国海军舰队司令的人头悬赏五千两,以下根据级别,赏金依次降低,直到普通士兵悬赏一百两,而杀死给外国人提供帮助的中国人则悬赏五十两。这马上就被解释为可以适用于每个外国人和每个中国教徒。这个消息如野火一般到处传播,结果有十八座新教教堂在那些天里被毁。在好几个月里,广州城内的所有外国人就像生活在火山口一样。甚至十年之后,一种可怕的瘟疫在广州流行,引起巨大的骚乱时,两名女医生还在街上受到攻击,幸亏及时得到救援,才没有被石头打死。

在中国西部的偏远大省四川,在不受当地官员反外煽动的情况下,性情平和的居民对外国人还算友好。该省省城的洋务局被证明就是一个极力向整个四川地区传播排外情绪的机构,给无数人带来了不可计数的损失。这个省对罗马天主教徒的仇视似乎由来已久,其原因并不完全清楚。可以肯定的是,有几名神父失去了生命,可怜的教徒们长时间遭受着最残酷的迫害。1886年夏天,显然是由于在长江边的重庆修建教会建筑而引发的谣言,又爆发了一场骚乱。各个教会的房产以及英国领事住宅遭到抢劫并被毁坏,领事官员严重受伤。在这一年中最危急的那个月,二十多名外国人在衙门的两间小屋子里躲避了两个星期，屋外就是一直处于狂怒中的暴徒。暴乱者们公开宣称，他们得到皇帝和各级官员的授权，要铲除基督教。官府赔偿了传教士的损失，承认了他们的条约权利，但是当教会建筑重新修建时，“愤怒的民众又聚集起来，把它们焚毁，一处房屋在四年之内竟然遭到三次破坏。这些事件的可怕之处并不是暴力，而是暴徒们的顽强，只要形势需要，他们似乎随时可以把驱逐教徒的威胁付诸实施”。法律程序只不过是对正义的嘲笑，基督教徒在法庭上被公开要求放弃他们的信仰。在这里，他们的意图十分清楚，就是要通过纯粹的消耗战将外国人全部驱逐出去。这真是符合中国人的一句谚语：“山高皇帝远。”

1895 年春，就在中日战争刚刚平息的时候，又一次骚乱像热带风暴一样在四川爆发，八十多名外国人被赶出该省。据报道，在这些持续不断的迫害中，超过五万名基督教徒遭受到各种各样的伤害，其中很多人被杀死，传教工作全部停止。

久久不能平息的骚乱使得形势十分严峻，各有关国家政府开始认真对待此事。在美国公使的努力下，任命了一个委员会前去该省调查各级地方官员与骚乱的关系，尤其是当时的四川总督刘秉璋。美国公使田贝先生在给国务院的公文中说：“中国方面一开始和委员会斗争了几天，但最终还是被迫同意委员会通过陆路进入省城成都。他们还特别顽固地反对惩处总督刘秉璋，部分地是由于刘对皇太后具有影响力，部分地是因为这类行动尚无先例。结果，国务院采取行动，下令美国委员会前往，打破了中国人的顽强反对。在中国承认这一要求不能规避之后，英国公使接着行动，发出了要求处罚相关官员的最后通牒。一支舰队被派到附近水域，进行威胁。法国公使这时插了进来，对中国解释说，只有处罚官员才能避免麻烦。”前总督被革职，并且“永不叙用”，许多下级官员同时受到处罚。这项伸张正义的艰难任务以这种史无前例的方法取得成功，自然被看作向前迈进了重要的一步，不仅仅是因为事件本身，更因为它开创了一个先例。

我们刚刚提到的在四川发生的暴乱，以及前面提到的广东的那些骚乱，无疑与中法和中日战争有着密切联系。在四川省到处张贴的布告中有一张这样写道：“目前，在日本侵占中国领土的时候，你们英国、法国和美国人都在袖手旁观。如果以后你们想在中国宣传你们的宗教教义，你们必须先把日本人赶回他们自己的国家，然后才能允许你们在全国范围内毫无阻碍地传播你们神圣的福音。”

在结束反外骚乱这个话题之前，有必要提及 1891 年在长江流域爆发的那些骚乱，这些动乱本身具有统一性和重要性，我们将在下一章进行分析。这里已经说得够多了，但是还是要更清楚地表明，此前的骚乱一次又一次地全面展示了我们在 1900 年所看到那些反外骚乱的每一个特点。但是有一点例外：1900 年的骚乱是第一次得到清朝朝廷直接鼓励的骚乱，至于它会不会是最后一次，还要取决于各国现在对中国的态度。

第六章
反外宣传及其结果

中国有句典型的谚语叫“风吹草动”，这句话并不是要阐明植物和自然环境变化间的关系，而是说人们会对其领导人尤其是其统治者的榜样和影响做出迅速的反应。中国人能够做出这种反应，是因为他们有着高度的同质性，同时也出自他们对于那些被认为代表着并且体现着传统理想的人的无限尊敬。

出于各种各样的原因，典型的中国学者认为所有外国人的理想都不如中国人的理想高尚，他们怀着一种混合着好奇、蔑视和愤怒的感情看待把这些理想介绍进中国的努力。这种感情与我们对于把伊斯兰教引进一个基督教国家，并且试图取代基督教的一系列努力本能地产生出来的感情是一样的。这是他们最温和、最克制的看法，当他们被刺激得无法容忍时，他们对西方生活方式和道德教导进入中国的看法，和受过良好教育的西方人对无政府主义和虚无主义在我们自己国家传播的看法毫无二致。

天津惨案发生时，一本名为《辟邪实录》的中文小册子到处传播，被认为对在华外国人的福祉具有极大的危险性，因为它代表了有教养的士子们对他们既不了解也不愿意去了解的西方人的基本态度。尽管做了认真的努力去禁止它，但这本小册子从来没有消失过，每过一段不长的时间，它就会再次出现，毒害着无数反对一切外国事物的中国人的心灵。

在 1890 年春天在上海召开的传教士大会上，李提摩太(Timothy Richard)牧师要求大家注意一套有关中国国家事务的文集的再次出版。这套文集包括一百二十本书，初版于 1826 年，后来在 1888 年又补充进同样数量的书籍。这些书都收在官方书店的著作销售目录中，其中有许多是提交给高级官员或者皇帝的重要文件，还有一些与重要的公共事务有关的文章，同时还有大量的评论和各种附件，所有这些形成了一部独一无二的重要文集。李提摩太称之为“中国的蓝皮书”，但这是一个多少不太准确的说法，容易产生误导，让人以为这些文章都是官方报告，而事实并不是这样。补充的书中有两本与基督教传教问题有关系，李提摩太在其文章中对这两本书做了概括性的介绍。在这些文献中，可以看到对基督教进行的所有诽谤的根源——挖取此前已经被迷药迷住了的中国教徒的眼睛，教堂里男女混处，法国神父的恶劣品性，还有其他许多难以付诸文字的传言。对基督教教义的记载只是一些极其拙劣的大杂烩，由婆罗门教、佛教、伊斯兰教以及中国秘密教派的教义的一些片断拼凑起来。这些文件的实际目的，可以从一篇附加的关于两个省份反外骚乱的记载中看出来。这两个仇视外国人的省份的反教活动是由一名前按察使和一名翰林组织起来的，他们号召士绅们铲除身边的邪恶的基督教教义。

1891 年，在华外国报刊提请注意大量反对外国人的煽动性文章的出现。这些文章显然出自善于写作的中国学者之手,它们最初出现在湖南省城,然后流传到全国各地。汉口的杨格非(Griffith John)牧师设法弄到了这些书籍和小册子,把它们翻译成英语,并且追寻它们的来源,为所有在华外国人做出了重大的贡献。多年以来,他一直是这方面的权威。我们应该感谢他发现了那个用辛辣的笔制造出眼镜蛇毒液的人。此人名叫周汉,湖南宁乡人,有"道台"的名誉职衔。

在距离汉口二三十英里的一个城市里,发现一些名为《杀死鬼教》的书正从这个地方的六七个当铺里大量向外散布,每个想把这本书取走的人都可以得到它。这本书以中国人习惯的"善书"的形式发行,也就是说是免费的,或者只象征性地收一点钱,目的是积德行善。用文字根本不可能描述这本书的邪恶性质,只需看看杨格非博士在给上海《字林西报》①的一封信中对这本书和其他一些湖南发行的宣传品的概括就足够了:"在湖南的这些出版物当中,对耶稣的崇拜被描绘成放荡的崇拜,我们的主被描绘成一头被钉在十字架上的肥猪,周围是男男女女的崇拜者,有人跪着,也有人在放荡地狂欢。'天主教'一词所使用的中国字,是和天主教发音相同的'天猪叫','洋人'则常常使用另一个同音词'羊人'。因此,文件中'猪羊鬼'一词,有时泛指所有的外国人,有时特指传教士,有时指的是中国教徒,教徒也被称为'鬼'或者'猪羊鬼',也就是外国人的儿子和孙子。"

人们发现,这本书与广泛传播的大量揭帖有着密切联系。这些揭帖中有一个《齐心拼命协约》,加入这个协约的是整个湖南省。它由七条约定组成。第一条规定,如果任何家族的任何成员被证明受到了"羊鬼"密探的诱惑,应该强令他在祖先庙宇中当众宣布放弃信仰。如果他拒绝,他就会被作为浪子而被赶走,他的名字将被公布于天下,这样全省任何地方都不会接纳他。另外一条规定,如果有任何家族包庇"猪羊鬼",而没有赶走他,整个家族将被称为"猪羊鬼家族",将会受到各种方式的抵制。另外一条要求对所有游历的人进行严格检查,如果他们对询问问题的回答含糊其辞或者不能令人满意,所有人就应该联合起来把他们赶走。协约后面的一部分宣布,如果"猪羊鬼"侵入湖南,就要自愿加入民兵。大府招募两万人,中府一万五千人,小府一万人。"我们要联合起来,招募士兵,购买武器。我们要求官府派出军队,立即与外国人战斗。"引人注目的一点是,协约的结束语中约定,不允许焚烧教堂和福音堂,一部分原因是这可能会毁坏附近的中国人的房屋,另外一个原因是这些财产应该交给官府出售,以增加岁入。

与这些书籍、揭帖和其他的布告相关联,还流传着被称作"画报"的宣传品。在这些画里,对外国人和基督教所有那些最邪恶的指责都以中国艺术的最好形式表现了出来,以使之能够广泛流传。外国人又重新出版了儒家文化的这一非同寻常的产品,目的是在那些需要了解湖南宣传品作者真实情感的人中间私下传阅。出版者加入这样一段话,以解释他们的目的:"重新印制这一'画报'是为了有思想的少数人,而不是为了所有的人,因而没有对它在绘画和语言方面的极端粗鲁做任何的掩盖。这不是没有文化的人的作品,湖南反基督教出版物几乎无一例外都是由文人们创作的,这部作品无疑也是出自他们之手。事实就是这样,所以我们认为,最好是原封不动地重新印出这一'画报',包括它所有的淫秽和卑劣。用其他的方式,都不能够正确地传达中国人攻击基督教的无理性和亵渎神灵

① 原文为"Daily News",似为"North China Daily News"之略,故译为《字林西报》。——译者注

的性质,不能表现出中国文人们的精神和道德状态,也不能说明中国所有阶层对于他们许多人正在试图破坏着的基督教的深刻需求。”

这就是1891年上半年在中国中部到处播下的种子,这些种子很快就结出了自己的果实。5月初,有关天主教育婴堂虐待儿童的传说(传说有一名儿童竟然被活活煮了!)不断散播,致使一些人计划要攻打扬州的耶稣会教堂,但当局在得到一支人数很多的军队支援的情况下,镇压了想要制造骚乱的人。在长江口岸芜湖,同月10日发生了一起同样类型的事件。一些已经埋葬在地下的中国人的坟墓被挖开,尸体——已经腐烂得难以辨识——被取出作为恶行的证据。看到这一场景,暴民们变得更加疯狂,他们携带火油,到处投洒,教会的房产很快就变成了冒烟的废墟。英国领事馆和清朝海关的建筑物也受到了攻击,但海关的志愿者们奋力防卫,直到中国军舰到来。在长江边的重要城市南京,教会房屋和医院都遭到暴徒们的攻击,多亏一名传教士依靠他的勇气保住了它们,直到士兵们到来阻止了这场大破坏。在安庆府,由于一艘法国军舰和稍后的一艘德国军舰及时到来加以保护,教会才幸免于难。在丹阳,6月1日发生了针对天主教会的系统性攻击,教会的建筑要么被彻底焚毁,要么被拆掉,所幸没有生命的损失。四天以后,在九江上游二十五英里的长江边上的城市武穴,又发生了一次未曾预料到的更为猛烈的攻击。在这里,也是制造了通常使用的迷拐儿童的传言,这种方式在刺激中国暴徒方面几乎从来没有失败过。一名刚刚到达的循道会传教士阿根特(Argent)和一名名叫格林(Green)的海关职员被杀死,他们的尸体被用一种极野蛮的方式毁掉。在大运河边的重要城市无锡,6月8日发生了一起与此前骚乱相类似的事件,显然是在湖南人的领导下进行的。暴徒系统地放火焚毁了天主教会,在事件中使用了火油和火药。差不多与此同时,在九江,来自三艘兵舰上的士兵们登陆上岸,同时道台也率领一支人数很多的官军抵达,阻止了一场可能发生的对教会财产的破坏。

这一年所有的骚乱中最后也是最为异常的一次骚乱发生在宜昌府,这个位于长江边的城市在汉口上游三百六十五英里左右。把人群聚集起来的借口是一个非常狡猾的计策,这就是先把一个孩子带到一个天主教女修道院,这个修道院有一个专门收养女婴的育婴堂。已经起草好了适当的文件,并且已经签了字,但随后发现这个孩子是个男孩。第二天,中国人要求交出“被迷拐”的孩子。孩子被交了出去,这一事件也报告给了县官。一名军官被派到修道院,好像是来保护它,后面跟着一大群人。其后发生的事与在中国发生的其他任何一次骚乱都有些不同。教会的一些房屋被毁坏了,而另外一些则完好无损。一些苏格兰传教士居住的当地人的房子被放火焚毁,而另一名苏格兰传教士居住的房子则只是遭到了抢劫,没有被纵火,原因是他已经在这里住了十年,而且进行的是慈善事业!但是,骚乱的领头人随身带着火油和火药,把它和其他一些房子烧掉了。外国人拥有的一座被用作英国领事馆的中国建筑没有被纵火,而一座正在修建中的新领事馆却被完全毁坏。这次攻击就像一个晴天霹雳一样,让最机警的人也大吃一惊。整个骚乱结束得干净利索,这是从来没有过的。在得到报警之前,没有任何危险的征兆。只用了二十分钟的时间,一切就已经全部结束。这次骚乱干得迅速、精确,表明一切都经过仔细的计划,每一个人都准确地知道自己应该做什么,并且也做了应该做的事。参与骚乱的全部人数不超过五十人,无疑是由那些知道军官们允许他们做什么的士兵们指挥的。

8月,医生传教士格瑞哥(Greig)在满洲省城吉林的乡村行医时,遭到满族将军的贴身卫兵们的野蛮攻击。他被指控拐带儿童,被关押了三天,受到了严刑拷打。

几个月以后,在满洲相当大的地区内爆发了一次大起义。起义者攻击基督教徒,破坏教会财产,杀死了数百名教徒,最后发展成为一场叛乱。以大量的生命为代价,这场叛乱才被镇压下去。据说有两万多名叛乱者被杀死,地方官员也因为未能平息反对基督教徒的流言——这种流言一直在整个中国到处合法地传布——而受到了惩处。1893年,在离汉口六十英里的宋埠(Sungpu),两名瑞典传教士遭到一群暴徒极其残暴的攻击。后来的处理过程尽管表面看是要进行严厉的审判,但令外国人十分失望,也激怒了中国人。这些中国人担心受到严厉惩处,于是联合起来抵制欧洲人。他们张贴出揭帖,不准与欧洲人进行任何形式的交往,违犯者将受到严厉惩罚。第二年,怀利(J. A. Wylie)牧师在满洲的辽阳被满族士兵杀死。这些士兵似乎是在他们上司的直接保护下进行这一行动的,其中许多人被证明非常仇视西方人进入满洲"势力范围"。这种现象在中国其他许多地方,都经常可以看到。

1895年夏天,在福建古田发生了新教在华传教史上最为惨怖的悲剧,这一悲剧震动了整个世界。史荦伯(Stewart)牧师、他的家人以及几名同伴遭到当地斋教的狂暴袭击,有十人被杀死。当地的骚乱非常严重,不得不召集军队进行镇压。据说,对于取得这样的结果,传教士在其中发挥了作用。

这些事件在远东许多地方引起了公共会议,人们在相当长的时间里,讨论这些反外国人骚乱的性质和意义。但是,由于英国政府未能使省级官员直接为此负责,只惩处了少数几个没有影响的人,因而不会在中国人心中留下持久的印象。1899年6月,在福建建宁府又发生了一次类似的骚乱,有着和通常一样的借口,也有着和通常一样的结果——教会财产遭到普遍的破坏,传教士死里逃生。

同一年,四川省——我们此前已经说过,这个省是反外国人活动的温床——再次发生了骚乱。一位名叫华方济(Fleury)的天主教传教士被一个自称"余蛮子"的恶棍的手下抓住,关押了好几个月。该省许多地方的教会财产被毁坏,外国人被迫远走高飞,以保住生命。在通商口岸重庆对岸的城中,刚刚开张的一家施药所突然遭到袭击,一名学生被杀死。在附近的贵州省,中国内地会的弗莱明(Fleming)先生在路上被人杀死,同时被杀的还有贩卖《圣经》的同伴。惩处那些人所共知的罪犯的要求,遇到了相当大的困难。

以上这些对反对外国人的骚乱的回顾,即使只包括最近十年的骚乱,也是远远不完整的,只不过是那些被认为具有代表性的事件。中国人刚一接触西方人,这类事件就开始发生,并且随着中外交往范围的扩大而蔓延到广大的地区。这类事件覆盖了十八省以及满洲,并且似乎有着某种周期性,就好像11月的流星雨一样。上海《字林西报》1900年5月的一篇社论说,"骚乱的季节"现在来临了,因此应该做好准备,因为在从1842年以来的三十四次"一级骚乱"中,只有四次发生在11月到2月之间,没有一次发生在3月。5月和6月是骚乱季节的高峰期,全部骚乱中刚好有一半发生在这两个月。6月在三十四次中占十一次,其中九次发生在1891年。

从已经描述的这些现象来看,在中国,仇视外国人的原因显然是根深蒂固而且普遍存在的。这些骚乱几乎不加区别地针对那些能够触及到的外国人,同时,一般情况下,这些骚乱起始的动力都来自中国受过教育的阶层,尤其是官员。产生这些骚乱的一个主要根源是无知、愚昧和顽固。对无知者逐步启蒙的过程必然要遇到无数的偏见,它们往往是具有爆炸性的毒气,被偶然的火星点燃,就会制造出一场可怕的灾难。在现在的危机中,中国统治者的昏庸已经把机会放到西方人的手中,西方国家有责任让未来不再出现使过去半个世纪蒙羞的这类盲目、狂热和无理性的暴烈行动。如果西方列强正确地利用这个机会,履行它们的义务,承担它们的责任,我们完全可以期待,在一个不长的时期内,我们所考察的这类反对外国人的骚乱就会消失,新世纪的开始可能正好也是中华帝国一个新时代的开端。

第七章
商业入侵

在中国的外国人通常被归纳为商人、官员和传教士三大类。最近几年，在这三大类之外，又出现了第四类人，这就是被称为“开发者”的人，也就是那些“辛迪加”或者一些通过外国资金来开发中国的机构的代理人。考虑到他们在目的和手段之间存在着的必然联系，把商人和开发者放在一起进行讨论比较方便。对我们要讨论的这个总体性的问题，已经有一些最为全面的研究，这就是后来被称为在中国“上层阶级”工作的先驱者的李佳白牧师的一系列文章，这些文章于1893年在上海出版，书名为《中国反对外国的骚乱的原因》。作者在撰写这些文章时所提出的许多看法，到现在仍然适用。

在所有在中国的外国人当中，商人是最不容易招致中国人仇视的人了。他们来去匆匆，而且只进行贸易，而中国人无论从本能上还是从实践上说，都是“天生的”商人。如果没有人把货物卖给中国人，中国人向谁购买东西呢？在经过数百年的商业交往之后，讲求实际的中国人不需要说明便会明白，外国出产的许多东西即使不是必需品，至少也是非常值得购买的。在一些老百姓对外国贸易已经习以为常的地区，中国人对那些和他们做买卖的人可能不会有多少敌意。许多外国商人说不好中国话，甚至根本不会说中国话，因此他们与本地人的交流主要或者只能通过所谓的“买办”进行。这些买办的工作范围非常广泛，从中间商一直到纯粹的管家。对华商业关系中这些不可缺少的中间人有着明显的优点，他们减少了或者至少是分散了摩擦，在各种各样的情况下弥平了外国人和中国人之间的冲突，外国人本人有时候对这其中的许多冲突很可能根本就不知道。

中国人发挥了他们显著的商业才能，但根本不了解这一活动要受无情的自然法则的控制，也不能清楚地理解政治经济学的道理。在外国土地上被视为“进步”的那些东西，与中国的所有事物都有着根本的不同，在中国没有人知道或者在意与“进步”有关的事物。即使在西方，发明创造和经济发展的凯旋之路，也充满了新的“节省劳力的发明”这一类“改进”的不良影响甚至毁灭性打击所造成的生命财产的损失。但是在西方国家，一个人的生计被新的“改进”所破坏或者被一个新时尚所取代的时候，他可能会做另外一种同样能够做好的事，即使他不能这样做，“天高地阔”，在许多不同的方面还有许多机会让他去施展才能。

在中国，一切就都不一样了。技工只能干一种活儿，很可能这是一种继承下来的手艺，而他几乎不适合去干其他的活儿，就像鱼儿不能呼吸空气一样。和外国的情况一样，煤油以及各种各样的灯，取代了中国的许多行业，还造成了必然随之而来的许多社会后果。人们在写给轮船公司经理的报告中，看到了对华棉制品贸易的发展，看到了这一贸易在沿海一带从广州到天津到牛庄的光明前景,但是没有人看到这一贸易扩展对中国广阔的产棉平原上好几千万中国人的影响。这些人迄今为止一直靠纺织十五英寸宽的棉布勉强维持并不充裕的生活。织一匹布需要两天艰苦的工作,卖到市场上却只能为整个家庭换回一些最起码的生活必需品和继续纺织所需要的棉花,而纺织工作有时在整个白天和大部分夜间不间断地进行。但是现在,由于外国棉制品的"光明前景",本土产品就失去了以前一直占有的那些市场。再也见不到从难以回忆的时代一直就存在着的批发商们的踪影了,辛辛苦苦的纺织活赚不到钱了,而又没有其他能挣钱的活儿取代这一工作。在某些村庄里,每一个家庭都有一架或者更多的织布机,织布的活儿大都在地窖里进行。从正月中旬一直到腊月末,月月都能听到织布的梭子发出的声音。但是现在,织布机闲了下来,连织布的地窖也倒塌了。

无数没有织布机的人以纺棉线来勉强维持生活,这是他们能够免于挨饿的最重要的辅助性手段。但是近来,孟买、日本、甚至上海的纺织厂"非凡"的工作,使得比手纺纱线更为均匀、更为结实而且更为便宜的纱线洪水般地涌到中国的产棉区,纺车不再旋转,年轻人、老年人、虚弱的人和无助的人那一丝丝微小的收入来源就永远地干涸了。"文明"稳步地进入中国内地,给无数人带来了痛苦。这些人并不比被地震引发的浪潮或者被海岸突然、缓慢的陷落而吞没的日本农民更为清楚地了解造成他们灾难的真正原因。但是也有许多人清楚地知道,在外国贸易到来并且破坏古老的秩序以前,一般年景里会有足够的吃的和穿的,而现在什么都不够,而且前景还会更糟糕。由于在许多不同方面有着这样的经历,所以中国人对新秩序感觉极其不满,并不应该受到指责。

要对中国人对外国贸易的不满进行公正的考察,就决不能轻易地忽略鸦片的销售。对这一个重要而又困难的问题,已经有过太多太多的正反两个方面的议论,现在甚至一提起它,就很难不受到来自正面或者反面的指责。对于我们的目的来说,也许几句话就够了。确实,外国人并没有把鸦片引进中国,但是他们大大地扩大了它的销售,并且不顾中国人的意志,强使这一销售合法化。中国人无论怎样都会吸食一定数量的鸦片,但如果不是鸦片贸易合法化的话,中国人决不会如此快地吸食如此大量的鸦片。中国人阻止鸦片销售增长和吸食鸦片的努力,有些十分认真,也有一些不是这样。本土货肯定会逐渐地取代进口鸦片,吸食鸦片的现象在中国不可分解地要与外国人联系在一起,甚至鸦片的名称也是如此("洋土")。尽管中国几乎全国都是吸食鸦片的人,但国家的良知仍然存在,对无力阻止的吸食鸦片习惯进行着强烈的抗议。

无论是谁,看到英国政府任命的鸦片委员会的精心报告以及由此引起的对鸦片贸易的批评和评论以后,都不能不感到,许多为这一贸易辩护的人有意识地不去思考那些证据,而是不顾证据就预先作出判断。现任印度总督寇松(Curzon)爵士只用了几句话就把整个问题打发了,他轻描淡写地认为,中国人由于鸦片而产生的对外国人的仇恨,并不比英国人因为法国人制造出了比它的邻居更好的白兰地而不喜欢法国人多多少。与之相反,我们很容易看到,中华帝国许多有思想的人却把中国的腐败与鸦片吸食联系起来,把它看作是造成腐败的原因和影响因素。下面这段有关鸦片问题的尖锐评论出自苏州道台写的一篇文章,他负责苏州的盐税。他说:"从古到今,中国从来没有遭受过像鸦片之祸这样一种源源不断的罪恶和痛苦……从鸦片第一次流入中国到现在,好几百年过去了,鸦片造成的死亡人数达数百万之多。现在，中国上层阶级中许多人对事情的真实情况漠不关心，不愿意去指责中国人吸食鸦片的过错，反而把这一问题的真正原因归之于贪财的外国人，并且因此而仇视他们。另外，无知的百姓对外国人怀有更为强烈的憎恶，我们不断地看到各地的反对传教士的事件和骚乱。”

这一段话足够清楚地表明了中国人对鸦片这一毁坏国家的工具的仇恨。中国最有思想的人对鸦片造成的危害的强烈看法很容易得到证明。例如，著名的湖广总督张之洞撰写了一篇流传很广、深入人心的文章，这篇文章已经被翻译成英文，题目是《中国唯一的希望》。里面有一章的标题为“去毒”，下面这段是从这一章中摘出来的：“悲哉！洋烟之为害，乃今日之洪水猛兽也。然而殆有甚焉，洪水之害，不过九载，猛兽之害，不出殷都，洋烟之害，流毒百余年，蔓延二十二省，受其害者数十万万人，以后浸淫，尚未有艾，废人才，弱兵气，耗财力，遂成今日之中国矣。而废害文武人才，其害较耗财而又甚焉。志气不强，精力不充，任事不勤，日力不多，见闻不广，游历不远，用度不节，子息不蕃，更数十年，必至中国胥化为四裔之魑魅而后已。”[①]

当帝国最受尊敬、最有影响的中国人对他自己的同胞说出上面这些话的时候，背后显然有着坚定的信念。他怀着巨大的痛苦表示，对于鸦片造成的危害，应该受到指责的是中国人自己。但与此同时，可以肯定，大多数中国人把这种有害药物所带来的痛苦、堕落和毁灭，直接与西方国家联系起来。正是通过这些西方国家的代理人，鸦片才传播到全世界。从中国人的观点来看，这样的事实，对于他们仇恨外国人的正当性来说，具有重要的意义。尽管没有一次骚乱可以说是单独因为吸食鸦片引起的，但是很难确定，有哪一次反对外国人的骚乱不是由吸食鸦片的人在他们吸食鸦片的地方策划发动的。这样的地方，无论是在中国的城市、集镇还是村庄里面，都同样地吸引着那些品质最为恶劣的人。

外国人兴致勃勃地介绍进中国的主要的西方新发明有蒸汽轮船、电报、铁路、有轨电车和新法采矿。这些近代文明的衍生物迄今为止在中华帝国所产生的作用，可能还是一个不容易给出恰当答案的问题。对这个问题也没有必要作出回答，因为从一个政治经济学学生的观点来看，本质的问题不在于实际的结果，而在于中国人本身如何看待这件事情。很久以来，蒸汽轮船一直被认为将会成为中国社会生活、商业生活和经济生活中不可缺少的组成部分，事实也的确是这样。但是在蒸汽轮船结束了旧式平底船使用的那些地方，例如长江，例如从中国中部一直到天津的大运河沿线，就逐渐产生出一种敌意，尽管这种敌意通常无处发泄，但一点也不影响它的实际存在。原先属于运送稻米的漕运船队中的一些船只，现在还在大运河浅浅的河水里缓慢地从中国中部向北京进行运输，这一航运成本很高，中途浪费很严重，没有太大的价值。但是，这一垂死的行业却受到在漕运中进行走私活动——这是漕运的组成部分，也是漕运存在的原因——的官员们的珍视，从中可以看出数百名官员、数千名衙门吏役、数万名船工（他们都是每次航运中大量好处的分享者）对蒸汽轮船的敌视态度。用蒸汽轮船进行运输，运输量要大一千倍，运输时间非常快，成本非常小，对朝廷的岁入没有任何损害。

在过去几年中给予外国的内河航运权遭到了最激烈的反对，这种反对在许多情况下

---

① 译文据张之洞《劝学篇》，载《张文襄公全集》卷二〇二。——译者注

完全抵消了预期能得到的利益。长江上游的蒸汽轮船航运在经历了长期的斗争之后,在面对深深的仇恨和不断积累的各种阻碍的情况下,近来又开始上演一场整体性的经济战,这是帝国发动的一场反抗正在强加给它的进程的战斗。最终的胜利已经确定,蒸汽在每一个地方的胜利可以被认为是毋庸置疑的。但是总的来说,老百姓并不愿意接受它,他们大多数人不愿意见到它的应用,当机会到来的时候,他们会以明明白白的方式来表达他们的仇恨。面对这一巨大的仇恨潮流,为数甚少的开明人士如果不是得到了政府的支持,绝对不会取得任何进展。当失去政府支持的时候,老百姓(在中国所有问题上往往都是一个强大的因素)的既定利益和民主本能,就会通过破坏性行动表明他们支持哪一方面。

中国人始终把电报和政府联系在一起,但是电报的引进仍然引起了怀疑,许多官员认为电报会带来直接的痛苦,因为它把这些官员们与北京的中央政府直接联结起来,并且置于它的直接控制之下。电报也被无知的农民看作是一个打扰土地和谐的潜在危险因素,在他们看来,从被氧化了的电线上滴下来的生锈的雨水,是超自然的洪水的渗出,或许是愤怒的"空中之神"降下来的,会给下落处周围的人带来厄运。几年以前,据说湖南全省团结起来,反对这一可恶的新技术进入该省,电线被扯断,线杆竖立起来以后经常被锯断,或者被拉倒。在最近发生的义和团起义中,电报局是首先遭到攻击、受到破坏的地方。这种行动产生于中国人普遍的直觉,认为电报不利于现在的、而且应该永远不变的中国。

不过,更为严重的是铁路的引进。在过去几年里,一直计划在整个中国修筑穿过内地的铁路,并且签订了一些筑路的协议,有些铁路已经开始修建。从某种观点来看,"风水"据说是一种正在衰落的迷信,但从实际情况来看,它仍然在平稳地运作,没有受到文明的进步或者科学的炫耀的干扰。"风水"无力阻止一条铁路的修建,但在机会到来的时候,它的力量足以把潜在的仇恨发展成为公开的敌对。和蒸汽轮船航运业的情形一样,明智和谨慎会避免大多数实际的危险,并且会克服其他危险因素,但是潜在的冲突可能会在任何时候变成真实的冲突。任何一个艰巨任务只有牺牲人的生命才能够实现,这个历史悠久的、世界范围的信念,在1897年天津通往北京的铁路即将完工的时候又一次表现了出来。当上海大教堂建立的时候,中国那一地区的农民和苦力坚定地相信,它的基础下面铺的是中国婴儿的尸体,以保持教堂的稳定。当北京铁路修筑的时候,人们同样相信,不仅白河上的杨村大桥的桥墩,而且整条铁路八十英里全线所有的铁轨,也都是用这样的方式建成的。一度曾经非常激动的情绪,现在似乎全部都消失了,但没有人能够说,这种迷信对"愚民"此后的行动会有什么样的影响。这些人能够相当沉默地对待给他们带来痛苦的错误做法,但当人们感觉事情快要被忘记了的时候,他们又会突然地爆发出复仇的怒火。中国每一条铁路修筑的时候,铁道都会引起人们强烈的兴趣。在夜晚朦胧的光线下,火车司机可能会看到他那急速行驶着的列车前面,有一排黑褐色的人,每个人都躺在铁轨上,头放在铁轨上面。在这种情况下,往往需要让列车"极低速"行驶几英里。通向唐山煤矿的铁路开通早期,对每个因事故而被轧死的中国人要赔付三十两银子,但是据说有太多的中国人试图通过这种方式来"挣钱",最后只好对这一规矩进行了修改。

任何一个中国港口的船工都是一个很大的阶层,他们可能表面上没有多少影响,但是他们联合起来表达某种不满的时候,就会有相当的分量,因为没有一个中国官员愿意去处理一场民众起义——这种起义的后果没有人能够想象得到,而且在许多情况下,会对官员造成严重的影响。人们还会记得,就在不几年以前,时任直隶总督的李鸿章是如何在宁波船主们的压力下改变主意的。他们当时闹着要求取消在天津修建铁路桥的计划,桥墩已经开挖了,但还是不得不花费人力又填平了——这对于中国最有权势的人来说是一个耻辱,但却是船工这样的既得利益者们的胜利。几年以后,当杨村桥修建的时候,修筑铁路已经得到了比以前多得多的支持,但对于大量巨大的官船能否从桥下通过,根本没有做任何考虑。当这座横跨两岸码头的大桥建成后,这些官船静静地停泊在通州,而且不得不花费相当多的金钱去拆掉它们,因为它们再也没有用处了。被北京铁路淘汰了的无数行驶在白河上的大船,在天津和北京之间进行运输的两骡大车,以及通州城——这座城市先是激烈地反对铁路通过,其后又随着铁路在别处开通而衰落——的所有人,都为把西方方式引进到刚刚从昏睡中醒来、但已经清醒得足以反抗入侵的东方,提供了无数可怕的敌人。

在1898年短暂的进步期间计划实行的众多改革措施中,有一项是改革运送稻米到北京的漕运系统,以杜绝大批漕粮在运输途中被偷盗的现象。这就会使通州(它的存在几乎全部依赖于这条繁忙的河道)衰落到濒临绝望的境地。事实上,对丰台的第一次攻击就是一群来自通州的人干的,他们和其他人一道捣毁了机器房,拆毁了机车,掀翻了铁轨,用这样的方式写下了对新的、给他们带来麻烦的体制的实际抗议。顺便说一句,一道许多年前鼓吹修筑铁路的奏折认为,用铁路运输漕粮可以“防止所有人中饱私囊”。这一点不是不可能做到,但是经验表明,一条中国铁路不会起多大作用,它早晚也会成为一件麻烦事,甚至旗手在工作二十四小时之后就可能不见了,从而提醒中国人,道德在实际生活中绝不是一个工具能够解决的问题。

民众对铁路普遍仇视,还有另外一个原因,这一点一直没有引起足够的重视。在实际工作中雇用的许多外国人都不会说中国话,不用问,一定有许多工人在建筑过程中受到过耻辱性的错误对待。据说比利时人在建设芦汉铁路[①]时就有过这种情况,德国人在山东的铁路工程也出现过这方面的明显问题,而俄国人在满洲对中国工人的虐待可能更为严重。所有这些仇恨感情积累起来,就是一个可怕的集合,当它在一场雪崩中猛然爆发出来的时候,其影响可能足以引起世界的注意。

和其他中国人一样,张之洞认为,西方人几乎不讲究什么“礼仪”,这并不足为奇。典型的“开发者”是世界上的一个大忙人,他远道来到中国绝对不会是“为了他的健康”。他要得到他想得到的东西,而且现在就要得到。他歪戴着帽子,嘴里叼着雪茄,双手抄在他那件“猴子卡克”的口袋里,大步走到一个衙门里,告诉那些“老顽固”们,他——开发者——刚刚来到这里,并且告诉他们他想要什么以及他一定要得到什么。他不愿意听任何废话,不愿意接受任何借口,他没有时间能够浪费,可能只提出他的最后通牒,然后就离开了。他在进行着一项被吉卜林(Kipling)先生称之为“试图诈取东方”的不切实际的任务,只能取得可以想见的结果。对于沉着的“老顽固”官员来说,无论他们会如何巧妙地应付,这样一个西方的代表,似乎都是一个野性难驯的蛮夷,这种人,他们以前从来没有见到过,今后也永远不想再见到。民众对政府让出了什么和不让出什么并不在意。像西方的开发者一样,民众想要他们想得到的东西,但民众并不想要西方的开发者。在内地的某个

① 芦汉铁路即卢(芦)沟桥至汉口的铁路,因当时及其后文献一直用此固定称谓,故本书沿用此称。——译者注

地方,当义和团起义变得极其危险的时候,一名传教士拼命地证明自己不是那个用吓人的铁道和喷火的轮车惊动地神、破坏地脉的人,好不容易才免遭杀害。

智慧的读者可能已经感觉到,当中国人一致发出抱怨时,他们确实有许多话要说。尽管他们没有明白地表达出来,但这些话的意思就是:“中国是中国人的中国。”新事业的开发者在鬼鬼祟祟、神神秘秘的前进中,确确实实地看到了一个政治力量。每一条铁路都意味着合同,合同意味着金钱,而金钱意味着土地的生命,土地的生命被送走的越多,帝国就会变的越加贫困。对于帝国来说,所有进入这个国家的银子都是明显的收入,而所有被带出这个国家的银子都是不可恢复的损失。对一方有利的东西,对另一方来说可能意味着在另一个方面的同样收益,这样一种真正互惠的思想,对于中国人来说是完全陌生的。

对于各种各样的外国人开采的矿山来说,中国人的敌对情绪是强烈的,也是明显可见的。每一个不可避免的事件都进一步加强了这种情绪,这些有可能成功的“开发”,几乎都在某个时刻成为开挖这些矿山的人的坟墓,不安就悬挂在每一个计划开发矿山的人头顶上。

了解到中国人的这样一些思想,这样一些在不同的中国人那儿可能会有不同表达的思想,这样一些每一个中国人每天都在不断地听到的思想,然后再说我们已经很好地设置了一条导火索,有可能在任何时候发生一场史无前例的大爆炸,就不会让人感到惊奇了。考虑到所有这些复杂因素以后,让人感到惊奇的,反倒是这场爆炸竟然没有在更早的时候发生。

第八章
领土侵略

中日战争的结束，是中华帝国古老历史上的一个关键点。随着这场简短而具有决定意义的战争最终缔结条约，中国被迫接受了屈辱性的条款。中国人根本没有想到最后结果会是这样，他们在消息不灵、没有准备的情况下，战前几个月才被迫进入这场没有希望的不平等竞争之中。如果日本不是受到了其他列强的压力，它无疑会要求得到更多的赔款，并且至少在一段时间内，会占领它用武力强占的领土，这就是整个被称为满洲的地方。（在最广泛的意义上，满洲包括以山海关为终点的长城以北、一直伸展到阿穆尔河的全部领土。它最南面的省称作“盛京”，是现在统治中国的王朝的创建者满族人祖辈们居住的地方。）要是允许日本人占领这几个省的话，他们就有可能成为中华帝国的主人。不过，中国人坚决地认为，皇帝没有权利放弃他的祖先以血的代价所取得的土地。

他们一直尊崇着乾隆皇帝的大名，因为在乾隆时期，中华帝国的版图伸展到最为广阔的地方，这一遗产的任何一点减少都被看作是国家的耻辱。也许确实有成千上万的中国人当时根本不知道与日本发生了战争，也许有的人直到现在也不知道，但那些能够得到这一消息的农民们，在那些能够搅动起他们缓缓流动的鲜血的媒介的鼓动下，仍然极其愤怒，就像五年多以后的现在所表现得一样。一方面，在四十多年里，中国人一直利用一个西方国家来抵制另外一个，而这样做又导致了与所有的西方列强斗争。另一方面，由于所有的西方国家都对中国感兴趣——尽管程度很不一样，人们就会非常自然地期望，一旦中国对于整个世界的好处受到某个国家的威胁，那么其他的国家，或者至少其中某个国家会加以干涉，以防止所有人的共同利益受到严重的伤害。就我们讨论的中日战争来说，我们还记得，得到德国支持的俄法联盟警告日本，它通过战争胜利所得到的成果是不能允许的，它的军队必须从满洲撤出。不过，在约定的战争赔款没有支付以前，日本要占领威海卫的港口和炮台。威海卫在烟台以东五十英里，接近山东海角的最东端。在战争快要结束的时候，在让中国非常屈辱、非常丢脸的情形下，日本从中国手中夺取了这块地方。除此以外，日本还要占有台湾岛，这是一块许多双饥饿的眼睛紧盯了许多年的肥肉。

在这一压力之下，日本想要坚持它认为自己拥有的权利，是没有任何用处的。除了英国以外，日本不能够得到任何一个国家的帮助。同时，鉴于英国所谓的“外交政策”的指导者们所知道的某些原因，英国选择了完全中立。去思考在这一关键时刻本来应该发生什么并没有任何意义，但是十分明显，如果英国采取另外的不同做法的话，远东整个事态的发展可能就会完全不一样。

俄国和中国适时地达成了谅解，商定了使满洲摆脱日本人魔爪所需要付出的代价。

这是一个秘密协定,但是在中国,对于有着一把银钥匙的人来说,任何东西都不可能安全地锁起来,让他人不得而入。伦敦的《泰晤士报》和上海的《字林西报》把这个协定的条款公之于众,而两家报纸都因为轻易相信所谓的《喀西尼条约》是个真实文件而遭到人们的嘲笑。但是,当这个条约的真实性明确地得到证实的时候,人们便清楚地看到,俄国很自然、也很聪明地扮演了一个律师的角色,而这个律师,用布鲁厄姆(Brougham)爵士给这个职业所下的明确定义来说,就是"一个从你的对手手中拯救了你的财产,并且把这些财产变成他的财产的人"。俄国的西伯利亚大铁路是这个充满大胆创新的世纪中最为重要的一项事业,它已经修筑了很长时间,终点是位于阿穆尔河入海口的符拉迪沃斯托克。尽管可以尽力去改进那里的自然条件,但冰冻的海港远不是一条来自欧洲和西方的铁路线的合适终点。结果,作为与中国签订的新协定的一部分,俄国有权直接穿过满洲修筑一条铁路,以盛京所在的半岛最南端的大连湾为终点。为了保护这条铁路,俄国有权派驻它的军队。尽管在一定期限以后,中国可以收回这条铁路,但没有人会受它欺骗,人们绝对不会相信,这一狡猾的行动不会让满洲最终整个地抵押给这个巨大的北方帝国。

作为俄国和中国这个协定的结果,之后不久就有许多俄国人来到满洲,特别是俄国士兵,他们的数量之多,使得一些敏感的旅行者觉得它似乎已经处于俄国的明显保护之下,或者已经处在它的半统治之下了。同时,外部世界能够看到的一些报道说,在俄国人占领的过程中,发生了一些在任何一个欧洲国家都会激起强烈反抗的事件。中国人极其尊重他们的统治者,认为试图去纠正——更不用说是去反抗——那些拥有权力象征的人的行为,是不恰当和愚蠢的。但是他们也知道和感觉得到,中国好多年来就已经不是一个能够自由地采取自己的统治行动的国家了。当他们把这样一种土地让渡看作是把中国整个北方真正地转交给它最危险的敌人时,他们深深地相信,只有一种中国无法抵抗的力量才能产生这样的结果。由此而产生的愤怒可以暂时被窒息、被掩饰,但它是不可消灭的,也就是说,中国人缺少民族精神还没有缺少到不关心帝国命运的地步。

1897 年 11 月 1 日,发生了一个任何先知都不能预见其后果的事件。在山东西部济宁州以西二十五英里的一个村庄里,两名德国天主教神父在没有任何警报的情况下,遭到二十多人的突然袭击,两名神父几乎是当场死亡,其中一人身中九刀,另一人身中十三刀。院子里的其他人都没有受到任何伤害。关于这一事件的起因,出现了多种说法。有人说是土匪干的,山东的这一部分土匪比较猖獗;也有人说是出于报复,因为神父没有雇用他们,或者因为神父帮助一些天主教徒打官司;也有人说是大刀会干的,大刀会和天主教会之间那时就已经进行了好多年的激烈斗争了。无论引发这一暴行的原因是什么,都可以肯定它没有得到官方的纵容,因为地方官恰好与其中一位神父非常熟悉,而且当他到达现场,运用他验尸的职权进行官方检查时,那种悲惨情景让他非常动情。

这些事件发生两周以后,德国军舰出现在了胶州湾,占领了青岛。中国官员未做抵抗,退出了这个地方。此后不久,据说德国使馆提出了解决这一谋杀案的六条要求:(1)赔款银二十万两;(2)重建在凶案中毁坏的教堂;(3)赔偿德国占领胶州的费用;(4)将山东巡抚李秉衡革职,而且他不得再担任任何公职;(5)严惩杀害德国神父的凶手以及凶案发生地的地方官员;(6)给予德国在整个山东省开采煤矿的唯一权力;给予德国在山东省修建铁路的特权,以及在铁路两侧二十公里范围内开矿的特权;给予德国在胶州永久储存煤炭的特权——这就是说，胶州成为德国一个“永久的”海军储煤站。胶州有一个非常宽敞的海港，各国对此觊觎已久。据说《喀西尼条约》中就有一条规定，如果这个港口适合俄国人的需要，它应该允许被暂时占领。德国能够得到这一港口而没有和俄国进行任何交涉，是根本不可能的，唯一合理的解释是，两个国家在这一点上有一个双方都十分满意的约定。

在最后与中国达成的条约中，德国人取得了与胶州相连的一块面积相当大的土地的管理权，这样就突然得到了被他们称为之“胶州殖民地”的地方。这块殖民地从此成为日耳曼人各种活动——尤其是修筑通向内地的铁路——的中心。青岛距离上海不到四百海里，是一片肥沃而繁荣的区域的天然大门，它的贸易潜力似乎能够无限扩展。在这个十年里，不断涌现出与停滞不前的东方联系着的各种令人惊奇的事件，但很难想到任何一个事件能够像德国占领胶州那样，引起了如此广泛的震惊。

一家上海报纸驻烟台——离青岛二百英里远的一个口岸城市，不可能不受到这一事件的巨大影响——的记者(带着在这种情况下可以理解的语无伦次)写道，随着墨西哥元价格的下跌，贸易前景也由于敏锐的中国人的竞争而变得不同寻常地阴暗起来，这一事件就是一个“晴天霹雳，很难让人理解，也很难让人平静下来”。中国和世界其他地方的报纸评论都以一种给人留下深刻印象的语调，揭示出中国所处的反常地位。它受到了任何一个其舆论或者其海军在世界上多少有点分量的国家都不会受到的对待，却没有一个朋友对此表示抗议。中国自从与日本签订和约以后所一再表现出来的逃避、推诿和阻滞态度，甚至使得那些对它抱有美好希望的人也明白，这个帝国现在的统治者是没有什么可以指望的了。他们没有学到任何东西，却忘记了所有的东西。英国在这些事情面前表现出来的虚弱政策，不仅让那些了解中国事态真实情况的人感到不满，也引起他们深切的忧虑。

德国人以这种专横的姿态大步前进，派出迪德里希斯(Diedrichs)将军率领的舰队夺取了它想得到的港口，并在实际控制这个港口后与中国谈判，签订了为期九十九年的租借协定。人们即使说——实际上也这样认为——中国“活该”，也非常自然。这倒不是因为中国人杀害了两名神父——夺取胶州和这一事件实际上只存在着形式上的联系，而是因为它普遍的错误认识，在那些它不能不感受到的惨痛教训和经历以外，它不接受任何教训。除了远东的宗教杂志以外，我们不记得有任何人曾经从国际法的观点来关注德国人所作所为的真实性质。无疑，如果人们想到这部法典的话，也会认为它和这件事毫无关系。人们谈论这件事，就好像它是一桩极其大胆的、冒险性的商业“买卖”，它可能会导致一些复杂问题，但整个说来它好像并不具有道德性。的确，人们会想到，在讣告中，在对死者一生的经历进行刻意的概括时，忘记一些和忽略一些经历是“正确的形式”。这样一种演讲和写作的风格一直持续到今天。在这方面，赫德(Robert Hart)先生在《半月评论》上发表的那篇经常被人们讨论的文章，就是一篇优秀的范文。在这篇名为《一场全国性起义和一个国际性事件》的文章将近三十个页码的描述和讨论中，没有看到对导致中国人行动的任何政治力量进行任何的道德谴责，只在结束时的两个句子中对之一笔带过：“现在发生的一切都是此前的所作所为合乎逻辑的结果，欧洲对待中国不能说不够宽厚，但是仍然伤害了它。采取更为机智、更为合理、更有连续性的做法，本来可能会导致更好的结果。但是外国人绝对不能期望，他们能够永远维持其治外法权地位以及中国在武力下被迫同意的各种商业规定。”

自从“租借”胶州以来,一直有一个普遍的认识,认为这只是德国谋求在整个山东省各种具体事务上取得公认控制权的一个步骤。人们早就知道,整个事件是从未片刻停止的对中国国家的致命打击,但即使是最为漫无边际的东方想象力也绝对想象不到,这一事件和随之发生的其他事件结合起来,最终会导致一个什么样的结果。

胶州的“租借”刚刚完成,就听到了俄国将要占领重要的军港旅顺的传言。旅顺位于前面提到的辽东半岛的尖端,离预计将成为横跨亚洲的铁路终点的大连湾非常近。这一良港在中日战争时名闻天下,当时这个城市一直战斗到最后一刻。正是在这里,日本人被中国人明显的野蛮行为所激怒,丧失了他们习惯的自制力,对无辜和无助的中国人进行了以牙还牙的报复,极大地损坏了日本人的名声。中国政府长期以来一直就努力把旅顺建成帝国北方的海军基地,据说投入了不计其数的金钱,修建炮台和码头。

看一下日本、朝鲜和中国的地图,立刻就会感觉到这个海军基地对中国的重要性。它离大沽只有一百六十三海里,离烟台更近,是控制北部中国的一把钥匙。在日本被迫将它交出来之后,中国竟然会允许一个列强拥有它,实在是令人难以置信。俄国得到这个无比重要的堡垒将给英国造成损失,但是从来没有任何人想到要表示抗议,因为如果这样做的话,就使自己失去了任何余地,同时也无异于把中国——无论是其身体还是其灵魂——交到它最危险的邻国手中。这一事件中还有许多不解之谜,但可以肯定的是,如果能够表现出法绍达事件[①]中的那种坚定态度,不必动用武力或者使用其他同等意义的手段,原本就完全可以阻止这一战略要地的“租借”。不过,英国舰队因为别的更为重要的任务而开走了,结果铸成大错!那些有兴趣从商业角度考察这一事件的人,将会在最近几部著作中找到资料,我们想做的只是要指出,这一重大事件进一步让中国人感觉到,他们的帝国已经在敌人的掌握之中了,而每一个曾经在中国水域上扬起旗帜的国家,都在他们的敌人之列。牛庄的通商口岸是不是应该被看作处于新的俄国势力范围之中,很快就引起了争议,而英国的铁路和商业利益又使得这个重要问题变得更加复杂。根据条约享有和其他国家同等权利的英国铁路和商业利益,似乎突然之间在未得到任何补偿的情况下,毫无缘由地在这一地区消失了。

虽然英国政府在旅顺港的问题上未能坚决地采取强硬立场,但几个星期以后,人们就得知,中国政府已经对英国在日本人撤出后——日本人占据它作为支付赔款的保证——立即“租借”威海卫炮台和港口的要求作出了回应。自从“租借”威海卫以来,专家们在它是否具有价值的问题上一直就存在分歧。如果英国始终拒绝承认列强在中国沿海地区夺取租借地的做法,无论最后结果是什么,它都可以占据一个强大的道德地位。这样,它似乎就可以被不愿意看到帝国被掠夺的中国看作是一个仁慈的朋友。“但是如果你坚持要取走最好的,那么我无论如何也要得到第二好的”。威海卫在胶州被夺取之后如此短暂的时间内又被占领,无疑会让中国人加倍感到,帝国肯定是难逃厄运了。其后有关这一地区地界范围的谈判以及边界的实际划定,都充满了不祥的预兆。民众弄不清楚这一转让的性质,当边界划定的时候,英国人及其由中国人组成的部队遭到了武装袭击。这给山东的

① 1898年,英、法两国为争夺非洲殖民地而在尼罗河上游的苏丹小镇法绍达(今科多克)发生的冲突。——译者注

百姓留下这样一个印象，就是这个地区的民众开始起来反抗贪得无厌的蛮夷的侵占了。在这些自发性骚乱在山东省这一端发生的同时，该省的另一端出现了义和团的活动，尽管两者之间并不存在有机的联系，但它们又都是把整个帝国包围在一张网内的那些范围更为广泛的原因所产生的结果。

英国长久以来就想在香港岛对面的大陆得到比原先割让给它的那块领土更大的一块领土，它现在利用机会，诱使中国政府屈从了它的要求。但是，这在易怒的广东人中间产生出和刚刚在威海卫事件中提到的同样不理智的行动。他们的愤怒很快就达到极点，用能够找到的各种器械武装起来，为他们的祭坛和激情而战斗。在他们自己模糊的意识里，他们就像反抗专横的盖斯勒(Gessler)的威廉·退尔(William Tell)一样，是真正的爱国者。甚至香港一些目光多少有些狭隘的杂志，有时也承认中国人的正义性，并且一直对殖民政府有关租借地的谈判和此后的占领进行不留情面的批评。

被“租借”的领土有二百平方英里，包括九龙后面直到大鹏湾和后海湾之间连线的整个地区，还有这些海湾的水域和大屿山岛。这一广阔地面上的当地人看到英国人进入他们的版图，占领他们的官府，贴出告示说明他们未来的意图，表明皇帝的“江山”已经让给了两代以前从道光皇帝手中取走香港岛的同一敌人以后，他们产生出愤怒的情绪是十分自然的，同时也为他们赢得了荣誉。

当东莞的几千名中国人威胁要攻打九龙城及其码头时，这些“叛民”在他们的战壕里遭到炮击，许多中国人被打死，他们的枪支被缴获。最后，一支一千四百人的英国军队和三艘军舰被派到了九龙城，才驱散了“暴民”。法国人这时认为，现代外交用语中所谓的“适当时机”已经到来，他们也要取得自己的租借地。广东省和越南边界一带一直受到来自中国人组成的“黑旗军”的骚扰，这时他们绑架了一名法国人，接着又杀死了一名法国军人。法国政府在某个场合要求在八天之内赔款，“否则法国将在中国南部采取必要行动”。事实上，“法国在中国南部的行动”似乎是长期的必要，要让这类行动平静下来，需要把“广州湾”交出来。面积广大而又充满吸引力的海南岛也悬挂在中华帝国的边上，像一个完全成熟了的梨子，等待法国的收获者们收进他们的水果筐里。

1899年夏，意大利政府认为，浙江省一个叫做三门湾的港口需要用来发展意大利贸易。据说，意大利的要求得到了英国和德国的支持，而日本人则怂恿中国政府对之表示拒绝。当然，日本人并不是出于任何与中华帝国领土完整有关的情感考虑，而是因为租借三门湾将损害日本人对福建省的“要求”。福建省就在台湾岛对面，自然地而且不可避免地成为日本人的“势力范围”。让大多数评论家们感到吃惊的是，当北京的朝廷从意大利这样一个国家竟然也会要求得到一个“港口”所造成的震动中恢复过来以后，它给出的回答是坚决拒绝。中国必须要在某个地方划出一条截止线了，这条线，它划在了意大利和它那个新出现的、之前从未听说过的“港口”这儿(当它划这条线的时候，它的后背很可能打着冷颤)。

另一个让局外人感到吃惊的是，这一拒绝竟然没有招致任何明显的后果。我们可以想见，这一定会让中国大大松了口气。无论中国是不是得到了什么人的支持，意大利最终都放弃了这件事。但是，对中国来说，这件事的最终结果，或许比它同意意大利的要求更为严重。有充分的理由相信，中国朝廷对它自己的大胆行为及其成功感到极其高兴，并且从中得出结论认为,如果中国能够强硬地反对并且无条件地拒绝所有的外国要求,它以后就能避免进一步租借所必然带来的屈辱。无论如何,政府表现出一种竭尽全力进行防御的姿态。1899年秋,朝廷发布了一道"密旨",其内容很快就泄露了出来。它紧急命令所有最重要的总督不能让帝国再受到任何损害,一旦发生外国入侵,要立即使用武力击退,甚至不必等待向北京报告——发布这样一道非同寻常的谕旨,即使不能说史无前例,也能说明某种新的力量在发挥作用。

我们提到的这些事件——以及其他一些我们可能忽略了的事件——结合在一起所产生的作用,极其有力地影响了那些关注中国事务的外国人,使他们相信,对中华帝国事实上的瓜分正在进行之中。即使这一点时常被人怀疑甚至否认,但是很难找到其他的猜测来说明当前事件的发展趋势。

大约就在这个时候,贝思福(Charles Beresford)爵士那部对中国事务的某些方面进行了深入考察的著作适时地出版了。这部书有着一个意味深长的名字:《中国的崩溃》。这位杰出的商业水手那些坦率的评论被翻译成了中文,北京那些制定政策的领导者们无疑也会读到它们。在中国境内和中国境外的外国报刊几年来一直在谈论对帝国的瓜分,认为这一瓜分迫在眉睫。许多这类文章的译文在中文报刊上发表,读者们看到使用"像切西瓜一样分切"这类字词来暗示可能发生的事,总是会感到十分快意。一些最开明的中国官员很早就养成了在某种程度上追踪外国报刊——在中国的和在西方的——有关谈论的习惯,借助翻译文章来进行这项工作,当然是最具价值的。通过这种方式了解到的有关议论和有关文章,一定会不断地传播给那些对这些问题感兴趣的人。任何一个消息灵通的中国人,都不难从这些资源中了解到英国人对俄国在满洲急速扩张的看法,了解到法国人在南部边疆的伎俩。另一方面,欧洲大陆国家的报刊也绝没有沉默,而当注意力被吸引到考虑中国经济发展的巨大可能性的时候,位于大西洋美洲一边的作家们也不甘落后地指出哪一块"肥肉"应该属于美国。大大小小的著作中出现的最新版中国地图,都标出了"计划中的"铁路线,心不在焉地翻看一下,就不能不被这些计划中的铁路的数量和长度所打动,似乎每隔几天,就会签订出让某条铁路某个时期的特许修筑权的协议。

扼要地概述一下几条比较重要的计划修建的铁路线,特别是在地图上追踪它们的路线,就会形象地感觉到,前面引用过的某个著名的反外作品的预言已经实现:"中国从南到北,从东到西,将会布满外国的铁路和大道;中国的高山大河,国家的天然樊篱,将根据外国人的意志来处置,他们可以随意地将高山夷为平地,将河流填平。"

应该记得,在义和团起义爆发时中国已经实际运行的少数几条铁路是:

(1)中国人修建的从北京到天津的铁路,它延伸到山海关以及东北的牛庄。

(2)芦汉铁路北段,从北京到保定府南面的定州。这条铁路南段汉口附近的一部分工程也已经开始修建。

(3)从上海到长江边的吴淞的一段很短的铁路。

关于中国人已经明确地给予外国公司的"铁路特许权",似乎并没有一个值得相信的真实名单,为数更多的那些预计在今后才能修建的计划中的铁路,就更是如此。下面的单子主要根据贝思福爵士《中国的崩溃》、柯乐洪先生的《由陆路去中国》以及沃尔顿(Joseph Walton)先生的《中国与当前的危机》这几本书中的地图而列出。这些特许权还在发展变化的过程中，许多计划中的铁路线实际上还是“空中铁路”。然而，对于我们的目的来说，这并没有什么重要性。因为未来要建的铁路所引起的不安，无疑会激发起强烈的敌意，在有着如此众多、如此重要的铁路工程的情况下，预计要发生变化的总体性作用，肯定就会逐渐积累到非常大的地步。

(1)跨西伯利亚铁路。从西伯利亚边界穿过满洲的齐齐哈尔到哈尔滨，在这里分成两支，一支通向符拉迪沃斯托克，一支向南经过沈阳，在旅顺港对面的大连湾结束，有一条很短的支线通往牛庄。这条铁路已经通到了沈阳。为了保护这条铁路，一支人数不明的俄国军队已经根据《喀西尼条约》进驻了满洲。

(2)从北京经过南口到张家口，然后经蒙古的库伦到达恰克图，在贝加尔湖与跨西伯利亚铁路相连接的一条计划中的铁路。

(很可能，俄国在现在进行着的谈判结束之前，将会要求得到这条铁路的特许权。此外，它还想得到北京到牛庄的铁路特许权，这条铁路将会加强俄国对中华帝国首都和直隶省的控制。)

(3)比利时的芦汉铁路。这条铁路起自北京(现在称为京汉铁路)，计划建设一条支线到陕西南部的潞安府。

(4)从芦汉线上的正定府经过壶关到山西省城太原的一条俄国铁路，有可能还会延伸到陕西的西安府。后一段是由俄华银行(也就是俄国政府)出资还是由英国、意大利辛迪加出资，还没有确定。

(5)从潞安府向西南通向湖北省襄阳的一条俄国铁路。

(6)从汉口到广州(被称为粤汉铁路)，经过岳州和湖南省城长沙府的一条美国铁路。

(7)上一条铁路的一条支线，由长沙向东经过江西省城南昌府，再向东到达江西省的广兴，与下面一条铁路相连接。

(8)从上海到苏州、杭州，然后向南到达上述广兴的一条英国铁路。这条线的一条支线从杭州伸展到浙江海边的宁波。

(9)从天津到长江边的清江的一条英德铁路。

(10)从胶州经过山东北部，在省城济南与上一条铁路相连接的一条德国铁路。

(11)同一条铁路的一条支线，穿过山东南部，经沂州府在省界附近与第九条铁路相连接。

(12)从上海到苏州和上述的清江，向西经过南京到河南的信阳，与芦汉铁路相连接的一条铁路。

(13)从南京向西，经河南省城开封府，在山西南部某地与太原府到西安府的铁路相连接(见第四条铁路)的一条铁路。

(14)从九龙(在香港面向大陆的一面)到广州，然后向西北经广西省城桂林府和贵州省城贵阳府到四川省城成都府的一条英国铁路。

(15)从泰国北部经云南府到长江上游的重庆的一条英国铁路。

(16)从上缅甸经昆仑渡口到云南西部的大理府的一条英国铁路，有一条支线向东到省城云南府。

(17)从河内到云南府的一条法国铁路。

(18)从河内经谅山到南宁府的一条法国铁路,有条支线通向牙江的航运要冲百色。

(19)从广东海边的北海到南宁府的一条法国铁路。

(20)从湖北的洞庭湖向西南经贵阳府到云南府的一条铁路,与上面提到的其他铁路相连接。

即使是最不动脑子的读者,看到这样一个单子(这还远远不是"计划中的"铁路线的全部名单),都不能不对这些铁路将会带来的革命性影响而感到震惊。这些铁路将会以一种使当地人目瞪口呆的方式"开放"中国,并且给那些带着无尽的快乐来到中国的仁慈的投资家们带来财富。这些铁路中有些已经开始进行广泛的勘察,那些勘察者和他们的职员们经常遇到极大的危险。已经有人说过,精明的中国人完全明白,通过这些铁路,中国的财富将会比以往任何时候都要更快捷、更安全地流向外国。这些计划中的铁路将会进入中国十八省中的十五个省的省城以及满洲。就像已经提到的一样,这些铁路中的任何一条,都意味着中国政府要负担沉重的财政义务,为了满足这一需要,它就要募集越来越多的金钱。帝国海关在许多不同时刻挽救了中国的财政,但是要是把内地厘金税的征收置于和外国关税相同的基础上,一直靠前者养活的每一个官员都会感到,这对他们是一个沉重的打击。

两江总督刘坤一在与贝思福爵士会见时说,如果由于新的厘金政策,不得不增加税收来支持各省行政的话,他敢肯定将会发生仇视外国人的骚乱。就计划中的铁路来说,不能忘记敏感的中国人的评论,西方国家正在相互竞争,急切地要向中国政府贷款,因为新的铁路将会被当作这些贷款的抵押,而且抵押的时间可能会非常的长。很容易想象,中国人将会带着什么样的感情来看待这些未来的变化。这些感情还会强化,因为许多计划中的铁路还涉及到现在和未来开采矿山的特许权。在某些事例中,急于要得到全帝国(或许是全世界)这些最富有的矿藏的"辛迪加"们,已经就好几百平英里的矿山开采权和中国人讨价还价。而在一旁,往往会有另外的人心怀嫉妒或者心怀恶意地观看着。英国抢占了长江流域,同时还非常不安地盯着法国。法国正在为得到对广西、云南和贵州的优势地位而进行着坚决的斗争,另外还觊觎着更远一些的四川。这些国家中的每一个都非常乐于把在中国的"门罗原则"应用到其他国家头上。福建省被认为要落到日本手中,而意大利希望得到浙江,能有一条铁路通向某个地方,以抚育它刚刚起步的在华贸易。山东是德国垄断的地方,满洲属于俄国,而靠近京城的直隶省目前还是一块有争论的土地,它的未来由于对山西矿产的争夺和兴趣而变得更为复杂。如果有人能够充分了解这些商业外交的错综复杂的内部历史的话,他可以编写一部非常有趣、也非常有指导意义的书。

这些新情况在许多方面都可以被看作是中国将要进入——不对,应该是已经进入的一个新时代的预告。完全可以这样认为,如果这些复杂的因素不是这样的情况,哪怕只有些微的不同,这场大爆炸就有可能会避免,至少有可能会推迟。但是,所有的材料都已经摆在了那里,其中有些已经点着了火。

无怪乎连中国人自己都被他们以及他们古老的帝国所面临的形势弄糊涂了。他们的情况让人想起林肯先生在某些党派想把一项政策强加给他的时候所讲过的一则趣事。一名骑马的人跨上了他的马,而他的马这时正受到一只苍蝇的骚扰,烦恼地踢着后蹄,结果有一次踢到了马蹬子上。骑马的人往下看了看,看到了这一情况,便对他的战马说:"如果你想上来的话,我会下去的!”

在这个星球上,或许没有另外一个国家,在我们以上简单描述的这些事件和这种形势下,不会在很短的时间内发生一次重大事件。《孟子》引用过一个国王的话:“狄人之所欲者,吾土地也。”过去几年所发生的事已经清楚地表明,中华帝国的满族统治者在这些日子里一定也会感到:“狄人之所欲者,吾土地也。”夷狄确实人很多,力量也很强大,可是中国人也很多,力量也很强大。他们越是思考这一不可忍受的形势,他们的愤怒火焰就会越燃越旺,他们的某个主人想要努力打破对他们的束缚的决定也就会越坚定。中国虎一旦起来,就会被看作一只可怕的野兽,要是他再武装上义和团的翅膀,他就是绝对不可战胜的。带着这种看法,也怀着这一希望和信心十足的期待,在十九个世纪的基督教时代以及基督教时代之前我们所不知道的那些时代以后,一场这个疲倦的地球以前从未出现过的独一无二的“圣战”爆发了。作为一个心理学上的新鲜事件,作为一个对中国人心灵的矛盾性研究,这一现象提供了一个几乎全新的研究领域。另外,考虑到它包含着的巨大的重要意义,人类——无论它多么善忘,也无论它有多少紧急事件需要考虑——都不敢忘记它在19世纪即将结束的一年在中华帝国的经历。

第九章
对维新的反动

中国现在的皇帝是道光皇帝第七子醇亲王的儿子。在道光皇帝之后继位的咸丰皇帝在英国 1860 年 10 月占领北京并强迫中国签订《天津条约》以后不久，于 1861 年死于热河。已故皇帝的皇后没有儿子，但他的一个妃子有一个当时仅仅六岁的儿子。这名妃子和道光皇帝的第六子恭亲王联合施加影响，使她的儿子继承了皇位。年幼的君主取年号为同治，意为“共同统治”，这一年号隐晦地反映了一个历史事实：一个反对两位皇太后以及已故皇帝的三个兄弟的巨大阴谋被发觉并且被挫败，阴谋的策划者已经受到了惩处。结果，就出现了两名皇太后、恭亲王和年幼皇帝的利益联合。

同治统治时期相对较短，他死于 1875 年 1 月 12 日，未能展示出任何才能。由于他没有子嗣，因此继承人问题便成了一个微妙而又困难的问题，因为上一代中没有人符合条件，而已故皇帝同代人中的候选人又为数甚少。恭亲王的儿子是不可能的，因为选择他就意味着他的父亲——他是政府中不可缺少的人——就必须向他的儿子跪拜，而这违背了中国人的全部观念。要么，这位父亲就只能从公共事务中完全退休。第二个可以考虑的候选人是醇亲王的儿子，他当时还不到四岁半。皇太后和满族王公们一致选择了他，于是他便继承了皇位，取年号为光绪。作为幼年皇帝的女性照管者，西太后便能施加巨大的影响，这一影响在东太后于 1881 年去世后就更为扩大。一些不太厚道的人坚持认为，东太后是被比她更为足智多谋的竞争对手同治皇帝的母亲害死的。自此以后，西太后便被简称为太后。

在现在还活着的人当中，或许没有任何一个人像光绪皇帝的婶母那样，在真实情况非常模糊不清的情况下，还会有那么多关于她的文字。此人于现在结束的这个世纪的中期来到皇宫，她的全部称号（不包括皇太后在内），达到最上限的十六个字，如果用英语表达，要用六十多个字母。有人说她极端无知，也有人说她受到良好教育；有人说她具有可以和已故印度皇后相媲美的君主美德，也有人说她是一个双手沾满鲜血的邪恶魔鬼，她的灵魂因欲望而堕落，而且经常会爆发一阵阵疯狂的愤怒。

事实的真相或许就在这些极端描绘的折中里。她的天赋一定非同常人，在一个远远超过地球上大多数统治者的任期内，一直接受着东方宫廷生活的实际教育，而这里的氛围就是阴谋诡计和腐化堕落。她成长为一个老练的机会主义者，尽管过去几年的那些事件充分证明她完全缺乏任何可以被恰当地描绘为政治才能的东西，但她确实有着极其丰富的可以被称作“治国权术”的东西——这个词的意思是装腔作势的才能，在既定时间内迅速地感觉到什么能做、什么不能做以及（并不是不重要的）让谁来做的才能。她是一个有着专横意志的妇女，反抗她的人很少不受到惩罚，而且她完全有能力随时掀起一场风暴，让那些有可能被卷进这样一场突如其来的不祥台风的人感到胆战心惊。

在光绪十三年年初，由年轻的皇帝独自来领导政府的问题时常被提出来。1887 年 2 月，发布了一道谕旨，宣布太后陛下认为光绪皇帝已经适合进行统治了。对此，光绪皇帝以恰当的措辞说（或者是别人让他说），听到这一宣布后，他如同身处大海中央，完全不知道陆地在哪儿，感到不寒而栗。两年以后，1889 年 3 月，太后给他选了一个妻子，并且宣布她自己以后不再积极参与政府事务。

一个满族女性，虽然只有很少的机会能够得知事情的真实情况，需要去分辨东方宫廷中司空见惯的各种虚假事物，却能够在任何情况下都坚定不移，而且从来没有被周围那些反对力量所打垮，要解释这一现象，就不能不承认一个统治者杰出的个人资质的影响力，即使是在半专制主义的中国，也是如此。像中国这样的政府与任何一个欧洲国家政府的区别，就像富人深宅大院的密不透风与穷人的公开生活——从房前的街道上随时都可以看到里面所有的情况——之间的区别一样。中国政府本质上就像是一个有袋类动物，因为它局限于一个半平方英里大小的空间里，在不可接近的紫禁城内。在那儿，各种内部斗争的情形就像幼小的袋鼠们在母亲口袋里的打斗一样，全然不被外面所知晓。外面的人所能够听到的，只是表明某方在斗争中失败的窒息的尖叫声，但是事情是什么样子，原因是什么，都不可能知道。的确，总会有些太监泄露或者假装泄露一些里面所说的话、所做的事，那些进宫朝见的大臣也可能会泄露更多的东西，但是对外国人来说，得到这类消息的渠道肯定不会那么畅通。因此，对那些表面事实进行的研究，总是令人不太满意，往往也比较混乱。

下面，我们不想尝试揭开光绪皇帝在宫中进行的寂静革命的奇特故事中的秘密，而只是对一些事情尤其是近几年的事情的发展过程做一个粗略的概述。

直到 1883～1884 年的中法战争以前，恭亲王一直是政府中的重要人物。当他由于中国军队的失败而被撤职以后，他的弟弟、道光皇帝的第七子醇亲王走上了前台。对于他来说，这是一件最非同寻常、也无例可循的事。让一位父亲臣服于他的儿子，让一个儿子做他父亲的君主，的确是一件极其尴尬的事。因此，当光绪皇帝被选定为皇位继承人的时候，人们曾经猜测醇亲王要么会自杀，要么会永远隐退。他在政府军机处时间不长，但工作做得非常出色，他本人也极大地开阔了眼界。如果他现在还活着的话，有希望成为对中国政策进行许多重大调整的领导人。

随着醇亲王的去世，宫廷中的力量平衡很可能出现了变化。尽管恭亲王一直到死都处于隐退之中，但他的影响肯定非常大。1898 年春天恭亲王去世以后，复杂的政府机器失去了一个重要的平衡轮。

西方思想必然也会进入宫廷之中。1894 年，北京的一名新教传教士突发奇想，要在太后六十大寿的时候送给她一本《新约》，认为这是一种非常优雅得当的行为。这个想法真像是在肥沃土地上种下一粒多产的种子，于是就准备了一个特别的大字版本，纯银封面，黄金镶边，饰有竹子的浮雕。资金来自新教教会中的中国女基督徒，有二十九个差会的一万零九百名捐献者共捐出了一千一百元钱。11 月 11 日，装有这件礼物的盒子由英国和美国公使带到了总理衙门，并在第二天由总理衙门大臣献给了太后陛下。后来，在这一活动中表现出色的二十二名女传教士得到了回赠的礼物,以示感谢。

这本《圣经》所引起的好奇心一定非常大,皇帝听说了这事,派出心腹来到美国圣书会的仓库,要求购买几本《圣经》。后来,皇帝又想求得《西国近事汇编》以前出版的各卷。这是林乐知(Y. J. Allen)博士编的一套书,在上海出版。研读这些书籍,不可能不让皇帝的心中产生出大量的问题。很难明确无疑地确定,这些事情对皇帝后来进一步接受启蒙起了多大的作用。有许多人说,皇帝学会了祈祷,而且赞同基督教的传布。许多年以前,他就开始学习英语,并从英语中得出许多错误的推论。宫中玩耍的地方有许多玩具火车一类的东西。皇帝对他以前知之甚少的西方文明的某些方面肯定抱有高度的尊敬。

对于所有中国的朋友来说,灾难性的中日战争之后的几年是一个特别郁闷的时期。它暴露了一个古老帝国行政方面即使不是致命的也是极其严重的弊端,这样一个不平常的、令人屈辱的直观教学,在历史上是很罕见的。然而,随着一年一年的过去,民族屈辱的感觉似乎也在消失。在所有的评论家们看来,危机显然不能再无限期地拖下去了。机会来了,但显然又把它放过去了,帝国正在一步步地漂向岩石。

1898 年春天,在与日本的和约缔结之后三年,开始出现了一些迹象,表明北京的一些官员心中开始产生改革的要求,皇帝本人也成为变革的热切——甚至比那些官员们更为热切——的提倡者。因为不变革,他的帝国就可能失去自主权了。这种变化的第一个征兆出现在 5 月,此后不久,皇帝就掀起了一个巨大的浪潮,似乎要把它前面的一切都卷走。这年上半年,开始着手实行一个以"国债"形式募集资金的计划,这些资金用中国人所熟悉的方式从富有的中国人手中募集。伴随着征集,出现了一些强迫勒索现象,中国和外国报纸上对此都表示了抗议。一名御史上奏皇帝,称这项活动已经成为一项扰民的苛政。皇帝在 5 月 18 日的一份谕旨中解释说,他是要按照其他国家的方法来进行一次长期贷款,每个人都有充分的自由选择认购还是不认购。皇帝下令有关政府部门要设法使所有的强迫勒索立即停止,否则要受到严厉惩处。

此后不久,又出现了另一个以"马匹和鸦片税"为名目的募集资金的计划。这一计划由一个奏折提出,提交给由户部,由户部批准,然后通过一道谕旨成为法令。但到 6 月 5 日,又发布了另外一道谕旨告诉百姓,皇帝通过秘密调查得知,这项税收会引起许多痛苦和不安。在强迫执行这一税收的南方,它的确遭到了许多强烈的反对。皇帝坦诚地解释说,在实行之前,他不知道这一计划的恶劣影响,但现在既然已经宣布废除,所有大小官员都要迅速禁止打着这一税收的幌子进行勒索,如果有官员试图进行这类勒索,百姓有权抵制。很显然,一个新的精神正在进入帝国的行政之中。

六天以后出现了一个关于选派驻外国公使的简短谕旨,认为这些公使对于国家有着最高的重要性。要求各省督抚推荐能够胜任这些位置的人才,他们要"品学端正,通达时务,讲究实际,不染习气"[①]。

这样的人应该不拘级别地推荐给总理衙门,以备朝廷接见,到国外就任。

同一天还出现了一道较长的关于总体性改革主题的谕旨。在这道谕旨中,皇帝概括指出了他一直努力追求的几项值得去做的改革,比如提高军队人员的能力,使用"近代武

① 译文据《光绪朝东华录》第 4 册,中华书局 1958 年版,第 4079 页。——译者注

器和西方组织方式，按照西方军事教育的方式选择军官，各级学校要教授外国学校讲授的内容，这一切的目的，都是要推动国家走上前进的道路”。皇帝接着表示，他很久以来就希望进行这些改革，对这些问题进行了长时期的仔细研究，但他发现国家的许多守旧官员仍然认为中国应该完全固守古老的制度，他们提出的许多反对改革的理由和建议都是空虚无用的。

以下一段具有特殊重要性：“士无实学，工无良师，强弱相形，贫富悬绝，岂真能制梃以挞坚甲利兵乎？朕维国是不定，则号令不行。……徒蹈宋明积习，于国政毫无裨益。”

接下去的一段说：“以中国大经大法而论，五帝三王，不相沿袭。譬之冬裘夏葛，势不两存。用特明白宣示，中外大小诸臣，自王公以及士庶，各宜努力向上，发愤为雄，以圣贤义理之学植其根本，又须博采各学之切于时务者实力讲求，以救空疏迂谬之弊。专心致志，精益求精，毋徒袭皮毛，毋竞腾其口说。务求化无用为有用，以成通经济变之才。”

这一非同寻常的谕旨接下去说明了在北京建立一个中央大学的重要性，命令采取措施开始创办，并且在最后一段表示：“其愿入学堂者，均准入学肄习，以期人才辈出，共济时艰。不得敷衍因循，徇私援引，致负朝廷谆谆告诫之意。将此通谕知之。”[①]

这道谕旨发布两天以后，6 月 13 日，《京报》上面又出现了一道谕旨，称有一名官员向皇帝推荐一个被任命为工部主事的名叫康有为的人，认为这人学问深厚，能力超群，有新思想。皇帝下令要特别召见康有为。

康有为是广州附近一个村庄里的人，但名望很大，被称为“康大圣人和变法者”。他深切地关注中国的福祉，研究了中国的情况和可能的改变方法，最终对中国能够做什么和应该做什么有了明确而又坚定的想法。这样一个人在中国的确是很少见的，当皇帝的思想也转向同样一个方向时，他能够注意到康有为，并不令人感到奇怪。皇帝的老师翁同龢以及礼部尚书对康有为一直比较关注，正是由于他们的影响，他才被举荐给光绪皇帝。

这年 1 月 3 日，他曾经和总理衙门大臣们会见过一次。所有总理衙门大臣都在场，会见持续了三个小时。康有为鼓吹的改革是，中国应该有一个组织完善的司法制度，应该请一名外国人和他以及其他人一道来修改法律，变革政府行政部门。他认为，除非在法律和行政方面进行改革，否则铁路、海军和教育方面的改革就不会有多少用处。在他看来，皇帝一直在推动其他方面的一些改革，没有为法律和行政改革作好准备。

这次会见的第二天早上，恭亲王和翁同龢向皇帝汇报了这件事，皇帝命令康有为用奏折把思想具体地报告给他。康有为随即这样做了，提出了一些具有革命性的主张，建议皇帝应该效法日本，彻底抛弃过去的方式、方法，学习彼得大帝。康有为指出，在现在的制度下，没有办法了解到人民的希望和看法。现在的官员们只是按照发给他们的命令去行动，不能有任何创造性的思想。必须选拔年轻的、有知识的、了解西方思想的人，来帮助帝国的再生。他们要每天与皇帝交换意见，讨论改革措施，但首先要把他们的精力用到法律和行政的改革上。旧官员必须要免除。应该建立十二个部：(1)法务部；(2)财政部；(3)教育部(有外国教师)；(4)立法部；(5)农业部；(6)商业部；(7)机械部；(8)铁道部；(9)邮政部；(10)矿产部；(11)陆军部；(12)海军部——所有这些部都遵照西方规则建立，请外国人担

---

① 以上译文均据《光绪朝东华录》第 4 册，中华书局 1958 年版，第 4079 页。——译者注

任顾问或者助手。康有为对这些建议都进行了较为详细的说明,并且指出,如果废除厘金、调整税收、发行钞票、征收印花税,同时采取其他一些财政改革,能够为财政收入募集到七千万两银子。

康有为的奏折呈递给皇帝以后,皇帝表示很满意,并且让总理衙门在此基础上准备一份报告。恭亲王和荣禄反对这一计划,而且由于这些改革太过彻底,没有人愿意接受这些建议,甚至都不愿意就它们提出报告。

康有为还送给皇帝他写的两本书:《日本变政考》和《俄彼得变政记》。在这之后,他又上奏皇帝,建议皇帝下定决心,不要轻率地对待这些改革建议。6月16日,康有为被允许觐见皇帝。这次觐见持续了两个小时。几个月以后,康有为在香港的一次会谈中披露了这次觐见的具体情况。皇帝显然是被深深地打动了,在那个多事的夏天里发布的许多谕旨,似乎都是直接来自从康有为那里得到的启发。

6月23日发布了一道谕旨,宣布不再用八股文章作为科举考试的标准。谕旨引用了康熙皇帝此前的事例,尽管那时这一改革只持续了很短的时间。谕旨指出,现在士风低下,文章大都随题敷衍,很少有进步。"若不因时变通,何以见实学而拔真才。……此次特降谕旨,实因时文积弊太深,不得不随时改变,以破拘墟之习。至士子为学,自当以四子六经为根柢,策论与制艺殊流而同源,仍不外通经史以达时务。"[①]新计划的具体办法由礼部决定。

这样,这位进步开化的年轻皇帝大笔一挥,就把长期以来半停顿的中国思想潮流革命化了,开辟出新的航道。我们不可能在这里停下来,去描述这些令人震惊的改革在整个帝国所产生的作用,但是非常可能出现的情况是,如果没有政治上的反对行动的话,新的计划本来会在没有遭受太大反抗的情况下在全国实行,从而产生深远而有益的影响,因为这时在全国各地已经有了相当一批有思想的人,他们深切地感受到这种变革的必要性,愿意追随一个皇帝领袖。

确实,有不少的外国人对这场维新变法运动不以为然,甚至谴责它只是少数几个不明智的狂热分子头脑发热的结果,这些人热情大于知识,是梦想家,而不是干实事的人。但是也有一些人,他们的职业使他们能够有机会获得一些真实证据,说明这是一个全国性的而且进入国家意志的民族运动和思想运动。一个复兴开始了。在几乎每一个省城,就像在每一个通商口岸一样,各种热情的活动正在启发着文人士子们,并且深入帝国的思想之中。建立了许多书库,提供和销售那些标准文献——教育书籍、科学书籍和宗教书籍。出版发行各种杂志报纸,进行讲演,开办图书馆。就这样,适应民众领袖需要的知识和光明在整个国家到处传布。偏见被打破,种族仇恨被克服。人们的注意力提高了,兴趣被唤醒了,开始进行各种反思。运动逐渐发酵,塑造着上层人士的思想。

在古老而遥远的古都西安府,从巡抚到最卑微的学者,所有阶层的人士都购买书籍。他们放下以前那种自大的蔑视态度,开始变得友好且好学。外国人逐渐开始取得官员们的信任和学者们的尊重。地方的精英们要求举办一些课程,以前被轻视的外国人被邀请去把"他的学问之光"带给他们。外国人还收到邀请,去访问他们讲授儒家经典的学堂,在

① 译文据《光绪朝东华录》第4册,中华书局1958年版,第4102页。——译者注

“讲堂”上公开讲授基督教国家成功的秘密和精力的来源。

寻求知识的欲望推动着成千上万的学者放弃他们那些陈旧的理论，真诚地面对改革的各种问题。他们建立起了一些团体和一些分发书籍、出版报纸的组织；他们还组织了一些学会，对儒家学说重新进行解释，使之获得新的生命。一个知识和思想的发酵过程开始了，学者们对新事物的态度和接受能力出现了巨大的变化。西安府所发生的事情，在整个国家到处都在发生着。许许多多的文人士子都加入了这一过程，他们的思想改变了，他们的理想正在改变。维新变法运动震撼着帝国，如果不是被野蛮地强行阻止的话，这个运动本来有可能改变中国。

26 日发布了一道谕旨，命令那些受命承办京师大学堂但迄未奏报办理情况的王公大臣迅速覆奏，“不得玩遏”。另外一道谕旨称将严厉惩治那些对于交办事务拖延迟误、未有报告的官员。同一天还有一道谕旨命令盛道台抓紧办理芦汉铁路，按照皇帝所希望的那样立即开始动工。

7 月 4 日发布了一道谕旨，据总理衙门建议，要求按照上海农学会的计划，设法建立一个农业机构，并且翻译有关农业的书籍，供农业学校和即将举办的大学用作教科书。

两天以后，兵部和总理衙门受命对几份奏折进行议奏。这些奏折要求对武科考试方法进行激烈的改革，并且建议允许西式学堂毕业生参加在北京举行的科举考试。

7 日的一道简短谕旨要求为帝国制定有关知识产权和专利法规的制度，总理衙门受命起草必需的规则。六天以后，收到并批准了总理衙门的报告，这一计划开始在整个帝国付诸实施。

7 月 10 日发布了一道非常重要的谕旨，要求在各省城、府城和各州、县城市设立各级学堂。谕旨要求各省督抚在两个月之内奏报辖区内各级学校的数目，这些学校都要改造成为教授实用的中学和西学知识的学校。这些学校都将为新建的京师大学堂提供生源。上海招商局、电报局和广东博彩业可以提供资金，而且要求进行募捐，对捐款者给予奖励。为了节约，民间建立的所有不在祀典的祠堂庙宇，一律改造成为传播新知识的学校。

这些令人惊异的改革极大地震动了整个帝国。保守派们开始进行抵制，他们对改革命令或者拖延，或者阻挠。这让失去耐心的维新派们感到非常厌恶。要有真正的进步，需要一个新天新地来取代古老守旧的中国。

16 日，一道谕旨要求节约，谕旨最后严厉警告那些不能诚实帮助皇帝解决困难的大臣们：“身膺重寄，具有天良，何至诰诫谆谆，仍复掩饰支吾，苟且塞责耶？经此次谆谕之后，再有仍前敷衍，不肯实力奉行，经朕查出，或别经发觉，试问各该大臣能当此重咎否也？”①

7 月 18 日，一道谕旨提到有人建议将上海的《时务报》改为官报，命令就此作出报告。两天以后，一道长旨下令制订新的科举章程，并且明确把书法降低到第二等的位置。

22 日，户部受命对立即废除买卖官职一事进行仔细考察。

25 日的一道谕旨提到张之洞的《劝学篇》，皇帝要求在士子中间散发这一文章，认为它对帝国士子们大有裨益。研习这一激动人心的爱国小册子，一定能给那些希望除旧布

① 译文据《光绪朝东华录》第 4 册，中华书局 1958 年版，第 4135～4136 页。——译者注

新的人们增加更大的热情。

7月29日,有两道谕旨,一道谕旨命令设立学堂。和此前的命令一样,这些学堂将为京师大学堂提供生源。另一道谕旨要求对各级衙门的司法审判进行严厉的、公正的、全面的和迅速的改革。

8月4日,下令采取措施在北京为京师大学堂建立预备性学堂。8月9日,批准了总办孙家鼐提出的学堂管理章程,并为大学堂找到了校址,任命丁韪良(W. A. P. Martin)博士担任总教习。考虑到丁韪良先前的服务,同时为了鼓励他今后努力,“赏给二品顶戴,以示殊荣”,命令吏部记录在案(有了这一殊荣,丁韪良博士就应该被称呼为“大人”)。

同一天的一道谕旨,命令将《时务报》改为官报,向这份报纸提供资金,详细解释了它的作用和价值,并对它在全国各地发行作出了规定。

第二天又发布了另外一道重要的长旨,皇帝在这道谕旨中向他的臣民表达了他内心的渴望,希望他们能够理解他的思想,与他合作并且推荐合适的人才。这道谕旨高度赞扬了陈宝箴,认为他通过坚持不懈的努力,把实用的近代改革的好处灌输到湖南乡绅士子的心中,使他们和他一道进行这方面的努力。所有人都应该努力学习这位巡抚的诚恳和孜孜以求的精神。那些仍然顽固守旧的人将受到惩治,因为这说明他们不适合担任具有高度责任的职位。

同一天的另外一道谕旨命令高级军官们商议如何培养有能力指挥海军的人才。谕旨还指出,“铁路矿务为目今切要之图,造端伊始,亟应设立学堂,预储人才”[①],命令王文韶、张荫桓筹商办理设立培养铁路矿务人才的学校一事。

8月16日,一道谕旨下令在上海设立译书局,把西方科学、艺术和文学书籍翻译成中文,供各级学校使用。《时务报》原主编梁启超负责译书局事务,他提出的译书局章程得到批准。谕旨下令为这项工作提供宽裕的资金,用来购买印刷机器和美国教科书。

19日的一道谕旨废止了装饰性的用来选拔翰林的“殿试”,认为它无用、虚饰、陈腐,这就使得进士成为最高的功名。

两天以后,总理衙门代工部主事康有为向皇帝提出建议。皇帝采纳了他的建议,下令设立农工商总局,在各省设立分局,并要求各省将分局开办时间通过电报上奏朝廷。各府、州、县开办农报,引进可以节省劳力的农业机械,鼓励学习西方机械学和国际贸易。

同一天还提到了总理衙门的一份报告,谕旨据此要求中国驻外使领为住在外国的中国人的孩子们开办学校,驻英法公使受命雇用合适的翻译者,将有关政府治理的书籍以及学校教科书等翻译成中文,并注意保持原文的意思。

一道谕旨宣布,皇帝将于10月18日到11月8日陪同慈禧太后在南苑和天津检阅北京的军队和北洋海军。负责操办这次检阅后半部分的天津花费了大量金钱。皇帝和太后将第一次乘坐火车前往天津。

8月26日,两江总督刘坤一和两广总督谭钟麟由于过了两个月仍然未能按时呈交有关改革事务的奏折而受到严厉训斥,皇帝在谕旨最后说:“其余各省督抚,亦当振刷精神,

① 译文据《光绪朝东华录》第4册,中华书局1958年版,第4158页。——译者注

一体从速筹办,毋得迟玩,至干咎戾。”[①]

这两个人都被看作是整个帝国最开明、最实干的官员,可以想见,这位失去耐性的皇帝改革者对“其余各省督抚”的恼怒。为了消除把拖拉归之于帝国驿递迟缓的借口,第二天又发布了一道谕旨,通知各地官员以后所有谕旨都将通过电报传送,要立即加以执行。其后一天,另一道谕旨命令在全国设立商会,以上海为总会,要求总理衙门起草相关管理章程。

8 月 30 日出现了一道打破常规的谕旨,它在复述了改革和裁撤机构的迫切需要之后,具体指出了北京的六个机构,认为它们要么是闲散衙门,要么职权非常小,完全可以并入其他衙门。

9 月 1 日,六部的尚书们被要求在五天之内商讨如何分配这些被取消了的衙门的职责。这道谕旨指出,广东、湖北和云南三省的巡抚以及东河总督的职责可以转交给其他衙门,这样可以节省许多滥发的薪金和津贴。管理大运河漕运(即使在中国,这也是一项最为铺张浪费的活动)的衙门也被废除,另外一个与盐税收入有关的衙门也被一纸命令裁撤。所有督抚都要尽最大努力认真实行这些措施,不得迷惑欺骗,否则,“必当予以重惩,决不宽贷”。

在这前后,发生了一件事。这件事本身并不太重要,但其结果却极其重大。皇帝感到他被周围的一些人孤立起来,这些人本来应该是他的顾问,但他们并不支持他的行动,也不赞同他的目标。他以他的睿智感觉到,他的力量来自那些根据中国官场的严厉规矩不能向他上奏、也没有办法接近皇帝的人的支持。为了扩大他的基础,光绪皇帝特别任命了一些热心进行改革的人担任政府各部门的官员,让他们能够通过上司向皇帝上奏,提出建议。当时有传言说,康有为进行改革的努力已经不再孤单,他的支持者包括京城中一半以上的翰林、监察官员和士子,还有政府各部的一大批中下级官员。这些人思想先进,而且对要达到的目标极其执著,因而敢于蔑视他们那些较为保守的上司的反对。

在这些人当中,有一个担任礼部主事、名叫王照的人,他向皇帝呈递奏折,据说是主张剪去发辫,将中国人的服装改为西方样式;将基督教立为国教,设立国会;皇帝和太后访问日本天皇,以便能够亲自和日本进行比较,看清中国的悲惨境地。

礼部两名年长的尚书被这些大胆的主张吓坏了(这并不奇怪),把王照叫来当面进行解释,并且命令他撤回这一可怕的文件。令他们想不到、也令他们大为生气的是,这个固执的人不但拒绝收回或者修改他的奏折,而且坚持说,这个奏折是根据皇帝的一道谕旨写的,应该原封不动地呈交给皇帝。礼部尚书怀塔布很是不安,但是作为皇族的一员,他说服了他的同事、汉人尚书许应骙以及两名高级侍郎和两名低级侍郎联合上奏皇帝,对王照令人不可容忍的建议加以斥责。

皇帝在 9 月 1 日发布的一道谕旨中,解释了他为什么要让这些人提出这些建议。他继而说,认为王照的奏折包含偏激的内容而不为代呈,是对皇帝个人理智的怀疑——似乎是觉得这道奏折万一呈递上来,他没有智力加以判断。他看穿了这样的想法,决心要解决这一问题,并且立即将礼部所有尚书和侍郎交由吏部,让吏部决定对这种违背皇帝命令、

① 译文据《光绪朝东华录》第 4 册,中华书局 1958 年版,第 4164 页。——译者注

阻挠向皇帝自由上书的行为进行何种处治。

据说,这时为了防止吏部官员对怀塔布等人违抗命令的行为进行最轻微的处罚,皇帝亲自召见了他们,警告他们如果敢这样做,将会和他们在礼部的同僚受到相同的惩处。在这样的警告下,他们立即决定,犯下错误的官员应该降三级,转到适合他们降级后的级别的职位。但是皇帝修订了这一处罚,命令将他们革职。

9月4日的一道谕旨宣布了这一命令,皇帝在这道谕旨中威严而直接地表明了自己的立场。王照因为坚定独立、勇于坚持自己的权利而受到表彰,并被晋升到可以担任省按察使的级别。如果皇帝继续掌权的话,这本来是可以做到的。

9月7日,《京报》出现了几行字,表明李鸿章和另一名满族大臣敬信被免去总理衙门大臣的职务。

没有人会认为,在这不断发生事件的几个月里,慈禧太后会漠不关心,只是旁观事态的发展。据了解,在德国占领胶州以后,皇帝威胁道,如果不给他真正的权力,他就要退位。其后他得到了实权,但受到许多限制。此前五年,两名侍郎曾经在一道奏折中大胆提出,皇帝应该具有更为完全的权力。结果慈禧太后大怒,将这两人永远革职。

与9月的这场大灾难相联系着的阴谋和反阴谋的有关详情,外面的人不可能完全了解,但公布的材料也足以清楚地表明事情的大体情况。顽固派一度被左一下右一下突如其来的打击打晕了过去,未能形成共同一致的意见。但当一个部的两名尚书和四名侍郎被革职,李鸿章和敬信被免去总理衙门大臣职务以后,顽固派们采取决定性行动的时候到了。他们一致决定向太后上奏指出,避免朝廷和国家遭受全面崩溃的唯一办法就是太后重新执政,废黜皇帝,消灭维新派。

被革职的官员和其他一些敌视新法的人来到慈禧太后居住的颐和园,她在这儿赏花游湖,并且在这儿主持“公道”。太后毫无表情地阅读这些人的文件,然后把他们打发走,没有一点要采取什么行动的表示,但当她真正行动的时候,她和通常一样充满精力。她召见了皇族端王和载澜,请他们帮她打垮皇帝,并且向端王许诺,从他的儿子中另外选择一个皇帝。这些皇族在某一天召集起皇族中所有的王公大臣,要求废掉皇帝,同时由徐桐、刚毅、赵舒翘(三人都是1900年事件的主要人物)负责领导那些不属于皇族的大臣和官员。

与此同时,皇帝还在发布着新的要求改革的谕旨,但他也注意到了敌人的部署。他把他的困难坦白地告诉了康有为,并且给了他两道特别谕旨。康有为后来把这两道谕旨公之于众。后一道谕旨充满了痛苦,是一个与恶劣命运斗争的人的绝望呐喊。其中有这样的句子:“我心里极其悲伤,非笔墨可以形容。你必须立即出国,并且立即想办法救我。”

皇帝知道,除非控制军队,否则什么也不能做。军队掌握在荣禄的手中,他工于心计,善于搞阴谋,成功地爬到帝国最高的职位上。皇帝想利用袁世凯设计诱骗并杀死荣禄,然后调动军队把慈禧太后困在颐和园,直到皇帝巩固了自己的地位,以此来阻止她干预他的行动。袁世凯——后来的山东巡抚——是河南人,天生十分能干,在朝鲜担任负责通商事务官员时成绩突出,后来负责组织和训练一支拥有一万二千五百人的军队。这支军队由德国教官训练,成为帝国最优秀、最可信赖的军队。他倾向改革,但与大多数中国人一样,他本质上是一个见风使舵的人。在关键时刻,他辜负了皇帝,把他的计划出卖给了荣禄。

在天津担任直隶总督的荣禄立即赶到北京，把整个事情告诉了慈禧太后。慈禧太后即刻采取行动，突然出现在皇帝面前，训斥皇帝，从他那儿取走了国玺，把他软禁在了一个岛上的宫殿里。

康有为和几个曾经帮助过皇帝的爱国分子好不容易从天津逃脱，乘坐轮船南下。报仇心切的慈禧太后追捕康有为，恨不得将他撕成碎片，在其后一年多的时间里，一直悬赏大量金钱来抓他，无论是死是活。尽管她未能抓住康有为，但抓住了他的弟弟康广仁。9月28日，康广仁与其他五名高尚爱国、有能力、有抱负的年轻人一道被杀头处死。他们临刑时表示，尽管可以非常容易地把他们杀死，但是会有无数人起来继承他们的事业。

皇帝被迫签署了一道谕旨，宣布让位，慈禧太后又一次执掌大权。《京报》因此充斥着她那些报复性的谕旨，废止了已经开始进行的所有新政，取消所有类型的裁撤措施和改革措施，并且带着报复性的恶意，追查所有那些和新近的改革活动有关的人。这使人想起了希腊悲剧中的复仇女神。

我们不可能弄明白这样一个女人的思想，但还是可以很容易地感觉到，此后两年中国政治发展的整个进程表现出一些即使在中国历史中也不常见到的因素。她在对敌人的追捕中表现出的某种狠毒，在其他国家其他时代的女性君主身上也可以找到。真正使她变得疯狂的，是不仅不让她干预国政，而且要把她控制在一个娱乐园林中的想法。她越是想这件事，就越是愤怒。她似乎已经决定，决不容许这类大胆的事情有机会再次发生。她一点点地迷上了这样一种思想，就是要把超自然的东西加到类自然的(以及不自然的)事物上，直到最后，她成为要把所有外国人驱逐出中国、把中国留给中国人的义和团的最高支持者。

在结束对中国历史上这一重大事件简短扼要的复述的时候，不可能不对外国对这一危机性质的认识如此之少而感到悲哀。皇帝本来可以转向英国或者美国公使寻求帮助，但这两位公使都无法接触到，他们对当时的情形也缺乏必需的了解，而且即使他们想进行帮助，可能也不会得到允许。不知疲倦的广学会干事李提摩太牧师——他的著作对迟钝的中国人的影响，可能比其他任何人都要大——努力想听取英国公使的意见，但是没有成功，结果失去了一个宝贵的黄金机会。在谈到这一重大危机时，时尚的说法是“满人的一场家庭内斗”，外国人对此并不关心。

就这样，这个帝国被卷入了一个旋涡，而没有一个主要西方国家的公使能够理解这一进程中有什么非同寻常的东西。不过，历史存在着一种就像一场瘟疫紧随战争而来的那种联系一样的联系，光绪皇帝被夺走君主权，本身就种下了义和团爆发的种子。没有第一件事，第二件事就完全不可能发生。在新的中国的日历上，1898 年 9 月 28 日将会被看作是六名烈士的纪念日，他们愿意用自己的生命换取国家的自由。在未来的某个时日，在比现在幸福快乐的生活状态下，人们就会明白，他们的死并不是没有价值的。

第十章
义和团运动的起源

那些曾经关注过中国社会结构的人都清楚地知道，中国社会从上到下都有一个相当有力的民主因素在发挥作用。中国人具有一种组织和结合的才能，不时地会进行一些像化学原子那样自发地、稳定地和广泛地凝聚在一起的行为。即使他们对其所处的政治制度表示满意，他们所满意的也只是这个制度本身，而不是它的缺陷和经常进行的镇压行动。

中国民众始终知道使用何种实际方式来抗议官吏们的横征暴敛才能引起必要的关注，同时为了加强这一效果，他们有着一些历史悠久而且具有公认权威的组织，这些组织往往是他们表达公众感情的媒介。在各地都能见到的各省行会就是这一类组织，它们兼有各种各样的功能，常常以极其有力和有效的方式来聚集和表达公众存在的各种情感。

中国人非常尊敬他们所说的“善行”，而在理论上和实际上表达这种虔诚的方式非常众多。中国到处都存在着秘密结社，它们的形式和活动内容各有不同，教义神秘莫测，有为数众多的男人——有时也有女人——和它们有着各种联系。许多秘密结社的历史可以追溯到明朝初年(1368)，也有一些据说是在满洲人于1644年入主中原以后出现的。现今的王朝始终都禁止所有的秘密结社，因为它十分清楚，无论这些秘密结社所标榜的宗旨是什么，它们的活动都很容易滋生成为巨大的政治起义。这类起义经常发生，其规模之大，就像“白莲教”和“三合会”起义那样。

由于这些秘密结社的非法性质，同时由于它们没有可供参考的印刷手册——有关其教义的文字抄本不但很难得到，而且满是错字，因此，无论是外国人还是中国人，要对中国秘密结社的外在现象进行系统的分类，几乎是不可能的。一些传教士通过许多以前曾经在秘密结社中担任过首领并且愿意大胆地说出他们所知道的一切的教徒，了解到了许多事情。但是在花费了大量时间和精力进行这方面的调查之后，人们还是感到调查结果的每个部分都不完全可靠，这不仅是因为缺乏明确和真实的资料，还因为向我们提供大部分所谓事实的中国老百姓并没有历史方面的天分。

或许可以说，这类调查的结果和试图追踪被我们称为风暴的大气运动的历史有些相似。空间某一点上的均衡被打乱，但很难说清它究竟从哪里开始。构成云层的是被压缩到某种程度的蒸汽，观望远处山峰的人始终可以看到这一压缩和蒸发的过程，但对各个不同的蒸汽团的聚集与散开、联合与分离就难以进行追踪，它们的具体原因和作用也难以被区别开来。对于中国任何一个秘密社会的描述都有大量含混不清的地方，能够有把握作出断言的只是它的一个大概情况而已。这一点可以很好地控制我们自己不受那些有学问的无知者的影响，这些人声称能够把义和拳的根源追溯到两千多年以前，并且声称可以在整个中国找到它，只是它有着一些在那些可靠的资料里完全找不到的名字。

我们还应该明白，名字相同绝不能证明来源相同，尤其是在中国这个有关过去的记忆和传统具有重大影响力的国家。

一些官方布告和研究这一教派历史的小册子提到，它在18世纪存在于中国北方，经历了几个不同的朝代。这些文件提供了这些领导人的名字，特别提到了他们被捕获和处决的情况。在本世纪最初的年代中，它的情况和以前一样。

上面引用的这一结社的名字的字面意义是正义或公义（义）与和谐（和）的“拳头（拳）”，显然暗示着即将产生的联合势力的力量。由于中国词“拳脚”的意思是打拳和摔跤，似乎没有比“boxers”更合适的英文词来描述这一教派的信徒们了。最早使用这一英文单词的是外国杂志在中国的一两个传教士通讯员，由于难以找到更好的词，这一单词后来就被广泛接受。

这一组织的另一个名称是“大刀会”，一个显然是新近才出现的名称。在山东巡抚袁世凯于1900年初发布的一篇押韵的布告中，有这样的说法：“光绪二十二年（1896）夏，大刀会突然出现。”后面的句子中提到山东的沂州府和兖州府是它的发源地，指的是以这些城市为中心的那些行政区。

在没有对大刀会的最初阶段进行过仔细的探查，或者没有对它与其他教派之间千丝万缕的联系进行剖析的情况下，指出大刀会活动的一些表现，或许已经不错了。这些活动独立于后来引起全世界关注的大爆发，并且揭开了它的序幕。或许应该提到，公众能够了解到这些事件的所有细节，完全得益于几名新教传教士，他们根据自己了解到的第一手情况以及个人的观察和经历，把大刀会的情况写给了在上海的外国杂志。

1898年底，江苏省北部发生了严重的骚乱。这里的许多乡村是盐碱地，而且有许多土地被用来种植罂粟，从而使每年的收成难以养活庞大的人口。已经有两个年头收成不好了，有时是因为缺雨，有时是因为洪涝。官府的腐败又进一步加重了各种不幸，而当受到饥馑威胁时，就像在这种形势下中国经常发生的情况一样，整个乡村到处都是一群群的窃贼和强盗。官府的案子多得办不过来，审判过程非常缓慢。罗马天主教会干涉司法的正常运行，引起了强烈的抱怨。考虑到以后发生的事情，这一点非常重要。

到1月中，谷物的价格比平常上涨了一倍。官府对盗匪团伙进行了连续的攻击，逮捕了许多人，监狱里人满为患。这些罪犯中的许多人都是极其凶恶的人，他们受到了非常严厉的惩罚。据报告，在徐城（Hsu Cheng）的监狱里，从这年的2月到10月，有二百八十四人死在监狱中，这一数字后来上升到平均每天两人以上。整个乡村的骚动，远远超过了中日战争期间的情形。

与这种情况同时出现的，还有在安徽北部发生的起义。这一起义开始于涡阳城，起义者据说有数千人，杀死了一些前去镇压他们的清朝军官和士兵。据报告，问题起源于（官方垄断经营的）盐在运输途中被人盗窃，负责运输的车夫们受到了处罚，他们的首领被罚款。结果，盐栈据说遭到了抢劫，反叛者们在一名前太平天国逃犯的领导下打起了游击战。

在几个星期的时间里，安徽、江苏和山东交界一带相当广阔的乡村地区都处在一种动乱之中。甚至从几乎有一个月路程的天津派来了军队,不过由于起义的主体溃散,这支军队走到半路就返回去了。据说,这次起义中还有一个与之有关的小事件。一个人在徐州府城附近发动了一次起义,起义者的旗子上写有要求消灭天主教的口号。但没等他们和安徽的起义军会合起来,起义领导者就被抓获,十一人被处死。江苏北部的饥馑到1899年春天变得特别严重,许多孩童被出卖,价格从五十文到一千文不等。

当这些骚乱在这一地区发展的时候,在北边较远的地方,在临清城西面一块山东伸入直隶境内的飞地上,发生了一起严重的地方性事件。根据迄今能够从各种记载收集到的情况来看,问题产生于罗马天主教徒购置的一块土地。这块土地上原有的一座庙宇被毁掉,取而代之的是一座教堂。一段时间以后,冲突不断发展,最后导致人们组织起来攻击这座教堂。教堂被拆毁,许多有着天主教徒的村庄被破坏,一座庙宇再次在教堂的旧址上建立起来。十八个村庄联合起来,驱逐天主教徒。一时间,整个乡村处于惊慌和混乱之中。从省里派来的几队官兵进行了一场战斗,在战斗中杀死的人数永远都是个谜,而骚乱则逐渐平息。后来,又有流言说,在发生骚乱的地方以东较远的乡村中,有大刀会在安营扎寨,打造大量的大刀,并且散布一些严重威胁所有外国人的传言。有些县官发布告示禁止这一结社,并且抓获了几名首领,而其他一些县官则全然漠视它的存在。

这样,在几个月的时间里,在江苏、安徽和山东就出现了许多严重的骚乱。参与骚乱的既有匪徒,也有民众。在此同时,在山东省的另外一个地区,又发生了另外一次有威胁的起义。11月初,三名传教士从沂州府来到东北面八九十英里的下辖州莒州,突然发现自己身处已经形成一定规模的暴力骚乱之中。一名德国教士在日照县受到一群暴徒攻击,受伤后被带到山里。后来得知,当地县官亲自出面,在自己也差点遭到暴徒暴力攻击的情况下,成功地救出了受伤的传教士,把他带回城里。百姓中普遍传说,所有的外国人都已经被赶出了北京,官员们已经发布告示,要求民众起来驱逐外国人和他们的教徒。人们响应这一假想告示的号召,抢劫并焚毁了一所属于长老会的学校校舍,有几个基督教家庭也遭到抢劫。

在这一胜利开端的鼓舞下,人数达到二百多的骚乱者们继续威胁传教士们到达的那个镇子,希望能把外国人吓走,确保自己不会因此受到官府的迫害,并且希望能在解决协议中得到现金赔偿。令人不安和危险的两天在谈判和惊慌中过去了,作为要求得到帮助的回应,从莒州来的一名军官带着两个人和一匹马出现了。但传教士拒绝离开,理由是在达成解决办法之前,他们不能置教徒们的危险于不顾而离开这儿,让人们指责自己胆小怯懦。

骚乱继续扩展,一伙伙的武装暴徒从新的地区蜂拥而来,村民们用中世纪的武器把自己武装起来。又有一名军官率领二十名士兵赶来,县官也在第二天出现,迫使骚乱者们屈服,签订了一个协议,交回窃取的财产,重新修建学校校舍。那些拥有武装的人藏了起来,强迫老百姓为他们提供食物,宣布已经树起了起义的旗帜。一伙外国人在邻县遭到埋伏。人们清楚地认识到,这个运动是反外国的,并且起自于最近在北京发生的政变。

从这时起的几个月中,都有令人不安的关于非法暴力的报告。大部分暴力活动只受到非常宽松的限制,或者根本未加控制。天主教徒所遭到的苦痛要远远超过新教教徒,因为他们人数更多,覆盖的面积也更大。据报告,一些试图尽其职责的地方官员受到暴徒的污辱，被迫跪下发誓，表明未曾收受过外国人的贿赂。一些驻有来自省里的官兵的有圩墙的大村庄，受到数千名骚乱者的包围。但是人们认为或者受到影响而认为，士兵们是被雇来的，他们的枪炮里并没有弹药。在许多事例中，基督教徒遭受到非常严酷的对待。他们的房子常常被毁掉，而能够带走的东西则被抢夺一空。一名造不成任何伤害的基督教老年妇女被剥去了几乎全部衣服，然后被绑到一根柱子上，要她交出家中田产的田契。这些暴行所依据的理由是，基督教徒已经不再是中国人了。在这些活动出现的同时，张贴出了一些反对外国的揭帖。

到1月中旬，沂州府和新的德国港口青岛之间的大片地区，实际上处于一种叛乱的状态。民间传说要和外国人（德国人）打仗了，这些外国人在水上很可怕，但一旦登陆就无所作为了（一种流传了半个多世纪的有关英国人的说法）。许多基督教徒沦为实际上的乞丐。到中国的春节时，出现了一段平静期。然后，作为对美国驻烟台领事所施加的压力的回应，官兵开始出现，似乎要恢复秩序。这些勇敢的“兵勇”们从一个县游荡到另一个县，随意地掠夺开旅馆的人，偶尔也会勒索肉铺，并且对百姓们说他们是来逮捕那些“二鬼子”的。这是对那些追随外国人的人的称呼，这个称呼后来可以更多地听到。

到3月，骚乱达到一个更为激烈的阶段。从青岛向西行进的三名德国人遭到一伙暴徒的袭击，他们的生命处于巨大的危险之中。他们开枪进行自卫，袭击者们逃走了。半个月后，一支惩罚性的德国军队来到暴行发生的村庄，焚毁了大部分房屋，然后占领了当地的镇子，在整个事件得到解决以前，给中国人造成了极大的恐慌。在附近地区指挥着一些中国军队的军官非常反外，在一千五百多名士兵从东面前来支援以后，民众感到盼望已久的驱逐外国人的机会就要到了，但是，当他们来到驻扎在离德国人占据的镇子还有相当距离的中国军营时，并没有看到什么举动。

到6月，这一浪潮已经消耗了它的大部分力量。到10月，所有的赔款都已经支付。新教教会的要求（其数量非常适度）得到当地士绅组成的一个委员会的批准，这个委员会为了表明他们的重要性，从总数中去掉了几百吊钱的零头，但对其他项目没有提出异议。

人们当时就指出了一个重要的事实，这就是据他们所知，骚乱中的真正首领没有一个被逮捕，更不用说受到惩治了，他们都得到了官员和当地士绅的系统性保护。赔款实际上是由上级官府支付的，制造这一骚乱的那些人并没有因此而受到任何形式的损失。这种做法在中国人与官府打交道时很少发生，自然会被认为是一个实质上的胜利。

之所以详细地描述以沂州府为中心的这一地区的骚乱活动，是因为它比其他任何骚乱都更加明显地表现出一年多以后震惊世界的义和团起义的那些特点。这里有德国对其附近地区胶州的侵略，而德国人在内地的出现又进一步加强和加深了这一侵略的影响。这里有德国天主教会，它被认为是使德国作为一个军事力量进入山东省的直接原因。这里还有存在不久的新教差会，它即使不是侵略性的，无论如何也是外国的，因此也遭到了针对这一令人讨厌的群体的所有那些一般性谴责。

德国的占领对山东南部的贸易活动的影响，以及对于困难条件下人们生存状况的影响，都还没有得到验证，但是中国人对这一点的看法无疑是非常清楚的。由每一个信使带来的来自北京的大量反对维新变法的谕旨，点燃起民众对强迫皇帝发动不爱国的“变法”的所谓根源的愤怒，而所有这些政治的、宗教的、商业的、工业的和改革方面的原因结合在一起,造就了沂州府的骚乱。

在山东部分地区发生的这些形形色色的骚乱相互间并没有联系,也没有涉及省城。但就在这些骚乱发生的时候,在这同一地区的一个可怕灾难又在更大范围地区种下了痛苦、不满和破坏的种子。1898年秋天,据官方报告,有三十四个县全部或部分地遭到来自可怕的黄河——中国一个皇帝曾经历史性地、也是预言性地称之为“中国的忧伤”——的洪水。洪水泛滥的区域估计至少有两千五百平方英里,包括大约一千五百个村庄,灾区的整个人口可能在一百万到一百五十万之间。由于数十英里的乡村被淹没,唯一安全的地方是黄河高起的河岸或者堤坝,四十多英里长的堤岸上挤满了人,树枝搭建的棚子里住满了不幸的灾民,人数可能有十六万五千人。不难看出,这样一个范围广阔的灾难为不久之后的非法行为创造了条件。

在上面叙述的事件在北京东南面的省份中进行的时候,在毗邻中国京城的地方发生了一起事件,它又点燃了已经被1898年夏天不平凡的事件深深煽动起来的愤怒。

在这年秋天,提督董福祥——一个出身卑微的人,曾经参加过反政府的叛乱,但后来因为成功地镇压了危险的穆斯林叛乱而受到信任——抵达了北京,显然是从远方召来对付危机的。人们普遍认为,他在朝见慈禧太后时,建议使用他从“野蛮西部”的甘肃省带来的军队,把所有外国人驱逐出中国,赶进大海。据说,慈禧太后非常亲切地微笑着制止了他的热情陈词,说现在时机还没有成熟。这个故事无疑是真实的,许多第一次听到这些话的人当时还感觉很好笑,但后来想起这些话的时候却有了非常不同的感情。

到10月底,负责芦汉铁路的工程师考克斯(Cox)先生,在英国使馆的坎贝尔(Campbell)先生和英国军队的一名少校的陪同下,乘一辆查道车前往卢沟桥视察。在那儿,他们看到了董提督的大约三十名士兵。在被要求离开这座桥的时候,这些士兵表示拒绝,并且叫这些视察者们“洋鬼子”。他们要求一名闻讯来到的军官命令这些士兵离开,这名军官这样做了,但是声称这些士兵不属于他指挥。这几个人随后穿过这座桥,视察了工程,但在返回途中遭到士兵们用石头进行的攻击。其中一名工程师诺里加德(Norregarde)先生的脸部和头部被严重划破,考克斯先生也受了伤。前者担心他们的生命有危险,便用一把左轮手枪向士兵们开了两枪,这些士兵们逃走了。前来考察的人立即撤退到丰台,并且从铁路上召回了所有的工程师。士兵们随后攻击并抢劫了一个外国机房,并且向中国雇员的居住区放了一排枪,打死了一名苦力,击伤了其他几个人。

英国公使迅速召集了外交团会议,表示反对把甘肃军队调集到京城附近。总理衙门答应关注这一问题,而慈禧太后在认识到这件事情的重要性以后,派顺天府尹胡燏棻前往卢沟桥进行调查。胡燏棻前去进行了调查,并且带了满乐道(Coltman)医生去为受伤的士兵进行诊治。

对于这个调查团来说,这次军营之旅并非没有危险。胡燏棻受到三名穆斯林军官粗暴的、甚至是侮辱性的对待,他们拒绝把伤者带到他面前,理由是庆亲王的一名代表已经调查过这件事情,而且伤者在运送过程中可能会死去。他们建议胡燏棻应该亲自前往他们所在的军营,这本来是绝对不可能的,但是胡燏棻还是顺从了他们,这和军官们的拒绝同样让人感到屈辱。这些人最后出现了,经过医生检查,一个人的胸下肌肉中有一粒小子弹,而另一人则根本没有受伤,似乎只是呼吸困难。两人都能够较为轻松地走进来,而且都会很快地恢复。胡燏棻和甘军的军官们进行了一番并不愉快的对话后,调查团回到北京,很高兴如此顺利地离开了那个地方。

士兵们被带到丰台的铁路医院,那些被指责进行这次攻击的人随后在受到攻击的外国人面前受到了惩罚。胡燏棻把一名军官降了级,但董提督立即从保定府赶来,面见慈禧太后,声称如果不撤销任命胡燏棻为总理衙门大臣的任命,就可能会出现严重的骚乱。于是,就在胡燏棻担任总理衙门大臣的当天,这一任命就被撤销了。就在最需要那些熟悉西方方式和西方事务的人的时候,中国政府却失去了一个这样的官员。人们认为,由于胡燏棻一直在和英国公使进行商谈,因此,他从新职位上的离去对英国来说是一个失败,对于所有外国利益也是一个不祥之兆,因为对这次袭击事件的惩罚主要施加到了胡燏棻身上,而董福祥则成为当地形势的绝对控制者。

在沂州府地区的骚乱尚未得到解决的时候,在远离沂州府的地区,又出现了发生新骚乱的常见征兆。这次是在直隶省一个叫做"小张庄"(Hsiao Chang)的集镇,它位于大运河边的德州城西南大约五十英里。伦敦会的一个传教站已经在这里工作了好多年,它有几幢外国房屋、一座教堂、学校、医院和施药所,在当地的乡村地区广为人知。5 月里开始出现传言,称一伙义和拳威胁要攻打这个传教站。为了进行防御,就需要集聚尽可能多的基督教徒,以击退可能要发生的攻击。在六个星期的时间里,这个村庄一直处于某种被围困的状态,其间与义和拳的首领进行过几次会谈,并且向英国领事发过许多电报。

由于传教站里有好几家人,其中包括妇女和儿童,所以大院里的气氛非常紧张。最后,从保定府来了一名代表,惩治了这次事件的真正煽动者,他是无所作为的县官的一名亲戚。地方领袖们作出了以后再也不会发生这类事件的书面保证,并且对长时间的混乱状态所造成的损失进行了赔偿。事件发生时麦收正在进行,但即使这件在这一季节比其他任何事都要重要的大事,也没有影响到骚乱者的热情。这一事实表明,这场运动具有不同寻常的新特点。

阴历八月初,开始有传言称义和拳要在这一地区以及山东省边界地区进行一次大起义。据说,他们要把他们的旗帜上的口号"保清灭洋"付诸实践。

此前也听说过这一类的威胁,但是恩县庞庄的传教站似乎受到了明显的威胁,于是向天津领事发出了强烈的求助要求,直隶总督也向山东巡抚发送了电报。结果,从其他地区调集了少量的军队,但这些军队已经足以阻止缺乏军事技术的骚乱者,尤其是他们并没有任何不满的理由,也没有表现出任何明确的目标。

第一个公开进行的抢掠行为发生在平原县的一个村庄,它位于差会总堂以东六十英里。这里的基督教徒在事先未有警告的情况下遭到抢掠,一些较富裕的家庭损失严重,而所有人的粮食、衣服或者家具都被抢劫一空。该县不称职的知县尽管事先不断得到有关这个危险组织发展的警报,却没有采取任何行动来阻止它。现在,他被派来抓捕劫掠者。结果发生了一场冲突,官府的衙役们在冲突中处置失当,巡抚派出骑兵前来维持秩序。10 月 18 日,一大群义和拳鲁莽地攻打省里来的军队。他们自称具有刀枪不入的魔法,不仅可以防御大刀长枪,连子弹也伤不了他们。

军队并不希望开战,但他们开战的时候并没有丝毫犹豫,因为他们的指挥官明白,退却就意味着使整个乡村地区陷入混乱。于是,战斗开始了。九十八名义和拳民很快就倒在战场上,而其他许多受伤的拳民逃跑了。

在一次事件中杀死如此数目的人,这或许是义和团活动酝酿时期的第一次。这次事件本来可以很容易地成为最后一次。但担任巡抚的满族人毓贤很快就表明,他对未得到他的命令——或许是违抗他的命令——而采取的这一行动极为愤怒。这次战斗发生地的知府和知县被撤职,继任知县是一个毫无用处的满人。军队被撤了回去,指挥官离开了山东,曾经逮捕骚乱者的地方治安官被用锁链捉拿到省城,在那里受到了和真正罪犯一样的对待,被杖打两千下,显然是要杀死他。

1899 年 10 月是义和拳徒众们发动骚乱狂潮的一个转折点。如果毓贤能够考虑他所管辖的民众的福祉、尽到他作为一个人口众多的大省巡抚的职责的话,他本来可以在森罗殿村决定性地击败义和拳以后穷追猛打,从而一举镇压这个结社,但他却斥责了他的军队取得的这次胜利,放弃了胜利的成果。他之所以这样做,只能假定他有着充分的理由,而在中国,要说明一个行为的最充分理由就是它得到了朝廷的命令。在那个关键时刻,没有人能够肯定事实就是这样。不过,甚至在这次事件发生之前,民间就有非常确定、非常有力的传言,称义和拳得到了"来自上面的密令",因此任何用来对付他们的武装都不可能成功。

毓贤本人的经历似乎证实了这一传说。就在几年以前,当他还只是山东西南的曹州府知府的时候,人们就普遍认为他组织了大刀会。他在此后几年晋升得特别迅速,到这些事件发生的那年春天,他已经担任了山东巡抚。在他的衙门大院里,每天都有一些士兵手持大刀进行训练。因此,他的百姓把他看作是整个义和拳的保护神,一个人们所猜测的而后来又被证实了的保护神,不是十分自然么?

对于西方人来说,被非常广泛地称为"义和拳"的这一组织,在很大程度上仍然是、而且可能会长久地是一个神秘的组织。这部分是因为缺乏充分的资料,但更重要的是因为西方人显然难以理解属于这个组织的那些人的思想。在这里,似乎应该谈谈它的基本特色,因为在此后的几乎每一个阶段,都可以看到这些特色。尽管好像还不可能对这些特色作出解释,但可以对它们进行不太完美的描述。

正是义和拳主张中的那些超自然的东西,使得这个教派引起民众的想象并且得到民众的信任。他们所信仰的神灵种类繁多,但许多神灵都是各个不同朝代的那些被神圣化了的英雄人物。他们的精神被认为激励了信仰者,使他们能够做出许多世纪以前所做出的那些功业——有关这些英雄功业的知识,通过无处不有的戏剧表演和同样非常普遍的说书人,在各地广泛传播并且被通俗化。在各个神灵的庙宇中,或者在他们的画像面前,那些组织成员们跪在地下,祈求得到神灵的帮助。出于某种似乎不可解释的原因,他们一般都是面向东南方向跪拜。但和其他中国活动一样,这一点也不是一成不变的。他们的思想可能是被固定在了他们所崇拜的那个人身上,其最终目的是要让那个人的"灵魂"附在自己身上。在达到这一目的的过程中,信徒们会出现一些被描述为痉挛、强直性昏厥或者癫痫的现象,常常进入到某种类似恍惚或者催眠的状态。在这一经历的某个阶段,他们似乎变成了真正的疯子,什么都敢做,什么都不害怕。这一点,在他们后来在和外国军队的战斗中,经常得到证明。

当恍惚阶段成功地完成以后,崇拜者就会不受伤害,可以随时接受用刀枪击打他赤裸的臂膊或者用长矛刺击他的腹部的严酷检验。子弹甚至炮弹都不能伤害他，他摆摆手，这些枪弹炮弹就消失了，变成一阵烟雾向左右散去。由于中国人性格中交织着轻信和怀疑，所以就必须把这些东西公开地展现出来。这类表演往往在有许多观众的情况下进行，成千上万的人作证说他们亲眼见过这类表演，认为其效果不容置疑。

偶尔也有基督教徒冒险进入密集的人群中亲自去查看，但有好几次，立即就被人发现了。那些人声称一定有“二鬼子”在场，因为他们的法术不灵了。在后期，如果义和拳在演练时发现有基督教徒在场，他就会有生命危险。由于这个原因，有关义和拳表演的记载往往是不充分的第二手资料，但可以肯定，在天真的村民面前进行的表演中，混杂着许多骗术和熟练的手法。受到伤害的事情并不少见，在发生于距庞庄几英里远地方的一个事例中，就有一个人在证明他能够不受伤害的检验中，被离他不远的大炮发出的炮弹炸成两半。人们可能会认为，这一可怕事件会对在这一地区以后的这类活动产生不利的影响，但人们解释说，这个年轻人的身体尚未“完全被神灵附体”，他的功夫还没有练到家，所以经受不住这一检验。人们向义和拳成员们征收了一些钱，给了可怜的父亲二百吊大钱以安葬死者，而这类活动则像以前一样继续进行。

在满洲的一个事例中，一名刚刚达到无意识状态的人在痉挛中背向下摔倒，他的头不巧正碰到一块石头上，结果头骨破裂，当场死亡。在满洲的另外一个地方，一个大言不惭的义和拳民抓到一个基督教家庭的三个人，准备砍下他们的脑袋。但在令人眼花缭乱地要弄大刀时，十分笨拙地砍伤了自己的腹部，肠子流了出来，已经不能完成处死那位父亲及其两个儿子的任务了。由于两个儿子中的一个懂得西医，因此就开始了一场具有中国人特色的交易。受伤的人应允，如果这个懂西医的囚犯能够治好他的伤，他就会放掉他。这名大夫要求把三个人都放掉，但最后只达成了拯救他父亲和他自己的协议，而他的兄弟则被处死了。

义和拳名字中的一个字的意思是“拳头”，这导致了一种经常出现的看法，就是认为这一组织是为数众多的武术组织中的一个。它很容易使人认为，每一个进行武术运动的中国人都是义和拳。与大多数这类普遍性的概括一样，这种说法是一种纯粹想象的推断。长期以来，山东就存在着一个叫做“六时会”(Six Times Sect)的组织，它被看作是白莲教的分支，经常受到县官们的镇压。他们每月初一和十五烧香，但他们的主要活动是武术锻炼。不过，在这一组织比较兴盛的村庄中，无论是在义和拳活动的初期还是在以后的任何一个阶段，它都与义和拳并没有任何形式的联系。

义和拳告示所强调的重点，是他们从“神灵”那儿得到的帮助，有数不胜数的“神灵”争先恐后地要来帮助信徒们。据说，这些“神灵”都是以少年男子的面目出现。它的合作伙伴先前使用过“神拳”一词，旗子上写着“神拳互助”的口号。在许多重要的活动中，都有一队少年人走在义和拳大部队的前面。有关义和拳进入北京时的这类活动的一个最形象的记载谈到，有一支由孩童们组成的四十人队伍在城中行进，他们每到一处，都受到明显的尊敬和敬畏。基督教徒们跑来报告这一点，把它看作是动乱即将来临的标志。在许多情况下，义和拳的演练活动都是先从孩童们的操练开始。这样做，有两重目的：它既可以使这些活动的赞助者能够指出，它只不过是小孩子的运动，又能够明确地探知当地官员会不会以某种形式进行干涉。

华北地区有一个很大的结社,叫“在理会”,它禁止吸食鸦片和抽烟喝酒。人们注意到,在许多地方,只要有武装的义和拳出现,在理会的成员们就会马上加入他们的队伍。

对于义和拳表演的能够表明他们超自然能力的那些“奇迹”行为,比如用一根线拽起一块磨盘,刀子、大刀、长矛和大炮的攻击都不能对他们的身体造成任何伤害,以及看上去像变戏法的所玩的那类手法,没有必要进行叙述。需要指出的是,这些东西几乎被中国人普遍地看作是超自然力的真实可靠的证据,而基督教徒则倾向于把它们归之于魔鬼的直接作用。被派到通州的中国士兵告诉那里的外国人,他们在与义和拳作战时射向义和拳的子弹,对他们不起任何作用。还有一个不断被重复的故事,故事讲的是,在围困期间有个人挑战性地站在英国使馆附近的桥上,来回走动并且做出各种姿势。尽管海军陆战队的一个神枪手向他开了六七枪,他都能够把子弹挥打到身体两旁,最后慢慢地离开了。

我们已经提到,中国政府禁止所有的秘密结社,如果有任何一个秘密结社以演练武术为借口,实际上进行武器训练,它的危险性就会随之大大增加,而对它进行的防范也就应该比平常严厉得多。那么,像义和拳或者大刀会这类可怕的结社又是怎样被允许毫无阻碍地发展起来,甚至受到人们原本指望应该把它彻底镇压的官员们的支持呢?在上一世纪有关这一结社的官方记载中,它被指为邪教,因为它声称使用“神灵”的力量,而这类说法被证明是虚假的和叛逆的。那么,它现在怎么又成为真实的和爱国的了呢?

在中华帝国实际生活的“宪法”中存在的许多民主权利中,有着为了诸如预防地方土匪团伙的蹂躏而结合起来的权利。特别是在冬季,到处都可以看到一些村庄团体的旗帜以及官方的布告,表明这些团体已经得到了地方官员的任命,有权逮捕和拘禁任何犯法者。由于每个村庄都有一个这类组织,在理论上说,犯法者想要逃脱是不可能的。这类联合组织叫做“联庄会”或其他类似的名称,意思是“村庄联合会”。他们当然必须要拥有一些武器,从而可以认为,这类组织是地方民兵的雏形。如果不是中国人不那么好斗、比较守法的话,这类地方民兵恐怕对任何政府来说都是最可怕的。

中国人的强项是他们在小范围内相互结合的出色本领,而他们的弱项则是缺乏在大范围内进行这类结合的能力。在面临来自违法分子的危险时,地方官员需要民众来维持秩序,但一旦民众自己要违抗法律时,官员们就束手无策了。

像上面描述的这类村庄结社经常被称为“团”或者“勇”。有时候,在县里的每一个乡镇,会指定一个日子来任命这类组织的领导者。在这样的场合,县官会宴请地方绅士和首领。义和拳组成的初期,他们开始称呼自己为“义和团”,意思是“公共和平的志愿者”。县官也称他们为“义和团”,这意味着得到了官方的认可。在后来的阶段,《京报》上称这个组织为“义和勇”,意思是“公共和平的乡勇”,被看作是清朝官军的一个可以指望的分支。

第十一章
暴风雨的来临

从前面已经讲过的袁世敦指挥山东官兵于10月中旬杀死了一些义和拳并且将其驱散开始，在将近七个月的时间里，山东和直隶省很大一部分地区一直受到义和拳活动的骚扰，其中不乏暴力活动。笔者的家位于一个骚乱地区的中心，因此和其他任何新教传教站相比，或许都能更为方便地观察到那些很能说明问题的、独一无二的活动。这个传教站本身一度曾有士兵来进行保卫，但不久之后就撤走了。后来，士兵们又回来了，最后又全部撤走。这样，外国人就处在一个"被保卫、受到关注和无人理睬"交替出现的状态，而决定这一切的那个人，谁也不知道是谁。

基督教徒们收到一些小黄牌，上面写着当地义和拳首领的名字，邀请他们去和义和拳（或者"团"）的代表们进行会谈。这些邀请往往带有暗示，如果他们拒绝的话，就有可能丢掉性命。有时候，这些通知会定下一个抢劫基督教徒的日子，因此基督教徒自然就会把他们为数不多的东西转移到其他地方。但是，经常会有特别的说明，那些隐藏外国人信徒的财产的人，将会受到与外国人同样的对待。因此，通常情况下，基督教徒的朋友、邻居和最近的亲戚对待他们的态度，甚至都不如完全不认识的陌生人更有人性。这方面形形色色的例子，如果加以引证的话，足以写一本书。

到了指定的日子，义和拳通常会按时出现，往往是一大伙人。然后，一场真正东方式的演出开始了。基督教徒向邻居们叩头，请求他们为自己向义和拳说情，让义和拳把条件尽可能地减低。在那个地区，在几乎每一件这类事当中，流行的做法是接受赎金，很少有焚毁房屋的事，更没有一个人被杀害。一旦赎金得到落实，通常是把田地抵押给一个愿意预先支付这笔钱的人，抢劫就开始了，而那些把拳民领到基督教徒家里并且指认基督教徒的邻居们也积极地与义和拳合作。有时候，这些领路者们本身就是向义和拳提供信息并且邀请他们到村里来进行抢劫的人，他们希望利用这样的机会得到好处，同时发泄他们对某个基督教徒可能怀有的敌意，也可以通过购买他们倒霉的同村被拍卖的财产来做笔大买卖。买卖那些个人物品、衣服、被褥、家庭器具（包括唯一的饭锅和餐具）以及各种各样东西的卖场就在被抢劫的房屋旁边的街道上。有时候，一套很好的碾磨家中粮食的磨盘以很少的钱卖给能够拿得出钱的人，不得赊欠。基督教徒所怀有的羞耻感和无助的愤慨，是可以想见的，但以任何形式表达这些感情都是不明智的。在许多这类事情中，如果基督教徒在现场被人看到或者听到，都是十分危险的。

在这一运动后来的阶段中，在许多地方，基督教徒一旦被拳民发现，就难以逃脱。但是起初，在某些特殊地区并不是这样，不过到了更为危险的六月，这种情况就十分普遍了。

这类现象的一个事例表现在对一个基督教村庄的攻击中,这个村庄中还有一块建有一些临时性房屋的外国地产。这一事例表明了中国人最典型的行为方式。这个比较大的镇子处于危险之中已经很久,经常出现“义和拳来啦”的叫喊声。学校教师既机灵、敏捷、忠诚,又有一定程度的胆怯。在确信这一次的报警是真的以后,他冲进院子,帮助一些孩子翻过十英尺高的坯墙,把另外一些孩子藏到非教徒的邻居院子中,然后像智慧的兔子兄弟一样“躲了起来”。他的一个女儿未曾裹脚,在胡同里被拳民发现,如果不是邻居的好意帮助,她就被抓走了。在义和拳到来之前,基督教徒的家弄得就像是被抢劫过的一样,凡是能够让别人帮着隐藏的东西,都被谨慎地转移出去。所有这些都需要时间,在此期间,另一伙人打碎了学校房屋和教堂的门窗,毁坏了为传教士修筑的房屋。这些房屋都立即遭到抢劫,邻居以一百文钱一把的价格购买了两把外国餐椅。

此后,义和拳开始抢劫一个与基督教徒毫不沾边的富户的家。这一活动和随之而来的与“说和者”的谈判,以及作为结果进行的吃吃喝喝,占据了这一天的许多时间。所有人对攻打非教徒的富人家表示不满,把它看作是完全不守规矩的无礼行为。但由于拳民人数众多,而且骑着马,很难反抗他们。然而,村民们还是抓住了三个人。三个人中的两个设法逃掉了,但第三个人被砍掉了脑袋,不是用的他自己的刀,就是用的铡刀。到黄昏时,骚乱快要结束的时候,地方官出现了,但是拒绝让他的士兵追赶快速逃走的拳民,只是把一名俘虏带到了衙门。

传教士已经预见到这次攻击将要发生,因此事先向义和拳所在的各县县官们发出了警告。一名知县忙着过生日,甚至都没有回复这封信。另一名知县嘲讽性地回信说,西方的先生们最好不要听“孩子和妇女的傻话”,他们应该“放心”,他会提防可能发生的事——而事情就像警告的那样发生了!

在邻近的一个县里,许多罗马天主教徒的家遭到了抢劫,一名天主教教师的头被挂在一根柱子上面,不过,这样极端的做法这时还不多见。

到 12 月 1 日,美国公使接到电报,称有二十个县发生了骚乱,但实际的数目显然要大得多。作为对来自北京的抗议的回应,总理衙门向毓贤发出了“强制性的命令”,要他提供保护,但事态仍然和此前完全一样。中国官员说话行事的两面性表现得空前明显。从济南府发出了措辞严厉的布告,但这些布告在许多地方只是被放到县衙门里,从来没有张贴过。人们认为,他们只是做做样子,而不是要真正执行。布告即使被张贴出去,也会立即被乡村士子们撕掉。这些士子们消息灵通,非常清楚地知道风到底是往什么方向刮。只要一提到这些布告是“虚假的”或者提到已经“被外国钱收买了”(一个非常有意义的对清帝国官府的评论)这类所谓的事实,就会立即引发起一阵谩骂。在一个重要的事例中,知县规定了一个日期,过了这个日期,所有拳民就会被无情地逮捕,并且没收他们的财产。但是,无论是在这一天,还是在这一天以后,都没有采取任何行动。

省里的军队和义和拳住在同一些客栈里,相处得十分友好,许多士兵本身就是义和拳。偶尔也会发生战斗,有些拳民被打死。随后,指挥官也许就会被降级,或者至少也要受到申斥。他们会十分小心,不让这种事情再次发生。

禹城县的一个小村没有圩墙,就用树木构筑了一道屏障,村民们(几乎全是罗马天主教徒)成功地抵御了一大群拳民。省里来的军队就在大约一英里之外,悠闲地观看这场不平等的战斗。当战斗结束以后，指挥官才前来巡视，把事情报告给毓贤。而毓贤又向北京报告说，在拳民们吃饭的时候，教徒们来偷他们的马匹，所以发生了战斗，要把教徒们赶回去。总理衙门又郑重地把这事报告给了美国公使。或许直到今天，这样的报告仍然是这一事件的官方版本。

外国使馆关注着这一骚乱对各方面利益的破坏，在公使们的压力下，毓贤最终被调走，袁世凯(12 月 26 日)取而代之。袁世凯是一个完全不同类型的人，如果放手让他去做的话，他会迅速地消灭整个义和团。但由于受到来自宫廷的“秘密命令”的制约，他只能发布一些诗歌式的布告，作出美好的允诺，斥责那些没有尽职的下级官员。

毓贤只是被召到北京“接受命令”，而且正式发给他的命令上有一个“喜”字(据说是太后亲手写的)。随后，他就去了山西，在那儿继续他无可比拟的破坏事业。在离开山东以前，他公开处决了三名义和拳，但这一惩罚拖延得太久，已经起不到任何威慑作用了。在相当长时间里，人们坚定地认为，这位前巡抚将会被重新任命。这种想法使得人们不会服从任何命令，除非那些被看作是毓贤也会批准的命令。正是由于这类事件的出现，庞庄传教士提出了一个正式抗议信(1900 年 1 月 22 日)。考虑到毓贤后来所做出的那些暴行，对这一抗议信值得进行思考。抗议信如下：

> 控告与义和拳反叛有联系的官员，控告山东巡抚毓贤。
>
> 控告：在知道义和拳——一个完全违背清帝国法律并且在前朝被严厉镇压的结社——在该省大规模存在并具有威胁的情况下，他没有采取任何措施与之对抗。
>
> 控告：在省里的官兵与义和拳于 10 月发生战斗以后，这位巡抚对一百名左右义和拳民被杀害非常生气，尽管军官告诉他这一冲突是难以避免的。随后，他将知府和平原知县撤职，不是因为他们未能制止这一叛乱的兴起，而是因为他们最后试图把这一叛乱镇压下去。他将负责这场战斗的军事指挥者解职，并且因此不再使用他。他将在这次战斗中抓获的拳民释放，不需要他们有行为良好的任何保证，结果直接鼓励了他们的首领们，他们在这场战斗后本来都已经准备放弃他们的活动了。
>
> 控告：毓贤拒绝允许军队进行战斗，不断地以这类明确的命令把军队派到事发现场，从而秘密地推动和促进了这一叛乱。他的人所共知的态度直接鼓舞了叛乱，是卜克斯(Brooks)先生被杀害的直接原因，差不多可以说是巡抚亲手杀害了他。在一道秘密奏折中，他鼓吹用义和拳作为把外国人赶出山东的力量，由此给予这一运动以官方的许可。
>
> 控告：对于在如此长的时间里、在山东省如此大的范围里产生影响的这场复杂的破坏性骚乱，毓贤负有直接的责任。我们认为，希望在这一省份保持良好政治状态的外国列强应该坚决要求将他撤职，要求在《京报》上发布写有“永不叙用”字句的谕旨，并且要求指明他的个人行为是将他撤职的原因。各外国列强应该设法保证这一惩罚的长期实施，以作为这一省份和平局面的最充分的保证。(如果只要求发布这样一个谕旨，随后听之任之，使之“形同一张废纸”，比不要求发布谕旨的结果还要坏。)

年终时发生的圣公会传教士卜克斯被杀是一个特别令人痛苦的悲剧，它发生于毓贤刚刚离任之后，是他的一系列行为的自然结果。卜克斯先生在从泰安到平阴的途中，在肥城一带被一伙拳民抓住。他受到了可怕的虐待，最后被残忍地杀死。

在山东活动的罗马天主教会受到了德国和意大利政府的关注,两个发展很快的美国差会也遭到义和团暴力活动的破坏,卜克斯被杀又把英国政府直接推到前线。坎贝尔领事连续好几个星期一直在济南府,要求惩治凶手。在巡抚袁世凯的真诚合作下,凶手最终得到惩治,但这次事件对义和团运动发展的影响却难以觉察到。一年半以前引起沂州府骚乱的所有那些原因,仍然在发挥作用,不过对德国人修筑铁路、开挖矿山的活动的忧惧,在某些地区可能比其他任何因素都能更加强烈地刺激起民众的敌对情绪。非常有意义的是,在胶州附近的高密县,在破坏当地的教堂之前,"百姓"就起来反对铁路的建设,迫使工程师们退回到海边的烟台,有效地阻止了铁路建设的进一步进行。

为数不少的长期居住在山东省这些地区的人,都充分地认识到这一危机的重大性质,并且利用一切机会表达他们的看法。1月30日,从庞庄向美国公使发出了一封信,其中提到了事态的发展,并且补充说:"负责济南府以东地区教务的天主教神父说,有五百到六百个天主教家庭遭到抢劫,十个人被杀死,五千人被迫逃亡,我们没有听说采取了什么措施,甚至都没有要求采取措施。法国和德国管理下的那些地区也处于相同的骚乱状态,我们没有听说采取过任何行动。如果这种情况继续发展下去,铁路、矿山、商业和传教事业都会在共同的崩溃中被消灭净尽。"

在直隶的小张庄以及山东的庞庄、临清州和济南府都有一些上海杂志的通讯记者,他们经常进行详细的报道,从而使得一般公众有机会了解到内地形势的发展。但他们发表的东西并没有局限于纯粹的报道,他们的一些观点不止一次地出现在发行量最大、最有影响的报刊的社论里。《字林西报》12月4日的一篇题为《北方即将燃起大火》的社论(1899年11月25日写于庞庄),清楚地描述了义和团起义的过去和未来可能的发展。这篇文章指出了中国人对表现为大量租借地的西方新事物的本能反抗,并且补充道:"如果中国的百姓都相信,可以通过暴力来扼杀这些外来的改革,以保护朝廷,同时也能够消灭外国人,那么这个帝国就没有一个地方适合任何外国人居住,甚至也不会有可供外国人在未来利用的势力范围。"文章称,义和团运动将要"广泛传播,并且具有造成极大破坏的潜在力量"。文章指出,允许在德国人要求下被撤职的前山东巡抚李秉衡重新就任一个更为重要的职位,是一个错误。对于德国人来说,至关重要的是与美国政府和法国政府联合起来,要求中国当局迫使毓贤改变他的毁灭性政策,履行条约,或者应该任命另外一名官员来代替他。"除非在还不太晚的时候采取这一措施,否则就有可能出现一场可能需要几十年才能修复的大破坏。"

接着,又有一篇写于1月中旬前后的社论发表在2月17日的同一份报纸上。这篇题为《北方的危机》的社论回顾了义和拳的历史、目标和发展前景,作出了如下的结论:"应该要让北京当局明白,只唱空洞高调的赞歌的阶段无疑已经过去,今后必须要采取相应的行动了。我们需要强烈地要求,如果不采取这样的行动,在一年开始的这个季节,很可能就会发生一场在华外国人未曾见过的起义。从黄河到长城内外的大片土地上将爆发一场大的叛乱,它不仅要消除在内地的每一个外国利益,而且将会在不难预料到的情况下把每一个外国人赶出天津和北京。长期以来一直就或多或少地存在着爆发这样一场起义的危险,除非现在就进行强有力的联合行动,这场起义肯定会在未来发生,那些想要阻止它的人必须要有所行动。"

在2月6日出版的同一张报纸的一篇通讯的结论中，使用了如下的语言："我们看不到任何理由修改以下这个形成已久的、不断得到确认的、在现时比以往更加不言而喻的结论：如果不立即采取行动制止这场危险的大运动，它就会把所有的外国人驱赶出中国，这是发动这场运动的目的，也是它一直在坚持不懈地仔细培育着的目标。"

《京津时报》的专栏中同样经常出现有关这同一问题的通信，它在社论中提出的警告充满了力量，以至于总领事都对这些社论的发表表示了严重的不满。

要详细地追溯这场现在正在进行着的反外运动无规律的发展进程，不仅十分困难，也是非常乏味和冗长多余的。在山东和直隶发生骚乱的整个地区，到处都重复着几乎相同的现象。这些现象是如此有力，如此众多，以致不需要什么有经验的先知来进行解释。潜行的烈火一直就在酝酿着。外国的侵略，计划在中国修筑铁路、开发矿山的外国公司将要控制中国的威胁以及始终都有可能发生的"瓜分中国"，使得满清统治者的激愤达到了极点。

当时并没有人对暗中进行的所有一切表示过怀疑，但是仍然十分有理由认为，1900年1月24日以皇帝名义发布上谕是一个深藏的阴谋。皇帝被迫宣称，他发现自己很可能不能（甚至根本不可能）有一个子嗣，因此已经恳请慈禧太后选择一个合适的人作为同治皇帝的继承人（这样就连光绪皇帝也越过去了）。在反复请求下，慈禧太后据说非常满意地指定载漪的儿子溥儁为大阿哥，并且作为一件极其引人注意的重要大事正式向全国和世界宣布。

有关这件事发布了许多难以让人完全理解的谕旨，从而使皇帝未来的命运悬而未决。但看来十分可能的是，一旦可以肯定废黜皇帝不会招致危险的话，就会立即废黜他。两名高级官员崇绮和徐桐被任命为宫廷教师。前者是同治皇帝的岳父，从来没有和外国人打过任何交道；后者则是一名强硬的仇外分子，甚至不愿意从使馆街上的大门回家，因为那条路用碎石铺就，并且设有排水沟。

这名可能作为中华帝国皇位继承人而引起注意的十四岁少年，是道光皇帝第五子端亲王的孙子。由于光绪皇帝是道光第七子的儿子，新的大阿哥就是在位君主的"嫡亲堂侄"。关于他的父亲端王，外国人知之甚少，但是知道他只受过简单而不完全的教育，举止粗野，具有政治野心。端王和慈禧太后之间后来很可能达成了某种协议，作为端王支持慈禧太后的回报，他的儿子将继承皇位。要为这样的协议找到证明，当然是不可能的，不过这一推测和那些非同一般的事实非常吻合，因此在找到证据推翻它之前，可以被假定为真的。

此后的事件使人们断定，慈禧太后最终决定，一定要设法摆脱外国人。义和团运动是一个未知的、不可估量的潜在力量。如果不把它导向反对外国人的方向，它或许会转而反对允许外国人获得这样一个立脚点的满清朝廷。在这两者之间不难作出选择，慈禧太后一刻也没有踌躇。她召回了毓贤，但是就像已经提到的那样，是要向他出示"御笔"的手书，以此来鼓励他。另外，李秉衡在一份奏折中，推荐毓贤是应该完全予以信赖的官员之一。

现在，让我们转向北京的使馆区，来看看他们是以什么样的眼光来看待这场即将来临的风暴的，看看他们准备采取什么样的措施来应对它。12月29日，窦纳乐（Claude Mac-

Donald)爵士写信警告总理衙门说,如果不能坚决平息骚乱的话,很可能会引起国际问题。在得知卜克斯先生的死讯后,一名军机处人员向英国公使传递了皇帝表示遗憾的特别信息,中国驻英国公使也受命向索尔斯伯理(Salisbury)勋爵表达了同样的歉意。

1月18日,康格(Conger)先生就骚乱者在许多地方未能受到惩治一事致信总理衙门,提请他们注意,自己此前提出的警告未能受到重视,并且对毓贤的无所作为提出了抗议,认为这种做法鼓励了义和团。“现在在山东和其他地方流传的传言称,义和拳和大刀会这些秘密结社认为它们实际上得到朝廷暗中的同情和认可。不幸的是,许多研究中国的人也认为本月11日的谕旨在很大程度上证实了这种说法。可以肯定,朝廷对毓贤巡抚的褒奖为这样的看法提供了理由。”

这里提到的朝廷的态度本身就足以使任何一个熟悉中国和中国政府的人相信,朝廷不仅仅不愿意去镇压那些结社,而且对它们表示认可。

在这场运动的整个过程中,必须要注意到官方言论中所不断地表现出来的中国人与生俱来的虚伪性。表面看来,朝廷发布的谕旨的形式和措辞都非常严厉,但随之或随后发布的“密旨”使之失去效用,因为从某种意义上说,这些密旨与公开发布的谕旨的意思正相反。对于西方人来说,这种现象是非常奇怪的;但在东方人看来,这是一件理所当然的事。至于县官们发布的所有的布告和告示,也同样可以作如是解。那些早已熟悉这种做法的民众能够通过某种直觉,判断出这些告示的真正意义,判断怎样去做是没有危险的,甚至可以判断出,明智的做法或许就是完全不理会它们。而那些特别重视明确地区别危险和希望的外国人,则完全被蒙在鼓里。但是当1月11日上谕那样的两面性措辞出现的时候,对于它们背后的那些东西已经不再有怀疑的余地了。

请看下面这些摘录:

> 近来各省盗风日炽,教案迭出,言者多指为会匪,请严拿惩办。因念会亦有别。彼不逞之徒,结党联盟,恃众滋事,固属法所难宥。若安分良民,或习技艺以自卫身家,或联村众以互保闾里,是乃守望相助之义。地方官遇案不加分别,误听谣言,概目为会匪,株连滥杀,以致良莠不分,民心惶惑。非民气之不靖,实办理之不善也。①

这道上谕甫经发布,立即就被认为不仅对义和团没有任何伤害,而且是他们的保护伞和特许状。

只要了解此前的形势,同时也明白这道上谕发布时的形势,仅仅根据这道上谕,一个十分熟悉中国的人就可以像阿加西用一根骨头重新造出一条鱼那样,十分准确地预见到义和团运动的整个发展。对结果的预见正是中国人能够非常自信地做到的事,而正如事态的发展所表明的那样,他们的预见往往也是准确的。如果驻华公使们也能够以这样的方式看透这些具有启发性的迹象的话,事情的整个进程可能就会改变。

这道上谕不会起到平息骚乱的作用,这一点清楚得不容否认。1月27日,美国、法国、德国和意大利公使要求发布一道上谕,指名镇压这两个结社。在几乎一个月的时间中,总理衙门对这个问题没有作出任何回答。公使们又向他们发出了一个同文照会,但仍然没有发布谕旨。这时,骚乱已经蔓延开来,义和团开始在北京和天津附近进行演练,而

① 译文据故宫博物院明清档案部编《义和团档案史料》上册,中华书局1959年版,第56页。——译者注

内地的形势正在不断恶化,其情形就像康格先生(1 月 27 日)通知总理衙门时所说的那样,“对任何一个文明国家来说都是一种耻辱”。

2 月 27 日,窦纳乐再次写信,要求发布谕旨,下令对这些结社进行严厉镇压,并且宣布加入这些结社或者保护其成员都是违犯中国法律的犯罪行为。他还补充说:“这一地区进一步的骚乱,必将会给中国政府带来极其严重的后果。”

总理衙门 2 月 25 日回复了外国公使们的照会,但不能令人满意。不过,他们最终于 3 月 1 日满足了公使们发布谕旨的要求,说这样一道谕旨现在已经发布,并且已经向直隶总督裕禄和山东巡抚下达了命令,要求他们张贴严禁义和拳的告示。总理衙门称裕禄已经这样做了,并且提供了裕禄发布的一张告示。这一告示言辞明确而强硬,如果从一开始就发布这样的告示,并且坚持这样做的话,本来是会阻止这场运动的进一步发展的。外国公使在 2 日与总理衙门大臣们举行了一次会谈,提出了一个同文照会,再次要求发布谕旨,并且要求在《京报》上公布这一谕旨。康格先生这一天给总理衙门的信说,如果这一合理要求遭到拒绝,他就要向他的政府报告,说他们未能采取正常的措施来对付一个最危险的反外组织。他再次说:“进一步的骚乱必将会给中国政府带来最为严重的后果。”

在会谈中,总理衙门大臣们声称已经尽了最大的努力来镇压这场运动,并且提到了裕禄发布的告示中毫不含混的措辞。克林德(Kettler)男爵要求对告示中没有提到大刀会的名字予以注意,并且宣称这样做是因为大刀会的首领(毓贤)现在正在北京。总理衙门大臣们答复说义和拳和大刀会已经合并,现在是一回事。对于前山东巡抚是大刀会首领的说法,亲王和公使们都以毫不掩饰的欢欣态度表示接受。不过亲王认为,毓贤已经因为未能平息骚乱而受到了斥责。

外国公使就有关在《京报》上发布谕旨的要求,和总理衙门大臣们进行了大量交谈。在交谈中,公使们十分坚定,而大臣们也不屈服。他们论争说,《京报》上公布的谕旨不如密旨重要,同时也不如密旨最终影响到的范围广。另外,由于最初并没有提出这一要求,在密旨已经发布的情况下,已经不可能违反惯例再在《京报》上公布。外国公使最终承认这一困难是真实的,因而放弃了这一要求。

3 月 6 日,康格先生就毓贤被任命为山西巡抚一事再次致信总理衙门,认为有许多令人信服的证据无可置疑地表明他同情并且支持义和拳,因此完全不适宜在一个有外国传教士及其信徒居住或者对之感兴趣的省份担任职务。“他的行为公然藐视条约规定,绝不能容忍或者置之不理。鉴于所有这一切,考虑到美国传教士及其信徒的安全,我以这种方式,对他未来被任命到任何一个能够控制传教士及其事业的地方,提出正式的和最强烈的抗议。”这一明智“抗议”所遇到的唯一困难,是被“归入档案”,并且被遗忘了。

四天以后,向总理衙门提出了另一份同文照会,重新提出了前次照会的要求,并且表示,如果中国政府不能满足这些要求的话,各国公使将向各自政府报告,强烈要求“采取其他措施”来保护其国民的生命和财产。同一天,各国公使都致电各本国政府,表示除非事态得到实质性的改善,各国应该派出战舰在北中国海面进行一次海军示威。人们深知,无论是对于外国人还是对于中国人来说,这都预示着危险即将来临,它就好像是维系着一条悬挂着许多人的旧绳子的最后一股绳线一样。人们怀着巨大的希望,希望武力的有力展示能够强迫中国政府屈从。

法国外交部长在巴黎对英国驻法国公使说,如果五个国家的驻华公使认为这样一个示威是必须的,他们的政府就没有理由予以拒绝。但索尔斯伯理勋爵认为,“在还能够使用其他手段的时候,诉诸海军行动是不可取的”。美国政府命令它的一艘战舰开往大沽,意大利公使有两艘舰船可供使用,德国公使得到了胶州的海军舰队。与此同时,英国公使要求得到两艘舰船,并且立即得到许可。

从 3 月 10 日开始,又过了三个星期长的时间。在这段时间里,总理衙门对再次发给它的同文照会没有作出任何回复。然后,总理衙门重新开始进行交涉,但它与外国公使的冲突仍然围绕着前面已经提到的有关在《京报》上发布谕旨的问题。4 月 14 日,《京报》上出现了直隶总督裕禄的奏片,报告说派出分统淮军右翼、提督梅东益和候补道张莲芬率领军队,与地方官一起镇压、解散骚乱者,并且在有教堂的地方驻扎军队。他还说(这是真实的),梅东益曾经多次焚毁拳场,并且逮捕了拳民首领,交由地方官惩治。他或许还能够补充说,好几个月以来,这些军官一直在采取行动,实际上进行过许多“战斗”,在直隶省好几个县里杀死了不少义和拳。

至于军队交给地方官员的那些囚犯,人们不断地发现,由于地方官员们往往公开地或者秘密地同情义和拳,他们或者将这些囚犯立即释放,或者只是在形式上把他们关押起来。

直隶总督在给朝廷的奏折中,非常小心地避免提到,梅提督所有这些行动几乎没有产生任何效果,而且由于官员和民众对义和团运动的同情,这场运动远远没有被镇压下去,它所造成的威胁每天都在增加。朝廷在对这一奏折的批示中,命令全力进行镇压,不许稍有疏懈——这是需要用以后的行动说明的一些无意义的套话。

4 月 17 日,《京报》上发布了另外一道典型的上谕,一方面称许乡村民众设团自卫、保护身家的做法,另一方面又补充说有理由担心这样做会造成良莠不分,可能会有人借机欺压教民,因而应该禁止。各省官员要设法使民众各循本业,和平相处,以使朝廷的谆谆告诫能够得到重视。

然而,窦纳乐爵士从总理衙门的言语中推断,“中国政府准备尽可能地满足我们的愿望”,但他在文件结尾处遗憾地说,义和团在北京和天津周围继续操练,并且招募人员,这些活动表明来自义和团的危险仍然存在,“但与此同时,我感觉我有理由认为,中央政府最终已经开始表明它镇压这一反基督教组织的真诚愿望了”。同一天,这位公使致电索尔斯伯理勋爵称,受命来到大沽的战舰赫尔迈厄尼号和布里斯克号现在已经恢复它们的正常职责。

第十二章
起义的蔓延

义和团运动像遥远的东南地平线上的一片小小乌云，以前所未有的非凡速度向北方发展。密切注视着它的列强公使们，满足于向总理衙门提出一些紧迫性不一的照会，并且以海军示威来进行威胁。而这一并未实现的海军示威即使真的发生了，对于平息数百万中国人在内地进行的危险起义，可能也不会产生太大的作用。在 4 月中旬以后一个月的时间里，各国公使和总理衙门之间似乎暂时停止了通信，其间只有来自罗马天主教和新教传教士千篇一律的详细报告。它们涉及的乡村范围广阔，报告说煽动性的告示在各地张贴，对基督教徒及其教堂的攻击仍然在进行之中。

要理解义和团像细菌一样迅速的传播速度，就必须注意那些特别的使者。他们被派到各地去散发揭帖，从而使得这些揭帖不受限制地传播开来。很难搞清楚这些揭帖最初是从哪里制造出来的，但值得注意的是，在上海一带发现的许多揭帖与北京的揭帖所使用的措辞基本一致。在一些距离较远的地区，例如山西中部，人们知道，最初是从来自山东的人那儿听到义和团的。而在其他一些地区，人们并不清楚这些信仰和活动的传播来源。

这一复杂神秘而又缺乏理性的教派的整个基础，是佛教和道教迷信的混合，另外还有煽动民众狂热反对外国人的意图，认为只要正确地运用超自然力量，就能获得迅速而可靠的成功。或许对义和团活动的其他描述，都不如从那些手工写就的、为了教导新信徒而四处散发的揭帖中摘录一些句子，能让我们更好地理解义和团活动的真正方式。

> 义和团咒语：(1)咒曰：弥陀降谕弟子，祖师号令各山，敬请中南山(众神)，敬请中八洞(众神)，弟子(某某)练义和拳术，保卫中华，消灭洋人。铁罗汉，刀砍斧劈，身不留痕，炮不能伤，水不能溺。急请众神，众神出洞急来；慢请众神，众神离座慢来。祖师，无生老母，急急如律令。
>
> (2)神拳咒曰：皇天、圣祖、五佛洞，阿弥陀佛，上八仙、中八仙、下八仙，阿弥陀佛，来教我，阿弥陀佛，至尊天君，来教我，阿弥陀佛，三仙圣母、唐僧、沙僧、八戒、悟空，不知何方尊师下凡来。
>
> 练习方法：双手合十，双脚踏在(画在地上的)十字上，面向东方，念上述咒语三遍，叩头三次，再连念上述咒语三遍，练一百天，方可练成。切记：不戒肉食，不沐身体，念咒语不诚心，即不灵验——此事尤为重要。此符放置洁净处，否则不保，切勿漠视此事。
>
> 另一种练习方法："面向东南，左手画三山符，右手画盘龙符。地上画两十字，双脚踏上——读下咒一遍，叩头一次——少则读七遍，多则读十遍，神灵即会降临尔

身。”咒曰:“先请南海大士,西天佛祖,再请黄大师,速来教我;再请上八仙,西天大佛,中八仙,五清佛,下八仙,阿弥陀佛,再请黄老师,速来教我。

门上写‘红天宝刀’,后门上写○○○(一个符)。”

(3)避枪炮咒:北方洞门开,洞中请出铁佛来。铁神铁庙铁莲台,铁人铁衣铁避塞,闭住炮火不能来。天地玄我,日月照我,急急如律令。(咒语)①

练习方法:北面宝座供奉圣人关平和周仓,鞠躬一次,跪下向东南叩头,念下咒一遍,重复三次。鞠躬,叩头,闭目,双脚并立。用大拇指使用符咒,念“我请南无阿弥陀佛”。如前一样动作,然后用食指使用符咒,念——“指天天门开,指地地门来。真心习神拳,请得神仙老师来。”接念玄武符咒,向南鞠躬一次,念咒一遍。一步一鞠躬,念一遍咒。再一步三鞠躬,念一遍咒。再一步,闭目,双脚并立。

还有一两种义和团的揭帖,从中也可以看到深受这些文字巨大影响的人们的思想和情感。下面引用的第一件揭帖或许和其他任何揭帖一样,流传得十分广泛。它最后提供的药方,在其他一些形式的揭帖上也可以看到,内容多少有些不同。

增福财神圣谕

兹因天主、耶稣教,欺神灭圣,不遵佛法,怒恼天地,收起雨泽,降下八百万神兵,扫除外国洋人,才有细雨。不久刀兵滚滚,军民有灾。佛门义和团,上能保国,下能安民。见字速传,传一张,免一身之灾;传五张,免一家之灾;传十张,免一村之灾。见字不传,必有掉头之罪。所有洋人不平,不能下大雨。不幸喝洋人下毒井水中毒者,速用圣方,煎服其药,毒即可解。乌梅七个、杜仲五钱、毛草五钱。②

在下述揭帖中,人们的控诉和不满的范围比上面的要更为广泛,可以更好地表现人们思想中的不安:

我中华帝国以圣教著称于天下,诠释天理,教化人伦,文教所及,光照河山。

孰料神州巨变,世风日衰,五世以来,赃官委以重任,官府为买官鬻爵者开,惟富者任职于朝中。科举形同虚设,举人秀才埋没于乡里,官位按银价而定。达官显宦,家缠万贯,皇帝垂涎。大小官吏,辗转盘剥,鱼肉百姓,劫掠民食,陷黎民于水火。

衙门败坏,不堪言状。商场行会之中,无钱寸步难行。贿买官吏在所必行。苛捐杂税,名目繁多,一应俱全。贪官污吏,诡计多端,背离三纲,天良丧尽,无法无天。彼等系一丘之貉,目光所及惟不义之财。公理荡然无存,敲诈勒索之外,无所事事。讼案不胜枚举,衙门绝无公断。不行贿买,势必败诉。草芥子民,无处伸冤。百姓横遭杀戮,哭声直达天听,纵有神明贤哲降世,晓以大义,颁发善书,教化百姓,嗟呼从者寥寥,悟道者谁?邪恶畅行无阻,神道深知世道不古,圣教罔然。

今天庭震怒,命诸神降世,不分尊卑,普查人间。罪魁乃当今皇帝,业已后断无

① 译文据陈振江、程歗《义和团文献辑注与研究》,天津人民出版社1985年版,第143页,据英文略有修改。——译者注

② 译文据陈振江、程歗《义和团文献辑注与研究》,天津人民出版社1985年版,第22页,据英文略有增改。——译者注

人，断子绝孙。满朝文武，花天酒地，纸醉金迷，难以言状，置寡妇孤孀哭声于不顾，毫无悔过从善之心。

灾劫临头，尤为甚者。洋鬼挟来邪说，以基督、天主、耶稣诸教相诱，从者芸芸。该教等灭绝伦常，诡诈多端。嗜利之徒，咸居门下。彼等横施强暴，无所不用其极，致使清官廉吏，腐化堕落，饕餮之徒，尽为奴仆。故修铁路、架电报，制造洋枪洋炮；机器工艺，尤为其乖戾之天性所好，奉机车、气球、电灯为上品。洋人虽出入乘轿，与其身份大相径庭，我中华百姓视之为天谴蛮夷，天帝方谴神佛下界灭洋。

首批下界战魔谴顽者乃红灯照、义和拳。焚烧洋楼，修复庙宇，尽毁洋货，斩尽妖魔，端正教化，尊圣崇贤，使圣哲之教光大发扬。

天意既定，扫除立行，三年之内，大功告成。作恶者难逃此劫，天帝慈悲之心，人人可见。天机玄妙，不轻易示人，惟太平之世，指日可待，即在癸卯之年。预示众生福祉，逃脱劫难之苦。小民之歌，就此结束。最后一语，系全文之小结。学子士绅切勿以咒语等闲相待，无视其儆言。①

尽管众神和八百万神灵以这样的方式发出了他们的最后通牒，但那些官员们仍然需要根据来自总督的命令发布布告，把朝廷上谕的内容具体化。但人们很快就知道，在广大乡村地区，这些布告或者根本就没有张贴，或者一张贴出来就立即被愤怒的民众撕掉。

作为对这种事态所提控诉的反应，总理衙门通知康格先生，他们已经致信北洋大臣，要求进行彻底调查，命令地方官配合军队行动，切实采取行动，确保和平和平静。

康格公使再次提出抗议，称在有一所美国公理会大学的通州，各地的义和团正在武装起来，同时有数千名运送粮食的船夫正陆续地到达通州，而来自二十四个地区的数千名学子们很快也要到那里，因此必须对通州各地的教堂加以密切关注。

通州的一名传教士向道台出示了一些匿名的义和团揭帖，向他（通州的最高官员）指出义和团正在西北角训练，但是周（Chou）知县却表示对此一无所知。道台请求总督派一队骑兵前去巡查，但当他们到达以后，却明显地表现出完全同情义和团的态度，他们竟然亲自鼓动民众进行攻击。道台是全城中唯一一名不站在义和团一边的官员，他的处境非常困难，很快就变得极其危险。

在这场起义如我们所见到的那样发展起来的几个月里，在直隶和山东的罗马天主教的法国、意大利、德国传教士以及新教的英美传教士，不断地向各国公使发送紧急请求。在收到这些报告后，各国使馆都作出了相应的反应，各公使或迟或早地以不同的力度向中国政府提出了要求。

总理衙门以吃惊的态度彬彬有礼地接受这些投诉，同时对如此严重的事态的真实性表示怀疑，要求提出“证据”，并且答应命令直隶总督和山东巡抚进行调查，如果所投诉的情况的确存在，他们就要追究责任，报告北京，并且发布布告以阻止未来继续发生这类行为。

公使们把回复的内容告诉投诉者们，而那些投诉者们又进行新的投诉，报告了更为严重的不法行为。公使们以适当的程序收到了这些新的投诉，认识到存在着比先前严重得

---

① 译文据陈振江、程歗《义和团文献辑注与研究》，天津人民出版社1985年版，第50～51页。——译者注

多的问题,向总理衙门发出了“强硬的信件”,指出了日益恶化的新罪行,并且指出总理衙门大臣先前的答复完全没有起到作用。总理衙门以相应的形式作出回复,再次许诺对所称的新罪行进行认真调查,但在惩治义和团方面并没有做任何事,只是偶然地处治了一名拳民,也没有采取有效措施阻止这一组织继续扩展。

一些人早就指出了一个真实的、无可争辩的事实,就是这一起义得到了中国政府的鼓励。这一点,现在甚至那些观察机会受到限制的外国官员们也开始明确地表示接受。

5月2日,英国驻天津领事贾礼士(Carles)写信给窦纳乐爵士,报告说位于天津和北京中间的东安县的知县一直尽其最大努力来镇压义和团,悬赏逮捕义和团首领,并且对提供有关他们藏身处信息的人进行奖励,但他收到了据说来自慈禧太后的命令,被迫撤销了悬赏和奖励,这直接导致了民众对教会十分明显的敌意,使得当地传教士立即让其家人离开。

从这件事足以看到形势的发展,也可以认为,这一预兆不祥的事件表明,在远处的山东发生过的真实情形,现在已经实实在在地来到了帝国京城的附近。

表明这一事态发展的证据急剧地增加。5月19日,北京罗马天主教会的樊国梁(Favier)主教写信给法国公使说,形势一天比一天严重,一天比一天更危险。在保定府附近有七十多名教徒被杀害,好几个村庄遭到抢劫和焚毁,另外一些人处于无人保护的境地,有两千多教徒被迫逃亡,没有食物、衣服和居所。已经有几百名男人、妇女和儿童作为难民来到北京,一周之内还会有数千人来到北京。

樊主教试图使公使相信他不是信口开河,并且相信宗教迫害只是一个掩饰,其主要目标是要消灭欧洲人。义和团的同伙正在北京等待着他们,攻击将会从教堂开始,然后转向使馆。进行攻击的日期已经定下,除了外国人以外,全城的人都知道这个日子。他指出,当前的形势和天津教案发生时的情形极其相似,并且提醒毕盛(Pichon)公使,天津教案发生时,传教士曾经徒劳地要求予以援助,而当援助到来时,已经太迟了。

此前一天,英国公使听到了距北京四十英里的一座伦敦会教堂被毁坏、一名本土布道员被杀死的消息,因此当外交团领袖召集会议讨论樊国梁主教的信件时,人们已经认识到了形势的严重性。外交团再次一致同意致信总理衙门,要求采取具体措施镇压义和团。德国公使克林德感觉仅仅召集使馆卫兵并不够,认为如果外交团的照会得不到令人满意的回答,应该把军舰召集到山海关,以便在必要时能够让部队登陆,前来保护北京的外国人。

正是樊国梁主教的严肃告警,最终使法国公使充分感觉到形势的严重性,并且通过他使整个外交团认识到正在发生的事情。然而,窦纳乐爵士在其信件的末尾表示,北京民众对外国人态度平静而有礼貌,他没有得到任何消息可以证实樊国梁主教的悲观预见。他以十分值得注意的看法结束了他的信件:“持续多时的干旱在很大程度上导致了乡村地区的骚乱,几天的大雨比起中国政府或者外国政府能够采取的任何措施来,都更有助于恢复平静。”

如果窦纳乐爵士的意思是说,现在除了上天以外,已经没有任何力量能够阻止浪潮般在两个省份里广泛传播并且已经涌入中华帝国京城的这一大起义,那么他的看法就是完全正确的了。

罗马天主教徒预见到正在来临的暴风雨，加强了他们的许多教堂和村庄的防守，并且在许多事例中，成功地抵御了那些前来攻打他们的武装。在很短的时间里，保定府和北京之间大约一百英里长的整个地区，就布满了义和团的营地，对所有基督教社群的激烈而有组织的攻击也随即开始了。一个罗马天主教会做礼拜的地方遭到焚烧，教徒们在他们的家里和被发现的任何地方受到攻击，遭到杀害，他们的尸体被扔进井里和河中。仅仅涿州城内外就聚集了三万多名义和团，日日夜夜地演练其法术仪式，把这一地区的百姓都吃穷了。他们甚至抓住知县，占据他的衙门，强迫他在他们的布告和命令上盖上官府的大印。

5月28日，来自北京及其附近地区以及通州的一伙人攻击了位于北京西南几英里的丰台火车站，该处是从北京到保定并且一直延伸到长江上的汉口的芦汉铁路和京津铁路的交接点。当时，有一小队二十人的外国卫兵可能就足以使这个地方免遭破坏，这意味着可以避免或者可以推迟许多重大后果的发生，这具有相当的重要性。但当时的整个气氛十分漠然，当有人在一个使馆中提出派出卫兵的建议时，只得到这是“一个国际问题”的回答，便被放到了一边。但是，事态发展的结果很快就真的成为了一个国际问题。

事实上，由于没有遇到什么抵抗，骚乱者们尽其所能地焚毁了车站，破坏了机械车间，卸下了机器上的每一块黄铜，取走了能够拿走的一切。铁轨被扒开，枕木被烧掉或是被偷走，电报线杆被砍倒，北京和世界其他地方的联系被切断。值得注意的是，在这场经常被无知地描绘为仅仅反对基督教会的运动中，引起北京注意的第一批行动就是对铁路和电报线的大规模破坏，而正如此后不久发布的上谕提醒那些被误导的“爱国者”们的，铁路和电报线是由中国政府建造并拥有的。

芦汉铁路的总部一直设在距北京六十英里的一个叫做长辛店的集镇，这里有铁路当局为一些比利时人和其他工程师及其家人修建的许多外国人寓所。这些人很快就发现自己处于监禁之中，而且难以逃脱。29日，有关他们情况的消息传到北京。第二天，北京饭店有魄力的经营人、瑞士人沙孟(Chamot)和他勇敢的美国妻子，与其他五个人一道，骑马离开北京前去进行救援。他们绕开丰台，安全地来到了长辛店。为了难民们的旅途之用，他们在卢沟桥雇用了一些大车和牲口，带上所有的人，共有十三名男人、九名妇女和七名儿童，于当天晚间平安地回到了北京。一行人非常疲惫，浑身泥污，身体和精神都极其虚弱。攻击发生时正在丰台的工程师们开着火车到了天津，但如果没有外国士兵保卫的话，这条铁路线不可能保持畅通。

丰台事件非常重要，因为它标志着义和团发展第二阶段的起点。在此之前，义和团只是破坏教徒的房屋，抢东西，强迫索要罚金，杀死中国教徒，进行一些在外国对华关系史上并不罕见的行为。但自丰台事件以后，它发展到了一场民众起义的高度，在政府煽动下进行，又转而反对政府本身。

这就是这场暴风雨5月底爆发时的情形。当时，英美使馆成员的家人们甚至还在离北京十二英里的西山避暑寓所中消遣，不得不把他们紧急召了回来。在此后的几个星期里，“在北京城里什么都不可能发生”的不幸假定似乎麻醉了整个北京外国人社群，要驱走这一无法说明的错觉，还需要一系列的悲惨灾难。

外交团在反复会商之后，决定向已经聚集在大沽的军舰上发送电报，召集卫兵，以保护使馆。本来，在一个月以前就应该采取这样的措施了。对于把外国士兵带到中国京城的侮辱性行为,总理衙门当然表示反对,并且许诺中国军队将会进行充分的保护。公使们拒绝把卫兵问题作为一个可讨论的问题,即使没有中国政府的同意,也一定要把卫兵召到北京。总理衙门不得不与庆亲王进行谘商,庆亲王觐见了慈禧太后,最终没有冒险与联合起来的各国发生冲突,而是同意了公使们的要求。

直到这时,在各个使馆中仍然有许多人反对召集一支大部队,认为一支人数较少的部队可以起到相同的精神作用,同时又不至于过分激怒中国政府。然而,由于人们非常不清楚中国政府将会采取什么行动,所以仍然有理由担心,这三百四十名海军陆战队员在经过多次延宕后于5月31日晚间的到达,会成为向外国人发起总攻击、对他们任意进行抢掠和屠杀的一个信号。

美国人、俄国人、日本人、意大利人、法国人和英国人的部队从南城外面的火车站(铁路暂时得到修复,城门也为了他们入城而一直开着),拿着上着刺刀的枪,穿过密集的人群——其中有些人从来没有见过外国士兵,一路行进到他们的使馆。中国人没有表示出任何抗议行为。6月3日,星期天,五十名德国海军陆战队员和三十五名奥地利水兵携带一支机关枪,于午间到达。在天津的直隶总督曾经尽力阻止这些士兵们登上火车,但当他得知如果阻止他们,他们会不经允许,强行夺取机车和车厢的时候,他屈服了。最初的危机过去了,在北京的外国人的生命安全暂时又有了保证。实际抵达的外国军队的总数,包括七名哥萨克常驻使馆卫兵在内,只有十八名军官和三百八十九名士兵。至少应该有不少于一千名士兵,才有可能组织起有成功希望的防御。

中国政府应允修复天津铁路,使这段铁路曾经有几天处于可以通行的状态,但是芦汉铁路一开始就被彻底破坏了。几乎每个车站都被毁坏,而且在相当大的范围里,由于义和团人数众多,所有通过这条铁路与南方的联系都被持续性地切断了。北京南面和西南面的整个乡村到处都有抢掠、放火和杀害教徒的报告,每一天的描述都比之前的描述更为可怕。

保定府的一伙比利时人和其他一些工程师感到他们的生命有危险,便在护送人员的陪同下,试图坐船到天津。但他们被出卖,在河上遭到了袭击,丢掉了他们的船只,走入了错误的道路。他们分成了两伙,一伙人试图返回保定,但在好几个月里下落不明,后来发现他们中有些人到了正定府,在那儿和一名主教、几名神父和修女一起,进行自卫。另一伙人从陆路前往天津,路上受尽折磨,最后被一支前去寻找他们的救援队带到了租界。

6月7日,由于越来越感到危险即将来临,通州的三名绅士决定再做一次努力,去争取得到道台的帮助。道台是通州城里级别最高的官员,他与中国轮船招商局有着官方联系。大家都知道他对外国人特别友好,喜欢他们的生活方式。比如,他的客厅里摆放着晾台用摇椅,办公室里摆放着桌面可拉动的书桌,都是中国居室内很少见到的家具。这些公开的偏好使得他在那个时候极其不受欢迎,也给他个人增加了不少危险。他自己对此也十分清楚。

在把他众多的随从打发出他的客厅后,这位道台倾诉了他对事情发展到现在这种可怕局面的悲伤哀叹,坦率地宣布他个人不能提供任何帮助。他只有一支装备极差的小部队,其中一个人也不能信赖,而且有许多地方马上就需要他们。他已经向天津请求派出援兵,但是,无论是他还是前来拜访他的外国人,都清楚此前一天到达的这些士兵肯定是站在义和团一边的，难以完成保卫生命和财产安全的任务。道台显而易见的忧虑态度使人丝毫也不会怀疑他的真诚，也不会怀疑他认为形势已经没有希望的看法。

当这些绅士离开道台衙门时，遇见了一帮狂暴的民众，他们喊叫着，一副非常想马上就发动一场骚乱的样子。这些绅士非常小心地避免了冲突的发生，但人们立即认识到，迅速撤退到北京是势在必行的事情。他们向美国公使发了封电报，向他告知了危险的局势，并且要求派十名海军陆战队员前来护送他们回到北京。然而公使并没有派出卫兵，反而建议他们雇用中国士兵。但找到护送他们的中国士兵并不是一件容易的事，而由此引起的延宕可能会造成很大的危险。同时，人们认为中国士兵并不可靠，即使能找到他们，大家也不会接受。无论出多少钱，在通州都找不到任何运输工具了，因为运输工具早就被那些清楚地预见到风暴即将来临、想要避开它的中国人雇光了。在这一形势下，北京的梅子明(W. S. Ament)牧师非常友好地雇了十六辆大车，一个人亲自带着这些大车从北京前往通州，并于夜间到达。考虑到乡村地区的混乱状态，这确实是一个相当勇敢的行动。

当大家准备离开通州的时候，传来了一个消息。此前一天，一个罗马天主教村庄遭到抢掠和焚毁，有几个人被杀死。紧接着，人们一直担心着的通州的两个传教站遭到了同样的命运。一名布道员全家被杀，另一名布道员好不容易逃脱了。在这两个村里，据说有三十五名到四十名教徒被烧死或者被砍成碎片，教会几乎被整个消灭掉。

第二天凌晨3点多，二十四名美国人——六名绅士、十一名妇女和七名儿童——和相当数量不敢再留下的中国教徒，离开了位于城外的潞河书院的大院。大车、笨重的通州手推车和驮满东西的驴子组成了一个长长的队列，多数美国人和几名中国人装备着来复枪或者左轮枪，也有人两种枪都有。

直到最后一分钟，住在通州的两名绅士还认为，应该和一小队值得信任的中国人留下来。在他们看来，悬挂在大院塔楼上的美国国旗会让人认为院子里驻有军队，看到美国国旗的义和团显然已经被震慑住了，所以他们留下来显示武力，会让义和团不敢接近。中国人认为安装在这座居高临下的塔楼上的望远镜是一门能够旋转的大炮，具有超常火力，一旦开火，会把半个通州城夷为平地！但是，有绝对的把握可以断定，天津的士兵会像几乎全中国的士兵那样，与义和团站在一起。在这种情况下，试图做不可能做到的事是鲁莽轻率的。计划在最后一刻的改变使得队伍撤离得很突然，没有做充分的准备，结果某些传教士难民只带了很少的衣服。

尽管只要多耽搁几个小时，这伙人可能就难以撤离了，但在前往北京的途中，他们并没有从中国的人举止上看到任何非同寻常的迹象。

后来知道，通州的沈道台非常担心这支没有护卫的队伍会在路上遇到灾难，于是派出他个人的随从们，穿着普通人的衣服，跟着这支队伍，直到他们进入北京的南城门。沈道台命令他的随从们，如果有人攻击这支队伍，就进行反击。后来，道台本人好不容易逃到了上海，但是损失了他所有的财产。他对其辖区内无助的外国人的友好行为，使人们对他的美德给予了特别的赞誉。

6月8日，星期五，上午8点，这支队伍到达了北京。其中大多数人在美以美会宽敞的大院里受到了热烈的欢迎。这个大院位于孝顺胡同，东边几百码有条大街，向北可以通向哈德门，几乎就在城墙根上。

当天下午,在美以美会大院里召开了此前就已决定要召集的美国人会议,商讨解决当前危机所应该采取的措施。

会议决定,尚未进入使馆的所有美国人都应该立即移入美以美会大院,以便进行共同防卫,同时应该请求公使派出一支有二十名海军陆战队员的卫队。另外,考虑到这里也有伦敦会成员以及许多他们的教徒,也应该请求英国公使提供十名海军陆战队员。会议决定向美国总统发出一份有分量的电报,报告事态的危险性。下面是当天下午发出的电报:

> 华盛顿,麦金莱(McKinley)总统:义和团破坏教堂,杀害了数百名教徒,威胁要消灭所有外国人。外国人已经撤离通州,保定府和遵化极其危险。中国军队无所作为。北京和天津每天都有可能会受到攻击。铁路被破坏,电报被切断。中国政府已经瘫痪。朝廷的谕旨模棱两可,亲义和团。到处都处于危险之中。如果形势不能立即得到改善,三十名与会美国人对前景的看法十分绝望。

为了说明在六个月的时间里发出的那些最为恳切的报告只产生了极其微小的效果,这里应该让大家注意这一事实,上面引述的那份电报与两名美国传教士于 1899 年 12 月 2 日从山东西北部的庞庄向康格公使发出的电报,在内容上是基本一致的。那封电报的电文如下:

> 义和团起义在山东和直隶的二十个县里迅速蔓延。抢掠、放火、杀人的事不断增加;公开的目标是杀死教徒,消灭外国人。除非四国使馆联合施加压力,否则庞庄、临清和济南府的美国人认为形势几乎是绝望的。

最初有人觉得,清朝的电报系统是不会把这样一份直率坦白的电报发送给美国总统的。但他们并没有拒绝发送,只是说"模棱两可"这个词应该分成两个单词发送。这明确地反映出,只要外国人多出钱,中国人十分愿意被认为是"模棱两可"的。

为发送这封电报而开出的支票从来没有人要求进行兑付,而电报似乎也从来没有被收到,尽管它可能是发出去了。然而,另外一些电报却按时地发送和接收。

第十三章
义和团与中国政府

到5月底,义和团大起义已经来到了首都的城门口,发展势头越来越猛烈。现在最为重要的问题,就是义和团首领与中国政府究竟是何种关系。不计其数的中国人和许多消息灵通的外国人都相信,这个结社至少得到了帝国最高权力的默认。但也有许多身居高位的人对义和团并不支持,由于义和团教派是以一种不太引人注意的方式逐渐传播开来的,这就使得这些人认为它只不过是"小孩子的游戏",并没有太大的重要性。

从中国人的观点来看,外国人正在瓜分这个帝国,破坏着中国最古老、最珍贵的道德价值,如果不赶快结束他们的侵犯,一切就都会被他们掠夺殆尽。

从外国人的观点来看,总是制造障碍和不讲道理的中国人现在比以前更为过分。人们普遍认为,如果不想失去那些订立已久的条约权利,如果不想使新近达成的协议失去效力的话,就一定要采取强硬措施。

当每一方都认为对方在违反协议的时候,冲突就是不可避免的,一次爆发也就不是不可能的了。中国人非常相信的一个看法是,经过一定时期的政治平静后,就一定会有一个相对而言的骚乱时期。外国知识分子由于某种原因不能理解的是,中国人认为,一年中如果有一个闰八月的话,这一年就会是一个社会动荡的年份,尤其是当这一年在年代循环中被称为"庚子"年的时候。1900年就是这样一年。十八个行省中的大部分地区都普遍地认为,阴历八月将会有严重的骚乱。

许多早就预见到骚乱会在八月发生的人,对于这样的灾难提前几个月出现感到非常吃惊。为什么会这样,没有一个人能够加以解释。最为合理的解释很可能是,事情的自然进程使得危机提前成熟。在春天,有一个特别的原因造成了民众的起义。干旱非常严重,而且受灾面很广。自从1878年的大饥荒以来,整个华北地区第一次没能种上冬小麦。在最好的时候,春天的雨水一般也总是下得不够,而这一年几乎是滴雨未下。土地干裂,什么庄稼都无法播种。在这种时候,无所事事而又焦躁不安的人们随时都可能制造骚乱。

自从中国和日本签订和约以来,英国在中国的声威就开始不断地衰落,一直达到其历史上的最低点。在过去的几年中,中国人办的报纸增加,使得沿海和北京受过教育的中国人能够了解到有关外部世界的一些表面知识。他们尽管不知道事态发展的真正原因,也完全不懂得任何历史哲学,但对于不同的列强可能会做什么或者可能不会做什么,他们能够以一种经验主义的方式作出非常敏锐的判断。他们或许是非常吃惊地注意到,一小伙人数远远低于中国一个五等城市的人口的南非农民,与英国的强大武装对抗了好几个月,而这场斗争仍然还没有结束的迹象。能干的英国领事负责要求惩治在山东杀害卜克斯的凶手一事,尽管他让巡抚袁世凯在不经意间知道克隆涅(Cronje)将军及其几千名士兵投降一事有一定的价值,但是如果巡抚对此事稍做思考的话,他就会明白,这个事件对战争的整个进程并没有产生多少影响。在近年来最为关键的一个时期内,英国人的手脚被束缚了如此长的时间,这一事实或许改变了远西地区的整个事态。

前一王朝明朝被推翻的一个重要原因,就是通过太监的影响来治理国家所带来的极其恶劣和不可救药的罪恶。据说,满清王朝早期的一个皇帝为了防止这种丑行继续发生,用铁浇铸了一个铭牌,表明对太监专权的永久性警示。但到慈禧太后统治时期,太监受宠的情形或许比这个朝代以往任何时候都更为严重。其中有个太监始终陪伴着慈禧太后,许多人都认为他是北京最富有的人之一,据说他通过接受贿赂和礼物获得的财产价值达三千八百万两银。北京的许多金店、钱庄、典当行等商铺,据说都是他开的。就在义和团起义快要发展到京城的时候,有报告说这个人死了,从而使很多人非常开心,但这一传言最终被证明是假的。现在与这件事有关的唯一有意义的事是,在一年半以后,这个人再次出现在流亡朝廷所在的西安府,据说他在那儿有着和在北京同样恶劣的影响力。根据那些被认为说话有分量的中国人的说法,在引导慈禧太后相信努力铲除所有外国人的大好时机已经来临的那些人中间,这位名叫李莲英的太监是最有影响的一个。

没有一个敏锐的中国事务观察家能够准确地判断出,在有关密不透风的宫廷内部情形的那些报告中,哪些是真实的,哪些是虚假的。多数中国事务的内部历史从来就没有被披露出来,现在既然几乎全部报告都被仁慈地毁掉了,这些历史也就永远不会得到披露。但在经历了义和团运动所导致的这类重大事件以后,不可避免地会出现大量在正常情况下永远都不会出现的对于内幕的揭露。

1900 年 5 月 10 日,在华的主要外国杂志《字林西报》上出现了一封长信。这封信出自一位在北京的"中国通讯员",他是著名的湖南曾家的一员,当时在某个部担任章京。动乱期间,他在南下的途中失踪了,据说和处于同样情况下的其他许多人一样被杀死了。

这封信中的几段话,就像一个有着特殊机会能够看到平静外表下的事态发展的人对未来的预见一样,很值得注意:

> 我现在想说一个应该被贵刊的外国读者认真考虑的问题,因为这个问题关系到他们所有的人。这就是顽固派们对所有外国人——或许俄国人除外——的公开敌意。我极其严肃、极其诚恳地写这封信,向你们告知,现在存在一个巨大的秘密计划,其目的是消灭所有在华外国人,夺回"租借"给他们的全部领土。这一运动的主要领导人是慈禧太后、庆亲王、端王(大阿哥的父亲)、刚毅、赵舒翘和李秉衡。
>
> 用来达到这一目标的军队全部是满人,它们是庆亲王控制的北京地方部队(五万人),端王控制的虎神营(一万多人),刚毅等人控制的京城卫兵中的八旗各营(共计一万二千人)。
>
> 这七万二千多人构成了这支复仇军队的核心,而义和团被看作是北京和其他地方的外国人做梦都想不到会如此迅速地到来的这场大战的辅助力量。
>
> 所有中国上层人士都知道这件事,那些把外国人看作是朋友的人向他们发出了警告。但就我所知,这些出于对外国朋友的担忧而发出的警告非但没有得到感谢,反而受到了嘲笑。但愿你们不会这样对待我向你们发出的警告!我知道,外国公使们

曾经就义和团组织在北方各省的增多向总理衙门提出过抗议，但像往常一样，灰尘蒙住了这些外国人的眼睛。不仅山东和直隶的义和团人数从今年开始以来增长了十倍，而且在京城所在的顺天府和东北三省（满洲），现在也充满了这个危险结社的分支。

两个事例可以说明，在北京那些有势力的人眼中，义和团受到了太多的宠爱。第一件事，一名王姓御史新近觐见了慈禧太后，谈到了义和团问题。太后对这名御史说："你是本省人，应该了解情况。你对直隶的义和团怎么看？你觉得如果动手的时机成熟，他们是不是真的能够加入军队和洋鬼子打仗呢？""陛下，我肯定他们会的。而且他们的宗旨是：保卫天朝，消灭鬼子。至于奴才个人的看法，我深信义和团注定要消灭鬼子。奴才全家无论老幼现在都习练义和团，我们每人都加入了义和团来保卫天朝，把鬼子赶到海里去。如果给予我权力，当时机来到，我愿意率领义和团加入复仇大军。在此之前，我会尽我所能来组织他们和武装他们。"

太后赞许地点了点头，沉思了一会儿，大声说道："是啊，义和团是不错，但我担心现在没有有经验的人领导他们，他们会办事鲁莽，在时机不到的时候，在朝廷和这些洋鬼子之间制造麻烦。"然后是又一阵停顿。"是了，一定要让直隶和山东的一些负责任的人来管理他们的行为。"接着觐见就结束了。第二天一早发布了一道上谕，任命这个王姓御史为北京的地方官。这就是说，一个耍笔杆子的六品官被提升到京城一个四品的职位。因此，王就有了他想要的机会，来组织、劝告和武装他的朋友义和团了。

我给出的第二件事，用来说明当前外国人所处的状态。自从1870年的天津惨案以来，除了最顽固的保守分子以外，所有官员都禁止使用"洋鬼子"一词，而且有人因为使用这个词被官员发现后受到过杖打。但在这儿，我们不仅在义和团的战争叫嚷中发现了这个词，而且从慈禧太后本人的嘴中看到了这个词所受到的官方支持。

就看到的情况而言，实际上，这一真正值得注意的披露和预言，在它所预言的那些事成为历史，用活生生的现实让人们再次回想起这一预言之前，并没有引起那些本应被它的陈述所震惊的人们的注意。比较一下太后所说的赞许义和团的词句和已经引述过的1月11日上谕中指出"会亦有别"的措辞，很容易就会明白，慈禧太后的话已经得到了十分明确的表达，而她提到了需要有人领导义和团的那些话，在6月24日《京报》上刊登的一道上谕中得到了解释。这道上谕称："义和团民分集京师及天津一带，未便无所统属，着派庄亲王载勋、协办大学生刚毅统率。……该团众努力王家，同仇敌忾，总期众志成城，始终毋懈，是为至要。"①

义和团现在以无可置疑的方式，得到了明确的承认和支持。因此，他们所担承的意义开始发生改变，也就不足为奇了。他们的"神坛"呈现出在中国不太常见的某种程度的神圣性，那些最高级的官员们也经常被迫从他们的轿子上下来，跪倒在义和团崇拜的象征物面前。

此后不久，义和团就进入宫廷之中，去表演他们的超自然能力。那些有条件了解情况

① 译文据故宫博物院明清档案部编《义和团档案史料》上册，中华书局1959年版，第176页。——译者注

的人实际上大都证实,慈禧太后有着满汉各色人等共同具有的迷信思想,也完全相信他们的神圣使命,就像前面引用的谕旨所表现出来的那样。在5月下旬和6月初,有许多谕旨与这个不断发展的运动有关,但多数谕旨的目的只是要欺骗那些容易受骗的外国人,要求解散那些非法聚集起来的人,谴责坏人的坏行为,煞有介事地惩罚一两个制造骚乱的下层民众,而对越来越多的中国教徒被杀害却视而不见。

其中一道谕旨这样写道:

教民遍布中国,历有年所。该教士无非劝人为善,而教民等亦从无恃教滋事,故而民教均各相安,各行其道。近来各省教堂林立,教民众多,遂有不逞之徒,混迹其间,教士亦难遍查其优劣。而该匪徒借入教为名,欺压平民,武断乡里,谅亦非该教士所愿。至义和拳会,近因其练艺保身,守护乡里,并未滋生事端,是以累降谕旨,饬令各地方官妥为弹压,无论其会不会,但论其匪不匪,如有藉端滋事,亟应严拿惩办。而教民拳民,均为国家赤子,朝廷一视同仁。[①]

在整整一年里,所有的骚乱、纵火和杀害都被忽略、都被否认了。这一事实比起这道谕旨所要表达的任何东西来,都要重要得多。

同一道谕旨宣布派两名官员就义和团运动进行报告,其中一名是赵舒翘,臭名昭著的仇外分子,而另一名甚至更坏。这两个人一到了涿州,就在那儿和义和团进行了交往。从那时开始,这一运动明显地带有了官方色彩,其力量和野心都稳步地增长。

6月初,在位于天津和北京中间位置的永清县,在当地地方官的纵容下,两名英国安立甘会传教士孙牧师(Robinson)和孟鹤龄(Norman)被野蛮地杀死。当这一消息传到北京后,英国公使立即就这一重大事件拜访了总理衙门,但大臣们的语气非常冷漠,表示无能为力。窦纳乐爵士向索尔兹伯里爵士抱怨说,当使馆的汉语翻译翻译他说的话时,四名总理衙门大臣中的一名竟然睡着了。在这种情况下,窦纳乐爵士在约定好次日与庆亲王会晤后,便仓促地离开了。

庆亲王向窦纳乐爵士保证说,朝廷非常认真地看待危险的局势,并且强调了这个事实,即聂士成提督正率领五千士兵从天津出发,去保卫铁路线。这一说法很快就被证实。有消息说在一次接触中,他向义和团开了火,但在向裕禄报告并且请求特别指示时,他得到命令,要求解散义和团,而不要向他们开火——和我们已经熟悉的那个自从义和团开始活动以来就有的合作计划完全一致。因此,当此后不久就得知聂提督和他的部队被撤回到他们位于天津以东的芦台营地,让义和团控制了铁路线的时候,人们并不感到吃惊。一名总理衙门大臣直率地告诉窦纳乐爵士,在缺乏代议制度的情况下,中国政府对于像义和团运动这样深得民心的民意表达,是不能漠然视之的。

如果按照这样的表白来阅读转送给使馆的、一次包括六条而另一次包括十条的冗长详细的《维持北京秩序的管理规定》、《北京地方官反对义和团的布告》以及已经提到的每天发布的那些谕旨的话,这些文件所起的作用,就只能更加清楚地表明中国政府天生的奸诈和所有在北京的外国人即将面临的危险。

在这样的紧急情况下,窦纳乐爵士向外交团建议,应当要求觐见慈禧太后和皇帝。尽

① 译文据故宫博物院明清档案部编《义和团档案史料》上册,中华书局1959年版,第118页。——译者注

管这一要求让总理衙门的大臣们十分不安，但是在能够得到各本国政府的特别授权之前，这一最后措施显然也不会发生什么作用。

在这严重危机的时刻，慈禧太后一个月来一直在北京西面的颐和园乘船游乐，或者欣赏戏剧。她和皇帝于6月9日上午回到北京，人们希望他们回到城里会平息民众的骚乱。不过，这好像也十分有可能会导致新的暴力活动。这天清晨，一伙义和团从附近一座庙里冲出来，放火焚烧了位于北京以西三英里的跑马场的大看台，一名被义和团抓住的中国教徒被活活烧死。当天晚些时候，英国使馆的一群学生在城墙外面沿着城墙骑马，遭到几十名用刀矛武装起来的匪徒的攻击，多亏他们向攻击者开枪，才得以脱身。

在这之后，窦纳乐爵士晚上从一个似乎可靠的中国来源那儿得到消息说，慈禧太后在召见大臣时公开表示，她希望把外国人逐出京城，而在外国卫兵快要到达时，为了避免冲突而从火车站附近调开的董福祥的部队，现在只等待发动总攻击的命令。得到这一消息后，一封急电发给了英国海军的高级军官，通知他说形势正在不断恶化，应该让部队登陆，并且迅速作出立即向北京进军的安排。另一名公使对形势有同样的看法，也采取了相应的行动。正是在这个时候，海关职员们放弃了他们远在城东部的寓所，集中到了总税务司的房子里，而许多被迫到使馆区内寻求避难的外国人的众多房产，被正式移交给了中国当局。

义和团现在在城内的官方演武场里公开进行演练，而更为重要的是，在英国使馆对面的理藩院以及贝勒载澜和他的兄弟端王的王府中，都有义和团在演练。根据(6月10日的)一道重要上谕，端王被任命为总理衙门首席大臣，另外三名人们知之甚少的满族官员也被任命在总理衙门任职。端王被任命后从未拜访过各国使馆，各国公使仍然不知道他是一个什么样的人。

在这紧急关头，两个大差会——美以美会和美国公理会——分别在北京和北京东面十二英里、白河航线源头的通州召开了它们的年会。美以美会的一些成员已经乘坐最后一趟前往天津的火车离开了北京，而其他一些成员和相当数量的前来北京的游客没有能够赶上这趟火车，结果成了长期的囚禁者。美国公理会于6月5日散会，一些人离开通州来到北京，另外有三个人——两名男士和一名女医生——前往长城边的张家口。他们用了四天的时间平安地到达那儿，但发现他们的房子随时都有可能被毁坏，他们的生命也处于危急之中。他们被一伙大声喊叫着的暴徒包围了起来，只能在一个衙门中暂时躲避。此后，他们一段一段地慢慢前进，穿过蒙古来到恰克图，并且最终到达了欧洲。从通州到天津的水路交通已经不安全，这个差会的其他一些成员被迫留在原来所在的地方，不过每天都可以收到北京事态发展的报告。

第十四章
北京的半围困

6月8日到20日之间的十二天，或许可以看作是开始攻打北京的外国人之前的一个间歇期。到9日星期六的时候，实际上，除了在北堂内的人以外，其他所有外国人都已经进入处于外国卫兵保护下的一个四方区域之内了。这个区域的东边多少有些延伸，使美以美会的许多院落也被包括进来。

军事领导人们只有五十名海军陆战队员来保卫使馆，自然不愿意分派出二十名人员去保护一个离使馆半英里多远、而且一旦遇到攻击就难以防守的地方。但是对于挤满了美以美会各个角落的七十多名美国人来说，使馆内没有他们的住处，更不用说他们拒绝放弃的那六七百名中国教徒的住处了。因此，公使驳回了军官们的意见，坚持按照先前的承诺提供卫兵。这些卫兵在霍尔(Hall)上尉的指挥下，于9日开始执行他们的新职责。英国公使虽然没有像人们期待的那样派来十名海军陆战队员，但是借给了十支马提尼来复枪，这些枪支起到了很大作用。

美国人以其民族的组织本能，迅速召开会议，组织起一些委员会，让那些能够与军队合作进行防卫活动的人负责。同时，编制中国人的名册，以便让他们从事劳工活动、军事训练和其他一些共同关心的事情。整个区域由非军事人员和中国人进行巡逻，而把一些比较重要的岗位留给海军陆战队员们。所有这些海军陆战队员都在菲律宾有过长期的经历，经验丰富，能够胜任需要他们进行的任何工作。大院长长的外墙上面有人看守，能够看到附近整个地区。防线在很短的时间内就能伸展出去，把位于西北几分钟路程的汇文书院也纳入防御范围之内。大教堂的屋顶上始终有哨兵在值勤，电镀的铁皮屋顶白天十分炽热，晚上由于有露水或者雨水而变得非常滑。每一个人都武装有某种武器，在危机时刻都安排有自己的位置。有专门人员负责在紧急时刻照管中国人，让他们及时得到消息，避免发生恐慌。

在美以美会的长方形建筑区内，还住着十五家到二十家非基督教徒家庭，其中有的人比较友好，有的人比较敌对。按照军官们和公使们的命令，通知了这些人家，让他们搬到其他地方。胡同的两端都设置了路障，进行严密的监视，尤其是要注意防火。第一条防线和第二条防线被标了出来，墙后面架起了铁丝网，因为人们担心敌人可能会攀墙而进。院子里所有的石板瓦都被用来设置路障，路障后面挖开了深深的壕沟。外国商店的所有能够用于防御的东西都拿了出来了，从中找到了许多质量很好的外国提灯和铁锨，英国使馆后来感到非常需要这两样东西。

等到所有这些准备工作都付诸实施以后，人们认为，义和团的攻击——无论是突然袭击还是强力攻击——都难以攻破这个建筑群。为了防御大部队的持续攻击,砖结构的大教堂被装备成一个堡垒,用电镀铁板框加固了它的大门,窗户也被封了起来,而且设置了瞭望孔。大批的物资和水运了进来,同时采取了一切预防措施,使得人们能够经受住几天的围困。

由于房屋很可能会在某次进攻中失火,许多大大小小的箱子被搬进了教堂。这些箱子摆满了前厅,一直摆到走廊上,把讲台也堵住了。在那段时期,在星期日讲道的时候,围在讲道人四周的,有过夜用的床垫,一罐罐的法国黄油、树莓果冻罐头,一瓶瓶的腌黄瓜和许多小孩子的摇篮。讲台下的地板上摆着一排大水缸,里面盛满了水,而"大箱子"的行列则四处延伸。每天晚上,所有的女学生们从女学校里出来,安静地列队穿过马路,来到教堂,睡在地板上。为了在受到攻击时能够更安全些,她们的外国老师负责管理和陪伴她们。有几次发出了即将发生攻击的警报,在每一次警报中,所有的女学生和能够来进行帮助的妇女都非常有秩序地被带过来,没有一点恐慌,而当确定警报没有根据时,她们再回去睡觉。所有这些组织活动、防御活动、准备工作和警报到来时的各种活动,为尚未到来的更大危险进行了极有价值的训练,尽管当时人们并没有认识到这一点。

人们知道,他们电报请求前来救援的军队已经于 6 月 10 日离开了天津,许多欧洲人前往位于马家铺的火车站去迎接,但是受到了大批知道所有交通都已被阻断的中国人的嘲笑,被迫返回。星期一,6 月 11 日,日本使馆书记官杉山彬在没有携带武器的情况下,一个人经由南城的永定门前往火车站,希望能接到人们盼望着的军队。他被董福祥的甘军抓住。他们把他从车上拖下来,在百般侮辱之后,用枪刺死或者用刀砍死了他。据说,他的心脏被剜了出来,送给董福祥提督,而他的头则被挂到一根柱子上。他的一部分残损尸体就埋在它所在之处的土里,尽管日本使馆的二等参赞就此事前往总理衙门交涉,但他们并没有想法把它找出来。两天以后,一道上谕出现在《京报》上,把这一行动的责任归之于那些不法之徒,尽管人们都知道是士兵们干的,而这些士兵,正是那些只待一声令下,就会立即杀掉其他所有外国人的士兵。

第二天,有消息说,位于通州的帝国邮政局遭到破坏,电报线杆也被砍倒。通往天津的电报线几天以前就已经被破坏,联结北京与外部世界的最后一条微弱的电报线是通向张家口的单线。当这条线在 17 日也被切断以后,就开始了持续许多周的令人不安的与世隔绝状态。

从来自通州的难民那儿得知,通州城内、城外的教会财产都已经遭到被召来保护这些财产的中国官军的抢掠,随之而来的便是时刻准备进行这类活动的饥饿暴徒。所有八座寓所、潞河书院、教堂、学校和各类财产,在差会人员撤离三天之内就被彻底毁坏,连一块砖也没有留下。那位道台据说实际上成为义和团的囚犯,他们就像强迫涿州的县官那样,强迫他在他们的告示和命令上盖上自己的大印。其他的官员则公开地支持义和团的活动。

12 日,许景澄和其他三名总理衙门大臣拜访了英国使馆。我们前面已经提到,他们中的一个人——赵舒翘——刚刚从涿州回来,他被派到那儿镇压义和团,但他向他们的所有要求表示让步,以这样的方式完成了他的任务。他现在报告说,他认为义和团现在还是通情达理的。另一名新近任命的总理衙门大臣则安抚英国公使说,义和团运动现在已经结束,没有必要召集外国军队到北京来,公使应该相信中国一直都在提供的可靠保护。

一名从上到下穿着统一服装——头戴红色包布、腰扎红色腰带、脚穿红色鞋子——的义和团民在经过使馆大街的时候,被克林德男爵亲手抓住,而他的一名同伴成功地逃走了。第二天,步军统领崇礼在两名高级官员的陪同下前来使馆,试图要求释放这名义和团民,但未获成功。

第二天收到了人们期望从天津前来的西摩救援军的来信,说他们的进展非常缓慢,非常艰苦。次日收到的来信表明,他们到达了廊坊,已经超过了前往北京的一半路程,但情况非常困难,因为缺乏供水和给养,而且前面的铁路已经被彻底破坏。

6月13日下午,传来消息说,位于只有几百码远的大街上的美以美会教堂被一群义和团暴徒毁掉,毁坏时的喧闹声持续了很久。一队海军陆战队被派到胡同口,告诫那些暴乱者们,但没有向他们开枪。这样,暂时地阻止了他们的行动。义和团通常采取的方法是,先砸坏一些木器,倒上几夸脱专门带来的煤油,然后点燃,并且不允许任何人采取任何方法来救火。

那天夜晚,在城里各个地方焚烧建筑物而燃起的可怕火焰把整个天空照得通红。此后两三天里,人们逐渐了解到,除了有外国士兵保卫的地方以外,所有属于外国人或者被外国人占据的地方都遭到了破坏。其中包括两座大天主教堂——东堂和南堂。东堂先遭到破坏,一名年长的神父艾儒略(Garrigues)拒绝离开他的岗位,结果被火烧死。由法国使馆的福礼玺(Fliche)率领的一支救援队于夜晚前往南堂,在凌晨时把包括年高望重的董文学(Addosio)、三名神父、五名修女和二十名中国修女在内的全部教会成员都带回使馆。这座古老而具有历史意义的建筑,这座与最有学问的来华天主教传教士南怀仁(Verbiest)和汤若望(Schall)的事工相联系着的建筑,被彻底焚毁,大批教徒或者被火烧死,或者事后被杀死。一支救援队在毕德格(William N. Pethick)的率领下,与美国士兵和俄国士兵一起,在清晨出去,找到并救出了二百三十名教徒,打死、打伤二十六名义和团。下午,《泰晤士报》记者莫理循(Morrison)博士率领另一支救援队,和一队德国和英国海军陆战队员一起,带回来一大批教徒,使他们免遭被杀死的命运。

在这场针对北京外国人的有组织的大规模攻击中,被毁坏的房屋财产难以确定。许多人也在北京城各处拥有私人寓所。属于帝国海关的位于勾栏胡同的一个大院,和其他房屋一起遭到焚毁,中国政府的财产也受到极大损失。电灯公司的遭遇和未完工的皇家中国银行以及新建成的帝国铸币厂差不多。属于在北京的七个传教组织的被毁财产包括三十四座寓所、十八座教堂、十二所男童学校、十一所女童学校、四所培训学校、十一处施药所和八所医院,全部都在北京城内。英国使馆在西山新建的豪华避暑寓所和三十三处属于各个差会的其他建筑全部遭到劫掠和焚毁,各种材料被运送到附近的村庄里。差不多有二百多年历史的希腊教会,也遭到了同样的命运。

北京北面的城门——平则门外的外国人墓地遭到了彻底的破坏。一条两边种有生长了三十多年的大柳树的大道完全消失了,树干在接近地面的地方被锯断,所有的树木甚至树枝都被运走。墓地的围墙被夷为平地,墙基也被挖了出来,墙砖被运到其他地方挪作别用。墓石和纪念碑全部被推倒,砸成小块,而十三座坟墓则被掘了开来,尸体被拖出来烧掉。抛在四处的破碎的尸骨、一片片的衣服和金属纽扣似乎在讲述着它们的悲惨故事。

分散在各处的俄国和罗马天主教的墓地也受到了同样的对待。

许多天里,整个天空都被蔓延各处的大火生成的烟雾遮蔽住了。16 日,各处大火当中最大的一场大火出现在前门以外,也就是南城墙的中门以外。这个地区有着大钱庄、皮毛服装商店和北京最大、最富有的商业场所。据说,这场大火最初是想焚烧附近不远的一家蒸汽动力面粉厂以及一家出售外国药品的商店。由于风大,火势很快就失去了控制。眼看大火就要烧到城门上的塔楼,吓坏了的义和团民绝望地跪下,乞求火神阻止大火,但火神本人也控制不了它了。这是一座耸立在外城中门之上的高大建筑,而这座城门只有在皇帝本人前往天坛和先农坛祭祀的时候才会开放,让皇帝通过。高于地面一百多英尺、高出城墙将近五十英尺的塔楼,很快就被吞没在火焰之中。向上仰望,可以看到一个壮观的场景。

我们不能不相信中国人的看法,把此事看作似乎早已失去赖以统治的"天命"的满清王朝即将崩溃的一个预兆。大火肆虐了整个夜晚,并且一直持续到第二天。这座位于通往皇宫的大道上的庄严门楼,现今只剩下了丑陋的大块砖头。汇丰银行的买办估计,城南这场大火所造成的损失不少于一百万英镑。

到处燃烧起来的大火以及随之而来的劫掠机会,对于老虎般残忍的义和团来说,就像是血腥的气味。他们在能够利用的许多公共场所举行向他们的神灵焚香的正式仪式,显然吸引了无数群众参与其中。使馆和美以美会大院距离城墙都很近,那些处于半围困状态的人们能够胆战心惊地听见聚集在城南的大批暴徒夜晚的喊叫声:"杀死洋鬼子! 杀! 杀! 杀!"那些听到这种令人毛骨悚然的叫喊声的人,永远都不会忘记让他们联想到的地狱都城,那就像是地狱场景的排演。

在只有几杆[①]远的城门口,只有完全无法信任的满族卫兵把守,以阻止好杀的野蛮人冲入整个外国人区域,把它完全淹没。考虑到这一点,美以美会的有关委员会与美国公使联系。他立即写信给负责把守城门的低级官员,要求其早些关闭城门,并且在暴徒聚集的危险时候不要打开城门。为了把这事搞定,那些委员们携带武装,亲自在黄昏时分来到城门,看到了一位官员和许多士兵,并且得到那位官员当场允诺,同意按所要求的去做。为了确保城门的开闭,委员们要求得到城门的钥匙,以作为城门真正锁上的证明。在经过一小阵犹豫以后,城门看守在委员们的护送下,把钥匙送到了大院里。他又被一队海军陆战队员护送回去,并且得到一张通行证。有了这张通行证,他就可以在第二天早上进入防线,取回那个两英尺长的铁棒,再次用它来开启北京生活的轮子!

第二天,总理衙门给公使发来一份照会,要求他设法把城门钥匙交还给它正常的管理人,但是在外国人占据着这片房屋的时候,每天都重复着上面叙述的那个过程。不仅如此,还有一次,一支有一千五百名中国士兵的军队指挥官要求照顾他们,把城门再次打开,以便他的士兵们能够穿过城门到城南去"逮捕义和团"。不过,对此必须划出一个界限,最好不要开创一个先例。于是便通知那位皇帝的臣仆,城门一经关闭,直到第二天早上,他都不能够出城。他接受了这一答复,这件事就到此结束。

由于对乡村人的恐惧,加之许多商店关门,因此外出购物每天都会变得越来越困难。

---

① 长度单位,一杆为五码半或十六英尺半。——译者注

买东西的人必须全副武装地结伙出去,外国人常常充作中国人的护卫,而中国人则负责讨价还价。一杆子弹上膛的来复枪放到商店的柜台上,往往能起到明显的作用,让商店老板很容易地找到所需要的商品,而现金总是会支付的。

在这段危险即将来临的紧张时期,使馆街部分地设置了路障,用圆木拦了起来。其他一些街道和胡同也同样地进行了封锁。在这些地方都安设了岗哨,意大利炮和美国的"科尔特自动枪"也都时刻准备着抵抗攻击。17 日,奥地利和德国士兵与中国士兵之间发生了一场冲突,冲突中有几名中国士兵被打死。

这天晚上,两名总理衙门的成员冒着被狂暴的中国士兵打死的危险,前来会见了康格公使,向他保证提供"保护",并要求撤走军队。他们被告知,从现在开始,美国人将自己保护自己。他们离开时发出了明显的警告,而海军陆战队指挥官迈尔斯(Myers)上尉适时地放了几枪,表示已经完全做好了防御的准备。中国当局最初以为义和团运动是青少年和农民的运动,但到了后来的阶段,开始把它看作一场民众大起义,其规模之大已经超出了政府的控制,政府在它面前无能为力。

帝国海关邮政局的服务早就变得非常不可靠,6 月 16 日以后停止向外发送信息,即使伪装成乞丐也不成。先前发出去的几封信件都没有能够到达天津,很可能被压住了。

人们不断作出努力,向前进中的救援军发送信息,其中有些信息成功送达给了收信人。美国使馆收到的最后一封发自麦卡拉(McCalla)上尉的信,是对使馆头等参赞有关当时在鞑靼城[①]内肆虐的大火以及所有外国人的绝望境地的信的回复。美国人在美以美会大院里写下的一封告急信,尽管给出了很高的报酬,但仍然没能穿过封锁线,因为义和团的警戒十分严密。

北京城内外的外国人财产被普遍焚毁以后,发布了一道上谕,只是轻描淡写地提到了已经发生的暴力行为,而且这些人受到谴责,似乎只是因为他们是在京城之内而不是像以前那样在较远的地方进行了这些活动。政府允许它的臣民毫无限制地为所欲为,这一做法是否明智的问题,被提了出来。因此,上谕再次命令解散义和团,它们确实也必须解散。据称,先前几道上谕已经给予了这样的劝诫,所有的好义和团都已经听从命令,拆掉他们的拳棚,离开了北京。因此,现在留下的那些都是坏义和团,必须要严厉地予以抓捕。

6 月 16 日发布了另一道上谕,通知总理衙门说,已经命令士兵们在城内巡逻,以防止坏人制造骚乱。特别派出了士兵保护外国使馆,如果使馆成员离开北京,应当予以保护,但由于铁路交通尚未恢复正常,要保护他们就十分困难,因此他们应该留在北京,等到铁路修复,再行考虑应该如何行动。上谕任命荣禄为使馆的保护者,并且就中国士兵在保卫使馆时应该如何布防,征求各国公使的意见。

这几道上谕的措辞欺骗不了任何人,当然也欺骗不了外国人。尽管外国人没有能力了解到宫廷中所发生的事,但很显然,北京现在正在和一场可怕的危机进行着斗争。6 月 14 日,有人告诉英国公使,在一次御前会议上,决定使用清朝军队攻击西摩救援军。而从这个决定到对使馆发动联合攻击,实际上也只有很小的一步。

后来得知,16 日傍晚召开了一次御前会议,由一道紧急谕旨召集前来参加会议的有

① 当时的西方人把满人较多的北京北城称为"鞑靼城"或"满人城",把汉人较多的南城称为"汉人城"。——译者注

所有的满族王公贵族以及六部九卿中的满汉高级官员。关于这次会议有大量的记载，有口述的，也有文字的，但最为详细、可能也最为真实的记载，或许是《字林西报》8 月 8 日发表的《一个难民在北京和南下途中的经历》一文中所披露的内容。

根据这一叙述，慈禧太后首先召见了满族大臣，然后在仪鸾殿的议事厅召见了所有满汉官员。

慈禧太后首先说："现在洋人威吓、欺负我们，实在已经忍无可忍。我们必须团结起来与洋人战斗到底，以维护我们在世界上的'脸面'。所有满族王公大臣，无论职位高低，都愿意决一死战。我对他们的爱国选择十分满意，因此我把这些全都告诉你们，希望大家都能尽到对国家的责任。"

其后的过程表现了几乎所有中国人共同的谨慎性格，每个人都希望能避免承担责任，在必须说话的时候，竭力不要引起任何的反对，必要时还会自我贬抑一下。前驻俄国公使、满洲铁路负责人许景澄乞求重新考虑再作决定，因为不可能同时对所有列强开战。对此，刚毅回答说，这次和以前的所有战争不同，因为现在有刀枪不入的义和团。

总理衙门大臣袁昶回应说，他前一天亲眼见到义和团攻打使馆，看见战斗中他们首领的尸体到处都是，每人都身中一两颗子弹，怎么能说他们刀枪不入呢？慈禧太后打断了他，说他一定是弄错了，他看到的尸体可能不是义和团的，而是那些不法分子的。听了这话，袁昶立刻就不说话了。

曾侯请求说，如果必须开战，就应该处于有利地位，而且不应该在北京开战，同时最重要的是应该尊重使馆。有些国家对中国完全友好，我们也必须和它们开战吗？除了新近进入总理衙门的那桐外，所有满族官员都倾向于开战。当那桐为和平辩护时，他那一族的人们的愤怒达到了顶点，他被指斥为叛徒。但他继续说，如果一定要开战的话，应该在海边进行。

慈禧太后在他说话时一直盯着他，而且似乎是要刚毅回复他。刚毅建议，既然反对满人政策的那桐和许景澄讨外国人喜欢，就应该派他们去见西摩救援军，阻止它前进。这一建议的目的是希望他们会在这一过程中被杀死。

皇帝没有参与这场辩论，但当他看到危险的决定就要被采纳的时候，便请求慈禧太后再次考虑与各国开战的决定，说一旦开战，将来就很难有和平，国家将受到极大的破坏。慈禧太后对他的请求未予理睬。满族大臣指责那些反对他们的汉族大臣，说他们是共同事业的敌人和卖国者。会议在他们的喧嚣中中止。那桐和许景澄被迫去执行阻止西摩救援军前进的徒劳差事，但他们在丰台被义和团挡住了。义和团根本不管这些官员的品级和使命，强迫他们来到义和团的祭坛，等候保护他们的"圣人"作出是把他们杀头还是只让他们羞辱地回去的决定。最后他们被放走了，但被告知如果继续进行他们的使命的话，就会被立即杀头。听到这话，他们只好屈辱地返回宫中。

此后几天，似乎每天都召集御前会议。据说慈禧太后在其中一次会议上，出示了一份虚假的外国公使的信件。这封信要求给皇帝一个特别的地方，要求让他重新统治帝国，并且要求把帝国全部收入和所有军事事务交由外国公使处理。听到这个消息后，据说慈禧太后向"江河溪流"、"社稷祭坛"发出充满感情的恳求，表示要恪守统治帝国的最高职责，并以此使大臣们团结得像一个人一样。

6月19日下午,使馆收到一份同文照会,内容如下:

为照会事:现据直隶总督奏报,称本月二十一日,法国总领事杜士兰照会内称,各国水师提督统领,限至明日早两点钟,将大沽各炮台交给伊等收管,逾此时刻,即当以力占据,等语。闻之殊为骇异。中国与各国向来和好,乃各水师提督遽有占据炮台之说,显系各国有意失和,首先开衅。现在京城内拳会纷起,人情浮动,贵使臣及眷属人等在此使馆情形危险,中国实有保护难周之势,应请于二十四点钟之内,带同护馆弁兵等,妥为约束,速即起行前赴天津,以免疏虞。除派拨队伍沿途保护并知照地方官放行外,相应照会贵大臣查照可也。①

很久以来,中华帝国首都的政治气氛一直处于一种预兆着大风暴来临的紧张状态。来自总理衙门的这一照会不仅仅发给了各国公使,还作为一个信息发给了赫德先生,不过没有对他如何处置帝国海关的职员发出任何命令和建议。这一照会不仅是一个晴天霹雳,而且是一个重磅炸弹。它仔细地注明了发出时间是"4时",以表明二十四小时的期限何时结束。可以肯定,当这一照会发出的时候,中国政府已经知道炮台被占领不是在18日,而是在此前一天,但是出于中国人的含蓄性格,他们不愿意承认这一事实。当时还没有得到关于天津处于危险之中的任何消息,更不知道大沽受到了威胁,因此各国舰队司令的这一行动自然被认为是不成熟的和没有必要的,因为它危及到了所有那些远离海岸的外国人的生命。但当几个月以后人们了解到全部事实以后,对海军的这一行动就有了全新的理解。

当天晚上,各国公使在担任外交团领袖的西班牙公使的使馆中召开会议,决定如何行动。这是一个极其困难的、需要从多个不同角度进行考虑才能作出的决定。

各国公使共同同意的回复对收到的照会表示震惊,他们当时对大沽发生的任何行动都一无所知,只能接受总理衙门对他们发布的消息及其要求,准备离开北京。但要在二十四小时的短时间内做好离开的一切准备,是不可能的。中国政府一定知道,还有许多妇女、儿童,有许多准备工作要做。

总理衙门表示提供路途中的卫兵,但公使们希望知道,这些卫兵在乡村充满叛乱者的情况下能做些什么。他们并不怀疑中国政府真诚的愿望,但既然已经有外国士兵正在路上,前来与中国政府友好地合作维持秩序,各国公使因而希望能够等到这些士兵来到使馆以后,和大家一起离开。他们还要求提供大车等运输工具,以及船只和各种物资,并且要求由几位总理衙门大臣陪同离开。最后,他们请求次日上午9时会见庆亲王和端王。

各个不同使馆的成员普遍认为,必须尽快离开京城,而多数人的行动都是根据这一假设进行的。有一些人感到唯一妥当的做法是坚决拒绝离开,但其他一些地位更高的人则整个夜晚都在装车,为离开做一些基本的准备工作。独自行动是根本不可能的,一切都要根据对各国公使联合发给总理衙门的信的回复来作出决定。

康格先生立即向在美以美会大院里的传教士发了一封信,告诉他们总理衙门的照会以及迅速离开的必要性。这封信在傍晚某个时间送达了目的地。9点钟以后,召开了一个会议讨论应该如何行动,所有当时不工作的绅士都出席了这一会议。会议决定写信给

① 译文据故宫博物院明清档案部编《义和团档案史料》上册,中华书局1959年版,第152页。——译者注

美国公使，指出在谈及的条件下离开北京的实际困难，同时也指出了离开北京的人可能遇到的情况以及必然要放弃的那些教徒们可能会遭到的屠杀。由于这件事极其重要，因此另外还准备了两封私人写的信件，并且派人亲自把这些信件在次日一早送到了使馆。

在各国公使此后举行的又一次会议上，没有讨论给总理衙门的信件中提出的等到救援部队到达后再离开的要求，也没有提到总理衙门成员应该陪同离开的要求。唯一的问题似乎是什么时候离开，这显然是一个只有几个小时时间考虑的问题。他们向总理衙门提出了一个要求，要求提供一百辆大车供各个使馆使用。有一个明确的意图是要尽可能地推迟离开的时间，但人们也感觉到，不可能拖延得太久。

对于那些认为有义务为他们的中国教徒尽最大努力的人来说，他们所面临的问题非常紧迫。但在这个问题上，不可能得到任何可能的保证。如果一定要外交团对这个他们并没有感觉得到、同时也是他们中某些人并不感兴趣的问题表明态度的话，他们的态度会是：我们只对我们的国民负责。中国教徒是中国政府的臣民，最终必须要落到他们的手中。我们不能做任何事情来解救他们，我们所能做的只是解救我们自己。尽管他们的精神导师和领袖们极其关心其信徒们的命运是十分自然而恰当的，尽管出于人性也不可能对他们——尤其是那些女学生们——所要面临的命运漠不关心，但我们不能够允许这种感情因素影响到我们现在的行动。传教士们即使留下，也不可能做任何可以保护中国教徒的事，反而会使自己遭到灾难，同时也会使中国教徒的灾难来得更快。因此，应该命令每一个传教士必须和使团一起离开，如果他拒绝离开的话，就要用武力强迫他离开。

实际上，并没有明确地发出这样的命令，因为就在必须为这一问题作出最后决定之前，出现了一条新的道路。这条道路的打开，就像红海之水为以色列的孩子们劈开那样令人吃惊。

前面提到，6 月 14 日早晨，两名义和团民被德国人抓获，其中一人逃跑了。据说，这人就藏在英国使馆对面的肃王府，它实际上已经成为一个义和团的训练场，或许还是一个总部。这件事成为一个口实，有人借此向英国公使报称，此处或许是义和团的庇护所，要求用武力对其进行检查。在与日本公使就此进行会商以后，要求日本指挥官进行合作。于是，柴大佐、英国的哈利迪(Halliday)上尉和莫理循博士、秀耀春(James)教授一起，来到肃王府，通过肃王的管家通知肃王要进行检查，请求他给予正式批准。

肃王非常生气地表示了拒绝，宣称他与义和团没有任何形式的联系。对于第二次更为强硬的要求，肃王回复说，他与外国人一直保持着友好关系，但是如果坚持要进行检查的话，他也只能屈从于更强的力量，以“保全他的面子”。他在一个内门见到了检查小组，诚恳地迎接他们，带他们检查了他的住处的每一个角落，甚至打开门，向人们展示他那些衣着整齐地排成一队的妻妾和太监们。

在随后的谈话中，他与秀耀春教授商定，让前面提到的从南堂救出的数百名罗马天主教徒，暂时住在肃王府的外院中。这样，两名精明能干的英国人打开了一条道路，为新教传教士不愿意放弃而又得不到任何一个有权力的人关心的好几百人找到了避难之处。

第十五章
攻打使馆

在外交团于6月19日星期二晚上在北京举行的会议上，德国公使克林德男爵对他的同事们几乎一致的关于必须离开北京的意见，表示强烈的反对。会议在第二天早上8点继续召开，等待总理衙门对外交团照会的回复。这一照会的内容前面已经概述，它最后要求9点钟访问总理衙门，尤其是要和亲王们会谈。

由于没有收到回复，男爵告诉他的同事，他无论如何要亲自前往，因为前一天晚上他已经送交了要前往总理衙门的通知，并不需要答复。由于武装的德国卫兵会引起中国人尤其是中国士兵的厌恶，为了避免中国人不满，他决定不带任何卫兵并且以看上去不带武器的样子前去。面对许多以危险为理由的反对意见，他回答说，一名公使在前往总理衙门的路上，不可能被暗杀，特别是在中国人知道他要前往并等待他到来的情况下。如果亲王和大臣们没有按时到达，或者根本不来的话，他就在外面等候他们，他已经带了一本书和一些雪茄，以备等待时用。

德国公使来自一个古老的罗马天主教家庭，是一名大主教的侄子。他曾经加入过军队，拥有普鲁士军队的中尉军衔。在转入领事工作后，他于80年代来到中国，相当成功地掌握了中国语言。在广州的几次严重骚乱中，他表现突出，既得到了德国政府也得到了中国政府的奖励。当北京使馆的参赞职位出现空缺时，他又进入外交服务，在这一岗位上工作了许多年。他此后担任德国在华盛顿使馆的头等参赞，然后被提升为驻墨西哥公使，两年后他再次来到中国。

他是一个果断、有主见的人，而他的军事生涯对他的外交活动也不会不产生作用。他不顾他的同事们反对，坚决要求前往总理衙门，既是他性格的典型表现，也由于他认为他有一个极其重要的信息要告诉总理衙门，尽管并不是什么新信息。除了要得到有关保护的消息以外，他还希望规劝他能够见到的帝国的最高级官员，他们把十一个国家的公使驱赶出他们的首都的做法，最终将会终结满清王朝。他希望，在危机情况下提出的这样一个严重警告，至少能够使他们暂时停止行动。

外交团早上的会议一结束，德国公使就在翻译柯达士(Cordes)先生的陪同下，乘坐一顶普通的官轿前往总理衙门。他们沿着台基厂路经过法国使馆东面，来到长安街，然后向东转弯，从单牌楼下面进入哈德门大街。好几天以来，在穿过这条大街的时候，都能看到一些士兵四处站着，但当时并没有引起人们的特别注意。

在牌楼北面大约几百码的地方，在总布胡同口对面一个岗哨附近，有大约三十名士兵。在后面的柯达士先生看到一名带着一枚白色徽章、帽子上有一根羽毛的指挥官站到其余士兵前面一点，突然向公使的轿子放了一枪。公使没有作出要离开轿子的动作，显然是当即就已经身亡。柯达士先生立即站起身来，就在这时，一颗子弹打中了他的大腿，他受了重伤。但如果不是他站起身来，那颗子弹本来会穿过他的脑壳。抬轿子的人立刻就放下轿子逃走了。一名护卫迅速骑马前往总理衙门，向他们报告了这一消息。与此同时，柯达士先生用尽全身的力气，设法逃跑。

这似乎是完全不可能的事，因为许多士兵追在他后面并且立即向他开枪。他向北逃跑，进入了街道右侧的第一个胡同，然后沿着几条曲折的胡同，在身后有持枪的中国人追赶的情况下，设法跑到了至少有三分之一英里远的美以美会。在这里，他看到第一张外国人的脸以后，马上就失去了知觉。他立即被抬进大院，通州的盈亨利(Ingram)医师碰巧就在附近，他仔细检查了他的伤口，认为他康复的可能性非常小。考虑到试图枪杀他的人的数量和他严重的伤势，他的逃脱无异于一个奇迹。

那些制造这一国际罪行的人从来也没有想到过杀死克林德男爵的一枪会产生何种影响，他们也不可能预见到这一点。由于几乎所有在北京的外国人或者集中在使馆和被认为使馆可以控制的一个长方形区域内，或者集中在美以美会大院中，所以有关这一重大悲剧的消息即刻就传开来，人们很快就普遍地认识到这一事件的意义。所有那些在中国人护卫下离开北京的想法从每一个人的头脑中消失了，现在可以清楚地看到，中国人肯定会作出背信弃义的行为。从这方面看，完全可以说，德国公使之死是一个拯救了所有在北京的其他外国人的替代性牺牲。

在这一谋杀发生的当天下午，总理衙门厚颜无耻地送给德国使馆一封信，通知他们说有两名德国人在沿着那条路线前进时，向人群开枪，结果被反击的枪弹击中，其中一人被打死，他们要求知道这两人的名字。

对此，不可能作出任何有自尊的答复。一名友好的中国大臣收殓了尸体，并且准备了一口棺木。据说他因此在几个星期以后受到一个法庭的控告，并被判处死刑。

一个值得注意的事实是，几家伦敦晚报早在 6 月 16 日就发表了一些来自“拉凡”新闻电讯社驻天津办事处的电报，称德国驻北京公使已被杀害。

至少在几份这样的电报中，和这一消息同时出现的是使馆已经被占领的报道，但没有提到其他人的名字。人们能够预见到克林德男爵会遭到攻击，必定有某些理由，他那强硬的态度在当时特别让中国人反感。

这条新闻于当天下午从伦敦传到柏林，引起德国驻圣彼得堡临时代办、德国驻东京和伦敦的代表以及德国驻烟台和上海领事等人多方探询，但没有得到有关所报道的这件事的任何情况。像这样一个特别重大的罪行在它实际发生之前四天就传遍了整个世界，而当它实际发生之后，在一段时间内却不为人知，这真是非常罕见的事。

肃王府位于它所在街区的西侧，这个街区的对面是海关大院。占据海关大院的人们现在都慌忙来到英国使馆，而女人们早在几天以前就已经转移到这里。中国士兵在使馆区附近的街道上巡逻已经有好多天了，现在既然有一名满族卫兵向一名外国公使开枪，就可以认为中国军队准备与每一个外国人战斗，这些外国人当然也就应该充分使用他们所掌握的所有防御手段。

霍尔上尉接到命令，把聚集在美以美会的文职人员护送到美国使馆，同时允许中国教徒跟随他们。不过,等到聚集在那里的七十名美国人接到这些命令的时候,却要求他们在二十分钟之内离开大院,而且只能携带手中拿得下的行李。他们一接到这一通知,就急忙来到堡垒似的教堂,打开自己的箱子,看看最需要随身携带什么东西。无疑,现在放弃的任何东西都永远不会再见到了,所以当箱子被锁上时,会有些小小的伤感。整个建筑物内,很快就放满了五花八门的各种东西。

要求列队出发的命令实在是来得太快了,妇女和儿童跟在二十名海军陆战队员后面,紧接着是一百二十六名女学生,其后是中国妇女和儿童,都携带着他们所能带的东西。中国男人和男孩子组成了一大队,其中很多人带着很多东西,或者为外国人推着自行车。一些浓缩牛奶——如果不浓缩起来就难以保存——被分发给了中国人,每人携带了好几罐。几周以后,当不可能得到牛奶的时候,对于那些被围困的人来说,它们就成为了极其宝贵的东西。一队德国海军陆战队员抬着那位受伤的翻译,神情忧郁地行进在队列中。他们的后面是一些传教士,他们中的多数人都佩带着来复枪或者左轮手枪,或者两种枪支都有。有几名中国人也配备了枪支,其他许多中国人则拿着中式长矛,他们每天晚上都在努力地学习如何使用它们。

总之,即使在那个极其危险的时刻,这支队伍中的许多人都感觉这支队伍既悲惨又可笑。人们不能不想到离开埃及时的那些以色列孩子们,不过和那些孩子们身背的沉重物品相比较,这些难民们的行李确实要轻快一些。这支长长的悲伤队伍慢慢地走出了孝顺胡同,沿着大街向南走向哈德门,然后向西拐弯,进入了使馆街。总委员会主席按照事先想好的做法,在经过哈德门的时候,告诉在那儿值勤的满族指挥官,由于教会大院暂时被放弃,希望他能帮个忙,在大院门外安设一个卫兵以防止附近的人进行劫掠。在离美国使馆还有一半路程的时候,他们经过了意大利使馆大院东端的一个安设有意大利机枪的路障,美国海军陆战队的其他士兵来到这里迎接这支队伍。由于某种难以解释的原因,中国基督教徒在这里被耽搁了一段时间。

从群集在大街上的众多观看者那毫无表情的脸上,几乎看不到其中某些人必定会感受到的那种欢乐和胜利的感觉,尽管他们都看到了那张包围着外国人及其追随者们的大网已经越来越近了。在整个队伍中,或许最令人震惊的是中国教徒本身所表现出来的镇定自若。此前曾经有过多次作为演习的警报,那时就像现在一样,那些女学生们就像正在去参加一场宗教活动一样,行动敏捷而又十分得体。没有一个妇女流泪,也没有一个儿童啼哭,所有人都本能地服从命令,不到处乱跑。一名美国海军陆战队员钦佩地看着他们说:“可以肯定,派那些女士来照料这些中国人的传教差会,一定知道她们都做了些什么。”

为了追寻这些难民从现在开始的活动,有必要先熟悉一下北京使馆区的地形。借助一张地图可以很清楚地了解这一地形,而没有地图也不难做到这一点。北京的鞑靼城或者北城的南城墙有三个大门,中间一个称作前门,位于前门和城东南角中间的是哈德门。每个门都有一条大街通向北面,有几条宽阔的街道每隔不远就和这两条大街直角交叉。这些街道中最靠近南城墙的那条就是使馆街,中国人称之为“交民巷”。使馆街有一英里长,西头靠近前门。另一条主要的东西大街位于北面大约三分之一英里处,叫做“长安街”。它的西半部直接靠着皇城的南墙,而它的东头则通到哈德门大街。

在大约位于前门和哈德门大街中间的地方,和哈德门大街平行,流淌着所谓的御河。

御河实际上是皇城内多余的水的排水沟，御河的水经过一个水门流入南城的护城河内。御河有几杆宽，有六到八英尺高的砖墙或石墙作河岸，上面铺着石板，两岸各有一条宽阔的街道。使馆街通过一座名叫“御河桥”的石桥跨过御河，而在皇城城墙附近，长安街通过另一座叫同样名字的石桥跨过御河。

在南面由城墙、北面由长安街、东面由哈德门街、西面由另一条叫做“兵部街”的街道包围起来的这个长方形里，坐落着除比利时使馆以外的所有外国使馆，还有一些旅馆、银行、外国商店、帝国海关、邮政局和未完成的帝国铸币厂。从哈德门街往西，北面第一个使馆和其他使馆多少有些分开，这是意大利使馆。再往前去是法国使馆、北京饭店、日本使馆和西班牙使馆。在街的南面，法国使馆对面是德国使馆、汇丰银行和一家外国商店。过了御河桥向西，北面是俄国使馆，它的对面是美国使馆。俄中银行、另一家外国商店和荷兰使馆都在街道南面。

从御河桥沿御河上行几百码以后，就来到了英国使馆的东门，它的南端离俄国使馆的北墙不远。后来证明，这一点非常重要。在使馆的西北面，和它毗连的是帝国的上驷院，地方很大，有许多大房子，里面放着象车、轿子、皇帝用的其他运输工具以及它们的附件和装饰品。从英国使馆北面直到长安街，是宽敞的翰林院。在后来的保卫使馆过程中，它成为一个重要的战场。

从美以美会大院来的疲倦难民于中午时分塞满了美国使馆，对于将得到怎样的安排一无所知。在离开的时候，几乎所有人都没有机会准备食物，只能拿些随手能拿到的东西。但是由于使馆头等参赞司快尔(Squiers)的妻子的慷慨好客，这一大队人很快就吃上了一顿不太正式的午餐。不仅如此，她还把她那间储藏丰富的储藏室交给那些困乏的男女同胞们使用，大方地告诉他们可以随意取用他们看到的任何东西。这一许诺被充分利用，许多苦力和车子用了好几个小时，一趟趟地来装运东西，把它们尽可能多地运送到已经成为所有人的大本营的英国使馆。在很大程度上，正是由于这一意料之外而又没有先例的慷慨行为，这些美国难民们才能成功地经受住围困时期的物品匮乏。可以不夸张地说，很可能有好几条生命因此而得到拯救，而人们的生活质量也因此大大提高。在整个围困期间，司快尔夫人就是“慷慨夫人”，慷慨大方并且一视同仁地关心着许多来自不同国家的人的需要。

像这样关心着别人安逸的人，并不只有她一个。就像英国使馆那里，窦纳乐夫人的大房子也被腾出来，为新来的人提供食宿。到她那儿吃饭的不仅有英国人，还有意大利人、奥地利人和比利时人。跳舞用的大房间晚上是疲惫女士们的卧室，白天则是她们的休息室。吸烟室晚上给了男士们，而几间办公室被改造成了一个精心设计的医院。能够用来救助难民和后来的伤员的东西都没有被忽略，一些女医生在这家国际医院中担当护士。如果不是在现在这种情况下，她们绝对不会担任护士工作。窦纳乐夫人和她妹妹都把卧室提供出来，窦纳乐夫人的卧室在白天让那些过度劳累的军官们使用，他们需要安静的地方睡觉，才能从辛苦的夜间值勤造成的疲惫中休息过来。

在美国使馆待了两个小时以后，这伙美国人得到指示，前往英国使馆。在那里，他们被安排到了教堂。这是一所位于中心的建筑，但由于人数太多，每人分配的居住面积十分狭小。一些人提前进行了准备，进入到使馆街的中国商店，取走了一些可能会用得上的东西,特别是食品。如果店主在,就留下一张收据;如果店主不在,就直接取走被抛弃了的商品。通过这种迅速行动,许多人得到了后来难以得到而同时又是极其珍贵的物品。

当这伙美国人到达英国使馆以后,一时间十分忙乱。许多车辆装载着各式各样的家具陆续抵达,一群群苦力竞相穿行在宽阔的道路上,努力进到里面的人流与同样努力回到外面再去搬运东西的人流纠缠在一起。整个使馆被彻底改变,重新进行了规划,不同的房子安排给不同的国民。这是俄国人的房子,这是法国人的,第三座房子交由海关职员们使用。其他的房子也进行了同样的安排。宽敞的前楼放满了各种各样的行李,特别是存放食品和酒的箱子,因为这里成为被毁坏的芦汉铁路雇用的比利时人、法国人和其他人的大本营,他们好不容易才逃脱在长辛店被杀害的命运。

一个张贴在显眼位置的通知告诉那些焦急地四处寻找住处的人,后楼已经"留用"。它被分成了几块,在一个角落的是汇丰分行的两名留守人员,在另一个角落里有几名被迫把这儿当作指挥部的军官,而《泰晤士报》记者对能够把一张床垫放到地板上十分满意,床垫边上堆着他的一大堆书,是在他的房子被毁坏以前幸运地抢救出来的。

除了仍旧留在各自使馆的一些人以及已经在北堂被围困了四天的那伙人以外,在北京的外国人现在差不多都住到英国使馆里来了。除了原先就在使馆大院里居住的那些人——在所有难民中,他们是人数最多的一伙——以外,包括就住在几百码以外的海关职员在内的其他人,都只带出来很少的个人物品。有人只带了一个箱子,也有人只带了一个旅行用的手提箱,而只有一套进入使馆时所穿的衣服的人到处都是。

中国人的帝国海关总部离英国使馆只有几分钟的路程,很容易就可以平安地把包括帝国邮政局在内的公共房屋里的所有东西都取回来,其中包括已经积压了好几天的一堆堆极其重要的挂号信件。有许多海关职员愿意并且急切地要去做这件事,但没有能够得到许可,因为人们显然认为危机在短期内就会结束,所有人都会重新回到他们的工作岗位上去。就这样,大量的记录、通信、档案和其他海关文件都遭受了不必要的损失。即使是整个世界一直都在等待着的总税务司赫德珍贵的"日记",也是费了很多事才抢救出来,从而使之免遭其他物品的相同命运。那些非常了解中国的人不仅在义和团运动刚刚发生时没有注意到它,就是在它已经来到自己大门口的时候,仍然还没有对它有所认识,这一不争的事实实在是现代历史上最引人注目的心理现象之一。但是无论如何,这是一个事实。

我们已经提到,中国教徒是在经过一段时间以后,才得以进入肃王府避难的。当他们6月20日星期三下午开始大批进入肃王府时,已经在王府前门外马路上的树下面等候了好几个钟头。他们又饿又渴,自然十分虚弱,一点精神也没有。一些妇女从英国使馆赶来照顾他们。不久,秀耀春教授打开了王府大门,让他们进到前院里。在这里,在西方人的大力帮助下,运走了垃圾,进行了彻底的大扫除,最后给所有的妇女和儿童准备了一个舒适的地方。一个大厨房里有着做饭所需要的所有东西,包括大量的煤炭。有一些较为宽大的房间,从而使人们的住宿条件相对来说还算不错。就在这个时候,甘军士兵开始向附近的奥地利使馆开火,肃王为了安全撤离到了皇城内。因此,他的整个王府就成为无家可归的中国教徒的住所,直到一个比义和团和士兵的联合更加不可抗拒的敌人把他们驱赶出来。

那伙美国人一找到分配给自己的地方,马上就决定和尽可能多的中国人再回到美以美会大院，把在早晨的惊恐中不必要地丢弃了的行李尽可能多地取回来。街道上和早上大队人马经过时一样安静，携带来复枪的传教士和手持长矛的中国教徒组成的长队没有受到任何打扰。满族卫兵适时地在外面的门口站了岗，但一些邻居显然是翻墙而进，已经劫掠了不少东西。他们中的一些人在劫掠时被抓住，受到愤怒的中国教徒的攻击并且受了伤。人们运用了各种运输手段，并且以大价钱征用了一些车辆，抢救出大量的物品，如果没有这些东西，围困期间的困难就会大大增加。但是，仍然有价值数千元的衣服和其他财物未能运出来，只好放弃。

中国人当时普遍认为，到下午 4 点，士兵们就会开火，这是根据要求使馆人员离开北京的时限分析出来的。人们认为，军队既不会知道也不会关心总理衙门可能会说些什么或者可能不会说些什么，而是要由他们亲自来解决问题。如果外国公使不能自愿离开的话，那就要用武力把他们赶出去。现在已经很难弄清这一传言的出处，它确实加速了抢救财物的过程，但同时也缩短了这一过程的时间，否则的话，其他一些财物或许也能够被安全地抢救出来。

4 点钟刚过，董福祥提督的军队就如人们预料的那样，用来复枪开始向奥地利使馆射击。不久，枪声就从各个方向传来，人们赶紧找地方掩藏起来。

秀耀春教授从荣禄那儿得到过明确的保证，这时还不会对外国人进行攻击。他盲目地相信了这一保证，前往肃王府去照看住在那儿的中国教徒。当他经过皇城城墙附近的御河桥时，受到了中国士兵的挑衅。秀耀春教授张开他的双手，表明他没有携带武器。此后发生的事情在当时和其后很长一段时间内，都无人清楚地知道，尽管人们尽了最大努力去确定他的命运。围困结束后，人们了解到的情况足以说明，他可能被士兵们带到了荣禄那儿，在被监禁了几天以后，由于他拒绝在义和团首领面前下跪，被带出去砍掉了头颅。后来，在东华门找到了一个符合他的相貌的外国人的头颅。

他是一个具有学者气质的人，长期居住在中国，十分了解这个帝国及其人民。他对研究义和团运动的发展非常感兴趣，在好几个月里，注意搜集了所有有关这个问题的谕旨和其他文件，但这些成果和其他许多极有价值的资料一起，在 6 月 13 日那场毁坏了所有外国财产的大破坏中丢失了。

值得在这里提到的是，在向英国使馆搬家的过程中，外交团领袖葛络干(Cologan)收到了等待很久的总理衙门对外交团的回复。这一回复承认收到了前一天晚上的信件，并且通知各国公使说：

> 在提出你们应该于二十四小时之内离开北京的要求时，我们只考虑到了北京城内匪徒所造成的骚乱，但北京周边地区现在也发生骚乱，因此担心使馆人员家眷孩童等离开北京可能会遇到危险。既然你们的信件宣称你们不可能在二十四小时之内做好离开的准备，我们自然同意推迟离开，再行商议。
>
> 中国和各国的关系一直未曾因为仇恨而受到干扰，但现在由于民教冲突，实际发生的事是事先确实难以预料到的。至于见面会谈，现在在街道上行走十分危险，同时每日在宫殿值班的亲王也不可能同时在两个地方出现。亲王和大臣们愿意宣布和平的意向，并且希望维护良好的关系。

这封信最后询问各国政府的意向和指令。

第二天,外交团作出了答复,向亲王大臣们保证,除了对华友好的指令外,各国政府从未发出过其他指令。现在正在路途中的军队的目的,只是要确保安全。信件提请注意自前一天开始持续进行的对使馆的枪击,认为这样的行动必定与政府的愿望相背离,应该归之于匪徒或者是某些军队的个别行为;要求总理衙门立即设法制止这一侵犯行为,它不仅和刚刚收到的照会的措辞相背离,也违背了这一照会的精神。

如果只是阅读这些正式的、客气的信件,没有任何人会想到,中华帝国的政府就要采取行动与整个文明世界开战,它的外务部门会在此后六个周的时间内保持绝对的沉默,对外国公使置之不理,而各国公使则被控制在他们自己的使馆里,遭受了两个月的枪炮攻击。

杀死德国公使的那一枪是在某个人的命令下进行的,这个人很可能就是端王。从那时起,他似乎操纵着最高权力。这一枪的声音还未停息,这一事件的重要性及其重大的影响就使得政府必须召集会议——事实上,当时好像正有一个这样的会议已经在举行之中。

满族人一派强烈要求发布一道谕旨,命令荣禄统领所有北方的军队,把他的部队派进北京正式攻打使馆,把使馆毁掉,然后前往天津,消灭那儿所有的外国人,或者把他们赶到海里——在将近两年的时间里,这一直就是顽固派们最希望进行的计划。

据说就在太后即将对此表示同意的时候,皇帝强烈而又可怜地恳求暂时不要实行这个将会毁灭千百万无辜臣民并且危及帝国基础的政策。他控制不住他的感情,却得到了太后和端王冷酷的蔑视和令人痛苦的侮辱,最后哭着离开了宫殿。中国官员中没有人敢于反对朝廷的意志,于是立即发布了毁灭性的谕旨。同一天下午,荣禄的军队进入了北京,携带着野战炮和机关枪,还有大量最新、最好的带有弹匣的步枪。

从这时开始,首都的情形变得就像巴黎公社疯狂骚乱之下的巴黎一样了。任何一个穿着义和团服装的人都有权杀人、放火、随意破坏,没有人敢表示反对。一时之间,北京成为"混乱场"的同义词。甘军在城内到处游荡,抢掠了许多官员的寓所,无论这些官员有什么样的履历,也无论他们有什么样的政治倾向。像徐桐(他渴望得到一张用西方蛮夷的皮做成的毛皮地毯)和京师大学堂(皇帝1898年改革的唯一遗存)总办孙家鼐那样最顽固的保守分子也有同样的遭遇,他们寓所中可以取走的东西被抢得一件不剩。那些表示抗议的人不仅会被抢掠,还会被杀死,有许多高级官员就遭到这样的命运,据说街道都被鲜血染红了。荣禄的军队在抢掠和杀人方面也不落后于那些甘肃暴徒。尽管有一名被当场抓获的满族军官和其他许多士兵一样被立即正法,但就像"纸包不住火"一样,骚乱和破坏在很大程度上不受限制地发展着。

一些值得信任的中国见证人讲述了董福祥和荣禄的士兵们进行抢掠活动的细节,他们的故事生动地表现了这座不幸城市中的情形。这些作者中的一位在奥地利使馆附近有一座住宅,他描写了人们得知军队大肆抢掠时的恐慌情景。他的一些邻居稍作反抗就遭到枪击,而他自己则由于说好话并且表示屈从,结果只被拿走了能找到的所有那些装有皮毛、衣服、珠宝和金钱的大小箱子。进行抢掠的人一伙接着一伙,先后有六七伙之多。有的官员身上穿的几乎所有衣服都被疯狂地撕扯下来,大街上每一个家庭都有一些人被连续不断的疯狂枪击而打死,院子里和大街上到处都是死人的尸体。北京的许多官员和其他居民发现他们的财产被抢掠,他们的生命也时刻存在着危险,于是便携带着所能带走的全部东西,急忙赶到通州,而通州这时也处于同样无法无天的狂乱之中。

于是，他们想尽一切办法乘船前往天津。由于海路被封锁，他们准备取道大运河逃往南方。在天津，他们和在北京一样受到抢掠和侮辱，其中许多人丢失了所有的东西，也有一些人死去，没有人知道他们在什么地方被什么人杀死。

第十六章
围困的第一周

在英国使馆被难民们占据以后二十四小时，至少有一些人开始明白同时期的南非战争为什么会出现灾难了。突然从海上召来保卫使馆的七十九名英国海军陆战队员，和他们的军官一样，都拥有英国士兵和水手几个世纪以来在整个世界所表现出来的优秀品质，勇敢，坚忍，忠于职守，面对几乎压倒性的挫折时英勇而顽强地进行反抗，为他们赢得了无数荣誉。但这些军官和士兵们都很年轻，从来没有经历过他们现在正在进行着的这种战争。

在所有这些士兵中，没有一个人的年龄超过三十岁，大多数人刚够二十岁。对于现在突然需要的这种没有前例的防卫工作，他们既没有经验，也没有进行过任何训练。这些海军陆战队员们在到达以后的几个星期里，每天都在进行常规性的训练，但没有在使馆构筑任何形式的防御工事，只在使馆入口一带建起一道很低的防御土墙，以保护安放在那里的机关枪。大门处有一些装满了沙土的麻袋，但除了这些以外，没有准备一个沙包，甚至可能连想都没有想到过。

对整个使馆区至关重要的一个地点是肃王府。当围困开始的时候，它还处在所有的防御线以外，此前在御河近城处那座桥上设置的英国卫兵这时已经撤回，而沿着肃王府北墙，设立了日本人的岗哨。此后不久，又在最左边设立了一个意大利岗哨，这个岗哨此后一直没有撤除。肃王府东边不远是帝国海关大院，由海关的志愿者们防守。越过东面的大街，是奥地利使馆，它的南面是海关邮政局和其他的外国建筑，再东面是一块空地，空地南面不远便是意大利使馆。这些各式各样的建筑相互毗连，中间有横跨街道的工事相隔开，看上去似乎可以抵挡一段时间。

在围困刚刚开始的时候，窦纳乐爵士向他认识的一名美国人征求意见，了解美国人中间有没有人可以在需要立即关注、同时也需要始终关注的一系列问题上提供帮助。那人告诉他，已经建立起了各个方面的委员会，而且如果需要的话，可以在五分钟之内召集起一些完全胜任的人，这些人已经非常成功地完成了各自的职责，取得了相当的经验。结果，在一个小时之内，就组成了有关各方面的十几个委员会，保留了先前的委员会主席，同时又补充了有能力的、同时也愿意干的副手。

在北京的围困中，和军事历史截然不同的民政历史，就是这些委员会工作的故事，下面还要对其中几个委员会的活动进行更为详细的描述。

负责各项杂务和综合性工作的总委员会的动力，来自都春圃(Tewksbury)先生不知疲倦的精神和多才多艺的才能。甚至在围困结束以后，他那不会衰竭的精力也没有稍有减弱。这个委员会的其他成员有英国使馆的汉务参赞戈颁(Henry Cockburn)、俄国使馆的柏百福(Popoff)先生、法国使馆的莫里斯(Morisse)先生、海关的裴式楷(Bredon)先生、美以美会的霍巴特(Hobart)先生,秘书是雷思德(Stelle)先生。

独立于所有权力、只接受窦纳乐爵士控制的修筑工事的工作,交给了贾腓力(F. D. Gamewell)牧师。他曾经在林瑟勒里特学校和康奈尔大学接受过两年的工程教育,进行过不少实践工作。后来由于身体原因,他中断了这方面的学习,转向了其他学科。他对各种中国工程、中国劳工的管理和安排、各种中国材料的强度及可能用途,都有着长期而丰富的经验,这使他的工作极其有价值。可以毫不夸张地认为,他的这些工作是使馆能够成功地进行防御不可缺少的因素。从一开始一直到最后,借助于一辆过度使用的自行车,在英国使馆中,他几乎无处不在。无论是早是晚,无论是白天还是黑夜,无论是在高温下还是在热雨中,他只专心地关注着一个问题:如何在极其艰苦的自然条件下,尽可能把使馆变成一个不可攻破的堡垒。

其他一些重要的委员会是负责食品供应、负责中国人和外国人登记、负责提供和分配劳工的委员会。外国人和中国人的健康,甚至生命,都依赖于这些委员会的工作。

食品供应委员会采取的第一个步骤,是立即检查防线内所有的中国粮店,安排中国人把大米装袋,送到英国使馆或者肃王府内。找到了几吨大米,其中有些是白米,但大多数是发霉了的黄米。北京人经常吃这种黄米,甚至认为它比新鲜白米更好吃,但对于没有吃过的人来说,这种黄米特别难以下咽。

位于使馆街和御河交口的一家商店里,满是刚刚从河南运来的新鲜麦子。这些麦子装在用长长的草席条围起来的圆形粮囤里,整个粮囤都装得满满的。据负责非常重要的辗磨粮食工作的费恩(Fenn)先生——这里的材料就是引自他有关食品供应的全面记载——估计,这些麦子不少于八千蒲式耳。在这家商店里还发现了义和团的告示和祭坛,但什么也不如这些麦子最能击败义和团的计划,因为无论对外国人还是中国人来说,这些麦子都是生命的养料,没有它们,就不可能在围困中坚持到 8 月 14 日。

最初,人们把这些未经辗磨的麦子用大车或者靠苦力运到英国使馆,在那里加工辗磨。但后来感觉到,使用这家粮店本身的十一台磨和十五头骡子,会更节约时间和人力,商店里还有许多马具、箩筐、粮囤、量具和罗筛等物品,磨好的粮食每天都可以运走。就这样,这个磨坊几乎没有停顿地工作了七个星期。

随着这个商店的情况越来越公开,在去这个磨坊的来回路上,就需要穿过敌人的许多步枪的交叉射击。因此,决定把磨坊和粮食转移到英国使馆内。有一半的粮食被运到了肃王府,供罗马天主教的难民们食用。但他们计划的不好,在围困结束前很久,粮食就非常短缺了。四台安放在英国使馆马棚院子里的磨一直在为外国人工作,而有三台则留在原来的地方为新教难民磨面。

在围困开始的时候,为了在必须对食品进行定额分配时有一个基础,食品供应委员会对使馆内所有的食品进行了登记。在使馆围困的大部分时间里,对于大米、麦子、面粉、谷类、肥皂、糖和黄油,都实行定额分配。

6 月 22 日,星期五。这天早上出现了一个非同寻常的场面。在没有任何警告的情况下,我们看到各国军队一窝蜂地从英国使馆的边门冲进来。并没有发生可以令人恐慌的事情,但好像是向日本人下达了放弃肃王府的强制性命令,他们从肃王府撤回到自己的使馆。没有发生任何伤亡,也没有人知道究竟发生了什么事情,我们吃惊地看到意大利人、奥地利人和法国人冲进来,后面跟着日本人和德国人,他们一枪未放就放弃了城墙上的阵地。城墙上的美国人看到他们没命似的逃跑,以为他们被隔断了,也沿着斜坡冲下城墙,和俄国人一起跑进英国使馆。在战斗的各个阶段,从来没有发生过这样惊惶失措的乱跑。不过,发生这样的事的确太危险了,从而使之起到了直观教学的作用,人们认识到需要有一个明确的领导者。

好像是奥地利人托曼(Thomann)上尉作为级别较高的军官,在北京进行指挥。他在听到美国使馆被放弃这一不负责任的消息以后,没有采取措施证实这一传闻,就发布了错误的命令,造成了这场骚乱,危及到所有被围困的人的生命。要是中国人迅速知道了这件事,并且立即采取行动的话,恐怕什么都挽救不了整个要塞被全部毁灭的命运。当然,在很短的时间里,士兵们就又重新回到阵地,损失得到了补救。

这件事的一个积极结果,是俄国、法国、意大利和日本的公使要求窦纳乐爵士应该承担防御的职责。随之,这一要求又得到了其他国家的支持。从那时起,窦纳乐爵士就担负起这一责任。

同一天下午,似乎有炮弹飞进使馆,不过有人估计这是八到十英尺长、由两个人操作的中国炮发射出来的。一些树的树枝树叶被打断,四下散落,空气中回荡着来复枪的尖叫声。另一种传言说,这些炮弹是庆亲王的部队从哈德门上向荣禄的士兵开火时发出来的。

用装满土的箱子和沙包为头等参赞的房子修筑工事的工作,热火朝天地开始了。从一开始,而且在某种程度上在整个被围困的时期,盎格鲁一萨克逊的使节和大陆国家的许多使节的行为之间,就表现出一种明显的而又令人印象深刻的区别。在多数情况下,大陆国家的许多使节悠闲地坐在阴凉的走廊下面,聊着天,抽着雪茄,呷着红酒,显然是把他们的拯救交付给命运了。而他们那些更有活力的同事,则脱掉他们的外套,带着战斗的喜悦,投入到艰苦工作的热潮中。他们这种战斗的喜悦,是从早在一千五百年以前就过着战斗生活的祖先们那儿继承下来的。

在这一时期,开始出现了对于沙包的需要。所有妇女都开始工作,几架被抢救出来的缝纫机帮了大忙。这些妇女们非常积极,制作了大量的沙包。窦纳乐夫人把使馆几乎所有的窗帘都扯了下来,和其他一些能够用于这一目的的东西一道送了过来。由于不断地做这一项工作,有了长时间的经验后,她们能够在四分钟里制作出一个完整的沙包来,有时甚至只要三分钟——两个小时一共可以制作几百个,一天两千个。人们觉得,沙包如果是暗色的,就不会让神枪手们感到太耀眼,于是就十分辛苦地把每个沙包放到溶进煤灰的水中进行染色。但泡了一两天以后发现作用不大,于是只好放弃。

今天放弃了意大利使馆,它被焚毁,荷兰使馆也被烧了,同时被烧的还有使馆街两边直到半英里远的前门的所有房子。下午晚些时候,有警报说使馆西墙外起火了。根据命令,敲响了塔楼上的钟作为信号,结果引起了一场出人意料的混乱。当大火看上去平息下去的时候,另一处房子又着起了火。汉务参赞的房子看来很难保住了,房子里的所有东西和大量的书籍被扔到马路上和网球场上,形成了一个非常大的公共图书馆。

从位于中心的水井到南面的马棚大院,排起了一长队人,一个个地传递皮水兜。唉,这些皮水兜皱缩了，开裂了，最后有许多水兜要么漏水漏得厉害，要么没有了抓手。这时，就用陶罐、石罐、铁皮罐、水桶、水壶、洗脚盆、小澡盆、茶壶和其他许多形形色色的容器来代替。这些东西多数在刚从井里打上水的时候就只有半满，经过激动的男男女女们的一双双手和一次又一次的颠簸，等到到达目的地的时候，实际上往往已经空了。但是每一个人，不管是哪个国家的人，都精神饱满地干着。在这种场合，和在其他相同的场合下一样，公使夫人和中国苦力肩并肩地工作着，都愿意尽自己的一臂之力。

今天发布了一个非常符合中国人性格的命令，就是在清洗时尽可能地少用水，以避免水供应发生短缺——后来的经历证明，这一担心是多余的。在起火的整个过程中，中国人不断地进行射击，希望能利用大火造成的损害破坏使馆的围墙。在这次攻击中，失去了第一条生命，一位名叫斯卡丁(Scadding)的列兵被子弹射穿了头颅。

为了阻止中国人成功地重复使用这种纵火战术，决定将使馆西南角附近的一座寺庙推倒。这项工作有着相当的难度，而且危险性也不小。在那里找到的东西数量让人吃惊，其中包括一堆堆的丝绸，这些丝绸最后改造成了沙包。从这时起，许多仆人每天都扎着丝绸腰带。

在下午，一名满身尘土的基督教徒骄傲地冲进院子，带回了总理衙门章京们写的一份收条，表示收到了外交团昨天下午送交的文件。总理衙门提议，以后的信件可以交到哈德门，但它处在我们的防线以外很远的地方，根本不可能接近。与中国政府四十年连续不断的外交交往，就取得了一个这样的成就：从只有一英里之遥的外务部门得到一个收到文件的收条，竟然用了将近三十六小时之久！

6 月 23 日，星期六。昨天夜间，三枚两英寸的炮弹落到了美国使馆附近——一个进攻的新特色。发布了一道命令，一些没收来的价值不大的财物可以发给那些穷困的中国教徒，而那些比较有价值的财物要留置以后进行处理。安排梅子明博士来负责所有这些物品。

在使馆西面离昨天起火的地方不远处，又燃起了大火，尤其是午前一段时间，火势很大。到吃晚饭时，我们听到火警的钟声又再次响起，使馆北面的翰林院燃起了大火。开始进行毁坏活动的士兵先是在街道上的外门点火，然后接连在四个院子的内门点火。这些士兵埋伏在房子第三排的一个大厅里，在大火燃烧期间，不断地向使馆开枪。后来发现，这间大厅的地上到处都是弹壳。几个门道引导着大火一波一波地向前滚动，整个建筑都会被焚毁，这一危险也使使馆面临着被焚烧的威胁，因为大风正从北面吹过来。要想阻止公使住的房子后面的仆人区着火，几乎是不可能的了，因为这些房子距离附近的高大建筑不到五码远。

英国海军陆战队员首先打开了通向翰林院的墙，然后推进到通向中国士兵正在里面开火的大堂的入口。但他们没能在这里待多久，因为它很快也被大火吞没。大火燃烧了几个小时，直到巨大的房顶坍塌，好几吨重的泥土和砖瓦砸了下来，暂时地、部分地起到了灭火器的作用。

与此同时，每一个能用上的人都安排了工作，或者从最近的水井传递水兜，或者操作小型的灭火机，或者去伐树。伐树可是一项非常辛苦的活儿，而且还有被树干或者其他倒塌的墙砸伤的危险。这些古老的大树是传播大火的有效途径。由于各处的木制品都非常干燥,所以掉到院子里的大树枝子很快就会使火在一个新地方烧起来。为了我们的安全,不得不将离使馆最近的一个大堂推倒。这项工作既困难又危险,因为房子很高,房屋的柱子和屋顶上的木头又大又结实。在这一危险工作中,以窦尔慈(Tours)先生为首、有许多其他人大力支持的灭火委员会尽了他们最大的努力。勇敢活跃的哈利迪上尉特别突出,他在此后不久严重受伤,使得防御工作在整个围困时期失去了一个能干而又深孚众望的军官的服务。后来,他的名字被镌刻到修建在前大门上面的避弹室上,这一建筑被士兵们称作哈利迪要塞。

就在最为危急的时候,大风突然转向西北方向吹,使得那些放火的人及其帮手们又来了精神。在被推倒的那所房子前面的建筑物里满是书架,上面存放着一些翰林院精心挑选出来的书籍,尤其是有一套根据主持编纂这套书的皇帝的年号命名的《永乐大典》,一部浩如烟海的中国文献的百科全书。这部书是手抄的,从来没有出版过。据说,翰林院这一部是整个帝国中唯一的一部。由于在中国,“偷书不是贼”,而文献又非常重要,有关这些文献的工具书往往不可缺少,也很难得到,因此有一些不道德的翰林们进行偷窃,所以这部书已经很不完整了。

这套百科全书盛在数十个大箱子里,木板的封盖外面系着黄色的丝绸。每本书有十九英寸半长,十二英寸宽,大约有一英寸厚,每本书的封面上都黏贴着一条色彩鲜艳的丝绸,上面写着它的四个字的名字。对于海军陆战队员和其他许多努力扑灭大火、清理这座面临危险的房子的人来说,它只不过是那个极度混乱的难忘日子中许多难以理解的事情中的一个而已。而对于那些即使对中国只有些许了解的人来说,它是过去的一个令人惊奇的遗物,即使中国人自己一点都不在乎它,它也值得保存在“洋鬼子”手中。

当这座房子可能会和其他房子一起着火的时候,那些箱子里的东西便被随意地扔到院子里,很快就被一堆堆其他的书籍压到下面,再也看不到了。人们试图抢救这一规模巨大的百科全书,但是,尽管收集到几百册书,还是有大量其他书消失了。其中一些书与其他许多书和手稿一起,被扔进了莲花池里,上面盖着垃圾,以防止着火。后来,它们完全浸泡在从灭火机里喷出来的水中,再加上雨水的浸泡,便开始腐烂。这时发布了一道命令,在它们上面堆上土,以防止污染周围的环境。这一命令的执行,竟然成了中国年代久远的翰林院遗留下来的所有东西的正式葬礼!

在翰林院的整个区域里,没有被火焚毁的房子只有清议厅(现在它里面只剩下十一块石匾,上面刻着圣人程子的格言)和藏有上面提到的百科全书的大堂,以及它后面的三座小阁楼。清议厅和其他几所房子一样,存放着翰林们的文章和大量中国著作——尤其是诗集——的木制印板。如果这些东西着火的话,就会使火势更加猛烈。剩下的一些书板四散在院子各处,也有一些被用作柴火,或者被用来构筑工事。

在这一时期的骚乱当中,公使住宅后面的仆人区被认为要面临厄运,于是便把大多数房子的门窗框卸了下来,把里面所有的东西都运走。人们对火非常害怕,以至于认为这些东西只有放到运河里才是安全的。大批中国人忙着拆卸那些木头框架,一队队的男人、女人和孩子拿着他们所能拿的东西,比如门框、窗户、木板木料等,向前门走去。如果把这些东西堆到一个安全的地方,以备以后使用,可能是更好的处理办法。一大抱一大抱包装用的细刨花,被成功地送进了远处的水道里。女人们步履蹒跚地提着装有马饲料的篮子,一个小伙子一只手拿着一个拖把，一只手拿着一顶皮帽子，因为参加这样重大的事件而激动地流着汗，正在向胜利前进。附近不远的地方，一个虔诚的老苦力一动不动地站在一个地方，手里斜拿着一根竹竿，不间断地重复着他的祈祷。

经过两个小时的辛苦努力，大火终于得到控制，危险过去了。有几个地方，空中充满了烟雾。一处大火显然发生在电灯公司，另外一处在海关和帝国邮政局附近的某个地方。从俄中银行带进来一名德国人，他受了致命伤。

下午晚些时候，在马棚院子西面只有三百码的一条小胡同中，一门中国炮开始轰击那儿的一座两层小楼并且造成了重大毁坏，使得这座建筑很快就不能住人了。海军陆战队员们用来复枪攻击炮手，这门炮开了几炮后就哑了火，很快就撤走了。

6月24日，星期日。位于通州的潞河书院今年毕业班的一名最优秀的学生，携带着一封写给赫德爵士的信件，于今天一早出发了。这位信使决心把这封信送到天津，否则就以身殉职。这似乎是一件不可能做到的事，几乎所有人都对他不顾一切的勇敢精神感到惋惜。他出发以后，人们再也没有听到有关他和他的信件的任何消息。直到围困结束以后，他才陪伴着解救使馆的军队重新回到北京，并且带回了他的冒险故事。他到达天津后曾经试图返回北京，但没有得到允许。

据报告，今天早上又有一名俄国人受了致命伤，另一位名叫金(King)的美国人在俄国使馆值勤的时候被子弹射穿了头部。现在，医院里已经有十几名伤病员。

昨天晚上有人在德国使馆的屋顶上看到两枚白色的火箭，第一次在1点钟，第二次在两个小时以后。关于这两枚火箭的消息开始传播开来。中国人对肃王府进行了猛烈的攻击，一个门道被烧毁，但是已经用砖石把这个门道封死了，所以它没有被冲开。在战斗中，我们有两名优秀的中国人因伤致死。一名是美以美会牧师，名叫王诚培(Wang Ch'eng P'ei)，另一人是他的助手，姓刘。两人来自山东的同一个村庄，都是很好的人。人们深深地哀悼他们。

就在人们非常怀疑肃王府是否能够守得住的时候，窦纳乐爵士下令把所有的中国人从肃王府转移进英国使馆和俄国使馆之间一条叫做“达子馆(Ta-tsu Kuan)”的小胡同的房子里。转移过程中没有发生多少混乱，一些妇女和女学生流下了眼泪，因为这样做让她们感觉到她们再也不会有一个持久的地方住了。他们经过御河时没有工事保护，有一头骡子在门口附近被射中了，但没有任何中国人发生伤亡。

当这些转移还在进行中的时候，在昨天受到攻击的马棚西面的一处房屋又出现了火警，火警造成的危险一度曾经和昨天的情况差不多，而发生的混乱甚至超过了昨天。住在这个大院里的俄国海军陆战队员急忙搬了出来，整个院子铺满了他们的行李和其他一些杂物。西马棚门里放满了沙包，但很快就再次着火。不过，尽管它被烧成灰烬，人们很快就又筑起了一道坚固的砖墙，把等候在门外准备冲进来的大批中国士兵挡在了外面。就在人们筑墙的时候，一些被火烧过的热砖头从墙外扔了进来，砸向那些干活的人。这是在围困期间，我们所见识到的中国人使用的那些最可怕的武器中的第一个。海军陆战队员们从一个墙洞里出去，向西面发动了一次袭击，赶走了一些士兵，缴获了许多毛瑟枪、大刀和长矛。这些武器被带到了塔楼，在那儿展示。在这些行动中，一名英国海军陆战队员严重受伤，受伤的还有哈利迪上尉。

前天被推倒的一座位于寺庙附近的房子被发现着火了，这次比以前更为危险。由于这座房子距离中国妇女和女学生刚刚搬进去的那些房子不远，而且还有可能在附近一带引发大火，又下令让这些妇女和女学生再返回肃王府。有人发现，南马棚的一些房子里放有两百多桶煤油，于是急忙把它们运送到网球场上，随后又用土盖上。如果存放着所有这些易燃物品的房子着火的话，根本就不可能把它扑灭。

前面曾经描绘过，除了比利时、奥地利和英国使馆以外，所有使馆都坐落在使馆街上，其中有三个使馆在街道南侧。特别是德国使馆，它就位于城墙的下面。五十英尺高的城墙居高临下，直接控制着它脚下的每一寸土地。自22日起，德国人就借助于附近的一个坡道，在城墙上设立了一个岗哨，从而切断了中国人在前门和哈德门之间的联络。但是中国士兵可以在城墙其他的任何地方随意穿越，而且往往人数很多。美国部队只有五十三个人保卫使馆，所以它的军官们非常不愿意占据一大段城墙，用如此少的兵力去抵御用大炮和最先进武器武装起来的成千上万的敌人。康格公使本人在美国内战期间曾经是一名军人，使馆头等参赞司快尔曾经在美国骑兵部队服役十五年，是一名中尉。他绝对是一名士兵，反应灵敏，判断准确。正是由于他们的努力坚持，才占据下这样一个难以防守的阵地，并且一直守卫到最后，把人力难以做到的事情付诸实现。

今天，德国人和美国人都在城墙上进行了袭击，美国人都快打到前门了，但中国人在那儿架设了大炮。他们把科尔特机枪拖上城墙的坡道，在前进中突然佯作撤退，当中国人成群地追上来的时候，被一分钟四百多发的射击扫倒了一大片。要确定在这些行动中打死的中国人数量，是完全不可能的，最好的办法是沿用中国人的习惯作法，把这一数目报告为“不少”。在这次行动中，和其他所有行动一样，没有俘获一个敌人，那些受伤的人要么被用刺刀刺死，要么被扔到城墙外面。人们原来希望能够缴获那门大炮，但发现防守力量非常强大，难以接近，只好不太情愿地放弃了原来的计划。一名叫做凯姆(Kehm)的美国海军陆战队员被一枚榴霰弹击伤，但伤势不重。另外，有一名德国人于今天晚上被埋葬。

虽然今天是星期日，但直到天黑以后很久，都没有找到机会做礼拜，尽管原来有过几个计划。对于沙包的需求不仅一直没有停止，而且日益增加。所有的外国女士和许多中国妇女一整天都在忙，制作了一千个沙包。沙包的理论尺寸是大约三十二英寸长，十八英寸宽，但经验表明，几乎任何尺寸、任何形式的沙包都能够派上用场。在各处的房子里找到了大量物资，同时，每天都有一些从外国商店和许多想象不到的地方找到的东西被送了进来。制作这些沙包的织物常常让制作它们的女士们发出“太浪费了”的感叹，感到这些东西本来是可以用来制作其他许多东西的。成匹成匹每码能卖到五到十二美元的上好丝绸、缎子和丝锦，转瞬间就消失在忙碌的手指之中，成为最没有价值的口袋或者碎布头，而等到一场大雨之后，这些袋子很快就破碎了，再也看不出它们原来的样子了。为了满足无休止的抵御子弹的需要，这些价值成千上万美元的东西，看来必定要消耗在这一看不到尽头的工作中了。

在院子里那些有土的地方挖了好多坑，以取土来填充这些沙包。装沙包的工作占用了相当大的劳力，男人、妇女和儿童都有，从早晨开始，一干就是一整天。迄今一直没有专门工作的欧洲人现在找到事做了，人们可以看到各个国家的人辛苦地干着从未干过的累活：一名身穿长袍的希腊教会牧师把土铲进一名公使夫人撑开的袋子里，一名中国男孩用绳子扎上口，然后，由不知疲倦的使馆牧师鄂方智（Norris）把沙包搬开。鄂方智十分活跃，到处都可以看到他，在帮助灭火的时候，他刚刚被斧子弄伤。

装好土的沙包用人力车（有许多人力车被拉进使馆）、地排车或者苦力的肩膀运送到许多地方。沙包的用途一旦被发现，对它们的需求就难以满足。在各处房屋中辛勤工作的众多女士们很少能有轻松的闲暇，除了偶尔没布料了或者线用光了的时候。由于不断地需要进行机器缝纫的工作，线自然就是必需品。尽管有时会报告说线已经全部用光了，但到围困结束的时候，仍然有一些满装着线的线轴可供使用。沙包不断地出现在外面城墙顶上那些设立哨兵的地方，出现在房子的窗口处，出现在阵地前沿，同时也出现在医院四周，这儿似乎特别容易遭到子弹攻击。

6 月 25 日，星期一。夜间又有一个地方起火，离火场非常近的一名法国人不顾命令，激动地敲起了警钟。

好几天来一直藏在门房里的两名义和团民今天早上被抓出来枪毙了，尸体扔到了御河里。肃王府东面又燃起了大火，根据请求，二十个人被派去支援。人们非常怀疑，我们这么少的几个人能否抵挡得住如此多的中国人。

自从马棚遭到攻击以来，就有一些马匹在院子里随意走动。一名女医生夜间经过墙上的月亮门的时候，看到一匹马好像要穿过后门进到医院里去！有些牲口被流弹击中，而今天第一次杀死一头牲口，做成了“法国牛肉”。在一所食堂里，有人在吃这道菜时多少有些犹疑，一名女士用“马肉没加咖喱粉”的话表示了歉意。大多数人接受了这道菜的味道，没有表示厌恶，有人则一点也不吃，也有极少几个人觉得“它比什么都好吃”。使馆院子里的戏院前面那些装饰用的石头有许多地方被挖空了，上面放上用来煮马肉的大锅，一群系着印花布做的围裙的厨师们在旁边忙活着。

城墙上的美国海军陆战队员昨天夜间试图出乎中国人意料地进行一次突击，结果被发现了，只好撤了回来。科尔特枪在对付中国人现在构筑的这类工事时毫无用处，被带回到使馆。中国人模仿了我们设置工事的办法，模仿到每一个细节，甚至包括用麻袋来制作沙包。由于他们既不受材料的限制，也有的是人力，他们的工事时常会对我们的工事进行一些改进，而且往往构筑得更快、更为精细。

对位于我们防线之内的许多私人住家也进行了搜寻，看看里面有没有制作沙包的材料。在一个被放弃了的富人家里，发现了大量的丝绸和昂贵的皮毛。一名中国教徒制止了附近住家的抢掠，所以这些东西都被带进了使馆，放到没收物品储藏中了。派出了一队人到西南面去推倒中国人的房屋，以防止大火，而每一次这一类的活动都为中国难民们带回来更多的衣服和床上用品。

下午 5 点以后不久，对使馆的枪击突然停止了，靠上游的御河桥上挂出了一面白旗，一块系在石柱上的木板上面贴着一张告示，大意如下：“按照朝廷保护各国公使的谕旨，必须停止枪击。将在御河桥上转交一份文件。”过了不大一会儿，另一名打着白旗的我们的信使也来到桥上，送来了一封回信，回信同样也贴在一块木板上，上面写着：“遵照朝廷要求，文件将被收下。”这名信使来到桥上的时候，看到许多中国士兵把枪对准了他，就挥舞着他的白旗，匆匆地把木板靠着一根柱子放下，甚至没有注意到上面的字朝向里面，就赶快跑了回来。

从第一面白旗出现到这名信使回来，整个过程才刚刚半个小时多一点，但每一个人的心中马上就充满了最乐观的期望。中国人为什么要展示一面停战的旗子呢？是不是他们肯定地知道一支解救使馆的军队即将来到呢？这一突发事件引起了正反两个方面的大量讨论，希望和恐惧交替占着上风。那些最权威的中国事务专家最后也不得不承认，他们对事态的这一奇怪变化也是感到大惑不解。

6 月 26 日，星期二。在午夜之前，一直都十分平静。午夜时分，不是从上驷院方面就是从翰林院方面进行了一阵枪击。因为是在夜间，高大的使馆围墙以及肃王府等处的围墙不断地制造着回声和再回声，所以仅凭声音对枪击来自何处作出准确的判断，是完全不可能的。

城墙上的美国阵地的防守非常艰苦，危险也相当大。昨天夜间，我们的一名最优秀的士兵范宁(Fanning)军士在阵地上值勤的时候，被子弹击中了头部。日本人放火烧了肃王府北面的一些房子，昨天有人从这里向他们开枪。把信送到桥上的信使说，昨天在那里没有看到有设置枪位的工事。但是在夜间建起了一个这样的工事，日本人今天出动，把它给破坏了。开始在前门的防御工事上架设防弹设置，其他许多地方也在开挖一些坑道，以备在非常时刻当作避弹所使用。这些坑道长而窄，只有几英尺深，上面棚上被推倒的房屋的木料、门窗、木板、席子和其他类似的棚盖，然后再盖上一层土。所有这些坑道都不过是些又湿又黑又浅的地穴，它的顶棚根本防不住炮弹，但总比无处可躲要好些。

今天从使馆街的一家商店里弄来大量的麦子，每天都能找到其他一些补给品。对于昨天的“停战”的性质和意义，还在进行着不断的讨论。一部分人认为它是可靠的，因为枪击从 20 日下午 4 点开始，到 25 号 4 点后一小时，也就是 5 点的时候，随着一阵号声，枪击就完全停止了，说明政府进行了某种程度的控制。窦纳乐爵士房子的后墙被子弹毁坏得很厉害，院子中心附近的教堂现在也被打坏了。

整个一天都在不停地制作着沙包，中国的和外国的小孩子拉着人力车，把装满了沙土的沙包运送到前门，供在那儿构筑防弹工事用。这对于小孩子是一项很好的运动，但实际上，他们在一定时间里所做的工作，比大人们做得还要多不少。

这几天派出了几名信使，试图与解救使馆的军队取得联系，或者试图前往天津。对这些信使，都给了很高的奖赏。最后一名信使是用绳子从城墙上放进南城的。

在围困最初的这几天里，尽管一切都还多多少少地有些混乱，但有许多迹象表明，起初的混乱情况已经开始逐步走向秩序化，这主要是通过窦纳乐爵士作为使馆领袖和防御总司令任命的各个委员会富有效率的工作来实现的。

英国使馆正常情况下在夏天只有数十名外国人和中国人，但由于各国人士的突然进入，它现在容纳了四百多名外国人以及——在围困开始的时候——大约六百名中国人，其中多数大都生活在非常拥挤、不正常的状态中。在这种情况下，居住环境的卫生状况就成了极其重要的大问题，人们熟知的大部分中国人不讲卫生的习惯，给这一工作增加了十倍的困难。在许多情况下，仆人居住区那些窄小、低矮、潮湿的房子成为各种能够引起疾病的细菌的潜在滋生地。

被改造成室外伙房的人造假山是备办和烧制大量马肉、骡肉的地方，这里每天都要进行屠宰，从而成为无数苍蝇的聚集之处，成群的苍蝇把天空都遮蔽了。牲口的血和身上那些不能吃的东西都浸透到土里，如果不进行有效的卫生处理，这个屠宰场就会成为瘟疫传播的根源。由于红酒的巨大消费，没几天就在各处积累起了大量的空酒瓶子。这些酒瓶必须运走，因为万一被不时进行的炮击击中的话，破碎的玻璃片会造成相当大的危险。

拆毁房墙，在地上挖土以填充沙包或者用来做防弹掩体，拆除砖石以修筑工事，以及不停地将各种各样的东西从一个地方搬运到另一个地方，都制造出大量的废弃物和垃圾。但在德贞(Dudgeon)医生富有经验的领导下，加之其他几名医生的辛勤工作，只用了不太多的时间，卫生情况就有了明显的改善。一大队人员的袖子上缝着"卫生队"的字样，他们可以不被征召去干修筑工事的活儿。道路定时进行清扫，草坪也恢复到相当不错的状态，对人们提出抱怨的各种情况进行了检查，并且尽可能地采取措施进行改善。考虑到各种条件受到限制，经过这些努力后，使馆内的面貌总的来说还是可以接受的。所有的垃圾和污物都被倾倒进御河里，并且尽可能远离使馆大门。每场大雨之后，这些东西就被冲到南城的某些特定地区去了。但是，尽管进行了各种预防工作，还是不可能始终保持"尽善尽美"的卫生状况，就像下面这封投诉信所显示的那样。这是一名法国人写给总委员会的，其中提到了穿过御河前往肃王府的那条通道，这是围困后期许多星期中唯一安全的路线——"致总委员会主席：在被称作'隧道'的地方，现在堆积着几匹马的残骸，这非常不利于人的健康。请委员会一定要注意这些污物。"

换句话说，应该来看看并且进行改善。但是在御河一线就像现在这样经常发生危险的枪击的时候，处理这些"马匹残骸"和其他一些动物垃圾是一件非常困难的事，既不能让它们留在那儿，也难以把它们清除掉。

第十七章
城墙之争

6月27日，星期三。夜间，城墙上发生了激烈的枪击。天亮之前，四周又开始了一阵枪击，不过可能不像上一个夜晚那样猛烈。每天晚上都有成千上万的子弹射向使馆，但并没有人受伤。一名在城墙上连续值勤了四十八小时、根本没有机会睡觉的美国海军陆战队员，刚刚从城墙上下来，就不得不在使馆里站起了岗。在前门和我们使馆之间有好几道防御工事，但中国人大都布置在后面的工事里。人们认为，他们现在有四门大炮，能够熟练地使用其中几门，而且他们也是很好的枪手。一名法国志愿者被一枚从地上弹起的跳弹击伤了后颈，但快要好了。据说迄今一共有三十二人伤亡。死去的有：三名法国人，三名奥地利人，两名日本人，两名美国人（都是军士），两名俄国人，两名意大利人，三名德国人，一名英国人，合计十八人。

每天都有人死里逃生。有一次，一颗子弹从一只手的两只分开的手指间穿过，穿透了那人手里拿着的扇子。还有一次，一名没有戴帽子的志愿者从二楼的窗口向外张望，试图弄明白外面发生的事情，忽然感到头发轻轻地飘了起来，似乎是被一颗飞弹迅速地梳理了一下。有一颗子弹从衣服袖口穿过，射穿了外衣衣襟，射穿了裤子边，又进入外衣另一侧的衣襟，然后又从衣襟中钻出来，而衣服的主人却毫发无损。常言说“每一粒子弹都有其归宿”，想躲避它们是徒劳的。但对于普通人来说，实际上大家都想离它们远点。

对在北京的外国人进行了一个人口普查，结果如下：

	男	女	儿童	合计
英国使馆内	191	147	76	414
英国使馆外	54	2	3	59
合计	245	149	79	473

一名英国人今天生了一个儿子，丁韪良博士劝他把这个孩子叫做“Siege（围困）”，或许其中包含着对“围困”最终能被解救的希望。

和夜间一样猛烈的枪击几乎持续了一整天，中午时分尤其猛烈。到处都可以听到子弹的呼啸声，而我们方面基本没有进行反击。在枪击中，女士们和通常一样，欢快地忙碌着，像是没有什么不平常的事发生一样。4点左右，西北方向突然发动了一阵猛烈的攻击，像以前经常出现的那样，有号声召唤着中国人拿起武器。不一会儿，不知道为什么，枪击开始减弱。在肃王府北面的一个院子里，中国人试图破墙而入，奥地利人和日本人分别在两侧进行防守。日本人等中国人冲进来以后,向他们进行交叉射击,打死了十七名或者更多的中国人。

两个晚上以前,当出示朝廷告示以后,日本人发现他们的墙外面竖起了梯子,于是就把梯子毁掉了。他们还发现了一些棍子,上面绑着浸满煤油的破布,准备继续点火时使用。大家都为日本士兵感到欣喜,他们强壮而勇猛,而且从来听不见他们发出任何抱怨。

有人认为,今天的攻击可能是为了庆祝阴历六月初一这个日子。

昨天,三名天主教孩童在经过肃王府前面的通道时走错了路,结果其中两人被子弹打死。今天下午展示了在教堂附近以及后面做饭的大锅里捡到的一些子弹,对它们没有造成多大伤害,大家都感到十分惊奇。

夜间11点左右,西北方向发生了一阵枪击,钟声响起来,以示报警。许多地方响起中国人的号声,但密集的子弹只射击了很小一会儿。随后下达了解散的命令,这一夜剩下的时间里,一直比较平静。

6月28日,星期四。今天早上听到一个消息,一名来自天津的中国人设法进入了使馆,他说我们的解救部队将于"下星期一分三队"出发。据称,北京附近的乡村布满了士兵,非常难以接近,而要从北京出去更为困难。昨天有六人受伤,其中一人死亡。中国人架设了一门大炮对准了肃王府,现在开始向它进行炮击。男士们不得不去那儿,把一些女学生从一座处于危险之中、现在已经着火的房子中救出来。一名被打死的法国海军陆战队员刚刚被送了进来,另一人受伤以后不久就死了。医院中现在有二十二名伤病员,那里也相当危险,窗户都用沙包堵了起来,以阻挡子弹。

预计中午可能会有更大的攻击,对此进行了准备。激烈的枪击进行了好几个小时。黄昏时响起了另一次大攻击的警报,一门炮向南马棚的房子开火。人们急忙把意大利炮从肃王府调过来,安放到受到威胁的房子的二楼上。炮火来自一块被称作"蒙古市场"的方形空地附近的一些建筑物里,中国人在那儿设置了一个炮台。就在那幢房子好像就要被击毁的时候,这场攻击像它突然开始一样,又突然停止了。

三天前派出去的信使回来了,只走了七十里地远,有好几次由于受到怀疑而被抓住绑了起来。他遇到了从天津逃出来的一群群难民,听到了大沽炮台被占领、一支外国大部队正在向北京进军的模糊消息。

6月29日,星期五。凌晨3点,雷伊(Wray)上尉率领一队海军陆战队员出动,试图夺取昨天给我们制造了许多痛苦的那门炮。他们已经前进到离那门炮很近的地方,但是遭到猛烈的枪击,只好撤了回来。只有两名海军陆战队员受轻伤。很显然,这次攻击计划不周,是一个完全的失败。整个夜间都有断断续续的枪击,所以很难入睡。

昨天黄昏受到攻击的两层小楼表明,破坏性的炮击并不需要持续很长时间,就能把一幢房子整个地摧毁。昨天开火的有两门炮,有着不同的口径。并不是所有的炮弹都爆炸了,或许一枚炮弹也没有爆炸,但有一枚炮弹打死了一头骡子,结果今天把它给吃了。一名信使从肃王府过来,说炮弹把后墙轰开了一个大裂口,现在前墙也裂了。炮的距离更近,射击也更为频繁。女学生们全都从肃王府撤到南面的一个衙门里,罗马天主教徒们一直住在那儿,而且不算太拥挤。

一名日本人在操作意大利炮的时候被打死。中午后不久,人们看到肃王府起火了,但火是在后面的大厅里烧起来的,没有办法去扑灭。看到胜利就在眼前的中国士兵发出狂暴的呐喊声,攻击越来越猛烈。一名日本人从肃王府来到英国使馆,要求借一些灭火器。他说,昨天晚上中国人冲进来的时候,日本人把热水倒到他们身上,现在他想弄些东西来"刺激刺激他们的皮肤"!日本人和肃王府其他防守者们的勇敢精神,使得中国人没有从他们燃起的大火中得到多少好处。

一名单身女士在前几天肃王府受到猛烈攻击时,从使馆进入了肃王府。攻击虽然使教徒们感到恐慌,但他们唱起了赞美诗。日本士兵一度停止射击,询问他们唱的是什么,然后为他们鼓掌欢呼。极受尊重的英国海军陆战队员菲利普斯(Phillips)今天在前大门附近被一颗流弹击中,当场死亡。美国军队的外科医生利佩特(T. M. Lippet)和公使一起站在使馆台阶上的时候,也被子弹击中,大腿严重骨折,他再也没有能够参加防御工作。

天快黑的时候,一名受伤的意大利人被送了进来。下午6点半左右,有法国人被派过来,请求支援他们,以抵御对法国使馆的猛烈攻击。一些伤残的中国人被抬了进来,然后又被送到位于肃王府的中国人医院里。一车车的东西从一家外国商店里送了进来,其中有一些器皿和纺织品。

窦纳乐夫人善意地把厨房贡献了出来,从今天开始,在那里免费洗衣。来干活的男人们几乎从来没有干过这个工作,大家也都明白,衣服根本不必进行熨烫了。肥皂的需求量显然非常大,但似乎总能找到某种方式来满足这一需要。规定了一定的时间收取衣服,但许多人没有注意,等到他们到达后发现限额已满的时候,感到极其痛苦。处理围困条件下的脏衣服,即使是最没有经验的人,也能洗一定的数量,每星期大概能洗两千件吧。当要求洗的衣服不多的时候,每天5点半到6点半可以来送洗,但如果送洗的衣服太多,公告板上就会出现通知,告诉大家"今天不收取衣服"。

在对数量巨大的衣服进行分类和贴标签的工作中,白莱喜(Brazier)先生和他非常称职的中国助手明显地表现出了他们的才能。每一名顾客都有一个顺序号,按他送衣服的日子排列,每一件衣服也有着相同的序号,写在一个小布条上,然后贴在或者缝在衣服上。如果所有的号码和实际情况相符合,自然是最好不过了,但生活并不总是玫瑰花床,布条有时候会被缝错了衣服,衣服有时候会放错了地方。这就使得每一个领取衣服的日子都非常有意思,管理者的耐心和顾客的固执形成有趣的竞争——当然,总是双方都取得了胜利。当一件衣服和其他一些大致相似而又不同的衣服混在一起,消失在大堆大堆的衣服之中时,就会在管理方法和纯粹的运气好之间发生另外一个竞争,而后者取胜的情况并不少见。

在房屋狭小、工作者没有技术、缺少设备的情况下,在不断的枪击炮轰中——工作人员受伤的情况不止发生过一次——这样一项工作风雨无阻,天天进行。它是西方人战胜环境的胜利,也表现出盎格鲁-萨克逊人的精明能干。

晚上10点左右,使馆西北侧受到一些从翰林院突破进来的士兵的猛烈攻击。一场夹杂着雷鸣电闪的大雨降了下来,似乎更加刺激了中国人的狂暴。这样的现象在其他场合也曾经出现过,每一次雷鸣好像都被中国人看作是来自中国众神的赞许,所以,从最早的世纪一直到现在,在下雨的时候,他们非但不会撤退,反而会变本加厉,进攻更为猛烈,而当暴雨逐渐减弱以后,进攻往往也就停止了。这一次的攻击比此前任何一次都更为凶猛,直到围困中其他一些事件逐渐被淡忘以后很久，人们还会记得这一次攻击。

这一次攻击发射出了成千上万的弹药，但并没有取得任何成果。一次大攻击的警报响起来了，每一个人都在瓢泼大雨中从床上爬起来，但十五分钟以后，宣布中国人已经被击退，又一次恢复了平静。

6 月 30 日，星期六。每一个人都在谈论着昨天晚上的攻击，曾经参加过美国内战中许多重大战役的美国公使说，他从来没有经历过像这样连续不断地进行攻击的可怕行动。在正常的战斗中，一方要么战胜，要么失败。但在这儿，对于我们来说，是一场没有休止的战斗，抵抗一旦停止，马上就会面临被消灭的危险。一名有经验的、不可能被欺骗的德国军官昨天晚上看到了“圆锥状的、固定在一个地方的探照灯光”，以为那是救援部队发出来的。这些天以来，没有一点来自北堂的消息，但那一带的枪声始终没有停止过。有一个未经证实的传言说，日本人收到了来自天津的有关日本军队的消息。

昨天夜间，一粒子弹穿过了教堂的一扇窗户，但没有击中任何人。上午早些时候，法国使馆遭到一次攻击，派去了一百名苦力。射击在相当长的时间里都非常激烈，有两名海军陆战队员严重受伤。据说法国人因为其严重的损失而感到非常沮丧，这一点也不奇怪。一名美国海军陆战队员今天早上被击中了胳膊，但还能够走着到医院。

快到中午的时候，报告说德国人在城墙上的工事再也守不住了。没有人怀疑这一点，因为他们的损失非常巨大。（他们的全部兵力最初是一名军官、五十名士兵，在今天这一不幸的日子里，有四人在城墙上值勤时中弹身亡，另一人十天后死于医院。另有三人被击中，一人是面部，一人是头部，一人是大腿，最后都康复了。）据认为，有三门炮攻击德国人，一门在前门附近，另两门可能在肃王府北面。英国海军陆战队员前去援助德国人，但遭到炮击。

北面的炮今天早上又开火了，到处都有炮弹的呼叫声。许多炮弹都打得非常高，以至于四分之三的炮弹一定会落到南城区。在某种程度上，射向我们的炮弹在整个围困时期都是这种情况，而周围的那些中国人真是特别地倒霉，在没有任何警告的情况下，他们遭到这些飞弹的残酷轰击，这让他们非常害怕。不用说，被这些炮弹意外炸死的人一定为数不少。

使馆前门处的避弹室的顶棚又在加固。用绸缎做的袋子运来一些土，倾倒到顶棚上以后，再返回去填装。在运送这些防御材料时，人力车仍然是最有用的工具，而那些孩子们显然就是发动机。制作沙包的材料原先是肃王府高雅的绸缎幔帐。一些在那里值勤的意大利平民志愿者在回到使馆的时候，常常会带回许多战利品，比如一些装有蒸汽机模型的钟表，以及大量的精美衣服。

一名来自肃王府的中国人说，在离昨天起火的地方不远的一个水缸中发现了大量的火药。这些火药被运到了英国使馆，并且立即就派上了用场。今天，人们看到一名来自南堂的老太太从肃王府的外门出来，一言不发，步履蹒跚地朝着离城墙较近的那座御河桥边的工事走去。有人大声问她要到哪里去，她安详地回答说“去买东西”，完全忘记了现在的形势。很显然，她已经被当下的麻烦弄恍惚了。一名中国人来到门房，要求换开一美元，因为他要付一名苦力十美分。他只拿到九十美分，因为只有这些零钱了。但他仍然相当高兴地离开了，因为不这样的话，他要把整整一美元都给人家。一名在北京居住了很长时间的老人今天说,他一生中从来没有在街上看到过一文钱,但现在到处都是,没有任何用处。

一枚炮弹今天击中了窦纳乐爵士的房子和后面亭阁之间的一棵树,一根直径四英寸的枝干被打断了。炮弹的碎片落到了屋顶上,打坏了几片瓦。很难理解,既然能进行这种射程内的射击,为什么他们不更好、更多地使用?

我们已经在使馆内待了十天了,但只有今天才第一次安全地越过御河,走到肃王府去。外国的和中国的士兵、平民一直都在使用这条通路,按说它从一开始就应该和伦敦桥一样安全,但它现在仍然暴露在来自几个方向的火力之下。

7月1日,星期日。昨天,一名叫塔彻(Tucher)的美国海军陆战队员在城墙上被一颗子弹击中头部而死,昨天晚上被埋在了俄国使馆里。一名俄国海军陆战队员坚持要亲自挖墓坑,挑选墓砖,把死者枕着的土地弄平滑。他说:"他是我的兄弟,我和他一道在城墙上服务。"塔彻是一名优秀的射手,打死过许多中国士兵,但他自己也被一颗打进射击孔里的子弹打死了。

在过去的几天里,在其他产业之外,英国使馆里又增加了一家面包店,由无处不在的总委员会主席管理。这项活动需要进行大量工作和计划,即使一切做的都很好,也可能会前功尽弃。就像昨天,由于发酵失败,结果做出了一炉特别硬的面包。雨季就要到了,昨天夜间下了一场雨,今天天气阴沉,有些冷。一道射死所有没有拴好的狗的命令引起了一场骚乱,命令的执行也非常没有秩序。

上午有消息说,德国人和美国人都放弃了他们在城墙上的阵地。有一个地方需要四百个沙包,加上其他一些地方的要求,一共需要两千个沙包。每个人都在拼命地填装沙包,然后用大车、人力车或者人的肩膀运送到美国使馆,去加固那儿横跨街道的工事,并且准备给城墙上的阵地使用。白天,美国人曾经一度有半个多小时的时间完全离开了他们的阵地,但中国人并没有发现,或者怀疑是一个阴谋,但美国人很快就重新占据了这一阵地。德国人也丢掉了城墙,他们夺回来后,很快就再次被中国士兵夺了回去,有一名德国士兵被打死。

据报告,今天上午放弃了法国使馆,并且准备从有着坚固防御工事的北京饭店撤退,但使馆后来又夺了回来。北京饭店勇敢的经理沙孟有一伙中国雇员,他们把饭店客人的饭从几百码远的地方送过去,一天送三次。即使是需要穿过阵阵流弹,即使是在炮弹到处落下的时候,也是如此。人们或许没有想到,中国人也表现出了如此大无畏的勇敢精神,尤其是在他们中的一些人被打伤、被打死,从而使他们的人数大为减少的情况下。当有人问他们是否感到极其危险的时候,他们中的一个人回答说:"外国人的饭食非常重要。"

在学生居住区二楼图书馆的一个窗口安放了一门意大利炮,轰击位于上驷院的几个构筑在用沙包填起来的深坑里的工事。书扔得到处都是,有人用一些书堆成了一个工事,而埃利科特(Ellicott)主教的一部著作则被塞在炮车车轮下面,以阻止它移动。

从今天开始,在英国使馆外门处架起了美国的柯尔特式自动炮。和被贝思福勋爵称为"老掉牙"的英国诺登费尔特炮相比,这种炮不那么容易堵塞。但即使是诺登费尔特炮,也要比俄国人的装备好得多。这些俄国人把他们的炮留在了天津,只带了一些在其他炮上根本不能使用的炮弹。在围困初期的某一天,俄国人因为错误理解了命令而放弃了俄国使馆，这些炮弹被小心地沉到一口井里，以免被中国人拿去使用。由于这些炮弹的结构有问题，它们被水泡坏了，后来不得不把它们拆开，非常费劲地重新填充了弹药。

在城墙上指挥英国士兵的雷伊上尉的胳膊受伤，在同一个地方同时受伤的还有一名英国海军陆战队员。另有两人在肃王府受伤，一名受了重伤的法国人被送了进来，还有一些一直在各处帮着运送沙包的中国人也受伤了。我们的医院人满为患，不断增加的伤亡人数令人感到担忧，因为显然有一个我们能够承受的限度。到今天为止，总的死亡人数为三十二人。

下午，组织了一伙人去袭击一门从近距离开火而给肃王府北部带来严重损害的克虏伯炮。这门炮的确切位置并不清楚，因此只能摸索着去试图找到它。参加这一行动的有保利尼(Paolini)中尉率领的意大利人，柴大佐率领的日本人，四名奥地利人，两名法国人，七名英国海军陆战队员，以及五名英国学生。日本人强行进入到指定的地方，但未能守住阵地，最后被迫撤退，一人死亡，两人受伤。

从英国使馆马棚北端的一个监视哨上，可以看到整个的行动。上面提到的这支混合部队(包括十六名意大利人)选择御河东面、翰林院对过的一条胡同作为进攻点。胡同上行一百码有中国人的一个很高的工事，工事附近的肃王府墙上有一个洞，中国人此前曾经几次试图从这个洞进入肃王府内。保利尼中尉指挥着他的士兵们冲进胡同，猛烈的枪弹从工事后面和胡同北边房屋的枪眼里向他们发射过来。

保利尼中尉的胳膊受了伤，两名意大利人倒下死去，部队被迫退了回来。在这之前并不知道墙上有个洞，当看到这个墙洞以后，他们争先恐后地想穿洞而过。一名逃回来的英国海军陆战队员在胡同里严重受伤。自愿参加这次行动的五名英国学生——拉塞尔(Russell)、布里斯托(Bristow)、汉考克(Hancock)、弗莱厄蒂(Flaherty)、汤森德(Townsend)——的行动策划得非常好，拉塞尔命令他们藏在一幢房子的一道伸出来的墙的后面，等到其他所有人都逃脱以后，他们一次派一个人穿过胡同，冲向墙洞，与此同时，其他几人则向工事开火。布里斯托先生非常冷静地拣起了一支被一名海军陆战队员丢弃的来复枪，因为任何一支武器的损失现在都是一个十分重大的问题。所有学生都逃了回来，汤森德先生中了两枪，一枪在肩膀后面，一枪在大腿上，而其他人都没有受伤。这些年轻人做起事来就像老手一样，他们勇敢无畏，朝气勃勃。但不幸的是，有两名意大利人(其中一人的尸体未能找到)和一名日本人被打死，一名英国翻译生和两名海军陆战队员受伤——在每一个人都是进行防御所必不可少的力量的时候，这是一个因为错误判断而遭受的严厉惩处。

由于有着现成的石磨，使馆街的粮食商店迄今一直被用作进行磨面工作的最好地方，但是前往那儿的道路变得越来越危险了。为了防御炮弹，账房的整个走廊都垒得很高，结果使屋里的空气难以流通。一个即兴建成的防御措施，是把一个冰柜装满砖头，然后在上面压上一包一包的土。烹制马肉的饭锅附近有一棵小柏树，上面悬挂着一串钱，但是似乎没有人愿意去动它们。对我们来说，金钱现在的价值就和它对鲁滨孙和他的朋友星期五的价值差不多。

十分明显，占据美国使馆后面的城墙是绝对必要的，这就必须要对城墙底下的道路加强防御，使之不受枪弹的攻击。同样应该加强防御的还有通往城墙顶部的坡道，经过这条坡道非常危险,因为一有人上下这条坡道,就会遭到一阵枪击。要做到这点,就需要非常多的沙包,把它们堆积到横跨街道开挖的坑道边上。但这项工作只能在晚上进行,以避免招致无数中国人从几个不同的方向不断进行的猛烈枪击。

保护坡道的最好方式似乎是用从城墙墙体上取下的一些砖,堆成一些“Z”字形的遮挡物。城墙的墙砖又大又重,而且用来粘接的泥灰远远要好于普通的中国建筑所用的泥灰,因此每取一块砖都极其费时费力,而一共需要几千块砖。这一工作和防御体系所需要的其他活儿一样缺少合适的工具,因而使干活的中国人的时间至少有一半浪费了,而在实际干活的时间里,往往又有一半的时间由于使用的工具质量太低劣而浪费掉。

中国人一旦怀疑我们在进行修筑工事的活动,立即就开始开枪射击。中国工人很快就明白,不能像最初那样随便暴露自己,而是要把头尽量放低,让东西挡住。这些中国人在黑暗中工作,所要对付的材料又如此难缠,而且时时要面对枪炮的危险,他们在这种情况下所表现出来的忍耐力真是令人惊奇。在枪炮比较猛烈的时候,他们就蹲伏在他们的头儿周围,有时候会抱着他们知道要予以信任的外国工头的腿,好像他们感到这样要比与这些外国人分开更安全似的。

只有二十六名美国海军陆战队员抵御着进攻的中国军队,指挥官迈耶斯(Mayers)上尉在城墙上坚持了整整一个礼拜!各种困苦几乎和危险一样明摆在那儿:没有房间,破烂的遮蔽处挡不住日晒雨淋,中国人没日没夜、也没有规律地进行枪击,还有对那些不可能妥善地加以保护、被迫听之任之的人怀有的强烈的、挥之不去的个人责任感所产生出来的苦恼。

7月2日,星期一。清晨起来,天气潮湿,阵阵的微风表明,雨季就要来到了。昨天晚上又见到了“探照灯”,人们大胆进行各种猜想,甚至把它看作是与西摩(Seymour)将军率领的部队联系着的“威严”之光。中国人的大炮今天早晨又开始了轰击,意大利机关枪被送到翰林院大院。大多数中国人的胳膊上现在都缠着一块布条,上面写有“教徒”字样。这多少也算是实现了毓贤的建议,他曾经希望政府强令所有信仰外国宗教的教徒通过服装来明确表明他们的教徒身份。

女士们忙着用宁波丝绸和锦缎制作沙包,一只袋子的价值为十墨西哥元左右。昨天晚上,位于前门以西的顺治门前燃起了大火,但不知道烧的是什么东西。还有一处火在东南方向,或许是在城外。

肃王府越来越难以坚持,人们开始担心守不住它了。日本人把他们的一些供应品从肃王府运进英国使馆,这表明他们对最后的结果也十分担忧。日本使馆的一名随员在修筑工事时头部中弹。日本人是最勇敢的,他们占据着最危险的地方,而且总是从很大的枪眼里向外射击,尽管小一点的枪眼同样也能解决问题。多数日本人都缠上了某种形式的绷带,但他们并不放弃,除非强迫他们这样做。

英国使馆的东北墙要进行加固,以防止失去肃王府,并且防止中国人从这一面向我们开火。今天,打碎了窦纳乐爵士房子前面的一些大石板,用来修建另外一道墙,准备在中国人进入肃王府并且从新的角度向这边射击时使用。两家外国商店中较大的那家商店的老板允许任何人到他的店中拿东西,海军陆战队员和其他一些人已经自行取用了一些他们最想要的东西。结果,各种留声机和音乐盒发出的声音在使馆的门房和岗哨里响了起来。

俄国水兵几次闯进女学生们居住的院子，让女学生们大受惊吓，也引起了女士们的反感，她们已经向俄国公使提出了抱怨。

7月3日，星期二。昨天晚间，一名记者发出了一份花费一千元的电报，上面有到那时为止所有死伤者的名字，但从此再也没有听到它的消息。今天一早下起了大雨，一直下到午前，每个人和每样东西都湿透了。中国人竟然能够设法在户外做饭，真是一个奇迹。医院里有五十个伤病员，人满为患，甚至连护士们坐的长椅也被伤员们占了。昨天晚上，似乎有人在树上向医院射击，而且在做手术的时候，必须用帘子把窗户遮住，把灯放到地上。大多数伤病员只能在完全黑暗或者半黑暗中等待就医，因为任何地方露出光线都很危险，子弹就会呼啸而至！

御河变成了一道急流，水深达三四英尺，顺着通道前往肃王府的途中，很难越过它。大雨令人厌恶，因为它必然会延宕我们的部队的前进，他们拖着那么沉重的大炮。一名懂行的权威人士说，大雨会让他们延宕一天，可其他人说会耽误十天。今天，大门旗杆上的升降索被子弹打断，下令把它取了下来，国旗被钉到了杆子上。

昨天晚上，到城墙上干活的那伙中国人没有能够建起“Z”形遮挡物，因为坡道在中国人的射程之内，子弹相当密集。后半夜，他们加固了刚刚从中国人那儿夺过来的工事。英国人和俄国人在帮着守卫城墙。

几天以来，我们在城墙上的防御阵地的形势一直在恶化。中国人人数众多，不断地向前推进。从两个方向发射过来的枪炮，使得美国人的阵地格外困难。城墙顶部是平的，有三四十英尺宽。上下的坡道总是成对的，两条坡道就像一个平顶“A”字的两条腿一样。两条坡道到达城墙顶部的两个点之间的距离有三四十码，对面就是一个巨大的城堞。城墙上每隔一段距离就有一个这样的城堞，使城墙更加坚固。

美国人的工事不明智地设在第一个坡道的顶端，但没有在另一个坡道和城堞上面设防。中国人在西边的前门和我们之间构筑了好几个工事，并且以一道像蝎子尾巴一样弯曲着的拦墙为掩护，在枪炮打不到的城堞上面逐步地向我们偷偷地接近。最后，他们在距离我们的岗哨只有几英尺远的地方，建起了一个高高的塔状物，从难以接近的高度，向我们的士兵头上投掷大砖头。对此，我们的士兵无法应对。

康格先生、司快尔先生和窦纳尔爵士这些有着军事经历和健全的判断力的人显然认识到，必须要把中国人赶出城墙，否则城墙就要被迫放弃。这一重要任务交给了美国部队的指挥官迈耶斯上尉来执行。迈耶斯是一名头脑冷静、精明强干的军官，他以极大的热情接受了这一任务。参加这一行动的有二十七名英国人（包括一名平民志愿者）、十五名美国海军陆战队员和一些俄国人。

海军陆战队员们处处都表现出大无畏的勇气，特别引人注目。迈耶斯上尉特别强调了几句话，要大家重视面对的困难，让他们明白这次行动的结果关系着几百名妇女儿童的生命。然后，他就带着他们跨出美国人的工事，很快就来到敌人的工事前面。幸运的是，敌人的工事还没有完全构筑好，很容易就夺了过来。英国人和美国人跟着迈耶斯，而俄国人则被派去攻打敌人在城墙内侧的坡道。发动进攻的这伙人现在来到敌人堡垒的那道弯墙后面，在它的掩护下，突然出现在敌人面前，完全出乎他们的意料。

冲在前面的是特纳(Turner),一名美国海军陆战队员和技艺精湛的神枪手。在他冲锋的时候,一粒子弹击中了他的头部,他和他的战友托马斯(Thomas)一样当场死亡。迈耶斯上尉意外地被一根中国长矛刺到了小腿,伤口很痛,也很危险。这个伤口和随之而来的伤寒病使他在围困期间再也未能参与任何活动。一名英国下士脚背受伤,一名俄国人也失去了活动能力。中国人的溃退和他们的惊讶一样来得突然,这些士兵属于董福祥的军队,其中一名姓马的军官被打死,他的旗手和另外一人被俘,还缴获了许多枪支弹药。有十五名董福祥的士兵被打死,受伤的士兵人数可能还要多。

中国人被赶到城墙下一定距离以外,他们的工事立即被占领,此后再也没有丢掉过。这一英勇行动在提高士气方面的作用,一点也不亚于它在军事上的重要性。或许正是由于这一行动,以及日本人和其他人进行的其他一些类似行动,才使得攻打使馆的强大的中国军队从来没有能够找到一举歼灭所有外国蛮夷的方法,而是担心他们大多数人会终身致残,再也无法参加圣人的每个弟子都极其尊崇的祭祖典礼了。

这里,人们可能会谈到中国人在围困期间表现出来的极度愚笨。曾经有过几次机会,就像那天人们聚集到英国使馆里的情形那样,人数众多的中国军队很容易通过一次强大而迅速的行动,消灭所有的外国人,同时又不会有太大的被攻击的危险,但中国人没有抓住这样的机会。好多天来,他们一直控制着使馆后面的几乎整个城墙,能够在一夜之间在那儿集结起数千名士兵和他们所有的大炮。因此,既不可能把他们赶走,也很难避免被他们的炮火所消灭。这就是那些身处海外的人以为终究会发生的事。他们了解这里的形势,但听不到所有的事实。

在天津,中国人让那些根据对日战争的经验来判断他们军事才能的人大为吃惊。他们打得非常凶猛,在天津被占领以前,联军损失惨重。

但是在北京没有出现这种情况,尽管攻打很猛烈,也造成了不少伤亡,但中国士兵并不暴露自己。有许多次机会,如果他们愿意牺牲几百人的生命,他们本来是可以在一小时之内就毁掉我们的防守体系的。无论如何,被我们的神枪手打死的人,比他们发动一次猛攻损失的人要多五到十倍。由于炮弹质量恶劣,大炮发挥的作用不大,枪击是断断续续的,而且往往是胡乱发射,不过当时可没有人愿意在这方面批评他们。当围困结束时,人们却发现了许多新式的克虏伯大炮,其中有些大炮根本就没有架设起来。如果同时使用这些大炮的话,其结果会非常可怕。

第十八章
黑暗的日子

7月4日，星期三。从昨天晚上大约9点半开始，西北面、西面和西南面都发生了激烈的枪击，先是零零星星的，后来则是枪炮齐发，像是要发起一场总攻击。人们每时每刻都在担心警钟又要敲响了。实际上，直到天亮，除了几个短暂的中断外，警钟一直在不断地响起。整个夜晚都下着小雨，尽管雨不大，但所有东西又一次被淋透了。看不到太阳，也看不到庆祝节日的迹象，只有一名爱国公民绘制了一些画有国旗的卡片。

美国使馆本身死气沉沉。几名夜间在城墙上干活的中国人在参赞的屋子里睡觉，公使的办公室里一片狼藉，落满了墙土和被子弹打碎的玻璃。法律摘要、国会报告、布莱克本委员会报告、美国概况、打翻了的墨水瓶、字纸篓和窗帘杆，在地板上乱七八糟地扔着，而从气窗射进来的一粒子弹相当准确地击中了镶在镜框里的《独立宣言》的第十二行和第十三行之间。

昨天夜晚又看到了好像是人工发出的光，但与以前夜晚见到的那些光不同，这次的光被认为是没有雷声的闪电。对肃王府的攻击让那儿的中国人很是担心，他们被告知，住在俄国使馆附近房子里的女学生并不十分安全。今天，肃王府里有一名女学生的腿被弹片击中，出血过多而死。这是所有女学生中唯一一个丧失生命的人，她和其他大多数女学生不一样，她和她的父母住在一起。

中国人的计划是突破肃王府的防守，但王府还有内部防御，因而还能够抵挡得住。我们很高兴地得知，尽管经历了许多危险，它最后还是守住了。又有一名意大利人今天在肃王府被打死，使迄今为止的死亡人数达到了四十三人。日本人把一些缴获的枪支交给了一些中国志愿教徒，与他们一起站岗值勤。昨天有一名日本人因患脑疝死在医院里，但由于人们认为他此前已经处于死亡状态，所以被列入前一天死亡的记录中。

住在使馆街的一些位于我们防线以内的人手头有一些酱菜调料，他们现在每天来贩卖，这是我们见到的第一个商业生活的迹象。针对城墙上的炮击和针对使馆的一样猛烈。据报告，从哈德门上的中国大炮发出来的一枚炮弹，越过了我们的整个防御工事，击中了很远处的一处中国工事，把墙砖都炸飞了，我们的士兵立即报以一阵幸灾乐祸的欢呼。

7月5日，星期四。昨天晚上尽管比较平静，但在凌晨时对法国使馆进行了半个小时左右的攻击。为了抵挡炮弹，北京饭店的经理沙孟先生把他的房子的一些地方加厚到十到十五英尺。但是屋顶是最虚弱的部分，他今天早上报告说，在猛烈的炮火攻击下，他的屋顶已经被毁坏了。发射过来的一些弹片属于一种新型的、威力很大的炮弹。据报告，他的一名苦力今天被击中，而昨天被击中的苦力有两名。有人能活了下来，真是个奇迹。昨天晚上,梅子明博士的一名教徒——一个年轻男孩——被从城墙上放了下去。他化装成了一个乞丐,用油纸包着的信件放在一个破饭碗的底部。

改进了的卫生措施正在使馆里发挥作用,大量的空酒瓶子被运送到了御河里。这次再也没有人会在意它们了。在肃王府那边,每幢房子里都住着太多的人,许多人都生病了。如果不改善他们的卫生状况,生病的人肯定还会增加。组成了一个委员会,设法去改善被忽视的卫生条件。

对于来自天津的军队所受到的阻碍究竟是什么,一直有着许多担忧和猜测。有人担心可能是列强之间在由谁来担任领导问题上的相互猜忌;有人担心可能是中国的使节们欺骗了一些国家,使它们相信公使们受到了小心的"保护"。6月25日放到桥上的字板被用来作为这一猜测的证据,但似乎没有人会相信这样的猜测。

在翰林院又修筑了新的工事,英国使馆的欧利丰(David Oliphant)留在后面砍倒一棵树,结果被击穿肝部,很快就死去了。他一直以一名不列颠人的勇气英勇地进行防御,各个国家的人都为他的死而深感悲痛。一名德国人送来一种没有爆炸的新型炮弹,它的净重量使它看上去非常可怕。迄今使用的许多炮弹的威力似乎都不太大,造成的损失比所预想的要小。

我们的一名最优秀、最有价值的中国牧师在和其他一伙人从使馆街上的商店运送粮食的时候,受到附近一名德国海军陆战队员的枪击。一些中国教徒在城墙上干活的时候,也曾经被俄国人弄错了,差一点开枪打死他们。窦纳乐爵士在和法国公使协商后,发布了一道命令,要求每一名教徒都要佩戴特定的标记,就像大多数人已经做的那样。

前门处的外坡道正在加固,用泥土把沙包粘接在一起,这样就能更为有效地抵御子弹,甚至能挡住中国人的炮弹。御河最上端的皇城内的一个炮台上新架设了一门大炮,密集的枪弹和炮弹可以打到任何地方,其中许多高高地飞过,目标就像对准了南城一样。刚刚发布了一道命令,禁止抢劫外国商店的可耻行为,其实在抢劫开始以前就应该及时制止。这种行为不仅败坏了海军陆战队员的道德,也败坏了文职人员的道德。对于大多数人来说,抢掠的诱惑力格外的大。李佳白博士今天经过使馆街的时候,被子弹击中了腿部。

7月6日,星期五。中国人现在最喜欢在夜间攻击使馆,整个夜晚有大量的枪击和几次炮击。昨天下午,他们的一次炮击击中了公使房屋附近的一辆中国大车,把它炸坏了,而一名中国妇女就在旁边一辆大车里睡觉。昨天夜间从使馆和城墙上都能听到东南方向的炮声,和往常一样,人们抱着希望猜测,这是我们的部队快要到了。

一些中国人说,敌人之所以把成千上万的枪弹发射到高空中,有一个原因。这只能说明我们有着超常的抵抗力,说明我们受到某个超自然存在的保护(在当时情况下一个完全合理的臆想),敌人现在正在拼命地向"天王"开火。然而,在我们看来,这个"天王"在许多方面似乎都是我们的敌人,中国人对他任何程度的伤害都是一个判断错误!

今天,日本人又发动了一次袭击,去夺取中国人那门非常令人讨厌的大炮。与上一次一样,这次袭击也彻底失败了。士兵们受命退回,而指挥这支志愿部队的安藤大尉也受了重伤。日本人指责与之合作的意大利人出发晚了,并且指责中国苦力拒绝在猛烈的交火中拉走十分沉重的大炮。据说中国人喜欢为日本人干活,因为日本人从来不像有些人那样踢他们和用巴掌打他们，而且会在他们出色地完成了一个难度较大的活后向他们微微鞠躬。日本人昨天被迫从一个阵地向后撤退到另一个更好的阵地，但对于能否守住整个肃王府，他们感到非常没有把握，因为存在着中国人纵火的危险，中国人在这种战争方面表现出了巨大的热情和创造性。

来自前门的一枚炮弹在使馆大门处的三名美国海军陆战队员身边爆炸了，但奇怪的是，没有一人受伤，不过其中一人表示，他"没有想到能够侥幸脱险"。俄国人和美国人的旗杆都被炸飞了，美国人的旗杆就在炮弹落下的地方附近。这枚炮弹在门房屋顶上弄了个大洞，瓦片和旗杆一起倒了下来。

安藤大尉在被送到医院后不久就死去了。他是一个非常能干、人缘很好的军官，为使馆的防御做了很多工作，人们都十分怀念他，尤其是在日本人的数量快速减少的情况下。皇城城墙上又在修筑另一个炮台，这意味着会给我们带来更多的苦痛。

今天晚上又有一名信使带着"恳请速来救援"的信息出发了。俄国使馆的一名学生喝了太多的烈酒，冲向中国人的工事，结果当场被打死，几名试图抢走他的尸体的敌人也被打死。

7 月 7 日，星期六。昨天夜间对肃王府进行了枪击，尽管不太猛烈，但时间较长，足以使许多人睡不着觉。城墙上没有什么重要的事发生，只有一名中国人受了轻伤。昨天夜间有人再次断言听到东南方向(或者是西南方向，因为不同的叙说者有不同的说法)许多地方传来激烈的枪声，从而引起有关救援部队的各种猜测。昨天晚上派出去的信使通过水门回来了，因为有人发现了他。他似乎是吓坏了，眼睛瞪得大大地叫着说，那些守卫拿着的梆子(一种除了对睡眠者外没有什么危害的工具)"太多啦"!

作为权威人士，各国公使们估计，俄国人最多能够从旅顺港分出六千兵力，另外，如果电报被切断时的严峻形势能够被认识到，还可以从菲律宾调来一万士兵。救援军之所以迟迟未能来到，最可能的原因是他们本身的日子也极其难过。中国人有句话说："火都烧到眉毛了，就只能顾及眼前啦。"这句话可能很好地表现了使馆和天津之间现在的情形，因为义和团是如此的众多。

如何处理被困在我们防线内的许多非基督教徒，越来越成为一个严重的问题。有二三十人在肃王府南面的理藩院，其中许多人是在肃王仓促离开时留下来照管那个地方的。还有一些人在使馆街上居住。由于看到食品将会出现匮乏，人们希望能够让他们离开。但我们也担心把他们送出去会向敌人泄露我们的困难局面。这真是"骑虎难下"。

今天，炮弹第三次进入窦纳乐爵士的餐厅。一枚炮弹从南向北完全穿透了整座房子，擦过女王的大画像，打掉了画框的一个边，但没有造成其他损坏。然而，这间房子仍然被认为不适合用作餐厅了，因为"风水"被污染了，因此二三十人的一大家子转到了其他地方，希望能够更为平静地进餐。窦纳乐爵士的一个仆人说，今天有一枚炮弹打坏了屋顶，落了下来。

受命对肃王府进行调查的委员会发现它的卫生条件坏透了，罗马天主教徒中既有生天花的，也有长猩红热的，而在拥挤的居住条件下，对此很难有所作为。由于射击极其密集，位于英国公使房子后面的仆人区的一些中国人已经被迫离开了他们的房间，这就使得肃王府更为拥挤。

快到中午的时候,进行了一阵猛烈的枪击,同时夹杂着炮击。许多炮弹在英国使馆大门附近爆炸,而大多数则射向了空中。各个方向都能听到中国人的炮声。一名日本人和一名奥地利人受了伤,被送了进来。皇城上的新炮台现在建起了两个炮孔,可以想见,如果它们一旦付诸使用,我们会面临什么样的情况。

在迫切需要一种新式炮的情况下,有人试图解决这个一直存在着的问题。我们的一名颇具创造性的美国军队文职人员建议,把一种发火器上的铜管用铜线绑起来,可以用于这一目的。美国炮手米歇尔(Michell)整整一天都在做这项工作,许多女士和男士一起来观看这一新奇机器的制作过程,认为这真是"绝顶聪明"的发明。子弹用大量的旧式中国烛台制造,还要用到其他一些英国东西,这些东西一车车地从肃王府和其他一些存贮着大量物品的地方运过来。当这一工作正在进行的时候,一伙被派到防线内一家废弃了的铁匠铺里寻找工具的中国人,找到了一门旧式中国炮。看到这门炮,领头的人高兴极了,迅即把它带回到英国使馆,完全忽视了后来在这里找到的大量其他物品。这门中国炮被发现以后,发火器的发明工作就停了下来。

从芦汉铁路前来避难的比利时工程师们诚恳地担负起保护穿过御河前往肃王府的通道的任务。这些铁路工程师们自愿进行这一工作,他们每个人都把一个大切刀用铜线绑到枪管上,当作刺刀使用。这给他们的战争带来一种厨房的血腥味,同时如果操作不小心的话,很容易伤到他们的同伴。

俄国人和大多数盎格鲁—萨克逊人一样,非常急切地希望能够同外部世界建立起联系,对其他一些人的劝告甚至恳求置之不理。这些人不希望这样做,不仅仅是因为实在太困难,也是因为难以找到信使。俄国使馆的绅士们坚持认为,给任何一名中国人一万墨西哥元,他就会去找救援军队,并且把回复带回来。给任何一名中国人一千墨西哥元,他就会突破防线,把信送到天津。一旦送信的事实得到证明,就可以支付酬金。对于能够一个人成功地到达天津或者找到救援军队的这类中国人来说,所说的这笔钱几乎就相当于支付给一个做了几天工作的美国人整整一百万美元。但是这样做的一个结果,就是让中国人感到外国人觉得自己的事业已经快要完了,因此尽管有巨额酬金,也没有人愿意做这项工作,即使只要把信送到就成。

在对法国使馆的一次猛烈攻击中,许多中国士兵冲了进来,其中三人被打死,而法国人无人受伤。今天下午,中国人又在肃王府附近放了火。意大利炮的炮弹用完了,但英国军械员托马斯用空弹壳装配上手枪的弹药筒,引发填装的中国火药,从而发射出一种实心混合弹。中国的修补匠和铁匠们今天正在制作这种炮弹,他们在这项工作中表现得训练有素,技艺纯熟。

7 月 8 日,星期日。昨天晚上 10 点左右,好几个地方又发生了激烈的枪击,听上去像是一次总攻击。一枚实心弹落到英国使馆教堂的屋顶边上,屋角上一个用作装饰的石兽掉了下来。英国使馆曾经是一位王公的住所,他是乾隆皇帝的孙子。中国以外的西方人知道乾隆皇帝,主要是因为在他统治时期生产出极有价值的瓷器。和整个帝国都可以假设为皇帝的财产一样,这种王府也是皇帝的财产,于是就以八千英镑卖给了英国人,它的房主只好接受在其他地方给予的一处小些的住宅。一些亭阁还保留着原来的样子,但大多数建筑经过重修以后,都已经面目全非了。

夜间非常不平静。早饭期间，从肃王府传来消息说那儿又起火了，同时有一名在起火后进行的战斗中严重受伤的日本人被送了过来。这场火几小时以后灭了，但马上又有一场火着了起来。中午以前，炮击一直没有停止。几名英国海军陆战队员和海关志愿人员到肃王府那边进行支援。在肃王府，中国人把浸透煤油的破布绑到竿子上，用它在一些不用竿子就够不到的地方放了好几把火。这个令人不安的星期日，一整天都在和火作战。下午 5 点，日本人发现肃王府前门又起火了，中国教徒们必须转移，否则就有可能被大批地杀死。

各个主要委员会的主席们很快就进行了把中国人迁移到美国使馆以东的房子中去的工作。到黄昏时候，炮弹开始从西面打进英国使馆，打坏了汉务参赞的房子的屋顶。另一枚炮弹把俄国人住的房子损坏得很厉害，这些俄国人对前景特别的悲观。奥地利炮舰“赞塔”号的指挥官托曼(Thomann)今天在肃王府被打死。

下午，在做了许多准备工作之后，那门中国炮在英国使馆的门房里开火了，动静很大，后坐力也很大，但发射得太高，不过后来的一炮十分成功。考虑到风力影响等因素，用这样古老的旧炮来发射外国炮弹(俄国人装填的)，已经非常不容易了。

7 月 9 日，星期一。夜间又有三次攻击，我们现在已经十分熟悉这些攻击的方法了。子弹到处呼啸着，打落了许多树枝、树叶。中国人的大炮也断断续续地放了几炮。我们的新“国际炮”被架设到学生图书馆(位于二楼)，从那儿向上驷院的一个工事发炮，效果很好，但炮的后坐力实在太大，结果弄坏了窗户，把沙包也给撞掉了。斯特劳茨(Strouts)上尉非常需要沙包，大量的军用毯子因而被用来制作沙包，但缝纫机似乎对这种布料不太适应，缝制起来有些麻烦。看来像是从新的工事发过来的一枚实心弹打中了门房，但其他一些炮弹发射距离不够，落到了马路上或是御河里。

城墙上的美国人又修筑了一个新工事，位于原来的工事东面十五码左右，修筑过程中并没有受到过枪击。昨天搬到使馆街建筑里的新教教徒们重新进行了登记，并且分配了工作。“国际炮”成功地把一枚炮弹送进了皇城城墙顶部炮台的炮眼里。从那以后，人们便发现，这些炮眼显然是用从电灯公司抢来的大铁皮堵住了。当他们放炮时，便把这些铁皮暂时取下，炮放完后再把铁皮放回原处。这似乎让那些炮手们得到一个安全的地方，就像身处大海中央一样，使我们打不着他们。

据报告，抓到了三名试图在法国使馆放火的人。不过，这件事带来的快乐很快便随着它所带来的一个消息而消失了。其中一人表示愿意提供情报，他说和我们作战的一共有八千人，一部分是荣禄的部队，其他的则是董福祥的部队。

下午，使馆的消息交流中心、塔楼的布告板上张贴出了一张告示，报告说一名派出城去的信使回来了。诺亚再次看到他放出的第一只鸽子时，想要了解世界的整个情形的那种好奇，可能都没有被围困在使馆里的这些人强烈。这名信使报告说，哈德门已经关闭了好多天了，他通过齐化门城墙外面的东便门出城。他发现齐化门大街和哈德门大街交叉口附近的商业买卖和通常一样进行。为了证明这一点，他还带来了他在商店里购买的东西。这样，如果有谁认为由于我们被围困在使馆一带而整个地球就停止转动了，可就是大错特错了。皇帝和慈禧太后据说仍然在城里，《京报》也如往常一样发行。无论哪儿，都没有人知道有关外国军队正在路上的任何消息！

7月10日，星期二。昨天夜间有着通常的枪炮攻击，我们的“国际炮”在大门处发射了四炮。后来从肃王府迁移过来的人和他们的家属重新登记的工作还在进行，为了方便计数，他们聚集在一起，但没有人被击中。去支援肃王府的欧陆国家的一些部队要么粗心大意，要么惊慌失措，而日本人则总是十分稳定，但或许有些过于自信。昨晚城墙上似乎没有发生什么事，整个晚间一直在城墙上进行援助的一名英国海军陆战队员告诉我们说：“没什么事可做，一直等着，要是有人从工事上面伸出头来，就向他射击。”这难道不是对所有防御战的扼要描写吗？

我们的炮向皇城上的工事发了几炮，但没有产生多少作用。上午有许多炮弹落到门房附近爆炸，其目标显然是旗杆。使馆的东墙正在用泥灰和木头立柱仔细加固，一枚炮弹刚刚越过干活人的头顶，击中了一棵树。还有一枚炮弹击中了门房墙角，造成了很大的毁坏，但也没有伤到人。这真是不可思议。今天，居住在我们防线内的十三个人被一名上尉通过水门送了出去。对这件事的看法和通常一样复杂，有人认为他做了一件好事，省下了粮食；但也有人认为这是件蠢事，让这些人出去向敌人泄露我们的秘密。

昨天发现我们区域内有一名中国人的手巾里包着一些火药，但让这个人逃脱了。他想用这些火药做什么呢？又有人说，两天前的夜里，肃王府的欧陆部队的一些士兵在惊恐之下，放弃了他们的岗位，一个半小时的时间里都没有回去。报告说两名俄国人在一个新的工事上被打死，一名德国人死于脚上的伤口引起的破伤风。一些文职人员试图让总司令把国旗从门房移到其他地方，因为炮弹可以很准确地打到这儿，危及许许多多妇女和儿童的生命。但是负责的上尉对这一干涉非常愤怒，认为炮手们不能够看到国旗，对于是否一定要打到什么东西根本不在意。所以，对这里的炮击还是像以前一样。

从北面和西面向英国使馆进行的交叉火力特别猛烈，有一枚炮弹爆炸后，弹片飞进了俄国公使夫人和一些孩子们睡觉的房间——仍然没有人受伤。今天听说，被抓住的那些试图在法国使馆放火的人实际上并没有在使馆内，而是在附近的一所房子里。他们说，士兵们派他们前来窥探，如果看到外国人的话，士兵们就会前来攻击他们。

下午，一伙英国海军陆战队员被派去支援法国使馆。给他们带路的挪威人没有带他们穿过后面的比较安全的胡同，而是走过使馆街的入口处附近。在那儿，他们就在一个中国人的工事前面站了一小会儿，以等待使馆前门打开让他们进去。这件事成了人们闲谈的热门话题。关于在法国使馆内或者附近被俘获的那些人，还有很多故事。其中一人说，其他所有的攻击手段都失败了，中国人现在正从西山召来一些矿工，准备把我们炸死。

7月11日，星期三。昨天中午派出去了一名信使，今天又有一名信使出发了，尽管俄国的高级军官表示反对。这些信使中有些人愿意不要任何报酬进行这项工作，因为他们的家人和我们坐在同一条船上。头等参赞的房子昨晚被击中，一块弹片落到了一名康复中的病人的腹部上，他当时正在医院的长椅上睡觉，被弹片惊醒了。仍然无人受伤。

准备在今天出发的信使在离开水门时遇到枪击，非常不光彩地回来了。中国人正在稳步地向肃王府剩余的防御阵地逼近。奥利芬特(Oliphant)先生——他是在翰林院被打死的那人的兄弟——腿部被一粒不知从何而来的子弹打伤，被送了进来。另一名日本人也在肃王府受伤，双方在那里的工事离得非常近，许多人被从近距离扔过来的砖头砸伤。有人试图用化学制品来打击中国人的士气，但我们缺少足够的材料来真正实施这样的想法。

据报告说，今天的温度高达华氏九十九度半，还有几天的温度和今天差不多。但总的说来，天气情况还是不错，远远要比人们想象的更加可以忍受。多年以来，究竟是在西山避暑好，还是在北戴河海滨避暑好，一直是人们激烈争论的问题。但是今年，整个外国人社群第一次——可能也不是最后一次——一致同意，迄今为止对所有人的健康最好的事，是以前任何人也难以做到的，这就是就在北京城内度过夏天！

在缺少书籍的情况下，在使馆避难的人都非常愿意使用汉务参赞戈颁先生的图书，戈颁先生可是帮了这些读书人的大忙了。

7 月 12 日，星期四。肃王府的一切都非常紧张，一名意大利志愿者把那儿的阵地称作“地狱”。昨天有六人被送进了医院，一名昨天中弹的德国人在夜间死去。今天早晨抓住了一名义和团民，对他进行了审查——未进行审判。他是在“寻找废铁”的时候被抓住的，由一些最精明的人对他进行了长时间的讯问，才大致把他所讲述的东西梳理清楚。即使是这样，仍然有一些疑点难以让人相信。他认为天津的外国租界已经在 6 月 16 日被毁掉了，但他也承认租界后来又重新被外国人占领，具体日期不清楚。他还告诉我们，不允许攻打我们的中国人使用大型炮，只让他们使用小炮，以防止它们不小心伤到中国人！

一名年轻的日本志愿者今天立了功，打死了三名中国士兵。这一消息跨过御河传到英国使馆时，人们传说他看到二十名中国士兵放下他们的枪支去放火，这名日本人立即进行袭击，缴获了所有的二十支枪和弹药，打死了一半的中国士兵！除了那些有特殊气质的人，恐怕没有人愿意作一名军事历史学家了。

英国使馆前门以东有一个小兵工厂，熔炉一直在工作着，制造装有坚实而好用的火药的子弹，为意大利机关枪制造弹药筒，同时也为空的弹药筒填充弹药，德国人有许多这样的空弹药筒。不幸的是，火药的供应十分有限，而白蜡、铜帽等物品的供应则比较充足。

炮弹落到了肃王府新修筑的一个工事上，把它打坏了，但是还能够再重新修好，日本人急忙派去了十名苦力。今天在法国使馆里面或者附近打死了三名中国人，但他们究竟是士兵还是来抢劫的，还存在着争论。

在法国使馆，中国人离得很近，他们很轻率地把他们的旗帜靠在使馆的墙上，结果有一面旗帜被巧妙地勾了过来。美国炮手米歇尔和奥兰多号的普雷斯顿(Preston)中士今天在激烈的枪击中，在翰林院又成功地做了同样的事，米歇尔拿着一面旗子凯旋而归。

一伙抢劫者近日闯进被焚毁的汇丰银行残存的建筑里，翻动了所有的文件，并且从侧面移动了巨大的保险箱，这需要很多人才能做到。这些人显然是希望能进到保险箱的里面，但他们没有成功。一枚实心弹今天击中我们的门房，钻进砖头里几英寸，被用匕首挖了出来。好像有许多不同规格的实心弹，公使房屋前面现在堆着有四十枚左右，作为样本。这些实心弹没有一颗造成任何损失，尽管其中一枚穿过一个聚集着十六名中国人的房间，然后击中了主要房屋的屋顶。

考虑到中国人从城墙上、从最接近使馆的各个大门里、从肃王府后面不远的地方、从离英国使馆几百码的皇城城墙上进行猛烈攻击的次数之多和火力之猛，一幢外国房屋能够坚持四天又二十小时还矗立在那儿，真是一个奇迹。人们认为，这很可能是因为清朝宫殿在一些炮的发射线上，从而使这些炮不仅威胁到使馆，也威胁到了中国的宫廷，因此始终有一只手在控制这些炮的发射。在西班牙使馆、日本使馆、法国使馆所在的长方形区域的一个角上,北面靠近肃王府的地方,有一幢建筑叫做"堂子",里面有清朝的一些远祖的牌位,它正好位于架设在前门的炮向英国使馆开火时的直线上,这可能会使炮手们在开炮时有所顾忌。在中国,攻击祖先是特别不孝的行为。

7月13日,星期五。昨晚9点半,开始对西南面和肃王府进行激烈的枪击,对肃王府的枪击一直持续了整个夜间,中国人的大炮偶尔也发了几炮。但海军陆战队员在回答询问时说,"这是一个平静的夜晚"。早上,炮弹开始沿一条新的对角线穿过,但仍然没有伤到任何人。一枚炮弹打进了储存粮食的屋子里,一块弹片打坏了上面有人正在进行修缮的屋顶,而另一块弹片击穿了挂在绳子上的一床被单。全天似乎有六门炮在工作。一名意大利人在肃王府被打死,日间还有三名德国人受伤。在美国使馆,公使的房子受到严重的毁坏。康格先生和夫人差一点受伤,他们正在一个房间里工作的时候,弹片穿过隔壁房间的屋顶落了下来。办公楼的二楼被枪弹打坏了很多地方,但这已经是许多天前的事了,现在的炮击似乎指向了四方形区域的另外一侧,攻击肃王府和法国使馆。

对一名中国俘虏进行了审讯,后来又进行了补充性的交互审讯,最终得到了一些信息。在很长一段时间里,人们一直非常好奇地想知道这些信息,现在它们终于公布了。他肯定皇帝和太后现在仍然在北京,端王、荣禄和董福祥提督负责控制公共事务,庆亲王并没有参与他们的活动,城内还有许多义和团民,他们的主要支持者是端王,他的王府对义和团民进行登记,向他们提供膳食并且付给他们钱。这些义和团民遭到士兵们的嘲笑,因为他们在交火时不敢冲在前面,尽管他们声称可以刀枪不入。

董福祥的士兵在城墙上面和我们对峙,而荣禄的士兵正在攻击法国使馆。每天都有几名士兵被打死或者受伤。这名俘虏说,他和其他几个人被雇来搬运和埋葬死者,每具尸体给两吊大钱。城里有大约三千名董福祥的士兵。太后已经禁止使用大口径的炮来攻打使馆,因为它们会伤害到效忠于她的百姓和他们的房子。直接的攻击未能奏效,我们的火力比他们的更强大,因此决定用饥饿来迫使我们投降。

两周以前,有消息说,一百艘外国炮舰运送来的外国军队已经夺取了大沽炮台,并且占领了塘沽火车站对面的塘沽,天津城因此而非常恐慌。军火弹药从南苑运送到这儿。朝廷像往常一样发布谕旨,市面上的买卖照常进行,四家主要的钱庄已经关闭。中国士兵认为我们有几千人参加战斗。

如果这人被证明没有说假话,他就可以保住性命。他讲的似乎是实话,并且说攻打肃王府的大炮是在电灯公司的院子里。

黄昏时,从英国使馆西南方的蒙古市场进行的枪击格外猛烈,但人们认为这是佯攻,是要掩盖对法国使馆进行的大攻击,那儿的火力要更为激烈。中国人和使馆之间只有一道墙相隔已经有一段时间了,尽管一直有传言说有一条地道正在地下开挖,但似乎并没有采取什么针对性的措施。或许也难以采取什么措施,因为使馆的东界就是房屋,已经没有空间可以挖掘壕沟了。

6点钟以后不久有一次猛烈的轰炸,有些人以为是地震。使馆的两幢房子被炸毁,立刻就燃起了大火。第一次轰炸把几个人埋了起来,其中有奥地利代办纳色恩(Rosthorn)、京师大学堂的教授铁士兰(Destalan)。其中,铁士兰一直被埋到脖子,但奇怪的是,第二次轰炸把他给救了出来。两名法国海军陆战队员正在房子里值勤，也被埋了起来，再也未能找到他们的尸体。

连续的几次轰炸以后，中国人开始拼命地进攻使馆。这次进攻尽管遇到了顽强的抵抗，但仍然取得了部分的成功。房屋燃烧在大火之中，火势和中国人的攻击一样猛烈，都在稳步地前进。到战斗结束时，法国人失去了三分之二的使馆区域，中国人占领了残存的公使房屋和其他一些建筑，也占领了使馆大门。

与此同时，对德国使馆也进行了攻击。德国人损失了许多人，十名英国人和一些俄国人前去支援德国人。攻击被打退，许多中国人被打死。在这次攻击过程中，火力比以往任何时候都更猛烈、更稳定，持续的时间也更久，其目的是为攻打法国使馆作掩护。

城墙上的美国海军陆战队员们看到城墙根下有中国人偷偷地走动，就向他们开枪，打死一些中国人，受伤的人在黑暗中被拖走。

7 月 14 日，星期六。今天早晨，三名中国妇女走出了前门，两分钟以后，其中两人回来了，说第三人被击中了。这名妇女被带了回来，并且埋葬了。此后，禁止任何人走出大门。

在工人们加固英国使馆东墙的时候，窦纳乐爵士洗澡间的屋顶被一枚炮弹或者实心弹击中，掉下来的灰土把工头埋了起来。此后不久，一枚实心弹射穿了用作海关餐厅的房子的二楼，进入到两名夫人正在睡觉的卧室，然后静静地落到了地板上！

不断有报告说，在上驷院学生图书馆的西北处听到了可疑的声音，像是有人在挖地道，也有许多人批评没有采取积极措施来应付这一行动，特别是在法国使馆的实际教训之后。各种工具极其缺乏，而有好几个地方似乎立即就需要一些工具。精力充沛的北京饭店经理断定，我们现在用来磨面的磨坊今天将会被焚烧，因此做了最大的努力，把仍然留在那儿的粮食运了出来，当然还有石磨，我们现在可是绝对需要它。迫切需要干活的人，但是不可能提供了，因为所有的人都已经工作过度了。

据那些似乎有资格作出判断的人说，法国人的使馆将难以坚持两天以上，两天以后，法国人就会退到非常坚固的北京饭店里。

第十九章
休　战

14 日，星期六。吃晚饭的时候，有消息说四天前窦纳乐爵士派出去的一名信使回来了，他是南堂的一名看守人。他们在哈德门外抓住了他，把他身上携带的信（上面只有极少信息）取走，打了他八十大板，然后把他送到了皇城内的大本营。他在这里遇到了他认识的一个人，被拘禁了四天以后，带着一封署名为“庆亲王等”的信件回来了。这封信内容如下：

六月十八日（1900 年 7 月 14 日）

庆亲王等致英国公使窦纳乐爵士：

旬日兵团交哄，彼此消息无闻，殊深悬系。日前曾悬旗相告，以通消息。不意洋兵仍复攻击，置之不理。昨由营获住教民金四喜一名，讯知各国贵大臣等起居无恙，不胜欣幸之至。惟变生意外，续来洋兵早被拳民阻回，若仍照前约保送贵大臣等出都，津沽一带团民甚多，深恐疏虞。今请贵大臣等先携宝眷率领参赞翻译各员分起出馆，本爵大臣等检派妥实兵弁严密防护，暂寓总署，嗣后再作归计，以全始终睦谊。惟出馆时万不可带持枪洋兵一人，免致兵民疑忌，变生不测。贵大臣等如肯相信，以明日午刻为限，令原人将复文交到，以便预定保护出馆日期。此乃本爵大臣于万难设法之中筹此一线全交之路。若过时不复，则亦爱莫能助矣。

（签名）庆亲王等①

这是写给英国公使的一系列信件中的第一封。在那些驻有使馆卫兵的国家的使节中，英国公使被看作是地位较高的公使。这些信件和以往总理衙门送来的那些文件不同，文字往往比较拙劣，有的地方意义比较模糊。有迹象表明，它们出自不同人之手，但每一个写信的人显然都知道通信的整个情况。因此，外国公使们非常有理由认为，信件的语气不时发生变化，一定是受天津城内或者附近正在发生的事情的影响。

没有理由认为，庆亲王和这些信件之间有着被称为“等”的其他大臣所没有的特殊关系，这样署名的目的，就是要使外国公使们完全不清楚到底是谁在和他们进行联系。可以断定，中国人内部存在着针锋相对的各派势力。天津被占领，一定会让那些一致决定同时向整个人类开战的极端顽固的满族大臣们作出反应。但是在微妙的情况下，还有必要进行有一定保留的谈判，不断地做出调整，以争取时间。这好像是唯一对我们有利的事了。

这是自从围困开始以来收到的第一封手写的信件。使馆人员和为数众多的其他被围

---

① 译文据故宫博物院明清档案部编《义和团档案史料》上册，中华书局 1959 年版，第 325～326 页。——译者注

困人员的命运或许就在这封信的内容以及对它的回复上了。对于这些人的命运，这封信和其他所有信件的写作者们一点都没有提及，故意地把他们全部忽略了。但是，在这种特殊情况下，几乎不可能获得有关这封信意图的任何信息。因此，过了许多小时以后，有关这封信部分内容的简短摘要才张贴到布告板上。而当人们急切地询问想要如何回复这封信的时候，竟然得到“这是一件私事”的回答！

一段时间以后，召开了一个外交团会议，会议同意作出如下意思的回复：中国人到底要怎样对待各国在北京的使节？自从6月20日以来，他们一直遭到枪炮的攻击。即使对待一个战败国家的官员，也从来没有采取过这样的行为。无论如何，如果外国使节们被害，很可能会导致在北京城内担任官职的人受到人身报复。回复否认了所谓外国士兵进行攻击的事，并且宣称外国士兵所有的战斗都是进行自卫，中国人最好停止攻击。公使们认为没有理由进入总理衙门，如果的确希望开始谈判的话，应该派一名值得信赖的信使打着白旗前来。

日间有许多实心弹和炮弹落到各处，其中一枚穿过洗衣房所在的房子，打落的砖头砸到工人的头上，使其中两人暂时失去了活动能力。在中国人好像在挖地道的地方，开始进行挖掘壕沟的准备工作。今天向法国人送去了攻克巴士底狱周年纪念的祝贺。

7月15日，星期六。全天有多次炮击，既有炮弹，也有实心弹。这次的实心弹和以前那些的规格都不一样，显示了中国人弹药供应的多样性。一枚实心弹穿过两个沙包，落到了大门口。晌午的时候有一阵猛烈的枪击，一伙十五人的队伍从使馆出去，去攻打蒙古市场附近的建筑，而中国人进行了反击。昨天晚上再次听到西南方向“猛烈的开火声”，被围困的人和往常一样，对此既抱有希望，又表示怀疑。

使馆的一名叫华伦(Henry Warren)的年轻翻译生今天下午在肃王府被炮弹严重击伤，夜间死去。

今天收到了庆亲王等对外交团信件的回复。回信收回了前往总理衙门寻求保护的建议，说中国人一定会增加他们军队的数量，限制团民再向各国使馆开火攻击。各国使馆亦不应惹事，从而招致攻击。中国政府将尽其最大努力维持秩序，按照通例进行保护。

晚上9点，四面都有特别凶狠的攻击，子弹到处呼啸着，但半小时后就逐渐减弱了。午夜前后又进行了一次更为猛烈的攻击，持续的时间和上一次差不多。

7月16日，星期一。中国人昨晚在翰林院使用了火球和砖头，由于没有防御它们的措施，造成了不小的痛苦和危险。前一天被法国人抓住的一名俘虏现在被当作信使送了出去(这让抓住他的那些人非常恼怒，他们想把他杀死)，并且向他许诺，如果他回来就奖赏他五百两银(他再也没有回来)。他被从城墙上放了下去，携带着窦纳乐爵士写的两封信：一封用的是英文，用吹嘘的口气谈到我们的资源和前景；另一封用的是希腊文，比较客观地叙述了真实的情况。英文信是为了防备被截获的，而希腊文的信则是给朋友的信息。

已经下令，把在不同时间制造了许多麻烦的那名挪威人软禁在南马棚院子里。

上午，在雨中，传来了英国高级军官斯特劳茨上尉和莫理循博士在穿过肃王府内一处特别暴露的地方时受伤的消息，柴大佐(日本人)的衣服也被一颗子弹射穿。斯特劳茨上尉的伤势十分严重，人们很快就不抱希望了。他是一名勇敢的军官，在特别困难的情况下尽职尽责。他的突然死亡在被围困的人中引起了普遍的伤感。他只有三十岁，而且从他在围困期间的表现来看,如果不死,他日后一定会得到晋升。莫理循博士尽管不是一名军人,但他证明自己是防御中的一名重要成员,十分活跃,知道各处发生的事情,是迄今为止使馆区内消息最为灵通的人士。除此以外,一个人要做到最好,还需要有冷静的判断、无视危险的精神和持之以恒的责任感。正是因为这些原因,当《泰晤士报》记者因伤不能积极参与他一直参与的各项活动时,人们对他深为怀念。

下午,人们埋葬了早上在城墙上被打死的一名叫费舍尔(Fischer)的美国海军陆战队员。在细细的小雨中,人们把他安葬在俄国使馆,因为美国使馆的房子太过暴露,不适宜进行葬礼。

今天,中国人的大炮只发射了很少几炮。奇怪的是,昨天下午、黄昏和夜间都有猛烈的开火,但没有一个人受伤,而今天几乎没有多少射击的时候,却有两人被打死,五人受伤。

由于斯特劳茨上尉死去,必须对军事职责重新进行调整。雷伊、普尔(Poole)、史密斯(Percy Smith)上尉被任命为指挥官,而司快尔先生(他过去的军阶是中尉)被任命为窦纳乐爵士的参谋长。下午5点过后,斯特劳茨上尉和年轻的华伦的葬礼开始,他们被埋在了同一个坟墓中。就在葬礼开始进行的时候,传来消息说,有一个人打着休战旗前来,他携带着"庆亲王等"的回信。四枚炮弹中的三枚在出席葬礼的人们头上爆炸,似乎在强调说明中国人的和平和保护的意义。那名来到石桥上送交信件的信使手持一面白旗,但并不十分明显,他也没有摇动那面旗帜,他这种愚蠢做法使得人们向他开了枪。在他返回去的时候,人们问他为什么不摇动白旗作为一个信号。他只是回答说,人们一向他开枪,他立刻就摇动白旗了。

这名信使来自总理衙门,带来一封给康格公使的信。其中有一封用国务院电码发送的密电,上面写着:"把消息交给送信人。"这封电报具有高度的机密性,是用恰当的电报表格写的。估计它发自东京,或者发自汉城,但是为什么要把消息传给"送信人"呢?"送信人"又是谁呢?

7月17日,星期二。今天快到中午的时候,在蒙古市场又进行了一次攻击。这次攻击持续了一段时间,造成南马棚的一名英国海军陆战队员严重受伤。昨天来的那名信使于昨晚受到毕德格先生的审讯,毕德格先生极有耐心的审讯技巧通常都会成功地取得一些信息,就像从荞麦壳里榨取到油一样。中国人的内部很可能存在着相当大的分歧。当中国官员询问信使外国公使们是不是正在吃马肉的时候,信使表示承认;但当被问到公使们是不是也吃健康马的肉时,他回答说,只吃那些"伤残了的"马的肉,也就是那些偶然被流弹击伤的马的肉。他并没有提供一个非常错误的有关我们膳食的情况。

法国人抓获的那名俘虏受到了审讯,但他吓坏了,没有提供多少情报。他说他是被雇来埋葬被打死的中国人的尸体的,每具尸体五百文,每天能埋十具以上的尸体。他负责的地方只包括法国使馆,或许还有德国使馆发生战斗的地区。他认为他一共埋葬了大约三百具尸体了,所有尸体都被送到齐化门外,放到一个深坑里。中国人花了几天的时间挖掘地道,这个地道毁坏了法国使馆,但在爆炸中他们自己也损失了十几个人。

对于使馆以西其他地区的情况,这名俘虏知之甚少,没有通道可以去那一带,实际上也没有那边的消息。据说中国军队分别由三名不同的将领指挥。他认为慈禧太后和皇帝已经离开北京。他不知道有关外国军队的任何消息。他本人从来没有到那些谈论时事的茶馆里去过，只是一个在街上买个烧饼吃、在门道里睡觉的贫穷而忙碌的人。每说几句话，他就告诉讯问者，他什么义和团也不是，是个苦命人，上面还有一个八十多岁的老母亲。差不多所有中国人在面临绝境时都会这么说。

上午9～10点钟的时候，两名荣禄的士兵来到我们的防线内，提供了一点信息或者是符合听者需要的假信息。他们说士兵们现在得到命令不要开火，而只是守住他们的阵地。其中一人说，他所属的五百人的部队有二百人死伤，有许多人想要逃跑，但城外的义和团阻止他们，他们只能携带武器才能通过义和团的阻拦，而且要三五十人成群结伙地离开才行。他们说，外国军队在天津和大沽之间打败了中国人。其中一名逃兵是号手，但他吹的号不能满足他上司的音乐口味，他的上司一气之下，砍去了他的部分耳朵，剩下的耳朵正在进行治疗。他说，聂提督因为战败而自杀了，但中国人的官方报告却称他“身先士卒而阵亡”。

今天窦纳乐爵士和其他公使们对“庆亲王等”的最后一封信作出了回复，复信说对于中国政府限制团民向使馆开火表示满意，同时表示，使馆中的外国人开火，全部都是为了自卫。中国军队在北御河桥一带的活动会引起自然的怀疑，我们不能允许他们自由通过。尽管渴望和平，但公使们并不知道在使馆附近活动、修筑工事和炮台的是些什么人，因此当我们为了自卫而向这些人开火时，不应该感到惊奇。在重新恢复相互信任之前，中国人最好停止所有这些活动。回信结尾时，提到了他们的来信是和炮弹一起进入英国使馆的。这封信由金姓教徒送交给了中国人。他返回来的时候，携带了一封回信，大意如下：“外国军队一直习惯于在街道上游逛，并且随意开枪。6月21日，一名满族王公在进宫的路上，在宫城东门突然听到一声枪响，子弹穿过他乘坐的车子的挡板。这激起了士兵和百姓的愤怒，导致了相互间的攻击。现在既然双方都同意以后不再开火，就可能会出现和平安宁。前门以东常有外国军队进行攻击，如能控制他们，将他们调离城墙，会令人感到满意。”

第二天对这封信作出了回复。回信首先摘要概述了6月19日的信，然后说，第二天下午4点开始向使馆开火，并且一直持续到6月25日在桥上挂出字板下令停止开火时。派出了一名信使带着一封写在另一块木板上的信，但由于受到枪击的威胁，他被迫返回，我们没有开火。但在午夜时分，中国人突然猛烈开火，攻击从那时起一直持续进行。对外国使节们进行的这些攻击，在世界历史上从来没有过先例。

就所谓的停止敌对行为的协议来说，准备发动攻击的活动应该被视为同样具有开火的性质。使馆不能允许修筑炮台和各种工事，即使没有进行射击。外国军队不能从城墙上撤离，因为有大量射击正是从那儿进行的。在不断地受到攻击的情况下，使馆很难产生信任感。除非看到有人四处走动，显然是在进行攻击准备或者修筑工事等活动的时候，我们绝对不会开火。中国政府制止这些攻击的最好方法，是切断军火的供应。要求允许出售冰块和水果的商贩越过边界，像和平时期那样出卖这些物品。

下午晚些时候，信使返回使馆，携带着来自荣禄大本营的另一封回信以及各国公使的几封信件。这其中有一封据说是伍廷芳公使给康格公使的电报，显然是和要求把消息告诉“送信人”的那封电报一起发过来的。此事多少有些神秘，但康格公使还是用密码回复了一封短信,说使馆受到枪炮攻击已经一个月了,如果救援部队不能迅速到达,很可能会发生一次大屠杀。

直到以后很久,都没有弄清楚这封电报的复杂历史。伍廷芳公使认为使馆是安全的,美国国务院自然会向他索要来自沉默已久的康格公使的信件作为证据。伍廷芳在这方面努力的结果,就是“把消息交给送信人”的第一封信,这为康格公使令人吃惊地披露真实情况开辟了道路,使得世界了解到事情的真相——或者应该说,世界原本能够从中了解到事情的真相,但是相当一部分“世界”觉得这封电报里有着某种不甚高明的伪造痕迹,其中只有使用国务院的密码是一个难以解释的谜。有关这封信件、相关的社论和此后对这一事件的各种解释,足以写一部小书。

今天,一名年轻的法国学生在休战期间鲁莽地走进了中国人的工事内,结果被中国人拘捕,作为俘虏送到了总理衙门。人们普遍以为,为了让他说出所知道的情况,会对他进行严刑拷打,然后把他杀死。但这些悲观的猜测随着来自他的一张便条而多少得到缓解。这张便条说,他受到了友好的对待,享受了一顿美好的晚餐。快到黄昏的时候,他被送了回来。

布告板上现在专门为“军事通告”开辟出一个地方。今天发表的通告下令:枪眼在不用的时候,要用一块砖头塞住,要了解外面发生的情况,应该使用窥镜。人们认为,如果从一开始就这样做的话,可能会使不少人免于丧生。所有战斗者的勇气都远远大于他们的谨慎,谨慎似乎被看作是一种非常不体面又缺乏职业精神的行为。但是近来的损失相当严重,人们被迫使用所有的保护措施。

据报告,在位于使馆街上的俄国人的防线西面,整个下午一直在修筑一道很高的工事。准备了一个用汉字写的大告示,警告说如果修筑工事的话,将向干活的人开火。由于这一工程不顾这一警告继续施工,“国际炮”被调来对付中国人,在许多枪击的配合下,暂时阻止住了这一工程的进行。

一实行停火,中国士兵就想成群地越过他们的工事,进入我们的工事里来。这是很严重的骚扰,让人非常不安,因为他们可以近距离地观察到我们的防线。在肃王府那边,七名中国士兵就这样进入了一个日本人的工事,然后有一名中国军士出来,命令他们返回。日本军官回答说,他不会杀害他们。对此,这名中国人夸张地说:“他们是打着休战旗自愿进去的,怎么能杀害他们?”他一直保持着一种舞台姿势,对日本人的来复枪毫不在意,直到所有的士兵全都撤了回去。

7月18日,星期三。整个夜晚只有五次来复枪射击,而且一整天都没有向我们发射炮弹和实心弹了。但是,贾腓力先生仍然在英国使馆的西北角努力地挖掘反地道的壕沟,停战、休战、休战旗丝毫也不能引起他的关注,这项工作一直持续到外国救援军来到我们身边。据报告,携带武器的义和团在城内到处随意游荡。在南马棚的西面,不带武器的中国士兵爬到他们的工事顶上闲聊,并且向注视着他们的我们的人敬礼。俄国人向他们开了一枪,他们马上就不见了。从某个方面说,与公开的攻击相比,在休战时间和中国人打交道要更让人费心。“张开你的嘴,他就会撕破你的喉咙。”

10点钟,回到使馆的信使又被派往总理衙门,和他一道前去的还有另外两个人。派他们前去,是想让他们购买一些东西。但他们未能得到允许,只好返回。看来,在这件事上，“贸易随着国旗而来”的说法似乎并不正确。再次向中国人提出了禁止让他们的士兵进入我方工事的要求。有新的传言说，中国政府已经召令李鸿章进京。一名从城墙上下来的美国海军陆战队员报告说，他们终于能够把在太阳下面曝晒了许多星期的中国士兵的尸体埋掉了，这些尸体的存在使得在城墙上站岗难以忍受。他报告说，在我方工事西面埋葬了二十八具尸体，在工事东面，在我们和德国人之间埋葬了二十三具，在城墙下面的地上埋葬了十八具。一名中国军官说，戴毡帽的士兵（美国人）打死了他的三百名士兵。

下午 2 点左右，人们得到消息说，日本人 6 月 30 日派到天津去的一名基督教徒回来了，带回了围困开始以后来自外部的第一个信息。布告板上及时地张贴出了有关他的经历的下述报告：“信使通过齐化门离开北京，经通州乘船前往天津。他于 7 月 5 日到达天津，但未能进入城内，因为天津已被中国士兵包围。他在各城门一带活动，发现驻守在火车站北面的一支由一名姓郑（Chêng）的将领指挥的中国军队，向车站南面阵地上的日本军队进行炮击。7 月 9 日，郑姓将领被击败，信使设法于 7 月 12 日进入了日本人的防线，递交了日本公使给日本将领的信件。他在天津的时候听到这样一些消息：‘聂提督已死。天津和周围传教站的所有传教士都已经离开，返回国内。大沽炮台在两天的攻打后已经被占领。’7 月 13 日，这名信使离开天津，由日本军队护送到红桥，然后乘船返回北京。在他到达天津以前，从 6 月底以后再没有任何消息到达过天津。”

有关日本公使西德二郎所收信件的内容的告示也张贴了出来，告示如下：“由两千四百名日本人、四千名俄国人、一千二百名英国人、一千五百名美国人、一千五百名法国人和三百名德国人组成的一支混合部队于 7 月 20 日或 20 日左右离开天津，前去救援北京使馆。外国租界尚未被敌人占领。”

这样一个简短的总结，引起了许多出于美好愿望的解释，也被补充进其他一点零碎的消息，比如总督裕禄的自杀、大沽炮台的占领（已经知道很长时间了）以及日本人在天津和大沽之间的战斗中伤亡情况的细节。

在那种情况下，每一个外国人都特别热切地想知道收到和送出的信件的内容，这一点也不令人奇怪，因为它们产生的作用对于每一个人来说，都实在是太重要了。美国公使康格先生充分理解对于信息的这种自然渴望，经常向他的同胞们透露一些按照商定不宜向公众公开的消息。不过，只有他才这样做，其他公使或者只在某个选定的范围内透露一些消息，或者更为普遍的，把一些经过高度过滤的消息透露出去，这些消息有时会起到某种分化总委员会的不利作用。

今天，窦纳乐爵士在美国工事和中国人工事之间的一段城墙上，会见了一位中国将领，和他达成了一项有关停火条款的协议。这些条款的文字被送交给了军机大臣荣禄。据那些和使馆进行过接触的人说，他是政府中掌握权力的人物。

结果，下午 4 点左右，一位名叫文瑞的蓝顶官员从总理衙门来到使馆，几乎所有的公使都来到使馆门口迎接他——这一行为被恰当地批评为有失尊严，特别是由于这次会见未达成任何成果。张贴出来的通告告诉被围困的人，在写给荣禄的一封信中提出，如果能派出一名负责的官员前来使馆，相互间的联络会更为方便。作为对这一提议的回应，荣禄派来了这名总理衙门章京。他并没有带来什么特殊的信息，只是许诺说想办法提供《京报》，设立一个买卖大米、水果、鸡蛋等物品的市场，并且看看能否代外国公使向他们各自的政府发送电报。他谈到了所有人在一个月前就已经知道的电报通信已被切断的情况，还表达了中国政府对义和团所作所为的关切，是他们引起了中国和外国列强之间的一切麻烦。他报告说，北堂什么都没有发生。

后来知道，这名总理衙门章京已被朝廷谕旨任命为义和团的官方首领之一，这表明他同情义和团。在这样的时刻选择这样一个人作为前来使馆的使者，显然是一个有意的侮辱，尽管在当时人们不可能知道这一点。这种情况说明了他为什么会那样紧张，那样局促不安。

7月19日，星期四。我们的区域内现在既然是一片和平，就不再像以前那样有着战事的警报，被围困的人们的思想也从炮弹和枪弹开始转向鸡蛋和西瓜了。向中国人送去了通知，说明已经向欧洲部队下达了下述命令：(1)除非受到攻击，否则不能开火；(2)射击修筑工事的士兵；(3)射击那些携带武器离开工事进入使馆附近的中国士兵；(4)携带信件等物的没有武器的人不会受到射击，但人数不得超过两人；如果人数超过两人，将向他们头部上方开枪；如果他们继续前进，将向他们射击。

在停火期间，所有可以利用的劳力都被用来加固防御区内那些薄弱点。我们不允许中国人修筑新的工事，也不允许他们不间断地修整那些旧的工事，但我们自己却在做同样的事。这是因为他们只不过是退后一步，而且他们是安全的，而我们是在为我们的生命而战斗，如果我们被他们狡猾的和谈所迷惑，从而忽视了我们的防守，可能会招致毁灭。很难理解，人们为什么要对供应鸡蛋这样的事连续地进行非常具体的描述。

7月20日，星期五。和昨天一样，夜间只有几次零星射击，每一个人都享受了少有的宁静。不知疲倦的总委员会主席都春圃先生用了相当多的时间让市场启动起来，但收效并不太大。卖鸡蛋的商贩似乎担心向他们开火，但士兵们有时却会把一些鸡蛋藏在袖子里带来卖。这些鸡蛋无论好坏，每个都卖四分(墨西哥洋)，用好像是汇丰银行经理发出的账单或者字据来支付。即使是对于这家规模浩大、慷慨仁慈的公司来说，这似乎也是一种新业务，尤其是人们普遍认为，这些账单永远也不需要兑换成现金，而必定要由现在负债累累的父亲般的中国政府来支付。

关于俄国人在据说就要启程的救援军队中占有压倒优势的原因，有着不少讨论。有些人相当肯定地认为，俄国人秘密地支持中国人煽动义和团骚乱，希望他们能够把外国传教士从中国北部——据说俄国人想要把这一地区占据为自己的特别市场——清除出去。他们可能会悄悄地对中国人说："在我们的国家，我们不能容忍这些布道者们，你们怎么能够让他们在你们的国家布道呢?"但在其他人看来，这纯粹是无知的蠢话，尤其是因为俄国人在许多方面也遭受到和其他国民同样沉重的损失，他们的银行、他们的使馆、他们的传教本部以及他们的墓地，都遭受到和其他国家同样的损失。

在翰林院大院北部的我方防御区内，挖了一条很深的壕沟，以防止中国人挖地道，进行突然的攻击。在这里干活的人们发现了一些软石头，形状很像加农炮弹，很可能是有意做成这种形状的。这些石头大小不一，好像是对一块大石头进行耐心加工而形成的，可以清楚地看到石头上的凹槽。它们位于一些非常古老的大树树根下面很深的地方，数量极多。每人都取出了一些样本，仍然没有取完。没有人能够说出翰林院现在已经使用了多少年了，但是如果根据中国人的年代标准，它并不算古老。学生区后面用于反地道的壕沟已经挖到了房子的地基，尽管空间很小了，人们还是觉得应该继续挖下去，因为中国人在这里挖地道的可能性非常大。

现在既然已经停火，就有空闲到处转转，看看此前那些攻击造成了什么结果。看起来，德国使馆毁坏得比起北京饭店以外的其他建筑都更为严重。翻译柯达士先生的房子有的地方都坍塌了，一些炮弹打出的洞很大，大得可以使一顶帽子自由地穿进去再穿出来。在楼上的一个房间里，所有东西都被打坏了，一张办公桌成为碎片，但镜子却毫发未伤。来自三个方向的炮弹不断地落到那儿，一些房子的屋顶是镀锌铁皮的，根本不能抵挡炮弹。一幢房子的廊柱马上就要倒了，再来一枚炮弹就会把它轰坍。然而，尽管落下了许多炮弹，但似乎没有人因此而死，所有死者都是被枪弹打死的。在五十名德国士兵中，有十人死亡，十三人严重受伤，还有八人受了轻伤。附近新建的俱乐部建筑受损不大，而旧建筑则被焚毁。

北京饭店的经理沙孟先生说，中国人在他那儿拼命地挖地道，能够很清楚地听到他们的声音。他已经利用饭店前面远处的、位于使馆街下面的一条排水沟来对付中国人的地道，并且准备用乙炔气对一条地道进行爆炸。他认为，他的饭店要塞里的保卫者们决不会被从那里赶出去，它可以说是防线以内迄今为止最为坚固的堡垒。

他们现在每天都在为一千六百六十二名罗马天主教徒、奥地利人、法国人、德国人、俄国人以及饭店的客人碾磨粮食。沙孟根据小麦的库存量实行定量供应，每天烘烤三百条面包。使用了许多牲口日夜磨面，据说一些骡子是皇帝的老师徐桐的财产，他的家就在附近，在大火引起的普遍性破坏当中，他的房子和其他人的一些房子一道毁掉了。饭店二楼遭受到了比德国使馆更为严重、更为全面的毁坏。

各种各样的攻击只要有一个风暴中心，这个中心就是北京饭店。沙孟和他勇敢的妻子一起出现在各个地方，一次也没有离开过饭店，尽管它不断地遭到炮弹的轰击，另外还曾多次起火。中国人的旗子和工事离他们好像只有几步远。在饭店里，有人告诉我们，对他们进行的枪炮射击的一个记录被仔细地记载下来，射击次数最多的一天有一百二十四次，而迄今为止一共有四百八十七次。楼上的客房被轰击得到处都是灰土和碎砖，毁坏得极其厉害。

在整个枪炮攻击中，碾磨粮食为要塞里的人提供食物的工作一直没有中断，用作磨坊的房子位置比较低，不太容易被击中。为了饭店的防御，做了大量的工作，这对每一个人来说，都是一个奇迹。一般情况下，有多达七面不同的国旗飘扬在前门，最大的一面是美国国旗，以向饭店所有者的妻子致意，另外还有比较小的丹麦、爱尔兰和瑞士国旗，构成一个显著的目标，在敌人面前挑衅地飘扬着，一直到围困结束。

上午有几名志愿者离开使馆，到御河岸埋葬一些死去的马匹，这些马已经死了很久了，非常令人讨厌。他们回来的时候带回了几只装满大大小小实心弹的篮子，可能有四十枚。

法国使馆的一大部分是被地道爆炸后引起的大火焚毁的。在那次攻击中，中国人向前猛冲，放火烧了三幢房子，许多墙壁都出现了巨大的裂缝。大火迫使法国人迅速地撤退到他们现在的阵地。当时有大约四十名士兵在值勤，有四名海军陆战队员被打死在一个射击点里。一枚炮弹进入教堂，在圣母玛利亚像的上方打出了一个洞，这个洞被用作一个射击孔,尽管不太容易够着。工事太少,而且名不副实。如果法国人要撤退的话,下一个防守点就是沙孟坚固的要塞。据报告说,九名法国海军陆战队员死亡,包括平民在内的三四十人受伤。

下午,英国使馆前门外搭起一个席棚,以接待官员。当天晚些时候,在席棚还没有完全搭好之前,昨天来过的那名总理衙门章京又出现了,从总理衙门带来了五名公使的七封信,这是围困开始后来自这一地方的第一批信件。康格先生有一封送交总理衙门希望帮助转发的信件被退了回来,总理衙门担心如果帮助一名公使发了信,就要为所有公使转发。

毕盛公使有一封来自巴黎的密码电报,没有日期,但不可能晚于巴士底日(7 月 14 日)。电报告诉他被授予十字勋章,并且告诉他对大沽炮台的占领,我们现在已经逐渐相信这是事实了。我们还从中了解到,中国政府已经指令驻各国公使们留驻原地,“与各驻在国政府保持良好关系”。当法国政府把任命书交还给中国公使的时候,中国政府又重新任命了他,以作为回答。

有一组信件上面印着总理衙门的印鉴,这组信是发给德国、英国、日本、俄国和美国的代表们的,电报文本写给女王、皇帝或者其他国家元首。这些信件的意思大致相似,只有细微的区别,其主旨是请求各国帮助中国摆脱现在所处的困境。命令军机处把电报发送给女王陛下和其他国家元首的谕旨,把时间写为 7 月 3 日,显然是不想让人错误以为,之所以发送这些电报,是出于大沽炮台的陷落和此后的战事所引起的恐惧。然而恰恰就在这一天,使馆区内有一场特别猛烈的大火。而在此前一天,刚刚正式发布了一道谕旨,要求各地驱逐传教士,并且强迫教民放弃基督教信仰。

和这些信同时收到的另一封信声称,民众仇憎外人,来势汹汹,难以遏制,一定要攻破使馆才能满足。因此,来信要求各国公使离开使馆前往天津。如果他们继续留在使馆,就要自己对可能出现的任何灾难负责。还从总理衙门收到一封正式信函,通知窦纳乐爵士,已经发布了一道口头谕旨,意思是现在天气炎热,使馆需要水果蔬菜,应立即送去。“因此,随函送上四车蔬菜和四车西瓜。”与战争和西瓜的这一奇特结合相伴而来的,还有庆亲王、端王、王文韶、徐桐、崇礼、赵舒翘、伍廷芳、许景澄、那桐等人的名帖,全都是总理衙门大臣。

对于庆亲王等再次要求公使们离京前往天津,并且详细地谈到当前局势的信件,送去了以下内容的回信:

> 来信称,中国大乱难以控制,反外感情极其强烈,非要攻破使馆不可。对此,我们很难相信,因为中国政府表示愿意提供真正的保护。朝廷应该发布一道谕旨,说明外国公使是客人,必须保证他们的安全。至于所提到的离京前往天津一事,它意味着双方友好关系的破裂。万一发生不幸事件,中国官员和百姓必将遭受沉重灾难。中国驻各外国公使仍然还留在他们的岗位上。外国公使前往天津并不安全,因为既然他们在这里都得不到保护,那么他们前往天津途中的安全就更得不到保障。来信称不能为可能发生的不测事件负责,但中国政府不可能逃脱掉它应负的责任。

下午,被派出去找《京报》的信使带着一些材料回来了,这些材料被分了下去,分头进行翻译。今天是“战神”的生日(阴历六月二十四日),由于人们担心控制义和团的神灵们可能会指令他们把今天作为重新进行攻击的合适日子，发布了重新加强防御的命令。由于又有了进行交易的机会，在一棵小松树上悬挂了好几个星期的一吊钱不见了。

7 月 21 日，星期六。夜间几乎没有任何枪炮射击，只放了一些纪念“战神”关帝的爆竹。现在人们在想，既然中国人昨天没有进行攻击，可能在救援部队到达之前就不会再进行攻击了。

现在需要更多的鸡蛋，但鸡蛋很少，只能卖给妇女和儿童。在极端缺乏的时候，购买鸡蛋需要生病的证明。

昨天出去的信使说，士兵们肯定他们有三千到四千人被我们打死，并且说在攻打法国使馆的那个夜晚，运走了二十车的死尸。据说有三门外国炮架设到了东便门上。中国人三天之内要从他们现在的阵地上转移，但可能会布置到离我们更近的地方。

下午又从总理衙门送来了一些信件，有两封是赫德爵士的。其中一封询问他的健康，并且遗憾地谈到他的住房被毁掉了。这事发生在一个月以前，但写信的人只是刚刚才听说。

第二十章
围困下的生活

现在需要偏离一下主题，去看一看围困中日常生活中的某些方面，否则就有可能被忽略了。

最重要的是注册劳动力一事。外国人在使馆、中国人在肃王府安顿好了以后，注册委员会立即就开始进行系统的调查。外国人的名单很快就完成了，而且几乎不需要修正。由于各种原因，中国人名单的完成要困难得多。

围困时期两名最重要、也最有用的官员是劳动力主管和注册官。他们的工作在很大程度上相互交叉，前者主要负责管理使馆外面的新教教徒劳动力，而后者则负责分配住在使馆墙内的中国人的工作时间。这两个人充满精力，兢兢业业，待人亲善，工作扎实，做出了许多成绩。应该提到，由于委员会对住在英国使馆外面的罗马天主教劳工的工作不满意，这些劳工便交由他们的神父以及他们为之工作的法国人、日本人和其他人管理。在肃王府进行的注册仿效了在英国使馆内被证明行之有效的方式。

到处都迫切地需要劳工。使馆的许多仆役此前已经跑了，只能再找一些人顶替他们的位置。众多的主妇需要做饭的厨师、收拾桌子的童仆和苦力，医院需要随时听从医生指挥的人员，许多马匹需要有人喂养，收拾垃圾和其他一些卫生工作必须有人进行，而诸如烤面包和洗衣服一类的工作也不允许随便找人临时去做。一些受过教育的中国教徒和中国的文人一样，没有做过体力劳动，也不适合做这类工作。但每一种才能最终都被利用了起来，特别是那些能够说英语的人，他们可以做信使、翻译或者工头。有一小部分人表现出了根深蒂固而且持续的对劳动的厌恶，但这些品质不久就被他们真正的优点所取代。

当最初遇到对于劳工的不断需要这一问题时，有许多天非常混乱。试举一例来说明：

一天晚上 9 点钟，在肃王府指挥日本人的柴大佐来了一道命令，立即需要十个人和十五个沙包。主管找到了沙包，但只找到四个人可以用，于是他叫醒了一名绅士。这名绅士属于另外一个完全不同的委员会，和这次的紧急事件毫无关系，但他仍然按照一般的规矩去进行援助。当这位绅士到达肃王府的时候，得知柴大佐已经从附近的罗马天主教徒那儿得到了所需要的人手。

与此同时，城墙上的美国上尉送给英国使馆一个条子，要求得到二十个人去帮助加高东部工事的西墙，因为西面工事的中国人正在向它开火。主管没有让一个身材太小而搬不动巨大墙砖的小伙子去，而是临时派了同样乐意帮忙的一个人和身边另外三个人去援助美国使馆的那些人，他们一直在那儿对付紧急情况，这时已经工作了一整天了。当他到达那儿的时候，那位提出请求的上尉已经换班，而他的继任者对于要求人手的事一无所知，只是告诉把工人带来的人说，已经决定把这一工作推迟到白天进行，因为白天会做得更好。于是，这位临时的援助者、主管和中国人才得以在夜晚剩下的时间回去睡觉。

好像是法国人来要人去修筑一个重要的工事，没有找到人，因为夜已经深了，劳力市场尤其是闲散劳力的市场已经关闭。他们去了肃王府，看到有一些中国人到处躺着，但每个人都证明自己有某种病。有一个人连续不断地拉肚子，另一个人跛行着表明他的小腿有两个地方断了，据他说，可以听到骨头的噼啪声。但外国检查者受过训练的耳朵并没有听到这种声音，他很快就断定说这个人能够走路。有些人确实不能征用。但法国人一个一个地找到了所需要的人，有少年，也有成人，把他们派去工作。

主管回到了使馆，在经历了变混乱为秩序的劳累一天后准备上床了。这时，又来要人了，需要十个人立刻去翰林院整夜修筑一个新的重要工事。只有主管能找到人，而且也没有其他人会理会这一要求。他还得前往肃王府，打着灯笼进入每一个有人睡觉的房间，黑暗中只能影影绰绰地看到躺在炕上的身形。这里，又一次重复着上述的过程，直到最后找齐所需要的人数。但是，在黑暗中穿过如此多的院子、走过御河的过程中，十个人中有三个人不见了，而且不知道他们是谁。到后来，每一个人都有一个号码，这个号码不仅登记到册子上，还缝在他的衣服上，这样，像这样逃避工作的情况就不可能发生了。

午夜时分，有人听到一阵混乱和气愤的抱怨声。疲倦的注册官被一个紧急的要求从睡梦中唤起来，另一个使馆有人马上需要十七把海军陆战队员使用的短铲。经过一个小时的艰苦努力，找遍了所知道的每一个前一天进行过挖掘工作的地方，找到了一些短铲，但是其中一些在找来以后又被放弃了，因为它们没有奥地利铲那种锯齿状边缘。于是重新进行搜寻，打着灯笼找遍了每一个可能的地方。

"灭了那灯！"一名哨兵叫道，还使用了强调语。人们告诉他，寻找工作是官方命令进行的，而且要一直持续到找到所需要的东西为止。

后来，一种类似船上助理的责任加到了注册官身上，各种工具在晚上尽可能地归拢到一起，放到钟楼附近的一个箱子里。由于中国人使用不在意，铁锹、铁铲、铁镐等工具的把都掉了，不能使用了。这些工具很难得到，而到处都需要它们。到后来，助理注册官在他的许多职责之外，又增加了修理工一项，尽可能地减少那些大手大脚的苦力们的毁坏。中国木匠一直在忙着做工具的把柄，而铁匠们则把一些铁棒弄出尖头来，以便用作铁镐或者撬棍。

随着登记工作有秩序地进行，最终不仅知道了我方建筑里的所有中国人的名字，而且了解了他们的名声，对那些工作认真的好工人不需要或者很少需要进行监督，而那些偷懒磨滑的工人则需要不断地进行刺激。每一个人都能得到一张当日有效的饭票，根据干活多少，可以凭票吃一顿或两顿饭。他干完活、吃完饭以后，就可以回到肃王府他的家人身边。在肃王府大部分被攻占以后，这些新教教徒被转移到了御河和美国使馆之间的空房子里，得到劳动力变得容易了许多。那些能在夜间工作的人被安置在需要他们工作的房子里，在那里他们也不容易逃避干活。如果住在肃王府的一个人在使馆干活的时候找不到了，那他的通行证就被取走，他就不能回到他的家人身边。一般情况下，这一惩罚措施相当管用，因为他一家的食物要靠他来赚取。

某些中国人很幸运或者很节俭，能够有自己的食物，这使他们具有某种程度的独立性。有一个极端的例子。一名多少受过教育的人一直拒绝干活,在多次警告无效以后,被反绑在一根柱子上,直到他在军事法律、体力劳动以及定量食品供应之间的关系上实质性地修正了自己的看法后才被放了下来。这个过程有几个小时。

中国人在任何地方都会不小心地磕出他们烟斗里还在燃烧着的烟灰,这就必须要禁止在房子里抽烟。违犯这一规定的人被罚连续干二十四小时的活。举一个特别恼人的例子。使馆的一名厨子为了照顾他的孩子,在深夜非常危险地违犯规定点了火。尽管有关规定对个人来说非常不方便,但委员会还是不顾所有的求情维持了它的权威。根据经验,这是正确和有益的。不过,违犯规定的情况很少。那些需要惩罚的人被送去干最迫切的活,如果碰巧当时没有什么活,他们也可能暂时逃脱惩罚。

但是无论注册和劳动力分配的制度多么完美,也难以满足同时而来的对大量人力的需要,这必然会使军事工作产生许多耽搁。有六个人被指派去翰林院修筑工事,但就在这个时候,一堆沙包在一场大雨中从医院窗户上掉到水沟里,堵塞了排水的渠道,这六个人便从不太急切的工作转移到更为迫切的工作中。但在转移的路上,其中一人被叫去把一个当时非常危险的妇女运送到中国人医院里,结果在从肃王府穿过御河时被子弹击中。

对于劳动力的需要使得每一个健康的中国人每天必须要为公众做两个小时的活,往往是一些和做仆人、主妇、看门人等一样枯燥的工作。

后来,在这之外又增加了一项要求。一名起初积极地进行合作的绅士,后来要求派给他一些人去修理他私人的房子,以防漏雨。再后来,他又要求派两名劳力去清洁俄国使馆的地面。记性很好的注册官记得,这名绅士的两个仆人已经有相当时间没有为公众尽义务了,于是到他的厨房,把这两个仆人叫出来。他们抗议说他们没有干活的义务,因为他们不住在英国使馆,而是住在俄国使馆。注册官回答说:“那就是你们需要去干活的地方。”于是,这名绅士便把他的两个仆人交出来,让他们到他自己的使馆里去干活了!

围困中的中国教徒们所干的活儿大都很累人,而他们得到的回报也只不过是刚刚能维持生存的东西。总的看来,他们干的活都体现了典型的中国人的耐心和坚韧性。在外国人始终如一的监管下,他们中的许多人把大量的精力投入到工作中,在某些情况下,也表现出了相当的技艺。

的确,他们的行为几乎总是值得赞扬。他们并没有像许多被围困的人所担心的那样成为外国人的累赘,反而很快就表明,他们是其他人得到拯救所不可缺少的因素,如果不是他们也在这条船上,恐怕没有人会得到拯救。就像所有随意聚合起来的一大群人一样,其中总会有些害群之马,但是整个说来,这些基督教徒们在危险的情况下做着非常辛苦的工作,他们的忍耐力和毫不抱怨的忠诚精神都是非常值得赞扬的。中国妇女,尤其是那一百二十名女学生,在持续不断攻击的情况下,在一次又一次从危险地方迁移到其他地方去的过程中,表现出来的那种坚定精神,也十分引人注目。许多中国人装备了枪支,与勇敢的日本人并肩战斗在哨所里,甚至得到了日本人诚恳的赞誉。相当一些人战死在危险的岗位上,其他许多人被不可计数的飞弹击中,美以美会两个最好的助手——其中一个已经被任命为牧师——同时倒了下去。

许多人成为疾病的牺牲品,有二三十名贫穷的中国儿童因为营养不良而死于疾病,但那些妈妈们以基督教徒的坚韧承受着深深的痛苦,没有说一句埋怨自己命运——所有不是基督教徒的中国人都极其相信命运——的话，而是感谢在天之父对她们的怜悯之心。

中国人和外国人每天都在草坪上集合一次，检查带进使馆的大量衣服和其他物品。或许应该在这里详细解释一下处理没收物品的方法。几个使馆所包围的地面很大，不可避免地会有一些与外国人和义和团都没有任何关系的中国家庭发现自己逐渐地被军队围了起来，进来出去都越来越困难，不可能再进行他们正常的生意了。

不久以后，这些家庭就认识到事态发展的危险性，在还来得及的时候逃离了这一地区。也有一些人把他们值得信赖的仆人留了下来，照料他们的产业。但是许多住房和店铺被完全舍弃了，其中一些店铺里还有着各种各样的货物，许多住房里也有好多东西。在混乱时期，许多店铺和住房不可避免地会遭到留下来的邻居的侵入。侵入这些房屋的还有一些贫困的基督教徒，他们中的许多人在逃生时除了身上穿的衣服外一无所有。

在集中到英国使馆以后不久，人们就感到必须要阻止这种混乱的掠夺现象，并且设法使掠夺来的各种物品得到合理的使用。于是，梅子明博士被任命负责一个具有很大权力的委员会。在网球场的草坪上，设立了一个类似于中国当铺的储存室那样的旧衣服临时存放处。在许多天里，它向数百名中国人提供了个人用的和全家用的衣服和床上用品，到最后，这方面的需求似乎得到了基本满足。但是许多中国人在干活的时候不能够保护他们的物品，还有一些人的衣服在大雨中或是在潮湿的战壕里和城墙上干活的时候弄坏了，因此还要重新提供给他们衣服，不过衣服的来源一直保持不断。外国人也自由地利用这个衣服储存处，结果使得这件事的管理成为一种责任很重、也很累人的工作。

在制作沙包的材料缺乏的时候，中国妇女们便把一些棉衣的裤腿和袖子剪下来，装上沙土，用来加固城墙和屋顶上的防御工事。为了找到制作沙包的材料，进入数十家（或许数百家）中国人的房子里，但在任何地方都没有使用武力来取得材料。有一些人家此前已经有人进入过，并且遭受过抢掠，但也有一些人家是未曾开垦过的新田地。有好多种东西最初被认为与被围困的堡垒没有关系，但后来证明极其有用，特别是从一家铁匠铺里找到的一些工具和一门古老的中国炮，这门炮被亲昵地称作“贝特西”或者“国际炮”。一些住房此前由于太匆忙而被遗漏了，这些房子里有些高雅的衣服、绸缎、皮毛以及价值昂贵的瓷器、钟表和古玩。肃王府里也有大量的这类物品。日本人的一个工事主要就是由放满昂贵衣服的箱子构成的，它们是被当成最有用的东西取来的。但这些东西或者由于与地面接触，或者由于下雨，或者由于大火，全部都毁掉了。

住在肃王府的中国基督教徒最早报告说，王府里可能藏有相当多的银锭。这些银锭被取走，送到英国使馆存了起来，一直到围困结束。在一些商店里还发现了小型炮，还有许多不可赎回的银票。有一次在一个煤堆里找到了大约七十两银子，而中国人无疑还私吞了一些银子。

使馆街上的两家外国商店的店主决定放弃商店，把能带走的东西都带进使馆里。随着对使馆的包围日益收紧，呼啸着的子弹以及一名工人被打死的事告诉人们，到商店里购物有着一定的危险。那家大商店的店主贴出了告示，欢迎人们取走他们喜欢的任何物品。这是一个不幸而又错误的决定，它使得劫掠在几天的时间里成为合法行为，并且造成酒类饮料的大面积散布。因此，很快就发布了一道命令，禁止任何人访问这个地方，除非得到总委员会的明确批准。这样，被拯救下来的物品交由一个军需部门负责，只有在提出正当需求时才能发放。实际上,一开始就应该采取这样的措施。

在缺乏法制的短暂时期里,出现了严重的道德败坏现象。在许多贫穷的中国人吃饭的地方,他们吃着破罐子里的大米,但或许旁边就是一面有着豪华镜框的大镜子,或者在破碎的玻璃糖罐子旁边,却放着一块大理石的钟表。军需部门不仅发放贮藏品和器具,还发放弄到手的所有东西。围困过程中的备忘录都用钢笔、铅笔和墨水记到了笔记本上,而所有这些东西都是向乐于助人的供应委员会提出申请而得到的。

有好几天,告示板上张贴出了休战期间搞到的《京报》的翻译,引来许多人观看。大家对这一独一无二的出版物的言辞表现出了极大的兴趣。这些言辞中有许多是好几个星期以前发布的,但也有一些消息非常重要,而且大部分内容都还相当新。

这些言论中最重要的是德国公使被害的次日发布的一道谕旨,不过意义深长的是,它对德国公使被害一事只字未提。这是一扇窗户,通过它可以看到这一国际问题的中国一面。这道谕旨内容如下:

我朝二百数十年,深仁厚泽,凡远人来中国者,列祖列宗罔不待以怀柔。迨道光、咸丰年间,俯准彼等互市,并乞在我国传教;朝廷以其劝人为善,勉允所请,初亦就我范围,遵我约束。讵三十年来,恃我国仁厚,一意拊循,彼乃益肆枭张,欺陵我国家,侵占我土地,蹂躏我民人,勒索我财物,朝廷稍加迁就,彼等负其凶横,日甚一日,无所不至,小则欺压平民,大则侮慢神圣。我国赤子仇怨郁结,人人欲得而甘心,此义勇焚毁教堂屠杀教民所由来也。朝廷仍不肯开衅,如前保护者,恐伤吾人民耳。故一再降旨申禁,保卫使馆,加恤教民。故前日有拳民教民皆吾赤子之谕,原为民教解释夙嫌。朝廷柔服远人,至矣尽矣!乃彼等不知感激,反肆要挟,昨日公然有杜士兰照会,令人退出大沽口炮台,归彼看管,否则以力袭取。危词恫喝,意在肆其披猖,震动畿辅。平日交邻之道,我未尝失礼于彼,彼自称教化之国,乃无礼横行,专恃兵坚器利,自取决裂如此乎。朕临御将三十年,待百姓如子孙,百姓亦戴朕如天帝。况慈圣中兴宇宙,恩德所被,浃髓沦肌,祖宗凭依,神祇感格。人人忠愤,旷代所无。朕今涕泣以告先庙,慷慨以誓师徒,与其苟且图存,贻羞万古,孰若大张挞伐,一决雌雄。连日召见大小臣工,询谋佥同。近畿及山东等省义兵,同日不期而集者不下数十万人,下至五尺童子,亦能执干戈以卫社稷。彼仗诈谋,我恃天理,彼凭悍力,我恃人心,无论我国忠信甲胄,礼义干橹,人人敢死,即土地广有二十余省,人民多至四百余兆,何难翦彼凶焰,张我国威。[①]

在6月21日《京报》上的另一道谕旨中,朝廷对直隶总督裕禄关于6月17日到19日的天津战事获得胜利的报告表示满意,大力赞扬了义和团在不用国家一兵、不费国家一饷的情况下所做出的巨大贡献。朝廷以后会对他们加以奖赏,并且要求他们继续效忠朝廷。这两道谕旨的用词是一个极好的样本,表明了慈禧太后对待义和团的两面态度。他们侵犯了条约,经常受到谴责,现在必须要解散;但几天以后,他们又成为忠诚的爱国者,效忠于他们的太后,而太后也要奖赏他们。

6月24日,命令户部拨给刚毅二百袋大米,散发给义和团作为粮饷。同一天又发布

① 译文据故宫博物院明清档案部编《义和团档案史料》上册,中华书局1959年版,第162～163页。——译者注

了一道谕旨,称义和团——现在被称为“团勇”——散布在北京、天津各地,必须有人对他们进行妥善的管理(换句话说,就是要把他们明确而完全地接受为中国政府的雇用力量)。因此,庄亲王和协办大学士刚毅被任命为总统率,左翼总兵英年和右翼总兵载澜协同行动。义和团的所有成员正在努力奋战,皇族王家也要和他们同仇敌忾,希望能够众志成城,始终不懈。

27日的谕旨命令裕禄收复大沽炮台,阻止外国军队北上,并且命令向京畿一带的军队发放十万两银子,向支援军队的义和团也发放同样数目的银子。

这几周的奏折和谕旨常常提到,由于纵容一些不负责任的个人和士兵进行报复,出现了普遍的无法无天的情况。即使没有其他证据,仅仅这些文件就可以说明,京城及其周边地区处于恐怖的统治中,对此,一些官员和太后本人都多次表示了强烈谴责。

但是,总是会把罪责推到那些假装义和民团而进行抢劫和杀戮的人身上,而下令要进行严厉处治的正是这些人(而不是作为一个组织的义和团)。7月2日,又出现了另一道重要谕旨,在这道谕旨的庇护下,屠杀所有的外国人,尤其是传教士,铲除所有拒绝背教的中国教徒,成为一种责任。

> 自各国传教以来,各直省屡有民教相仇之事,总由地方官办理不善,激成衅端,其实教民亦国家赤子,非无良善之徒,只因惑于邪说,又持教士为护符,以致种种非为,执迷不返,而民教遂结成不可解之仇。现在朝廷招抚义和团民,各以忠义相勉,同仇敌忾,万众一心。因念教民亦食毛践土之伦,岂真皆甘心异类,自取诛夷。果能革面洗心,不妨网开一面。着各直省督抚通饬各地方官,遍行晓谕,教民中有能悔悟前非到官自首者,均准予以自新,不必追究其既往。并谕知民间,凡有教民之处,准其报明该地方官,听候妥定章程,分别办理。现在中外既已开衅,各国教士应即一律驱遣回国,免致勾留生事,仍沿途设法保护为要。该督抚等当体察各处地方情形,速为筹办,毋稍疏忽。(将此通谕知之)①

在它的制造者看来,这道谕旨的颁布无疑是一个长期以来争论不休的问题的快乐终结。通过一支毛笔的轻轻挥舞,中国就把过去的四十年抹掉,进入到了一个新的时代!

7月9日,李鸿章被任命为直隶总督和通商大臣。在目前,中国的统治者们已经在帝国的这一部分取消了对外通商贸易。在李鸿章到达之前,前总督裕禄要与庆亲王协商如何办理,并且不得推诿责任。

12日,由于战斗失败,在天津附近作战的聂提督受到了严厉斥责,并且被革去职务,但仍然留任(一种经常使用的中国处罚)。同一处还提到了他在督战时阵亡的消息,但未作评论。

7月15日,署陕西巡抚引用了6月20日发给几名督抚的一道谕旨,其中有下述重要的内容:他们应“通盘筹划,如何保守疆土,不使外人逞志,如何接济京师,不使朝廷坐困”②。

三天以后发布了一道谕旨,表现出了这一国际问题的另外一个方面。这道谕旨再次

① 译文据故宫博物院明清档案部编《义和团档案史料》上册,中华书局1959年版,第214~215页。——译者注

② 译文据故宫博物院明清档案部编《义和团档案史料》上册,中华书局1959年版,第156~157页。——译者注

提到对日本书记官的杀害,并且第一次提到了发生在将近一个月以前的德国公使被杀一事,但是非常小心地丝毫没有提到当时的情形。谕旨称:

此次中外肇衅,起于民教相哄。嗣因大沽炮台被占,以致激成兵端。朝廷谊重邦交,仍不肯轻于决绝,迭经明降谕旨,保护使馆,并谕各直省保护教士。现在兵事未弭,各国商民在中国者甚多,均应一律保护。着该将军、督抚查明各国洋商教士在通商各埠及各府州县者,仍按照条约,一体认真保护,不得稍有疏虞。上月日本书记杉山彬被戕,正深骇异。乃未几复有德国公使被害之事。该公使驻京办理交涉,遽遭伤害,惋惜尤深。应仍严饬勒拿凶手,务获究办。所有此次天津开战后,除因战事外,其因乱无故被害之洋人教士等,及损失物产,着顺天府、直隶总督饬属分别查明,听候汇案核办。至近日土匪乱民焚杀劫掠,扰害良民,尤属不成事体,着该督抚及各统兵大员查明实在情形,相机剿办,以靖乱源。[①]

到这时,北京开始强烈地感受到天津被占领以后事态发展所带来的压力,太后的追随者们的争论白热化。

① 译文据故宫博物院明清档案部编《义和团档案史料》上册,中华书局1959年版,第327~328页。——译者注

第二十一章 等待的时日

7月22日,星期日。一大早就有一些中国人通过水门出去,到南城去买水果。但过了一会儿,等其他人也想这样做的时候,有人向他们开枪,因此买卖没有做成。修筑工事的工作在上午11时中止了,这是第一次这么早就能干完活,因为在此前多数星期日,需要干的工作都比平常要更为急迫。

大约中午的时候,派往天津的信使出发了。要他携带的东西太大,他要求把体积缩小一些,以便能够更好地隐藏起来。(对于许多被围困的人来说,这名信使所携带的消息,是在几乎完全绝望后的第一道希望之光。)日间,燕礼士(John Inglis)夫妇的孩子死了,于黄昏时分埋葬。他是围困期间去世的六名儿童之一。

有流言说,最辛勤地收集外面情报的日本人听说,我们的军队沿着河岸行进,已经位于来北京路程的中途了。董福祥据说已经失去了影响力,他的士兵离他而去。但按其他人的说法,他被派出去抵御我们的军队了。中国人在翰林院修筑了一个新工事。一名中国士兵告诉某个人说,现在围困我们的军队大约只有九百人。

7月23日,星期一。一场大雨从昨天傍晚开始下,一直下了一夜。许多工事都坍塌了,翰林院一座房子的墙壁也突然倒了下来,砸到了志愿者们刚刚还在上面睡觉的床垫上。北京的房子和其他地方的一样不太坚固,用的材料常常是一些和人的拳头差不多大的小砖,相互间用泥和很少的石灰松散地粘合在一起。结果,一遇大雨或者连续不断的降雨,就能够听到到处都有墙壁倒塌的声音——往往会危及住在这些破房子里的人的生命。雨水对沙包非常有破坏作用,特别是对那些用昂贵织物制作的沙包,它们经受不了这样猛烈的冲击,许多沙包成了一堆烂泥。

今天早上,神经有些不太正常的挪威人利用下雨天黑以及英国和中国看守睡着的机会,翻墙逃走,估计很快地就会落到中国人手中。人们担心,他在那儿的遭遇可能不会像他想象的那样好。据说,尽管中国军队的人数明显减少,但他们仍然在修筑新的工事。昨天,一条狗从他们的工事被派到我们的一个工事,嘴里衔着一封信——这可能是帝国邮政在北京残存的唯一服务了!

7月24日,星期二。夜间非常热,许多人热得睡不着觉。日本使馆的一名参赞死于破伤风,外国人和日本人对此都深为哀悼。他有深厚的中国知识,人缘很好。从连续不断的枪声判断,昨天夜间好像对北堂进行了猛烈的攻击。苦力们在城墙上修筑工事,一直干到9点。在那以后,中国人开始向他们开枪,工作被迫停止了。

虽然处于"休战"状态,但仍然有枪击。今天有四名中国人在肃王府受伤,此外还有一名意大利人。英国使馆前门的工事上搭起了一个席棚,以防止工事被大雨冲坏,中国人只开了一枪。

天黑以后贴出了一张告示,柴大佐看见一个中国人,他告诉柴大佐说,外国军队已经于17日占领了杨村,并且于19日打了一仗。据说有一百五十名董福祥的士兵受伤,被送回了北京。外国军队位于杨村这边四十里。康格先生和其他一些人都不相信这一消息,因为在这段时间里,军队一定还只是在路上,不可能前进得如此迅速。

7月25日,星期三。大约凌晨1点,我们惊奇地听到一阵猛烈的枪击声,主要来自蒙古市场的方向,说明一轮新的攻击又开始了。但是,枪击只持续了不到五分钟就停止了。据报告,昨天有一名日本人向一名翻越其工事的中国人射击,作为报复,一名中国人击中一名中国教徒。然后,日本人还击,中国人接着打伤了一名意大利人,而一名英国海军陆战队员则打死了这名向意大利人射击的人!

两天以前,有流言说,来自保定府的一支中国大部队很快就会攻打使馆。现在听说军队正在从西苑前来,分成两支,驻守在北京的两座城门。还有流言说,前几天有计划炸毁北堂,但并没有成功,至少这座教堂未被毁掉。向日本人提供信息的中国士兵现在告诉他们,24日在蔡村和河西务之间发生了一场战斗,从中午一直持续到午夜。战事结束后,中国人退到了河西务。

日间有一面休战旗被送到了德国使馆,同时送来的还有几封信。其中一封“庆亲王等”写给窦纳乐爵士的信说,中国政府收到许多询问,要求了解各国公使是否安全。中国政府愿意把各国公使的回复送发给这些询问者,但这些回复不能有任何的军事性质,而且必须用明码写,不得使用密码。另一份文件再次提出了将使馆人员转移到天津去的建议,指出叛乱民众日益增多,很可能会发生某种不测事件。(但是,不测已经发生了。)迁移是暂时的,驻节是永久的。中国将会提供护卫,可以保证一路上的绝对安全。中国并不希望发生战争,要停止战争需要采取什么措施?最好能够在天津解决这些问题。因此,文件要求各国公使收拾行装,确定一个日期,以便能够为他们的转移做好准备。

又派出去了一名信使,他化装成算命先生,带有和此前信使所带信件内容相同的信件。派出去收集《京报》的人回来了,他经历了一些麻烦和危险。为此,他获得了五十两银子的奖赏。

7月26日,星期四。夜间只有一些零星的枪击。夜里很热,随之而来的白天也同样十分炎热。由于服装的某些地方不能令人满意,化装成算命先生的信使最终未能离开使馆。最初把他携带的信件卷到一把旧雨伞的把里,但有人说这太明显。为了下一次的尝试,他现在正在琢磨换穿别的装束。

日本人的中国士兵消息中心(现在发展进了董福祥的一名卫兵)今天提供了最新消息。昨天在河西务又进行了一场战斗,战斗一直持续到下午3点,中国人死伤了一千二百名。中国军队包括五千名士兵和三千名义和团。据说,李秉衡已经到达了北京。人们认为,驱赶外国公使的计划就是他策划的。下午,有关河西务的消息得到了补充,这场战斗开始于6点,中国人被迫撤退了十里。通过同样的来源,我们得知一支有四千八百名士兵的军队从西面进入北京,但他们现在已经离开,带着九门大炮加入中国军队之中。

康格先生丝毫也不相信这些报告,但其他许多人对它们给予有条件的相信,“是鹿呢,就把它打倒;是小牛呢,就让它跑走”。

夜间一直有些零星的枪击,说明仍然有人在监视着我们,但我们并没有回击。

7月27日,星期五。昨天晚上凉快多了。早饭后,有传言说,有一个人从通州来了,和他一起来的还有一个以前常来的人。他们带来的消息说,中国人计划把通州作为最后一个防守点,如果在那儿被打败的话,朝廷就会撤到西安府,遥远的陕西省省城。据说,已经为这一撤离征召了旅行用的车辆。

化装成算命先生的信使又一次试图出去,但没有成功。当他第一次被送下城墙的时候,遇到了中国士兵。他假作是被派来侦察他们的营地的,但中国士兵告诉他,如果没有通行证,他就不能到达中国人的营地。然后他拉动绳子,就又被拉上了城墙上面。第二次试图出去是在肃王府东门,但他在那儿发现四围都是中国人的工事,结果被吓回来了。

今天中午时分,他又试了第三次。他得到一件义和团的衣服,但却不能穿。两名中国士兵愿意帮助他出去,其中一人愿意为另外一个人担保。担保者仍然留在我们的监管之中,而另一人则把信使带到几里之外。当他离开信使的时候,后者交给他一个外国女士的发针作为证明,而留下做担保的那个人对这个证明一无所知。在提交了这个发针证物以后,担保人就被体面地解除了监管。这两名士兵得到了十两银子的奖赏。那名信使在带着十三封信到达天津以后,会得到二百两银子。(很明显,这些精心设计的防备措施根本没有用处。尽管有人感觉这名信使可能不太值得信任,但人们从来也没有真正地怀疑过他。他离开北京城以后,他的兄弟建议他要么直接自杀,要么到庄亲王的大本营去自首,以逃脱惩罚。他这样做了,所有十三封信都被送到总理衙门的翻译那儿进行翻译,然后交给朝廷。在那里,那些没有使用密码的信件自然会大受欢迎——就像以前那些为数众多的同类信件一样。)

公使们昨天又开了一次会,讨论在回复“庆亲王等”的信时使用什么样的语气,以便用最不明确的措辞使这件事尽可能长地耽搁起来——这就是外交官们所接受的训练的目标,要使所有人都完全满意。至于明码电报的问题,今天回复说,没有一个政府会接受这样的电报,也没有一个公使会发送这样的电报,因为这样的电报不会达到目的,反而会使原来计划的目标受到损害,必定会泄露各国公使目前的状况。此外,也不可能保证各国公使的家人们身体都健康,因为他们经受了五周围困的痛苦,缺乏有营养的食物。至于不得含有军事信息,这一点很容易处理,因为公使们对军事形势一无所知,因此发送这类情报也不会有任何危险。

日本人的士兵间谍告诉他们说,荣禄有五支部队在北堂,两支部队在后门,也就是皇城的北门,三支部队包围使馆,另外还有三支部队已经离开北京,去迎战外国军队。为了朝廷的撤离,已经有二百辆大车征召进宫中,另外还有七十辆大车是为董福祥提督征召的。

一名殴打其妻子的中国人今天被戴上一面小枷,即套在脖子上的一个木框,在钟楼附近示众。枷上面写着一句话:“这人殴打妻子,因此而受到惩罚。”他身边有一群看热闹的人,有外国人,也有中国人,他们感觉这事很新鲜。确实有理由假定,在中华帝国的历史上,这种情况是第一次发生——尽管这样的话用在任何事情上,无疑都是轻率的判断。

下午为各国公使送来了红帖子和大量的水果,还特别送给赫德爵士一份,这引起了一阵骚动。经过大致清点,有如下一些东西:西瓜一百五十个,黄瓜一百根,南瓜一百个,面粉一千斤,鸡蛋五百个,冰二十四块。在接受这些朝廷礼物的问题上,无论是在这次还是在其他场合,都有着意见分歧。一些人坚决拒绝享用这些东西,希望退回或者谢绝。双方发生了激烈的争论,甚至有一名公使接到一个夫人代表团的请愿,反对接受这种奸诈的施舍。

不过,在不能轻率地食用这些面粉,至少应该先让一条狗食用这一问题上,大家的意见倒是十分一致。先让狗食用面粉的建议是中国基督教徒们提出来的,得到大家的赞许。这些面粉暂时被放了起来,以备紧急时食用,直到救援部队到达之前,都没有动过。不过,此后食用这些面粉并没有出现不良后果。像以前一样,对这些礼物,只是出具了一张收条,表示收到了。

一封庆亲王通过窦纳乐爵士致各国公使的信建议,使馆建筑内的中国教徒的人数太多,而空间太小,而且现在外面已经平静下来,这些教徒们可以非常安全地送出来,让他们去各务其业。不必有任何怀疑和担忧。要求给出他们的人数,并且指定了一个日子送他们出来。

中国人到底是否希望离开他们唯一的避难所,从而加速他们被屠杀的命运,对于这个问题,窦纳乐爵士并不认为有必要去征询中国人的意见。因此,对这一拙劣的信件也未作出任何答复。黄昏时候常常有一些人聚集在钟楼周围唱歌。

有几首歌是专门为围困写作的,因此非常受人欢迎。俄国人唱他们民族的优雅曲调,德国人唱"莱茵河上的士兵",英国人唱"上帝保佑女王",美国人唱"星条旗",跟着唱的人很多。

信使报告说,中国人捉住了一名蓬首垢面的外国人。我们断定他就是那名逃走的挪威人。为了寻找他,我们曾经于25日写了一个寻人启事。据报告,他被带到荣禄的大本营,荣禄对他进行审讯后,把他送到了他现在所在的顺天府衙门。

7月29日[①],星期六。今天清晨被杀死的两匹小马的肉里发现有一种丝虫,非常令人厌恶,也很不卫生。由于中国人对于这类小事从来不太在乎,这些肉就被送到了肃王府。又为外国人另外准备了一匹小马。

7月4日夜间送出去的那名化装成乞丐的男孩回来了,引起了一阵骚动。他带来了一封给窦纳乐爵士的信,是对他4日那封信的回复。在4日的信中,窦纳乐爵士描述了当时围困的具体情形和死伤人数,陈述了中国军队自6月20日以来对使馆区连续不断的攻击,说明了使馆所面临的沉重压力。

这封来自天津的回信是英国领事写的,在布告板上张贴出了它的如下内容:"天津,7月22日。回复你4日的信。现在已经有两万四千名士兵登陆,有一万九千名在这里。盖斯利(Gaselee)将军可望于明日抵达大沽。俄国军队现在北仓。天津城处于外国人管理之下,义和团的力量已被消灭。如果您有食物能够坚持下去,大量的部队正在途中。几乎所有的妇女都已离开天津。贾礼士。"

越是仔细琢磨这封奇怪的信,越是会觉得它非同寻常。对于那些一直处在被围困状

① 原文如此,应为7月28日。——译者注

态下的人来说，最重要的问题是救援军什么时候能够到达。而这封信不仅没有这方面的任何一点信息，而且措辞含糊到难以理解的程度。甚至到底有多少部队可以利用，也成为一个有争论的问题，而“如果您有食物能够坚持下去，大量的部队正在途中”这句话的意思，更是让人琢磨不透。人们不禁要问，如果窦纳乐爵士认为他的食物不能够继续坚持的话，这些部队会怎么做呢？

直到很久以后，人们才朦朦胧胧地知道，这封信作者的仁慈目的是不想暴露事实的真相，人们担心这可能会使被围困的人们极度丧气。当时的事实真相是，还看不到立即对他们进行救援的任何前景，他们可能还需要适应这些情况。

送信的少年报告说，他于7月23日离开天津的红桥，在杨村的一个机车锅炉里睡了一觉。那儿的铁路桥未遭破坏。那一天，他只看到中国人的步兵——其主要部队在天津以西八英里的北仓。

他在那儿没有看到义和团。24日，他在河西务附近过夜。那天，他看到一些村庄里有一伙伙的义和团，但没有人在路上。在马头，河里的水上涨，有许多船拴在那儿，但几乎没有船在行驶。27日，他到达北京的沙窝门。沿河的电报线杆和电线全都没有了，铁路都被掀了起来，铁轨或者被埋了起来，或者被用来制作义和团的刀枪。通往天津的大路路况很好，各处的庄稼看上去长得不错，村民们都在干农活。每个村庄都有一个义和团组织。

这名信使离开天津时，外国军队的活动还没有超出圩墙。天津所有的衙门都被外国军队——主要是日本人——占领了。所有义和团都已经离开天津前线，因为他们在战斗中受到了严厉的惩罚。由于他们以前所吹嘘的刀枪不入和现在的战斗表现之间的反差，中国士兵很看不起他们。

日本人资助的那名董福祥的卫兵告诉他们，26日在安亭(An P'ing)发生了一场战斗，七百名中国人被打死，中国军队撤退到了马头。把这名卫兵所提供的资料和那名少年信使显然真实的信息结合起来进行参照，就可以得出下面有关军事活动的情况：

董福祥提督指挥的部队的战事总结：蔡村之战，7月24日；河西务之战，7月25日；安亭之战，7月26日；中国军队到达马头，7月27日。

那名少年信使报告说，他23日在杨村过夜，24日在河西务，25日在马头，26日在于家圩(Yü Chia Wei)，27日在北京。这样看来，这些报告之间没有太大出入。

慈禧太后计划逃走的消息得到了另外四人的证实，那名士兵间谍也确认了这一点。昨天，一名教徒尝试着修补破鞋，一名天主教难民试着修理钟表。

7月29日，星期日。昨天夜间，北堂一带好像有一阵激烈的枪击。一大早，那个精神失常的挪威人被一名中国士兵带进了我们的防线，看上去就像是一个失魂落魄的人。他一直带着镣铐，声称即使把全世界的金子都给他，也不会让他重述他的这段经历。但他一点点地透露出，荣禄和其他人曾经问了他许多重要问题，表明他们对使馆区内的情况了解得非常准确。其中一个问题问及正在挖掘的坑，可能问得是那些防弹坑，还有一个问题问到中国人的炮火所造成的损害情况。挪威人什么都说了，诚实地说中国人的枪炮打得太高。由于稍后中国人的枪口明显地降低(与之相适应，被围困的人的情绪也明显地降低)，有人建议把这个人作为逃兵和间谍枪毙。但是较温和的意见占了上风，他此后处于某种被监禁状态之中,一直到围困结束。

一名在奥地利使馆被放弃时正在那儿做饭的奥地利水兵说,当撤退的命令下达的时候,他正在厨房做饭,没有听到撤退的命令,认为攻击是义和团进行的,不会有什么大事。在听到子弹的呼啸声以后,他跑出来看,立刻就吃惊地发现整个防御工事内已经没有一个奥地利人了。他本人不久就被一粒子弹击中,两条腿都受了伤。他挣扎着爬回卫兵室,用自己的血在墙上写下他的名字,说明当时的情形,免得他死去以后别人不知道。当发现中国人并没有进来后,他撕开自己的衣服,进行了简单的包扎,在子弹的追逐中爬到了海关的工事内。那些不含偏见的评论家们现在普遍认为,当时放弃奥地利使馆是绝对不可宽恕的事。

负责中国情报的日本人杉(Sugi)先生在日本人防线外面一点朝向海关胡同的地方占据了一座小房子,在那儿接受信息,派出情报员。他的那名卫兵今天告诉他,有两万五千名士兵在马头等待外国军队,这些外国军队有三万多人,昨天退到了安亭。

派出了一名信使,到北京西北面的昌平州会见来自塘子口(Tu Ts'u Kou)的逃难者。有消息说,俄国人取道张家口向北京行进,但他们到底在哪儿,仍然是只有不朽的上帝才清楚的一团迷雾。现在确定,除了两个城门以外,北京所有的城门都已经用沙包堵住了。

下午,在皇城城墙下的御河桥的南沿,中国人开始修筑新的工事。在北马棚的人立即就看到了这件事,并且作了报告。意大利炮被运到那儿,攻击修筑工事的人。在发了几炮后,炮手(意大利人)的手上中了一弹。

中国人的方法非常像做买卖,也非常有效率。你看不到一个人,但不时有一两块砖头加到墙角上,然后又是一块,一直到一面墙开始出现。有时候,满满一箱子土或者砖头突然被堆放到迅速加高的工事上,但仍然看不见一个人。射向他们的子弹伤害不到中国人,也根本不能阻止他们的工作。天黑以前,一道新墙沿着整个桥边伸展开来,而到夜晚,这道墙就全部完成了,非常高,也非常坚固。他们在其他地方的工作也是这样,有着几乎不受限制的材料和人力,能够在很短的时间内完成大量的工作。当俄国绅士第二天早上说"那道新墙让我很不舒服"时,每一个人都有相同的感觉。

另一名信使刚刚从某个地方来到使馆,告诉我们杨村在"两三天以前"被外国军队彻底摧毁,这些外国军队正在稳步前进。这必然又增加了一个有关进军北京的说法,对这些说法进行对照分析耗费了很多精神,产生出一些极不可靠的结果。

得到了几张《京报》,但里面没有任何有重要意义的内容。7 月 23 日的一期有直隶总督裕禄和提督宋庆联署的一道很长的奏折,对 7 月 8 日到 11 日间攻打外国租界进行了言辞含糊的描述。7 月 11 日的《京报》也有这位总督同样描述的一道长奏折。奏折承认中国人损失严重,但敌人的损失也"不小"。慈禧太后得知位于海光寺的兵工厂遭到的破坏并没有严重到不可修复的地步,感到欣慰。后一封奏折发于外国人最终成功地攻陷天津之前两天,它的语调就没有那么充满信心。在详细描述了为数众多的外国军队现在的情形和未来的计划后,奏折明确表示需要"大量的援军"。

前一个奏折中的一段非常有意思,可以说明中国人在不利情况下的战略。裕禄说:"奴才与该提督(马玉昆)面商进战机宜,必须先将紫竹林洋兵击退,然后会合各营,节节进剿,直抵大沽,方可得手。当由奴才与马玉昆、聂士成、罗荣光随时相机商办,总期迅将大沽炮台恢复,以固门户。”[①]一道批示表示同意这一行动计划(在这种情况下,人们可能会想到,这就像是一个老鼠的军政委员会关于把一个大铃铛系到我们阁楼上的几只外国猫身上的最好方式的报告)。

在同时发布的这位总督的奏折中,他告诉朝廷:“各属义和团民,先后来津,随同打仗。兹有静海县独流镇团总张德成,带同所部团民五千人,于本月初二日到津来谒。奴才察看其人,年力正强,志趣向上。现饬择地驻扎,听候调遣,并酌给军火、粮食。除俟立有功绩,另行奏奖外,理合附片具奏。”[②]一道谕旨宣布,作为对荣禄众多功绩的奖赏,他被允许在紫禁城内骑马(这项特权,他保留不了太长时间了)。

7 月 30 日,星期一。御河头上的工事控制着通向城墙的整条道路。尽管不让人们从这里通行,仍然有固执的中国人想走这条危险的道路,而不去走那条绝对安全的通道,结果经常遭到枪击。今天早晨,在肃王府附近一座房子的外面,一名罗马天主教徒在御河路边上被打死了。一名患疟疾的哥萨克错把十二分之一格令[③]的鳖木硷当成奎宁吃了,好不容易才从中毒状态中抢救出了他的生命。

对那些从四面八方不断传来的相互矛盾的报告,真是难以进行理解,更是难以从中理出一个头绪。下面是今天的报告。柴大佐的信使说,他 29 日黄昏 8 点离开张家湾(距通州三英里)。那儿从下午 3 点到 8 点,有断断续续的战斗,许多中国人被打死。外国军队 29 日早晨已经行进到马头,中国人退到了张家湾,大约有一万人。下午又有一名被派出去侦察情况的糖果小贩从通州回来,说杨村有外国军队,但杨村这边一名外国士兵也没有。由于这不是我们所希望得到的消息,这个人被绑了起来,一直到他修正了自己的说法!他还说,李鸿章已经到了这里,有三天的时间来谋求和平。今天早晨,又有一名信使带着十一封信出发了。日间有报告说,杉先生昨天派出去的两个人回来了。其中一人听说,29 日或 28 日在马头南面发生了一场战斗。他们说,他们看到一个曾经在距通州八英里的天主教村庄贾家疃(Chia Chia T’uan)住过的人,那人说外国军队已经来到这里以解救天主教徒。这些教徒一直在对他们进行的小围困中坚持着。

从美国人在城墙上的岗哨可以向下看到南城,看到车辆、马匹和苦力等在混乱状态下的异常活动。有关所看到的这些情况的报告也十分混乱,相互矛盾。据说赫德爵士收到了一份将近一百个字的密码电报,但他没有密码本,因此无法知道它的内容。

对于那封认为现在乡村已经安静、建议中国教徒“各归其业”的信件,今天送去了答复。公使们提到,既然外面已经安静,他们对北堂一带激烈的枪炮声感到十分吃惊,显然北堂正在受到攻击。北御河桥的工事也被提及,并且说明从这个工事里不断地进行枪击,另外对法国使馆和俄国使馆也有枪击。因此,在上面的表白和所描述的行动之间存在着令人惊奇的反差。北堂有欧洲的军官和士兵,如果对北堂的攻击不能被制止的话,就很难令人相信,在前往天津的途中不会受到同样的攻击。只有对此作出解释,才能讨论迁移的问题。

① 译文据故宫博物院明清档案部编《义和团档案史料》上册,中华书局 1959 年版,第 209 页。——译者注

② 译文据故宫博物院明清档案部编《义和团档案史料》上册,中华书局 1959 年版,第 210 页。——译者注

③ 英美制重量单位,一格令等于 0.0648 克。——译者注

"庆亲王等"的回复告诉各国公使,关于公使迁至天津的准备问题,中国政府当然会提供各种车辆,把他们送到通州,由总兵孙万林选派部队,并调派提督宋庆的一些部队负责护送。要求提前数日将行期告知。在对上面提到的那封信的回复中,他们解释说,对北堂的攻击是由于教民四出抢掠食物所致,平民和义和团民一起进行了连续的攻击。现已发布一道谕旨,如果教民不出来抢掠食物,将会受到保护,不会对他们进行攻击。提督董福祥的部队正在修筑一条跨过御河的道路,使馆错误地把它看成了一个工事,这是双方之间的误会。到于计划中的撤离,并不是一件容易协调的事,只有多方安排以后,才能确保不会发生意外。回复中说:这是一件最为重要的事情,我们不会故意欺骗。我们请你们不要过于着急,但要作出一个决定。

7 月 31 日,星期二。夜间在御河一带有一阵被英国海军陆战队员称为"极其微弱的开火"。中国人抱怨说,在他们修筑"道路"(工事)的时候我们先向他们开火。确实是这样。尽管中国人允诺停火,但他们并没有停止在各处的枪击。鸡蛋的供应从来都不多,现在中国人又将一名带鸡蛋来贩卖的中国人斩首,而法国卫兵也击中了一名鸡蛋贩子,鸡蛋的供应可能不会再有了。

作为间谍的中国士兵又给日本人带来了他通常提供的军事消息。外国军队从马头边战边行,于 30 日下午晚些时候到达张家湾。中国军队现在通州南面八英里处。6 月 27 日离开西安府的有十五支部队的"长安胜军",预计将于今天抵达南苑,并且会进军通州。据估计,他们可能有四千人或五千人。但由于他们并不是按西洋方式训练的军队,对于加强中国人的军事力量作用不会太大。

据说,迄今一直由荣禄指挥的五支主要军队被交给了李秉衡。李秉衡是遵照一道特别命令,于几天前从南方赶到这儿的。李秉衡的到来,立即就加强了对未来战事的乐观看法,因此到处都可以听到有关将要进行战斗的消息。董福祥已经休假十天了。李鸿章(已经在北京)将在两天内到达天津。一封来自济南府的报告称,山东巡抚袁世凯已经"叛变到了德国人一方"!

贾腓力手下的那些一直在从事加强要塞工作的人,他们今天被叫走,到翰林院的西北角去修筑一个"防砖棚"。那儿几乎每一分钟都有砖头和瓶子等东西被扔过来,"弄得人们都很紧张"。海牙和平会议应该把这些东西和"达姆弹"一起,列入应该受到谴责的武器之中。夜间,使馆街上那座桥的北面,又建起了一道工事。现在,这座桥已经变得非常危险,因为桥那边工事中的中国人经常进行狙击。

第二十二章
攻击恢复

8月1日，星期三。夜间，精神失常的挪威人从被拘禁的日本使馆破门而出，跑到了北京饭店。饭店老板于凌晨2点把他带到英国使馆，他在那儿又重新被监禁起来。为了确保穿越御河的安全而在使馆南门修筑的工事于昨天夜间完成了，我们现在可以稍稍松一口气了，但通过这条道路去使馆街仍然存在着一定的危险。

食品供应委员会一直努力储备各种有用的东西，尤其是最为重要的碾磨粮食的工作，一直在妥当而及时地进行着。所有的被围困者们能够一直生存下来，全依赖于他们的努力。由于到底要被围困多久无法确定，而食品供应又是一件至为重要的事情，就有必要对现有的食品供应进行仔细的盘点。好像只有六百磅白米，一万一千五百磅“黄米”(也即陈米)，三万四千磅小麦。如果不能找到其他供应的话，这些储存估计可以支持一千人生活五周，每人每天可以得到一磅小麦和三分之一磅大米。还有大约三十匹小马可以用来食用，如果每两天吃三匹的话，可以支持二十天。

到城墙上转转就可以发现，和最初试图在城墙的坡道顶部用砖修筑一道弯曲的护墙时相比较，这里的防御已经大为改善。那道护墙已经建成，可以很好地防护来自各个方向的射击。城墙上的每一个工事都建得很高、很坚固，中国人即使有意进行突袭的话也很难成功。不过，自从7月3日夜晚以来，他们从来没有表现出进行突袭的意图。在两头的工事之间，便是一条长长的始终处于保护下的城墙道路，可以十分安全地通行。西头的工事由美国人和俄国人联合把守。

收到了“庆亲王等”的另一封信，继续着上一封信的话题。信中说，昨夜有教徒向官兵的工事开枪，打伤两名官兵。这类教徒如果不加管束，恐怕他们会制造祸端，破坏大局。要求对他们严加管束，以防止今后发生冲突。听说聚集了很多教徒，他们非常不愿意各国公使离开北京，希望能长久得到保护，外国公使不应该落入他们的圈套。要求在两三天内对公使撤离一事作出答复。

对于各国公使来说，他们的回复最好能让中国人觉得他们是在讨论一件有道理的事情，因为公使们难以确定这些信件到底会交到谁的手中。于是，第二天对这封毫无道理的来信进行了回复。保卫使馆的不是“教徒”，而是卫兵。北御河桥的新工事白天、黑夜都在射击，但我们没有进行任何还击，这种情况恐怕很难继续下去。对于确定一个日期前往天津一事，外国公使非常难以作出决定。各国使馆能得到什么样的保证，保证在路途之中不会遭到枪击呢?

通过今天从总理衙门那儿得到的电报得知，康格先生7月17日报告使馆已经遭受了一个月的枪炮攻击的电报,已经引起了巨大的震动,各国将会派出救援部队。非常奇怪,无论是有关我们所遭受的痛苦的消息,还是有关这个消息所造成的影响的消息,竟然都是通过总理衙门传送的。7月18日派出到天津的张姓山东教徒今天回来了,带回了福岛将军给日本公使西德二郎的一封信。信中说,日本第五师登陆时遇到了未曾预料到的困难,但大部分部队已经抵达天津,其余部队将陆续到达。从北京派出去的几名信使让大家普遍了解到北京的形势,已经就派遣救援部队的问题召集了几次会议。预期从写信那天即7月26日起的两三天内,一支远征军就会出发。

其他一些信件带来了相同或类似的消息。这些消息清楚地表明,被高价收买的董福祥提督的卫兵间谍频繁而又极有规律地提供的那些报告,和同一时期的其他事实相互抵触。换句话说,这些情报纯粹都是编造的,其目的是要吸引被围困者的注意力,让他们去研究地图,估计"我们的军队"现在可能存在的情况。那些一直不相信所有有关这些战事描述的人,现在可以强有力地反复说:"我告诉过你们,这些都是假的。"

曾经向最后一名信使许诺过,完成使命可以得到一大笔报酬。现在他已经成功地完成了任务,但他说他不在乎金钱,不会要这笔钱,他只想尽可能快地再带一些信件回去。他解释说,他冒着生命危险做这事,只是为了行善事,不是为了得到个人好处。日本人和其他一些人觉得,他似乎是一个行为非常古怪的人。两小时以后,他被送了出去,再次去执行他想做的差事。

一封给赫德爵士的电报提到了7月15日在天津进行的战斗的结果,说在这次战斗以后,救援工作开始加速进行,并且询问中国政府是不是正在保护我们,并向我们提供一些必需的物品。

最后一句话暴露了那些西瓜、茄子和黄瓜的"真正性质"。中国政府送给我们这些东西,并不是把它们当作食物,而是为了给中国公使们致各西方国家的信件提供材料。所有这类信件现在都在保证说,中国政府尽了最大努力让被围困的人们生活得尽可能的愉快。因此,总的来看,他们的命运还是不错的。

来自日本人的报告说,他们的人员损失为十人(包括使馆书记官),其中有五名士兵、三名使馆官员、一名军官、一名平民。另外,还有七人受重伤,三十人受轻伤。死者被埋葬在肃王府大院内的一个特殊地方,等围困结束后再把尸体挖出来火化,将骨灰送回日本。

围困期间有一窝小猫出世了,其中两只被守卫大门的海军陆战队员收养。它们的脖子上系着一些彩带,安详地睡在枪眼里!

8月2日,星期四。一名长期以来一直十分害怕和悲观的欧陆国家公使,今天早上在我们的门房里说:"我们快要得救啦。"看来,他也感觉到温度在上升了。

两名士兵间谍今天早上来了,其中一人报告说,他们所谓的外国军队已经撤退到了很远的杨村!他多少有些警觉,也知道他报告中的虚假内容超过了其真实价值。他的精明的雇主日本人非但没有表现出笨拙的西方人在类似情况下通常会表现出来的那种激动情绪,反而微笑地看着他说,从一开始就知道他所讲述的所有故事满篇都是谎话,所以根本没把这些故事传达给柴大佐!实际上,日本人每天都对这些报告进行仔细的整理,在地图上加以标识,并且把这一切立即张贴到布告板上,所以,日本人的话就和想象中来自天津的部队的前进和撤退一样的虚假。那名士兵并没有被打发掉,而是被告知,如果他今后能够带来比他此前带来的那些报告更为准确的报告，还要继续付给他酬金。但是，自从那天以后，再也没有一个人把这名士兵的话看作是具有军事价值的东西。

一个被派出去打探情况的人今天回来了，带回一些新的《京报》，其中有少许消息。

7 月 28 日，有一道山西巡抚毓贤的奏折，报告说该省省城太原府的地方官报称有义和团聚众侵入其衙门，要求派兵援助。经过调查，这位巡抚得知聚众的人数不多，只有一个人进入衙门索要食物，并且他不是义和团。他建议将该地方官革职。（这件小事的实际情况可能不像表面看来这样简单，而且很可能表明，毓贤正在劝导他的下属，不能干涉义和团，任何阻止他们活动的官员都会被迅速解职。）

这名巡抚还提到，在即将遵旨派出四“营”步兵和二百名骑兵前往北京时，接到了新的谕旨，他已经遵照新的谕旨将这些部队改派到张家口。他还报告说，他将要招募新的军队。（后来知道，他亲自率领部队前来北京援助，但走到获鹿县，即将进入直隶和山西之间的古关山口的时候，听到了北京已经被占领的消息，于是便退回到自己的省城。其后，他在那儿迎接了逃往遥远西部的慈禧太后。）

有道谕旨虽然未注明发布日期，但显然是发布于 7 月 28 日。在这道谕旨中，两名总理衙门大臣许景澄和袁昶被指责为声名恶劣，并且在办理洋务时怀有私心，在召见时，任意妄奏，莠言乱政，使用语言（在慈禧和皇帝之间）进行离间，实为大不敬。为了整肃其他官员，他们两人被判处立即正法。（上述两名官员因为激怒慈禧太后而被杀，很显然是受到了到达北京后立即就进行鼓动的李秉衡的影响。许景澄是新建的京师大学堂的领导人，曾经担任中国驻俄国公使，是一个开明人士。在一次极其重要的御前会议上，皇帝从他坐着的座位上伸过手来，拉着许景澄的衣袖叫道：“如果中国和全世界开战，会不会使中国灭亡啊？”对此，众多的满清贵族们表示出了极大的愤怒。有人大声说许景澄把手放到了皇帝身上，并且当众斥责他。他吓坏了，赶紧向后退避。同一天，有报告说李秉衡到达了北京，而第二天，许景澄和袁昶就被处决了。他们真正的罪过，是竟然敢反对慈禧太后所采纳的由端王和其他一些人提出的愚蠢计划，试图找到某种方法来摆脱日益严重的危机，秘密访问使馆以讨好外国人，以及当克林德暴尸街头时为他收尸，并且用棺木装殓起来。）人们立即就认识到，这是一个最为不祥的行动，表明中国实际统治者的脾气已经难以改变。

昨天，为了把我们的防线扩展到英国使馆的西南面，占领了蒙古市场附近一些被火焚毁的房屋，并且把它们改造成为工事，以便使中国人离我们的距离更远一些。今天，在海关人员斯泰老（Strauch）中尉（前德国陆军军官）的指挥下，贾腓力先生和他的人员完成了这一任务。斯泰老是一名勇敢而灵活的军官，他以极大的热情投入这一新的工作之中。这一工作特意选择中国士兵懈怠的时候（开始吸食鸦片，以及由于早起造成的疲惫而正在休息的时候）开始进行，而整个工作在很长的时间里甚至没有被发现。它使得我们控制的区域向西扩展了大约五十码宽，并且把整个距离从北面的上驷院一直伸展到南面的俄国使馆。穿过许多院落，在许多房屋上穿墙打洞，最终在西面最远的地方修筑起了一道由石板构成的工事。当中国人终于发现了正在进行着的事情时，进行了特别凶狠的攻击，突破了一道木制大门，打伤了一名中国人。但尽管他们做了最大的努力，仍然没有能够夺回这一地区的任何一部分，把它作为对付我们防御的据点。

到黄昏时候,另一名信使回来了。他带走的是23日的信,信中传达了使馆仍然安全的信息以及当时被围困的情况。在他带回的消息张贴出来(消息几乎立刻就张贴了出来,因为信件大部分是给美国公使的)之前和之后,人们都极其兴奋。密码文件和信件给出了解救天津的军事行动的日期,以及可能要命令救援部队进军的消息。但这个消息和后来实际的进军情况并不相吻合。其中一封信中有要我们“一定要坚持住”的鼓励,而另一封信则说:“振作起来,救援很快就要来了,大量部队不断到来。”

若士得(Ragsdale)领事给康格先生的信很短,但对美国人来说具有特别的意义,因为从中可以看到他们遥远的同胞们的行为和感情:“7月28日。以前已经失去了再次见到您的全部希望,而现在的前景光明多了。我们这里遭到三十天的炮击,被围困了九天,感觉糟透了,几乎没有一座房屋没有受到损坏。国内的情绪当然很激动。我们祈祷并希望您平安,迅速得到解救。部队可能明天就会出发。麦金莱和罗斯福获得了提名。还有布赖恩——副总统不详。”

美国第四十一步兵师的马洛里(Mallory)中校的来信说:“一支一万人的救援部队即将动身前往北京。更多的部队随后出发。上帝保佑他们能够及时到达。”8月30日[①],沙飞少将宣布他刚刚抵达天津。

其他一些信件提到,义和团攻击了遵化、山海关和其他一些地方的中国教徒。俄国人一直在满洲的金州附近作战,牛庄非常乱,整个满洲似乎都起来反对外国人,而俄国人可能把他们的手伸向了整个地区。据说,长江流域也非常不平静,但两江总督刘坤一和湖广总督张之洞正在尽最大努力维持秩序。李鸿章仍然在上海,人们怀疑他是否会北上天津。天津由一个各国联合委员会管理。德国和美国各自派来了一万五千名士兵,意大利五千名。天津驻满了士兵,还有更多的士兵陆续到达。天津和塘沽之间的铁路遭到了破坏。许多妇女和儿童已经乘坐“罗甘”号运输船回美国。北戴河海滨度假地的所有财产都已被毁坏。

从某个时候起,人们就知道在某个地方有中国烧酒。最近,在使馆街一家经营调料等调味品的商店里发现了它。都春圃先生带着一些人代表总委员会到那儿,看到一个疲惫的人睡倒在一个大酒缸上。人们强迫他离开,并且把整缸酒倾倒到街上,这些价值不菲的酒香味四溢。这缸酒此前曾经被封起来过一次,但馋酒的海军陆战队员们把封口打开了。

那名带来受人欢迎的救援消息的信使说,他到达通州以后,没有走他通常东去天津时的道路,而是和中国士兵一路走了一个晚上。他回来时把信件缝进他的帽子里,经过西门离开天津。为了不引起怀疑,他选了一条宽敞的便道,非常迅速地完成了旅行。

8月3日,星期五。没收物品委员会今天早晨忙着走进昨天占领的区域内的各个房屋,发现了大量有用的东西。皇城内起了火,但不能确定是在什么位置。下面的布告是刚刚张贴出来的:

---

① 原文如此。沙飞抵达天津的日期应为7月30日。——译者注

英国使馆统计，8 月 1 日

士兵：英国和其他各国	73	
总医院伤员	40	
使馆内居住者		
外国男士	191	
外国妇女	147	
外国儿童	76	
	————	414
使馆内居住者		
中国男士	180	
中国妇女	107	
中国儿童	69	
	————	356
总计		883

下午，总理衙门送给窦纳乐爵士一封来自索尔兹伯里爵士的未注明时间的密码电报，他在信中抱怨说，自从 7 月 4 日起就没有听到任何消息了。公使们开始试着通过总理衙门发送密码电报。总理衙门送来了任命荣禄护送公使们前往天津的通知。荣禄整个夏天一直在试图杀害使馆里的每一个人，委派这样一个人担任这项工作，即使对于中国政府来说，也是极其厚颜无耻的。

在回答窦纳尔爵士关于不断对我们开火的抗议时，总理衙门不疼不痒地说是出于误解，并且说现在的开火多少就像寺庙里的晨钟暮鼓声一样了。为了确认"晨钟暮鼓"的说法，总理衙门还声称，听一名公使夫人说，现在的枪击非常少了，炮击也没有了，她都睡不着觉了！

在肃王府那边，一些中国苦力带来一些来复枪和弹药并在一个哨卡上出售。（可能正是这种情况，使得很多地方都在传说，围困期间的一部分军火是从攻打使馆的中国军队那儿买来的。无论如何，有人说下面的事是真的：一名日本人付给一名中国宫廷护军士兵两美元，买来一百四十发弹药，而一刻钟以后，这两个人就在激烈的战斗中互相打起来了！）

8 月 4 日，星期六。昨天夜间的枪击比以往少得多。诺丁费尔特炮被架设在汉务参赞房子后面那块新吞并来的土地一角的一个高出的平台上，看上去很有些唬人："哦，他不大，但他很聪明。别看他个子小，可是一个吓人的家伙。"

公使们开了个会，决定要求总理衙门送些羊肉和其他东西来，让妇女和病人们用。但这个决定并没有得到一致的赞同，一些被围困的人强烈表示反对，认为它是一个不恰当的虚弱的表示。收到来自总理衙门的一封信，告诉公使们有关各国的外交部希望外国公使们被护送离开北京，该信要求尽快予以答复。两名在俄中银行工作的俄国人今天下午不小心,过分暴露自己,结果被打伤,好像是被同一颗子弹打伤的。其中一人在夜间死去。

公使们在下午继续进行的会议上,就给总理衙门的回信达成了一致。回信将于明天发出,其主旨是必须允许公使与他们各自的政府直接联系,不能通过总理衙门作为媒介来接收指令。外国驻华公使必须要拥有中国驻外国公使现在所享有的同样权利。

和这封信一起,还有各国公使发给各自政府的密码电报,请求得到是否按照总理衙门的要求离开北京的指令。这样做的目的是争取时间,因为根据总理衙门今天的信件,电报要通过山东省城济南府来传送,这样,最快的回复也要十天或者两个礼拜才能收到。据了解,至少有一名公使在电报中暗示了提出这一请求的真正目的,并且建议不必急于作出答复。公使们告诉总理衙门,一旦得到政府的答复,他们就可以进行离开或是继续留驻的安排了(一个不能履行的预先陈述或者许诺)。

昨天,公使们第一次尝试着通过总理衙门给各自政府发送密码电报。据认为,既然这些电报没有被退回,它们就应该是被转发出去了。

对所有向外发送的电报,存在一种审查机制,这让某些发送人非常不满,他们不希望他们的意见被一个委员会所修改。

在肃王府,由于人们都知道朝廷让公使们离开北京的谕旨,并且认为我们很快就要撤离,因此,一些没有携带武器的士兵非常友好地聚集在我们的哨所附近。一名曾经非常努力地为我们收集《京报》的士兵找了个机会说道:“你们活了,我们死了。外国军队正在路上,把宋庆提督的军队打退到离这儿一百四十里的地方。”中国人中间传言说,外国军队中有许多“黑人”,很可能是从印度来的。

8 月 5 日,星期六。有消息说,如果外国公使不同意立即前往天津的建议的话,中国政府打算对使馆发起真正的攻击。在相对平静了将近三个星期以后,由于贾腓力先生坚持不懈地一直进行着防御的准备工作,所以有许多人在听到这一传言后,和叫喊着“让他们来吧”的德国士兵们同样感到精神振奋。

昨天夜间,大雨下了两三个小时。今天,一切都很清新。靠着我们领域的蒙古市场的墙,并没有像我们所担心的那样坍塌。这是第一个完全没有工作的星期日。昨天和今天有几名中国儿童死去。罗马天主教徒非常缺少食品——其原因不太清楚,因为食品的总储存情况还算不错。下午,又有信件从总理衙门送过来,其中一封向意大利使馆表达了对亨伯特国王去世的哀悼(意大利人此前对此事并不知晓),这一消息是由驻英国和意大利公使罗丰禄传达的。其他一些给其他公使的信询问了健康等情况。

下面一封给各国联军的信于今天晚上送了出去,正是利用了这封信中的信息,英国和美国部队才能如此迅速地进入北京:

1900 年 8 月 5 日

我附上了满人城南城墙的地图,城墙后面就是防线,包括现在被我们占领着的使馆。我们在城墙上的阵地十分坚固,有大约三百码长,与两个城门的距离差不多一样远,有旗帜作为标志,一头是俄国国旗,另一头是美国国旗。(美国)阵地左面有个水门,是一条城墙下面的通道,大约四十英尺宽,二十英尺高,可以让很多人非常轻松地从中穿过。到达我们的防线内以后,可以沿着城墙下去,从城墙后面的街道上,去攻占一个城门,或者把两个城门都夺过来。每个城门有五百名士兵攻打就足够了,尤其是如果有炮火在城外面进行援助的话。南门附近的汉人城的城墙并不坚固,比起更高更厚的满人城的城墙来,要容易攻占得多。汉人城南门和这一地区的建筑物之间的地面十分空旷。在炮轰之后,沿着大街向中门前进,然后向右拐,就可以走到水门了,应该不难找到它。我认为这是进入北京最安全、也最切实可行的入口。见斯莱特的密码,使用的是拉格斯达尔的代码。

窦纳乐(签名)

8月6日,星期一。早上两三点之间,有一阵激烈的来复枪射击,好像我们已经有很长时间没有遭到这样激烈的枪击了。枪击从蒙古市场一带开始,然后四处都有。枪击持续了大约半个小时。这一攻击可能是由于在新夺取的领土上不断修筑工事而招来的,这些工事一直都在进行加固。法国使馆的一个中国工事倒塌了,但中国人一点也不慌张,他们大声地喊叫着,敲打着鼓,以吸引人们的注意。英国使馆的一些房子非常危险,其中一座房子的二楼因为不安全而在夜间被放弃了。

那条可以让鸡蛋贩子和消息传播者们走进日本人防线的胡同,已经被墙堵了起来。这样,我们就又一次与世界相隔绝,只有很少一些经过总理衙门过滤过的消息——主要是些讣闻性质的消息——传进来。下午,这个威严的机构又送来了一封信,是对昨天发出的向各国政府询问撤到天津的信件的回复。总理衙门转发了这些电报,也就是承认了各国公使们请示得到指令的权利。他们还解释说,昨晚的攻击是因为有外国人弄出了很大的声音,致使中国士兵认为他们正在准备攻击,所以进行了很宽容的回应!

8月7日,星期二。夜间比前一天的夜晚平静多了,尽管仍然有些枪击。今天是“日本的盂兰盆节”(中国的阴历七月十三),相当于我们的“万圣节”,他们把鲜花放到他们死去的人的八座坟墓上,那种心灵的感动使得整个世界成为一家。

医院窗户上的沙包全都散了,被取了下来,用来填充网球场上因为取土而形成的那些难看的坑。总的来说很平静,但蒙古市场一带仍然有枪击,有一名日本人从肃王府那边送过来,腿上负了伤。今天从总理衙门处收到一封电报,是哀悼爱丁堡公爵去世的,此前人们对此一无所知。

今天,在经过仔细准备和许多修订以后,北京围困登记册公布了,并且被放到了布告板上。起初,处在第一位的是“总司令,窦纳乐爵士”。这一称呼的根据,是公使们的一次选举。考虑到窦纳乐爵士曾经在英国陆军服役过二十四年,公使们请求他负责进行指挥,而其他人也都不愿意承担这一责任。把他称为“总司令”是非常合适的,因为曾经达成过一致意见,在最危险的时候,将会把英国使馆当作最后固守的地方。现在,围困似乎就要结束了,窦纳乐爵士为公众利益而进行的不懈努力也接近完成,在这个时候,如果像某些大陆国家那样,不想承认窦纳乐爵士是他们的“总司令”的话,似乎有些不太高尚。一些人最后说,从军事方面来看必须要有一个总司令,而且,除了公使们先前在极其危险的时候所达成的一致以外,当时也的确找不到比窦纳乐爵士更有资格、更为合适的候选人了。

黄昏时分,司快尔先生起草了一封准备送给救援部队的长信,建议把南城作为最好的攻击点,因为那儿守卫较弱,更加容易进入,距离使馆更近,只需要通过一些没有枪眼的建筑物的空地,而且还有水门可以利用。同时,也向英国部队送出了另外几封同样性质的信件。

第二十三章

解　救

8 月 8 日，星期三。夜间在蒙古市场一带有较为激烈的枪击，几名中国人偷偷地爬过毁坏的房屋，向架设着诺丁费尔特炮的高地上的卫兵投掷砖头。正是由于这一事件，才有人传说这一哨卡受到了“攻击”。不可能让所有的人对某件事情有同样的看法，有些人非但不认为这块新添加的领土增加了我们的安全(实际上确实是这样)，反而认为它给我们带来了危险。

昨天对一些没收的衣服和家具等物品进行了拍卖，募集到几百美元来救助基督教徒。一名法国海军陆战队员今天早上误伤了另一名队员的肺部，那人不久就死去了。只有那种最让人不能接受、最不可宽恕的粗心大意，才能造成这样的不幸。在英国使馆大门外面开始挖掘一条通向御河的战壕，要在那儿修筑一个平台，架设上奥地利炮，以控制御河的河床，因为大胆而且坚决的敌人随时都有可能在夜间沿着河床发动有效的攻击。在翰林院西边，正在挖掘一条对抗地道，以对付中国人的地道，但一直并没有发现中国人的地道。

公使们今天召开了一个会议，下令要求节约使用食物。会议同意告诉总理衙门，鉴于他们在传达国王和王公们去世消息时表现出友好感情，如果他们也能够向使馆内的妇女、儿童表达相同的友好感情，向他们提供鸡蛋和蔬菜的话，将会非常感谢。同时，还要求总理衙门接管仍然处在我们防线内的一百多名中立者。

总理衙门下午送来了一份通告文件，宣布李鸿章已于昨天被任命为全权大臣，负责中国和列强之间的和谈事宜，他将通过电报与各国政府联系。

柴大佐的一个消息来源说，北京现在只有大约两千五百名中国军队，其余部队都去迎战外国军队了。他还报告说，又有一支五万人的外国军队在大沽登陆。人们认为，任命李鸿章为议和大臣可能意味着外国军队在杨村取得了决定性的胜利。但一名公使认为，即使救援军尚未出发，也不会令人吃惊，因为在交通等方面存在着诸多困难。

窦纳乐爵士回复了那封对爱丁堡公爵去世表示哀悼的信件，称尽管这些社交礼仪令人感到欣慰，但现在仍然不能保证，他如果走出自己的使馆，不会有遭到枪击的危险！今天是围困的第五十天。

8 月 9 日，星期四。夜间，北御河桥一带有一阵猛烈的枪击，沿着御河向英国使馆进行射击。传说攻击我们的中国士兵进行了大换防，由满族士兵取代了被派出去抵御敌人军队的汉人士兵。子弹呼啸着穿过使馆大院，夜里听到了呻吟声，但没有人哭号。早上发现，一名中国罗马天主教“兄弟”在外面亭子里头朝北睡觉，结果被一颗流弹击中了胸部，子弹在他的衣服上打了一个洞，在剑形软骨附近造成一处伤口。这人可能是被打昏了，因为他甚至没有醒，而当他醒了时，才发现自己流出了血。

肃王府里吃的食物的样本被放在一个盘子里送了过来，是由谷糠、高粱种子、小麦和菜叶、树叶等混在一起做成的饼子。下达了一个要求，要求有能力的人出去猎杀一些狗和猫，让中国人当作食物。对肃王府的天主教徒再次进行了统计，共有 755 名妇女和 546 名儿童，共计 1301 人。未包括在内的男人人数是 412 人，这样总人数就达到了 1713 人。

8 月 10 日，星期五。今天凌晨 3 点多，蒙古市场突然开始爆发出一阵十分猛烈的攻击，攻击范围包括这一带整个地区。攻击只持续了大约十五分钟，但是和我们所经历过的那些猛烈攻击一样猛烈。随着一枚信号弹的发射，攻击一下子就停止了。在攻击开始以前，在市场西面有一名义和团民被打死，另一名受伤。沿御河一带也有一些枪击。

早上，一名上了年纪的天主教教士不顾许多人的反对，从使馆街桥缓慢地走到肃王府的大门，途中吸引了来自北御河桥的枪击。朝他射击了二十六枪，但没有一枪打到他。昨天有个人记下，有三十枪射向一个小姑娘，还有一名采集野菜的老太太很快就成了射击的目标。在遭到枪击的时候，有些中国人好像一点也不在乎，而有些人则十分害怕。有一名中国人不顾别人的警告到危险的地方，结果有一粒子弹射穿了他腰部以上的衣服。在那以后，他变小心了，但他小心的方式，却是在被子弹打中的部位填充上厚厚的软布，因为他认为下一粒子弹必然还会准确地击中同一个地方！

一名从事外交工作的军官说，如果好好瞄准的话，昨天夜间对英国使馆的攻击足以打死使馆里的每一个人。中国人不是没有这样的想法，但是完成得不好。攻击是从蒙古市场的一个角落开始的，昨天曾经在那儿发现了一袋火药。

开始征集纪念这一经历的围困纪念章的设计。有人建议应该刻上“弥尼，弥尼，提客勒，乌法耶新”[①]的字样，但据说另一位被围困的人对此表示反对，其看似有理的理由是“不是所有人都懂拉丁文”。迄今为止，几次拍卖的总收入达到六百八十一美元。

下午 3 点左右，一名来自进军中的部队的信使到达使馆的消息传开了。有一封日本指挥官福岛中将于 8 日写于蔡村附近的信。日本军队和美国军队 5 日在北仓附近击败了敌人，于 6 日占领了杨村。“由美、英、俄等国士兵组成的联军今天早晨离开杨村。将军在北进途中收到了柴大佐的来信，非常高兴地得知外国人正在继续坚守。陆军中将和我们所有人真诚的、一致的希望，就是尽快到达北京，把你们从危险境地解救出来。除非有不可预见的事情发生，联军将于 9 日到达河西务，10 日到达马头，11 日到达张家湾，12 日到达通州，可能会在 13 日或者 14 日到达北京。”同时，还收到了盖斯里将军一封大意相同的信。

这位信使混到了中国士兵中间，他们留住了他，但没有搜查他。回来的时候，他被迫乘船回来。但他走得还是比较快，他于星期日晚上离开天津，星期三早上到达了外国军队所在的地方，星期五中午到达北京。他化装成一名在房屋废墟中寻找东西的苦力，穿过了两道工事才进入使馆。

收到了一些询问情况的电报，也有的电报中有一些消息。康格先生收到一封来自华盛顿的电报，询问他 7 月 18 日电报的情况，并且给了他一个名字，让他加到回复中，以便

① 见《圣经·但以理书》。——译者注

确定回复的真实性。这似乎表示,人们怀疑总理衙门发送出了假信息。

总理衙门仍然没有对食品问题作出答复,只有一个据称是荣禄捎给总委员会主席的奇怪口信,要他列出一个所需物品的单子,荣禄会提供这些东西,而都春圃先生可以在以后付给他钱!信使带来一个传言,李秉衡在杨村肩部受伤。一名公使表示,真可惜受伤的部位没有再低一些。(但是,这一伤势最终导致了李秉衡的死亡。)

昨天夜晚,中国人攻击了德国使馆和英国使馆。今天早上,一名来自总理衙门的信使对此表示遗憾,并且称他们已经把制造这次攻击的那个人的头砍了!

前几天杀了一头牛,让能够得到牛肉吃的人极为高兴。一名使馆人员的夫人派人去拿牛肝,却发现牛肝早已被海军陆战队员们悄悄地偷吃了。英国使馆的一名随员想要一块牛腰子美餐一顿,但腰子也已经被分完了。不过,富有同情心的食物分配员不想让他失望,送给了这人一块马腰子,“并没有加以说明”。后来,他又遇到了那人,问他是不是喜欢。那人表示吃得非常高兴,并且说吃的时候,他都忘记他现在是在中国了!

下午,施特劳斯(Strauss)少尉袭击了蒙古市场附近的一个中国工事,结果引起了报复性的猛烈攻击。砖头一块又一块地扔了过来,一名英国海军陆战队员的脑袋被砸开了个口子,两名中国人被砸昏了过去。砖头可比子弹危险多了。幸运的是,当砖头砸过来的时候,中国工人正在吃下午饭,所以他们大多数人都静静地站在躲避处,看着砖头在空中划过一条曲线,落到没有人的地方。

黄昏时候下了场大雨,随之而来的是一场攻击。当雷电炸响的时候,攻击就格外地猛烈。看上去,雷电还真的被看作神灵为了鼓励中国人而发出的信号。

8月11日,星期六。今天杀了两匹小马,原因是它们感染了肺结核,但不怎么挑剔的中国人把它们要去了。又另外杀了一匹马和一匹骡子作为替补。人们射击狗、猫、喜鹊、乌鸦、麻雀等,把打死的动物给了天主教徒。计划直接向每一个家庭发放粮食,而不是在一个公共的大锅里把它们做好后再分发。

城墙上有一些特别行动的迹象,中国人的旗子被拿了下来,但士兵的人数似乎增加了。他们开始向美国使馆再次开火。有一枚实心弹通过司快尔先生办公室的门,射进了(所谓的)铁“保险箱”的外门!子弹也射向其他一些建筑物,有一粒子弹进入了公使的卧室。在好几个星期很少在白天进行攻击以后,敌人突然又重新进行这种攻击,特别令人恼火。

8月12日,星期日。夜间有断断续续的猛烈攻击,但中间停顿的时间不长,所以很难睡得着。据说各个方向都有激烈的攻击。一名奥地利人和一名德国人受伤,一名法国人被打死。一名在城墙上值勤的俄国人受了轻伤。另外一名俄国人昨天在医院里死去,死去的还有一名法国海军陆战队员。肃王府那边夜间有很多次喊叫声。柴大佐敲打着煤油桶,意大利士兵喊叫着,吹着口哨,并且互相喊着“好啊”,力图让中国人感觉他们人数众多。

昨天获知,今天会有一名中国官员前来开放一个市场,但并没有人出现。一名向法国使馆的士兵卖鸡蛋的人告诉他们说,昨天在张家湾发生了战斗,有三千名中国人被打死。城里出现了一些恐慌的现象,据说荣禄已经服毒自杀。全天都很热,人们都说,在这样的天气里向北京进军,实在是遭罪。

下午，蒙古市场防线突然爆发了一阵猛烈的攻击，诺丁费尔特炮对此进行了还击。子弹很密集，也很低。今天为两名法国人举行的葬礼很令人伤感，他们就死在我们感觉使馆就要被解救的前夕。

美国使馆的女士们今天忙着为德国使馆的防御制作沙包。奥地利炮被安放到了马棚院子里。总理衙门的一封来信说，“亲王和大臣们”明天会来英国使馆，协商停战事宜。法国的拉布鲁斯(La Bruce)上尉在黄昏时分被打死在法国使馆内，他当时正要走向一个工事。真应该回复总理衙门说，这个使馆现在对于“亲王和大臣们”来说，是一个极其不安全的地方。窦纳乐爵士计划在他自己的房子里接待他们。西班牙使馆本来应该是一个更为合适的地方，但最后还是在前大门处搭起了一个席棚。中国人根本不会相信我们会接待他们。

据报告，中国人在哈德门上的一门炮一直在放空弹，因此德国人觉得没有必要开枪进行还击。两个夜晚以前，一粒子弹穿透了蒙古市场地区一个枪眼上的一块木板，砖头掉了下来，但没有打到人。中国人现在开始喜欢使用这样的战术，就是不停地朝着一个枪眼及其周围开火，一直到把这面墙打坍塌为止。有的时候，他们找到一个射击点，然后把机关炮用带子紧紧固定好，不停地朝着这个点射击。我们的诺丁费尔特机关炮昨天也以这样的方式，击倒了中国人工事的一部分，但这个缺口很快地就被沙包堵住了。

8月13日，星期一。预料中的攻击开始了，持续了整整一个夜晚，火力非常猛烈。中国士兵和他们使用的来复枪似乎和以前有所不同，子弹的穿透力要更强大一些。许多工事受损严重，必须进行修复。英国使馆中没有一个人在夜晚的攻击中被击中，真是不错。攻击比围困开始以来的任何时候都更有连续性，而且和关于和谈的建议令人奇怪地不协调——我们所遇到的又一件令人不解的怪事。这些连续不断的猛烈进攻给人的印象就是，时间不多了，他们必须要立即消灭我们。射击比以前要低得多。

公使们在午前开了一个会，讨论接待总理衙门大臣们的地点。公使们很难拒绝与总理衙门大臣们的会见，理由是可以利用它，就像公使们谢绝前往天津一类的谈判那样。

然而，10点半，总理衙门送来了一封信，称有一名军官和二十六名士兵在工部附近(英国使馆西面)被打死，表明公使们已经重新发起了战事！同时由于“总理衙门大臣们很忙”，他们不能如约前来！没有对购买食品一事作出任何答复，也没有任何有关外面的消息。

德国和美国使馆昨晚都受到了攻击，对德国使馆的攻击距离很近。贴出了通告，已经作出安排，要对被围困的各个地方进行拍照，准备使用属于日本人的一架照相机。幸运的是，有着足够多的用于摄影的化学材料可资利用。

一些中国骑兵昨天通过前门离开北京，几次受到了来自城墙上的射击。但所谓的重开战事并不是指这件事，因为中国士兵是在使馆西面被打死的。被打死的中国军官据说是一名总兵，他曾经保证要在五天内拿下使馆，昨天是最后一天。但这并没有变为现实，美国和俄国的国旗今天还在城墙上飘扬，而且为英国国旗准备了一根旗杆。

晚上8点钟左右，如预料一样，在蒙古市场一带进行了一阵猛烈的攻击。攻击持续了很长时间，刚一停止，立即就又开始了。一个多小时以后，又进行了第二次攻击，同样也是非常猛烈而又凶狠。

8月14日,星期二。今天和昨天之间完全不存在区隔,因为没有一个人能够睡着,甚至几乎没有人装出要去上床的样子。皇城城墙炮台上的克虏伯炮夜间开始发射炮弹,一共发射了大约十枚。其中一枚炮弹落到了窦纳乐爵士卧室旁边的一间更衣室内,把它完全炸坏了。另外三枚炮弹打到前大门一带,其中一枚穿过了门道,其冲击力毁坏了附近所有的东西。

11点和12点之间,敲响了将有“总攻击”的警钟,每一个人都走了出来——将近六个星期以来第一次有这样的经历。窦纳乐爵士站在那儿,等着看有多少人出来。过了一小会儿,他解散了人群,就好像这只是一个演习似的。

三个小时以后,发出了第二次警报,这次是担心中国人即将冲破蒙古市场的防线。志愿者们被安排在各自的位置上,敌人的攻击和以前一样凶猛,也一样地没有取得成功。某个志愿者宣称,他听到中国军官催促中国士兵进行预料之中的冲击,喊着:“别害怕,我们能冲进去。”一个短暂的停顿后,有人对此回答说:“恐怕不行吧。”

为了抵御这次攻击,所有的大型机关炮都做好了准备。大门口架设着美国人的柯尔特式自动炮,而诺丁费尔特炮和平常一样,依然安放在汉务参赞房子后面的高地上,奥地利炮和“国际炮”则架在蒙古市场一带。在开火时,“国际炮”由于后坐力大和不太稳定,必须要有一个比较大的炮眼。结果,美国炮手米歇尔在发炮时被一粒枪弹打断了胳膊。每当敌人的炮弹向我们开火,柯尔特炮就进行还击,敌人的那门炮最终哑了火,或者至少是停止发射了。

整个夜晚都可以听到诺丁费尔特炮断断续续的低沉吼声,向着它射程范围内的敌人发射着难以阻挡的、非常压抑的、极其愤怒的炮火。对肃王府的攻击和其他地方一样激烈,但并没有把日本人赶出他们的阵地,因为中国人并没有进行冲锋。翰林院和法国使馆在凌晨1点和2点之间的情况,也是如此。

一名法国教士和一名比利时医生夜间在英国使馆受了轻伤——这是整个围困期间这一区域内非军事人员为数极少的伤亡之一。肃王府的一名日本医生的腿被一枚实心弹打穿,一名海军陆战队员肩部受了轻伤,一名先前受过伤、但已经痊愈了的德国人被打死,还有一名俄国人在城墙上被打死。人们认为,昨天总理衙门已经通知公使们,中国军官如果再挑起战事,将会受到军法处治。这个可怕夜晚的这些行动给这个想象中的停战作了一个奇异的注解。

凌晨2点到3点之间,可以清楚地听到东面远处传来机关炮“咔嗒咔嗒”的清脆响声,人们立刻就得出了结论:外国军队已经到了附近。虽然是在凌晨,但院子里立即就挤满了热切的人群,大家讨论着各种可能性。有人提出了疑问:我们听到的机关炮声会不会有可能来自中国人,记得李鸿章多年以前曾经定购过一大批这类机关炮。(后来听说,这些特别的炮是从中国人那儿缴获的,但当时并没有想到这一点,这些炮很可能就属于上面提到的李鸿章所购买的那批武器。)

关于计划中的纪念章,交来了许多优秀的设计方案。今天,这些方案被画成图,贴到了布告板上,让大家对材料、样式、正反两面的铭文等进行投票。同时,还制定了时间限制。不幸的是,对于即将来到的解救的全部热情,夺去了大家对于这种图画象征的兴趣。投票被迫中止,而且很快就被完全放弃了。

尽管受到猛烈的攻击，但我们的工事一个也没被打垮，而且蒙古市场一带受威胁最大的那些工事的力量，在二十四小时之内反而得到了双倍的加强。午前，听说皇城上那门昨晚发射许多炮弹的炮撤走了，这表明有着某种行动。无论如何，我们的奥地利重机枪已经架设到了北马棚的院子里，以防备那门炮再次开火。

整个早上都可以听到东面传来的猛烈炮击声。从城墙上看，东面城里似乎还很平静，但中国军队和昨天一样，不是从前门出来，而是匆忙地通过前门进去。布告板上贴出了一张布告，称："负责把守南门的哨兵接到命令，禁止任何非军事人员离开使馆，除非得到负责防御的军官的特别允许。因为万一撤退中的敌人发起总攻击，需要每一个有能力的志愿者进行服务。"

同时发布了另外一个命令："要求妇女、儿童以及不值勤的人员今天尽可能地待在屋里，因为很可能会有炮弹落下的危险。"

从城墙上，可以很好地看到炮轰齐化门的情况，这个门以前没有给我们留下太多印象。此外，还有对东便门的攻击。始终可以听到"我们的部队"发出的隆隆枪炮声。"听到这一快乐声音的那些人们有福了"。城墙上的士兵们认为，外面的那些人"如果运气好，明天晚上就可以到达"。

2 点过后不久，城墙上的摩尔(Moore)先生向霍尔上尉报告说，他看到远处有外国军队。尽管这一消息当时受到了怀疑，但马上就被证明是真实的。他被派去迅速向窦纳乐爵士传达这一消息。最初错误地认为看到的外国军队是德国人，但很快就发现他们是英国人。

人们现在兴奋到了极点。少数几个没有值勤而得以离开的人，穿过俄国使馆来到了街上，结果被告知军队已经通过水门进入了鞑靼城。这时河里只有很少的水，但是有一些淤泥，所以通过这一狭窄的通道进来多少还是有些麻烦。然而，这个通道只不过有几杆长，它带来的麻烦在整个征途中不值一提。

第一个进来的部队是第一锡克团，然后是第七孟加拉拉其普特步兵团。盖斯利将军是所看到的第一批军官中的一个。中国人排列在御河两岸，包括窦纳乐爵士在内的几名在场的欧美人试图大声欢呼，但他们的嗓子却喊不出来了。这真是一个小小的失败！

在部队到达英国使馆的时候，出现了狂乱的欢乐场面。这种场面在亚洲很少有，在中华帝国的京城更是从未见到过。所有的人都涌到街上，观看这一辉煌的场景。拉其普特人一边行进一边欢呼着，一直走到网球场，再也无法向前走了才停了下来。接下来是第二十四旁遮普步兵团，他们欢呼着走过医院。医院里住满了勇敢而沮丧的人，但他们现在很快乐，因为他们毕竟挺了过来，终于看到了被解救的日子。

人们还记得，第一锡克团的前身就是四十年前参与占领北京行动的那支部队。接着来到的是被迫等待夺取了前门才进来的第一孟加拉枪骑兵团，然后是皇家威尔士燧发枪团的一支部队、第二十三野战炮兵连、香港团以及皇家海军陆战队员。

这时，网球场、使馆区内的各条道路等有限的空间都已经人满为患，锡克人、拉其普特人、枪骑兵、燧发枪手以及中国人和被围困的西方人混杂在一起，整个使馆一片骚乱。

就在这样的狂乱之中，美国第十四步兵团到达了。人们更加欢乐，场面更加混乱。每个人都在询问另外某个人的消息，询问着北京使馆以外的某处人群的消息。

部队刚一到网球场,盖斯利将军就用他自己的士兵替换下了值勤的哨兵。一名锡克士兵被派到使馆前门的哨卡上,柯尔特自动炮正在那儿以霹雳般的发射声倾泻着它对部队到来的疯狂欢迎。他刚到那儿,立刻就被一粒射进枪眼里的子弹击中,迅速地被送往医院。被围困者和解救者欢呼的喧嚣声把中国人从午睡中唤醒,他们又以重新焕发出来的精力开始猛烈的射击,但十分明显,他们还不太明白形势的变化意味着什么。子弹一度非常密集地射向使馆,一名比利时工程师的妻子腿部受伤——这是整个围困期间唯一的一名因受到枪击或炮击而受伤的女士。

只用了很短的时间,就在我们一直赖以防守的城墙上炸开了一个大洞,穿过这个洞,就可以通向上驷院。很快地,上驷院宽阔的院子里就满是枪骑兵们那些疲惫的马匹了。中国人的射击越来越没劲,数量越来越少,距离越来越远,最后完全消失了。部署在我们对面工事里如此长久的那些士兵们,“像阿拉伯人那样收起了他们的帐篷,无声无息地溜了”,再也看不到他们,也听不到他们的声音了。

第二十四章
从大沽炮台到解救北京

已经有不止一个有资格的评论家对从海边进军京城途中的军事活动进行了大量的详细论述，因此，在这里只对这些活动作最简短的概述，不过，这些概述都是最重要和最令人感兴趣的。

当乌云在几乎注定要大难临头的北京城上空聚集时，一支豪华的舰队已经在白河口高傲地停泊好几个星期了。这支舰队有着充分的理由一直没有采取行动。

到6月中，所有的人都清楚地看到，政治形势已经十分严峻，完全不可能找到和平解决的办法了。中国政府发布的那些狡诈的、不负责任的谕旨，清朝官军和义和团民在各处的亲密关系，朝廷秘密召开的消灭外国人的会议，这一切都使得形势难以预测，即使具有最为丰富的想象力，在经历这一事件之前也无法猜测后来事态的发展。北京已经切断了和世界的联系。在北京和天津之间，部署着一支无人知道其规模的中国军队，西摩远征军不久就要在这里与之进行殊死战斗。聂士成提督驻扎在某个地方，他的军队在芦台有一个军营，可以调来军队，对外国舰队和天津租界之间的交通线施加压力。有迹象表明那些军队即将进行调动，河上在埋设地雷，而大沽炮台也得到了强力的支援。因此，想要轻易地夺取这些炮台，是根本不可能的。

6月16日，星期六，舰队司令们召集了一次会议。在紧迫的形势下，会议决定发出一道要求撤出军队的最后通牒，并且宣布，如果这一要求在上午2点之前得不到满足的话，各国联军就将摧毁炮台。开姆夫(Kempff)将军代表美国对这一措施表示反对，但这一决定并没有影响他此后的行动。

所谓的“国际法”问题就这样被提了出来，从那以后一直到现在，这一问题引起了诸多争论，许多人对此发表了措辞激烈的文章。但是在当时，在那种形势下，很难看到这些司令们还能采取任何既有自尊又能保护他们各自国家利益的其他措施。确实，正是这一最后通牒导致了要求各国使馆在二十四小时之内离开北京的相应命令；而联军对大沽炮台的攻击点燃了中国人从来没有过的民族感情，可能也是一个事实。在某种程度上，就其后果来说，它可以和美国内战爆发时攻击桑特堡对北方人民造成的影响相比较。

但是，当时人们心里断定，如果不在几个小时之内夺取大沽炮台，不仅北京的使馆可能会面临比夺取炮台更为巨大的危险，而且很可能拯救不了天津城内为数众多的男人、女人和孩童中的任何一个。事实上，联军确实尽了最大努力，才把这些人从极度危险中救出来。

主炮台的中国指挥官的行为要远比预料中的果断和勇敢，他们在时限到达前一个小时向舰队开火,战争开始了。这是外国军队第三次攻击大沽炮台了。他们在1858年曾经在二十分钟之内就占领了这些炮台,但是在第二年,大沽炮台就又能够击退十三艘英国和法国炮舰组成的联合舰队了。在现在这次攻击中,战斗持续了大约六个小时。当北炮台遭到轰击,最后一门炮停止射击以后,英国人和日本人同时进入了炮台,其他国家的军队稍后也进入炮台,中国士兵明智地急忙放弃了阵地。

英国炮舰发出的一枚炮弹击中了南炮台的一个弹药库,引起爆炸,一柱黑烟冲天而起,升上五百英尺的高空,炸飞的碎片散落在方圆数英里的地面上。到7点30分,大沽炮台已经被占领,攻击者方面有二十一人死亡,五十七人受伤。如果中国人的判断没有出现许多错误,如果他们再坚决一些的话,战斗的结局很可能会非常不同。

天津的形势这时非常严峻,但是没有任何有关的信息传到大沽,联系已经被完全切断。这时,迫切需要将外国租界的危急情况传达给舰队。在这紧急时刻,一名二十二岁的英国人瓦茨(James Watts)自告奋勇,愿意穿过四十英里布满义和团的乡村,把文件送到大沽。他骑着一匹小马,在夜色的掩护下出发。陪同他进行十二小时旅程的是三名哥萨克骑兵,而他只会三个俄文单词。他不得不快速穿过一些驻有手持上着刺刀的来复枪的士兵的村庄,他的子弹筒被打飞了,所有人的生命时时都处在危险之中。这支马队在一个敌对的村庄附近渡过了一条小河,最后抵达了大沽,将文件交给了俄国司令。他们的勇敢行为拯救了被围困在天津的人的生命,后来被授予了勋章。

从大沽到天津的铁路大部分都被义和团破坏了,这段路程的最后一部分对于救援部队来说特别困难。他们受到了极端兴奋的被围困者们的欢迎,这是在占领大沽炮台整整一个星期之后。

军事负责人一直在激烈地进行讨论,万一救援部队不能到达的话,是否必须要完全放弃天津,撤退到大沽。

救援军刚抵达天津,就派出一支部队去援救西摩将军。他的部队尽管离天津只有几英里远,但是由于伤员太多和敌人力量太强而无法移动。对于这支著名的远征军的幸运的和不幸的经历,这里应该多少加以注意。

6月初,西摩将军提议,海军高级军官应该在共同防卫问题上进行商议。6月4日,召集了第一次这种性质的会议,八个国家的军官们出席。在两天以后进行的另一次协商会议上,决定如果与北京的通讯被切断,就应该使用必需的军队重新建立起通讯联系。

9日,由于收到了来自北京的紧急电报,又召集了另一次会议。公使们在电报中说,除非迅速进行援救,否则就太迟了。麦卡拉(McCalla)舰长决定去救援美国公使,西摩将军也以同样的方式宣布他要立即出发,并且希望其他人能够合作。

10日,清晨出发的救援军由三百名英国人、一百一十二名美国人、四十名意大利人和二十五名俄国人组成。火车开到杨村就被迫停下进行修理。部队在那儿过夜,同时又有两列火车开到这里,增援这支远征军,使总人数达到一百一十二名美国人、二十五名奥地利人、九百一十五名英国人、一百名法国人、四百五十名德国人、四十名意大利人、五十四名日本人和一百一十二名俄国人。第二天,又有二百名俄国人和五十八名法国人来到,使总人数增加到两千零六十六人。

12日,一支护卫队离开落垡,发现前面的铁路大部分已经遭到破坏。一支部队被派到安亭，以阻止更多的破坏活动，并占据那儿的车站。这支军队受到义和团的三次攻击，义和团在损失了十五人之后被迫撤退。

在上午 9 点左右，四百五十名义和团又进行了一次攻击，他们以极大的勇气和热情发起冲锋，但是被击退，总共损失了一百五十人左右。由于在安亭的部队弹药用尽，于是下达了撤退的命令。

13 日，约翰斯顿(Johnstone)少校受命前往安亭，但在靠近铁路的一个村庄里受到攻击。义和团方面被打死大约二十五人，外国人没有伤亡。这支部队于 14 日傍晚返回了大部队。在这一天，人数众多的义和团对廊坊的火车进行了猛烈而又坚决的攻击，他们冒着激烈的火力，极其勇敢地以松散的阵形前进，有些人甚至都冲到火车前面才被打死。他们大约损失了一百人。在一座被遗弃了的村庄中，五名巡哨的意大利人在没有掩护的情况下被打死。

下午 5 时 30 分，一名从后面的落垡前来的信使报告，护卫队遭到敌人的一支大部队的攻击。一列火车沿铁路开出，去援助他们，结果发现战斗已经结束，正在撤退的义和团有大约一百人被打死。从中国人手中缴获了两门小炮。两名水兵严重受伤，其中一人后来死去了。

15 日，铁路在强大的护卫下修好了，但是从落垡通向后方的路据说遭到了破坏，义和团正在杨村集中，以切断远征军的退路。

16 日，一列火车试图开到天津。上午 4 点开车，下午 3 点又回来了，因为铁路线被破坏得太厉害。装备和弹药现在都开始缺乏，远征军已经和基地完全失去了联系，而且由于已经三天没有得到从天津来的消息，人们对于其他地方所发生的一切都毫无所知。至关重要的是保护好后方，但当一列火车 17 日到达杨村时，发现车站已经被毁，联络一直中断，而且也得不到任何供应。向天津送去了信息，要求派出船只和物资到杨村，但是送信人都没有能够过去，而且即使他们把信送到了天津，也没有任何船只可以派出来。从 6 月 13 日到 26 日，西摩和天津之间没有进行过任何联系，反之亦然。由于继续前进现在已经被认为是不可能的了，于是决定召回前方的列车。

第二天——6 月 18 日，在廊坊进行的激烈攻击使事态出现了新的变化。这次攻击不是和以前一样是由义和团进行的，而是由董福祥的正规军进行的。董福祥的部队一直驻扎在北京北面的狩猎场，现在终于以一种决定性的姿态“出手”了。这支包括骑兵的部队估计至少有五千人，装备着最新式的带有弹仓的来复枪。这是第一次明确知道，已经布置好帝国军队来对抗远征军。他们被打退，但是又冲了上来。当最终被击退时，估计有四百人被打死。联军的损失是六人被打死，四十八人受伤。

在次日(19 日)举行的一次会议上，决定放弃火车，沿着河左岸撤退到天津。伤员和必需品用船运，德国人在杨村下游搞到了四条船。定于凌晨 3 时出发，在船只开动前，还得把一门六发炮放到甲板上。士兵们缺乏驾驶这种笨重船只的技术，也难以找到中国人。敌人向联军开火，但被击退了。在经过几个村庄的时候，不得不使用来复枪和刺刀，但都成功地通过了。敌人使用的一门一发炮总在骚扰，但不能确定其阵地的位置。这一天走了八英里路。中国骑兵一整天都在附近跟着，偶尔打几枪。敌人用炮攻击，同样也遭到炮火的还击。被迫通过战斗夺取了几个村庄。敌人在北仓驻有重兵，于是决定在休息一阵以后进行夜行军。

21日,敌人不断地进行顽强的抵抗,他们的火力增加了,所以只行进了六英里。装有炮的船只由于装得太多而沉了,只好放弃,只把马克西姆重机枪抢救出来。

下午4点,远征军抵达西沽的帝国武器库对面。约翰斯顿率领的一百名士兵被派到河对岸去攻击敌人的阵地,一支德国分遣队在下游过河,缴获了几门克虏伯炮。这两支部队很快就扫清了武器库,大部队穿过河,占领了这个地方。这个地方很宽敞,而且可以利用缴获的大量枪炮进行防御。剩余的食品储备如果只按一半分配的话,也只能维持三天。但是第二天有机会进行寻找时,发现了十五吨大米,这消除了人们对于饥饿的所有担心。

一直在试图和天津建立联系,但都没有成功。23日,中国人进行了最坚决的攻击,试图夺回武器库,但完全遭到失败。在武器库里找到了大量最新式的枪炮、弹药和军事物资,这样,食品和军火极为缺乏的问题一下子就解决了,又能坚持一些时日了。伤员的数量大约有二百三十人,因此不可能强行进军天津,尽管现在只有几英里的距离了。派出去的信使要么被打死,要么遇到阻截。架设了大炮,向河下游的一个义和团据点进行了攻击,结果那里的敌人安静得多了。

一名信使在23日成功地突破封锁,到了天津。尽管他曾被捉住并绑到一棵树上,但他已经把信毁了,所以就被放了。第二天俘虏的一名中国士兵说,聂提督的军队用二十五个营,每个营三百或四百名士兵来进攻,结果遭到失败,对他们的士气打击很大。25日,看到了俄国施林斯基(Shirinsky)上校率领的救援军,所有人一片欢呼。伤员被转移到河对面,整个部队随后也到了对岸,在河岸上宿营过夜。26日,在返回天津的行军开始以后,克罗夫顿(Lowther-Crofton)上尉和炮手戴维奇(Davidge)留了下来,把武器库里的东西尽可能远地销毁掉,这些东西估计价值三百万镑。在销毁工作完成后,军官们才过河,骑上事先准备好的马匹,赶上大部队。

在整整十六天里,很难准确地估计敌人的数量。最初他们只是用刀矛武装着的义和团,但是后来,清朝官军——可能是帝国能够找到的最优秀的战斗人员——加入敌人的队伍之中。事先未曾想到这些士兵会参与攻击,仅此一点,就使得这次远征完全不可能取得成功。

这支联合军队进军中所表现出来的勇敢和坚定值得大加赞扬。西摩将军在他的官方报告中,对德国海军陆战队的伍斯登(Usedom)上校和麦卡拉上校的行为和服务进行了特别评论。伍斯登是西摩指定的在特殊情况下的继任者,他和麦卡拉都受了伤。

这支远征军试图进行解救的戏剧性事件吸引了全世界的注意,无论它在其他方面做出了什么贡献,它都一次性地终结了人们通常喜欢的一种说法,就是一小支训练有素、装备精良的外国军队就能够打遍整个中国而不会受到有效的抵抗。

这次进军北京失败的一个重要结果,就是使许多军事领导人深深地相信,现在只有拥有一支所有部队都准备就绪,并且能够与其基地保持畅通联系的军队,才有可能打败中国人所能调动的军队,到达北京。对外国人有能力击败中国人任何反抗的绝对信任,就这样让位于对于当中国人彻底发动起来并且投入实际上是无限的人力时,会给外国人造成多大困难的更为正确的估计。

围困天津的故事远远不是这里的几页纸所能够书写的,因为从整体上看,它甚至和北京的围困同样值得注意。

我们应该记得，天津的外国租界，包括法国租界、英国租界和德国租界，从中国人居住的老城外大约一英里开始，沿白河伸展两英里多，平均宽度可能在半英里。一道总共十英里长的土圩墙围绕着租界、老城和城郊。老城和所有的租界周围，密布着中国人的村庄，每一个村庄都是义和团和清朝官军发动进攻时可以十分方便地利用的天然巢穴。

如果能够占据圩墙的话，可以用来进行有效的防御。它一部分在防线之内，一部分在防线之外，而少量的外国士兵——加上志愿者总共两千四百人左右——完全不足以守卫如此长的防线，因为要抵御或许五千名中国士兵以及与之合作的不计其数的义和团。

中国人并没有在两个地方同时发动强大的攻击，而只是满足于从河对岸的各个方向进行骚扰性的射击。显然是根据事先制订好的计划，6 月 17 日，星期日，大沽炮台发生战斗的同一天，大炮开始进行轰击，一直持续到一个月以后天津被攻破时为止，中间偶尔有些停歇。

天津的各个外国人社群都撤退到市政厅，这幢高大的挪威风格建筑成了一座堡垒，同时也被用来当作一所医院。

大部分非战斗人员都聚集到市政厅，处于被围困的状态。不过，相当数量的传教士被怡和洋行好客的代理人高逊思(Edmund Cousins)邀请到他的大院里，那里宽敞的仓库里还容留了五百多名中国教徒。和在北京一样，开始时中国教徒被认为是能够带来危险的麻烦，但在天津和在北京一样，人们很快就认识到，没有他们的帮助，许多必须要做的工作根本就不可能进行，因为其他所有中国人都放弃他们的工作，逃走了。

整个租界都用一包包的库存货物封锁起来。由于离得很远，而且交叉路口很多，要完成这项任务需要付出大量辛苦的劳动。基督教徒中的男人们运送水、军火和各种物资，并挖了许多墓坑；而女人们到医院里洗涤衣服，挑拣骆驼毛用作枕垫，还做了其他一些有用的工作，最终赢得了广泛的赞扬。

救援部队抵达天津，并没有像人们所期望的那样让外国租界马上就免遭持续性的攻击，敌人数量众多，而且越来越具有侵略性。经过激烈的浴血奋战，6 月 27 日攻下了东军火库。裕禄总督有关这一事件的不太准确的报告出现在《京报》上，曾经给被围困在使馆里的人带来一线光明。各部队间的军事关系确实非常和谐，但还没有达到一两支部队单独行动可能会采取的那种强力行动的程度。

位于白河和大运河交汇点的一处炮台位置十分关键，因为它控制着老城、城郊、租界以及通过铁路或者河道进军北京的路线。联军缺乏合适的大炮，他们的大炮要远远不如中国人的大炮，这大大增加了夺取这座炮台的困难。很难确定中国人许多炮的炮位，也很难接近它们，但这些炮的攻击能力非常出色，它们的攻击最为令人讨厌。一天之内有六枚炮弹落进多瓦德(Dorward)将军及其随员用作大本营的禁酒厅，一枚炮弹穿透了军官们吃午饭用的餐桌，接着又有一枚炮弹同样击中了目标。

在街道上任何一处出现都非常危险，因为随意发射的子弹、来复枪持续的开火以及从法租界和其他地方的中国人房屋上的枪眼中不断发出的子弹，都对准了每一个把自己暴露出来的外国人。租界里充满了侦察人员，他们中许多人置身于被外国房主舍弃了的房子里，不时地进行射击。有人甚至为远处的中国炮手充当标志，指示他们应该向哪儿开火。要把他们全部找出来赶走，实际上是不可能的，不过许多被抓到的都被枪决了。

河东岸战斗的中心和关键阵地是火车站，中国人和联军都认为占据它是至关重要的。在这里的俄国人凭借其勇敢和坚韧精神，不止一次地扭转了败局。他们守卫着浮桥，首当其冲地在白河和夺取到手的军火库之间的开阔地上进行激烈的战斗。有一次，防线下端急需机车，车站有机车，但是问题是怎样才能冒着炮火把它们开出去。俄国步兵发动了猛烈的佯攻，以吸引左边敌人的注意，与此同时，两辆机车的蒸汽已经沸腾，三节货车准备冲过一英里长的暴露的河堤。

第一缕白烟刚刚从火车烟囱里喷出来，中国人就明白将要发生什么，立即把他们的炮火转向了火车。四枚炮弹呼啸着从火车上飞过，接着又有两枚在近处落下。火车逐渐加速，炮手们不再能够把炮弹打到近处了，但是还是有枪弹从两侧夹击，一直打了一英里多路，制造了不少麻烦。这是一次非常英勇的行动，是当天最令人激动的事件。

7 月 5 日，转移已经准备就绪。仍然在天津的女士和孩子被送到塘沽，然后再送到比整天受到炮击的租界安全一些的某个地方。先走的一些人刚刚经历了敌人的攻击，他们就在炮火的射程之内，十分危险。能离开这个地方，他们都十分高兴。

对于此后发生的事情以及上面叙述过的某些事情的概述，我们要感谢伦敦《泰晤士报》记者生动而可信的报道。他让人们注意到了令人吃惊的事实：一万名欧洲士兵被大约一万五千名中国勇士困住，这些欧洲士兵由于缺乏长距离武器而几近瘫痪，又一次学到了英国人在南非付出昂贵代价所得到的教训——大炮的重要性。

联军的无所作为鼓舞着中国人继续进行攻击。他们并不满足于只对租界进行激烈的炮击，开始努力把他们在西南方向的战线向前推进。最终，他们的侧翼推进到了跑马场被毁坏的建筑，和以前一样，他们的左侧仍然在芦台运河流过的土墙。这样，他们的战线从东北伸展到西南，大约有六英里，形成一个新月形或者半圆形，租界位于它的中心。北面防线最西端土墙上的一支英国海炮队的阵地特别危险，它腹背受敌，前后都遭到炮火的攻击。现在已经成为一个大兵营的租界，受到激烈的交叉火力的攻击，此外还受到来自芦台运河北岸离城不远处的炮台发射的大炮的轰击。中国枪炮手们的射击水准有了很大的提高，因此，受到的损失越来越大，兵营内不断出现伤亡情况。不能再无所作为了，必须要做些努力。

最迫切的需要是清除土墙上英国炮队后面和侧面的敌人，这一任务于 9 日完成了。在侧翼，向西北方面进行了一次大范围的联合攻击，后来又转向东北面，最终夺取了西局子，清除了里面的敌人。完成这一任务的是日本水兵和美国海军陆战队员，他们一起进入了西局子，很快就在里面树起了日本国旗。整个行动计划周密，英国、日本和美国共同执行，海炮队的后面和侧面的压力得以消除，租界也不再遭到交叉火力的攻击了。

第二天很平静地过去了，中国人甚至没有攻击车站上的前哨阵地，这种情况自围困开始以来还没有发生过。11 日，他们又开始进行攻击，在激战三个小时后被击退，法国人和日本人损失严重，英国人和俄国人的损失不大。义和团有刺刀，当他们进入外国防线外面的一道铁路上的时候，士兵们不得不和他们短兵相接，把他们赶走。把联军的大炮架设到阵地上十分困难，因为缺少材料、工具和机器，但这些困难最后都克服了。13 日，决定向驻扎在芦台运河的中国军队发动攻击，由俄国人在德国人的援助下联合进行，人数可能有三千五百人。另外一支由日本人、英国人、美国人、法国人和奥地利人组成的大约四千五百人的部队，在西面的英国海炮队的掩护下，前去夺取天津城。

日本人和英国人的军队在福岛安正将军和多瓦德将军率领下，于凌晨3时开始进行大面积的侧翼进攻，和9日进行的那次行动相同。

到天亮的时候，英国部队攻击中国人的阵地。联合部队集结在距离南门大约一英里的西局子。

上午，离芦台运河不远的一座与东局子相连的军火库里储存的大量褐色火药爆炸，引起了可怕的大爆炸。巨大的白色烟云腾空而起，停留在清朗的蓝色天空上——"奇妙而美丽的景色"。在租界里，几乎每一个人都感觉自己的房子被炮弹击中了，许多人跑出来看看受到了什么损失，于是就看到了天空中的奇观。

按计划要进军南门，由日本人炸开城门，以便让军队进城。日本人的右面是法国人，后来由于出现了错误，变成了里斯库姆(Liscum)上校率领的美国人；日本人的左边是英国人。

天很热，英国军队的大炮和中国人的枪炮以及城墙上无数的来复枪发出的火力也很猛烈。平原上布满了坑，每一个坑就是一个中国人的坟墓，但它们几乎提供不了多少保护，因为在离敌人如此近的距离内有着如此众多的士兵。里斯库姆上校被子弹击穿了身体，倒了下去。美国人和其他部队的损失非常大，或许能达到参战人员的10%，其中包括许多军官。要是早上看到的在西面逼近的中国人的步兵和骑兵积极参与作战的话，情况可能会更为严重。事实上，由于缺乏弹药，难以进行有效的推进，形势已经够糟糕的了。

一小时又一小时过去了，仍然没有轰炸南门。最后，福岛将军传话给多瓦德将军，认为他应该自己在夜间占领现在的阵地，得到多瓦德将军的同意。这时还没有得到俄国人的报告，他们在北面的战斗是这一天的主要行动。后来知道，他们干得非常出色。经过激烈的战斗，他们攻下了芦台运河北岸的炮兵阵地，并向前推进，摧毁了两个中国兵营。一支部队留下准备在拂晓进攻，大部队返回了军营，损失了大约一百五十人。

14日，凌晨3点，日本人越过护城河，炸开了南门堡垒的入口，攀上城墙，从里面把城门打开，让其余的士兵进入。日本人、法国人、英国人和美国人涌入城内，中国人就像云彩遇到强风一样向各处散去。如果防御得当的话，中国人的阵地很难攻破，但中国军队没有能够抵御住西方和日本士兵的坚决攻击，在看到失败的明显迹象之前，实际上就放弃了他们的阵地。

占领天津城后，军事指挥官们立即就组成了天津临时政府，设在总督衙门内。总督已经逃跑，他和他的家人似乎在杨村自杀。

在天津城被占领以后将近三个星期的时间里，整个世界，尤其是被围困在北京使馆内的那一小群人，急切地想要知道下一步将如何来解救他们。有关这一问题的通信能写好几本书，而在这些通信文字之外，还有着更多想要表达的内容。

考虑到日本距离中国最近，而且它的军事准备已经完成，所以许多人都认为，在现在这种极其紧急的情况下，必须把拯救各国被围困人员的任务交给这个国家，否则这些人员就有可能会因为救援的耽搁而全部遭到杀戮。日本愿意承担这一任务，如果其他所有国家都请求它这样做的话。"其他国家"有着各自的想法，有些想法被表达了出来，而有些想法则藏在心里。如果日本完成了这一任务,那么怎样才能阻止它利用占领权再次把占领土地据为己有呢?每个人都清楚地记得中日战争之后发生的事情,当时通过“外交手段”,换句话说,就是更占优势的武力,日本皇帝才被迫交出它的胜利果实。

结果是每一个人,甚至那些被围困的人都能预见到的。在外交方面所做的,只不过是相互交换照会,召开会议,提出建议,进行解释,一次又一次不断地发表声明,说明列强各自在哪些事上尚未做好准备。与此同时,军队从地球的各个地方涌入中国北方,还有更多的部队随之而来。

不是没有证据表明,这样的耽搁对于使馆的成功解救可能是致命的。但是,在非常险恶的条件下,一支庞大军队,特别是一支由多个国家组成的军队,在外国土地上进军不可避免地要遇到很多困难,这就使得在9月之前不可能采取任何行动。西摩将军被击退一事所造成的影响,就像已经说过的那样,让人们十分谨慎,一定要做好最为充分的准备,尤其是很多人都认为,中国人可能能够集中五万军队来阻拦联军前进。美国人和英国人都急于要进军,但似乎没有作出什么决定。

后来知道,荣禄在北京施加了影响,把对使馆难以避免的攻击减少到最低程度,尽管他不能压制住董福祥,但他能够在某种程度上消除他的邪恶能量。在这方面,他取得了相当大的成功。荣禄与大沽和北塘炮台中他所信任的人保持着联系,他们十分了解形势的发展。从那些在听到天津被占领的消息后从北京派来的信使那儿得知,端王和董福祥一伙的势力难以抗拒,如果等到9月再派军队进行救援,可能就晚了。这一信息传递给了帝国海关的税务司德璀琳(Detring),由他传达给了联军的指挥官们。

8月3日,联军指挥官们召开了五个小时的会议,会上决定第二天开始进军,尽管当时正处雨季,运输上的困难可能也很难克服。实际上,困难实在是太大了,联军由各支不同部队组成的特性以及各国不同的装备更使得困难大大增加。各方面的装备都非常不足,甚至日本人也是如此,他们不得不用原先计划装备一个旅的物资来装备一个师。道路上塞满了各种各样的大小车辆,有日本人使用的轻便小车,也有美国人笨重的陆军军车。美国人的这种车辆要用四头骡子来拉,在普通条件下都能装载大量物品。军队总人数接近两万人,其中日本人大约有一万人,俄国四千人,英国三千人,美国两千人,其他国家每国只有几百人。所有较大的部队都装备有大炮,日本人自己拥有的炮的数量或许和其他所有国家的总数一样多。

4日下午,英国和美国部队出城,向西沽进军,西摩远征军曾经占据过这里的军火库。一路上要穿过许多村庄,这些村庄排列在白河两岸。路上下起了大雨,路变得十分滑。这些困难不由得不让人想,如果大雨连续不断地下,会是一种什么情况。

在到达村庄之前,雨停了。盖斯里将军设立了大本营,左边是英国军队,右边是美国军队。下达了第二天一早出发的命令后,士兵们就躺倒在湿地上,抓紧时间在可能到来的战斗之前睡上一觉。英国军队包括威尔士燧发枪队的四个连;第一孟加拉枪骑兵队;第十二野战炮连和香港炮队,拥有两门海军十二磅炮和四门机关炮;第一锡克人兵团,有第二十四旁遮普步兵师的二百五十名士兵和四百名拉其普特人。海军旅与俄国人和法国人合作,为攻打左翼的敌人进行准备。

沙飞将军率领的美国部队有四百五十名海军陆战队员;第十四团,一千多人;第九步兵师，八百多人；雷利（Reilly）上尉率领的第五野战炮队，还拥有两挺霍奇基思机关枪。日本军队由山口素臣将军和福岛安正将军率领，有三个步炮队和六个山炮队。俄国人有两个步兵团，名义上有两千士兵；两个野战炮队（每队八门炮）；此外，还有一些哥萨克骑兵。法国部队只有几百人，步兵来自越南，还有两个发射麦宁弹的山炮队。

敌人的阵地从东北向西南延伸，横跨河流和铁路。他们的右面靠着一道河堤，左面离河另一面有五英里远，靠近第五铁路桥，过了这座桥，便是遭到水淹的乡村了。他们阵地的主要力量在中部，在那里跨越河流。这里有一些精心隐藏起来的射击坑和战壕，要把一支勇敢的军队从这里赶走，十分困难。他们在河左岸的阵地全线都受到了一条运河的保护。

日本人、英国人和美国人的联合部队攻打河右岸的敌人阵地，日本人主攻，英国人负责支持，美国人作后备。俄国人和法国人在海军旅火炮的援助下，负责攻打左岸。

凌晨3点左右，日本人向前推进，缴获了一个排炮，可以用来向敌人中心进行正面攻击。双方进行了炮战，日本人冒着激烈的炮火向中国人发起冲锋。中国人对此没有准备，尽管给日本人造成沉重的损失，但最后还是逃走了。整个军队向前推进，美国人在左翼，英国人在中间，日本人在右翼。到处都有中国人在远处射击，进行一些微弱的反抗。人们预计他们会在北仓附近进行对抗，在那里，他们可能会在坚固的阵地里坚守。但是，尽管他们进入了阵地，但他们没有做好坚守阵地的部署。当第一道战壕被攻破的时候，战斗实际上就已经结束了。不到上午9点，日本人就占领了南仓。此后，所有的射击都停止了。

日本人在战斗中首当其冲，他们的损失比参加战斗的其他军队都要严重得多。据估计，日本人有六十人死亡，二百四十人受伤；英国人四人死亡，二十一人受伤；美国人没有伤亡；在左岸的俄国人有六人受伤。中国人的人员损失并不大，因为他们有一道土墙保护，但是他们损失了“面子”和意志，这是远远要比实际死亡人数更为重要的事情。

所有部队都在北仓过夜。6日早晨，在杨村被毁坏的车站里与敌人进行了另一次交手，战斗持续了大约四个小时，中国人被赶回到了杨村镇。俄国人向他们发炮，孟加拉枪骑兵队把他们清除出村庄。到处都可以看到前一天行动的影响，敌人作战的时候似乎缺乏热情。美国人的损失最严重，第十四团死伤六十五人，第九师死伤九人。英国人损失不到五十人，俄国人七人死亡，二十人受伤。

经过两天的行军和特别激烈的战斗，部队已经筋疲力尽，于是决定第二天一整天留在杨村，让部队休息，同时等待供应到来。

8日，重新开始进军，所有部队此后都沿右岸前进，日本人在前面，俄国人其次，后面是美国人，英国人走在最后，而法国人则留在了杨村。日本人行军很快，俄国人走得较慢，非常懒散，还时走时停，一个小时几乎只能走一英里多，这让跟在他们后面的美国人十分烦恼，他们时常被迫在炽热的阳光下停在沙土平原上，而俄国人则在前面有阴凉的村庄里休息。这一事实特别重要，它说明了为什么有如此多的美国人和英国人由于高热而受到损害，因为他们被迫在一天最热的时间里进行十分繁重的行军。

日本人出众的组织和装备随时都能显示出来，他们处在整个联军的最前面，这样的位置使得敌人根本没有时间重整旗鼓。在“日出之国”的敏捷战士前面，敌人的撤退实际上是长久而迅速的溃逃，因为日本人没有给他们任何间歇和停留的机会。有人问福岛将军——“运动着的追击之灵”,他的部队难道不累吗?他回答说:“是很累,但是敌人也很累。”

他的计划就是尽一切努力让敌人奔跑,这一计划实行得非常完美,取得了极大的成功。他的骑兵和马步兵通常都推进到步兵大部队前面大约三英里,一与敌人接触就后退到步兵前面,然后,步兵就分散开来前进,进入到行军路线左右两侧的村庄里。在这之后,当步兵休息的时候,骑兵又再次前进。这种让被追击者始终处在惊惶中的过程,一次又一次地反复进行。

9日早晨,日本人炮击了河西务外面的中国人。中国人略作还击之后,就撤退了,把这个地方留给了日本人。同一天,孟加拉枪骑兵队和日本马步兵攻击一支二百人的中国骑兵,把他们驱散,杀死五十人左右,并且缴获了宋提督和马提督的四面旗子。

10日,大部队在马头。尽管进军路程并不算长,但路上还是有许多掉队的人。中国人吃早饭的地方布满了瓜的种子,他们的粮食供应不上,只能找到什么吃什么,比如各种瓜和玉米。

第二天,天气稍微凉爽了一些,让部队的情况得到极大缓解的是,下雨了。队伍来到张家湾,日本人炮轰通州南面阵地的敌人,打得敌人退回到了城内。

12日(星期日)一大早,日本人前去攻打东南门,发现中国人已经弃城而逃。进入城内,没有遇到任何抵抗,尽管城墙又高又结实,很容易进行防御。为了向他们自己的将军致敬,日本人炸毁了城围墙的外城门,城市就这样平静地被占领了。山口将军发布了一道布告,保证非战斗人员的安全,向他们提供保护,并且许诺尊重人们在各自家中的权利。日本人占据了城南部,这时重新出现的法国人占据了城北部。

联军12日在通州过夜,第二天开始向现在只有十二英里远的北京最后进军。日本人沿着通向齐化门的石头路前进,俄国人在他们南面,但是在运河北侧,沿着通向东城东便门的大路前进。在运河南侧,美国人行进在通向同一个城门的大路上。在南面更远的地方,是英国人。

根据事先的安排,这四支部队在距离北京三英里的地方停止前进,再召开一次会议,决定攻打北京的计划。但是俄国人没有停下来,一直行进到离北京城墙很近的地方。由于一路上没有遇到反抗,他们认为可以进入城中。但是,他们还没有到达城门,从南城墙角上就向他们进行了猛烈的来复枪射击,使他们受到了沉重的损失,包括参谋长华西列夫斯基(Vasilewski)。他们进入了强行打开的东便门,但被困在门里面,好几个小时没有取得任何进展。

日本人14日早上行进到齐化门,在房屋的掩护下来到城门近处,试图把它炸开。但是城墙上发射的来复枪火力很猛烈,给日本人造成很大损失,于是日本人决定炮轰城墙。上午10点左右开始的炮轰进行了几小时,并没有起到十分明显的作用。只有用最重的大炮才有可能轰开城门的城墙,城墙上猛烈发射的枪的数量很多,也使得任何炸开城门的计划很难实行。一千多枚炮弹浪费了,同时也浪费了一整天,什么也没有得到。于是决定等待天黑以后炸开城门。到晚上,这一计划成功地实现了。高高的城门楼燃烧了起来,中国军队被从城墙上赶了下来,遭到了大屠杀。光荣属于每个国家的勇敢军队,最大的光荣属于坚定的日本人!

美国部队在上午早些时候到达南城墙角离东便门很近的地方，一些士兵在城墙上搭起了梯子，大部队随后来到了东便门。在他们之前，俄国人已经到达了这里，结果被困在南城，暴露在北面城墙上猛烈的射击之下。美国人的分遣队差不多和英国人同一时间进入南城，但是迷了路，过了好几个小时才到达水门，比英国人稍晚一些进入了英国使馆。一部分英美部队强行打开了两个城之间的主要大门——前门。

英国人很幸运地找到了南城东面的沙窝门，这个门几乎完全没有防守，只有刚刚从前面的村庄里用大炮轰出来的一队骑兵。一小队士兵被留下守卫这个城门，第二十四旁遮普步兵师被派去占领天坛，其他部队则沿着城内主要的东西大街前进。他们根据窦纳乐爵士此前给联军指挥官的通信中的指示，在距离大街中心点还有一半路的地方，沿着通向水门的方向向北拐弯。当英国人在河道南面离水门不远的建筑里出现时，在东面哈德门上仍然有中国枪手，他们朝着英国人胡乱放枪，没有造成任何损失。进入门内的第一个军官是有四名士兵陪同的第一锡克人兵团的斯科特(Scott)少校，接着便是盖斯里将军的副官佩尔(Pell)上尉和凯斯(Keyes)中尉，盖斯里将军及其随员紧跟在后面。

从水门经过俄国使馆(唯一安全的道路)到英国使馆，只需要走几分钟。解救者们一路上受到了热烈的欢迎，对于经历过这一场面的人来说，那种欢乐是他们一生永远铭记的回忆。

北京的围困被解救了！西方又一次在一场面对面的生死斗争中遭遇了东方，凭借着机智、勇敢，在困难面前不屈不挠的顽强精神，在极端危险中表现出来的超人勇气，以及上帝的眷顾，西方取得了胜利。它是初露曙光的20世纪战胜中世纪的胜利，是无限光荣的未来征服死气沉沉的过去的胜利。在这场斗争中，播下了新中国的种子，也播下了远东的希望。

第二十五章

防御要塞

从理论上讲，北京的围困是结束了，尽管使解救取得效果，还有许多事要做。在讲述这方面的事情之前，这里最好能够稍微仔细地谈论一个话题，一个尚未得到适当处理、很容易被人忽略的话题——围困期间的内政管理。

在围困的不正常条件下，紧急情况下的内部生活（如果说这类事情存在的话）应该由一位女性来描述。各个院子里的每一座建筑都人满为患，有时人多得几乎让人窒息。窦纳乐夫人的饭堂里通常有三十五个人，整个建筑内部为了方便而被围困者进行了彻底的改造。窦纳乐的办公室和书房成了一所医院，吸烟室夜间被绅士们占用，舞厅被女士们占用，而那些筋疲力尽的军官们白天就挤在这所房子里的女士们的卧室里。自然不能想象那些生病的人会有什么舒适的环境，那些被围困的人也不会得到多少照料，这座好客的房子的管理者们对此也无法进行改善。

使馆医生的寓所普通情况下夏天只住一个欧洲人，最多住两人，现在突然成为二十八个男人、女人和孩子的住所，他们分别在四个不同饭堂吃饭。仆人的住处挤满了中国人。小小的后院里总是有一些人，迫切地想吃到随时都有可能分给他们的下一锅米饭。

在海关饭堂（在护卫居住区）吃饭的人数经常变化，一般在三十人到四十人之间。由于餐厅很小，当所有人都来就餐时，就必须要分成五组吃饭。这些人中有相当一部分——或许有一半——是海关志愿队的成员，被分配担任各种防御任务，最经常的工作是在肃王府，有段时期甚至一次要值勤二十四小时。因此，就要一天给他们送三次饭，这大大增加了这样一个大家庭的照料工作。不过，两名能干的英国女士非常出色地把这一切都做得很好。

从美以美会大院里来的美国传教士的人数大约有七十人，他们被分配到教堂里。这是一座矩形建筑，接近大院的中线，四十三英尺长，二十五英尺宽。大门的两边各有一个小房子，其中一个房子里有一道盘旋楼梯，沿着它可以上到阁楼。会见室的后面是一个平台，周围有一道祭坛栏杆，上面安设着一个诵经台。沿着平台两边，可以走到后面的小更衣室。教堂主厅的大部分空间都被十几个大的木制连椅占据了，每条连椅前面都有一个放书的架子。

大大小小的箱子堆积在进门的地方和外面的房檐下面。凡是有空地的地方都铺上了过夜的床垫，睡觉的排列情况十分像沙丁鱼罐头的平面图。一些绅士在一个亭廊边上找到了临时的住宿点。我们曾经说过，他们后来又住进了公使房子的吸烟室。大门口两边的两个小房子不久就被清理出来，改造成了盥洗室，多余的东西被转移到了阁楼上。

到后来,连这个阁楼也从一间杂物房改造成了宿舍。中间一个高平台(教堂天花板上的拱顶)及其前后左右的空间都被使馆几十年积累下来的物品占据了。在这些乱七八糟的东西中,有保龄球及其木柱、巨大的包装箱、失去绳索的铁床架、一些住宅冬天用的窗户、蒲葵扇、书架、箱子、盒子、庆祝女王五十大寿时使用的幻灯片、一百盏灯、舞台布景、灯草席子、芦苇帘子、好多立方码的无用的英国和中国签订的条约副本、一堆堆可以追溯到东印度公司时期的使馆档案和记录——所有这一切的上面,布满了历经一个又一个公使而积累下来的大量花白色的蜘蛛网。

在一些精力充沛的绅士和女士的管理下,这些东西大部分都被运到了其他地方,留出空间来用作狭窄的卧室,有将近二十人在这儿居住,这比以前所能提供的条件好了不少。阁楼的建筑形式与使馆一般的中国建筑相一致,只在东边开有窗户,空气很难流通,在7月的炎热中,这种条件让人很不舒服。不过,尽管有着白蛉、跳蚤和蚊子,人们并没有觉得有什么不方便,反而十分满意。通过交换居住的地方,病号和疲劳的人总是能找到地方安静地进行比较不错的休息。

前面提到的教堂后部的小房间被改造成了唯一的储藏室,储藏已经积存的和以后搞到的各种供应品。起初,这里的一部分甚至用作女士的洗澡间,后来改到了前门的小灯房里。赫林(Herring)军士把他自己的厨房贡献出来作为饭堂——他自己住处后面的一个小房间,有一个小的中国式多眼灶——而他自己则在门道的一个中国炉子上做饭,或者随便找个地方做。

人们努力寻找各种需要的东西,然后马上就到这个小小的多眼灶上来做饭,因此,在一天的每一个小时里,这个炉灶都被迫最大限度地开着。一个小煤油炉和一个小酒精灯一直被用来作为补充,但是由于没有烤箱,只能在一个煤油罐里烤制饼干。在这样的条件下,要一次制作出大量的食物而又不会让其中一部分食物被烤焦,似乎不太可能,但是人们做到了这一点。

足以让一名西方厨师心烦意乱的一件最大、也最麻烦的事,就是不断向厨房提出的得到热水的要求。正常做饭需要热水,厨房所在建筑里的人也要热水,海军陆战队员要热水,生病孩子的母亲要热水,中国人也要热水。所幸的是找到两个大铜盆,有效地缓解了厨房的压力,可以向教堂——厨房距离它有半个使馆大院的长度——附近提供茶、咖啡和一定数量的热水。应该记住,尽管有许多人能够从主井里喝上甚至不用过滤的井水,但或许有一半人就不那么幸运了,他们只能喝完全煮沸的水。

从外国商店店主们提供的储藏中得到了一些大规模烹调工作所需要的器具,这让人十分高兴,但还远远不够。缺少大盘子,有时只好在一个洗脸盆里泡豆子或者制作饼干。盘子必须经常放在冷水里洗涤,因为没有其他盘子可用。必须要记得,第一批大约三十二个人要在早上6点半叫来吃早饭,他们要迅速吃完,以便让给第二批,而第二批隔不长时间就要让地方给第三批(后来,分三批改成分两批吃了)。

没有为这么多人准备的餐具柜,餐具只能放到祭坛上。所有东西——座位、书架和窗台的上平面都是斜的,不能用来放瓷器。这些瓷器要不断地通过窗口传出去,以便再洗干净。由于经常下大雨,这个活儿多少有些累人。在下雨天,同样烦人的一件事,是碗布干得特别慢。不过,碗布似乎从来都没有缺少过,因为不知为什么,总是有各种各样被撕坏的东西(特别是桌布和餐巾等)可以被用来当作碗布。

所有这些永不停止的工作,由三批不同的厨师和仆人来进行。每一批都得抓紧时间干活,以便让下一批接着干。但是从来没有发生过争执,也没有发生过值得一提的小摩擦。

在雨季的高峰时期,唯一能够存放食物的地方是一个用铁丝编成的饭橱,大约一英尺半见方,没有冰箱,也没有冰。离这儿几杆远的地方,就是屠宰小马的地方,聚集着无数的苍蝇,而让食物免遭苍蝇攻击的唯一办法就是蒙上一层布——这是在湿热的7月的一项权宜之计。

由三名妇女组成了一个委员会,负责制订每日三餐的菜单,另外两名妇女——每天换人——来布置餐桌,让饭菜按时准备好。这个委员会在极端有限的条件下尽最大努力准备膳食,她们创造性的工作绝对是个奇迹——她们经常给你端出大骡、大马的肉,但没有一个人会怀疑这些肉的出处,而且她们能够在没有牛奶、黄油和鸡蛋的情况下做出可口的布丁来。

在为伤员们提供美味饭菜方面,负责医院厨房的女士也显示出了良好的技艺。无论什么时候可能会剩下饭菜,而这些饭菜如果留到第二天早上就要坏掉的话,她总是能够事先作出安排,避免这种情况发生。外国人基督教勉励会的孩子们组成一些小委员会,忙着到处运送剩下的东西,把它们分配给需要的人,送给病弱的中国人。这些中国人在长期喝粥度日以后总是非常饥饿,对于外国人餐桌上所有的残汤剩饭都非常乐意接受。

很多情况下,食堂里都会有些生病的人,他们不能吃粗糙的黑面包和陈年黄米。对于这些人,无论其他工作有多忙,人们都会准备好他们能吃的饭食。还有一些生病的小孩子,他们的母亲只能在一条很狭窄的过道里给他们做饭,这条过道窄得如果一个人弯下腰来,其他人就不能通过。在她们自己孩子的呻吟声或许还有其他人的孩子的叫喊声中,这些疲倦的母亲们度过了许许多多不眠之夜。她们没有其他地方可去,她们的痛苦也没有什么缓解的办法,也没有其他人能够帮助她们。简言之,所有这些困难和不方便似乎都十分巨大,但在那时,它们都被人们以一种忍耐和勇气克服了。这种忍耐和勇气从来没有衰竭,而且不断地增长,因为人们每天做半小时的祈祷和赞美,来自圣歌、预言书、使徒书的许多段落给了大家新的启示,像黑暗中的钻石一样熠熠发光。

尽管在任何意义上这都不是北京围困的军事史,但是关于英国使馆这一要塞,还必须要说几句话。大家可能还记得,在围困之初,贾腓力牧师负责要塞的防御,他作为一个工程师对大家进行的那些教育,证明他完全能够胜任这一项出色的工作。在窦纳乐爵士的请求下,他也在使馆区域之外临时进行工作,但那都是些特殊的工作。

使馆街桥西边的防御工事有八英尺厚,有五英尺厚的土以阻挡炮弹,可能已经足够了。一名军事工程师认为,两道防御墙都这么厚,这样精心修建的防御实在是不必要的,但是在德国人遭受十分惨重的损失以后,他也希望继续修筑这样的工事了。关于在蒙古市场修筑一个完整要塞的军事价值的看法,也有着一个同样的变化过程,那儿发射的子弹能够穿透十五到十八英寸厚的碎石或者一般的中国土墙。

俄国使馆实际上完全没有防御,其原因难以理解,不过有些建筑里修筑了工事。

在蒙古市场胡同的南头,修筑的工事有五英尺厚,非常结实。北墙和南墙都加固了,始终都有十八英寸厚。任何情况下都不能依赖仅仅一道砖墙，因为砖墙上肯定会有许多裂缝，流弹随时都有可能穿透它。加固的防御工事一直持续到头等参赞住房的对面，过了那里以后，外面的一道防线开始有两英尺厚了。蒙古市场的防御工事上午 11 点完成，当天下午 4 点，中国人就在对面每一所房子里设置了枪眼，有一所房子设置有十二个枪眼。这一事实，说明了蒙古市场工事加固工程的重要性。

毛瑟枪子弹对中国式砖墙的穿透力一般从二分之一英寸到四分之三英寸，但是在围困后期使用的曼利彻尔枪就要厉害得多了，它的子弹能留下很深的坑，迅速地切掉任何砖墙。在围困最后一个星期一的上午，人们要求贾腓力先生另外修筑防御墙，以阻止这一破坏力极大的武器的火力。

紧挨着上面提到的那个院子的一些地方不断地遭到攻击，它也是以同样的方式进行防御。在要塞所有的建筑物里，除了星期日以外，平均每天可能都要有五十个人工作，但只有一个人被打死，而且还是由于他完全没有顾及不断发出的避免不必要的暴露的警告。南马棚院西面的工事厚四英尺，外面还有院墙，是整个防线最坚固的地方，因为它是最容易遭到攻击的地方之一。马棚院子里那幢两层的房子没有倒塌，真是一个奇迹。马棚院门后面是一道三英尺厚的工事，斜着伸向西北方，再过去便是一个为意大利炮修筑的平台。防御墙修筑得非常结实，有八英尺厚。第二道墙有二十英寸厚，独立于原先的外墙，修筑得也非常坚实。再过去是一个堡垒，有五个枪眼，建造得很安全。过了堡垒是一道四英尺厚的碎石墙，另外还有一道坚固的墙支持着这道石墙。

再往北便是“斯特劳斯堡垒”了，“国际炮”在围困末期就安放在这里。炮手米歇尔受伤的时候就站在它的后面，而不是站在它的一边。在它正西面不到五十英尺远，便是中国人的工事。再过去一点，就是上驷院大墙后面的院子了。

围困初期，一名海军陆战队员在马棚院子里被打死，第一次让军事人员们注意到了对于沙包的需要。在那之前，他们说他们有足够的沙包，但是后来发现，要塞工程的指挥者的看法是正确的。他一直声称，在救援军到达使馆之前，多少沙包都不够用。一段时间以后，每一个军官都认识到了沙包的价值，不断地提出需要大量沙包的要求。

学生图书馆后面挖了一道深沟，以防止敌人挖地道。这道壕沟有十到十二英尺深，距离一座地基只有三四英尺深的两层楼的墙只有十英寸远。挖掘这道壕沟冒着破坏这座楼的巨大危险，但是遭受敌人爆破的危险也非常大，这真是危险对危险了。这道壕沟并不是始终连续的，但是各个主体部分之间有洞连接，可以从一个部分穿到另一部分。有些部分相互离得很近，是为了给大树的树根留下空间。几乎可以肯定，这道壕沟的挖掘有利于人们发觉中国人挖掘的任何地道，因为它有十二英尺深，而在一年的这个时候，水位一般是十三英尺。在翰林院的第一个院子里，也挖了一道反地道的壕沟，这道壕沟一直延伸到离上驷院不远的地方，但它后来中断了，因为实在是多余，这事在很长时间里也成为人们的笑谈。

翰林院院子里的防线最初比较虚弱，但是第二道防线是一道堆砌得非常结实的两英尺厚的砖墙，而且得到加固，以抵御炮火。由于缺少砖，工人们使用了大量的书籍木版，主要是翰林院图书馆里的诗集的木版。从这里向东，在马棚院子的北面，防御墙都加固了，以抵御炮火。同时，在整条防线的后面，还有一道十二英尺深的壕沟。

一旦这条防线被中国人突破，防线后面的亭阁有一个三英尺半厚的射击孔，正面阻击敌人。顺便说一句,这个亭阁本身已经被来自皇城上的炮发出的猛烈炮火轰得伤痕累累,十英尺长的地方被击中了七炮。其中一炮打穿了一根大柱子,打出的洞直径十六英寸,炸飞了一块大理石匾,把碎片炸进了墙里。翰林院的书箱子被放到院子里,盖上油纸作为遮盖,让中国人发觉不到里面的防御活动。前面的一间小亭阁修筑了枪眼,以阻止看不到的敌人的前进,后面还有第二道坚强的防线。两座亭阁中较大的一座(名字叫清仪亭)被命名为“斯特劳斯堡垒”。北面另一座较小的亭阁也以同样的方式修筑了枪眼。

在翰林院的东头,防御炮火的工事把三分之二的道路掀了起来,但是从来没有全部完成过。防御阵地的最东头被称作“奥利芬特堡垒”,它前面的防御工事非常强大,由一堵特别厚的墙组成,墙的底部有八英尺厚,还有一条十三英尺深的壕沟。登到高处哨位上去的阶梯由木箱子组成,这些箱子里装的是明朝编纂的大百科全书《永乐大典》,但现在里面都满是泥土了。经过加固,翰林院阵地的防御力量已经非常强大了,如果中国人能够鼓起勇气进行一次竭尽全力的攻击的话,要攻下这个阵地恐怕也十分困难,要牺牲好多人才有可能。幸运的是,他们一直都没有准备好进行这种攻击。

使馆东边(翰林院位于北边)的防御或许比其他地方都要更费力费神。6 月 29 日,围困开始以后仅仅九天,柴大佐就通知窦纳乐爵士说,由于肃王府在使馆的外面,所以他很难防御,至多能坚持两三天的时间。窦纳乐爵士把这一消息通知了贾腓力先生,并且说:“你应该了解这一点。”结果产生了一个精心安排的防御计划,这一计划让中国人和外国人都非常吃惊。外国人一直在问:“所有这些工程有什么用处呢?”它们的用处就是保卫英国使馆最为薄弱的环节。万一肃王府被迫放弃,中国人就会在这个王府的花园的高处安架大炮,而这座花园与使馆仅仅隔着御河边的一条道路的宽度。中国人可以在距离英国公使寓所五十码(甚至更近)以内的地方安放大炮,那样的话,使馆大院的任何一个地方想坚守一个小时恐怕都非常困难。

为了防止这样的危险而构筑的防御工事开始于北马棚末端,然后一直延伸到使馆大门北面一点的守卫居住区,中间没有间断。北端牛舍屋顶上的岗哨非常坚固,同时也十分暴露,因为它比其他地方都更接近皇城城墙上的大炮,而且离攻击肃王府北头的敌人阵地也非常近。位于马棚的御河防线上的墙有大约十五英寸厚,然后费了很多劳力,修筑了一堵五英尺厚的墙,从底到顶对原来的那堵墙进行了全线的加固。在马棚院子的上端有一条防地道的地下坑道,以阻止中国人对工事进行爆破。这条地下坑道向西伸展大约五英尺后转向北二十五英尺,然后又向东伸展差不多相同的距离,但没有发现或者听到中国人挖地道的任何迹象,而一般人也不知道有这样一条防地道的地下坑道存在。从马棚到守卫居住区,也全线采取了同样的防御措施——用土捣实的又厚又高的墙,在每个点上都用结实的木板支撑在后面的建筑物上。

敌人向这一面发射的炮弹造成了很大的损失。公使住房二楼阳台上的三根砖柱子被打到下面的院子里,不过又换上了其他的柱子,以支撑屋顶,防止它塌下来。围困的最后一天夜间,靠近公使住房一间卧室的一个房间的一小块屋顶被一枚炮弹击坏,我们已经提到过这件事,但是在整个围困期间,来自这方面的伤害小得令人吃惊。

有见识的读者一定会感觉到,在这样一个特别紧急的时候,身处如此多的军事人员中间,一名担负最重要的防御责任的文职人员的任务,一定是相当困难、相当微妙的。责任感时常是压倒一切的，撇开经常要一天工作二十小时不说，仅仅是必须把那些最令人沮丧的军事秘密机密地告知其他人，就足够折磨一个最强壮的人的身体了。

或许在窦纳乐爵士整个围困期间所发布的所有命令中，没有比让贾腓力先生绝对不受任何军事人员的干涉、只对总司令一人负责这一命令更能显示出他出色的判断力了。当这样的格局完全建立起来以后，所有产生冲突的可能都消失了，文职人员和军事人员的防御以一种良好而有效的方式相互吻合在一起。到围困结束时，贾腓力先生收到窦纳乐先生一封热忱的信，对他为大家所做出的贡献表示感谢。康格先生在一件类似的文件中，恰当地补充说："我们能够坚持下来，除了上帝以外，最应该感谢的就是你了。"救援军队到达几天以后，一名围困期间一直在使馆里的英国人找了个机会问盖斯利将军对"我们幼稚的防御体系"有什么看法。盖斯利将军回答说，他对这些防御体系的范围和效能感到十分吃惊，尤其让他惊奇的是被围困的人在有限的时间里所完成的如此巨大的工程量。他认为，对各个防御工事以及和防御有关的一切"怎么赞美都不过分"。

窦纳乐爵士在有关使馆围困的各种事件的官方报告中说，只是到了使馆被解救以后，才发现了一桩出卖使馆的重要事情。"在德国军队缴获的一些文件中，发现了一封就挖地道问题写给驻哈德门的清军指挥官的信。信的作者是英国使馆的一名教师，已经受英国政府雇用了四年，和翻译生们十分熟悉。他和其他所有教师一起，于 6 月中旬消失了。被发现的这封信的日期是 7 月初，信中指出指挥官攻打使馆的方法是错误的，就像过去已经带来很大损失一样，以后还会带来相当大的损失。作者说，正确的攻打方法应该是挖地道。为了帮助这名指挥官攻打，信中还附有一份他十分熟悉的英国使馆的准确的平面图，并且标出了最适合挖地道攻击的地点。使馆被解救以后，曾经试图找到这封信的作者，但迄今尚未发现他。"像这样一种向中国人详细地提供情报的出卖行为，并没有让中国人成功地在英国使馆的漫长防线上挖出一条地道，这又为使馆防御中已经非常多的令人惊奇的事件增添了新的一件。

考虑到防御问题的极端重要性，或许值得在这里引用一份对使馆防御的上述某些活动的简要概括。作出这份概括的是一名有资格的军事官员——皇家工兵中校蒙克列夫(Scott-Moncrieff)，他就这一问题向《皇家工兵杂志》(1901 年 4 月)提供了一篇文章。我们只能从这篇文章中选取几个问题。另外，本书附有的绘制出色的防御地图也出自他之手，读者应该为此感谢他。

> 看到这份整个防御阵地的平面图，人们首先感到震惊的是地面上聚集在一起的建筑物众多的数量。在这方面，这张图甚至还不够准确，因为如果把所有的房子都画上的话，这些房子就会显得极其混乱，从而不能把一些重要的地点突出出来。
>
> 使馆的许多大小院子里面有许多树，对于被围困的人来说，这些树既是一种帮助，也是一种阻碍。它们遮挡住了视线，当大火燃烧起来的时候会让火势蔓延开来，下落的树枝往往也会成为一种危险。但同时，它们也提供了某些保护，使得敌人也不容易看到里面的情形。中国式建筑的大屋顶尽管可以提供很好的居高临下的机会，但攻击者们也没有很好地利用。使馆里的两层楼尽管被炸得很厉害，但非常有效地发挥了通道的作用，使得人们能够在防御区内自由地移动，救援军在进入使馆后就注意到了这一点。步枪和机关枪射击的声音一直没有停止，各种子弹在人们头顶上呼

啸着掠过,而在英国使馆的网球草坪上,女士们仍然悠闲地散步,就像是出席一个花园聚会一样。所有人都认为,英国使馆的防御是所有阵地中最坚固、最出色的工程,设计并监督这些工程的工程师是一名美国传教士——贾腓力牧师。围困期间有许多美国传教士在英国使馆的教堂里避难,他就是其中之一,他的组织才能和充满欢乐的精力缓解了要塞里的痛苦,增添了要塞里的福祉。

英国使馆的要塞里没有工程师,无论是军事工程师还是民用工程师。贾腓力先生一直在努力构筑和改进要塞的防御,把它看作是自己的任务。对能够阻挡炮火的墙进行加固和支撑;支撑屋顶的墙或者不太坚固的墙,都进行了加固;在一切可能通行的地方都设置了走廊;打了一些墙洞,从而可以自由地在防御区内通行;在每一个有可能需要的地方都设置了路障和侧翼通道;在敌人有可能挖地道的地方挖掘了很深的壕沟;房子的上层建成工事,设置了枪眼,并且进行了加固;最重要的是,在每个宽敞的地方,对处在射击线上的地方都给予了重点的掩护,从而使得只有对着枪眼的人才处于暴露状态。

在英国使馆西边,在上驷院的一间大棚子里,敌人开始挖掘一条地道,这条地道的失败十分有意思。他们开始挖掘地道,方向是我们在翰林院的一些坚固的工事。在听到他们工作的声音以后,我们开始挖掘一个反地道的坑道,但没有进行多久。敌人显然听到了我们挖掘坑道的声音,于是改变方向,转向他们的右手方向,朝着学生居住区——一幢靠近使馆界墙的两层楼——挖掘。他们似乎失去了方位感,不断地向右边偏,这样,他们几乎挖了一个半圆形,最终完全偏离了他们的目标。这是到了使馆被解救以后,人们打开地道才发现的。人们还发现,地道里的空气极其污浊,根本不能点灯,中国人很可能是在黑暗中挖掘的,所以迷失方向并不足怪。大家都知道,即使在有灯和罗盘的情况下,要在一条小地道里始终保持正确的方向,都是非常困难的,而我们的敌人可能不能使用任何这一类的帮助。在地道里发现了一些空的炸药箱和火药管,但都没有装药。

8月13日和14日,使馆遭到最后一次、也是最猛烈的一次攻击,敌人知道这是他们最后一次机会了。但是防御十分坚固,防守者的士气很高,因为解救终于就要到来了。这次攻击的距离之近,或许可以从这件事上反映出来:当第一批进入使馆的斯科特少校和他的锡克士兵在蒙古市场的工事解救了使馆卫队的海军陆战队员时,他们立即就遭到仅仅几码外的敌人用大量碎砖头进行的攻击!

对于所有那些对围困期间的活动及其结果感兴趣的人来说,令他们感到欣慰的是,他们知道,如此众多的积极参与到这些活动之中的人很快就得到了回报,他们的工作得到了恰当的承认。

英国白皮书(中国1900年第4号)的最后六页全部都是窦纳乐爵士给索尔斯伯里侯爵的文件,提请关注包括军事人员和文职人员在内的几乎涉及每个国家国民的许多个人的非凡服务。在那些挑选出来特别提及的人当中,有已经提到的哈利迪上尉,他以极大的勇气进行近距离战斗;有普尔上尉,他在围困的五十五天里,没有一天或者一夜离开过他的职守;还有被打死的斯特劳茨上尉。在英国志愿者中,被打死的欧利丰和华伦得到了高度的赞誉。

英国使馆的二等参赞迪林(Dering)先生负责重要的防御工作。他总是十分机警,同时也负责决定应该杀死哪匹马或者骡子用作食物的工作。这项工作十分困难,因为主人们自然都想尽可能长地留下自己的牲口。汉务参赞戈颁既是一名志愿者,也负责英国公使与敌人之间联系的重要工作,他的住处是炮弹和子弹的特别目标。他得到了二等汉务参赞克尔(Ker)先生的有力支持。当城墙处在困难和危险中的时候,退休军官史密斯上尉做出了特殊的贡献。曾经从事过外交工作的桑希尔(Clarke-Thornhill)先生,是一名积极肯干的志愿者。

使馆牧师鄂方智在他自己特殊的职责之外,还进行了非常宝贵的服务。他拿着锄和铁铲去挖掘坑道,也负责督促中国教徒参与防御工作。他总是随时准备工作,积极肯干并且充满欢乐。尽管在肃王府被一枚炮弹炸伤,但他坚持工作,在任何时候都是周围的人的优秀榜样。

领事人员窦尔慈(Tours)和汇丰银行的杜维德(Tweed)先生作为消防队队长,不知疲倦地工作,好几次拯救了使馆。前者工作极其勤劳,到围困结束的时候,他的身体已经完全垮了,在很长的时间里在生与死之间徘徊。

《泰晤士报》记者莫理循博士为斯特劳茨上尉担任副手,进行了极有价值的服务。他积极肯干,精力充沛并且十分冷静,自愿地去做每一项危险的工作。在情况变得恶劣的时候,他是强有力的支柱。他于7月16日严重受伤,从而使围困最后时期的防御失去了他宝贵的服务。

所有翻译生都值得大加称赞。他们工作起来带着勇气和锐气,同时在受到攻击时又像老兵一样稳重。帝国海关的志愿者们同样出色,围困解救以后不久就得到了他们应该得到的提升。

在7月18日严重受伤之前,奥利芬特先生好几次发挥了重要作用。

在另一封附件中,窦纳乐先生要求英国政府感谢俄国海军的拉登(Rahden)上尉、美国海军陆战队的迈耶斯上尉(受伤)、德国海军陆战队的索登(Soden)上尉、意大利海军的保利尼(Paolini)上尉(受伤)和日本海军的原(Hara)上尉。除了这些人,日本军团的柴大佐的技巧、坚韧和勇气,值得所有人赞扬。他部署有方,寸土必争,为英国使馆进行有条不紊的防御争取到了时间,其直接作用就是拯救了要塞里许多人的生命。

向意大利政府表扬了其使馆二等参赞卡蒂尼(Livio Caetini)的奉献精神和能力,他从来没有离开过自己的岗位,那是一个直接受到炮弹和枪弹激烈攻击的工事。帝国海关的斯泰老先生原先是普鲁士陆军的一名军官,他指挥海关的志愿者们,给予窦纳乐先生以最大的帮助,他的热情和无畏精神深深打动了窦纳乐先生,特别向德国政府推荐表彰他和医院的维尔德(Velde)先生。前法国骑兵军官福礼玺担任不断地暴露在枪口下的传令兵,窦纳乐先生向法国政府表彰了他的勇敢精神。

除了国会同意表示特别感谢以外,美国还以其他一些方式进行了表彰,授予一些人他们应得的奖章和荣誉。1901年1月4日华盛顿的电报让被围困者及其朋友感到更为满意。电报说:"英国大使向国务卿递交了一份他刚刚收到的兰斯敦(Lansdowne)侯爵的信件,表彰了一些美国人在去年夏天北京使馆遭到攻击时所表现出来的勇敢行为。"该信件全文如下:

阁下:

我于本日早些时候发出的信件中曾通知您,窦纳乐爵士提请我注意某些绅士在北京使馆遭到攻击时的出色行为,他们对他个人和整个防御都给予了宝贵的帮助。

窦纳乐爵士提到了美国美以美会的贾腓力牧师和美国使馆参赞司快尔先生的名字。他说,贾腓力牧师负责完成了英国使馆的全部防御工程,这些工程得到了对它们进行过检查的所有各国军官的高度赞扬。作为对这些防御工程的赞扬,他提到,尽管在被围困的五个星期里一直遭到猛烈的枪击,但使馆里没有一名妇女或儿童丧生。他补充说,所有被围困者都深深地感谢他。

司快尔先生在皇家海军陆战队的斯特劳茨上尉去世后担任窦纳乐爵士的参谋长,窦纳乐爵士说,他早先在美国军队中的服役经历对于防御特别有用,对他的热情和能力,无论怎么赞扬都不过分。满人城墙上的工事就是由他设计和完成的,他还按照窦纳乐爵士的命令画出了军队进入使馆的平面图,由一名从城墙上缒下去的信使转交给了盖斯利将军。

我请求你将这两人的名字提请美国政府注意并予以表彰,并且表达英国政府对他们优秀的服务的真诚感谢。

兰斯敦(签名)

与围困有关的白皮书上发表的下面这封写给窦纳乐爵士的信件,恰到好处地结束了对于杰出行为进行的这类肯定。

外交部 1901年2月10日

由于这份报告完成了你对使馆围困和解救的叙述,我愿意利用这个机会表示英国政府对于这场最具历史意义的事件中所有这些值得赞美的经历的高度评价。在整个围困期间,尤其是在第一次救援军失败使得所有被围困者非常沮丧的时候,所有参与其中的外国军队所表现出来的勇敢精神,以及正规军队在使馆职员和所有文职人员支持下,做出的那些充满活力和勇气的努力,得到了整个文明世界的赞誉。

英国政府也愿意记录下对你个人在整个危机期间所发挥的重要作用的感谢。6月22日,根据你的同事的请求,你负责使馆的防御,你所受过的军事训练使你特别有资格担负这一任务。从那天起,你一直指挥着要塞的防御工作,一直到8月14日使馆被解救。

英国政府从各个方面得到的信息都认为,防御的成功在很大程度上归功于你个人的努力,尤其是你设法在如此众多国家组成的、活动在广大区域内的军队之间建立和维持的团结和合作。有资格的见证者们已经表达了他们的看法:如果欧洲人应该为他们的生命比其他任何人——尽管有许多出色的人——更多地感谢某一个人的话,他们要为他们的安全而感谢你。

在结束这封信的时候,我必须请求你向窦纳乐夫人转达英国政府对她始终如一地关注病号和伤员的福祉的感谢。她的工作以及帮助她的其他女士们的工作,不仅赢得了身受她们照料的那些人的感谢,而且也赢得了他们在欧洲的亲属的感谢,几个星期以来,他们一直处在最痛苦的焦虑不安之中。

兰斯敦

第二十六章
围困解救之后

当救援部队进入北京使馆区的时候，他们受到了所有被围困者的热烈欢迎，这些被围困者们一直在恐惧和希望之中期盼着他们的到来。但是，解救者们的行为和他们的议论很快就表明，我们的情况似乎相当出乎他们的预料。他们看到，除了有一些人在岗哨上值勤以外，为数众多的绅士和女士如同在正常情况下一样四处走动。特别让解救者们感到出乎意料的是，这些被围困者们并没有表现出多少饿坏了的样子，他们中的一些人——尤其是女士们——穿戴整齐，带着微笑和欢乐迎接救援军，并没有爆发出歇斯底里般的哭泣。就像一名欢快的年轻女士所说的："他们原来可能以为会看到我们气喘吁吁地躺倒在地上呢。"

有几名被围困者只是来北京的游客，她们试图在火车最后停止运行的那一天离开，但被困在了北京。至少，这些女士们的行李一件也没有丢失。无论如何，所有其他女性在穿衣打扮方面都表现出了女性特有的才能，不必费多少事就能取得很大效果，就像她们在烹调方面所做的一样。在缺少更换衣服，连续下雨，没有最基本的洗衣设备——更不用说浆粉和熨斗了——这样令人沮丧的条件下，她们还是打扮得十分漂亮，看不出衣服已经穿旧或者过时的迹象。

所有女士们似乎都应付自如，这不由得让人对西方文明肃然起敬，它为女性的精力和多样化才能的发挥提供了大量的空间。美国和俄国公使的夫人特别辛苦地照料那些伤号和住在医院里的人，为他们的舒适付出了一切。当看到医院的卫生工作没有做好时，格尔思(Giers)夫人有一天亲自拿起拖把，把医院打扫得干干净净。

在整个围困期间，许多女士像男人一样冷静，一样勇敢，一样充满希望。在几次攻击中，她们辛苦地坐在那儿，不停地做着沙包，从来没有过任何一点点惊慌。在当时(以及此后冷静的谈论中)，最让人感到惊奇的似乎就是人们的冷静态度，他们以这种态度把围困中的一切都看作是自然而然的事。另外，令人感到惊奇的还有，所有女士们非常轻易地就作出了迅速而机智的必要调整。

在整个围困期间，众多儿童在各个院落里玩耍，他们的活动几乎没有受到多少限制。他们装成"义和团"游行，装成被派出去抓义和团的士兵，连最小的孩子也拿着他们的旗子和弹药带，加入不停的运动中去。他们在恶劣的情况下挖了些很深的洞，但是因为这些洞据说是要作为"轰炸的证明"，所以也没有人去打扰他们。他们拉来沉重的砖和木板，放到一些并不合适的地方，当成是防御工事。他们用土填满一些为他们特别制作的小袋子，堆积在四处，保护他们构筑的工事。

有一次,“四号”大小的孩子们建筑的一个这类堡垒被“十号”大小的孩子们彻底毁坏了,这让主持正义并热爱孩子们的妈妈们大为愤怒,她们向大孩子们表示抗议,抗议他们欺负小孩子。但是,进攻一方的领袖骄傲地挺直身子,回答说:“在战争时期,他们应该在他们的工事上安置一名岗哨,否则他们就等着被人抓住吧!”由于这种军事观点似乎还算有些道理,这件事也就这么算了。另外一次,有人看到几名传教士的孩子向另外一帮孩子扔石头,这帮孩子也回应了他们的“问候”。但是当向他们询问的时候,他们两方都急忙解释说:“他们想破坏我们的工事,我们不让他们破坏。”

我们已经提到过,围困期间有一名外国孩子出生,人们给他起名“围困摩尔”,以表示纪念。很可能还有几名中国孩子出生在这一不幸的时期,但我们没有这方面的记录。在围困初期有不止一名中国女学生结婚,因为她们的父母无法照顾她们,而如果不结婚,就不能走进她们丈夫的家里。

可能很难准确地说出因伤或者因病而致死的中国人的数目,因为无法收集这方面的统计资料。已经提到,中国儿童的死亡率很高。有六名外国儿童死于围困的艰苦环境。下面的这份半官方的使馆防御人员伤亡人数表很有意义,但应该知道,它并不是最后的数字,最后的统计数字可能还没有以准确的形式完成。当海军陆战队离开北京时,有几个人太虚弱,不能走动,只好留在医院里。第一名受伤的英国海军陆战队员索耶(Sawyer)是最后一个死去的,在他的同事们回到他们的轮船上之后很久。其他部队的一些伤员可能也有同样的情况。围困的紧张局势一经结束,多数能够离开的人都离开了北京,其中许多人离开了中国。他们中间有的人健康状况很好,只是“有点累”。

北京围困中志愿者伤亡人数

使馆	死亡	受伤	死亡总数	受伤总数
美国		1	7	11
奥地利			4	11
英国	3	6	6	26
法国	2	6	13	42
德国	1	1	13	16
日本	5	8	10	29
意大利			7	12
俄国	1	1	7	20
合计	12	23	67	167

北京围困中伤亡人数表

使馆	军官	士兵	死或因伤死		受伤		伤亡百分比(%)			生病
			军官	士兵	军官	士兵	死	伤	合计	
美国	3	53		7	2	8	12.5	17.3	30.3	
奥地利	5	30	1	3	3	8	11.4	31.4	42.8	
英国	3	79	1	2	2	18	3.7	24.4	28.1	
法国	3	45	2	9		37	22.9	77.1	100	
德国	1	50		12		15	23.5	31.4	54.9	
日本	1	24		5		21	20	84	104	
意大利	1	28		7	1	11	24.1	41.4	65.5	
俄国	2	79		4	1	18	4.9	23.9	28.3	2
合计	19	388	4	49		136				2
平均				9			13.1	35.6	48.7	
北堂										
法国	1	30	1	4		8	16.1	25.8	41.9	
意大利	1	11		6	1	3	50	33.3	83.3	
合计	2	41	1	10	1	11				

这些表上还需要添加一个很长的死者名单,因为它们必然会漏掉一些人,比如那些住在和其他人距离很远的地方的人,以及那些在数周或者数月以后作为北京围困的直接后果而失去生命的人。因此,这些表格只能反映围困结束时的情况,并不是最终的数字。

对于国际医院还应该补充说些什么,它在恢复我们的精力方面起到了非常重要的作用。这些材料主要取自一名非常有资格就这一问题撰写文章的英国女医生的文章。

大部分医护人员在围困期间的表现都是极其出色的,尽管具有医学和外科医生学位的只有二十名各个国家的男士和女士,其中包括美国美以美会的一名中国医生曹(Ts'ao)博士和一名退休的海军外科医生。

围困开始后的当天就开设了医院,人员有普尔医生和维尔德医生。女医生被要求去做护理工作,她们也愉快地接受了。有两名受过训练的护士,其他女士予以协助。这些医生们接到通知后一个小时就离开了他们的家,自然没有多少药物和衣服。英国使馆的储存很少,因为普尔医生还是刚刚来到。幸运的是,维尔德医生有大量的供应品,全都是供给德国军队的——压缩成一小捆一小捆的碘仿纱布被剪成小条,用大约五英寸见方的白色棉纱布包起来,再压成很小的小纱包。他还有一个消毒器,后来当被迫用棉纱布代替碘仿纱布时就不得不用它了。另外,他还有许多袋泥炭和木屑。器械始终是消毒好了的,以备随时使用。

对于大多数助手来说,都没有经历过枪弹和炮弹的袭击。医院先是设在档案室平房的两间屋子里,但随着伤员人数的增加,不得不增加更多的房间。到最后,医院有一间有两张桌子的手术室、五间病房和为五名病人安放了五张病床的大厅,窦纳乐夫人房子里的一个房间成为为军官和文职人员设立的康复病房,在其他地方还有为海军陆战队员设立的另外一间病房。三名美国女士管理厨房和储藏品,她们得到了高度的赞扬。

当然首先要向医院提供食品了,不过在其他任何地方,恐怕都没有这么美味的马肉汤和炖骡肉了,军官和士兵们似乎都感觉受点轻伤从而能吃几天好饭是值得的。由于"多种语言"的困难,尽可能地根据国籍分配士兵们的病房,至少没有一个人住在一间他和别人语言不通的房间里。意大利人和法国人住在一起,由一名法国修女负责照料。俄国人住另外一个房间,他们在那里受到了格尔思夫人最温柔的照看,德国人常常和他们住在一起。而有个房间里总是住满了欢快有趣的矮小日本人。英国人和美国人自然住在一起。专门为军官和文职志愿者准备了一间病房,住在这里的有英国人、美国人、德国人、法国人、意大利人、奥地利人、荷兰人、澳大利亚人和俄国人。

储藏品和供应品——床和床上用品、衬衫和所有必需品——的准备过程十分有意思,它们在相当程度上代表着某些人的克己和忘我精神,并显示了许多机智的权宜之计。枕头里装的是红酒箱子里的草,鸭绒被被割开制作成软枕头,在蒙古市场找到的很长的一匹烟台丝绸制成了衬衫。用来做衬衫的还有最好的缎子、亚麻和亮丽的黄棉布,这些衬衫被称为"皇家"衬衫。

几乎没有床架,床垫就直接放在地上。但是每个人都能有一个从某个地方找到的床垫,还有床单和枕头。

使馆里有些人家整个围困期间都没有蚊帐,但是住在医院里的人可能都能享受到这一奢侈品——这确实也是一件必需品。有些海军陆战队员的背包里有急救用品,但文职的志愿者什么都没有,因此他们的伤只有到了医院以后才能得到治疗。

受伤的情况与在开阔地上进行的战争的受伤情况不同,因为战斗全部都是在工事后面进行的,因而头部受伤的比例很大。根据症状进行的后继手术往往会发现一些被打进伤口里的小布片——衬衫或者裤子,或者流弹和炮弹片。弹片造成的伤口不大,只有一例脸部受伤的情况最后导致死亡。有三例喉咙被打穿,有两例由于胫骨复合型骨折而导致破伤风,两人都死了。

有一个马钱子碱中毒的病例,我们前面已经提到过。连续两个半小时吸入氯仿,然后再洗胃,病人最后康复,第二天就穿上衣服,再一天就回到了战斗岗位上。

到围困快要结束的时候,有几人患上了腹泻和痢疾。有两名俄国人死于痢疾,但是人们知道,在给他们提供饮水方面做得非常不够。有三名伤寒病人,其中一人在送到天津后死亡。除了两名破伤风病人外,在围困期间,没有一人在受伤二十四小时之后死亡。

围困期间没有保留下医院的记录,这实在是个遗憾,但是没有人有时间作记录。在北堂,开挖地道进行的爆炸是造成多数伤亡的原因。

在就防御情况写给索尔斯伯里侯爵的报告中,窦纳乐爵士特别提到了医院和两名负责的医生。在围困期间,有一百六十六名病人到医院治疗,其中二十人是生病,其他人则是外伤。由于两名医生的献身精神和医术,一百一十名伤员最后伤愈出院。普尔医生不知疲倦地工作,总是充满同情和快乐,来自各个国家的伤员都十分亲切地谈论他的献身精神和医术。最后,他被非常危险的发热所击倒,不得不成为病号。舰艇医务室人员福勒(Fuller)先生对伤员的照料和温和对待以及工作中热情而快乐的态度,得到了人们高度的赞扬。梅耶斯(Myers)女士和布拉兹尔(Brazier)女士每天为医院过滤水(用一个手动泵进行，并不是一件容易的工作），并且亲自把水送到医院，常常有子弹和炮弹在她们头上的树梢掠过。有几名女士因为辛勤照料病人，得到了红十字会的奖励。兰塞姆（Jessie Ransome）女士得到了爱德华国王的表彰，而安立甘会的兰伯特（Lambert）女士、美国公理会的查平（Abbie Chapin）女士和伦敦会的萨维尔（Saville）女士在中国得到了表彰。

围困结束后不久，美国人就开会作出决定，向英国公使窦纳乐爵士阁下和康格公使表达他们对保护了他们如此之久的海军陆战队员们的感谢。大约在同一时间，他们得到了康格公使的如下信件：

北京，1900 年 8 月 18 日

被围困的美国传教士们：

在我们被解救的这一时刻，我谨向在上帝保佑下从危险的屠杀中逃生的你们每一个人和你们全体，表达据我所知是外交团普遍的感情，对你们和你们负责下的中国教徒对我们得以生存所给予的不可估量的帮助，表示真诚的赞赏和深深的感谢。没有你们智慧和成功的计划以及中国人耐心的工作，我相信我们的拯救是不可能的。

我一直都深切地感受到你们对我的周到照顾，感受到你们在最困难的情况下持续的耐心，为了所有这些，我最真诚地感谢你们。我希望并且相信，在上帝的正确计划中，你们的牺牲和危险将在你们如此高尚地为之献出你们生命和工作的那些人们的物质和精神福祉中结出丰硕的果实。

谨向你们致以我个人的尊敬和感谢，相信我。

你们最忠实的康格

在这之前三天，窦纳乐爵士写信给总委员会主席，内容如下：

英国使馆，北京，1900 年 8 月 15 日

尊敬的都春圃先生：

过去的几天里，我一直十分繁忙，感觉非常劳累，否则的话，可能早就会写这封信了。

我想向总委员会的美国成员们表达我对他们在围困期间的出色工作的高度赞赏，他们总是预见性地、忠实地完成我的每一个希望。

和这样一些人一起工作，工作就变成了一种快乐，而且注定会取得圆满成功。这样的话适用于所有和我一起经历围困的美国传教士，他们不辞劳苦，充满智慧，而且极其忠诚，我毫不犹豫地说，我认为他们的存在拯救了使馆。

你们最忠实的窦纳乐

几天以后，公使收到了美国总统发来的如下电报：

全体美国人民为你们的解救而高兴，为我们和其他国家的你们的同伴们的安全而高兴，他们和你们一起分担着艰难和困苦，和你们一样坚韧和拥有勇气，也和你们这一小群防御者们一起表现出英雄主义。我们都为那些死去的人哀悼，感谢上帝保佑了你们，并且指引了使你们得救的勇敢军队。

麦金莱

两天以后，窦纳乐爵士收到了女王的如下信息：

在度过了让我们所有人担忧的这样一个可怕时期之后，向你们的安全表示最热

烈的祝贺。相信你、窦纳乐夫人和孩子们和其他人一样好。

维多利亚·伊丽莎白

女王还另外发出了一封电报：

致英国海军卫队指挥官：

感谢上帝，你和你所指挥的那些人从你们原先的境遇中得到了解救。我们，我的人民和我，一直怀着最深切的忧虑等待着你们安全的好消息，等待着你们勇敢而持久的防卫的美好结局。我为被围困者们的生命损失和遭受的苦痛而伤心。

维多利亚·伊丽莎白

北京围困刚刚得到解救，许多在北京城内有家的人就急忙到他们的房屋所在的地方，看看现在是什么情况。这些房子的情况大都和美以美会的房屋一样，美国人曾经在半围困状态下在那里度过了十二天。这些宽敞的院子处在三个不同的区域，由一些街道把它们相互隔开，一共有七处寓所、三座教堂、两所男童学校、一所女学堂、两所培训学校、两所医院、两所施药所和八处中国人住的房子。汇文书院的院子很大，四周是一堵高墙，里面有一座很大的两层楼。

当可以再次回到这些熟悉的地方时，除了房屋的地下室所遗留下来的危险的大坑以外，人们能够骑在马背上走到所有的地方。到处都很难找到一块完整的砖头，除了偶尔能看到几块镀铁的屋顶或者屋顶残片以外，难以看到表明这些建筑物之前情形的任何迹象。从所有院子里找到的破碎木头堆在一起，恐怕都不够点一把火。大院的外墙和房子的墙壁一样，被拆得只剩下了墙基，所有的砖头都被运走，每一棵树不仅被砍倒，而且连根也被刨出，从而可以从那些不规则的深洞判断出每一棵树的精确位置。唯一的例外是一棵矗立在大门里面一点的很好的老树，在半围困期间每天都在这棵树上张贴出一些通知或者布告。为什么这棵树能够保留下来，多少是一个谜，也许人们认为它是某个神的住处吧。不过，它起了一个很好的路标作用，如果没有它，就很难决定其他东西原先所在的地方。

在书院校园里，有一百只羊在安静地吃草，这是用来供给部队的。到处都看不到多少中国人。邻近的许多房子都和教会的建筑物一起毁掉了，或许是不经意的，或许是为了报复，或许是为了满足大破坏的狂野冲动。在邻近的院子里，一般都能看到堆满了砖头和其他劫掠物品，但丢失的东西中，只能找回非常少的一部分。教堂的大钟被埋了起来，但后来知道了埋藏的地方，把它给挖了出来。把有可能暴露的物品埋起来的作法，是中国人经常使用的，尤其是埋藏铁路的铁轨和枕木。

美以美会大院的情况可以作为所有在北京被破坏的房产的典型。在几个事例中，墙被保留了下来，似乎是要表明这些房产以前所处的地方，但是这只是几个例外。几乎所有院子都千篇一律地遭到彻底而完全的破坏。

属于北京各个新教差会的被毁掉的房产总数尚未确定，但估计可能包括三十四处寓所、十八座教堂、十一所男童学校、一所书院、十一所女学堂、四所培训学校、十一所施药所和八所医院。此外，还有西山的三十多处避暑用的房屋和海边的其他一些房子。

在救援部队到达后的几天里，人们到北京西南角的新教墓地看了，结果发现一直流传着的有关那儿的情况都是真的。所有的围墙都被推倒，甚至连墙基也被挖了出来。栽种了将近四十年的林荫道的大树已经毁掉，墓碑被推倒砸碎，十三座坟墓被掘开，尸体被移走,有的尸体显然被用来点了野火,只剩下一些破碎的骨头,四处还散落着一些金属纽扣,似乎在诉说着这个故事。

这一暴行与中国人尊重死者的传统大相径庭,使义和团起义和此前任何反对外国的运动都有所不同,从中可以看出故意释放出来的火山喷发般的力量的暴烈程度。俄国人的墓地遭到了同样的对待,这说明尽管俄国和中国之间好像存在着某种特殊关系,但在关键时刻,人们并不会对蛮夷加以区别对待。

8 月 19 日,在德国使馆为克林德男爵举行了一个追悼活动和军葬礼。他的尸体在一名没有陷入当时普遍狂热的总理衙门大臣的善意干预下得以埋葬,现在装在一口中国棺材里从埋葬地运了回来。9 月 6 日,在哈德门大街举行了一场更为隆重的追悼活动,他的棺材埋在德国公使在七十八天以前被卑鄙杀害的那个地点。参加这一活动的有一些德国士兵、一个乐队和其他使馆的许多成员。这个简短仪式的一部分是一位名叫凯斯勒(Kessler)的牧师做激动人心的讲演,他在讲演中回顾了已故公使的一生,要求以后吸取这一鲜明的教训。

这真是一个奇特而令人印象深刻的场面,它就发生在这个帝国古老首都的一条大街上,帝国的全部历史中都没有见到过这样的情况。男爵夫人站在棺材旁边,极为悲痛。街道两边有动情的欧洲观众,也有冷漠的中国人,他们或许只是想看看究竟会发生些什么。在两个半月的时间里,情况发生了多么大的变化啊,由一只看不见的手操纵的事件发展出如此一个令人惊奇的巨大改变,真是一个奇迹。那名开枪射击的人已经被德国人关押起来,他承认了这一行为,但解释说他是服从顶头上司的命令。

在整个围困期间,有七十多辆中式北京大车停在英国使馆里,每当看到它们,就会想到也许很快就要启程前往天津,就会用到这些车子了。当被围困者再次走上街道的时候,他们看到了一些令人吃惊的变化,尽管这些情况一直都持续着,但是人们也很难适应。城市里到处都是外国军队,仍然留在城里的中国人很快就开始觉得,单纯中国人占据的东西都不安全。于是,许多在被围困者中有朋友或者仅仅是认识他们的中国人急忙把大车和骡子交给这些外国人,由于运输的需要,到处都迫切需要这些东西,很难免遭被征用的命运。

某些欧洲大陆国家的士兵令人讨厌地到处乱闯,带来许多危险,因此,必须把中国教徒尤其是女学生从他们的围困地转移到更安全、更隔离的地方。为了寻找合适的地方,这些无助者的保护人在许多天里都十分操劳。在许多情况下,情况较好的中国人都非常愿意把他们的财产交给他们认识的任何外国人,以防止遭到掠夺。

在军事当局和使馆的同意下,有相当数量的中国教徒先后两次住进了房主由于害怕而放弃了的满族王公的房子里。随着北京的这些满族官员与义和团运动有着广泛联系的事实得到证实,这些地方的房产很有可能被迅速没收。根据英国和美国公使的明确建议,决定出卖这些被抛弃的房产,利用出售房产得到的大量收入来支持穷困的教徒们,他们的人数随着难民开始有胆量从不同地方进入北京而不断增加。

这一措施引起了许多误解,这一消息被在特殊情况下难以了解情况的人们带着无意识的夸大不断地重复,使得许多毫无根据的流言蜚语大量传播。本来有可能坚决不让人们进入这些房子,但既然人们已经进入了房子,要想阻止财产遭到抢劫,唯一的办法就是由当时存在的最高当局占据它们,以当局批准的各种方式来利用它们。

随着慈禧太后和朝廷的逃跑,整个中国军队也完全消失,向不同的方向分散开来,骚扰沿途地区的百姓。他们后来集中到了保定府和其他地方,然后又四散而去。北京被占领,在他们看来,可能只不过是一个不幸的事件,它本身并不能解决各方面产生的大量棘手问题。似乎是在围困期间运送到北京的大量武器藏在许多不同的地方,其中许多在一些人们意料不到的地方被发现。小司快尔(Fargo Squiers)和一名同伴发现了许多箱曼利彻尔卡宾枪,他们把其中两箱送到了美国使馆,但在回去取其他箱子的时候,发现已经被法国人得到了。都春圃先生通过一名佛教和尚得知,在南城彰义门外不远的一座庙里,藏有几箱3.5英寸的炮弹,属于被缴获的克虏伯炮的。美国军官得到这一报告后,派出一名少校和一名卫兵去获取了这些武器。在其他一些地方,也有一些这类的发现。

一个最有意思的发现,是中国人在皇城东南角精心修筑的攻击使馆和肃王府的炮台的建筑方式。这些炮台使用了很粗的松树树干,捆扎得很结实,支持着一个大约二十五英尺高的炮台,占地大约二十五乘二十英尺。每个炮台都有一个很长的坡道,用来把炮拖到炮位上。仔细数数,每个炮台至少需要七百根树干。这些炮安放在用两英寸的木板做成的坚固地板上。在城墙顶上挖出了一些窥孔,有一些用三到十六英寸厚的铁板——显然是从电灯厂抢来的——制成的门,像防弹墙一样保护着这些孔眼不遭到来复枪的射击。这些工事中的任何一个正常发挥作用的话,应该就可以在两小时的炮击后将英国使馆和肃王府击垮,但是,除了围困的最后一夜以外,它们造成的破坏实际上非常的小。

直接位于这些炮台下面的水门用砖和石头建成,一直是最为安全的地方,因为它们要阻止被围困者向皇城和紫禁城冲击以夺取皇帝的宫廷!与此同时,北城的南城墙的相应水门——我们已经提到,第一批军队实际上就是通过这个门进城的——完全没有防卫,某些铁栅栏已经完全没有了,剩下的一些也非常容易移走。

直到目前,在使馆得到解救以后,北京最令人感兴趣的景象是北堂,人们极其勇敢地在这里从6月16日(使馆围困开始前四天)一直坚守到8月16日(使馆被解救后两天)日本军队首先进入北堂之时。这里宽敞的院子邻近皇城的西墙,遭到一个和我们描述过的炮台类似的炮台的攻击,这个炮台位于城墙西北角,但是在城墙外面。进行攻击的还有一些发射来复枪的阵地,这些阵地距离北堂很近。育婴堂北墙外面有一个很大的军火库,存放着硫磺和其他一些制作火药的材料,中国人不停地使用这些材料来制造火药。

在不间断地进行攻击的六十天里,发生过四次中国人开挖地道进行的爆炸,中国人一直在不知疲倦地大规模挖掘地道。四次爆炸中有两次非常厉害,许多生命丧失,尤其是中国孩童。有一次爆炸的时候,一间房子的屋顶被炸掉了下来,把一名意大利军官埋在了五英尺厚的废墟里。人们认为他一定会死掉,但是几个小时以后,当人们有机会来关注这件事并把废墟挖开时,竟然发现他毫发无损!

北堂受到了沉重的炮击,但大多数炮弹都打得太高,没有产生多少作用。在北堂被围困的这两个月中,敌人的攻击从来没有像对使馆的攻击那样有过中断,而且在折磨人的全部时间里,没有一名信使能够出去过,也没有任何外部的消息传进来。在使馆的半停战期间,那些被围困在北堂里的人由于不再听到枪炮的声音,很自然地得出结论,认为中国人已经取得了胜利,使馆已经被他们攻占。

被困在北堂里的外国人总数大约有九十人，其中有四十三名军官和海军陆战队员，此外还有数千名中国人。食品供应极其不足，所以樊国梁主教在围困开始后希望能够在短时期内得到解救。到最后，根本没有任何东西可吃，被围困者一天只能吃两盎司饭。而到救援军抵达时，甚至这一点饭也吃不到了，非战斗人员同意什么都不吃，把饭留给战斗人员。女修道院院长——一名令人尊敬的年长女士——一直都坚信，上帝一定会救出她的这一小群信徒。她坚持活到了围困结束，以看到她的预言实现，在那之后，她才平静地死去。

可以和主教准确地预感到暴风雨即将到来的远见相媲美的，是经历这次可怕考验的所有人所表现出来的英勇精神。在某些情况下，他们的处境要比使馆里的那些人险恶得多，因为他们被围困的时间更长，受到的攻击更为持续，而可以依赖的资源更为匮乏，以极少人防御极其众多的攻击者，而且始终都不知道外边的消息，经历了更多的精神上的不安。无论北京或者中国的基督教徒的命运可能是什么，北堂将永远是一个见证。它见证了这些男女基督教徒——中国的和欧洲的——为了他们的信仰，为了他们已经为之献出全部自我，甚至愿意献出自己生命的信仰，所做的一切和所经受的全部苦难。

下面有关北堂围困的补充性叙述根据李佳白牧师的记载缩写而成。

聚集在那里的有三十名法国军官和海军陆战队员、十名意大利人、十二名法国神父、二十名修女和三千二百名中国教徒。

食品够通常住在这儿的五百人用的，但现在要养活六倍于此的人，实在是一个严重的问题。

最初，中国人每天吃八盎司饭，但到最后被缩减到二盎司。在还有力气的时候，人们工作得很好，但到后来路都快走不动了，仅仅能维持生存而已。像糠、草和树叶一类食物也只能维持几天，再往后就有可能发生饥馑和瘟疫了。外国人的遭遇要好一些，因为需要他们的力气来进行防御。

由义和团进行的第一次攻击开始于 6 月 15 日，结果有四十八名敌人被打死。到 6 月 20 日，中国士兵出现了，而且从那以后一直就成为了主要力量。这一天还开始进行炮击，有一门炮直接向教堂大院的大门开火。海军陆战队员冲向敌人，缴获了这门炮，这门炮从而成了他们在整个围困期间所拥有的唯一一门炮。因此，对北堂的炮击要比对使馆的炮击开始得早些，而且也更为猛烈。北堂连续三天都遭到至少十四门炮的轰击，而一般情况下，也有不少于四门炮进行攻击，其中有一门炮安放在宫廷院子里，而另一门炮安放在礼亲王的王府。

有二十八天连续进行炮击，比使馆在整个围困时期遭到炮击的日子还要多四天。在这些天里，发射了多达两千四百枚炮弹。在 6 月 24 日，有三百八十枚炮弹在院子里爆炸。

北堂以及为数众多的无助难民的唯一防御者是外国卫队派来的四十名海军陆战队员，他们驻守在六处不同的地方，每个地方都有建筑得最为坚固的工事。法国人有可以发射两千次的弹药，而意大利人的弹药就很少。一旦有一名士兵被打死，就会有一名中国人代替他。这为数很少的人日夜都要守卫，随时都要准备抵御敌人的每一个企图。

炮击在北堂本身和其他建筑物上留下了它的痕迹，但最大的破坏来自炸药爆炸。有一次爆炸炸死了八十人之多，总共炸死了四百人，其中一百二十人是儿童。中国人主要死于这些通过地道进行的爆炸。医院完全毁坏了,成为表现敌人企图的极好示例。

开始的时候,有多达六百名中国教徒用大刀和长枪武装起来,但当中国士兵开始进行枪击和炮击以后,这样的武器根本就没有用处。只有四十条来复枪和一门炮来抵御或许两千条来复枪和十多门炮。

尽管敌人在武力和人数上占据很大的优势,但他们并没有任何攻打或者进入这个地方的企图。法国人的射击极其准确,打消了敌人任何的这类企图。仁慈的上帝眷顾着这个地方,每天清晨的共同祈祷给他们带来无限的祝福。

从事攻击的敌人,以及进行谋划的慈禧太后和她的谋臣们,显然有一个目的,就是要全部消灭那些除了自卫没有放过一枪的基督教徒们。多亏了天主教法国和天主教意大利,这样的灾难被阻止了。

防御行动是一种崇高的英雄行为,教会领袖樊国梁主教是勇敢的领导者。虽然没有受过任何军事训练,他始终乐观,充满希望,并且通过镇定的精神和对上帝的信仰,阻止了教徒中的任何恐慌和失望情绪。一半的意大利防卫者、两名法国军官以及三名海军陆战队员被打死了,他们占到了全部军事人员的四分之一。尽管形势非常险恶,主教从来没有丧失勇气。

无论从哪一方面看,北京的围困都将成为人类历史上一个值得纪念的经历。它是一场过去历史上从未有过的运动的顶点,在未来的任何情况下,可能也不会再次重复。有关这一历史还有许多不清楚的地方,也有许多人们可能永远都不会清楚的事情。但是,作为一个很少人坚定勇敢地抵抗很多人的榜样,一个有远见地使用微薄资源的榜样,一个男人勇敢、女士坚韧的榜样,一个坚定地相信上帝的榜样,一个上帝进行大解救的榜样,北京的围困——尽管叙述得十分不充分——都将是世界永远不会让它死去的一个故事。

第二十七章
围困中的“上帝之手”

据说腓特烈大帝曾经问他的牧师，在他看来《圣经》真实性的证据到底是什么，牧师回答说：“犹太人，陛下。”如果有人问上帝监看着人的事务的证据是什么的话，最简明扼要的回答可能就是：“北京的围困。”对此我们不必提请大家辩论，而最好是把我们的注意力集中到几项高度概括的事实上。

1. 使馆卫队到达之前在北京的外国人生命的保全。有着一些可能但不能肯定的证据表明，军机处曾经召开了一次会议，讨论消灭所有在北京的外国人的问题，似乎只是由于庆亲王的犹疑不决，才把这样的行动耽搁下来。

2. 使馆卫队在最后时刻的到达。如果他们晚两天到达的话，整个铁路就被彻底毁坏了，乡村各处的狂热民众也会阻止他们前进，就像他们在几天以后阻止西摩联军一样。如果这样的话，所有外国人可能都会迅速遭到屠杀。

3. 不知道自己身处危险之中的外国人没有遭到攻击。许多人分散在北京的不同地方，有些人甚至住在西山，似乎什么都没有发生一样。直到 6 月 8 日，他们才聚集到使馆里。这些人中人数最多的一批有二十四个人，在没有护卫的情况下，从通州旅行十三英里，穿过沸腾着仇视外国人情绪的地区，不仅没有受到攻击，而且没有遭到任何形式的威胁。

4. 刚刚提到的这些美国人和其他七十多人一起，在美以美会的大院里避难。在十二天的时间里，他们处于某种半围困状态，这段时间是即将到来的更为严峻的考验的一次最为重要的演练。人们立即就进行了精心的组织，选出了许多种类的委员会，开始修筑工事，建立防御，设置哨兵，对中国教徒进行训练，并向他们发放武器。这样，当所有外国人集中到英国使馆，而英国公使又需要美国人积极合作的时候，整个机器已经准备就绪，只需要拉动轮子上的皮带就可以开始工作了。

5. 中国教徒的安全。德国公使突然被害以后，下达了所有外国人都应该前往其使馆的命令，但没有提到中国教徒。他们被认为不在英国公使的影响范围之内，他对他们没有采取任何行动。对许多人来说，他们是被忽视的一群人。主要是在已故的秀耀春教授的影响下，这些中国教徒在最为危险的时候被非常好地安排进了肃王府。而就在中国人进入秀耀春教授帮他们得到的王府的时候，秀耀春教授却被杀害了。在当时，我们大多数人都没有意识到，这个王府对于我们的得救是至关重要的。如果没有它，英国使馆、西班牙使馆、日本使馆、法国使馆和德国使馆就不可能守住，而没有中国教徒的服务，防御工作也不可能进行。

6.除了数百名海军陆战队员外,围困期间还有大概三千人需要养活。许多外国人和几乎全部中国人在进入使馆的时候,都没有准备任何的食物。对于一个不知道要持续多长时间的围困来说,在防御区内自然也不可能得到足够的食品供应。但是,在使馆街的一个粮店里发现了一二百吨麦子,这些今年才收割的麦子刚刚从河南运来。除此以外,还有好几堆大米,白的、黄的印第安玉米和豆子,另外还有许多其他食品。北京所有经营外国商品的商店都在我们的防御区内,他们的商店可以直接利用,这在整个围困期间是极其重要的。

有许多用来进行比赛的马,还有一些骡子,它们大都成为了食物,其余的几乎都用来拉东西、磨粮食等。得到这些牲口所需要的饲料,和得到男人、女人们的食物一样非同寻常。我们找到了一些高粱和豆子,还找到一大堆高粱秸。这堆高粱秸的一边有一座被烧掉的住房,但高粱秸并没有受到影响。北京的许多老居民非常惊奇地发现,英国使馆里的八口井的水质特别好。事实证明,这些水不用过滤、也不用煮沸就可以安全地饮用。尽管在大火燃烧的时候从这些井里取了大量的水,但它们总是有水让我们用。

燃料供应一点都没有进行限制,尽管燃料用完了的话就没有什么可以替代的。我们的周围有几十万磅煤炭,只需要走很短的距离就能够取来。被毁坏的房子提供了我们需要的所有引火物以及修筑工事所需要的大量木材。

7.从外国商店里得到了各种供应品,还在附近的裁缝店里为许多外国人找到了衣服,这些外国人有的甚至连一件替换衣服都没有。其中一项最大、也最迫切的持续性需要是缝制沙包的材料,用这些材料可能缝制了大约五万个沙包。最初,使馆的窗帘、缎子桌布以及任何一种能够弄到的织物都用上了。后来,从外国商店和中国人家里得到的供应似乎取之不尽,到最后都没有用完。从防区内外的中国人住房里找到了大量布料,这些布料对可怜的中国教徒最为有用,不仅满足了他们各方面的需要,还为了他们的福祉而拍卖了许多。

在许多地方发现了防御用的材料。值得注意的是一家铁匠铺,在那儿找到了一个铁砧,还有风箱和化铁锅,而最好的东西则是一个旧式的中国炮,它被证明非常有价值。这门炮被装到一架意大利大车上,使用由英国军械士重新填装的俄国炮弹,装入中国火药,由美国炮手发射,因而被恰当地称作"国际炮"。在许多商店和家里都发现了英国器皿,多得要装好几车,其中许多被用来制作实心弹,供意大利的一个火炮发射。此外,还制作了许多子弹。在弄到手的所有杂物中,很少有派不上用场的。

8.制止中国人的"上帝之手"。当外国人在前往使馆的路上时,一切都极其混乱,中国人可以随时将这一群人一举歼灭。当中国人占据着城墙时,如果使用正确的方法,他们也能够轻易地将每一个使馆变成没有人的地方,只用来复枪射击本来就足够了。

当时他们采取了精心选择的计划,通过在使馆外面放火,让火势蔓延来烧英国使馆。在这些火攻中,有三次火势非常猛烈,持续时间也长,非常危险。但到最后,这些攻击不仅全都失败了,而且每次都给我们留下一个比先前更为坚固的阵地。不止一次,风突然转向,将我们从即将被消灭的境地中拯救出来。那些敌人可以用来作掩护的房子,以及那些可能把火势引进我们使馆的房子被烧毁了,我们反而能够得到更好的保护。翰林院被毁坏,意味着我们的防线得到相当大的扩大,阵地后来变得几乎固若金汤。

比其他所有事都更令人可怕的是挖掘地道所造成的威胁。我们知道这项活动实际上开始于两个地方，或许还有其他我们不知道的地方。一条地道位于上驷院的一座房子里，另一条在我们西边最前沿的岗哨附近。这些地道为什么始终没有完成呢?

中国人本来可以在许多不同的地方对一些防御薄弱点进行突然而猛烈的攻击，对此我们可能很难防御，因为防线很长，而防御者太少。如果是欧洲或者日本的军队来攻打我们的话，他们肯定会利用夜晚沿着御河河边前进，在这里，我们的来复枪很难控制住他们，这样他们就能冲进前大门。只是到了使馆被解救前两天，我们才刚刚建成一个炮台，以安设一门炮，来阻止这种可能的情况，不过由于其他地方更为危险，这门炮一直都没有架好。几百名愿意冒着生命危险拿下使馆的中国人，本来可以在围困最初的一个月里随时占领使馆。为什么一直没有这样做? 甚至没有试图这样做? 中国人在某些方面没有充分利用他们已经获得的优势地位。

在围困刚刚开始的时候，几乎所有使馆都处在恐慌之中，但是中国人并没有进入使馆，我们的阵地也因之重新得到巩固。另外还有一次，我们放弃了城墙，但中国人并没有发现，而到他们发现时已经晚了，城墙很快又被我们重新占领了。当敌人的一门新炮开始攻击南马棚大院的房子时，有几枚炮弹似乎要把这座房子掀翻似的。我们用来复枪向这门炮射击，最后他们被迫撤离，再也没有回来。

后来有一天，许多炮弹落进了汉务参赞的房子，其架势不仅是要炸毁那座房子，好像也要炸毁整个使馆似的。我们再次用来复枪攻击敌人的炮手，敌人在发了五炮以后就永远地撤退了。不止一次地，当敌人的炮手似乎要找到准确射程的时候，炮击却停止了。在围困的最后一个夜晚里，一门炮的炮击特别有杀伤力，但只放了十炮。到第二天，这门炮就消失了。最为可怕的破坏武器没有造成什么伤害。

据估计，很可能向我们发射了一百五十万到二百万颗枪弹。在前期的一些攻击中，在好像有几千名敌人包围着我们的时候，一分钟大约要发一百二十四枪，每秒钟两枪还要多。但除了在射击地点的士兵以外，只有三个人或者四个人被密集地射进英国使馆的这些子弹所伤害，而使馆里至少要有八百人，有时甚至超过一千人。一名海军陆战队员在这类射击中被打死，另外还有两三名受伤，围困的最后一天有两名非军事人员被打伤。而唯一的一名受到伤害的女士，还是在救援部队进入使馆以后才受伤的。没有一个孩子被打中，尽管院子里到处都有他们的身影。

仔细的计算表明，围困期间向各个使馆发射的各种炮弹大约有两千九百枚。据认为，在英国使馆里，实际上，除了在射击点值勤的人以外，没有任何人受到过这些炮弹的伤害，尽管有几名中国人被炮弹炸掉的砖头所击伤。翰林院大院、公使寓所和其他一些住满人的地方，都受到了数百枚实心弹的攻击。为什么这些为数众多的炮弹只造成了如此小的伤害呢? 在很长一段时间里，似乎都是十二到十五门炮一起开炮。我们费了很大力气挖了十三个避弹坑，但就我们所知，没有一个避弹坑曾经有人进去躲避过炮弹。

9.制止疾病的“上帝之手”。使馆里人满为患，条件极其不卫生。东方人没有耐心在卫生方面限制自己。百日咳、麻疹、伤寒、猩红热，还有天花，围困期间都曾经出现过，患病的有外国人，也有中国人，但没有发生过传染，也没有发生流行病。这是亚细亚霍乱流行的多好机会啊！食品的恶劣和短缺在中国儿童和老人中间造成了相当的死亡，但总的看来,有关统计数字是出人意料的。没有听说有中暑的病人,而在这样的纬度下,天气到处都十分炎热。

可以进行工作的医生数量很多,而且医术高超。一名最见多识广的病人宣称,文明世界没有一家医院能提供比这里更好的关心和更为贴心的护理了。女医生们抛开专业惯例,愿意仅仅做护士所做的工作。在那样的情况下,医院里的死亡率不能认为是高的,尤其是有着如此多的严重病号。

10.上帝把我们敌人的精神搞乱了,他们害怕我们远远超过我们害怕他们。他们最有杀气的攻击似乎只是要阻止我们突围。他们对我们突围特别害怕,竭尽全力进行阻止。

在我们这方面,有一种罕见的团结精神。希腊正教、天主教和新教教徒从来没有这样友善。我们代表了除了希腊和土耳其以外的所有欧洲国家,此外,还有三个亚洲国家和美国,多么好的一个诺亚方舟啊!我们认识到保罗关于"我们都是兄弟"的思想,同时,也从来没有像现在这样强烈地感觉到柏拉图和西塞罗把整个人类联结起来的"共同盟约"的思想和启示。生活于在政治上和军事上相互警惕的环境之中,这样的经历始终会是一个宝贵的记忆。防御者们的和谐一致完全可以和他们的勇敢精神相媲美。

在所有这些事情中,我们看到了北京围困中的"上帝之手"。在许多方面,这都在《诗篇》第一二四篇中得到了充分而广泛的预见,尤其是第七段。在使馆得到解救后的第二天,一封电报就把这段诗发回到国内。我们尊敬那些活着的人,尊敬他们保卫我们的英雄主义,我们也会珍藏起对那些勇敢的死者的记忆。但是,最为重要的,我们感谢把我们从水火之中带进一个健康之地的上帝。

第二十八章
北京受到的惩罚

自从欧洲军队在1860年第一次占领中国首都以来，四十年已经过去了。在那时，向中国人表达了对他们感情的每一种体谅：外国军队离开时，城市没有遭到破坏；在入城一个月之内，军队就从城内撤了出来。人们希望这一短暂的占领所代表着的对中国国家自尊的打击可以带来巨大的收获。人们有信心地期待着，它会证明这是对中国人长久以来根深蒂固的傲慢自大的致命打击，这种自大把外国人蔑视为低贱和野蛮的人，并且使北京成为一个对外部世界关闭的城市。

但是，在经过数十年与欧洲人的交往之后，还必须把北京称作是一个自始至终反对外国的城市。

尽管总理衙门大臣们偶尔也到使馆出席宴会，但值得注意的是，从来没有外国使节到他们自己的家里进行过回访，几年以前试图进行这种活动的努力被证明是一个完全的失败，这个城市的人家仍然紧紧地向除传教士以外的所有外国人关闭着。

各个医院，尤其是伦敦会率先创办的医院，收治的病人数量已经达数十万，甚至可能达到一百万以上，这样就向中国人的心灵打开了许多宽阔的大门。但从整体上看，北京仍然是一个蔑视和仇视外国人的城市。

很久以来，人们就知道，向外国人教授汉语的中国本土的博学先生们在街上遇见外国人的时候，会装作不认识他们的学生，因为无论他们个人的看法是什么，在街上和外国人说话会让这些先生们大丢“面子”，或者说是有失尊严。学者们是这样，而商人们的情况在相当程度上也大致相似，他们非常愿意赚取外国人的金钱，但却蔑视金钱的所有者。在很大程度上，劳动阶级——甚至那些苦力们——也是如此，他们认为他们自己比他们为之工作的那些外国人要优越得多。这种心理或许和在巴比伦的犹太人对他们的征服者的心理差不多。

北京南城一直以它比鞑靼城更坚决地反对外国人而自豪。它一直反对传教士购置其神圣土地的任何努力。如果这样的努力偶尔会出现成功的例外的话，那也只不过是起到了突出一般性规则的作用。

这就是中国首都对外国人第一次占领所作出的回应，尽管外国人在这次占领中小心翼翼地表现出了仁慈和宽宏大量。第二次占领是在和第一次完全不同的情况下发生的，其结果也是中国人永远都不会忘记的。如果说，导致这次占领的罪行是独一无二的凶残的话，那么，这些罪行所受到的惩罚也是独一无二的全面。

当义和团第一次以实际上不受限制的数量进入北京时，他们像士兵一样分布在城内各处,而且也像士兵通常(但不始终是)那样,让老百姓来提供饭食。这本来就会是一种非常繁重的负担,而在实行中就更加恶劣。为了“保卫使馆”,直隶军队的统帅荣禄和董提督的军队大量地被调进北京,这些士兵们和义和团的关系在很大程度上就像蝎子和蚱蜢一样。

由于他们的活动,这个城市变成了一座充满痛苦的城市。自从外国人来到这儿以来,还从来没有见识过这样的痛苦。许多家庭被全家灭绝,还有一些家庭的八个或十个成员中只剩下一两个人活了下来。数百家的大门被全部封了起来,这通常意味着这家已经没有一个人留下了。董提督统率的来自甘肃的充满杀气的军队说着北京人几乎完全听不懂的奇怪方言,却用鲜血写下了他们的名字。对于北京的中国人来说,他们与来自远方的巴比伦人在古代犹太人眼中的形象一样,是“一群暴躁易怒、带来痛苦的人”。

毁坏所有基督教徒的财产只不过是大破坏的开始。在历时一个星期的大火中,相对很少的外国人的房屋根本不能满足难以平息的劫掠和破坏房屋的欲望。有段时间,人们可以在不同的地方看到六处或者八处大火,其中最大的一次是在前门外面的南城的一次破坏性极大的大火,那里有着北京最富有的商店和最繁荣的贸易。

当外国人终于可以再次到北京的街道上游历时,映入他们眼帘的是令人震惊的一派荒凉景象。士兵的尸体或单个或成堆地躺在地上,有时候身上盖着一领破席子,但通常情况下都成了现在吃得很肥的野狗的食物了。实际上,死狗和死马已经把城市每一个地区的空气给污染了,满是死水的大池子里散发着腐烂了的人和动物尸体的气味,瘦弱的猫从商店前门上打开的洞里野性十足地盯着过路的人,而这些商店都打着诸如“恒福”、“富源”、“万盛”等牌号,还有取自《大学》的经常被人引用的格言——“生财有道”。人们可以在一家三次遭劫,已经十分破败的大门上看到令人愉快的格言——“和平宁静”。北城和南城数英里长的最为繁华的街道上的商店没有一家开业的,街上很少能够看到有人聚集在一起。

但是,当联军占领了中华帝国的首都,并且为了巡逻的需要把整个城市分配给几个相关国家的部队管理以后不久,中国人就像水适应它被倒入的盘子一样,开始适应这一新的关系了。能够运用书面汉语的日本人第一个进入了这一领地,结果,在三天的时间里,整个城市就满是中间有一个红点的小旗子,数千人家的门上开始张贴出“大日本国顺民”这类的文字。有段时间里经常可以见到拿着这种旗子的中国人,旗子上只写有“顺民”字样,上半部分空着的地方留待以后填上他们将要效忠的那个国家的名字——这真是对中国人的“爱国精神”令人注目的注解了。街上的十个人中,可能有八个人拿着不同国家的旗子(只不过是一些低劣的仿制品,大雨一淋就更糟了)。中国人经常相互告诫不要“追随洋人”,现在却产生出这样的结果,这在人类历史上可能也是独一无二的了。

不仅制作了旗子作为向某个未知的其他国家效忠的标志,英语也痛苦地被迫用来宣布这种效忠。哈德门大街上一家旧货棚上的告示写着“日本所有”,另一张告示写着:“尊贵的好先生,请不要向我们开枪,我们是良民。”在一个曾经是义和团坛口的庙宇的几个大门里,人们读到这样令人吃惊的说明:“神基督教人。”这真是“素来苦待你的,他的子孙都必屈身来就你”这一预言从未有过的最为奇特、最想象不到的实现了。而这条胡同的其余房子则都贴着一再重复的祈求:“请军官饶恕,这里的人是好人。”

在占领的前几个月中，北京不仅没有做生意的，而且商业繁荣的根本也被连根切断。在北城，有四家联合钱庄，每家都有一个表示永恒的“恒”字，这些联合钱庄（据说其所有者是宫中的一个太监）被认为和英国银行一样安全。在6月的第三个星期，中国士兵掠夺了这四家钱庄，使之不再存在了——在一段时间里，所有其他钱庄和银行也是如此。街道上到处都是钱票，狂风吹来，和灰土一道四处飘洒。几只残存下来的野狗，不加选择地用鼻子嗅着洒落在路边水沟里的银票。

然而，没有用几个月，聪明的中国人就又有了一个钱庄系统。这种系统以前就曾经运行过，现在则做了巨大的修正，因为大量涌入的外国货币现在成了这个城市的标准通货。在政治十分动荡的冬天，恰巧银元对北京铜钱的价格也突然上涨，在大约三个星期的一段时间里，曾经达到过每分值二十五文钱的程度。据说这是因为银子可以比较容易地埋藏起来，而铜钱则体积太大。人们认为，只有把钱财藏在地下，交给“土地老母”才是最谨慎的。实际上，在人们看来，只要不受干扰，“土地老母”才是帝国唯一安全的银行。

对于所有东方人来说，城门与百姓的安全密切地联系在一起。北京的城门在围困期间和围困得到解救以后所遭受的磨难，前面已经提到过了。在6月13日造成巨大损失的前门大火中，义和团导致了外箭楼的间接焚烧，而内箭楼的着火，则是由于在英国军队占领以后，一伙信号兵在发信号时不小心引起的。

在这些狂暴的日子里，哈德门的外箭楼也在大火和浓烟中消失了，而齐化门则是日本人在进入北京城的时候毁坏的。外国士兵占据了北京城门以后，城门就从来没有关闭过，百姓的安全并不依赖于城墙，而是依赖于在哨位上值勤的卫兵和哨兵。

西方人在占领一个中国城市后的第一本能，是提供进入和出去的便利手段。除了在城市四面的城墙中点的城门以外，中国人很少设置城门，给西方人造成很大不便。我们曾经提到，北京城被占领之后三天，就在通向皇城的城墙上炸开了一个洞，位于英国使馆上首的御河头上。从那以后，它就成为一条重要的通道。同一道城墙的东面城墙，在接近一半的地方，也打开了另一个豁口，其宽度足以让一辆大车通过，为穿城而过省下了不少时间。但是最大的改进是在鞑靼城的西南角，英国人在那里把整个外城墙挖开，成为一条通道，修建了一个拱顶，铺上木板，标名为“英国门”。这道门的外面和里面各有一个路障，成为外国人的必经之路。不过，当中国人有能力做到的时候，他们必定会很快地把它给堵上。挖掘这道门的工作十分费力，要穿过极其坚实的建筑材料，这些建筑材料据说用炸药炸也起不了多大作用。挖开这道门，有意思地展示了这堵保护城市——但它最终未能起到保护城市的作用——的十四又四分之一英里长的城墙的内部构造。

在春天，皇家工兵毁掉了北城城墙西南角的塔楼，从上面拆下来的木板可以用来重新修筑通向天津的铁路。曾经游历过北京的人们可能还记得，这些塔楼的每一面都有四十八个小窗口，每个窗口都有木头遮窗，上面画着一个大炮的炮口——这倒真是北京总体防御的确切象征。

在天坛的正对面，是新修的天津到北京铁路的终点，这一终点原先在南城外一两英里的马家埠。南城城墙上开了一个大豁口，火车通过这个豁口进入，让旅客们想起了英国的老约克——如果不是义和团的话，这样的改进我们还要等待许久。车站前面伸展着一长列电灯，英国人从颐和园救回了电灯厂，现在第一次用上了。

当火车抵达的时候,各种各样的车辆在车站川流不息。为了防止站台上的车辆过多,树立起了一排似曾相识的石柱。有一根石柱上一面写着“王家西南界”,另一面写着“张家东北界”。这些石柱来自乡村墓地的四角,在讲究实际、不动感情的西方士兵看来,移来这些地界标志是完成他的任务最容易的办法。

芦汉铁路是中国政府所修筑的第一批这类铁路之一,它最初的终点在永定河上的卢沟桥,目的是要和首都保持一个比较安全的距离。在军事占领期间,似乎提供了一个合适的机会把这条铁路直接延长到北京,对此可能不会有人提出疑问。于是,这条铁路就被延长到了北京,在南城的西城墙上炸开了一个大洞,铁路就靠着把城市分割开来的城墙铺设,并且和城墙平行。车站就设在了前门外面。

另一方面,英国军事当局决定修筑一条通往通州白河的铁路。这条铁路同样顺利地开始修筑。路基通过哈德门处的城墙,通向一个车站,这个车站就位于英国救援部队进入北京时所通过的水门附近。从哈德门向东,它在城墙下面直线前进,穿过南城城墙上的一个豁口。

通州曾经拒绝了最早提出的在通州修筑铁路的计划,从而自己切断了自己的希望。现在似乎可以说,由于这条铁路的修筑,从死亡中把通州拯救了出来。

联军的这一计划和其他许多改善计划,目的好像是要对现有状况进行有实际作用的改进。可能在数年里还需要施加一定的压力来保护这些改进,不过,希望中国人在那之后能够完全接受它们,不再会有要求回到以前状态的呼声了。

不能认为,由于西方交通方式的迅速使用,亚洲就会突然被迫放弃它的过去和它的传统。它的过去和它的传统的最好象征,或许是善于忍耐、步伐缓慢、脚踏实地的骆驼。北京的大街上总是有着许多这样的骆驼,“冬天是王子,夏天是乞丐”,几乎赤裸的皮上四处披散着一些毛发。以前经常可以看到的驮着运往俄国的茶叶的长长驼队,现在已经看不到了,但仍然有一些骆驼像往昔一样从西山向城里运送煤炭。中国人有句谚语说,当用骆驼来送急件时,尽管你可以对它的速度说三道四,但至少它是可靠的。专注地看着它们那似乎毫无表情的外表,可能会看到一个狡猾地半眨着眼睛的图像,好像这一长队举止从容的动物的首领在这样镇静地沉思着:“啊!我想你现在可能会觉得你能行,不想用我。啊!你错了,你会看到,我很强壮,我能长久地等待,我属于这里,等你和你的东西都没有了以后好久,我还会在这儿。”

在围困时期,早已开始成为北京一道风景线的大量黄包车,由于围困所造成的环境而彻底消失。现在,它们又出现在各处,成为这个城市不太方便的交通条件中非常有用的一个环节。大车又开始出现,等着人们雇用,费用比以前要稍微高一些。一些街道,包括很少几条用碎石铺就的街道,由于繁重的军事运输和其他运输受到很大的破坏,军事当局对它们进行了整修,不过只是一些很表面性的整修。

正常情况下,人们向街道上倾倒城市所有的废水,从而部分地压制住灰土。但好几个月以来,这种做法被完全忽略了,结果就是街道上有一层非常厚的浮土,似乎把过去所有的那些已经非常痛苦的经历都积累在了一起。整个冬天可以说是处于一种半持续性的沙尘暴之中,让人们的生活处在最为恶劣的条件下,尽管气候本身并不是十分糟糕。

在这个城市的军事政府的管理之下,北京的夜晚有了亮光,这是以前从来没有过的。

在许多地方，每一家都要求在门口点一盏灯。甚至皇城的城墙上，以及一些此前一直都处在黑暗中的地方，都燃起了一些小煤油灯，使得游人能够足够清楚地看清他脚下的路。一些小胡同也在一定程度上亮了起来，而在一些较大的街道上，比如前门外，和西方街道上成排的街灯所形成的效果差不多。军事当局还努力教给中国人怎么使他们的街道和胡同保持干净，在中国首都，这是此前从来不需要的一种技艺。如果对这个城市的占领能够长久一些，北京的整体卫生情况可能会有一个显著的改善。但是要让中国人自己采用和实行这一类的规定，实在是有些强人所难。就像俗话所说的："辘轳一停，畦子就干了。"

围困期间随处可见的一堆堆石灰，可以非常方便地用来修整北京的街道。军事当局和一些个人显然从来没有见到这么容易地加以利用的东西，对之甚感兴趣。一个庞大的联合资本"垄断"了西山一带所有的石灰窑和砖窑，希望能够在重建开始以后大大地赚一笔。

围困时期在各处设立的路障都已经完全拆除了，英国使馆很快就恢复了正常的整洁状态。但是北马棚尽头的一段墙被保留了下来，保持着被救援军解救时的样子。由于不停地受到炮弹和子弹的射击，它整个地被一个毁坏的岗哨压倒了，上面全是毁坏了的沙包。在这段墙朝外的一面，用大写字母写着几个极有意义的字——"以免遗忘"。

处理马棚里的垃圾似乎成为了一个很棘手的问题，解决这个问题的方法是一个错误。结果，皇城南面宽敞的大路变成了一个永恒的地狱，一些肮脏的瘦狗在寒冷的冬天里懒洋洋地躺在温暖同时又散发着臭气的肥料堆上。一件军事上的荒唐事，是对北京所有的街道进行了重新命名，一条叫"盖斯利路"，另一条叫"斯图尔特路"，等等。结果，当一名美国士兵告诉别人他的兵营在南城"A 大街和第五大道交口"的时候，还必须研究新的地图。

如此多的外国人出现在中国首都，使得进行语言学研究既容易又令人着迷。一名刚刚到达的人希望知道中国人为什么总是说"Quite so"，想知道这到底是什么意思。结果发现这只是中国人学着那些没有耐心的外国人的腔调说的话，这些外国人最专横的要求就是"快走"。另一位好思考的观察家注意到中国人似乎对一个法国小说家很熟悉，总是说着他的名字"左拉"(走啦)！

地道的、不掺假的北京人的一句话，肯定要比其他话说得更多的是"不够本儿"，意思是所谈到的钱的数目还达不到东西的价值。据说"不够"是一个菲律宾词，意思是"一点点"，它很快就被吸收到北京话里，成为一个意思很广泛的新词。一个残缺的邮票是"不够本儿"，在赛跑中没有战胜他的伙伴也是"不够本儿"，一个有裂缝的灯罩也是"不够本儿"。

这座外国人刚刚还在其中受到猛烈的炮击和枪击的城市，现在开始出现了中文告示，告诉本地人在什么地方可以找到学习英语、法语和日语的学校。紫禁城大门的墙上张贴出大幅招贴，告知"基督教青年会读书、写作和咖啡室"的所在，而在西使馆街上可以看到用优雅的大写字母印制的告示："本工匠铺制作各种铁器。"到处都有大量的法语和德语的广告，南城的主要街道上满是用每一种主要欧洲国家的语言和日语书写的告示。这些告示种类繁多，从有着彩色柱子的理发店到天坛前面火车站的警告性告示"非公莫入"。

在整个冬天，有好几千人参观了被联军称为"神圣之城"的最隐秘处的冬宫。这些人有军事人员，也有文职人员，后来还有川流不息的游客。所有这些建筑物可能从来还没有外国人进入过，现在我们对其中的大部分建筑就像熟悉凡尔赛宫一样熟悉，而且还进行了无数次拍照。人们都知道,从这些建筑第一次向有选择的人开放以来,一些古玩和古董就开始消失,直到几个星期以后,那些可以携带的东西都不见了,值得带走的东西所剩无几。据认为,那些王公大臣和皇亲国戚住宅中的大量库房里还藏有许多珍宝。对于统治中国如此长久的那些傲慢排外的满族人来说,肯定会把被蛮夷人占据了好几个月的住所,看作是被无可救药地污染了。

宫中还剩下一些外国乐器,有一架风琴、一架儿童风琴和一架钢琴,全都走调走得很厉害。还有皇帝书房里的一堆书,会议室里的一些丝绸面的椅垫(里面装的是棉花),以及一些中国人房子里都会有的不值钱的玩意儿。所有这些东西如果转移到另外一个有用的场合,就都非常有价值。一段时间以前,还有一个巨大的铜(或者是青铜的)象,一辆火车不合情理地陪伴者它。但它就像城市里的真实动物一样,和其他东西一道不见了。或许就在它消失的时候,某个游客的上衣口袋却不同寻常地鼓了起来,里面没有塞好的正是这头两只脚的怪兽!

对进入宫里的限制越来越严厉,伴随着一长列打印的规定和制度,关着的门增加了,到最后,许多原先非常容易就能进入的地方对所有的来访者关闭起来。有关方面彬彬有礼地要求来访者,不要因为中国侍从们拒绝打开这些门而踢他们,因为不允许他们打开。这样的要求并非没有必要,来访者中的一些军事人员的举止证明了这一点。他们习惯于被人照料而不容别人反对,让一个"异教中国佬"拒绝做他们要他做的事,对他们来说是难以容忍的。

总的来说,更为仔细地反复观看这些宫殿很令人失望。我们一直都知道,这些宫殿和中国其他的高贵建筑物没有太大的区别,但我们心中也暗自抱着希望,希望实际上不是这样。首先,冬宫里的院子令人吃惊地小,让人不能不对皇后和皇帝抱有同情感,他们竟然能够忍受房子之间这么小的呼吸空间,这些空间比他们某些卑下的臣属们的要小得多。这些宫殿为什么建筑成这么狭窄的样式,真是很难解释,这就像在村庄里,把一钱不值的土地看得就像城市里的犄角地一样,一点也不浪费。看到瓦德西(Waldersee)伯爵和德国军官们的大本营所占用的那些宽敞得多的房子以后,很容易就明白为什么这些房子会逐渐地取代紫禁城内其他更私密的房子了。

"西苑"长期以来一直是慈禧太后和皇帝在城内的家,它位于紫禁城的西边,附属于紫禁城。西苑的房子(称作"瀛台")是北京最漂亮的建筑,有着大量的深色木雕工艺,供人观瞻(也积累灰尘)。附近的院子里有戏台、莲花池和长长的亭廊。西南角有一片假山,这可能是全中国面积最大、制作最为精致的一片假山了。它非常巧妙地隐藏在相对来说不大的一块地方,让人感觉就像进入了一个复杂的迷宫,而实际上整个地方只不过几杆宽而已。

再往东走就是皇帝的宫殿(南海子),他被囚禁在这里的一个岛上好长时间了。尽管生活无忧,却非常痛苦,整天坐在南边的阳台上,俯瞰湖水,毫无希望地期盼着命运之轮能够突然转变。但当机会最终到来的时候,却没有给他带来他期望得到的解救。

4 月 17 日晚,慈禧太后的瀛台宫被一场大火毁坏殆尽。大火燃烧得非常迅猛,很快就蔓延起来。联军总司令通过一扇窗口逃了出来,而他的参谋长许华慈(Schwartzhoff)将军回到他的房间里去抢救一些重要文件,结果很快就被烧死了。完全有可能的是,这些灾难和其他一些同样的灾难，即使不全是，也大部分是由于西方人不慎重地在容易失火的建筑结构里使用大炉子造成的。这种结构只适合使用铜盆来取暖，至多是在砖地下面使用煤炭生火取暖。西方人第一步是先用砖隔出一个空间，在阳台上建起墙，然后安上他的炉子，炉子上装着大大小小的烟筒。这些烟筒用最不安全的材料制成，在各个高度、以各种角度穿过易燃的木制格子窗户。那些努力讨好他们主人的中国仆人总是把炉子烧得很热，用煤炭把炉子填得满满的，然后开着炉门，以免燃烧得太快，这样一种做法很容易引起火灾。

从南海子到瀛台，沿着另一个莲花池向北，伸展着一条为了让皇帝陛下高兴而修建的玩具铁路。皇帝一般是坐在由人力推动的车厢里，这样保证不会因为交通事故而受到伤害。为了停放这辆非常漂亮的列车，修筑了一个精致的棚子，但由于它长久地暴露在空气中，雨雪天气不仅使它那艳丽的油漆脱落，而且同样使那些天鹅绒装饰的长绒都脱落了。一长列敞口的货车车厢被用来每天从德国骑兵的马棚里运出肥料。

此前一直不能进入的煤山现在成了休闲的公园，这让中国人大为高兴，他们不断地来到这里。在煤山东面的底部，有一棵矮小而且生着许多树瘤的松树，明朝的最后一个皇帝在看到满族人进入他的京城，夺走了他的帝国之时，于1644年在这棵树上上吊自杀。

在北京西北几英里的美丽的颐和园，在被称作“夏宫”或者“万寿山”的被围起来的园林里，慈禧太后度过了许多时光。正是在这里，她接见她的那些宠臣，他们向她传递外面所说所做的一切事情。被称作“万寿山”的这些宽敞美丽的地方，在1860年的时候曾经遭到过破坏，以作为对清廷逮捕和折磨打着休战旗的巴夏礼(Harry Parkes)爵士和其他人的报复性惩罚。近年来，这里的建筑又重新进行了修建，恢复了它们质朴的美，东方奢华必不可少的那些高贵装饰品又一次布满了这些房间。

这个令人愉快的园林面临着奇怪的命运，在上一次被毁坏整整四十年以后，它竟然又一次落入蛮夷的手中。同时，尽管这一次没有遭到彻底的破坏，也遭到了无情的劫掠。甚至一些巨大的佛像也被用暴力推倒，以得到它们内部的好东西。劫掠者们经常得到的东西，是可以追溯到14世纪中期的古老的中国钞票。

山顶上供奉着五百尊佛的寺庙，是在1860年的破坏中幸免于难的几乎唯一的建筑，但这次就不那么幸运了。一场大火以不可解释的方式从庙内烧起来，尽管它的建筑结构十分庞大，使之不至于被完全烧塌，但它的墙壁被烧黑，而且由于受到高热的影响，出现了许多裂缝。

从这座庙所在的山丘脚下的湖一直到山顶，有一些豪华的房子。当军事人员检查这些房子的时候，看到的是一幕毁坏的场景。屋子里到处都是被打坏了的雕花隔板的碎片和一块块大玻璃窗户，地上布满了装饰灯的棱柱和被打碎的电灯泡。这个宫殿里分配给英国人管理的那一部分得到了很好的保卫，所以情况还不错，仍然剩下的所有古董都被运送到一个安全的地方，得到了可靠的保护。

落入入侵者手中的这些皇家宫殿的命运也同样降临到那些王公大臣的住房头上，所有这些房子很快就以“军事需要”的理由而被选定为部队的大本营。位于城西南角的醇亲王以前的王府——现在的皇帝就出生在这里(这座王府也因此而不再作为住处，被重新建成一座家庙)——被斯图尔特(Stewart)将军占用。在这处房子的许多有特色的东西中，有一个几乎完全按照实物建造的中国船模型,不过它建在一个人工池塘里的砖石基础之上。坐在这条船上,就好像在乘船航行一样。这条船被英国人用来当作了一个天花诊所!

不过,一个更让人吃惊的新奇东西,是另一个池塘里同样建筑在石头上面的一条小汽船的模型。在这个汽船里,有上甲板和下甲板、舵轮,有着整套舱位的船舱,每个客舱都有一把外国锁,还有其他全套东西。对于那些要把这个王府改造得适合外国人居住的木匠来说,这真是一个最有用的宝库。船舱上的所有地板、锁和舷梯等物,都被随意地用到了将军和他的随员的房间里。

在附近的另一座王府里,据说地下埋有珍宝。军官们试图找到它们,但没有成功。最后,房主的一个代表通过李鸿章成功地得到了一张通行证,派去人和车在夜间运走埋藏的东西。他们礼貌地要求英国军官(暂时地)移开他的床,挖出了埋藏在床下面的一罐罐金块!

第二十九章
变化着的京城

除了王公贵族的住所以外，其他一些在全中国都大名鼎鼎的人物的大量寓所也都敞开，供人审视。随着这类审视的进行，实际上某种改造也就开始了。通向哈德门大街的一条胡同里的一座被废弃的这类房子，据说属于皇帝以前的老师翁同龢。奥地利军队占据了崇礼（北京九门提督）的房子，这是一座非常吸引人的地方，它和一般的王府有所不同，非常干净整洁。当它以前的主人派人来，说因为冬天就要来了，想取回一件皮袍时，却得到彬彬有礼的回复，说什么都没有剩下了！

根据与意大利人的协定，通州的基督教徒和他们的牧师们占据了被称为“赵公府”的房产。它位于东华门北面，靠近皇城城墙。这座房子的主人真是独具慧眼，他建了一幢非常漂亮的朝向东方和西方的二层楼，称作“迎春楼”。他在朝廷里的一个对头立即就攻击他大胆，竟然建造一座能够看到皇城里面情况的房子。太后利用这一机会，向这个倒霉的迎接春天的人罚款十万两银子。由于他只能交出四万两，太后仁慈地没收了他的房子，抵作剩余的罚款，然后把这座房子给了她自己的弟弟。当麻烦事到来的时候，她弟弟的儿子正住在这座房子里。房子的主人们非常愿意让外国人占据这处房子，因为这样他们的房产就比较安全，不会再遭到更多的劫掠了。尽管它已经遭到了意大利人的劫掠，但从某种程度上说，情况还算不错。有相当多的教徒住在附近的一些房子里，白天、晚上正点的时候，守钟人会敲响一口五百磅重的大钟。这口大钟原先在通州的潞河书院，当这所书院被焚毁的时候，义和团把它偷走，带到一个村庄里埋了起来。后来，它又起死回生，被带到了北京。这口钟和三四串钥匙是这所书院所剩下的全部可以看得见的东西了。除此以外，只有它原先遗址上的一些破砖烂瓦和一个又一个的深坑了。

通州传教站在占据了这处房产之后，它的不知疲倦的领导者都春圃先生把上面提到的那座迎春楼用作了印刷所，在这里印刷发行了大量的唱名记谱法的赞美诗集，以代替上年被毁掉的那些。有一间房子由五个不同部分组成，似乎是为福音堂事先准备好的，因此就被当作了福音堂。现在，每到礼拜日，这里就坐满了几百名基督教徒，原先住在这儿的王公和王公夫人每次都参加早祷告。到冬天，通过肃亲王作中人，这处房产被租给了教会，租期两年，租金也很公正，从《最后议定书》于 1 月签订时开始支付。在被用作福音堂的房子的后面，悬挂着一个用白色丝绸织就的大布幅，这是中国人服丧用的标志。在它前面，在一块蓝布上，挂着一个个丝绸布条，上面写着那些为了他们的信仰而丢失生命的通州教会成员的名字。这个名单尽管并不完整，但也有四十四名男人、四十六名妇女和四十名儿童。

美国长老会和美以美会都住进了士绅的房子,不过都得到了房屋主人的完全许可,如果不这样,他们房子里的所有东西可能就会全部丢失掉。美以美会需要安置汇文书院的学生和一百多名女学生,这些女学生成功地度过了围困,但需要一个可靠的住处。

伦敦会难民的经历非同寻常,需要多写几句,可以用来很好地说明危难时刻的情况。

由于这个教会的男性成员都不在,史密丝(Georgina Smith)小姐自然就需要照看大约二百名贫乏的难民。他们没有食物,也没有得到食物的办法。在东南面紧靠伦敦会的大院是空的,它原先的主人是一家满族人,在义和团动乱时期很活跃,积极参与了对教会房屋的破坏,后来还用墙围起了一块地,由他们自己使用。现在,他们知道惩罚就要到了,于是全都跑了。有关当局、使馆和军队接管了这个地方,把它和它里面的所有东西都交给了史密丝小姐。

她没有钱,不能买什么东西,但是她发布了一定数量的粮食票,可以凭票到邻近的刚刚开业的商店里去领取粮食。这些商店愿意接受粮食票而不是现金,是因为他们随时都有可能受到俄国士兵的劫掠,而史密斯小姐则提供了一张有总司令签名的书面保护令,以对付俄国士兵。这张保护令装进了镜框,经常需要拿出来出示。

房子里的家具都原封未动地予以保留,募集金钱的唯一可行的办法是出售房子里的皮毛和其他衣服。所有的教徒都安排了工作,收入被投到一个公共基金中。这个计划进行得非常顺利。先是订立了为英国军队制作床垫、被褥和马衣的合同,然后又和德国人订立了类似的合同。后来又订立了一个合同,为印度马匹提供干草。最后,又为德国人控制的城区打扫卫生。这样,所有的人全部都得到了雇用。布道师、教书先生、医院施药员和其他所有人都得到一份相同的津贴,一天大约六便士。

当德国人取代俄国人进行管理时,如果不是史密丝小姐迅速采取行动的话,整个地区本来可能要重新分配占领区,从而引发劫掠行动。史密丝小姐答应向德国人的军营、军官的房间等提供家具,条件是整个事情应该完全交由她来处理,不允许任何士兵进入民众的家里。由于有这样一些条件,附近的不是基督教徒的中国人都非常愿意帮助提供所有需要的东西,而许多家庭也因此得以免遭掠夺。

在基督教徒的帮助下,当局找到了一些为首的义和团,对他们进行了处治。而对于其他一些义和团,则通过干预,要求他们归还或者赔偿他们给基督教徒家庭造成的损失,这样就为寡妇和幼童提供了供应品。作为对她突出工作的赞许,史密丝小姐收到了六对华丽的“万民伞”,这是中国最高的民众荣誉,并不是经常授予的。

专心地考虑像这样的事例,可以令人吃惊地看到,一名坚决而有办法的西方女性可以完成多少事情。同时也可以明白,只有对情况有着充分而清楚的了解,才能真正地作出判断,采取解决问题所需要的措施。

中国政府通过六部来运作,这六部是兵部、礼部、工部、户部、吏部和刑部,它们大都位于以其中最重要的一个部——兵部——而命名的一条街道上。宽阔的大门里藏着中国官府生活的秘密,迄今为止,外国人大部分情况下还只能从远处注视它们。军队很快就占领了六部的每一个部以及附近的其他一些衙门,它们有一些在占领过程中被破坏了,其他一些——比如户部——稍后被烧毁了。

工部和兵部落入英国人手中,用作一支印度军队的大本营,印度边界高山部落高大而黝黑的战士很快就适应了他们使用的这些宽大的房间。精明的日本人设法使同一条街的西边部分重新分配，从而落入他们的控制中。然后，他们派了一队骡子日夜工作了好长时间，从户部金库里运走了据说至少三百万两银子，全部都是银锭。这个也在东方的民族似乎比北京人自己对北京了解得都要多得多，迅速地把他们的魔爪伸向一些大的皇家谷仓，据说得到了价值几百万元的稻米——他们自动地支取了对他们的赔偿，没有施加任何的外交压力，也没有向任何列强请求同意。

或许在中国最有特色的建筑之一就是刑部了。所有六部几乎都位于英国使馆西面的一个街区内，但只有刑部位于把城市分开的那条街道的西侧。一到那儿，你就知道你到刑部了。因为当你从车上下来，看到比马路要低几英尺的大门时，你感觉好像正在进入一个地下室。如果你是在夏天来到这里，你会在第一个大院里看到一个大水池，然后在每一个大院里都会看到一个这样的水池。如果你向那里的人——在慈禧太后逃亡以后仍然留在那儿的人以及被释放了的几百名当时囚禁在那儿的犯人——询问水池里的水最深时有多深，他会把他的手抬高到他的脖子："到这儿。"你会说："但是那样的话，所有的厢房就都会被水淹了，你看这些房子所处的地势多低啊。""那是当然了。"他干脆地回答说。

院子里到处散落着中国法律全书——现时的中国能够明显地看到这些法律缺失所造成的情况——和数不胜数的案例记录的碎片，这些案例现在都已经去到了卡莱尔(Carlyle)言简意赅地称之为"泥神"的地方去了。

监狱里大概有二十间或者二十四间(也可能是四十八间)狱舍，这些房子全都一样，都是有砖墙的老房子，窗户上有着很粗的木栅栏。一个欧洲犯人可以在十五分钟之内用小刀把这些栅栏切成两半。在房间内，两英寸厚的铺板架在很不结实的砖垛上。一本本的《京报》最初(围困刚解救时)堆得很厚，这在当时可能是得到全套文件的最好地方了。后来，这个地方被用作一个国际监狱，关押一些特别的罪犯或者所谓的罪犯，他们没有接受军方的审判，被送给中国人，由他们自己的军官进行审判。

和英国使馆西面毗邻的宽敞的上驷院，在围困时给被围困者带来很多麻烦。在这里有好几间大屋子，里面储存着宫廷用品。

英国解救部队一占据使馆，就用炸药在上驷院的墙上炸开了一个洞，黑黝黝的帕坦人和俾路支人进入了落入他们控制的大场院里。很快地，就从各个门里驶出了漆成红色和黄色的皇家马车、轿子、婚轿(包括皇帝结婚时使用过的一顶)和结构奇特的象车，这些车辆后来就暴露在8月炎热的太阳下面，任凭风吹雨打。

在每座房子里都找到了成堆的随身用品——丝绸椅垫、缎子枕头、华丽的马具和有着各种不同装饰的马饰。一驮驮这类高贵的无用之物被骡子运进使馆里，在那里拍卖，它们很可能会被送到这些"桀骜难驯的蛮夷"(中国人的文件中描述英国人时所使用的词)所在的遥远海岛上去。无论是在上驷院宽敞的院子里，还是在更加宽阔的天坛院子里，都有一些大炮安静地停放着，在等待新的命令。同时，一些骡马在泥地里践踏着成百顶被虫子蛀了的毡制官帽，还有许多曾经十分高贵和昂贵的新娘用的椅轿上的丝绸盖布。不知道有多久没有被人的手或者牲口的蹄子打扰过的高高的野草，现在则很快就消失了，一派似乎能够让天使哭泣的萧条景象。

虽然在描述围困的时候描述过翰林院的毁坏情况了，但对此还要再多说几句。人类最古老的民族的主要文字圣殿在一个下午就消失了,最有价值的书籍的木制书版被大火所吞噬,或者被用来建筑路障,或者被英国海军陆战队员烧了。珍贵的文字宝库被扔进了莲花池里,被用来灭火的水弄湿。后来,当它们快要腐烂的时候就被埋了起来,以消灭难闻的气味。存放罕见的《永乐大典》的贵重樟木箱子被装满了土,用来作为防御壁垒的一部分,而构成这一大宝库的无数册书则流散到各个方向,可能流入了欧洲的每一个图书馆,也可能进入了无数的个人收藏之中。为数不少的书籍被扔到垃圾堆里,发霉变味,最后和其他东西一起被埋掉了。

翰林们写的成千上万的文章四散在各处,每到起风的时候,就会被军队用来点火。剩余的一些被挑出来的书籍,在将近两个月的时间里,为整个使馆提供了废纸。在厨房里可以见到它们,苦力们搬砖时把这些书垫在肩上,外面的街道上也堆着书籍在交通恢复以后,被经过的大车轮子碾成了碎片。

在与中国这次反抗外国人的起义相关的各种报应中,古老和著名的翰林院的命运或许会占据最重要的地位。在二十或二十五座房子当中,只剩下了两座。几个月以后,所有的遗存物品都从翰林院里移走,这里现在成了英国使馆的一部分。在北面建起了一堵高墙,它的上部隐藏着专门设计的枪眼,底部有拱形的凹进处,以保护枪手。墙的前面有一块空旷地,从而不可能对之进行突然袭击。

从英国使馆走三分钟,是一个被称作"理藩院"的古老衙门,它负责处理蒙古事务。在围困期间,它修筑了工事,设置了枪眼,成为众多攻打使馆的攻击点之一。它就在肃王府北面那条主要道路的对面,而且只有几杆远的距离。当围困结束后,这里的房子已经毁坏,意大利人在这儿出售劫掠来的东西,而如果意大利人不这样做的话,这儿就完全荒废了。

在冬天,这个古老的政府机构被改造成了一个国际俱乐部,俱乐部的成员可以在它的后面集体地或者单独地订餐,还有一个大房间用作不可缺少的酒吧。前面的房子里有一个大房间,提供英国和欧洲大陆新近出版的杂志。一份《每日公报》上张贴着最新的电报,而在一个大布告上登录了俱乐部大约五百名成员的名字,他们大都是在北京的八个不同国家的军官,门口的许多旗杆上飘扬着他们各自国家的旗子。

总理衙门在中国和西方之间关系中所发挥的作用为大家所熟知,它一直是一个东方式推诿的机构,不是要去处理事务,而是要设法阻止事务的处理。它本身就是言行不一、拖延推宕和背信弃义政策的典型代表,这种政策是中国与其"姊妹国家"交往过程的特点。公正的命运现在降临到它的头上,一伙日本士兵守卫着这个衙门,各国使馆的翻译们在一个规定的日子里来到这里,共同封存了存有与各国联系的文件的每一个档案箱。这样,这些文件就处在被各国列强安全保管的状态,任何一个国家都不能单独地接近它们。当然,最不能接近它们的是中国人了,这的确是一个伟大帝国所受到的最为委屈的羞辱了。

5 月 1 日,这些文件被交给受命前来取回它们的中国官员保管,但是中国和列强签订的条约中的一条废除了这一衙门。这真是对付这个讨厌的、气死人的东方机器的唯一恰当的方式。

有关中国衙门和其他公共机构的这些文件的存留问题,自然是中国人本身最感兴趣的。从不断进行的各种询问之中,人们似乎可以得出推论,通常情况下,六部或者其他任何公共衙门都不留下任何文件，只有总理衙门是个例外。

在许多为未来的历史准备材料的机构中，有两个历史编纂部门。一个属于国家，叫做“国史馆”，位于皇城内，在东华门里面。皇帝的言行记录在《起居注》里，而《起居注》呢，我们被告知说，就放在翰林院里。当翰林院受到攻击时，这些记录被慎重地转移到了国史馆安全保存了起来。一名到过这个地方的中国教师了解它现在的情况。他报告说，它已经关闭，但里面的东西早就不知哪儿去了。在北京被占领之后的混乱当中，任何一个有心的人都可能来到这儿，拿走被他当作废纸的任何东西。尽管可能还有一些档案留下，但一定不会完整了，也可能什么都没有了。

1901 年 6 月 4 日晚上，紫禁城西南角一座叫做“武英殿”的建筑被火焚毁，关于起火原因存有争议。这是一座皇帝的宫殿，里面存有国家政务的档案、谕旨、记录、书籍以及一些官书的印版。它附有一个档案房以及一名军机大臣的办公室。这是一连串大火和破坏中的最后一次，这些大火和破坏最终会产生长远的影响。

观象台位于北京城的东墙，里面有早期在华耶稣会士——南怀仁和汤若望——古老而精妙的天才制作。法国人和德国人迅速地拆除了这些仪器，每一件仪器都被运到法国或者德国使馆里。在这个过程中，一些不必要的偶然性破坏非常严重，这个地方最后被弄得一片狼藉。中国的劫掠者们很快就跟随着这些外国劫掠者们来到这里。曾经把这块地方围起来的铁栏杆被人们随意弄坏，纯粹是为了胡闹，当然也有许多东西被偷走——既然这个地方已经被破坏，为什么不把它们偷走呢？这充分表明，欧洲大陆国家军队在其最高军事官员的命令下所进行的这种汪达尔式破坏，比董福祥指挥的军队对翰林院的野蛮破坏更不能得到人们的原谅，因为那是在强烈的狂热中进行的，而这却是有意进行的，完全不顾大部分文明世界的抗议。

科举考试的考场也遭到了同样野蛮的破坏。考生们的考棚（刚刚不到八千五百个）前面敞开着，房顶向后面倾斜，由两三根小柱子支撑着。没有别的木制品。不过，为了弄点木头来点火，几百间棚子被拉倒，同时被拉倒的还有门口的一些房子。

应该提到，在寒冷的冬天，外国军队急需木柴点火，因而不加区别地毁坏了一些最方便的房子——衙门、老谷仓和庙宇。据报告，到冬天结束的时候，通州城内已经几乎没有剩下一间庙宇了。

在军事占领北京期间，美国军队的大本营在先农坛。先农坛位于汉人城南部，地面很宽敞。一个主要的大殿被用作一家医院，另一个大殿则用作了军需品的供应仓库，放着一排排的火腿、一箱箱的土豆、一盒盒的军用豆子和一桶桶的牛肉。

一间偏殿成为一个阅览室，其他的则成了医院的病房。另一间偏殿以前一直存放镀金的和涂漆的农业用具，包括犁、耧、耙、铲、扫帚、草叉等，还有一些诸如篮子和大沿帽子等的小器物。所有这些东西都被随意地扔到露天里，有些小东西则为第九和第十四步兵师提供了方便的燃料。

以主要大殿为大本营的那些军官们一住进大殿，就开始在古老的墙上挖洞，装上有着大平板玻璃的窗户。对于人们供奉的那些神灵来说，这些行动无疑是一种额外的亵渎和羞辱。

皇帝祭祀传说中的人物神农氏所使用的大理石圣坛，是让附近的苦力看管骑兵的马匹的好地方。皇帝每年春天都要亲自耕种一块选出来的土地,向整个国家的农夫们作出榜样。这块土地恰好在遍地的杂草中间,很难辨识出来。

穿过先农坛对面的宽阔大街,是一片很大的地,每边至少有一英里,把天坛围在里面。许多年以来,外国人绝对不能进入这个地方。在皇帝未成年的时候,甚至一个人都不能进到这里。现在,这里到处都看不到一个中国人了,看守者们都被在到达北京以后立即就占领了天坛的英国人赶走了。人们可以乘车来到一个高台上,然后走向代表着三重天的有着三层深蓝色圆屋顶的大殿。每一个门都有一个黝黑的锡克族士兵——一个比罗马帝国最辉煌时期的疆域还要大的帝国的人格化代表——把守着。当你路过的时候,他们只是看你一眼,或者用印度斯坦语问你一些听不懂的问题,而当听到你说某种欧洲语言甚至汉语时,他便向你行一个表示尊敬的额手礼。

大圆房子里供奉着满清王朝祖先们的灵位,通向这座房子的门大开着。屋子北面有一个巨大的牌位,这是供奉皇天的。八个箱子——一边四个——供奉着在过去二百五十六年里统治清朝的八个皇帝。这八个有着雕花门的箱子被打开了,八个被神化的祖先的牌位被英国军官取了出来,送给了大英博物馆——这个行动,可以说是对中国人对待外国人墓地的正当报复。

皇帝的斋堂被用作在城市这一部分的英国军队的总部,每天都有许多大车来到这里,上面满载着各种劫掠物品——丝绸、皮毛、银饰品和玉饰品、绣花衣服等。这些东西每天都被送到英国使馆,在那儿为了军队的利益而拍卖。位于后部的皇帝的私人房间成了军官们的卧室,在他们吃饭的时候,有人把这个情况告诉了他们,他们看上去没有多少吃惊,只是疑惑地看了一眼,意思是说:“哦,那又有什么啊,你不知道吗?”

列强强加给中国的和平条约的第七款规定了使馆地区的防守事宜,并且规定邻近使馆的所有中国建筑都应迁移。划定的“使馆区”至少包括一个长方形地区内的所有领土,这个长方形地区南至城墙,北至皇城城墙,东到哈德门大街,西到城市的中心线,一直通到前门。但使馆街北面的一部分,以及兵部街西面的一部分,可能会因为多余而被排除在外。这个宽阔的区域长一英里多,宽约半英里。在这个区域内,很快就开始了革命性的变化,比如拆除房屋、衙门和庙宇,修复老的使馆,增加一些新建筑。

在奥地利使馆对面,有一个绿顶的建筑,里面供奉着满清王朝创立者的先祖们的牌位。它位于使馆所要求的区域之内,将要被移除。汉人和满人试图要把它保留下来,但没有成功。它的被移除,是满族人企图通过消灭文明世界的代表们而结束与文明世界其他部分的一切联系的努力所得到的恰当结果。

日本人占据了他们强烈要求得到的肃王府,而意大利人、法国人和奥地利人也同样将取得围困时期发生战斗的一些地方,包括帝国海关、帝国铸币厂和尚未完成的中国银行。

中国人反对移除属于六部的一些古老建筑,但并未成功。在能够控制帝国宫城的新堡垒面前,他们无能为力。这是一个苦痛的耻辱,但也是北京的朝廷应当遭受的耻辱。

朝廷本身就是针对在北京的所有国家的罪行的策划者和执行者,它的一些机构遭到了恰当的惩罚。一个军事委员会10月在保定府抓住了直隶布政使廷雍,宣判他犯有杀害十五名英国人和美国人的罪行。这些人是在该城附近被杀害的,廷雍就在那儿和其他的低级官员一起被处决。在冬天,还有两名高级官员被联军抓获,交给中国当局在北京处决,这两人是启秀和徐桐的儿子徐承煜。

在极力推动攻打外国人的中国人中,没有人比李秉衡更为积极了。他原来担任山东巡抚,后来成为支持慈禧太后的活跃分子。他要么死了,要么自杀了,他在河南彰德府的家人为他进行了哀悼。

谕旨下令处死并得到确认的有庄亲王(他被允许勒死自己)、毓贤——其中最臭名昭著的一个,在他亲自监督下,四十五名外国人在太原府他的衙门内被砍死、赵舒翘、英年和其他几个不太著名的人。义和团起义中的另一名重要分子刚毅,据报告说已经死于山西北部。由于没有外国人见证他们的死亡或者处决,有许多人认为这些信息的真实性值得怀疑,但几乎没有理由认为,这些官员还会再次出现在中国事务中。应该包括进来的人太多啦,如果把犯有罪行的人的名字全都列出来,很难知道应该从谁开始,更难知道在什么地方停下。

慈禧太后在四十年里第二次被迫逃亡,那些始终关注着这个奇特故事的人对朝廷逃亡的经历必然会有特别的兴趣。下面有关这次逃亡中的一些事情的记载引自麦美德(Luella Miner)女士写的一篇有意思的文章,发表于《世纪杂志》。校对者是一个进步的中国人,他和他的亲戚由于与外国人友好、追慕西学而遭受了很多痛苦。在很大程度上可以肯定,慈禧太后受到了欺骗,要么认为外国军队离北京还远,要么认为他们不可能进入北京,否则的话,她为什么迟迟没有逃走,就完全不能够得到解释。

> 8月14日,枪炮的声音一整天都没有停下,传言说外国人和中国教民已经悄悄地出了通州城,正在攻打东面的某一个城门。快到晚上的时候,到处是喧闹的声音,一支穿着极其特殊的穆斯林部队进了城,在天坛驻扎了下来。直到第二天,城里的人们才知道,北京已经被"洋鬼子"占领了,所谓的穆斯林部队其实是英国军官统率的印度军队。星期四下午,当拉其普特人和锡克人进入英国使馆以后,马提督被召进宫,受命在紫禁城北门等候宫廷的车驾。到晚上,美国军队占领了前门,向皇城的南门开枪放炮。慈禧太后和皇帝、皇后以及大阿哥,流着泪在宫中焚香,向上天祷告。刚毅进入宫中,极其诚恳地催促他们赶快离开,以免受到敌人的伤害。发布了一道谕旨,命令所有的王公大臣跟随朝廷出走。
>
> 8月15日早晨,联军攻打皇城的南门和东门,大臣们都赶到宁寿宫看望太后。但在他们进宫前,一名太监遇到他们,告诉他们由于听到了有人造反的虚假传言,太后和皇帝已经逃走了。
>
> 从6月14日太后返回城内的宫中开始,她一直都是简单地把头发挽成一个结,身穿老百姓的普通衣服。逃跑的那天早晨,她就是这样的打扮。太后、皇帝以及大阿哥各自乘坐一辆大车,太后坐的是澜公的私人车辆,把侧面的红色遮阳篷去掉了。他们经北面的德胜门离开北京,有马提督护送。中国人传说,皇帝最宠爱的"珍妃"被勒死,扔到了一口井里。在王公大臣当中,大约三十人随从逃亡,其中包括端王、庄亲王、澜公和刚毅。
>
> 朝廷逃亡的第一晚,他们住在北京北面大约三十英里的一个小村庄——贯市,村里有一家回民客栈。在这里,他们得到了骡轿——由两匹骡子拉着的轿子,一匹在前,一匹在后。太后整天都躺在她的轿子里,没吃多少东西。第二晚,他们住在长城

内翼外面的一个名叫“岔道”的地方,在北京西北大约五十英里。知县并不知道太后一行车驾的到来,没有为他们的住宿做任何准备,所以,他们的饭桌上只有一些玉米,而那些随行人员都已经饿急了。知县只有一顶轿子,给了太后乘坐,而皇帝和皇后仍然乘坐骡轿。

8月17日,他们到达了怀来。当他们在混乱中急忙离开京城时,只穿了一些夏天的衣服,但过了长城上的关口以后,天气突然变得冷了起来,他们就在怀来的清真寺停留了两天,准备过冬的衣服。

8月20日,他们来到宣化(离张家口二十英里)。在这里发布了三道朱批上谕:一道上谕解释了朝廷出逃的原因,皇帝谴责自己在任用官员上缺乏智慧,并指责他的大臣们没有使用上天赋予他们的最大才能。第二道上谕命令大臣们随从朝廷前往太原府。而另外一道上谕免除了他们经过地区的赋税。他们在宣化停留了五天。

他们从宣化到大同(靠近山西的北部边界),然后在那儿停留了两天。在从大同到太原府的路上,他们经过天镇。这个地方已经遭到反叛者的劫掠,商店和市场都空无一物,知县手里什么都没有,非常恐慌不安。就在这时,突然宣布圣驾抵达。知县吓坏了,喝毒药自杀。因此,当太后一行到达时,只见到一座空城,那天晚上只喝了一点粥。于是,他们派出宫廷管家——一名太监——返回北京购置食物和其他必需品。

当圣驾、随从和八旗士兵到达太原府时,有三百多名士兵在德将军的统率下被派回北京,每人只给了四两银子。后来,又有三百多名士兵在肃亲王的统领下被派回北京,每人发了五两银子。在高级官员中,只有刚毅、王文韶和赵舒翘留下随从太后,另外还有一些级别较低的官员。

到9月底,皇帝提出的返回北京的强烈要求似乎就要得到满足,但保定府的布政使来电报说,联军即将攻打保定府,然后就会入侵山西。结果,慈禧太后的愿望再次占了上风,朝廷继续向西逃亡。从太原府到西安府差不多和从北京到太原府一样远,所以太后现在好像是不想再回来了。在这个古老的帝都,她已经走投无路。

在直接犯下可能是人类整个历史上最为严重的国际关系方面的罪行之后,这个女人的奇特命运很可能是再次回到她篡夺来的皇位上,再次拥有毫无争议的权力,她过去的行为不会受到任何的批评,而她未来的行为也得不到任何的保证。

无论她的命运或者被她严重毁坏的这个国家的命运究竟会怎样,对北京的惩罚都将继续成为现代最为独特的场面。这个城市就像手套的一根指头一样,被翻了个底朝天。但是,谁的手将最后完全伸进这只手套,现在仍然没有确定。

第三十章
通州的毁坏

北京以东十二英里的通州城位于白河航线的顶端，北京所在的平原人口稠密，难以供应一个大城市的需用，于是，每年都有大量的漕米从中部各地通过白河上的这个口岸运送到京城。

通州这个城市的名字的意思是：一个从这里可以通到北京的城市。从通州到北京，几个世纪前就修筑了一条高质量的石头道路，但这条道路年久失修，以至于马上就成了代表帝国统治者们有能力还是没有能力的标杆。与这条石头大道——无数的外国旅行者在这条道路上有过痛苦和疲惫的经历——平行，一条运河通向北京位于北城（即鞑靼城）和南城（即汉人城）结合部的东便门。船只的通行要经过五道水闸，船上的货物需要换好几次船，但对于耐心的中国人来说，这只是小事一桩。

和西方国家流行的错误印象相反，在一般情况下，出于风水的考虑，中国人建造的城市可以说总是不规则的。但是，即使在中国，也很少有城市的城墙像通州这样曲折迂回。这是由于通州由两个城组成，一个新城和一个旧城。新城是几百年以前在旧城的西边添建的，其目的似乎是要把一个现在早已经毁坏的谷仓包括进它迂回的城墙所包围起来的宽大地面中。

由于这样一种复合性结构，通州城就具有一个显著的（也可能是独一无二的）特色，就是它有两个南门。它的主要城厢在东门和西门的外面，不过在城的北面，在靠近雄伟俊秀的古老宝塔的地方，也有相当大的一片城厢。

没有人能说清楚通州到底有多少人，但有相当理由认为，自从外国人知道这个城市以来，这个城市里及其周围大概居住着五万到七万人。来自天津的运粮船和直接从山东驶来的漕船来到通州，对这个城市的人们来说，是每年一次最为重要的事件，因为大部分人要靠这条很有油水的稻米运输线来生存。这些稻米原先一直是用舢板从海路运送到天津的，近年来改由蒸汽船从南方运来。在天津，它们要被转到一些专门的船上，最后再由这些船卸在北河下游河岸上铺开的席子上。在经过称量和装包以后，这些稻米被运到谷仓里，从这里开始，经过由中国人的惯例所确立的复杂曲折的渠道，最后才到达它们的目的地。大批大批的精壮苦力肩扛着沉重的麻包，这些麻包有二百多磅重。就这样，有成千上万的劳力找到了工作。

除了漕粮每年一次的到达外，能够在通州引起兴奋的事件是在北京举行的各种科举考试，尤其是第二级别的“举人”考试。在几个星期的时间里，当河道里挤满了船只和船夫的时候，客栈主人、马车夫、独轮车夫、商人、苦力，还有通州的其他许多人，都能大赚一笔。

在这样的时候,车价和船价都上涨到难以接受的程度,因为当地的贪婪者们要狠狠地宰一宰远方来的客人们,他们每一个人都想咬上一大口。除了这些造就繁荣的原因外,由于不断地有官员和非官员、商人和贩子经过这里,同时也因为有许多运往北京的商品要在这里进行处理,特别是对一些大件的、重要的外国货物可以收取最高的费用,从而使得运送货物和行人成为京城的这个门户城市的一个很有油水的行业。

大约三分之一世纪以来,或者说自从1866年以来,通州一直是美国公理会的一个传教站。它最初在城中心只有很少一点房产,后来又向西扩大。在过去的十年里,公理会又在城市西南角外面不远的地方得到很大一块土地。城墙以内,坐落着一个施药所和面向男人和妇女的医院、一个神学院、男童学校和女童学校,还有四处住宅和其他许多房子。城外有公理会的潞河书院以及这所学校的教师们居住的四处住宅。附近还有几处地产,上面正在修建一家工厂。

一定要强调指出,从一开始,通州民众与住在他们中间的外国人之间的关系就非常友好。不仅从来没有发生过骚乱,也没有任何形式的干扰曾经破坏过这种始终如一的和谐状态。医院和施药所多年的工作所产生的影响很广,当地民众和地方士子们也把教会的书院看作是城市的荣誉。与官员们的交往一直都十分融洽,有时候甚至是真诚的。下面的例子可以表明,人们十分了解外国人,并且信任他们。

当联军于1860年10月攻打北京时,通州城出于其本身的考虑,并没有进行抵抗。它答应向外国军队提供他们所需要的供应品,条件是不得破坏这个城市——一个得到实施的协议。

在中国和日本的战争进行期间,由于担心北京可能会落入入侵者的手中,中国人找到书院的校长谢卫楼(Sheffield)博士,希望他能答应在日本人来到的时候,出城去会见他们,和他们达成保护城市安全的协议。当中国人得知谢卫楼博士愿意承担这一任务时,一支有五百名士兵的卫队被派到传教士的住所,护送谢卫楼博士和富善(Goodrich)博士到军队的大本营。在那里,鸣放大炮向他们致敬,这是总督级别的官员才能受到的礼遇。他们被引见给几名高级官员,这些官员对外国人都极其尊敬,对于外国人答应在特别困难的危机出现时进行干涉感到十分高兴。尽管后来日本人的军事行动并未影响通州,不需要提出进行干涉的要求,但请求外国人帮助和外国人答应进行帮助,尤其是高规格地鸣放大炮和派出一大支军队护送以向外国人表示尊敬一事,给外国人带来了荣耀,其影响不会消失。

在津京铁路修筑之前十几年,就提出了这一工程的计划,并且得到了朝廷谕旨的批准。有一次,在铁路似乎就要开始动工时,通州城的一名士绅访问了谢卫楼博士,他的第一个动作竟然是叩头。随后,他起来解释说,他祈望火车的铁道不要侵犯他家祖先的墓地,因为这将会打扰他祖先们的安息,并且很快就会给整个家族带来不可解救的灾难。谢卫楼博士对此无疑很难理解,也更难以相信,于是说这整件事从头到尾都是朝廷的事,住在通州的美国人个人与此没有任何联系。

在多次虚假的开工和无数次受挫以后,来自天津的铁路线直到中日战争结束后才开始真正动工。在此前一个时期,当大家都知道真要动工了的时候,中国的投机者们在城附近可能要建车站的地方大肆购置土地,通州城的人非常担心城市的风水遭到破坏,从而造成灾难,担心铁路这个新的、可怕的发明会毁掉通州的贸易。尽管这一新发明现在还只是一个威胁,但它早晚一定会来的。他们尝试了各种办法,翻遍了每一块石头,以避免这一灾难,但都无济于事。

就在走投无路的时候,他们又想到了一个办法,这是最后的希望了。此前进行的许多次抗议之所以没有效果,在于一些更有影响的反对他们的奏折总是占了上风,让他们处在比原先更为不利的地位。于是,通过贿赂北京的言官们,提出了一个反对计划中的铁路线的有力奏折,指出了它对通州的危害,并且陈明了和通州百姓对抗的不利之处。流行的说法是,一名王公也被劝诱,对这件事产生了兴趣。正是由于他的影响,铁路线最终转向了西面,修在被称作“南海子”的狩猎苑附近,这样,铁路通过的地区就没有任何重要的城镇。尽管这使得铁路难以吸纳当地的贸易,但至少它不会遭到反对了。无论如何,尽管未能完全阻止这一邪恶事物,但至少把它赶到相当远的距离之外,使之不再扰乱通州城居民的安宁了。

在一个很短的时期内,这些希望似乎完全得到了实现。一切都和以前一样,人们的担心消失了。但是,到了 1897 年春天,人们开始注意到,以前经由通州前往北京的那些人现在不来了,船只交通量以前所未有的幅度下降了。这一年恰巧又是北京三年一度的科举考试年,我们曾经提到,这个时期正是通州指望大赚其钱的时候。但只有一小部分学子像他们以前那样一成不变地通过水路前来,因为火车刚刚开始正常运行,无数的旅行者都怀有想见见火车和体验一下“快速运输”感觉的好奇心,从而使这种交通手段几乎吸引了所有的旅客。客车都坐得满满的,货车也是如此,甚至用来运送沙砾的平板车也被迫用来装运旅客。

铁路从一开始就大获全胜,但是可怜的通州人却由于失去了游客受到了潜在的(或者外在的)损失。买卖不再和以前那样进行了。大部分客栈都没有客人,商店卖出很少的货物,修筑和维修的活立即就停止了,在城市生活中占有重要份量的车夫和赶驴人无事可做了。在街上卖食品的商贩发现买卖很少,而且还在萎缩中。理发匠会在修整顾客们的辫子时告诉他们,从这个地方最大的商号直到走街串巷卖裤脚带子的贩子,没有一个人不受到影响每一个行业的运动失调病所带来的损失。简而言之,这个地方开始死亡,而这个地方的民众也可能会随之死去。

这种情况很糟糕,但未来可能会更糟糕。在通州经营漕粮买卖的许多重要家庭都非常有理由担心,他们通过稻米的运输、储存和处理而得到的额外收入,很快就会失去了。人们已经发现,这种电镀的铁皮车对于以前从天津经由通州运往俄国去的数目巨大的茶叶是一种极其可靠的保护,因为原先从水路运输的时候,经常有人在路上弄破袋子偷盗茶叶。我们引用过的一道呈递给皇帝的奏折早就建议通过这条铁路线运输宫廷用品,理由是“这样就会杜绝船上的船夫们进行偷盗”。它也会结束相当大一部分通州人的生存,就像他们所清楚地预见到的。

无论如何,他们最真诚的请求得到了批准,危险也没有侵入他们的墓地,同时也为皇帝本人修了新的道路,在这件事上似乎没有什么事可做了,剩下的只有后悔莫及。整个城市似乎都是这样。从坐在门可罗雀的宽大商店里的商人,到拾粪人和乞丐,所有的人都会告诉你市面的衰落,都会说以后是没法过日子了。据说有二三十家商号已经从城东郊搬到了北京,去重新经营他们在通州丢失了的买卖。一些街道上现在都长了草,这在以前是从来没有见到过的。

中国的北方是沙尘暴肆虐的地方,在某个阳光不错的日子,你会注意到太阳的光芒似乎不像平常那样强烈,不久,天就昏暗下来了。看不到云彩,只是一片凝滞的暗褐色阴霾越来越深沉,直到沙尘静静地从天上落了下来。或者在风刮起来的时候,沙尘旋转着,迅速地席卷了一切,在最厉害的时候,大白天也必须点上灯才行。没有人知道沙尘从哪里来,为什么它要在这个时候来而不在其他时候来,也没有人知道它到底是怎么产生的。这只是一个无需争辩的实实在在的事实而已。

通州义和团运动的到来就像平静型的沙尘暴一样,"像一个精灵一样乘着风暴之车来了"。

笔者于5月17日从山东乘船到达这个城市,有三名士兵护送我,对此,所有的外国人和大多数中国人都感到非常吃惊,感觉这真是一个少见的旅行奢侈品。河道十分安静,陆路上的人也不多。通州城也很安静,尽管有谣言说城东正在酝酿骚动。后来知道,一些人乘船从天津或者独流——大运河上的一个著名的义和团中心,从水路向南十八英里,后来几乎被外国军队毁掉——来到这里,带来了义和团病毒。他们介绍说,义和团的训练非常有用,可以保护个人的身体、家、家人和整个村庄。它不具有任何仇恨外国人的内容,而且十分简单,连孩子都能够学会,就像后来所表现出来的那样。

偶尔有些女士会像通常那样坐着她们的轿子出来走走,或者不坐轿子去看看那些吸引她们注意力的事情。一次,有一个人跳到轿子面前,做着似乎是要砍掉她的脑袋的动作,而旁观者们都在笑。在大约十天的时间里,谣言越传越厉害,但是都很模糊,十分不确定,不能被证实。

有一名乞丐来到外国人的医院治疗疥疮,医院给了他一支硫磺油膏。这名乞丐被人抓住以后,运动就开始发展起来。这支油膏被认为是一种毒药,用来向井里投毒。知州进行了一次仔细的检查,最后郑重地声明这一指责未能证实。但是,民众已经被激发了起来,其他地方为了把所有洋鬼子都赶走而做的和准备要做的事的那些传言,已经在他们中间发生了作用。

运动高潮时的情况,已经在叙述美国人于6月8日从通州逃往北京的时候作过介绍。传教士向官员们递交了一份通知,将财产交由他们管理。结果,正是官府的军队在第二天就烧毁并劫掠了书院,另外还有寓所以及和这个地方有关的每一座房子。再过一天,教会在城内的财产也遭到同样的破坏,其中有一座大的街道福音堂就快要建成了。破坏进行得极其彻底,人们现在可以在原来建有一些两层楼房的地基上面骑着马行走,甚至要辨别出那些房子的地址,都非常困难了。

电报局和帝国邮局同样遭到破坏。邮局的主管(一名基督教徒)在经历了一系列危险之后,逃到了北京。在北京,他交出了所有账目,然后好不容易又逃往南方,最后安全地到达了上海。沈道台被监禁在了他自己的衙门里,成为义和团们嘲笑的对象。后来,他总算逃了出去,但他所有的东西都在路上被抢劫走了,他的衙门也成了第一批遭到抢劫的地方。可以说,整个城市里的每一个人都自愿地或者不自愿地加入义和团运动的恐怖活动之中。如果有任何人表示抗议,他的声音一定会淹没在普遍的疯狂之中。他们唯一的切身痛苦是毁掉了他们维持生计的铁路，而为了纠正这一错误，通州选择了自杀！

知州特别可恶，也特别伪善。他极力想通过那个因携带有色药膏被抓的乞丐的证词，来找到对外国人不利的证据。由于没有做到这一点，他就打了抓乞丐的衙门差役八百板子，真正的理由是差役没有找到完全的证据。当医院被推倒的时候，他把在盈亨利医师的实验室里发现的骨骼架炫耀性地悬挂在衙门的大堂里，用这样确凿而且可以见到的证据，向每一个人表明，原先对西方人提出的所有指控都是正确的。当书院遭到劫掠时，道台命令知州取走那些有价值的东西，放到官府的仓库里，但知州故意什么也没有做，结果使得所有的东西不是被抢走就是被破坏了。

管理名叫长萃仓的官府粮仓的官员，是通州义和团实际上的首领。当美国士兵占据了他的房产以后，在他家里找到了一些证明他有罪的文件。几个月以后，英国人找到了大量的这类文件，包括义和团首领的全部名单，有关他们的营地、粮草和追随者的记录，以及其他许多类似信息。这些文件送给了都春圃先生，请他加以检查和注释。

从一名逃往南方的中国“难民”的生动记叙中摘取的几段，可能有助于说明这个城市在外国人逃走之后的情况。他于6月21日到达通州，看到了一群人正在闹哄哄地进入城门，而另外一些人放了三次排枪，这说明一些基督教徒在被拖到运河河岸上以后被杀害了。这些被害者的尸体被扔到河里，以防止传染病的传播。

一天之内听到了许多次排枪的发放声，说明可怕的屠杀还在进行中。在恐怖期间，城市和乡村的教站共有大约一百五十名新教教徒失去了他们的生命。

当义和团聚集到足够的规模时，他们要求面见道台，想要杀死他。但是他坚决拒绝见他们，义和团暴徒们开始威胁要砸开衙门的大门。其他一些下属官员尽管并不一定同情他，但还是前来进行援救，保住了他的生命。义和团们同意接收十“鞋”银子（五百两），以代替道台的脑袋。双方还同意，道台不得以任何借口出现在衙门之外，否则他就会被杀死。他们还进一步强迫他给他们写下书面的委任状，授权义和团在通州及其辖属地区维持秩序，惩治他们发现的所有卖国的人，在需要的时候索要金钱和食物，并且有权杀死所有对城市有威胁的人。

6月22日，下令攻打使馆的谕旨到了，义和团“扶清灭洋”的旗子上加上了“奉旨”的字样。这就使得义和团暴徒具有了绝对至高无上的地位，从6月26日开始，他们成为城市的唯一控制者。

值得注意的是，在李鸿章到达以后，知州——所有一切都是在他眼皮底下发生的——又恢复了职权（没有来自公使们的抗议），通州的传教士们就是和他进行有关中国教徒赔偿问题的谈判。这些教徒正是在他的默许下遭到劫掠的，而他现在又表现得非常友好和殷勤。

对旧有关系进行再调整的这种困窘态度，在一名知府的话里得到了很好的表达。这位知府被指定与传教士们商谈对教徒的赔偿问题，并且商谈对如此多的残酷而又无缘由的杀害行为如何进行惩处的问题。他说：“如果你要找那些真正负责的人的话，你就必须从慈禧太后开始，然后再往下找，因为我们都在其中。”这真是对整个情况的准确而又简要的总结。

在日本人占领这个城市之后的几天里，储存在北城墙附近一间小房子里的几吨炸药爆炸了,有人认为是印度部队干的。结果,这次爆炸不仅毁灭了造成爆炸的那些人,而且在爆炸点各个方向四分之一英里的城市范围内造成了极大破坏。这个地区内的破败荒凉景象,比中国北方其他任何一个地方都更为彻底。爆炸造成的冲击力实在太大,使得整个地区就像被扔到了一床毯子上。通州城具有重要意义的场所——战神庙,被炸得七零八落。它的房架子还立着,而其余的木板都横七竖八地到处散落着。屋顶也没了,但是在废墟中还可以看到三尊神灵的塑像仍然站立在那儿,好像对发生在他们住所内的事情无动于衷似的。如果只让日本人控制这个城市的话,或许他们能够遵守不劫掠的许诺。但城市被分割给了各个不同国家的部队控制,结果没有多少时间,通州就遭到了劫掠与焚毁。从城市中心向东直到东门,原先的大道上几乎没有剩下一家商店,而在通向北门的主要街道上,没有一家商店或者住所仍然矗立在道边。几乎所有大的买卖场所都被破坏了,长长的、人口众多的东城厢受到的破坏也很厉害。西城厢没有遭到火烧,北城厢基本上也是这样。但是北城厢被法国人和俄国人占领,他们给那儿的百姓带来了极大的痛苦。

进入这个城市的一名记者试图找到一间没有遭到劫掠的房子,以便在里面过夜,并且希望房子里能有一床被子。他确实找到了一座房子,里面有连在一起的三间屋,但每间屋里都有一名死去的中国妇女,这些妇女显然是先被强奸而后又被切开,并且盖上了她自己的被褥!在此后的几个月里,外国士兵的兽行给通州周围的百姓带来多大的痛苦,恐怕永远都不会有人知道。

城市被占领以后一个月,不算为外国人服务的那些人,能够见到的人只不过有几百个。即使是在房子没有被大面积焚毁的西城,走上好几英里,在任何一个院子——日本人占领的院子除外——都看不到一条生命,只有一群群的饿狗。可以看到大车和人力车翻倒在池塘里,上面覆盖着一层黄泥。一些最大的商店遭到抢劫,但没有焚毁,里面仍然有大量的家具,但已经没有人使用它们了。只有从街道上四处散落的账册上,才能知道遭到抢劫的是哪一家商号,而对面的影壁墙上还写着祈福的语句:“出门大吉。”

北面的后街是外国人居住的地方,他们的一些邻居曾经在这里兴高采烈地抢劫他们的好东西,现在张贴着用日本语、法语和英语写的通告。常见的有:“此人属于日本第五团”,“此房不得入内”。在某些地方,每个门上都写有“日本”字样,门的高处还有用中文写的“皇恩浩荡,阖家幸福”。

在破坏外国人的住所的时候,附近所有的房子也都被毁了。没有一家商店开门,看不到一个卖东西的,买不到一杯开水或者一个鸡蛋,长长的城市绝大部分都是一派破败景象。日本人的旗子飘扬在储藏着剩余漕米的谷仓上空,这些漕米过去一直是通州和北京的命根子。在往年秋天,河上的运输总是非常活跃,现在虽然也是十分繁忙,但并不是来自天津的运粮船队,也不是往俄罗斯运送茶叶的船只,而是日本人、英国人、法国人、俄国人和美国人的运输船,它们挤满了原本十分安静的通往白河的运河。没有一条船不是在军事命令下到达或者启程的,每一个船夫都是根据无情的——然而不太专横的——戒严法令征召来的。

在一个几乎难以通行的污水坑(或许从元朝就有了)里,人们可以惊奇地看到一队锡克士兵正在用一处中国人房屋屋顶上的木料制作一架桥,上面铺上门、窗户和其他木制品,基础则是一捆捆从地里砍下来的高粱秸,上面还带着高粱。这座桥是一条军用道路的一部分，这条军道直接穿过一些深沟，就在那里，潞河书院的院墙最近又矗立了起来。当书院被毁坏的时候，义和团或是欣喜的邻人们急忙在学校的地上种上了玉米。到军队秋天到达的时候，这些玉米刚好成熟，用来喂养留在那儿检查书院被破坏情况的教会成员的牲口，是足够了。

一遍遍地在通州到北京的整整十二英里的路上来来往往，人们永远都看不到一个人，在路边许多茶馆和客栈里，也找不到一个机会能够买到一口食物，甚至连给牲口喝的水都没有。长得极其茂盛的庄稼立在地里，根本没有人动它们，要么就是像后来所发生的那样，庄稼头部的粮食被人剪去了，这也需要在暗中极其迅速地进行，还要派人观察交通繁忙的军道上有没有外国军队出现。许多士兵非常热衷于向看上去像是“异教中国人”的每一个人开枪，结果就造成了非常广大的一个实际上无人居住的地区。在这个地区里，任何人都可以抢掠那些空了的房子，基本上不会受到惩罚，只是所有人心里都害怕令人可怕的讲着各国语言的外国军队突然出现。这些军队每一支都代表着一个急躁而严酷的国家，穿过宽广的土地，来占有并不属于他们的居住区。他们的马匹比美洲豹还要敏捷，比夜晚的狼还要凶猛，他们的骑兵到处都是，正在从远方来到这里。

这样沉重的负担还要背负许多冗长的时日，它带来了许多不可名状的恐怖，对此，我们甚至都不敢去想。所有这一切——还有更多——都是通州受到的惩罚的一部分。

第三十一章
围困解救后的天津

天津城是直隶和山西省的天然大门，同时也是进入山东、河南、满洲和蒙古一部分地区的通路。在它与外国人的交往过程中，有很多东西很有启发性。同时，从过去一年的历史来看，它以一种应该予以注意的方式说明了各种原因的作用和相互作用。

天津人以暴烈而闻名，尤其是在说话上。在整个中国，天津人因为喜欢吵架、脾气大而令人望而生畏。在中部省份的某些地方，客栈里都写着这样的告示："天津人不得入内。"当天津炮台于1860年被占领的时候，天津出于自己的理由停止了抵抗，以非常合适的价钱向外国军队提供所有食品和其他一些必需品，因而很快就学会了怎样把军事占领变成一座富矿。但是天津人从刚开始熟悉外国人一直到现在，就从来没有喜欢过他们。在天津最早认识这些蛮夷人的时候，就根据他们的头发给他们起了一个绰号，称呼他们为"毛子"。在任何一个时期，任何一名外国人在通过这个不友好的城市的街道时，只要走进能够听到的范围内，随时都有可能听到那些尚未学会走路的孩子——由各种年龄的男人和女人领着——一齐发出的嘲笑声："毛！毛！毛！"

我们曾经提到过1870年的天津惨案，在那场惨案中，暴徒们受到了士子们的鼓励，同时也没有受到官员们的制止，结果造成二十名外国人丧生。法国人是这次事件中的主要受害者，但是他们在这一年被德国人战败，这一时间上的巧合使得他们与中国人迟迟达成的协议从任何一个方面来说都不能令人满意。如果天津骚乱能够得到恰当的惩罚的话，中国和西方此后的关系就会有所不同。

尽管法国没有为针对所有外国人的恶行争取到足够的赔偿，但是按照中国人自己的信仰，这个城市并没有能够逃脱来自上天的报应。城市周围的乡村地势低且平，在许多年里，每年都要遭受洪涝灾害，给为数众多的百姓带来巨大的痛苦。在洪涝严重或者饥馑蔓延的时候，成千上万的难民涌入这座城市，挤在一些大席棚里，或者被允许挤进一些糊着泥的棚屋内。这些住处非常低矮，一个大人在里面根本站不起身来。里面什么家具也没有，只有一只破铁锅和一两只饭碗，住在里面的人就像一窝小动物一样挤在一起。在寒冷的冬天里保护他们不被冻僵的，只有赤裸的地上的几把草，他们的破烂衣服和一些破麻袋。

据估计，天津有一百万人，这个数字或许包括了天津附近的人口，但这无疑是一个极其巨大的数字。城市本身并不大，住着很多人的城厢狭窄而且分散。但是过去的二十年里，城市有了显著的扩大。集中在这里的水上交通量十分大，冬天停泊在这里的各种船只绵延许多英里，不过在其他的季节里，它们都极其繁忙。

天津商业的巨大发展完全得益于外国贸易，这一贸易近年来取得了长足的进步。贝思福勋爵发现，1897年征收到的关税数目达到139000英镑左右，九年的时间增长了将近65%；而这一年所有的进出口货物总计达到9232030英镑，在十年的时间里增长了99%。

在这个星球上——或许在任何一个星球上——再也找不到比中国人更为精明的人了，他们一点也没有困难地就感知到了外国贸易给"开放口岸"带来的繁荣。他们在每一个开放口岸，以及香港、新加坡和槟榔屿等英国殖民地，都十分乐意地让自己接受外来的蛮夷人的规则。但这并不是说他们爱这些蛮夷，甚至也不是说喜欢这些蛮夷，因为他们确实并不是这样。天津就是一个表现中国人对外国人天生憎恶的一个绝好例子，因为它十分清楚地表达了这一点。西方人居住的天津租界每年都要带来相当于一个王国的财政收入，而这些钱全部都落入了中国人的手中，这对天津人到底会有什么损害呢？实际上，在具体的交往中存在着许多令人遗憾的地方，在某些事情上，可以说确实给中国人造成了痛苦，但是整个说来，我们认为西方人对待他们是十分公正的。

义和团运动在天津南面很远的地方兴起，在这个骚动的城市并没有引起多少响应——对此，许多老"中国通"都感到十分惊奇。甚至到了1900年最初的几个月，如果说有什么不同寻常的骚动的话，也是十分不明显的，绝对看不到任何大规模民众起义的迹象。几名义和团早期狂热分子在街道上演练，以诱惑群众，但很快就被逮捕，受到了严厉的惩罚，带上了木枷。结果，狂热很快就消失了。

直隶总督裕禄和当时中国各地的其他大多数高官一样，是一个满族人。要通过一名中国（或者满人）官员所说的话或者发布的告示来判断他的意图，总是极其困难的。但是，十分明显地，有着可靠的证据表明他那时对义和团的活动并不友好。直隶军队的指挥官梅提督派出大部队和义和团积极作战，并且摧毁了他们。如果裕禄想要制止他的话，他就不可能做到这一点，就像山东巡抚（毓贤）对他的军官们所做的那样。无论如何，有着镇压义和团的明显努力，一些布告的调子也十分严厉，有着十分坚定的目的。一段时间以后，义和团得到朝廷明确支持的情况把这一切都改变了，来自北京的明确命令要求保护和利用义和团。

人们注意到一个无法解释的事实，就是天津这个人们本来以为会是所有邪恶的反外病毒的主要中心和传播点的城市，直到义和团在保定府、涿州和通州开始活动以后很久，实际上都没有被义和团占领。到5月中旬，在一百英里范围内的乡村地区，义和团活动已经十分暴烈，基督教难民预见到一个前所未有的大风暴即将来临，大量地涌入外国租界里的各个教会大院。

后来在总督衙门发现的通信决定性地表明，这名官员和他在保定府的下属（根据来自北京的指令）共谋，对义和团进行了支持和保护。在芦汉铁路沿线发生的那些事件，尤其是5月28日对丰台机器房和机车的破坏，以及其后对津京线上的车站的破坏，给已经开始出现骚乱的天津造成了深刻的影响。

我们已经提到过一大群比利时工程师从保定府脱逃的事情，这件事进一步增加了紧张情绪。他们乘十二条船离开保定前往天津，陪同他们的有一支卫兵和一名翻译。他们在河上被抛弃了，被背叛了，找不到路，处于与外界隔离的状态，还有几个人找不到了。他们中的二十六个人组成了一支队伍，其中还有女士，直接向天津进发。他们一路上只要能走就不停地走,衣服破了,鞋子也烂了,没有食物,只能喝池塘和河流里的水。他们中的五个人由于受苦和激动而几乎发狂,离开了其他人,其中两人自己到达了天津。一支由二十五名骑马的志愿者和十名步行的人组成的救援队勇敢地出去寻找这些难民。前一组救援者由于围着城绕了圈子,没有能够找到他们,而后一组则把他们带回了租界。这些人回来的时候,已经半死不活,在一段时间里,都不能完整地说出自己的经历。一人腿上中了一枪,肩膀和头部也有七处伤口。一名女士被子弹射穿了肩膀,其他人也都受了各种不同的伤。

城市里包括租界里的中国人,除了极少数人以外,都相信义和团能够做到他们声称要做的事情,甚至还能做得更多。他们能够刀枪不入,子弹也伤不到他们。他们能够随意地发出火焰,也能够飞行。而在另一方面,外国人则过于自信。报告工程师们苦难经历的同一封信,6 月 3 日还认为"没有任何理由对天津感到不安"。居住在中国人城区里的人激动得都要狂热了,许多房子上涂着鲜血,基督教徒的家门上也是这样,而纵火犯和强盗们在普遍的混乱中看到了他们的大好时机。

6 月 14 日(比北京的类似起事晚一天)晚上,义和团开始行动,从一座高房子的二楼上可以看到他们的活动。城内的三座教堂起火,附近的许多房子都卷入火焰之中。

那些从毗邻法国租界的房子里向外国人开枪从而参与到毁灭外国人的活动中去的人,可能没有预见到,在几个星期以后,他们的房产将会被没收,在有些情况下,正是要卖给这些房子的前主人处心积虑地要杀死的那些人。那些秘密地攻击其雇主的短视的中国人也没有能够预见到,不久之后,他们在自己的城市的街道上行走已经不再安全。晚上 9 点以后,所有中国人都不允许在外国租界出现,除了正拉着一名外国客人的黄包车夫。

无疑,聂提督和其他中国将领指挥的中国军队十分拼命,和他们在对日战争中的表现不可同日而语。《京报》6 月 25 日以及此后刊登的裕禄的官方报告,是一个很有意思的文件。他提到,清军和义和团合作,义和团愿意无条件地进行战斗,充分表现了他们的爱国精神。他说,实际上在天津的义和团人数不少于三万人,"他们把焚毁教堂和杀死外国人视为他们的职责"。这位大人自己也是这样做的,因为在他的衙门里缴获的文件中,有一份表明,向两颗外国人头支付了一百两银子的奖赏。

所有这种义和团精神以及如此众多的中国士兵在许多战斗中牺牲的最终结果,是中国军队的大败退(即使是在城墙外面和城墙上面他们已经建立了强大防守的地方),城市成为敌人的囊中之物。

军事统治立即就开始了,破坏和劫掠也同样立即就开始了。当对整个战场进行考察以后,发现生命和财产的损失十分巨大。在生命损失方面,不可能准确地说出究竟有多少人丧生,但就财产损失来说,到处都可以看到这方面的证据。日本人炸开并进入的南门的城门楼完全被毁掉了,位于城市东南部的一个被用作军火库的寺庙发生了大爆炸。从南门到中心鼓楼之间,许多房屋和商店被焚毁。从鼓楼直到北门,街道两旁的房屋都倒塌了。从鼓楼到西门,毁坏的情况没有这么普遍。而鼓楼以东,除了一座教堂附近以外,没有受到太大的破坏。

在北门外,狭窄的街道一直伸展到通向总督衙门的铁桥。就街道上陈列的商品以及贸易规模来说,它可能是全中国最好的街道之一了。在习惯先抢后烧的义和团、中国士兵和当地流氓无赖的协作下，这条街道上的一长溜商店几乎全部都被毁掉了，损失总数无疑会达到数千万两银子。在许多天里，许多士兵还有一些文职人员的主要工作，就是把他们抢来的大量银子藏起来。他们在许多地方找到这些银子，用手推车和大车把它们运走。流传着一个经典的故事：有人提醒一名士兵他掉了一两双鞋(每双大约价值七十墨元)时，他回答说："没事，你拿走好了，我有了我想要的所有东西啦！"在各个衙门里找到的金钱，可能足以满足一个铸币厂的需求。

作为总报应的一部分，这些衙门的命运也是十分有意思的。被李鸿章占据了二十二年的总督衙门(其大部分已经在冬天偶然发生的一场大火中焚毁)，成为"天津临时都统衙门"的所在地。在俄国提出把这座城市交给它独自控制的请求之后，军事当局发现很难同意这一要求，于是就建立了这个临时衙门。它由得到任命的一名英国上校、一名俄国上校、一名日本上校——后来还有一名德国上校——组成，其成员后来增加到六人，还有一些必需的职员，以执行在这个巨大的城市和重要的中心维持治安和进行管理的各种功能。

天津城一陷落，每一名中国官员，无论是文官还是武官，立即就都不见了。他们中的大多数在南下逃亡的过程中吃尽了"苦头"，在漫长旅途中的每一个地方，都遭到了中国人有组织的劫掠，许多人最后都变得一贫如洗。海关道台衙门(这个城市最重要的衙门之一)被日本人占领了，知府衙门被法国人占领了，而知县衙门、盐务衙门以及总兵衙门则被完全毁坏了。这样，官员们联合义和团和中国士兵把外国人赶到海里去的计划所附带产生的结果就是，在激烈行动开始后的六十天里，官员们、义和团和中国士兵都完全消失了，只留下可恶的外国人在各个地方无所争议地负责所有的事情。

日本人很快就占领了曾经向租界进行过邪恶攻击的靠近总督衙门的炮台，并且在炮台上设置了一小支卫兵。这个炮台附近的其他一些炮台，由其他国家的部队占领。在城市附近地区，缴获了大量新的未曾使用的克虏伯炮，表明在情况开始恶化时，中国士兵已经丧失了士气。

天津城一经占领，英国和其他国家的军官们就冲向北门外的河边，去缴获小船、货船和客船，以便用来运输军用物资。结果，从那以后，除了那些得到军事当局许可的船只以外，河上没有一条船只可以行走，也看不到一名船夫。各种船只要么有一种"出城"的标签，上面写有"英国 87"、"美国 63"等字样，要么悬挂着写有象征性文字"T. P. G."的旗子，表明它是在天津临时都统衙门注册并得到执照的。大车、手推车、人力车，"以及许多牲口"，也都是如此办理。

漕米的运送处在中断时期，能够利用的各种各样的供应品很快就被一些军事人员控制起来，这些军事人员现在已经无处不在、无所不能了。白河左岸像山脉一样延伸着的盐堆上，一头悬挂着俄国的旗子，而另一头则悬挂着法国的旗子。在此后大约一年的时间里，没有一艘运盐的船开往内地，那儿的人们只能自己想办法了。

在过春节的时候，中国人总是会兴高采烈地、无休无止地随意燃放一串串鞭炮。天津(以及处于外国人军事统治下的其他城市)发布了一个布告，禁止进行任何这类活动，否则将予以逮捕并且进行惩罚。以往家家户户的门道和门柱上张贴的五颜六色的对联，现在几乎看不到了。外国士兵带来的恐怖，甚至让人们不得不把在街道上互相拱手的礼节(据说遭到日本宪兵的禁止)也完全放弃了。甚至在自己家的院子里进行这类必要的礼节，也被认为不太安全。据说,甚至有妇女在自己的院子里进行赌博活动——这是一项适宜在这一全国性休闲时期进行的活动——时遭到逮捕。在这种不熟悉而且严酷的条件下,听说有许多中国人痛苦地叫道:与其这样的话,还不如完全没有春节的好!

一年以前,“洋”这个字处处都代表着邪恶,以至于无辜的卖“羊油”的回民也因此受到攻击。一切外国事物都遭到禁止,如果实在没有办法,也得给它换个新名称。外国斜纹布必须称作“细布”或者“宽布”,外国步枪被称作“疙瘩枪”,外国火柴被称作“快火”,等等。但是现在,到处都可以看到中国人戴着外国帽子,穿着外国上衣、裤子和靴子(在冬天,甚至戴着以前从来没有出现过的外国手套),这些都是外国士兵和文员们丢弃了的东西。各个阶层的人都学会了准确地或者不太准确地打军礼,连最小的孩子也卖弄地向走过的每一个人打着军礼。年老的女乞丐在接受一枚“洋钱”时会用手遮住一只眼睛,以表示她们也在一丝不苟地遵循着外国人的礼节。

毁灭可恶的外国人特别需要的那些材料的命运,恰到好处地表明了被其设计者认为是世界上最好的计划的破产。人们发现天津城东南角的军火库储存了各种各样的武器,结果都被临时都统衙门取走,发给了那些要求得到武器以保护生命和财产的外国人。临时都统衙门从这个军火库和其他地方收集到的子弹头,被熔化成二百磅重的铅条,大量地运送到上海,所得到的收益现在正在滚入这个精力旺盛的机构的保险箱里。这座衙门十分成功地接过了以前分布在二十多个衙门里的各种管理功能,同时还承担着一些此前从未做过的行政工作。

被西摩将军的部队部分毁坏了的位于西沽的军火库要进行清理并运走,这项工程进行了拍卖,结果买主挖出了大量在大爆炸中熔化了的铅和其他金属,让外国人发了一笔财,而中国政府又遭受了很大的损失。

在围困解救以后两个月的时间里,天津人——他们中的许多人都逃难到稍远些的村庄里——不太敢回来。但是逐渐地,城市变得不那么荒废了,通向外国租界的太古路开始恢复它以前的一些活动。从数字上看,城里面住房的破坏要是和城厢地区的住房的破坏比起来,只不过是一件小事。一直通到法国租界的大街原先人烟稠密,大多数经营外国商品的商店都在这条街上,现在已经完全毁坏,没有一座房子没有倒塌。其中有些房子是外国人在围困期间烧的,目的是为了阻止它们被用作攻打外国房屋的堡垒。其后,商店遭到了那些首先来到这里的人的大肆抢劫。法国租界有一大段也以同样的方式被焚毁,因为既然如此多的地方都被毁掉了,将这整个地区重新进行安排就变得十分方便,所以也没有人对此提出疑问。

在战斗最为激烈的河东岸火车站一带,中国人的房子一座也没有剩下。附近相当一段距离里,也是如此。从天津到大沽沿河一带的村庄,也同样遭到了破坏。城市四周的情况也是这样,只是各处的破坏程度有所不同。房子数量的大量减少,带来了巨大的不便和困苦,特别是当寒冷的气候开始以后,造成了不可言状的痛苦。即使最小的草房的房租都高得过分,而比缺少房屋更为严重的是购买食物的困难和燃料的缺乏。由于一直缺雨,庄稼实际上无人照料。

物价高得离谱,而由于军事当局制订了不合理的标准,人们的薪酬似乎可以让人突然变得富有。短短一天的工作可以拿到四十文钱,而以前只有二十文。自从万物创造以来,一直被人们挂在嘴边的“文”,似乎已经退出了人们的谈话,人们一提就是“毛”或者“元”。这种虚假的繁荣所造成的结果,就是买卖东西已经不再以“文”——一毛的十分之一——作单位,没有一样东西的价格少于十文钱。这样,就食物和衣服的价格看来,人们的生活并没有比以前好多少。

除了这些由于违背政治经济学而造成的麻烦以外,还有其他一些主要是由于藐视国际法而造成的问题。中国拒绝了世界,世界就“回报”了她。存在着这样一些说着各种语言的军队,就几乎不可能让他们守规矩,事实上也没有人去管理他们。一些俄国、法国、印度和德国的军队与大路上的强盗毫无二致,他们抢中国人的钱,劫走中国人的货物和衣服,而这一切都是光天化日之下在公共场所明目张胆地进行的。

对天津周围的各个方向都进行了军事攻击,尽管不可能得到确定的事实,但可以肯定,十诫中三个最短的诫条不断地被大范围地违反,而且对“异教中国人”没有进行任何赔偿。每一个苦力都要在上衣上缝上一个标签,否则就有可能被一名报告紧急任务的军官强行征召去干活,或许能够得到不错的薪酬,也或许会在干完活以后被一脚踢开。为了防止他们的徽章被其他人偷走用来保护自己,一些中国人把铜牌夹到他们的胳膊上。许多可怜的人辛辛苦苦地劳动一整天以后,在回他们住处的路上,好不容易挣来的钱又遭到来自阿尔及尔的法国士兵或者来自胶州的德国士兵的抢劫。

当地的一些无赖汉前一段时间一直作为“爱国的义和团民”而从总督那儿领取配给,现在则扔掉了他们的红腰带。随着抢劫的不断进行,他们全身心地投入到这一活动中去。如果还有人没有因此致富的话,他就会混到人群当中,去给临时政府充当警察,这样他就能够不分青红皂白地进行敲诈勒索,因为没有人会有证据说明他过去的所作所为。偶尔会有人因为这样的冒失行为而丢掉脑袋,但这只被看作是正常冒险活动中的纯粹意外,对其他人不会产生有震慑力的影响。

天津的职业流氓和骗子在事关命运的时刻大展身手,现在都富了,发达了,而那些原先富有的人要么跑了,要么穷了。穷人暴富,富人暴穷,这种社会地位大颠倒的一个结果,就是天津原先许多重要的慈善机构从源头上枯竭了。通常十分兴旺的粥棚现在看不到了,尽管仍然有些行善的绅士乐于为穷人做些事情,但他们的资源实在不够,用句成语来说,就是“杯水车薪”。

尽管天津临时政府在一定范围里的工作做得不错,但是它完全违背了良好行政管理的第一原则,没有让中国人自己来进行这一工作。李鸿章确实任命了一名知县、一名知府和一名道台,但掌握实际权力的六名军事“国王”不允许他们中的任何一个人在城里设衙办公,甚至他们能否安全地进入城市都是个问题。最后任命的是一名有分量、有威望的官员,应该乘坐官轿,穿着官服,但却被命令离开天津,似乎他的到达很不合时宜,甚至不允许他在天津境内任何一个地方设置衙门。当他去拜访那些“国王”时,他没敢穿官服,只穿了便服,当知道他们并不知道官服和便服之间的差别时才放了心。

整个中国政府体系是一个等级制的、相互间有着关联责任的体系。天津的中国人荒唐的暴力行为,结束了他们自己的统治。取而代之的统治,从最好的方面来说,也是有限的、不充分的和不负责任的。军队不停地进行着的攻击把中国官员从广大的乡村地区赶走,结果使得这些地方处于某种没有任何政府管理的状态。原先藏在难以接近的小河小湾里、只是抢劫船只的一帮帮河盗,现在成为骑马的盗贼,在乡村各处活动。他们永远不会满足的唯一需要就是银子。如果得不到银子,他们就会把那些遭到他们攻击的可怜家伙的辫子绑到他们自己房子的梁上,然后点上一小堆火,慢慢地烤他们,这叫做“坐莲花”。或者,这名可怜人就会被强迫进入一个用烧红了的电报线做成的框框里,直到他付出所勒索的钱财,这叫做“坐电轮车”。当有人向临时政府投诉时,他所能得到的极其自然的回答是,他们现在(尽管后来可能有了变化)的管辖权不能超过天津的外圩子墙——这之外的地区都是一片混乱的无人管制地区!

东局子曾经是攻打租界最为激烈、最为持久的地方,于6月27日被俄国人占领。尽管它的军火库已经大部分被毁坏了,但还是被改造成了一所很好的俄国医院。位于海光寺的西局子已经彻底毁坏,临时政府把它所有的机器都卖给了私人投机商,堆在英国租界里的外国人墓地旁边。克虏伯公司多年以前作为礼物送给中国政府的大钟,又转而被临时政府作为礼物送给了天津英国工部局,悬挂在公园里,向租界按标准时间报时。天津还能有比这更为深刻的军事耻辱吗?

天津城和租界之间的土地价值逐渐增长,增长了许多倍,但由于这块地大部分都是坟墓,所以花多少钱也买不到。在天津被占领几个月以后,法国驻天津总领事发布了一份布告,通知公众,领事馆“不承认”6月17日(占领大沽炮台的日期)以前签订的契约的有效性。根据这一命令,一个相当大的指定区域内的全部土地都成为法国工部局的地产,此前的所有契约都需要到领事馆登记。依据这一法令,许多遭到毁坏的中国人的房屋被吞并了,宽阔的马路向各个需要的方向伸展开来。中国房屋的主人要求得到赔偿的所有投诉所得到的回答,都只不过是耸耸肩膀而已。由于这块土地大部分地段的房屋非常拥挤,所以无辜的房屋主人的痛苦十分巨大,而且无法弥补。现在,这些不幸的人需要每月支付几元的税,才有权继续暂时地居住在他们自己的房子里!法国领土就这样从租界向北扩展到河边,然后向西扩展到围绕天津城的城墙。法国人声称,在这样一大片土地上,未来将不允许中国人居住。

紧靠这块土地的是日本人的营地,包括7月13日战斗的全部战场,并且伸展到南城墙,东面和西面从白河一直到土圩子墙。建筑得非常密集的房屋几乎全部都被毁坏了,每一个被毁坏的门上,都张贴着一张用日文和中文书写的告示:“此房由日军占用。”

在这一大片新得到的土地的正前方,他们拆除了所有的建筑,包括住宅、商店、衙门、寺庙以及其他房子,沿着河岸开辟了一条宽阔的街道,临时政府又把它一直延伸到运河以及总督衙门对面的铁桥。这样,无数的中国人的商店和小房子消失了。林荫大道取代了狭窄曲折的胡同,道路用碎石铺成,很卫生——但是决不能由此断定以后住在这里的中国人会十分快乐。

在延伸这条新道路的时候,临时政府决定建设一条环绕整个城市的马路,但是这样的话就必须要拆除城墙。进行这项工程的合同给了一名中国人,他在冬天里雇了大批穷人,拆毁了不久前还被感到十分必要的这一城市的防御墙,完成了这件令人伤心的事。在城墙一带的无主房里居住的大量“白住者”因此而失去了住处,没有地方可去,成为寒冷的冬天里无家可归的可怜人。他们挤满了每一座寺庙,甚至住进了知县衙门的监狱里,反正现在知县既没有了衙门,也没有了用处。全部城墙都被拆除成为平地,护城河被填平了,附近的房子被拆了,形成了很长的一片平坦空地,大约有六十多英尺宽,围绕在天津周围,以后可能会修筑一条有电灯的马路,以适应不断繁忙而迄今一直难以管理的交通。

这样一种革命性的进程,不可能不激起来自绅士和民众的反抗。他们不断地给李鸿章呈递紧急请愿书表示反对,用东方式的形象化语言谦恭地恳求说,一个没有城墙的中国城市就像一名妇女没有穿底裤一样!李鸿章用简短的话拒绝了这些请求,说城墙已经很老了,没有保护城市的价值。结果,这一工程和平地进行,直到完成。与此同时,临时政府的官方调查员开始对整个地区进行规划,计划从北门到南门修一条相同宽度的街道。这样,为了迄今一直无人重视的所谓民众利益,每一个商店的店面都要被无情地削去几英尺。城市各个角落里的大量水塘和坑洞,都要被填平,由此形成的土地将被卖掉。和以前相比,城市的每一个地方都会更为容易地到达,所以最终将带来巨大的方便,尽管土地的实际所有者可能会受到重大的损失。

从城墙上拆下来的一堆堆砖被卖掉,现在用来修建外国租界里房屋的围墙和人行道。就在几个月以前,这些房产的主人还在遭受城墙上的中国士兵枪炮的攻击,而那些中国士兵脚下踩着的或许正是这些砖。在天津和其他同样受到外国统治的城市里,每一条街道和胡同里的房子都用阿拉伯数字编上号码,许多街道被重新命名,尤其是被日本人重新命名,他们似乎把他们的租界看成是日本列岛的延伸而已。

在我们提到多次的圩子墙下面,德国人按照现在无一例外都在运用着的同样的简单法则,吞并了一大块土地,这块土地现在成为德意志帝国不可分割的一部分。在东面,在白河对面,比利时人、俄国人(他们大面积扩展的土地包括火车站,差点让两个帝国之间爆发战争)、意大利人和奥地利人也进行了这种同样容易完成的计划。这些国家现在都有着广阔的土地,这些土地都堂而皇之地被称作"租界",而实际上应该被称作"侵占"。

所有"列强"(中国除外)现在都得到一块宽阔的水道,运河与白河交汇处附近相当长距离的水道都被分配给各国,以后每个国家都有可能对这些河道的"内地"提出更大的要求。

天津外国租界被变成了一个军营,它的主要建筑物都被军队所占据。戈登堂成为一所英国医院,而联合教会成为一所意大利医院。日本人占据了青年会的房子,戒酒堂里住满了锡克人,天津大学堂住着德国人,中国人的军医学堂则被法国人占据。这是所有国家、所有种族的永久性展示。你到处都可以看到坚定的矮小日本人、粗俗而健壮的俄国人、多少有点儿小一号的法国人(或许是来自阿尔及尔的法国轻步兵,穿着大小和形状都十分奇怪的火红色裤子)、魁伟而年轻的德国人、矮胖的皇家威尔士燧发枪队的英国人、自然而优雅的美国人,这其中还混杂着高高矮矮的锡克人、帕坦人、俾路支人、拉其普特人,以及编进英国威海卫第一团的中国人。随时还可以看到帽子上装饰着一大丛羽毛的奥地利人和意大利人,偶尔还能看到戴着白色穆斯林头巾的帕西人。

向所有这些庞大的混合军队提供军需的问题,是一个极其艰巨的任务。

在夜深人静时,人们可以听到悬挂在骆驼脖子上的铃铛的深沉响声,这是一长串骆驼在驮着储备品运往北京。天津已经好几十年见不到这种运输方式了,只有在铁路进行长时间的修复时才使用它。街道上车流不断,有一队队英国人的牲口,一列列宽大的美国军用大车,俄国人笨重的草料车,德国人从荷兰购买的、在爪哇制造的车辆,还有日本人整洁的小车子。有着大肉峰的印度水牛拉着一辆很轻的车子,上面有为穆斯林军队提供的水桶。提供过滤水的消防栓和水管的旁边,一长串一长串的各种车辆在忙碌着。

买卖外国货物的中国商店大多由会做买卖的广东人经营,这些广东人被天津人看作是特殊的外国人,他们或者被驱逐走了,或者被杀掉了,财产也都被抢了。在法国租界里的“天津路”上,原先从这头到那头都是这类商店,但它们现在全被毁掉了,取而代之的是法国的军营。租界因之得名的紫竹林庙整个地被毁坏和烧掉了,它的遗址上堆积着被毁掉的房子的木头。曾经非常时尚的维多利亚路上排列着耐心的中国人,他们蹲在自己的“摊位”(如果能够称作“摊位”的话,那只不过是在地上铺了一块布而已)前,摆出梨子、鸡蛋、甘蓝以及他们储存的或者从众多的经营外国货物的商店里抢来的各种东西——蜡烛、灯、灯罩、毛巾、袜子、镜子、画,以及在中国商店里能够看到的各种东西。每一个“摊位”本身都是一个小型的百货商店。

新的商业场所在一些预料不到的地方蓬勃发展起来。一间门房靠街道的一面突然变成了玻璃窗户,上面写着“换钱”,因为钱币十分混乱,假钱和辅币到处都是,因此人们都不愿意要零钱。这座仇恨外国人及其语言的城市开始充满了用英语、日语、法语和德语写的告示,或者告诉路过的人“此处销售日本威士忌”,或者称经营者可以“在皮肤上刺青”。

一个令人伤心的事实是,最大范围、最充分地向中国人展示的,正是西方文明中最坏的方面,使得他们非常有理由认为,每一个“洋人”的主要目的是找个地方进去喝酒。

太古路的整个下半段充满了酒吧间和各种声名狼藉的场所,来自世界各大国的外国士兵们喧闹着,整夜整夜地在这里相遇、喝酒、打架。整个冬天,来自“中国远征军”的不同部队的士兵和军官们——军官也不在少数——在相互争吵中开枪杀人,法国人和美国人、英国人和法国人,或者俄国人和英国人,不止一次地成为公开争斗的焦点,其原因不过是在一些小酒吧里的私人争执,或者是由相互间的奚落和嘲笑而发展起来的以国别进行的争斗。

然而,所有这一切都属于异常的、过渡时期的状况,天津正在经历着一场巨大的变化。可以肯定,在未来,它将成为一个比以往任何时候都要巨大的商业集散地,它的河道将会加深、取直,它的航路将会得到改善,难以处理的大沽的河上障碍物将会得到有效控制。它将成为一个重要的制造、铁路和教育中心,在20世纪真正开始之前,它将享有过去想不到的繁荣。当人们回想起义和团起义的这一年时,会感觉它只不过像是一个动乱的梦。

所有这一切都要归功于外国人的远见、精力、毅力和技巧,这些外国人,正是中国政府和中国人民在19世纪最后一年千方百计想要全部消灭的人。

第三十二章
在内地的外国人

详细地描述分散在一个比整个欧洲还要大得多的帝国内地各处的为数众多的外国人的经历，本身就需要一本书。这里只能对这些经历进行粗略的浏览，以清楚地表明义和团运动决不像中国政府本身尤其是它的驻外国公使们近来喜欢描述的那样，是一次“叛乱”，而是一次精心策划的大规模消灭所有外国人的尝试。

可以肯定，中央政府曾经向帝国包括边远地区在内的各个地方发布谕旨，下令立即屠杀所有外国人。这方面的证据是多方面的，也是具有说服力的。向传教士透露有关这一谕旨的消息的，有他们在衙门里的朋友、友好的电报员以及一些官员——其中有些高级官员。这些人来自至少三个省，位于相距数百英里的许多地方，但几乎同时传递了这一消息。外国人至少有两次看到了原初的文件，它的措辞永远地刻印在那些被其令人震惊的、前所未有的词语吓晕了的人们的记忆里：“逢洋人必杀，洋人退回即杀。”

人们普遍认为，在北京围困期间被处死的两名总理衙门大臣——许景澄和袁昶，承认他们把“杀”字改成了“保”字，据说此事得到了其中一人的儿子的确认，而且这就是他们之所以被杀的原因。由于多方面的原因，这件事目前尚未弄清楚。事实上，在这一谕旨严重地影响到外国人的许多地区，它并未被更改。同时，就帝国谕旨来说，人们也认为，没有人会敢于做出这种可能危及自己生命、但又没有多少用处的事情。无论是对于拒绝服从这一谕旨的总督和巡抚，还是对于后来的中国政府本身来说，最为方便的理由就是假定这一谕旨是“伪造的”。在中国人和许多外国人中间，一直坚持这一合法假定，而且无疑还会把它作为一个标准的解释。这种说法就是，端王是一个“篡位者”，他的一伙掌握了国家的印玺，在一段时间内挟持了真正的“政府”。

中国人有句话叫做“官靠大印”。丢了官印，他也就丢了他的官位；有了官印，他在职权上就成为了官印所属于的那个人。慈禧太后本人出于特定的目的，经过精心的谋划，使端王掌握了权力。似乎没有证据表明，他的行动没有得到她的批准，或者在这些行动带来严重后果以前遭到过她的反对。在这些行动造成严重后果以后，采用“伪造谕旨”的说法就成为不可避免的了。一道以皇帝名义发布的谕旨把这一说法确定下来，它下令将围困使馆开始以后的所有谕旨收集起来，正式否认了它们的真实性，以此来阻止引用这些谕旨为根据，把某些行为视为“中国政府”的行为。但是，显然应该明白，这一否认并没有真正的历史事实的支持，根本不能消除那个无法弥补的过去。

在这方面，中国帝国海关总税务司赫德爵士的附信，有着特殊的意义：

北京,1901 年 6 月 18 日

亲爱的明恩溥博士:

能够得到一份有关 1900 年间宫中情况——以及北京情况——的真正可靠的中国方面的文件,将会是极有意义的。事实上,我们所有人都在猜测,在推论,把零星的事情联系到一起,但我们仍然找不到事实!这整个是一个找不出结果的问题——你可以放下你的笔,但是每一个新的提示都会让观看历史万花筒的人看到一幅新的画面——事实的极光将会不停地变化。

你忠实的赫德

尽管慈禧太后个人可能真的不清楚以她的名义发布的每一道谕旨,但是从道理上可以断定,没有她的总体批准,这些谕旨一道也不会发布。她一直没有得到实际情况的真实消息,这是完全可能的;而更为可能的——即使不能完全确定——是,这样一个决定性的、不可挽回的决定,是出于她一次暴怒的爆发。对于她的这种暴怒,所有的汉人和满人,无论上层人还是下层人,都同样地十分熟悉。

慈禧太后的暴怒是由于作出决定之前收到一个消息而引起的,这个消息在慈禧太后心里产生了强大的影响。这一点,已经多次得到可靠的确认,它本身也是对慈禧太后突然暴怒的最自然的解释。尽管现在还不可能提出证据来证实它,但也有足够的证据把这种说法看作是一种假设。必须要作出这样的前提:朝廷长期以来一直翻译在华外国报刊,以供宫中阅读,这些东西中必然有许多读起来令人特别不高兴。

据说,在 6 月 19 日,上海一位不知名的官员向北京的军机处发送了一份电报,其中的内容到了北京才透露出来。尽管不清楚具体是什么内容,但是可以肯定,当时出版的一些社论很可能会产生出这类作用。下面一段就是这类社论中的一篇,它于 1900 年 6 月 19 日晨出现在远东一家主要报刊《字林西报》上。

> 慈禧太后正在收获复仇的暴风,她是否还能留在北京来进行这一收获,现在很可怀疑。……中国没有与一两个列强和好,反而要立即与所有列强开战。它与列强进行战争,是慈禧太后及其一伙的选择。……无论发生了什么,慈禧一伙,如果不是自愿离开的话,必定会被赶出北京。人们希望能够找到光绪皇帝,让他重新回到皇位上来。同时,应该十分清楚地表明,发动现在的战争的,正是慈禧太后,我们不是在与中国作战,而是与北京的篡位的政府开战。

这份报纸有着一个副标题"最高法庭与领事公报",它必然会在中国人中传播开来,其意义可能会和原来的意思相去甚远。同时,它也会在英国政府机关及其官方发言人中间传播,尽管多少了解一点事实的人,都会向任何读者说明,这其实是不断进行着的对中国政府行为的批评。

西摩将军率领的救援远征军离开天津前往北京已经十天了,如果它成功地进入北京,"废黜慈禧太后"就会成为外国人的计划,而且出于感情上的原因,也不允许他们犹豫。在 1898 年,仅仅是有人提出这一建议,就引发了戊戌政变。"千万不要得罪女人"——其余的事,我们都知道了。

这份报纸不断地提请人们注意这一事实,就是对在华外国人的最大仇恨产生于满人中间,而不是汉人。在军机处,满人特别一致地赞同不与外部世界来往,而汉人对此极力进行着无效的反对。这一运动背后的主要官员,除了少数一些著名的个例以外,都是满人。在这一奇特时期的诸多奇异现象中,能够看到中国驻外公使在表达他们对国内政府政策的看法时的直率,这与所有中国官员一贯拒绝表态的谨慎做法形成了鲜明对照。报纸有关驻英国公使(罗丰禄)、驻法国公使和驻美国公使(伍廷芳)这类发言的报道,都异口同声地将违犯国际法的责任归之于满人一伙。

罗丰禄在一次采访中的几句话,发表在1900年10月号的《克莱姆登杂志》(英文)上,它清楚地表明了这一点。他说:"那些开明的人,包括所有的汉人总督和巡抚,都谴责义和团运动,对之不表示同情,而满人总督和巡抚的情况就不同了。他们不是通过严厉的科举考试而得到他们的官位的,就此来说,他们的受教育程度要低一些。举例来说,没有任何受过教育的中国人会认为,外国人的枪炮在战斗中会伤害不了人,我从来也没有想到,一个满族官员竟然会相信这样的说法。我承认,这对我来说,真是一个新发现。如果能够根据才能进行自由竞争的话,帝国的高级官职就不再会被一个阶层所垄断。满人全都是保守的,而汉人则比较开明。"

在解释了为什么孔子可以被理解为一个主张阻止无限权力的人之后,他又表达了这样的看法:如果一个掌握政权的人会疯狂到支持义和团运动以致危及到四亿无辜民众的命运的地步,那么,要求盲目地服从这个人就是不公正的。他用这些有意义的话作为结束:"我希望在这次危机结束以后,能够开始进行财政的、教育的、法律的改革,我甚至要说,要作为我的国家和我的政府的一个代表说,我希望列强能够推动这些改革。"

由满人舵手掌控的中国政权之船,就这样开始航行在不可知的急流构成的危险航道上,这一巨大船体上的每一个部分都感觉到了它的震动。从广东省的最南端一直到遥远北方的阿穆尔河河岸,从沿海一直到土耳其斯坦边缘,从来都没有见到过中华帝国这样一致。

对于政府来说,最为重要的是,整个帝国以及北京军机处在实际行动上也应该保持一致。为此,6月26日,向二十四名总督、巡抚、陆海军将领发布了一道谕旨,内容如下:

> 昨已将团民仇教、剿抚两难及战衅由各国先开各情形,谕知李鸿章、李秉衡、刘坤一、张之洞等矣。尔各督抚度势量力,不欲轻构外衅,诚老成谋国之道,无如此次义和团民之起,数月之间,京城蔓延已遍,其众不下十数万,自兵民以至王公府第,处处皆是,同声与洋教为仇,势不两立。剿之,则即刻祸起肘腋,生灵涂炭。只可因而用之,徐图挽救。奏称信其邪术以保国,亦不谅朝廷万不得已之苦衷矣。尔各督抚若知内变如此之急,必有寝馈难安、奔问不遑者,尚肯作此一面语耶!此乃天时人事相激相迫,遂成不能不战之势。尔各督抚勿再迟疑观望,迅速筹兵筹饷,力保疆土。如有疏失,唯各该督抚是问。[①]

在朝廷发出这样的警告以后,任何中国官员如果仍然不愿意服从朝廷不断发出的明确命令,似乎就是实际上的反叛,尤其是因为那些掌权的人无论如何都不能声称或者认为慈禧太后是"篡位者"。

这一史无前例的形势发展的结果,就是"长江总督"——湖广总督张之洞和两江总督

① 译文据故宫博物院明清档案部编《义和团档案史料》上编,中华书局1959年版,第187页。——译者注

刘坤一——和山东巡抚袁世凯相互达成某种一致,同时他们也与外国列强的代表达成一致,在一定的条件下维持他们辖区内的秩序。在这些条件中,包括外国军舰尽可能远离这一地区。英国尽管拒绝放弃它的条约权利,但也希望尽其全力来加强这些中国官员的力量。这些官员即使不"忠实于"不计后果的满族统治者,至少也忠实于他们国家的最大利益。

最幸运的是,在上海代表大英帝国利益的是代理总领事、后来担任代理英国公使的霍必澜(Pelham Warren)先生,在汉口则是法磊斯(E. H. Frazer)先生,他们为了整体的利益不断地进行着努力。在霍必澜先生的建议下作出了一项安排。根据这一安排,英国政府采取了一项非同寻常的措施,向张之洞贷款七万五千英镑,借期十年,利率百分之四点五,以其辖区内未作保证的厘金岁入作保证。霍必澜(8月9日)向索尔斯伯理勋爵指出:"最重要的是加强总督们现在的地位,因为如果他们被推翻,结果就会是一场起义,要镇压这场起义需要花费大量的时间,使用大量的军队,这不可避免地会导致中国的瓜分。"他补充说:"总督们地位的巩固,将会暂时阻止北京政府发动反对外国人的总起义的计划。如果没有总督们的努力,这一计划肯定会实施。"

袁世凯在义和团运动起源地——山东的政策非常不受欢迎,据说他自己的生命不断地受到威胁,一支由他的一千名士兵——中国训练最好的士兵——组成的特别卫队布置在他的衙门口,携带机枪以阻止任何可能的示威活动。几个月以后,当人们看到,正是由于袁巡抚的远见和坚定,才使得山东没有像其邻省直隶那样遭到外国军队的蹂躏,他们的态度才有了实质性的改变。但是,在1900年夏天,前景还是一片黑暗。

另一名或许需要给予最大荣誉——考虑到他是一名满人——的官员,是当时署理陕西巡抚的端方。他的坚定态度阻止了义和团在该省的发展。当得到前述消灭外国人的谕旨时,他极力地保护所有外国人,不仅是那些在他辖区内的外国人,还包括一些其辖区附近的外国人,一点儿也没有典型的中国官员在省界问题上的谨小慎微。他专门派出了强大的卫队,护送所有外国人离开陕西,并且向他的士兵们明确下令,在把这些外国人送交给张之洞派来接他们的部队之前,无论发生什么事,都不得返回陕西。这样,在从西安府前往相对平静的湖北的长途旅行中,有好几次,如果不是有着这样的保护的话,这些外国人本来会遭到大队武装团伙的攻击,可能就会被轻易地消灭掉。实际上,陕西和甘肃的所有外国人全都成功地翻越了通向汉口的群山,没有遭受任何生命损失。

在附近的河南省,尽管没有发生实际的屠杀,但情况相当险恶,有着非同寻常的逃生经历。这里的官员和民众要比陕西更为仇视外国人,但也有一些值得注意的例外。

在山东,多亏袁世凯巡抚的保护,不仅没有外国人在动乱和战斗的多事之秋遭到杀害,而且外国人也几乎没有遭受到在其他地方常见的痛苦。美国驻烟台领事法勒(John Fowler)先生,在韦丰年(George Cornwell)牧师和其他人的帮助下,在这一危难时刻,最大限度地发挥出了他的能量和资源,冒着个人的风险,在日本领事的帮助下,以每天数百美元的价格租用了一艘小型日本汽艇,数次前往羊角沟——一条起点离济南府不远的人工运河的河口。通过这种方式和其他一些办法,将二百六十多名外国人安全地带出了该省。

前面提到的三名中国高级官员所采取的坚定立场,拯救了中部和南部各省,使之免遭来自北方的致命病毒的感染，但它没有也不可能阻止反外情绪强烈的沿海各省和内地发生一些相互孤立的表达敌对感情的活动。早在夏天，在法国人十分活跃的云南，就出现了严重的威胁，但在那以后就被平息了下去。广东省发生了一些敌对活动，导致了教会财产的许多损失，这些活动断断续续地持续了一年左右的时间。福建发生了骚动，但没有达到造成威胁的程度。不过，从距离海边较远的孤立口岸温州撤出了所有的外国人。

7月22日，浙江西部的衢州府发生了一起可怕的惨案，住在该城的汤明心(Thompson)先生及其夫人和两个儿子、戴思蒙德(Desmond)小姐、石(Sherwood)小姐和马(Manchester)小姐，以及长山(Ch'ang Shan)教站的沃德(Ward)先生及其夫人和孩子、瑟古德(Thirgood)小姐，在这起惨案中被极其残酷地杀死了。人们认为，夺去中国内地会这些传教士生命的这一民众运动，与义和团起义没有直接的联系，只是一次地方性的叛乱，当地知县在努力镇压这次叛乱的过程中也被杀死了。

尽管在中国西南部的遥远省份四川没有任何实际的起事，但是人们还是认为，应当把居住在这里的所有外国人从该省以及所有内陆省份中那些位于内地的教站，转移到通商口岸。

没有任何合理的理由怀疑义和团起义曾经计划在阴历八月进行大爆发，前面曾经提到，这是因为有许多神秘因素和这一年的闰八月联系在一起。但是，就像一个没有控制好的定时导火线一样，它提前在五月爆发了，至少比预计的时间提前了十二周。

与这一突然爆发相联系的许多现象，是在华外国人长期经历中从未体验过的。例如，在满洲首府奉天，新教传教士和官员们的关系一直极为友好。当地将军向正于6月上旬召开年会的长老会传教士保证，没有什么地方比他们现在所在的地方更安全了。然而不到一周，整个气氛就改变了，官员和百姓友好的一面被怀疑和仇视所取代，将军对一些紧急而重要的通信也不作任何回复。很显然，气氛被北京的朝廷人为地改变了。新教传教士非常及时地逃脱到了牛庄，他们的房产在6月30日被一群暴徒毁坏了，罗马天主教的教堂被焚毁，并且遭到了洗劫(7月2日)，住在里面的所有人都被烧死或者被杀死。

一些之前从来没有公开表露过对西方人仇视的地方，也突然变成了反对一切外国事物的疯狂愤怒的温床。民众在施暴时毫不手软，直到达到他们的目的。中国人的激情似乎被点着了，就像火花落到了干燥的牧草上从而点燃起大火一样，十分自然，而且没有任何形式的准备。这一切并非仅仅发生在城市里，而且发生在一些最偏远的、难以接近的山村，发生在人烟稠密的平原，发生在蒙古大草原上。在对于这一事实提出了种种合理的解释以后，不得不承认，在这些可怕的爆发中有着一些神秘的东西，就像水雷一样，没有可以感知到的先兆。

在奉天以北的外国人分布在整个满洲，他们在俄国人的友好帮助下逃到了哈尔滨或者其他一些相对安全的地方。

在满洲的汉人和满人与派到这里来保护新修建的铁路的大量俄国军队之间，长期以来一直存在着严重的冲突。由于俄国报纸制度性的沉默，很难判断这种冲突发展到了什么程度。7月14日，行驶在阿穆尔河上的汽艇在中国城市爱珲遭到了中国军官的攻击。据这些军官称，他们是根据命令采取行动的。一名俄国军官被打死，六人受伤。第二天，在没有进行任何警告的情况下，河对岸一侧的俄国城市海参崴遭到一门中国大炮的攻击，三名俄国人被打死,六人受伤。这一事件的发生,给俄帝国突然充上了电。

俄国人根据来自圣彼得堡的被误解了的命令,对这一不讲信义的行为进行了极为恐怖的报复。它屠杀了数千名中国人,有男人、女人和儿童,他们的尸体布满了阿穆尔河。一些独立的、不带偏见的旅行者的证词证实了这件事,他们亲眼目睹了这一惨案。在接下去的 9 月,英国驻圣彼得堡的使馆提请索尔斯伯理勋爵注意俄国报纸上的一份报道,它报道了在一个现在改名为伊林斯基(Ilinsky)的中国城镇萨卡林(Sakalin)的灰烬上举行的一场感恩仪式,出席仪式的有一些官员、军人、一名英国军官和一大群人。教士说:"现在,十字架升起在阿穆尔河岸上,昨天这里还是中国人的。穆拉维约夫(Mouravieff)曾经预言,这一河岸早晚会成为我们的。"报道接着说:"在一篇华丽的讲演中,格利思伯斯基(Grisbsky)将军向胜利的军队表示祝贺!"在对英国驻俄国公使斯科特(Charles Scott)爵士抗议的回复中,拉姆斯道夫(Lamsdorf)伯爵解释说,政府也是刚刚得知这一事件,它是军队未经授权的行动,事件的发生地距离中央政府太远,难以了解当地的情况。

与此同时,俄国军队大量进入满洲,而俄国政府向所有列强作出了最令人满意的保证,保证它的意图是要将满洲交还给中国人。这就像桑丘向堂吉诃德明确作出的保证一样,他将代表托马索夫人对自己进行必需的鞭打:"什么时候我想这样做了,我就会马上去做。"

中国政府在 1900 年夏天进行的另外一个愚蠢行动——其愚蠢程度仅次于下令使用正规的中国军队攻打使馆——就是攻击俄国人,结果造成瓜分中华帝国的威胁,将"门户开放"置于未来不可预知的危险之中。

在有着许多新教教站和更多天主教教站的直隶省,虽然有外国人得以脱逃,但他们都经历了许多艰险。距离天津一百五十英里、位于山海关铁路附近的北戴河的海边度假地,很快就被孤立起来,住在这里的人被转移到一艘英国船上。各种房屋设施马上就被当地村民抢劫一空,这些村民并没有得到义和团或者士兵的帮助。

从唐山到山海关的铁路由煤矿里雇用的广东人和其他人进行保护,在这里,可以看到帝国铁路由工人根据他们自己的方便和安全而操作的奇异现象。煤矿也同样没有受到损失,但俄国人后来不加区别地抢劫了所有的公共和私人财产。

芦汉铁路从保定府到定州的一段一直在运行,用来运送中国军队。

伦敦会在大运河边的沧州的教站遭到破坏,但多亏了一名友好的官员,居住在教站里的人通过陆路逃到一个小港口,然后从那里到达了大沽。住在西北更远些的小张庄——同一差会的另一教站——的那些人,逃到了山东庞庄,从那里又到了海边。

最后提到的那个教站的命运真是奇特,在遭受了一年多的威胁之后,最后竟然根本没有受到触动,甚至都没有被侵入。在从黄河到阿穆尔河之间的广阔土地上,除了有防御的通商口岸和一两个微不足道的例外,这恐怕是唯一的这类事情了。这里大多数百姓的感情十分友好,医院和施药所的声望和影响也传播得很广,不过,义和团渴望劫掠的邪恶怒火之所以得到遏制,主要是因为一名本土牧师和一名义和团首领及时地达成了协议,作为一场"宴席"外加一匹马的回报,这个地方没有受到攻击。

居住在张家口的美国人和俄国人,穿过库伦和恰克图广阔无垠的大沙漠逃亡,其过程极其艰苦,有许多次好不容易才摆脱了似乎不可逾越的危险。

顺德府的中国内地会传教士一度处于巨大的危险之中。他们被逐出居住的城内，不过当他们在山里流浪的时候，又被护送到了山西。在山西，他们被一名官员及时地挡了回去，从而救了他们的命。最后，他们在正定府的大教堂里找到了避难的地方。由于这个城市的文武官员谨慎而且坚决地不打开城门，这所教堂没有受到任何攻击。天主教主教、三名神父、五名修女以及一组逃难的比利时工程师在这里得到保护，最后先是被中国军队、后来又在10月中旬被法国军队救了出来。

获鹿县——位于通往固关口的入口处——的青季莲(Green)夫妇和贾贵安(Gregg)小姐的经历具有最可怕的戏剧性，可以写一本小书。他们经历了一切——饥饿、赤裸、危险和刀剑，他们能够逃脱实在是一个卓越的奇迹。在保定府，美国长老会的泰勒(Taylor)医生、霍奇(Hodge)医生夫妇、西姆考克斯(Simcox)夫妇以及三名儿童，美国公理会的毕得经(Pitkin)先生、莫利尔(Morrill)小姐和古尔德(Gould)小姐，中国内地会的贝格(Bagnall)夫妇和女儿、顾正道(William Cooper)先生的命运，就更为悲惨。

在中国文武官员的默许下，他们全部都被杀死了。第一组人于6月的最后一天被一群暴徒活活烧死在他们的住房里，后两组人在7月的第一天被枪击、被刺杀，或者被砍下了头颅。

为了惩处这一巨大的罪行，一个联合军事委员会于次年10月来到了这座城市。在经过充分调查以后，委员会建议将直隶布政使廷雍、保定城守尉奎恒和一名参将处斩，处斩的地点就在中国内地会附近，正是逃离内地会的贝格先生一家和顾正道先生被出卖给义和团并且遭到杀害的地方。这一判决得到了盖斯里将军和瓦德西伯爵的批准，并且得到了执行。被义和团用作大本营的几座寺庙也被炸毁，其中最重要的是位于城市东南部的城隍庙和七圣庵，那些被害的传教士们曾经在这里的义和团圣坛上受到审讯。城门上的所有塔楼都被毁掉，城墙的一角也被炸开了一段，给这座见证了这类官员罪行的省城留下了一个标记。

不过，反对外国人的义和团起义结出的最为可怕的果实，是在山西省和邻近的蒙古地区。这主要是由于出现在那儿的是大刀会的创立者和保护人毓贤，我们前面曾经多次提到过这个人。在消灭外国人的大网开始张开时，他担任了山西巡抚。

我们已经提到，反对外国人的起义蔓延得极其迅速，等到危险已经十分逼近的时候，想要逃脱就已经太晚了。许多传教士——尤其是山西北部的传教士——是瑞典人，对中国的情形非常不了解，只是偶尔与沿海地区有些联系。而其他的人，无论是英国人还是美国人，在这个国家已经住了很久，习惯了骚乱，只不过把这场起义看作是他们过去经历过多次的这类事件的又一次爆发而已。他们中的许多人下不了决心撇下他们的本土教徒，高尚地选择了与这些教徒们一起去死，而不是只去考虑他们自己的生命。

住在通商口岸的朋友们尽其所能地向那些处在危险中的人传递当时形势的信息，但事情发展得太快，那些距离风暴中心很远和很近的人，同样都不可能明确地判断，到底怎样做才最好。

传教士的危险尽管非常大，但还是要比那些不会说中国话的外国人要小。这些人看到中国人从旁边走过，对他们的情况也无从得知。英国皇家工兵的一名勇敢的军官琼斯(Watts Jones)上尉，在张家口以西的地方被野蛮地杀死了。中国内地会的一些成员在经历了最可怕的痛苦之后,逃离山西,经由敌对的河南前往汉口。在某个地方,一名成员索行仁(Saunders)先生差点丧命,幸亏他证明了自己不是铁路勘测者。在之前的一段时间里,这些勘测者们遍布乡村,打扰了地龙的憩息,破坏了风水,阻止了雨水,从而造成了毁坏整个土地的可怕的干旱。

从一个附表中可以看到,在整个义和团动乱期间被杀害的新教人员的总数是一百三十六名成人和五十三名儿童,其中超过百分之八十四是在山西或者邻近的蒙古地区被杀的。这里,只能对这些可怕经历中的几个作最为概括的叙述。6 月 29 日,与宣道会相关联的瑞华盟会,在山西北部的朔平府经历了一个可怕的悲剧,它的十名成员同时被杀。大约在同一天,中国内地会的六名成员在大同府被杀。在太谷县,7 月 31 日,美国公理会的来浩德(Clapp)牧师夫妇、卫禄义(Williams)牧师、德富士(Davis)牧师、贝如意(Bird)小姐、露美乐(Partridge)小姐被杀害,据说在太原府看到了他们的头颅。

在其他城市还有着大量的其他暴行,但是没有一个地方能够和 7 月 9 日在太原府出现的可怕场景相比。一名不情愿的见证人记下了这一场景。他是一名浸礼会的信徒,他的记述已经得到其他资料的证实。他看到外国牧师和他们的夫人及孩子、天主教神父和修女以及几名中国教徒被带进了巡抚的衙门,听到他们将要被杀死后,他努力地想挤出人群,但是没有成功,被拥挤在人群中,见证了这一屠杀。

> 第一个被拉出来的是法尔定(Farthing)先生(英国浸礼会),他的妻子依偎着他,但他轻轻地把她拉到一边,走到士兵前面跪下,一句话也没说。刽子手的大刀一挥,他的头被砍了下来。紧接着的是何道(Hoddle)先生、佩鸿恩(Beynon)先生、罗维特(Lovitt)和卫理森(Wilson)医生,他们每一个人都被刽子手一刀砍下了头颅。然后,巡抚毓贤越来越失去耐心,告诉那些手拿长柄大刀的卫兵,去帮着杀死其他人。接着被杀死的是施多克(Stokes)先生、辛普生(Simpson)先生和怀德豪(Whitehouse)先生,最后一人被一刀砍死,其他两人都几刀才砍死。
>
> 杀完男人以后,开始杀女人。法尔定夫人拉着依偎着她的孩子们的手,但士兵把他们分开,一刀把孩子母亲的头砍了下来。刽子手们砍下了所有孩子的头,手法很是熟练,只需要一刀。但士兵们就比较笨拙,一些女士身受数刀才被杀死。罗维特夫人戴着她的眼镜,拉着她小儿子的手,直到被杀死的时候。她向人们说话,说:“我们这些人来到中国,是要把耶稣基督拯救的福音传送给你们,我们没有做过任何伤害你们的事,我们做的都是好事,为什么你们这样对待我们?”一名士兵摘掉了她的眼镜,然后杀死了她,用了两刀。
>
> 新教人士被杀完以后,罗马天主教人士被带到了前面。主教是一名有着长长的白胡子的老人,他质问巡抚为什么做出这么邪恶的事。我没有听到巡抚作任何回答,只看见他抽出他的刀,向着主教的脸上狠狠地砍了一刀,鲜血沿着他白色的胡子流了下来,他被砍下了头。
>
> 接着,神父和修女们很快都被杀死。然后,毕翰道(Pigott)先生一组人被从附近的县监狱里带了出来。他手上带着枷,鲁宾逊(Robinson)先生也是如此。毕翰道先生向人们布道,一直到他被一刀砍死的最后一刻。鲁宾逊先生非常镇静地死去。毕翰道夫人甚至在头被砍下来的时候,还拉着她的儿子的手,而她的儿子在她之后也立

即被杀死。女士们和两名女孩也被迅速地杀死。

这一天总共杀死了四十五个人。三十三名新教的人，十二名天主教的人。一些中国教徒也被杀死了。所有人的尸体都留在被杀的地方，一直到第二天早上，因为杀戮一直到黄昏才结束。在晚上，他们的衣服、戒指和手表都被人拿走了。第二天，他们被运到大南门内的一个地方，其中一些人的头颅被放到了城墙门上的笼子里。所有人都对外国人的坚定和平静感到震惊，除了两三个孩子的哭声以外，没有人哭，也没有人发出任何声音。

毓贤担任山西巡抚只不过几个月的时间，却给这个得到朝廷赞扬过的友好省份的民众施加了致命的迷惑力。当他离开这座城市时，数千名百姓护送他，他们在长达数英里的路边为他准备了酒和点心，他的“荣誉之靴”被脱了下来，悬挂到了城门之上，以纪念他的功德。而且，这一切似乎还不够，在城南树起了一块石碑，以赞扬他在山西清除可恨的外国人的成就。

几乎所有人都认为，为了被官府杀戮的那些人所代表的五个国家（英国、美国、法国、意大利和荷兰）的荣誉，也为了未来居住在山西的所有人的安全，进入中国北部的外国军队应该像在保定府所做的那样，在太原府留下一个不能磨灭的印记，同时还应该毁掉巡抚衙门。但是，由于外国军队在北直隶到处进行远征，压力很大，所以这一点就被忽略了。这让中国人感到极其意外，同时也使得一部分山西人后来一直都坚信，外国军队根本进入不了他们这个省。

来自山西北部的四组人，历经千辛万苦，终于成功地到达了汉口，但是其中一些人死于虐待和过度疲劳。就我们现在所知，在该省的这一地区，尽管有十九人逃脱，仍然有三十九名成年人和十名儿童被杀或者死去。

所有这些人中最可怜的一个事例是美国公理公的艾渥德（Atwater）夫妇和两个孩子、普利斯（C. W. Price）夫妇和女儿以及中国内地会的伦德格林（Lundgren）夫妇、爱尔芮德（Eldred）小姐等一行十人的遭遇。他们被汾州府的官员出卖，谎称要把他们送到沿海地区，却在两县交界的地方把他们杀害了。在村民的请求下，他们的尸体被扔进了附近的一个坑内。

当这一悲剧在这个遥远的省份上演的时候，美国大炮已经在炮轰北京的紫禁城了。然而，要拯救这一组和其他一些被围困的人的生命，已经太迟了。他们中的一些人，甚至直到这一事件发生一个多月以后，才被杀死。

那些最终从极其残忍的折磨者手中逃脱了的人的悲惨故事，是所有时代里那些最感人的基督教教会记忆中的一部分。男人、女人和儿童被围困在他们自己的住房里，当房子燃烧起来、他们努力逃跑的时候，又遭到刀枪的砍刺，或者被迫又退回到大火之中。他们像不适合居住的流浪汉一样，被从他们的家里赶了出来，不断地被人抢走他们身上已经很少的东西，直到最后，在炎热的 6 月、7 月和 8 月，他们光着头，赤着脚，有许多人只剩下了贴身的衣服了。在一个又一个的事例中，女士们只剩下了一件外衣，而不止一个传教士被剥去了所有的衣服，赤裸地站在山西不友好的村庄的街道上。一名天主教神父被放在一个棺材里抬了好长一段路，才得以逃脱。

他们不断地被人围观，得不到任何同情，布朗宁（Browning）夫人把这称之为“折磨”。

同时,在各个地方,他们都要连续几天、几个星期地面对暴徒,从一个村庄被追到另一个村庄,逃进山里,陷入沼泽地,被迫在无人居住的小屋里、墓地里、甚至经常在地洞里寻找庇护的地方。他们遭到野兽般的武装团伙的追击,一旦被抓住,就会遭到殴打,在地上拖拽。曾经有辆大车有意地在一名女士身上碾过,试图轧死她。他们的手和脚都被捆绑起来,带到义和团圣坛前,由神灵来决定什么时候、在什么地方、怎样来杀死他们。有时候,他们之所以得救,是因为村民们害怕他们在自己的村子里被杀死;有时候是因为一场突如其来的大雨;也有时候,是因为中国人对于受苦的可怜儿童和他们母亲的痛苦产生出了本能的怜悯。

不断地有人试图毒死他们,他们也经常处于饥饿之中,被迫吃草根、树叶。有的人因为伤口得不到治疗而昏迷。而由于日夜不停的警报,所有人都很容易处在持续的神经紧张状态。他们经常受到官员、士兵和伪装的领路人奸诈诡计的欺骗。然而,在几乎压倒一切的阴暗之中,也有某些善良仁慈的行为照亮了他们的天空。有的官员十分友好,如果不是害怕的话,他们会更加友好。慈禧太后在逃亡到山西后,就曾经将一名这样的官员革职,没有别的理由,就是因为他对经过他辖区的可恶的外国人比较友好。在某些事例中,不允许一个家庭里的成员相互见面和相互照顾,即使有人濒临死亡边缘。所以,当一个成功逃脱的人说,他们最经常提到的一句话就是“对邪恶之人轻微的怜悯就是残酷”的时候,还有什么可以感到奇怪的么?

受到这样一些对待的人,是些什么样的人呢?他们是真诚地敬畏上帝的男人和女人,他们离开他们的一切,遵循他们的主的命令,来传布天国的福音。他们是没有过失、无可指责的男人和女人,其中一些人毕业于最好的学院和大学,在他们自己的国内,具有吸引力的职业向他们敞开着,但是他们抛弃了这一切。他们许多人多年来一直辛勤地工作,在施药所和医院里解除和缓解着中国人的痛苦。

数月以后,一些被杀害的人的绝命信由他们忠实的基督教朋友们披露了出来。在这些信件中,看不到一丝绝望,只有与可怕的死亡面对面时的庄严。一名父亲把他的希望作为遗产留给了他的儿子,希望他在达到二十五岁的时候,能够回到中国,接过他的父亲未能完成的工作。

只要上帝的教会在地球上存在,这些殉教者的生存和死亡的记录,都将是一份珍贵的遗产。

这么多个外国人小团队,在远比我们描写的更为艰苦的条件下,穿过数百英里敌对的土地,在十数万人的注视中,面对数百万敌人——这其中许多人急切地要杀死他们,最终还是成功地逃脱了,从而可以讲述他们的故事。这真是一个只有认识到上帝的掌控之手,才能加以说明的道德奇迹。

被杀害的天主教人士和新教人士数量之间的巨大不平衡,似乎要归因于天主教教徒群体更大的规模。另外,在许多情况下,天主教的院落规模都比较大,他们垒起圩墙,挖掘深沟,使用枪支甚至外国机关枪来进行防御。成功地进行防御的这类地方的数量现在还不得而知,但是肯定不会很多,我们迄今所碰巧听到的,只是两个这类防御失败的事例。

能够找到的有关殉教者的事例,没有比一些天主教信徒的情况更为生动的了。西蒙古教会的韩默理(Hamer)主教来中国已经将近三十五年了,在举行弥撒时被捉住,他们把他绑了起来，在城里游街，遭到所有看到他的人的嘲笑。在他数念珠时，他们把他的手枷了起来。三天以后，他的衣服被脱掉，裹在浸满油的棉花里，他被活活地烧死了。五千名教徒被杀死，他的教区的每一个教堂和房子都被毁了。

在热河，他们把塞格尔(Segers)神父的手和脚绑住，用一根棍子抬着，不允许向他的信徒们说话，然后把他扔到一条沟里，活活地埋葬了。他极力想站立起来，头露了出来，结果当头被打了一锄。

可以肯定地说，如果从历史的教训中能够学到什么东西的话，如果特士良(Tertullian)的话“殉教者的鲜血是教会的种子”是不废的、恒久的力量的话，如果上帝的承诺仍旧可靠的话，一个为中国做了这么多事情的宗教，一个其使者从中国人那里遭到了这么多痛苦的宗教，在这个国度的重生中还会有伟大的工作要做。

第三十三章
引人注目的经历

河南北部的加拿大长老会[①]

从春天开始在河南出现的骚乱似乎是地区性的,起源于我们深受其害的严重干旱。连续三季的庄稼都没有收成了。早在3月,在不同的几个地方就出现了骚乱,其中有的比较严重,百姓和士兵在骚乱中发生了冲突,双方都有人丧命。到6月,事情变得确实非常严重,每天都有关于一群群饥饿的人寻找谷仓、抢劫富户的新报告。知县们把小队的乡勇派驻到所有的集镇上,仍然不能维持平静。他们承认自己无能为力,因为他们拒绝惩治那些被指控偷盗粮食的人,声称惩处饥饿的人并没有用处,那些丢失粮食的人应该把它看作是向他们不幸的邻居提供了帮助。

6月15日,我们极其震惊地收到了一封来自天津的电报。电报说:"向南方逃离。"我们也得到了两名比利时人在保定府被杀的消息。由于已经好几个星期没有从天津得到任何可信赖的消息,我们对那里发生的事情一无所知,也不想在不知道为什么要我们逃离的情况下舍弃我们的教站。我们焦急地等待着,期待着信件,但一直没有信来。

同时,我们联系到了哲美森(Jameson)先生以及北京福公司的人,他们在前往怀沁府的途中路过我们的城镇。作为回答,哲美森先生来了一封信,信中说他看不到任何逃离的理由,因为他没有从在天津和北京的机构那儿得到任何消息,如果事情变得严重的话,他们会给他发来指示的。但是为了让我们安心,他补充说,如果我们认为有必要离开的话,他会把他的一切——武器、金钱等——交由我们使用,同时他和里德(Reid)、费士尔(Fisher)先生都愿意提供个人帮助。

6月19日,我们得到消息说,我们在楚旺(Ch'u Wang)的朋友被一群一千多人的暴徒围困了。这一骚乱是由一名妇女引起的,她声称看到尹慈谋(MacKenzie)夫人在一座楼的窗户上演练神秘的仪式,驱赶天空中的云彩。尹慈谋夫人实际上是在擦拭她新房子里的一个窗户,而从外面看上去,就像是在向云彩做各种动作。暴徒们聚集了两三天,但似乎缺少一个领袖。接到求助要求的官员答应提供帮助,但他首先试图解除我们的朋友们的武装,要求交出他们拥有的枪支或者其他武器。这一直率的要求被有礼貌地拒绝了,

---

① 本节由这群人的成员之一斯利蒙(Slimmon)应作者请求而撰写。

另外被拒绝的还有一个要他们拿出几千两银子以“给士兵们购买武器”的要求。

从这时开始直到24日，情况变得越来越危险。我们的钱庄拒绝再向我们支付金钱，尽管我们的账上还有相当的余款。我们听说义和团在一些城镇里出现，并逐渐向我们靠近。到了24日，几名义和团的师父来到这里，建立了一所义和团学校。这一支义和团的口号是：“先杀洋人，再灭满人。”

6月25日，我们得到消息，我们在彰德府和楚旺的朋友决定逃走，他们正在计划一起前往济南府，这看上去像是最佳路线。后来，他们被迫放弃了这一计划，因为他们发现无法雇到大车来进行这一旅行，也找不到任何人护送他们穿过横亘在河南和山东之间的直隶省，也没有办法与山东巡抚迅速联系上。我们的朋友决定采取这一步骤，是因为收到了另外一封电报，告诉他们大沽炮台已经被联军占领。这时，我们知道确实有麻烦了。我们派出了信使，一名去要求哲美森先生及其一伙与我们在黄河会面，另一名去见卫辉府的知府，还有一名去见许县的知县。我们担心被耽搁，所以才一个衙门一个衙门的去。

我们从知府那儿没有得到任何帮助，但知县答应派一支卫队，并且给了我们友好的回复。但是他拒绝负责我们的房子，声称在现在的情况下，他不能保证保护我们的财产。

27日，形势达到最危险的地步，我们已经收拾好了准备随身携带的一些物品。不过，我们觉得应该在晚上逃跑，而且不要携带太多东西，只带自己能够拿得了的。原先答应带我们走的马车夫反悔了，不敢来找我们，尽管我们可以支付比平时多四五倍的费用。我们的仆人们吓坏了，因为我们听说一帮亡命之徒计划在我们离开居住的地方时攻击我们，而在城市另一头，另一帮歹徒计划在我们离开以后攻打我们。

那天晚上我们没有睡觉，实际上我们也没有几个晚上能够睡好觉。这一天晚上，我们一直试图让我们的仆人们鼓起勇气，激励我们在城里的几个朋友为我们采取积极的措施。我们说动了一个人——我们的先生，一名通过科举考试的人——去见一帮歹徒的首领，通过讲道理、劝告和威胁，要他们让我们安全地离开。另一名朋友到另一帮歹徒那儿，进行了同样的工作。但是，对这两帮人最起作用的是，他们知道我们没有能够得到车辆，因此带不走任何东西。

28日黎明来到了，尽管我们很高兴它的到来，因为它驱走了夜晚的恐怖，但我们也害怕它的来到，因为在这一天，我们必须要在没有做好旅行准备的情况下上路出发。我们之前派出一名信使到邻近的镇子，要他不惜花费在那儿找到车辆，由于他没有回来，我们一直担心他未能完成任务。让我们大大地松了一口气的是，就在我们准备吃早饭的时候，他回来了，带着四辆大车。我们没有用多少时间，就把我们的箱子和被褥装到车上。

就在这时，发生了一个事故，迫使我们相信上帝的特别眷顾。就在我们几乎就要登上大车去面对门口聚集起来的那些暴徒的时候，负责我们镇子乡勇的军官回来了，他刚刚去镇压了一些强盗，带回了一些犯人。在我们的请求下，他来见了我们。在我们的劝说下，他答应派一些士兵在路上护送我们几英里。这让暴徒们感到迷惑，使他们认为这名军官是专门派到这里来保护我们的，而他又带着犯人，更让那些暴徒们感到，他担任这样的职位，可不是光吃干饭的。

整个镇子的人都出来了，来看我们离开。人们排列在街道两边，每边都有三四层人，从我们的房子一直排到镇子的出口，但是整个离开过程十分平静。走出几英里以后，我们的特别护卫离开了我们,把我们交给知县事先安排的四个人照顾。我们第一站停在了卫辉府,立即把我们的名帖送给了文武官员以及杰拉德(Gerrard)神父。神父于黄昏时来拜访了我们,我们向他解释了形势,并且邀请他参加我们一行。他回复说,没有主教的批准,他没有权利这样做。如果主教认为神父们继续留在他们的岗位上不安全的话,他们将会退避到已经准备好的位于山区里的某处地方,在那里,他们所有的教徒都武装了起来,能够抵御一支军队。

军官及时赶到,驱散了在客栈门口聚集起来、越来越超出我们的护卫控制的暴徒。当地的士兵驱散了他们,使我们晚上剩余的时间过得十分平静。第二天,我们在新乡县停下吃午饭,我对这个地方十分熟悉。我们住在一家客栈里,这里的老板多年以来一直十分友好。我们在那里待了大约一个小时,客栈老板告诉我们,一些义和团一两天前已经到达这里,其中一人刚刚来找他询问有关我们的事,问了我们准备到哪儿去等问题。我们立刻把我们的名帖呈交给官员,通知他并且请他提供保护。我们得到的唯一成果是,人们告诉我们,官员现在不在家,而我们的送信人立即就被衙门的人叫住,要他马上离开我们。我们离开的时候,认为义和团一定会追随我们,但到晚上抵达客栈时,再也没有听到他们的消息。从那里开始,“义和团”似乎成了一个无人知道的名词。

第二天,30日,我们到达了原武县。这里离黄河渡口非常近,我们要在这里会见哲美森先生一伙。这里的官员立刻就派了一支强大的卫队到我们客栈门口,从而保证了我们在客栈里十分平静。

晚上,哲美森先生派出的一名信使骑马来到,告诉我们他和他的一伙人正在前来这里的路上。有一大队护卫护送他们,而且带了许多银子和一些热兵器。这一消息让我们大为安心。

第二天是7月1日,星期日。我们先来到了黄河边上,等哲美森一行等了两个小时。当他们到达的时候,我们看到他们穿着中国人的衣服。他们发现无极县——他们最后停留的地方——的百姓非常野蛮,知县不仅说除非他们换上中国人的衣服,否则就不能保护他们,而且强迫他们放弃了许多行李。这些衣服不仅不能成为一种伪装,反而更加突出他们是逃难者。这名官员的意思一定是要羞辱他们,要不就是一个真正的笑话,因为他们穿上后确实十分滑稽可笑。

就在我们到达黄河南岸的时候,我们看到彰德府和楚旺的一伙人到达了北岸,于是我们就等到他们过河。我们现在有很多人了——人员组成如下:楚旺一伙有尹慈谋夫妇和一个孩子、雷实礼(Leslie)医生夫妇、麦肯道什小姐(McIntosh)和多伍(Dow)小姐,彰德府一伙有古约翰(Goforth)夫妇和三个孩子、皮克(Pyke)小姐和华拉斯(Wallace)女医生、格里菲斯(Griffith)和胡德(Hood)先生,新郑一伙有米切尔(Mitchell)夫妇、斯利蒙夫妇和一个孩子,北京福公司一伙有哲美森、里德和费士尔先生。传教士只有很少的护卫,但哲美森一伙有一支精良的马队护送,还有一名很好的军官,他在与一路上的官员们打交道安排护卫、客栈等事情上非常有用。现在有黄河隔挡在我们和义和团之间,我们开始快活起来。第二天一早,所有人的精神都很好,只有斯利蒙夫人例外,因为她开始为她的孩子担心,这个孩子在紧张的旅行中表现出一些崩溃的迹象。

哲美森这天早上想到一个好主意,派了一个人出发,到开封府去给汉口的英国和美国领事发送一份电报，通知他们我们的行踪，并且请他们提供援助。信使需要走七十英里到那里，再走七十英里回来，然后去追赶每天旅行三十五英里的我们一行。这是一件很大的事情，但哲美森先生不是一个被困难打倒的人。完成这一重大行动的代价是一匹勇敢的小马，它在到达樊城以后死去了。发送这份电报被证明是一个聪明的举动，因为它向我们的朋友们传达了我们还活着的第一个信息，也使得我们的领事们让张之洞提供了我们所需要的帮助。

此后两天，我们忍受着炎热的痛苦，因为我们在穿越黄土地区。强烈的太阳光照射在道路上，道路变得像个火炉，而且由于道路低于田野平面三四十英尺，所以一丝风也没有。到达襄县的时候，我们发现格拉西(Gracie)夫妇还在那里平静地生活着。他们很惊奇地得知我们正在逃命，并且邀请斯利蒙夫人、我和他们一起待一段时间，以让我们的这位女士能有机会恢复一下。她的身体这时确实非常糟糕，我们非常想冒险接受这一邀请。但是，到了深夜，格拉西先生来到我们的客栈，告诉我们，教徒和朋友们强烈建议他们加入我们一伙。他们决定这样做，但是发现难以找到车辆。他们希望到日间能够找到车辆，然后试图赶上我们。后来，我们得知，他们借道周家口逃到了安徽，一路上的经历极其痛苦。

我们现在接近南阳府地区了，这是唯一一个我们预感要出事的地方。果然，我们的担心被证明太有道理了。7 月 7 日，我们到达了南阳府北面三十里的新店(Hsin Tien)，想在那儿停下来过夜。但是当我们到达的时候，我们发现我们这伙人难以找到住宿的地方。哲美森先生以其惯有的思虑周到，感到在这里停留会非常危险，于是为了女士和孩子们，决定直接向南阳城行进。

讲到这里，我想要说，哲美森先生及其一伙高尚地实现着他们本人及其所有物品都由我们支配的承诺。他们不仅把客栈中最好的房间——在有可能进行选择的情况下——给了我们，而且和我们一起分享他们的物品，在知道我们的朋友用光了自己的食品以后，把他们最后的一听牛奶送给了我们的朋友。他们让我们使用我们需要的所有银子，如果没有他们的帮助，我们就不可能一路走过来。哲美森先生还证明了自己是一个天生的领导者，把一切交给他，让我们省心不少，因为我们知道，所有的具体安排，比如会见官员、争取在当地派人护送、找到客栈以及这类旅行中总有可能遇到的各种各样的事情，现在都由最有能力的人来处理。他似乎从来没有担心和着急过，在一天一天的旅行中，总是用快乐的语言鼓励着每一个人。

在离开豫州的拂晓时分，古约翰先生的仆人带错了路。后来，有一伙人和我们分开了，走了另外的一条路。结果，我们的一大群女士和孩子们在路过一个镇子时，走进了一些跳舞祈雨的人中间，不过他们安全地过去了。当时，哲美森先生和他的朋友们骑在马上，走在我们的大车前面五百码，突然发现被一群手持武器的人包围了起来。他们有二百多人，后面还跟着一大群乌合之众。跳舞祈雨的人头上戴着绿色的花冠，手里拿着大刀，向一座著名的庙宇行进，准备去祈雨。他们看到外国人，立刻把他们包围起来，叫喊着："这里有把雨赶走了的洋鬼子!"一名首领建议立即杀掉他们，我们的朋友花了十分钟，告诉人们如果这样做是非常危险的。这时，我们来到那群人旁边，知道是求雨的队伍以后，我们并没有停下作进一步的询问，而是急忙转向第一条胡同，这被证明是一个正确的决定，我们的车停在那儿，把车尾朝向大街，这样可以把我们和暴徒屏蔽开来。他们安静地经过,不知道他们附近有外国女士。当穿过城镇以后,我们看到了哲美森先生和他的朋友,他们一直在担心着我们的安全。

天黑以后,我们到达了南阳府,在城里寻找住的地方,最后分散地住进了一些非常低劣的客栈里,但后来证明这反而对我们有利。我们从南面走向我们的客栈,让那些在北面等待我们的人失去了目标。在试图见到官员的时候,人们告诉我们,他会在第二天早上8点会见我们。这看上去是个不祥之兆。午夜时分,来自新店的一伙派来一名信使,说他们居住的客栈被一伙人给包围起来,要求给予帮助。我们试图见到官员,为我们的朋友寻求帮助,但只是成功地得到了一个许诺,称将派一些衙役去平息骚乱。哲美森先生明白要得到官员们的帮助十分困难,就把他的一半骑马护卫派了过去。

我们的一些仆人告诉我们,一伙天主教人士被围困在四英里以外他们的一个堡垒里,一名士兵被官员们砍掉了脑袋,因为他太认真地执行了官员们的命令,在试图驱散围困者时伤害了其中一人。我们也得知,已经制订了计划,要杀死我们所有的人,正是出于这一原因,才让我们等到第二天早上8点。

意识到我们的危险以后,我们立即把我们疲惫的牲口重新拉起来,在3点钟出发,行进到了新野县。在这里,被派到新店去帮助我们朋友的一些骑马护卫回来了,告诉了我们所发生的事。我们的朋友与包围他们的人进行谈判,他们要求得到一大笔钱。我们的朋友在客栈里一直等到8点,希望能得到我们的帮助。在看到没有希望以后,他们离开了客栈,却惊奇地发现城镇十分平静。

在到达城门的时候,他们得到解救的感觉变成了一阵惊慌,因为他们穿过城门时突然看到数千人组成的一群暴徒正在外面等着他们。有二百多人排列在路边,等最后一辆车出了城以后,突然向我们的朋友发起了进攻。我们的朋友跳下车,向他们的头上放了几枪,试图把他们吓退。雷实礼夫人由于旅行的劳累已经十分衰弱,从她的车上下不来了。在试图保护她的时候,雷实礼先生严重受伤。除了大量的皮肉之伤以外,他的右手腕和右腿都伤到了骨头,两处的大肌腱都被切断了。古约翰先生头上也受了几处刀伤。哲美森先生的两名护送者勇敢地战斗,都多处受伤,后来证明这些伤口是致命的。当我们的朋友们离开大车以后,这些暴徒立即开始打破箱子,看到劫掠物品,这伙武装歹徒忘了他们的计划,从而使得我们的朋友成功地逃脱。

在日间,他们又都返回到大路上,设法找到了空着的大车,继续他们的旅行。尽管丢掉了所有的东西,但他们很庆幸保住了生命。第二天拂晓,迷路了的仆人重新回到了我们中间。他属于古约翰先生,于是我们给了他一块银子,让他回去找古约翰先生一行。

我们向着樊城行进,快到中午的时候,到达了湖北省边界,看到了襄阳府根据张之洞的命令派来迎接我们的一队精良士兵。我们认识到这是真正的、充分的帮助,我们的危险终于结束了,心里由此产生了感恩之情。到达樊城以后,我们发现,为了我们的安全和舒适,一切都准备好了。我们在这儿等待我们的朋友们,他们于10日夜间到达,处在一种真正悲惨的状态。可怜的雷实礼医生的情况尤其糟糕,不得不在车上躺了三天,他的伤口一直没有能够得到治疗,只是最初由多伍医生撕下她剩余的外衣为他做成绷带,简单地进行了包扎。

第二天,我们一天都为他们准备所需要的东西。哲美森先生和他的朋友向男士们提供了内衣等物，而女士们则不得不穿上一套中国衣服。我们可爱的小爱利诺尔(Eleanore)11日去世了，刚刚才九个月大。尽管我们心里悲痛得都说不出话来，但我们还是庆幸她一直活到了樊城，这样我们就能够从那里带走她的尸体，把她埋葬在汉口的英国人墓地里。

我们沿着汉江行进到一个港口，在那儿等了两天，然后乘上了美国领事派来的汽艇。21日，到达汉口，我们直接登上了一艘开往上海的汽船，结束了为期二十四天的旅程。

山西英国浸礼会

随着毓贤进入山西担任巡抚，义和团就在全省迅速地发展起来。

与沿海的联络在5月被切断，从而收不到他们所提供的金钱。大约在6月21日，法尔定先生从太原府写信给忻州的邸松(Dixon)先生，说得知有一封来自慈禧太后的电报要消灭所有的外国人，并且补充说："如果这是真的，我已经做好准备，并不害怕。如果这是上帝的意志，我会很高兴地去死。"读了这封信，邸松先生对他的布道员赵先生说："我的想法和他一样！"

在忻州城里，从6月23日到25日，在教会大院附近，为"财神爷"唱了几天戏。一大群人前来看戏，教会门口聚集起了一群喧闹的暴徒。传教士向知县提出了请求，他最初答应派卫兵来，但卫兵并没有出现。

到这个时候，官员们已经得到来自北京的电报谕旨。因为当再次进行请求，并且威胁说如果不接受请求的话就向巡抚报告的时候，知县回答说："告诉外国人，如果他愿意，可以报告给皇帝，我也不会害怕！"

在接到乡村教站有关义和团对中国教徒行使暴力的报告后，传教士向太原府派出了一名信使，带着一封信与法尔定先生商讨对策。在到达太原后，这名信使发现一些教会已经被捣毁，所有的教会都已经被放弃。他急忙返回，报告了这一情况。邸松先生思考了日益严重的形势，把差会成员都召集起来，在商量之后，决定逃跑。他们一共有八个人。

带上食物、衣服、被褥和一些钱，他们一大早就出发了。走了三十里以后，他们休息了一会儿。就在这时，他们得知，他们离开家两个小时以后，巡抚的布告就到了，要求地方官员毁掉外国人的房子，杀死外国人。在听到这一消息时，他们决定立即继续前进，去往他们选择的藏身之处。

在离开村子时，邸松先生让忠实的布道员赵先生离开。他不愿意离开，邸松先生向他说，他能够向外国朋友传递消息，使他们能够得到帮助，他才被劝服，同意离开。这是一个悲伤的离别，但表现出那些不久就要放弃他们生命的人的勇敢精神。邸松先生说："如果我们都被杀死，没有一个人能逃脱，会有更多的人取代我们的位置。"邸松夫人说到将要失去母亲照料的四个孩子时，只是说："上帝将肯定会为他们找到朋友。"

这名布道员10月回到山西，听到了这一伙人的下述故事。

那天晚上，他们到达了刘家山(Liu Chia Shan)村，这里的一名基督教徒的家在一个洞里,他们也想为自己准备一个洞,作为避难和防御的地方。

他们在这个地方住了二十天,没有发生什么事。当义和团知道他们的藏身之处后,便派来一队人捉他们。村民们都跑了,这伙人没有能够抓到他们。几天以后,一名官员带着士兵找到他们,以把他们安全地送到海边为承诺,要他们返回忻州。这时,他们的食物已经吃完,已经五天没有吃东西了。

到达忻州后,他们被带到了衙门。知县问他们在钱庄里有多少钱,在得到答复后把钱都取了出来,自己收起来了。

传教士被关到一个公共监狱里,在那里被关了十六天,只能得到很少的监狱食物。8月7日,毓贤派来的一名代表来看看巡抚的意志是否得到了执行。

两天以后,他们被带出了监狱,放在四辆大车上。有人告诉他们要带他们去沿海。到了城市东门,传教士被从车上拖了下来,脱去了全部衣服。然后,义和团和士兵开始攻击他们,把他们的头砍碎了。他们的尸体被拖到城外,放在河岸上,遭到附近村民可耻的对待。后来,以前对邸松先生比较友好的城市士绅的首领找来席子,把尸体包了起来,雇人把他们埋在了城墙边上。

屠杀以后,职位最高的军官来到教会的房子,选取了一些他自己想要的东西,然后把房子交给士兵和百姓,任由他们劫掠。

河南中国内地会[①]

河南持久的干旱,让这里的百姓情绪骚动,随时可能成为暴徒,制造骚乱。从北部逃亡来的传教士带来了警告,警告在赊旗店(She Ch'I Tien)的我们最好赶快逃走。

7月8日,星期天,礼拜结束后聚集起了一大群人,看着那些四散而去的基督教徒。尽管这群人被驱散,没有发生什么事,但很显然,我们得加紧准备离开了。

第二天早上很早的时候,街道上再次集结起一些暴徒,显然想要制造事端。我们不能到街上去,但是我们把箱子从墙上扔到邻居的院子里,然后我们借助一把梯子爬了过去。在这之后不久,这群暴徒猛烈地敲击我们的前门。我们的教师担心得脸都白了,说:“我害怕你们会遭到比死还要可怕的事!”那家邻居的主人把我们领到他的客厅里,客厅的一角有一把梯子,可以通到阁楼上。他吩咐我们:“赶快上去,不要动!”

我们就藏在那儿,听着暴徒们的叫喊声。不一会儿,我们就听到了从房子上掉下来的木板和砖头的破裂声,骚乱真正开始了。人们越来越狂热,我们很快就听到着火的“噼啪”声,看到我们燃烧的家冒出的烟。突然,有人冲进来了。暴徒们追踪我们,翻过了墙,进入了下面的屋子里,我们能够听到他们在里面说的每一句话:“杀死洋人!他们一定在这儿!我们爬梯子上去!”

在发生了一阵尖锐的争执以后,他们在劝说下,没有上来,离开了屋子。不过,他们仍然一次又一次地返回来。他们上到屋顶上,通过五个窗口向里面看,但我们站在窗口之

① 金恩斯(G. W. Guinness)医师及其一伙。

间，紧紧贴在墙上。有一次，有两个孩子看到了我们，把这一消息传播开来。人群又再次回来，但是又被房屋主人骗走了。

这一天从早上7点到晚上8点就这样过去了，黑暗解救了我们。一名女士病得很厉害，身体十分虚弱。她的一个月的孩子可能会喊叫，从而暴露出我们的所在，那样的话，所有的人就都完了。我们不敢出声，在心中祈祷。上帝听到了，从黎明直到晚上都没有让孩子哭叫。一壶茶递了过来，那位疲惫的母亲可以解除她的口渴了。

这时，房主来说："不要耽误！跟我走！"我们下了梯子，穿过院子，进入了一个贮藏粮食的房间。一个盛粮食的大囤子上放了一条凳子，我们站到这条凳子上，通过一个活门爬到上面的阁楼上。凳子被移走，门被关上，所有能显示我们所在之处的痕迹都没有了。这个房间到处都是灰尘和垃圾，但它让我们在里面安全地躲避了漫长的四天。

第一天晚上，我们离开阁楼，到了另外一所房子，那里准备好了大车，要把我们带走。但地保再次出现在前门，要搜查房子。我们赶快回来上了梯子，他们仍然没有搜到我们。第二天早上，骚乱者们来了，完成了毁坏我们的房子的工作。整个一天，他们的叫喊声和撞击房子的声音都在我们耳边回响着。快到晚上的时候，我听到两个人在我们的藏身之处附近堆积木头，要把我们烧出来，但他们并没有点火烧房子。

每一个晚上，我们都讨论逃跑的计划。每一个白天，都有一帮一帮的新的搜查者来找我们。星期四中午时分，我们的房主突然出现，说："快跑！他们拿着刀来了，要杀死你们！"在两分钟的时间里，所有人都通过活门下来，翻墙进入了我们被毁掉的家的花园，站到了炽热的太阳底下。一会儿，有个人跟着我们翻过了墙，但看到我们后，回头喊到："他们不在这儿！"很快地，我们就又安全地回到了我们的阁楼上。

这天晚上下雨了，这给了我们一个机会，让我们逃到了一家大商号里，藏在房子顶上的一间很结实的房间里。这个房间很小，很黑，只有一个十八英寸高的窗户。我们在这里待了十二天，商号的一名成员保护我们，他武装着枪、大刀和小刀，还有一些沉重的铁栓可以投掷。

我们在这里的最后一天的早上，来了几辆大车，我们坐着大车出了城，沿河往下游走了八里地，有一条小船在等着我们，上面有四名护送我们的人。这条船在不同的关卡受到关税官员检查达十二次以上，但都没有发现我们。

我们和护送我们的人在一个小船舱里住了十三天，最后安全地到达了汉口。我们给了护送我们的人他们完全应当拿到的一笔报酬，然后让他们离开了。我们衣衫褴褛，十分肮脏，身上的衣服穿了有一个月了。但是，我们感谢把我们安全地带离危险的"永远不会抛弃那些相信他的人"的上帝。

山西中国内地会①

奥格林(Ogren)夫妇在山西西部的永宁传教仅仅才一年，那时的官员十分友好，其中

① 奥格林夫妇的故事。

一人曾经私下向奥格林先生询问过祈雨的正确方法,因为他自己的祈雨方法总是没有成效。由于长期的干旱,百姓才开始变得骚动和危险起来。

6月中,义和团来到了这个城市,他们迅速地招募人员。不久,一支卫队被派来保护教会免遭他们攻击。官员建议奥格林先生带着他的家人逃走。他们的仆人们开始离开他们。

有一天,有个人敲着锣穿过各条街道,警告百姓远离被外国人下了毒药的井。那一天,城内主要的泉子的水变红了。官员不敢让奥格林先生再去拜访他了,但是派了他的文书在夜晚来和他们商量。他们最后要求官员为他们提供旅行用的金钱,因为他们自己从沿海汇钱的来源已经被切断了。官员很愿意提供这一帮助,同时也愿意照看他们的房子。

那天晚上收拾东西的时候,发现院子里的一棵树上有名探子在窥探他们。7月13日拂晓之前,奥格林夫妇和他们的小孩乘坐一顶小轿离开了,前往八十里外的黄河,然后去往汉口。为他们提供了一名卫兵,同时还有知县给河边官员的命令,要他为他们准备一条船。到达黄河时,有一大群敌对的人在示威,但官员本人一直看着他们安全地离开。船上有两名士兵和他们在一起。

水流非常急,他们脆弱的小船不断地处在被毁掉的危险中。他们走了五百里,走到距离潼关还有一半路的地方,这里是山西、陕西和河南三省交界的地方。就在走了一半路的这个地方,有人告诉他们,就在几天以前,有一伙外国人被杀了,他们的尸体被扔进了河里。如果他们继续沿河走的话,这很可能就会是他们的命运。

他们决定越过黄河进入陕西,很快就到达了一个地方,那儿有个八十岁的官员,他认识永宁的官员,对他们表现得极其友好。他在河对岸的山西有一个庄园,愿意把他们送到那儿,让他们能够有东西吃,而且可以藏到附近的洞里,直到危险过去。在和这名老官员在一起的时候,一队士兵来说,他们被派来把外国人赶出这个省份。他们的主人让士兵们吃了一顿酒席,然后劝说他们离开了。他马上就打发这些逃难的人上路,派仆人护送他们过黄河。

只有十里远,但走了还不到一半的时候,他们遇到了一伙强盗,抢走了他们所有的钱和大部分衣服,只给他们留下了一百文钱。他们到达了渡口,一大早就渡过了黄河。但他们在那儿等了四天,等候派人回到老官员那儿去取钱。钱到了以后,他们继续向庄园前进,由于带着孩子,走得很慢。第二天,他们到达了庄园,但没有受到租户们的友好欢迎。最初,租户们拒绝给他们提供食物,不过,后来又多少给了他们一些。强盗两次光顾他们,最后又受到农夫儿子的威胁,毓贤提供的每个外国人的人头一百两银子的奖赏,对他很有诱惑力。

这使得他们离开了藏身之处,再次向北走,回到了永宁。道路非常难走,乡村几乎无人居住,但许多人非常友好,他们至少每天能够得到一顿饭和睡觉的地方。

几天以后,他们来到黄河的一个支流,必须步行趟过去。一位老人领着他们穿过激流,让他们在他的住处过了一夜和第二天一天。这天以后,当他们接近一个关卡的时候,遭到一群人的攻击,后来又被一支关卡卫兵追击,这些人受命要把他们赶出山西。这支卫队有几次似乎就要杀死他们了,但最后还是跟着他们过了黄河,然后把他们交给了义和团。

第二天早上,奥格林先生被带到义和团首领那儿。奥格林夫人一度可以听到他的声音,要求他们放过他的命。接着是念咒的声音,询问是否可以饶了他们,然后是一阵喧嚣,她想这一定是他死了。

后来,一个人来把她带了去,告诉她要把她和她的丈夫送到永宁,但她不相信她的丈夫还活着。她在一个洞里过了一夜。到了早上,在行进的时候,他们遇到一帮义和团,她的向导也不见了。义和团冲向她,好像要杀死她,但是只是要她逃跑,她于是就赶快跑了。

到了下午,她在一棵树的树荫下停了下来,许多妇女围在了她周围。她们非常友好,非常同情她,给她和她的孩子送来吃的。到了晚上,她得知河对岸有基督教徒,于是便过了河,差点被河水冲走。但她并没有找到朋友,只有一些敌人。他们只给了她一点水,就让她和她的孩子睡在了露天里。到夜晚,两名基督教徒偷偷地来到她身边,把她带到一个洞里。但是由于有义和团,他们也不能为她做更多的事。

早上,她再一次渡过了河,但很快就被义和团发现。他们用刀强行把她带到一座庙里。村庄的首领出来救了她,给了她吃的和一些袜子。第二天,他找人把她护送到了大宁。义和团非常愤怒地跟着她,但是一直克制着没有来攻击她。到了大宁,她被关进了公共监狱。通过门上的一个洞,她得到了食物、水果和一些钱,看监狱的人十分友好。

第二天早上,她被带去见知县,在讲述她的故事时被迫跪在地上。知县很和善,对她说,她的丈夫还活着,过后就会来和她会合。然后,她被带到内院,官员的夫人想见见她。这位夫人出来后,站在一个阳台上,扔给她一百文钱。那天晚上午夜时分,她听到她的丈夫的声音在喊她。她看到他通过门上的一个洞在说话。第二天早上,他们被带到衙门里一个舒适的房间里。在这里,她给他包扎伤口,为他做饭,听他讲他的逃亡故事。

当被带到义和团首领那儿时,首领先是指责他用他的教义败坏百姓,然后把他交给了一群义和团。他们残酷地踢他,打他,并且嘲笑他说:"现在向你的耶稣祈祷吧!"

他们把他带到河岸上,准备杀死他,长矛和刀剑落到他的身上。由于这些人不太会使用武器,他们没有造成致命的伤害。他最后逃进了河里,尽管他的手被绑住,但还是尽力游过了河,在夜色中逃跑了。第二天,一名基督教徒农民给了他一些食物和钱。在得知他的妻子在大宁后,他便向这个城市走去,一路避开人们的注意和义和团,进入了大宁城。刚进城,他就被人追进了衙门,在那里,官员保护了他。他的伤很严重,头上、脖子上和肩上都有长矛和刀造成的伤口。

这时已经是8月末了。两天以后,为他们提供了两头带有木鞍子的驴子,把他们送到了蒲县。他们遭到了义和团的攻击,但他们的卫兵击退了义和团。从蒲县,他们准备去平阳,但是来了命令,要把他们再送回大宁。

这一旅程十分痛苦,非常困难,没有向他们提供任何食物。她的丈夫在渡过一条小河的时候掉到了水里,但他们最后还是到达了大宁城。他们又被放到监狱里,得到了食物。这个时候,他们的小孩子病得非常厉害,但是一个人带来一头奶牛,他们得到了牛奶。监狱里的坏蛋十分可怕,奥格林先生病得发起烧来。唯一让他们感到舒适的就是祈祷。

他们在这里一直待到10月初,才得到释放。镇压义和团的命令到达了,同时要求把外国人送到平阳,然后再送到沿海。他们一路上部分地坐轿子,部分地坐在一个骡轿上,由各地的官员一段一段地转送。

到平阳后,他们得到官员们最有礼貌的接待,被送到教会原先的房子里。这里几乎全都被毁掉了,但还有两个房间可以住。几天以后,奥格林先生的情况恶化,于10月15日死去。中国人很友好,帮助把他给埋葬了,许多残存的基督教徒来慰问他的未亡人。

不久以后,小孩子也病得很厉害,但是母亲再次找来一头牛,再加上适当的食物,孩子康复了。在10月下半月,她和麦吉(McKie)先生、查普曼(Chapman)女士、韦伊(Way)女士会合,他们以及奥格林夫人可能是在这个省里逃过这场风暴的仅剩的外国人了。12月初,她生下了一个小女儿。一个月以后,他们在一伙人护送下去南方,穿过山西、河南和湖北,在经过大约六个星期的旅行后,到达了汉口。

从张家口到恰克图[①]

1900年6月6日,马为力(Mark Williams)和罗伯茨牧师离开北京,前往张家口,急忙返回那儿的教站,去帮助美国公理会的史瑞格(Sprague)和其他成员对抗义和团。和我们一起走的还有去张家口从事医药工作的医生莫德珂(V. C. Murdock)女士和家人在那儿的生得本(Carl G. Soderborn)先生。在经过宣化府的时候,我们劝说伦德奎斯特(Lundquist)先生和他的家人与我们一起走,因为那座城市有许多义和团。

6月10日,我们到达了张家口,发现我们的门口有一群暴徒在叫喊——数百名男人和男孩来观看我们的房子被焚毁。过了很长时间,一名官员把暴徒赶走,但他们晚上又来了。情况十分危急,于是我们把一支散弹枪对准了人群。主要是上帝保佑,他们对此表示了屈服。

在夜间,我们把所有和我们在一起的中国人送走,拂晓时分,我们逃到了满族将军的衙门。我们一行有六个人,包括史瑞格先生和恩格(Engh)女士。我们要求保护我们一天,并且派卫队把我们送到蒙古利亚。下午,一群暴徒在衙门前面聚集起来,将军试图把我们送到城市的另一个地方,但我们拒绝离开。太阳落山的时候,我们和我们的行李被转移到院子角落里的一个被废弃的小房间里,并且被锁在里面——我们不知道是要我们活还是要我们死,但是午夜以后,一支由许多士兵组成的卫队带我们越过长城,进入了蒙古利亚。

我们发现蒙古人也是义和团,没有任何地方我们可以停留。在张家口西北五十英里的哈拉奥素(Hara Oso),我们与拉尔森(Larson)先生、生得本先生和伦德奎斯特先生及其家人会合。他们住在帐篷里,准备前去库伦。史瑞格先生返回张家口,去取我们存在一家中国钱庄里的钱。和他一起去的有法格霍尔姆(Fagerholm)先生,他试图前往沿海,但没有成功。罗伯茨先生也去了张家口,去为我们所有人取暖和衣服。在不得不逃命的时候,看到有十头骆驼和九匹马可供我们使用时,我们都非常高兴。

6月23日,在绚丽的落日下,我们开始了漫长的旅程。第三天,我们丢了一头骆驼,为了寻找它,让我们耽搁了两天。在这期间,我们得到了来自四名瑞典传教士的信息,他们在丰镇(Feng Chen)遭到一伙暴徒的攻击,正在匆忙地追赶我们。他们的知县给了他们八

---

① 应笔者请求,由罗伯茨(James H. Roberts)牧师撰写。

百两银子(六百元)的赔偿,这真是一件好事,使他们带着大量的金钱和食品的供应来到我们中间。食物对于我们来说非常必要,就像我们的骆驼和马对他们非常必要一样。我们明白了,我们那头骆驼的丢失真是天意,如果没有这件事,他们就不可能加入到我们中来。

我们一行有十名男士、七名女士、六名儿童和照料牲口的七名蒙古人。最多的时候,我们有二十头骆驼和十九匹马。在一个地方,人们不让我们从井中取水。苏尼特(Sunit)蒙古的王禁止他的百姓卖牲口给我们,并且派出士兵守着水井,以免我们在井中投毒。

拉尔森先生是一名优秀的领导人,一名很好的射手和骑手,会说流利的蒙古语,而且是一个勇敢的人。他以前曾经两次穿越过戈壁大沙漠,我们称他为"摩西"。我们的武器有一支来复枪、一支散弹枪和两把手枪。这些武器,在神圣的天意下,保护我们不受攻击。

每天有两名女士和两名男士组成伙食小组,其他男人组成燃料小组。燃料主要是牲口的粪便,在太阳下晒干,在风中吹干。一头骆驼驮着两个带盖的大桶,盛着我们珍贵的水。井都相隔很远,而且很多井的井水都不能喝。有一次,我们杀死一只羊,吃了好几天羊肉,但是肉不够如此多饥饿的人吃。我们主要的食品是稀薄的大米粥和玉米粥,里面还有硌牙的沙子。有一次,有五天或者十天,我们对晚餐还算比较满意。

在沙漠里,有十天的天气十分炎热,让我们极其口渴。躲在女士和孩子们乘坐与睡觉的大车的阴影里,是我们逃避炎热太阳的唯一方式。由于不断地在夜间旅行而睡觉不足,我们感到非常难受。

在离库伦一百二十英里的时候,我们向俄国总领事发去了电报:"六名美国人和十七名瑞典人,前往库伦寻求保护。"他的回电告诉我们直接去领事馆,给了我们一个改变前景的机会。我们于 7 月 30 日到达那儿,在离开哈拉奥素三十八天以后(六百六十英里),我们有了四天的休息。

然而,库伦到处都是义和团,我们必须继续前进。俄国人给了我们护照,让我们能够前往圣彼得堡。我们为旅行购买了食物,开始前往西伯利亚最近的城市恰克图。会说俄语的挪威传教士小那斯塔格德(O. S. Nastegard, Jr.)陪同我们一起旅行,成了我们的"约书亚"。

离开库伦以后不久,我们见到了三百五十名哥萨克,他们是被派来保护我们的。在十三天里,我们走了二百一十英里,来到两个帝国的边界处。在这里,蒙古的清朝官员试图阻止我们,但是恰克图的俄国政府保护了我们,使我们没有被他抓走。我们在那里休息了两个星期,许多俄国人对我们非常友好。生得本先生的小孩子死了,埋葬在一个俄国人的墓地里,甚至天主教神父都来参加了我们新教的葬礼。从美国通过海底电报寄来了金钱,但是一直跟随了我们十四天的盗贼们拿不到这些钱,因为我们拿到的是信用证,在伊尔库茨克支付。

我们雇了一些俄式四轮马车,车厢有着木制弹簧,由三匹跑得飞快的马拉着。我们在草原和山区跑了五天,穿过一个大森林,来到了贝加尔湖。9 月 1 日,我们乘坐一艘小汽艇渡过了这个湖。湖上的浪很大,从晕船恢复过来以后,我们在一个火车站的月台上睡觉,度过了夜晚。第二天早上,我们到达了伊尔库茨克。然后,在西伯利亚大铁路上奔驰了十天,把我们送到了莫斯科。政府批准给我们一辆车子,崭新、整洁而宽敞。我们在圣彼得堡告别了我们的瑞典同伴,经由柏林和伦敦,于 11 月 8 日到达纽约。这时,我们已经旅行了四个多月了。

我们在夏天被赶出中国，真是上帝的特别眷顾，因为日日夜夜暴露在野外，旅行在蒙古高原上，在高纬度的西伯利亚，如果在任何其他季节，我们都会遭受巨大的痛苦。一名俄国朋友听到我们旅行的故事后说："你们的保护神一路都和你们在一起。"不仅是在我们逃亡的路上，而且在逃亡之后，他都和我们在一起。因为我们听到了许多在华传教士的死亡，我们意识到是上帝本人引领着我们，完成着他仁厚的承诺："我与你们同在，我将使你们得到安息。"

中国内地会的范约翰(J. W. Stevenson)牧师编辑了下表，列举了在1899年和1900年义和团起义期间被杀害或者因伤致死的新教传教士、他们所属的差会、他们所在的省份及其他们的国籍。这一表格或许并不完整。

差会	成人	儿童	总数
中国内地会	58	21	79
宣道会	21	15	36
美国公理会	13	5	18
英国浸礼会	13	3	16
寿阳教会	11	2	13
美国北长老会	5	3	8
协同会	5		5
瑞典蒙古会	3	1	4
圣公会	3		3
大英圣书公会	2	3	5
无差会，霍德尔(Hoddle)先生	1		1
	135	53	188
省份			
山西和蒙古	113	46	159
直隶	13	4	17
浙江	8	3	11
山东	1		1
	135	53	188
国籍			
英国	71	29	100
瑞典	40	16	56
美国	24	8	52
	135	53	188
1901年，伦敦会石(Stonehouse)牧师	1		1
	136		189

1900年被杀害的罗马天主教主教、神父和修女：

省份	男士	女士
满洲	10	2
山西	5	7
蒙古	7	
直隶	4	
湖南	2	
北京	7	
总数	35	9

第三十四章
本土教会的灾难

在义和团运动开始的时候,中国的基督教新教教徒——指的是教会的实际成员——的人数,估计超过了十万人。在这一人数之上,还应该再补充进三四倍多的人,这些人指的是那些一般被称为"望道者"的人,他们还没有受洗,但他们要么家中主要成员是基督教徒,要么其本人倾向于这一新的信仰。正是从这些人中间,不断地发展出皈依基督教的人。罗马天主教的人数通常以家庭计算,在人数上比新教多几倍,他们来到中国已经好几个世纪了。这两个宗教的教徒都分布在这个帝国的广大地区,满洲地区的新教教徒人数比其他地方多很多。

尽管这些教徒中有一些富人,或者说还算富裕的人,但他们中的大多数人来自农民和做工的阶层。在中国,就像在基督教的发源地一样,"福音在穷人中间传布"这一点也同样是对的。考虑到这一信仰所点燃起的希望,以及一般中国人生活的贫穷,这并不令人感到奇怪。

认为中国人的教会中有相当多的人参加教会是出于卑劣的动机,是想得到他们想要的东西,这是一个重大的错误。至少对新教教会来说,我们有着充分的了解来谈论这一问题。中国人特别会对人作出判断,而在这样一个密集的社会里,对每一个要加入教会的人的主要情况,也不可能没有充分的了解。当然会出现一些判断上的错误,但传教士和本土人通过长期的经验都懂得,一个教会要想保持它的影响力,就要始终在这方面保持警惕。因此,教会在吸收成员方面的趋势是不断地提高标准。

应该记住,把一个像在华基督教会这样拥有众多成员的团体看作是一个统一的整体,在任何时候、任何地方都是极其危险的。另外,还应该记住,教徒必然会受到排斥,这使他所得到的好处太过昂贵,从而失去了吸引力。那些出于卑劣动机加入基督教会的人,在过去的一年,一旦发现他们与教会的联系所带来的危险不断增大,就会急忙摆脱这一联系。

同样重要的是要记住这样的事实,在中国这样的社会,每一个基督教徒都必然会有许多敌人。有句俗话说"入乡问俗",在中国,第一个也是最重要的一条戒律就是不要去做其他人都不去做的事,因为只有这样,整个的中国法律和先知的教导才能得以实现。但是,中国基督教徒从其宗教身份来看,是一个不遵守规矩的人。他反对祭祀祖先,而祭祀祖先是中国人种族的真正宗教。他拒绝出钱修建庙宇,拒绝出钱举办道教和佛教的仪式,拒绝出钱进行纪念某些神灵的戏剧演出。

在每一次婚礼和葬礼的场合,他都和他的家人以及家族产生矛盾,而婚礼和葬礼构成了中国人枯燥生活中很大一部分的世俗乐趣。在与无数个人不断发生的、复杂的关系中,他将在无数不同的问题上与无数不同的人都不一样，而无论他是对还是错，他都会招致许多人的敌意。中国人对于嫉恨和怨恨有着长久的记忆，这种仇恨一代一代地传下去的事情并不少见，每个人都在耐心地等待着报仇时机的到来。这种报仇对中国人是极其重要的，也是中国经典所谆谆教导的。

在中国，对基督教徒的所有迫害中都包含着这些不可避免的因素。但是，这一次的迫害与以前有过的所有迫害都有所不同。那些迫害是地区性的和零星发生的，往往是由士子暗中鼓动的，由官员暗中支持的迫害也并不罕见。这一次则是直接由君主本身发动起来的，从来没有出现过现在这样的机会，可以变本加厉地清算所有的旧账。

中国社会具有相当高度的一致性，社会的每一个组成部分都能够清晰准确地代表着社会的整体，这一点要比世界上任何其他社会都更为突出。如果我们还记得，中国人对所有形式的权威都怀有深深的尊敬，那么我们就会大致明白，一个官方特别是朝廷发动的迫害在中国会是什么样子，其内在的动力要远远超过古罗马时期的迫害。中国人在思想上一般不会去反对正常任命的官员。每一个中国人都不自觉地是某种程度上的宿命论者，当他得到最高权力的命令，让他知道什么能做、什么不能做的时候，他十分自然地把这一命令看作是“天意”，从而跟从了这场大风暴。在这场广泛的迫害中，并不是所有中国人都采取了这样的行动，这本身是一个需要考察的现象，它表明某些在中国历史上完全新生的力量，现在开始占据中国种族中许多人的思想。

一些官员或者出于对于基督教最深刻的仇恨，或者出于想要拯救其臣民的愿望，发布了要基督教徒放弃基督教的命令，有时要他们在大门上贴出条子，证明他们不再是“外国宗教”的成员，这样就会受到保护。这样的计划是遵照朝廷的一道谕旨作出的，有许多基督教徒落入了为他们设计的这一狡猾圈套，并没有什么值得奇怪的，尤其是在实行这一计划时，还有着诱惑人的词语“暂时背教”——在山东，尤其是这样。在满洲，一些知县偶然想出了一个令人高兴的计划，就是要求教徒仅仅跨过在地上画出来的十字架形象。结果，许多教徒急忙这样做了，很高兴逃避了更为糟糕的考验，一点也没有意识到他们所做动作的意义。

在山东有一个很引人注意的事例，两名中国牧师在巨大的压力下自己承担了责任和罪咎，他们为了拯救教徒的生命，代表他们所有的教徒放弃基督教。他们没有哪怕一丝一毫否定这一信仰的想法，但是他们认为没有其他的办法，而且两个人犯下罪咎，总比让整个教会犯下罪咎要好。

各种各样的背教行为，无论是实质性的还是名义上的，在那些背教行为比较普遍的地方，使得教会的重建成为一个十分微妙的严重问题。但是，应该明确地记住，在几乎所有的情况下，背教只被看作一种形式、一个错误。在许多情况里，这种错误无疑应该归之于他们的领导者没有进行足够的教导。各处都有一些报告，报告了在任何情况下都坚决拒绝放弃其信仰的大量事例，特别是在一些较大的天主教社群中，但是，只有明确地承认这绝对不是普遍现象，才能对之作出充分的说明。

在某些地区，义和团的威胁存在了好几个月，那是好多个令人不安的月份，有时候甚至超过一年。可怜的基督教群体的日子就像一只孤立的羊一样，天天都存在武装的群狼突然出现的威胁。因此，到最后，他们中有许多人被如此长久地威胁他们的情况吓坏了，为了避免他们年老的父母去过无家无食的流浪生活，做了似乎不得不做的事情，又有什么值得惊奇的呢?

一些基督教徒群体一次又一次地遭到抢劫。而在别的地方,同样也是除了抢劫就是突然的死亡,整个风暴在一个下午就结束了,几乎没有给那个可恶的宗教留下一个活着的代表。“把教徒斩草除根”,往往是他们的口号。义和团彻底执行这一口号,不仅要杀死所有的人,而且要杀死基督教徒家里的每一只猫、每一条狗和每一只鸡,砍倒每一棵树,拔除每一棵花,损毁被毁掉的房子的院子和园子。在一个逃难的基督教家庭的房子里,人们指着一只被遗弃的小猫,对来访的女士说:“整个村子都出来了,整夜地追赶这只小猫。他们说必须要找到并且杀死它,否则就会给村镇带来灾难。它被藏了起来,送到了远方的亲戚家,才没有被杀死。”

“敌人就是那些自己房子里的人”的预言,从来没有这样彻底地实现过,这些人既是间谍又是告密者,什么都逃不过他们准确的情报。所有人类的感情,所有社会的同情,似乎都从根上干涸了。女儿把自己的母亲赶出家门,说:“你不要再来这里啦,否则我们就要受连累了,到你的外国朋友那儿去吧,让他们照顾你。”甚至储藏书籍、衣服或者任何一件家具都被绝对禁止,违者将会受到把房子推倒或者焚毁的惩罚。最近的邻居往往就是把义和团请来的人,他们带领义和团在村子里到处走,指出通向基督教徒院子的每一个大门。当教徒的东西被拖到街上,以几乎不要钱的价格出售的时候,以极少的钱买到这些东西的正是他们。而后,当这些东西的主人们偷偷回到自己荒凉的院子时,他们又斥责和嘲笑他们,说已经没有他们的地方了——他们的东西分给了新的主人,他们的地也已经交给村里的庙宇了!

迫害者的残忍以最邪恶的形式得到了表达,对外国人实行的所有野蛮行为都同样施加到了他们的信徒身上。男人、女人和孩童被砍成几段,他们的尸体被扔进河中,被湍急的河水冲走。许多人被活活烧死,冲出火海的儿童又被扔了回去。不过,在作者所知道的一个事例中,一名小伙子两次被人发现,扔进运河里,但每一次都成功地逃脱了。在这之后,人们允许他逃跑,因为这一定是“天意”。特别招人喜爱的基督教徒的孩子有时被义和团或者其他人领养,从而拯救了一些宝贵的生命。许多基督教家庭的少女被卖掉,成为杀死她们家中所有其他成员的义和团的“妻子”,去过可怕的奴隶生活。

可以说,基督教徒的身体遭到毁损在某些地区是普遍的现象,而不是一些特例,通常情况下,这会造成缓慢的、可怕的死亡。在其他一些事例中,受害者的关节造成错位,他们就一直处在这样的残废状态下。

作者个人认识天主教学校的一名教师,他受到了义和团的迫害。最后,通过中间人的调停,他可以支付大约三十(墨西哥)元,来保住他的生命。但是,他的父亲舍不得花费这么多的钱,于是和他的另外一个儿子以及一名侄子,在深夜把这个儿子和他的妻子绑起来,用刀杀死,把他们的小女儿扔到地上踩死。不过,两名小男孩设法逃跑了。村子里的人尽管对基督教没有任何同情,但对这种没有人性的行为极其愤怒,没有人对葬礼进行任何形式的帮助。

值得注意的是,在许多地方,最残忍的暴行甚至扩大到曾经在教会医院治疗过的人,或者那些与外国人偶尔有过短暂交往的人。在一些被杀人数很多,有时超过了教会成员一半的事例中,有相当比例就是这类被冤屈而死的人。另一方面,也有一些人尽管不是教会成员，甚至也不是望道者，但是由于拒绝谴责基督教，而成为一些教会之外的殉教者。这类人的数量，永远都无法弄清。

先前曾经提请注意这样的重要事实，就是在许多地方，当中国教会即将遭到从未经受过的考验时，他们得到了特殊力量以应对就要到来的冲突。在北京、通州和天津，刚刚召开过严肃认真的会议，会上有许多教会的主要成员走到了上帝的身边。在顾正道先生访问过的山西和直隶的一些教站，也有着类似的经历。许多基督教徒后来证实，这样，他们就不自觉地为很快就要到来的严酷考验做好了准备。

与中国人有过密切交往的人，都深知中国人天生的胆怯和宗族性。前面提到，在天津和北京，在外国人的各种机构中，都有相当部分的中国雇员在看到危险到来的时候，整个地消失了。重要的是要看到，基督教徒的情况与之刚好相反，这不仅仅是因为他们的安全与外国人的安全绑在了一起，也是由于他们的忠诚，因为在一些情况下，他们本来可以很容易地逃走。

这方面最令人印象深刻的事例可以在中国基督教徒最为危险的地方看到，比如山西省。在那里，巡抚正式向义和团授权，要他们杀死所有基督教徒，如果发现有人给外国人写信，就格杀勿论。在该省殉教的那些人的外文信件——有些信件写于他们死前几个小时——被他们的教徒冒着最大的危险隐藏起来，这些信件提供了有关基督教徒感人的忠诚和他们遭受到的可怕考验的大量事例。在每一个差会的驻地，他们首先要找的就是教会记录，以获知"洋教"所有追随者的名字。当这些记录被发现以后，教徒们就要遭殃了。

在许多事例中，被送走以保全他们生命的一些仆人，在骚乱前夜又回来了，只是说："我听说你们今天晚上要受到攻击，我想我应该回来帮助你们。"他们中的许多人冒着极大的生命危险，自愿地担任送信的人，不止送一两次信，而是不断地送信。我们知道，有许多人就这样失去了生命。当传教士所有的东西都被抢走的时候，贫穷的基督教徒有时会把自己那些不多的银子或者铜钱送给传教士们，并且说，为那些为他们做过许多事的人做些什么，是应该的。其中一人这样说："只要我有任何东西，我当然会和你分享。"许多基督教徒帮忙为外国牧师和他们的夫人寻找藏身之处，尽管这给他们带来很大的危险。也有一些人做了更为困难的工作，在传教士们穿过敌对地区的漫长而危险的旅途中，担当他们的旅行管家。

传教士把大量的金钱托付给一些优秀的布道员们，让他们把这笔钱送给那些最需要的人。其中一位布道员因此而掌管了大约二百英镑，他冒着不小的危险，以良好的判断力支付了这些钱，实质性地帮助了那些失去了所有东西和那些没有依靠的传教士。这种类型的事例对于评价一个信奉基督教的人的真正性格，具有相当的重要性，他们既是基督教的使徒，也是基督教的见证。

应该指出，被带到沿海的有关内地外国人经历的报告，尽管在当时受到一些人的巨大怀疑，但后来被证明甚至在细节上都十分准确。同时，在这种情况下帮助外国人的那些人，一点都没有想把自己装扮成英雄。在山西忻州的英国浸礼会传教士被杀害几个月之后披露的一封信表明，义和团曾经抓住一名主要的基督教徒，把他带到传教士的藏身之地，想让他亲眼看到他们的死亡。这名基督教徒向他的"牧师"大声发出了警告，结果他本人立即就被人用长矛或者大刀给杀死了。

在河南的一个村庄里，一名布道员和他的家人全都被从车上拖了下来，他们的行李被认为太少,不够抢的,结果把他们所有人——无论男人和女人——的全部衣服都脱了下来,让他们光着身子站在大街上。

基督教徒面对这些可怕的苦难时的态度,始终让那些折磨他们的人惊讶。他们不能理解,高大而坚定的汾州府教师刘某为什么会如此冷静和勇敢,平静地坐在自己的房间里,给自己扇着扇子,等着义和团来杀死他。他们也不能理解,北京教会的一名执事为什么能穿上自己最好的衣服,快乐地走出去迎接他们,用微笑面对死亡。所以,在听到这些义和团出于迷信,剖开这些人的心,试图弄明白他们那高于常人的勇气从何而来的时候,有什么值得奇怪的呢?

实际上,有相当多的人相信,基督教徒会在井里下毒,能把纸人变成外国士兵。在很大程度上,这也正是中国人对基督教徒强烈愤恨的原因。还有一种看法相当流行,就是认为他们能在死后三天之内复活,除非采取强有力的措施来加以阻止。正是出于这一原因,如此多的人被切成碎块,被烧死。在个别事例中,人们还用石头滚子碾过他们的骨灰,把他们的骨灰飘撒到风中。同样的迷信也说明了人们拒绝对基督教徒的尸体进行任何形式的埋葬——这完全不是中国人的做法——的原因。北京的一名教徒的母亲被打倒在大街上,他几次经过她的尸体,但是不敢去动她。

常常有人提出这样的问题:传教士在中国做了些什么?他们的工作有什么结果吗?一直有人批评他们“没有用处而且招惹是非”。但是,现在义和团起义突然爆发,又有人说“他们把世界闹了个底朝天”。这样的评论实在是最准确的。这个分布在整个中国的全新力量的性质,现在已经被人们清楚地认识到了。这是在《使徒行传》所简单描写的时代里在罗马帝国用生命表现出来的那种力量,这是唯一一个足以和中国巨大的邪恶进行斗争的力量。对于那些不带偏见地读了中国本土教会所经历的苦难故事的人来说,这样的陈述是不言而喻的;而对于其他人来说,它仍然是一个无用的申述。

下面附有一些有关中国基督教徒的经历,其意义不仅仅在于这些事件本身,还在于这一事实:这些事例只不过是首先来到手边的一些事例,其总数很可能是这些事例的一千倍,将会成为一部容量超过大英百科全书的系列书籍。这些叙述不需要加以评论,只需要作一些技术名词方面的解释,它们本身就是他们对真理忠诚的见证。

已经提请注意这一事实:义和团运动的扩展,主要是通过一些受到催眠术一类东西影响的年轻人。和虚伪地表示相信它的人相比,真诚地相信它的人可能要少一些,但是在一个像中国这样迷信的国度里,有一个真诚相信的事例就会产生巨大的影响。教育并没有能够阻止最广泛的轻信,尽管许多有势力的中国人不这样认为。

在许多地方,每一个人都清楚地看到了这一运动的有害影响,这往往使得整个义和团的宣传遭到人们的怀疑。在一个事例中,一个十五岁的孩子充满了杀人的狂暴,以致攻击他自己的父母。这一事件让村民们充满恐怖,从而导致了义和团队伍的解散。有时,易受影响的儿童产生出要表演义和团技艺的强烈冲动,而不去考虑时间和场地。这些事件使得许多有思想的中国人担心它们会造成不可知的影响。可以相信,在对与义和团发展有关的所有现象进行认真思考以后,许多人会得出这样的结论:如果在这个世界上真有“魔鬼附体”现象的话,那么义和团运动就是其中一例。

对经常被人提到的词语“义和团神坛”,应该加以解释。所谓“坛”,并不是一个用石头垒起来的进行祭祀的地方，它甚至也不是一张桌子。“坛”指的是义和团组织本身，是作为整体的一伙人，以其“大师兄”作为首领。“坛”还是进行操练的总部，是一个放有偶像的圣坛，在它前面，通过烧香或者烧纸来进行测试。如果香或纸的火焰高的话，被测试的人就是无害的；如果火焰微弱而且偏斜的话，他就是有罪的，必须立即杀头。在所有这些仪式上，显然都存在着一些欺骗行为。

在与义和团教派的兴起和发展相联系着的许多奇异现象中，可能没有什么能比“红灯照”这个结社更奇特、更背离中国多少世代以来的习俗和理想了。这个结社由一些年龄在十到二十岁之间的年轻姑娘组成，这么大年龄的中国少女，应该最仔细地藏在家里的闺房里，她们到街上四处乱跑，背离了传统礼俗。无论是对于富人还是对于穷人来说，让她们暴露在公共视线之下，同样都是丢人的事。

这些姑娘成群地被带到庙宇里，由低俗而邪恶的义和团首领率领，在经过一定的训练后，陪同义和团一起进行公开演练。她们穿的统一服装全部是大红色的，头上缠着红布，脚上穿着红鞋，手里拿着红旗。她们接受的训练与义和团小伙子们差不多，由领头的人——有时是男的，有时是女的——反复念咒，然后被催眠进入恍惚状态，接着就有了强烈的要用刀、矛或者枪支进行战斗的欲望。

据说这些姑娘们拥有特殊力量，能够乘上云彩，指出外国人或者他们的朋友——基督教徒或者其他人——的房子。她们能够从云彩里点火，伤不到别人，只伤害那些被谴责的人。她们还能从云彩里让敌人的铁轮船像干枯的树枝一样燃烧起来。

在骚乱和战斗最为激烈的几个星期里，到了晚上，成百上千的村民们就会聚集在村外，看太阳迅速地向西边落下。盯着圆圆的太阳观看，在视网膜上形成的印象使得当眼睛转动的时候会看到圆圆的红点，据说这就是“红灯”发出的神奇的光。于是，空中就响起了“有两个！”“我看到三个！”“北边有很多很多！”的叫喊声。其后，当黄昏的云彩反射出落日的光辉时，这种普通的现象被蒙上了迷信的色彩，人们便交头接耳地说：“红灯照的力量真大啊！有了它，我们一定能够战胜洋人！”

现代最有成就的女旅行家、伯德(Isabella Bird)主教的夫人在开始她漫长的旅行之初，对传教事业并没有多少或者根本没有任何的兴趣。但是，在亲身了解到提升东方男人和女人的努力所取得的成就以后，她从中得到了无与伦比的裨益，因此在结束她的旅行时，她已经真诚地献身于传教活动。在结束有关中国迫害的故事时，引用伯德夫人在纽卡斯尔教会代表大会上宣读的文章中有关中国基督教徒相关品质的重要证言，可能是非常得当的：

> 在每一个地方，都建立起一些小的，往往是非常小的社群。他们放弃了祭祀祖先和偶像崇拜的社会习俗，很容易成为被社会所排斥的人。部分地出于这个原因，他们像兄弟一样团结起来，团结得就像在中国被称作“行会”的强大组织所表现出来的一样坚固。这些教徒过着纯洁和诚实的生活，愿意学习，渴望学到《圣经》的知识。为了基督教的目的，他们表现得慷慨大方，富有献身精神。他们急切地要维护他们兄弟情谊的纯洁性，曾经伤害过科林斯教会的那类指责，在中国的年轻教会那儿找不到用武之地。最重要的是，每一个真正的教徒都成为一名传教士，而未来的希望正在于这种传道精神。在亚洲人中间旅行了八年半以后，我会毫不犹豫地说，圣灵塑造中国教徒——他们经常是中国的殉教者——时所使用的原始材料，是亚洲最好的。

第三十五章
个人的叙述

高 新

高新(Kao Hsin)是书院和神学堂的毕业生,一直在通州负责教站的预备学校。在差会会议期间,这所学校关闭了。会议结束后,他回到了十五里以外的家里。几天以后,他回来了解情况。他发现城里的教会大院里只有一个人——林先生,林先生告诉他传教士都去了北京,教会成员都四散而去,并且建议他带着家人到北京去。

当他们在说话的时候,一个从永乐店(Yung Le Tien)来的人告诉他们,布道员李德贵(Li Te Kuei)在带着妻子和三个孩子逃跑的时候被杀死了。他的三个大孩子是通州和北京的学校里的学生。李德贵的妻子是高新的姐姐,她为她的小孩子求情,说他是一个好孩子。义和团看了看他,说:"是的,不是一般的好!他将来可能会当皇帝,所以必须先把他杀了。"于是,他们迅速地处死了孩子们,用刀把孩子们砍了,然后放火烧了。与此同时,他们还杀了和这名助手一起逃跑的几名教会成员。

当高先生开始回家的时候,他遇到了来自平谷县的一名信使。执事李文荣(Li Wen Jung)驻在平谷,离通州四十英里。他来给执事的母亲捎信,告诉她她的儿子病了,发烧,而他病弱的妻子不能照顾他,请求给予帮助。高先生把执事母亲的家指给了这名信使,然后就回到府河(Fu He)他自己的家里。

快黑天的时候,平谷来的信使又来了,说没有一个人去帮助执事。高先生把永乐店和其他地方的基督教徒的命运告诉他的家人,和他们商量逃跑的计划。他的母亲是一名精力充沛的妇女,说:"我们都是这个村子的当地人,我们的邻居不会伤害我们妇女。你和你外甥去平谷吧,那里没有义和团,你自己能安全,也能帮助生病的执事和他的家人。我们将分散到我们在村子里的亲戚家,我会留下来,照看房子。"

高先生恳求他们一起到北京去,但是她认为她的计划更安全。他控制不住自己的感情,他的母亲便说:"我的儿子,不要哭!我们难道不能为耶稣承受这个吗?如果耶稣救我们,我们就会再见面。如果我们被抓住,我们就会为他而死。我们不能够相信他吗?快走!"

她为他们准备了一顿饭,晚上 11 点左右,高先生和他的外甥——也就是被杀害的助手李德贵的大儿子——出发了,一名邻居和他们一起去,好给他母亲带回消息来。

高先生一行第二天中午到达了平谷，看到执事的妻子十分忧伤，她的丈夫病了，雇不到车子和牲口把他们送回通州。她一直在祈祷上帝在他们面前开出一条道路。高先生建议他们留下，因为这里还比较平静，如果有了危险，他们可以藏到附近的山里。

第二天是星期日，一小伙基督教徒聚在一起做礼拜。从不远的山村来的一个人同意让李执事的妻子和孩子去他家，尽管他们只有小米、盐和水给她。他们在早上偷偷地走出去，李执事的妻子走了一段路以后才坐上送她的驴子。看到她在新的藏身之地很安全，高先生和生病的丈夫便回到了平谷，在那里又待了一个星期。

情况一直在不断地恶化，有关基督教徒在井里投毒、在门上涂血一类的传言开始在城里流传。有人威胁说，一旦义和团来到城里，就把他们绑起来交给义和团。一名友好的衙役把这些事告诉他们，建议他们离开，并且给了他们两个朋友的名字，一个离这儿四十里远，一个离这儿八十里远。高先生和他的外甥决定离开，李执事起初留了下来，但后来和他的妻子会合，开始他自己漫长的流浪。从这时开始，他们分开了。

第一个人只给了他们一顿饭，就送他们上路了。在走了很短一段路以后，他们进入了山谷，没有一条平坦的道。他们迷了路，不知道要往哪儿走，就停了下来，祈祷上帝给予指引，但那里没有人可以问路。两只乌鸦飞过他们的头顶，他们就请它们朝着他们应该走的方向飞。它们朝着东北方面飞去，结果这个方向把他们带回到那位不愿意留他们的主人那儿。他们请他送他们几里路，但他害怕，拒绝了他们。但一名访客来了，他就住在那条路上，答应给他们领路。

天上乌云密布，要下雨了。他们恳求这名向导带他们去他家过夜，他答应了。他们刚一到家，就下起了瓢泼大雨。他们在这里住了十天，辛苦地干活，作为他们吃住的费用。他们说过自己是基督教徒，这个人的妻子很害怕，想让他们走，并且给了他们一些钱，让他们在路上用。

那位外甥很想家，要求返回他们的家。他们开始往回走，但走了几里就遇到了杨二(Yang Erh)，他是通州教会一名成员的轿夫。他曾经作为信使来过平谷两次，但现在正在逃命。他告诉他们自己怎样被义和团追赶，并且看到义和团在路上砍下其他人的头。他说无论是通州还是天津，对于任何基督教徒来说都不安全。

高先生和他的外甥以及杨二转向东北方向，向关外走去。到处都有关于基督教徒的流言，每一个人都信以为真。流言说基督教徒在门上涂上鲜血，会让这家里的某个人变疯，杀死全家人；说他们在井中投毒，就会毒死喝井水的人；说外国人在卖绵羊皮和山羊皮，以后就会把它们全部变成活着的绵羊、狗和人。绵羊会追赶人，毁坏庄稼；狗会咬人，让他们变疯；而人是最糟糕的，因为这些人不能被战胜。如果这些绵羊或者狗或者人被打的话，就会再变成绵羊皮或者山羊皮。外国人大量购买黑猪鬃，据说目的是要对它们施加魔法，从而把它们变成有害的虫子。这些虫子到处乱飞，像蚊子一样咬人，人被咬过就会致命。义和团声称只有他们才能够阻止这些灾祸。

没有一个人被允许住到客栈里，因为据说外国人雇用乞丐、算命先生、游方道士、和尚以及小贩子传播血和药。每一个受到怀疑的陌生人都要被搜查，如果发现身上带有瓶子，他们就断定那是药，这个人立刻就会被砍成碎片。

在走向人群或者客栈的时候，必须要显出无所顾虑的样子，大胆地走，因为任何试图避开注意的表现都会立即引起怀疑。他们必须为他们的旅行寻找一个合理的解释,因此,他们声称到北方去找一个债务人,他欠他的叔叔一笔钱需要偿还,等等。由于他们曾经几次找到工作,在地里干几天活,所以他们也能说因为平原地区大旱,他们出来找活干。在罂粟成熟以后,需要先把种子的皮打去,每年这个时候都有人来干这种活。

在一个地方,一个旅行的人加入了他们一伙。他对他们十分友善,带他们去了他的村子,为他们找到了一个给当地一个富人干活的工作,在高先生生病的日子里照顾他,并且和高先生、杨二拜了"把兄弟",认了那个外甥为"干儿子"。他的友善是这个漫长的、充满悲伤的夏天里的一个闪光点。

在这个人的村子里的时候,传来了消息,称北京所有的外国东西都被毁掉了,只剩下英国使馆和大教堂。高先生心情很沉重,认为他的基督教朋友们全都死了。最后,在山区的他们听到了联军在北京取得胜利的消息,于是开始返回平原。

离他的老家不远的时候,高先生遇到了一个熟人,那人一看见他就叫了起来:"你怎么在这儿啊!""我想看看我的家和我的家人啊!""哎呀!你已经没有家可看了,你的家人全都死了,被义和团杀了。"接着告诉他可怕的细节,他的母亲被砍成了几段,他所有的孩子,除了一个小聋哑女儿外,都和他的妻子一起被杀死。村子里所有的基督教徒以及他们几乎全部的亲戚,一共三十多个人,以最残酷的方式全都被杀死了。年长的祖母已经八十四岁多了,是一个产婆,全村四十岁以上的人几乎都是由她接到这个世界上来的,因此,有许多人为她求情,结果她幸免一死。他们轻蔑地说:"一个老太太和一个小姑娘,要为那些死了的人报仇,什么事也做不了!"他们到处找高新,说他是一个拥有法术的巫师,能够在地下打洞逃走。他们担心他会带来一次地震,把他们毁掉。

高先生这一天走了三十英里,还有六英里多就要到家了。他走路的时候几乎睡着了,摇摇晃晃的。最后,他爬到了一个席棚下。席棚里面全是死尸,他想在那儿睡一会儿,但是每过一小会儿,就会被枪声和狗叫声惊醒。天亮的时候,一些强征工人的俄国士兵发现了他们,把他们赶到一些船上卸货。那里有一大群人,有苦力、商人、教师,富人、穷人,各色人等都有。他们的货物很沉,如果他们不能正确地搬动货物,就要挨打。高新遭到鞭打,因为他放一个箱子放得太快。吃了晚饭后,他就睡在了没有任何被褥的湿地上。

第二天,他和一些人去拉大炮。大炮在城外的石头路上,离潞河书院的废墟不远。一个人跌倒了,车轮从他腿上碾过,把腿轧断了。另一个人感觉这样的生活太苦了,无法忍受,在过一座桥的时候跳到护城河里,结果淹死了。那天晚上,他们吃得很好,并且得到了干燥的衣服。过了几天,他们受到了更好的对待,一天吃三顿饭,此外还付给十文钱。

他一共待了一个月,认为基督教徒全都死了,他自己是唯一的幸存者;还认为所有的传教士一定全都被送回国了,所以也没有想离开。一天,他在街上遇到了通州教会的一名成员,得知许多人得救的好消息。他在通州的出现被报告给了在北京的差会,他很快就被交给了美国人,送到了北京。

李执事

要在中国的衙门中找到一名基督教徒，现在还是一件在“尼禄家里找圣徒”的事情。然而，就在这样的地方，一个名叫李允盛(Li Yun Sheng)的人皈依了基督，而且在履行其衙门职责的同时，一直过了十二年基督教徒的生活。他被看作是一个忠于职守的人，一个不接受贿赂也不从“肥差”中分赃的人。他得到了通州官员们的尊敬，也得到了他在衙门里的同事们的尊敬。对于狠毒的义和团来说，这样一个人是一个闪光的标志。他看到了教会建筑被焚毁，并且大胆地斥责这种行为。他说：“你们将会受到惩罚，这些房子将会重新建立起来。”当屠杀开始以后，衙门里最大的官员把李先生置于他的保护之下，找到一个废弃不用的小房间把他藏了起来。当义和团来到衙门，要求交出藏匿的基督教徒时，官员们没有把他交出来。

最后，对官员们没有任何敬畏的义和团冲进衙门，开始搜查。按照官员的命令，李先生被带到妇女们的房间。但是义和团进入了这个院子，很快就找到了他们的猎物。他被拖了出来，带到附近的祭坛，在那里被杀死了。他的妻子胆子很小，听到丈夫的死讯，带着她的小女儿来到附近的水坑，两人一起跳进了坑里。

李执事被埋葬了，但是义和团听说如此一个热心的基督教徒死后会在几天内复活，于是就把他的尸体挖了出来，烧成了灰。

无名的殉教者

在这一地区那些为信仰而死的人中间，有许多不知道名字的人，但他们在面对死亡时表现出来的坚定，让异教徒十分惊讶。那些在他们被处死的时候静静地观看的人，都在讲述他们的故事。

在平谷县，两个人被带到了义和团的“大师兄”那里，由他来决定信奉外国宗教应该处以什么罪。大师兄反复地念诵咒语以后，转过身来，指着其中一人说：“这是他们中的一个！”于是，这人就被带走杀了，而另一人则被放了。他转身走了一段路以后，又回到了义和团那儿。他们说：“你怎么又回来了？你可以走。”他回答说：“把我也杀了吧！我也是他们中的一个。”于是，他们就把他带到了他的朋友被杀的地方，在那儿把他也杀了。

在通州北门，两名十三四岁的孩子在往乡下逃跑的路上，被义和团抓到，进行审问。这些不知名的年轻信徒大胆地说：“我们是耶稣教会的。”在要把他们绑起来的时候，他们说：“你们不用绑我们，我们不会试图逃跑。我们走向你们祭坛的每一步，都是我们向天堂走近的一步。”他们很快也和上面几人一样，加入了胜利者的行列。

洪(Heng)执事(据其自述)

在开完年会返回北京的时候,我们发现城里的危险和骚乱大大增加了。为此召开了一次会议,不久以后,传教士和贝满女校的女学生们就转移到了美以美会,而教会的许多男士留下来保卫教会。6月13日黄昏,一个人冲进了福音堂,说:"义和团进城了,在放火烧各个教会。"我走到街上,能够看到我们南边的美以美会在街上的福音堂和伦敦会上空升起的烟。街上满是激动的人,说:"他们下面就要到这里来了!下一次死的就是这些人了!"在简短的商议后,我们决定,由于我们保卫不了我们的房子,要拯救我们的生命就只有逃跑。

有许多人看见了我并且认识我,但我向着城市北部跑去,那儿认识我的人比较少。当天黑的时候,我藏到了西北门附近的一座庙里。从那里,我看到两个长老会的教会在冒烟,在更南面一点,冒烟起火的是我们的教会。

我晚上睡了一会儿,但凌晨3点就起来了,到了长老会教会。那儿的火还在燃烧,可以看到夜间被杀死的人的尸体,其中有的在燃烧着的房子里,有的在院子外面。我走到安定门,但城门关着,要到中午才开。到处转悠了一会儿,我又回到了东北门。我遇到了自己教会和其他教会的几名教徒,但是没有人露出认识我的样子。后来,我们一起走出了城门,每人都奔向自己逃难的地方。

我去了八里外的一个村庄,向住在那里的一家基督教徒报警。他们让我吃了饭,我在那儿休息了一会儿。在这之后,我又通过现在已经打开的安定门回到了城里。路上躺着许多基督教徒的尸体,我认出其中一人是一名销售《圣经》的书贩,他被杀死的时候,还背着他的书。这些人中间有男人,有女人,有儿童,也有老人。然后,我走了好几个亲戚家,但没有一家留我在那里。我去了我在那里做事的衙门,但人们告诉我已经没有我的地方了。

在一两天里,我到处游荡,努力去找吃的和住的地方。最后,我来到我的叔叔家,他说他会试着把我安全地带出城,但不能留下我,因为那样的话,肯定会让大家全都毁了。

他们建议我把头剃了,穿上和尚的袍子,但我不愿意穿那身服装。最后,他们给我弄了一套算命先生——懂得《易经》的神秘人——的东西,为我写出了足够用的二十个命运的对子。然后,我的叔叔穿上满族人在正式场合穿的袍子,也给了我一套。我们装作官员和随从,一起骑马出了城。没有人找我们的麻烦,他陪我走了几英里,给了我一些旅行用的钱,我们就分手了。

我来到北面一个有基督教徒的村子,但发现他们已经四散而逃。我又走到另外一个地方,发现到处都是义和团。我继续往北走,几天后到达了群山中的一个山谷,里面住着我们家族的一个很大的分支。

在一个客栈里等了两天后,没有一个我认识的人出现。我于是决定返回城,去看看我们教会的命运。我在路上走过几个集市,摆出我的桌子,算了几个命,始终注意有没有熟悉的面孔。最后,我遇到三名基督教徒。他们告诉我,外国人和基督教徒被围困在使馆和北堂里。他们说，我们还不能到城里去，不能肯定有没有人能逃过猛烈的攻击。

于是，我又回头向北走，这次和这三个人一起。我们两人一组地走，住在不同的客栈里。我们中的一人不久雇给了一个农民，其他人也找到了活干，但我太弱，没有多少用处，于是我就到集上去给人家算命，同时往北走，去找我的亲戚。有几次，我都想跳进河里，或者从悬崖上跳下去，结束自己的生命，但我还是制止自己没有去犯罪，感到上帝会照料我，或者把我带到他那里。

最后，我又来到了亲戚的家里。那里有大约十六户人家住在村子里，都是我们家族的。我找到头人，他是上一辈中唯一的一个人，是叔叔。我们这一辈有四人，我叫他们“哥哥”或者“弟弟”。我不能告诉他们我是基督教徒，但确实告诉了他们北京的混乱和破坏情况，到处都是强盗和义和团在街上打仗。我跑出来逃命，只能请他们给我一个逃难的地方，等到一切都平静下来。他们一起商量了一下，同意把我留下。我在那儿一直待到新年。他们都是穷人，但他们把能拿出来的东西给我吃，还给我钱，足够让我买一件羊皮袄和其他衣服以过冬。有一个多月的时候，我因为生病只能待在屋里。

随着天气越来越暖和，我不能再等了，要回到平原去，去看看我们的教会是不是还有人活下来。道路和客栈里到处都是散兵游勇，有几次我给他们算命，把真理告诉他们。我告诉他们，他们和外国人打仗不能胜利，而是被义和团欺骗了，最好不再当兵，赶快回家去！他们听了这些话，并不生气，而是给我食物和住的地方，对我很友好。我来到了日本人管理的城门，尽管他们听不懂我的话，我还是回到了我们那条古老的街道上。

在那里，我看到门上有一张用外国字写的布告。走到里面，发现我自己站到了那些我认为已经死去的人中间。上帝把我又带回来了。我远远不完美，上帝还没有完成对我的教导，所以他让我活了下来，以完成他对我的工作。

李平原夫人

李平原(Li Pen Yuan)是美国公理会的一名年轻布道员，而他的夫人多卡斯(Dorcas)是一个可敬的伙伴。她在贝满女校受过教育，很有个人魅力，而且有着可爱的基督教性格。

北京的教会被焚的那天晚上，李先生和夫人正在城里较远的地方拜访李先生的一个兄弟，他的这个兄弟是长老会的一名布道员。当暴徒们走近他们所在的地方时，他们一起逃跑了。但是，跑了一段距离以后，两个家庭分开了，以免引起注意。李先生在一所房子的角落里找到一个休息的地方，把他的妻子和孩子留在那儿，他自己到大街上去看看，她能看到他站在不多远的拐角处。这时，一群义和团从街上走过。他知道不能跑，于是就像是这群人里的一个一样，跟在他们后面。直到最后，在能够不被注意到的时候溜到一边，才赶紧往回走，去找他的妻子。她看到他好像和人群一起走了，但由于过了好长时间，他都没有回来，她就失去了希望，认为他一定是找不到了。

她最后从藏身的地方出来，慢慢地穿过城市走回美国公理会。当她到达那儿的时候，教会正在燃烧。她从一个地方游荡到另一个地方，最后在一个陌生人家的大门前面坐了下来。天亮以后不久,一伙义和团过来了。他们看到一个孤身女人带着孩子,以其血腥的本能认为他们是逃难的基督教徒。就在他们在多卡斯面前停下的时候,这个地方一名她完全陌生的男士出来了,一眼就注意到了这一情况,对义和团说:“你们搞错了,她是我的邻居!”人们相信了他的话,就继续前进,把她留在了那儿。

她对这名“好心的撒马利亚人”讲述了她的故事,他带着她到了东门外的一个村庄,她有亲戚在这里住。他们看到房子被毁掉了,人都跑了。想救她的那个人就对她说,有一个姓李的亲戚就要来拜访他们,她可以装成他们家的那个亲戚,去他们家,然后再想别的办法。他家的妇女起初很热心地接待了她,但过后开始产生了怀疑。这时,她就把她的故事讲给了她们。她们不愿意让她留下,那个男人恳求她们留下小孩,但也遭到她们的拒绝。当多卡斯离开房子的时候,他对他的妻子说:“我这辈子想做件好事,你都不让我做!”

她回到了教会附近,从一个老邻居家走到另一个老邻居家,没有一家肯收留她。她向一个治安站求助,求助一个认识她丈夫的人,但他粗野地把她赶走了。快到晚上的时候,她坐在一个木场附近的一些木头上,但很快就有人让她“走开”,当她说没有地方可去的时候,这个男人指着一个死胡同说:“你可以到那里去等我。”在那里等来的只会是死亡。

就在这时,教会的一个车夫路过,看到了她,就叫她的名字。她上了他的车,进到车里面。他很快地拉下帘子,赶着车沿着街道走了好几个小时,试图找个避难的地方。到了午夜,他把车赶到一个停车场,得到允许,让他的车和骡子在那儿过夜。多卡斯在车上过了一夜。小孩子只有两岁,一个迷人的聪明小孩,似乎知道她必须保持安静,夜里一次也没有哭叫。

第二天早上一早,他们赶车走了,去了一个听说有许多基督教徒在那儿避难的村庄。她住在那里,一直住到捎信给她的丈夫,他来到这里,把她接到美以美会。他们从星期三晚上分开,一直到星期六早上才又见面,他为找她找遍了整个城市。

蔡姓一家

这家人是华北最早的新教基督教家庭之一,它现在的家族首领蔡福源(Tsai Fu Yuan)是第二代基督教徒。他担任布道员已经将近二十年了,他们的家一直都是幽州(Yü Chou)地区教会的中心。

到6月下半月,城市和整个地区到处都是义和团。蔡先生和他的一家都住在城里。和一般的中国人一样,她的母亲看到危险到来,害怕全家被连根消灭,便告诉她的儿子和孙子,他们必须在还有可能逃脱的时候逃跑。在反对无效的情况下,他们最后屈服了,大约在7月中旬离开了城市。他们先是去到西河营(Hsi He Ying),那里还有其他一些基督教徒,但他们发现那里的情况比幽州还糟糕,因为那里的大天主教堂吸引了义和团,义和团从附近的整个地区前来攻打它。蔡先生然后去了牌楼(Pai Lu),他在那儿有朋友。但他很快就离开了他们,在一块瓜地的看瓜棚里避难,同时藏在那儿的,还有一名天主教老妇女。他一直待在这个地方,最后知道他的家被毁了,除了和他在一起的儿子以外,全家人都死了。

幽州的危机大约在7月末达到高潮，这时有一大队义和团在去攻打西河营的天主教堂的途中路过幽州。这时候，一伙暴徒包围了教会，把妇女赶出来，带到附近的一个庙里，把她们锁在里面。然后，福音堂和住宅在遭到抢劫后被焚毁。在那以后，这伙人四散而走，把妇女留在庙里，甚至没有一个人守卫。到了晚上，她们得以逃脱，回到了她们被毁掉的家里。她们找到了两个未被毁坏的小边房，进去以后给自己做点饭吃。

过了一小会儿，城里的一群小流氓进来，想看看废墟里还有什么可以拿走的东西，他们发现了在这儿的妇女。他们大声喊叫，义和团又聚集了起来。有人要把她们全部杀死，人群中也有些卑劣的人建议把年轻女人卖到妓院去，好挣一笔大钱。听到这个建议，瞎眼的老婆婆高声叫道："我们不要那样！如果你们想的话就杀死我们好了，我们可以死！"

义和团正在去打仗的路上，不想让妇女的血弄脏了他们的刀，就把她们带到院子里的井边，把她们一个一个地扔进去。每扔进一个人，就用石头和土埋上。据说以这样的方式杀死六个人，不过也有传言说有两人被带走，送给了一名军官。

孟继献牧师

孟继献(Meng Chi Hsien)牧师是美国公理会年轻的布道者群体中最年长的一位，他从年轻时就在教会学校中接受训练，在保定府担任按立牧师已经十一年了。他有着坚强的信念、充沛的精力，是一名天生的领袖，得到所有人的热爱和信任。

他的弟弟孟继宗(Meng Chi Tseng)牧师出席了在通州举行的公理会年会，两人在会上都发挥了重要的作用。会议还在进行的时候，传来了铁路被毁坏、与保定府的联系被切断的消息。孟先生决定立即回去，和毕得经先生站在一起，去应对时下的危险和混乱。他由陆路返回，大部分靠的是步行。保定府的三名富有献身精神的传教士——毕得经先生、莫利尔小姐和古尔德小姐，失去了逃跑的全部希望，平静地继续为教会做他们的工作。

他们说："我们的传教士一直与我们在一起，我们会和他们在一起，同生共死。"如果逃走的话，他们本来可以逃脱，所有那些逃走的人都幸免于难。但他们决定留下，尽管他们比他们的外国朋友更清楚地知道不可避免的结果。

有一个人是孟先生一生的朋友，对他说："我们生在一起，现在要一起去死。"牧师回答说："不！我的位置就是在这里，和我们的传教士在一起。我将留下，但你必须带着我最大的儿子离开。如果你们逃脱了，他活了下来，他将会代表我，进行我的工作。"于是，这位朋友就带着他的儿子——一名十五岁的好男孩——逃走了。在夏天里经历了许多危险之后，他带着这个男孩，在联军到达天津后，安全地来到了天津。

6月27日，星期五下午，孟牧师在街上的福音堂里收拾书籍和家具，准备从租住的房子里运走，因为房主要求他们这样做。

突然，一伙义和团进入了福音堂，抓住了他，把他带到位于城市东南角一处庙宇中的他们的祭坛。第一个打击落在本土教会的中流砥柱头上，他在祭坛上被砍下了头。他的头就像罪犯那样被示众，他的尸体则像一个乞丐一样被埋葬在城墙附近。

九个月后的一天，在保定府举行了一个隆重的悼念殉教的传教士和基督教徒的仪式，城里的主要官员出席,还有数千名沉默的观众见证了这一仪式。庄严的葬礼上有许多布幛和旗子,还有装饰着花圈的灵柩车、中国人的乐队以及一长列满载着悲痛的朋友的大车。在队伍最前面有三十多面吊唁的幛子,其中一半多是吊唁这位高尚的人的。这并不是一些虚空的表演,而是城里最优秀的人——官员和商人、工匠和市民——对曾经生活在他们中间的人的生命和人格最后的、真实的评价。

张庆祥

张庆祥(Chang Ching Hsiang)是潞河书院高年级的学生,在学年结束后返回了保定府,参加教站的工作,一直到这场风暴毁掉了教会。

年长的孟牧师被义和团抓走的那天晚上,教会里无人入眠。所有人感到,他们注定要死,只是时间早晚而已。快天亮的时候,张庆祥的母亲——她是一名上《圣经》班的妇女——来找他,说:“没必要让所有的人都死。你还年轻,还能为上帝工作许多年。我留下,和莫利尔小姐一起死,你必须想办法逃跑。”

天一亮他就动身了,先回家拿了钱和一件衣服,然后向南面二十五英里以外的一个地方走去,那里有基督教徒。快天黑的时候,他到达了那个镇子,看到街上到处是从乡村来的义和团,知道这里不是避难的地方,就掉回头来,沿原路返回。几个村民注意到他是一个陌生人,而且是单身一人,就追踪了他几里路。天黑以后,下起了大雨,在黑暗和大雨中,他沿着铁路回到了家。他的姐姐迎接他,警告他马上逃走,因为已经在寻找他了。他已经两晚上没有睡觉了,两腿肿胀,每走一步都十分疼痛,但他的朋友把他送出了几里地,他现在走向山区。

他把一百英里以外的一个镇子作为目的地,同时也知道单身一个人走远路容易引起怀疑,于是很快就加入一帮前往那个地方的商人中间。到达那儿以后,他决定走进山西,并不知道那无异于走进老虎的洞穴。他不久就加入一名官员的队列中,官员的随从们对他很友好。他和他们一起,一直走到太原府。到了那儿以后,他得知已经有一大批传教士被杀死了,他自己就看到一伙义和团暴徒追赶一些天主教徒。

他的钱快花光了,于是就转头向保定府走。当他又一次踏上漫长的旅途时,希望最坏的情况已经过去。走了三十英里后,他发现他走的是去太谷的一条岔道,现在离该城只有十英里远了。他有个同学孔祥熙住在那儿,尽管不知道是不是还活着,他还是决定试着去找孔祥熙。在进城的时候,他看到传教士还活着,就向孔家的大门走去。大门把守得很严密,因为有些探子来过,而他由于旅行而显得衣冠不整,十分疲惫,从而引起了怀疑,大门在他面前关上了。

他最后还是见到了他的朋友。他们在不远处的一个村庄找到了一个藏身之处。教会被毁以后,他再次处于极大的危险之中。在匆匆地拜访了他的朋友们之后,他开始返回直隶。他很快就加入自己省份的旅行者中间,和他们一起长途旅行,安全地走出了山西。

然后,他又转向南面的一个村庄,那里有基督教徒。一位很好的执事把他带进去,像兄弟一样对待他。他已经徒步走了一千多英里了,一条腿上长了一个溃疡,脚上全是水泡。他的衣服都烂了，鞋子几乎磨没了。他得到了最友善的照料，他的需要都得到了满足。很快，他就能和他们一起到需要收割的田地，和他们一起干活了。就这样，他在这儿一直待到外国军队进入保定府的消息传来。然后，那位执事陪他一起前往保定府。保定府的朋友们看到他，就好像见到一个死而复生的人，因为他们多次听说他已经在山西被杀死了。

他的经历是数百人经历的写照。他们从一个藏身之处流浪到另外一个，被怀疑，被追赶，每一次被人认出来的时候都处在危险之中，每天早晨都不知道新的一天会不会是最后的一天。如此多的人能够逃脱不断出现的危险，能够活下来作为他们受到上帝眷顾的见证，真是一个奇迹。

霍(Huo)夫人讲述的故事①

当我们看到围绕我们的危险越来越大的时候，我便对丈夫说："我们决不能都死了，你必须逃走，藏起来。他们很可能会杀你，而不会杀我和孩子。如果我能活下来，你以后可以来找我们。如果我死了，那就是上帝的意志。"这样，我给他做了些饼，给他打起铺盖卷和一些衣服，然后把他推出了大门。

教会的房子被烧了以后，义和团来了，把我和孩子带到他们的祭坛审讯。审讯开始后，我请求他们让我说几句话。"你现在想说几句话是吗？""如果你们让我说的话。如果你们不让我说，我就不说。""好吧，说吧！"于是，我告诉他们，我们已经在这里住了许多年了，我们的邻居都知道我们从来没有和任何人争吵过，从来没有得罪过任何人，并且告诉他们我的丈夫走了，我一个人带着小孩子。他们怎么会不对我和小孩子们心怀怜悯呢？一些旁观的人说："毁了这些孩子太可惜了！"

当我坐在地上的时候，他们把我的手和脚用链子拴起来，然后命令我站起来。我试了几次都没有起来，就告诉他们站不起来，最后告诉他们我的身体"不方便"，没人帮助站不起来。然后，他们叫来在监狱里看管女犯的两名妇女，她们把我带到了监狱，我在那儿度过了七十二天。她们给我吃一些粗陋的饮食。二十天以后，我的孩子生了下来。官员下令为孩子送些衣服，为我另外送些饭食，但这些东西并没有到我的手上，而是被守卫拿走了。小孩子只活了三个星期。我不知道我可怜的孩子们的命运，我和他们分开了，但每天都祈祷上帝救他们的命，让他们回到我身边。

过了一段时间，另外两名基督教徒——一个母亲和一个女儿——被带了进来，她们是自愿把自己交给义和团的。我们被关在一起，相互安慰。她们很孤独，知道自己逃不了，于是就找到义和团首领，干脆告诉他们自己是基督教徒，不愿意放弃基督，他们可以立刻杀死她们。义和团没有伤害她们，而是把她们关进了监狱。她们和我一起安全地幸免于难。

那里还有一名女囚犯，她曾经非常邪恶，在等待着法律的宣判，有可能是死刑。她很

① 保定府。

友好,很想知道我们的事,于是我们就一起直率地聊了起来。一天,我问她:“如果你必须死,在另一个世界里,会不会有人帮助你?”她说:“没有,一个也没有。”我说:“我们有一些,我们不怕死。”于是,我向她讲述了为我们而死的耶稣,他带走了死亡的恐惧。她是一个很聪明的妇女,学得很快。我们教给她祈祷,她知道耶稣会饶恕她的许多罪恶。我最后告诉她:“如果他们最后把我们放了,你可以告诉他们你现在也是一个基督教徒,只是你必须永远都不能回到你过去的罪恶生活中去。”

果真,当外国军队放我们出去的时候,她也被释放了。军队的翻译是一名传教士,他问了她几个问题,以考查她对真理的了解,她很好地回答了这些问题。她回到了遥远村庄里她父亲的家里,一旦能够安全地去那儿,我就会去看她。上帝拯救了我,拯救了我的肉体和我的灵魂,难道我不应该试着去拯救其他人,拯救他们的肉体和灵魂吗?

一段时间以后,在士兵们到来之前,我们听说一些外国人被带进了监狱。我们问:“能是尤因(Ewing)牧师吗?想来救我们吗?他们要被杀死吗?”守卫说:“不会,你不必担心,现在没有人会杀死他们或者你了。”我当时并不知道这些话的意思是外国军队已经到了北京,每个人都担心遭到他们的报复,但是我肯定地感觉到,我们安全了,会以某种方式得到释放。后来,我知道这些外国人是格林(Green)夫妇和他们一伙的人。

最后,这些人把我们带出了监狱,我的四个孩子也回到我的身边。他们被送到了城里的孤儿院,当我在监狱的时候在那里受到照料。由于饮食不好,而且没有母亲的照看,他们都病了,非常瘦,但他们没有受到不友好的对待。过了一段时间,我的丈夫回来了,于是我们所有人都活了下来。上帝对我们非常好,我的孩子是他的,要做他想要他们做的事情。

丘医生

丘(Chiu)医生曾经是在北京独立执业的阿特伯里(Atterbury)医生的学生,有一家自己的药店。

当义和团在城里到处设坛,基督教徒的危险大增的时候,丘医生为他自身的安全感到担心。他跛得非常厉害,这使他的情况更为艰难,因为这不仅让他十分引人注意,也让他难以逃亡。于是,在义和团开始攻打教会之前,他就到了城外几里远的一个村庄的亲戚家。他的亲戚拒绝让他留下,于是,在寻找一个藏身之处的努力失败以后,他又返回城里。不久以后,攻打就开始了。他的西药店被抢了,他的家也被抢了。他被义和团抓走,带到祭坛上。由于害怕,他屈服于他们的要求,向他们的偶像烧了香。

他们仍然想杀了他,这时有一个人建议留下他,为那些在攻打使馆的战斗中受伤的人治疗伤口。这个建议被接受了,他被带到了一座庙宇,里面有三十多个受伤的人,躺在台阶上、院子里和其中一个房间里。在另外一个大一点的房间,躺着二十多具已经死去的人的尸体。这些尸体被保留下来,是因为义和团首领许诺说,过几天,所有人都会死而复生,再和他们一道去消灭基督教徒和外国人。

丘医生在这个院子里被严密地关押了十多天,周围全是腐烂的尸体和还活着的人的呻吟声。他自己的生命依赖于他能不能成功地治好他照料的那些人。守卫他的人白天黑夜都不离开他,他知道,由于没有治疗用的药物和器械,有些伤员不可能康复,于是就平静地等待最后的日子,祈求宽恕他在烧香一事上的屈从。

然后,事情发生了突然的转折。一个富有的村庄遭到义和团的抢劫,尽管它与所指出的基督教徒和外国人都没有关系。他们的首领进到城里,进行投诉,丘医生所在的庙里的这伙人被要求到官府去。一些人去了官府,剩下的人跑了,没有留下人守卫。这是逃跑的机会,但跑到街上去并没有用处,因为其他人会抓住他。他成功地送信给他的哥哥,哥哥带来一辆车,把他带到家里。他这个哥哥是个异教徒,本人没有危险,尽管在攻击的日子里,拒绝庇护他的弟弟,但现在还是把他留下藏了起来。在两个月的时间里,他没有被义和团发现。当军队进城后,他被传教士带到了一个安全的地方。

文　丽

牛顿(Newton)小姐学校里的一名女学生文丽(Wên Li),许配给了一名年轻的医生马(Ma)先生,马先生一家是北京长老会的一个重要家庭。文丽自己的母亲不是基督教徒,出去给一个富有的中国家庭做工。在学校被放弃后,文丽无家可归,就被送到了她未来的婆婆家。

这家人希望以通常的形式举行一个婚礼,这就要先把新娘送到一个朋友家,然后再用红色的花轿把她接进家。但是,街上太乱了,暴徒十分野蛮,他们害怕一个有基督教徒参与的婚礼会引起注意,从而招致麻烦,于是这件事就一天一天地拖了下去。有一天,马先生接到通知,要他们必须把租住的房子交还给房主。他们到教会,在那儿找到几间空房子,暂时住了下来。这时,似乎最好举行一个安静的婚礼,以使年轻的新娘能有一个更好的地位,受到她的丈夫的保护。

就在这天晚上,教会的房子被烧了。一群本土基督教徒藏到一个院子里,里面有一些树和灌木丛。但是房子起火发出的光亮把他们给暴露了,人们追赶他们,用刀和斧子攻击他们。他们逃走了,但很快就被分开了。文丽和她丈夫的姊妹藏到了一个毁掉的庙里,庙的前面在燃烧,形成的浓烟把躲在后面砖墙下的她们给遮蔽了起来。到了早晨,这个藏身之处遭到搜查,藏在里面的人被带到义和团祭坛进行检验。文丽被释放了,但她丈夫的姊妹被杀死了。

同一天,年轻的丈夫也被带了进来,并且被杀死了。文丽这个刚刚结婚几个小时的新娘成了寡妇,只剩下孤身一人。她带着义和团的刀在她脖子上造成的几处伤口,在痛苦和恐怖中去找她的母亲,但是她的母亲不能留下她。她从一个地方走到一个地方,最后被带到她的一个同学文燕(Wên Yen)的姊妹家里,在那里住了两个多月。这家人的丈夫是一名义和团,但他保护了这些女孩。他们不得不忍受他的责备,他还不断地要她们放弃基督教。

一天,他对她们说:“由于你们的原因,我背上了一个坏名声,人们指责我把你们当作我的小老婆。除非你们背教,否则我就把你们交给义和团。”他的妻子随后说:“我们保护她们的时间太长了,她们现在必须得死。"文丽的伤口还没有好,身体病弱,失去了勇气。因此,当他点起一炷香,对她们说"你们只要在烧香的时候跪下,你们就没事了"的时候,她再也坚持不下去了。那名妻子对她身心的虚弱很是同情,就把香折断到只有一两英寸,好让烧香的时间短一些。

当这位可怜的姑娘讲述她的故事的时候,不停地哭泣,求我为她祈祷,宽恕她在面临考验时的屈服。

当围困结束时,她被带到了教会重新建立的地方,在友善和照料下,很快就恢复了。她后来又结了婚,嫁给了一个其未婚妻在义和团恐怖统治时被杀死的年轻人。

张先生和文先生

联军到达北京后,都春圃先生和一些助手前往通州,去了解那些没有和他们一起到北京去的基督教徒的命运。他们还到了被舍弃的衙门,收集了一些文件,以给义和团首领及其行为提供证据。

在这座城市的知县的文件中,有一份涉及对伦敦会的张(Chang)先生的审讯。他的家在通州附近的一个村子里,但他在北京做买卖。当城内到处都是义和团,所有买卖被迫中断时,张先生便回家,带着他的家人逃跑。由于被认了出来,他被义和团抓住,脱光了衣服,用绳子绑在一辆车上,带到通州的衙门里。绳子把肉磨破了,所以当他被带去审讯时,他身上已经满是流血的伤口了。

在被询问时,他直率地说出了他的信仰。他说,他做了几年买卖后,受到伦敦会在街上的福音堂的吸引。他越是听耶稣的教义,就越认为这是一个好的教义,在参加教会一年后,他受了洗。他说:"我为我的信仰,我准备去受死,我不怕死,不会背弃我的宗教。"写文件的人记下了他的话,他用食指按下了手印。然后,他跪下开始祈祷,官员离开以后,义和团把他放倒,砍成了碎块。

后来,他的儿子对他的死进行了陈述,和官方的记载完全一致。又过了一阵,当官员们和传教士讨论赔偿的问题时,也谈到了对这个人的审讯,并且补充说:"他明白地说他是一个基督教徒,那儿所有的人都听到了,我怎么能救他的命呢?"一个为了他的信仰可以去死的人,是一个异教的官员难以理解的。

同一个教会的一位文(Wên)先生,和他的妻子、孩子一起,被义和团带到了庄亲王的王府,但是通过一个朋友的影响,他们被释放了。当他们离开的时候,文先生又被抓住了,他的头被剃了,带着沉重的链子被带到乡下,从一个村庄走到另一个村庄。义和团声称,他们要把他送到北京接受惩罚,但缺少资金。在一个村庄勒索了一笔钱以后,他们又来到另一个村庄。在每一个地方,文先生都受到人群的凌虐和羞辱。就在他这样到处转悠的时候,抓他的人听到了联军已经到了的消息。听到这个消息后,他们全都逃走了。文先生急忙赶回京城,并且安全地到达那儿。后来,他听说他的妻子和孩子在乡下找到了避难的地方,于是他们很快就团聚了。

江先生

伦敦会的江(Chiang)先生已经六十七岁了，是一个非常圣洁的基督教徒，也是一位优秀的《圣经》学生。他被安全地带到了美以美会，但他非常担心还在乡下的小女儿，想离开避难地去找她。他在第一个机会出现的时候就溜走了，从此就再也没有见到过他。

在他去往位于乡下的家的路上，有人向义和团指出了他。他们抓住了他，告诉他他们要杀他。他要求给一点时间来祈祷，然后跪下就开始说："父，宽恕他们吧！"但他的祈祷并没有完成，就在他跪下的时候，刀落了下来，他被砍成碎块。

同一教会的一位结了婚的学校女学生，以下面的方式被她的丈夫救了。在一个人迹罕到的地方，他靠着一段空墙修了一间石头小屋，有四英尺见方，六英尺高，既没有门，也没有窗户。当妻子和孩子在里面的时候，他用砖头把入口堵死，只留下一个口，用来送饭。母亲和孩子就在这里待了六个星期，丈夫冒着生命危险来来回回地送饭。有时候，他二十四小时都不能见到他们。他的小孩子由于缺乏充分的食物而身体虚弱，在他们得以离开藏身之处之后，只活了很短的时间。

张氏夫妇

张(Chang)先生是伦敦会的一名年轻的布道员，他的妻子曾经是一名聪明的女学生。当基督教徒从城里各处聚集到美以美会的时候，张先生把他的家人带到那儿。后来，他感觉那儿不是一个安全的地方，就把他们带回到他的养父那儿，并且在一个短时间内离开了他们。当他离开的时候，妻子、小孩子和瞎眼的老母亲被房主赶到了街上。

就在张夫人慢慢地走着，给瞎眼的老母亲——不知道往哪儿走——指路的时候，一名义和团过来了，抓住她的袖子说："跟我走！"当他们一起走的时候，他突然进入了义和团的恍惚状态。他倒在地上，口吐白沫，咆哮了一会儿，然后起来，向她竖起僵硬的手指，说："你是二毛子！我要杀了你！"他立即把她带到城门附近，那儿有一支大约五十人的卫兵，不远处有几具被杀死的人的尸体。

张夫人想就要被杀死了，于是开始祈祷，以获得力量，在最后时刻为上帝做见证。他们开始问她："你是基督教徒吗？""我是。""哪个教会的？""我是新教徒。"然后，他给了她一炷香，说："烧了它，你的命就能保住。"她坚定地回答："决不！"聚集起来的人群开始叫喊："杀！杀死她，看看她的尸体能不能复活，去找耶稣基督。"她转身向着他们，说："我的身体被切成碎块，会和其他人一样在地上消失，但我的灵魂将会离开你们，升到上帝那儿。"义和团开始走开，去拿他的刀。这时，一名士兵叫道："你这个可恶的基督教徒，你应该去死，可你的孩子会怎么样？快！快逃命吧！"

她抖得很厉害，几乎都不能动了，但还是用尽全力快跑起来。在士兵们的帮助下，她在义和团回来之前逃脱了。她在一个肮脏的角落藏了起来，并且在那儿过了夜。快到天亮的时候，一个男人打着灯笼过来了，好像在找什么人。当他走近的时候，她看到那是她的丈夫！自从前一天中午，他就一直在找她。他们找了一辆车，逃到一个村子里。那里的一位朋友贿赂了村民，不要把他们泄露出去。后来，张先生到城里，试图找他的老母亲，被义和团抓住杀了，他的头被切了下来，献给了偶像。

基督教学生

王智深(Wang Chih Shen)是汇文书院四年级的学生，学年结束后，他返回了在东部的家乡。人们都知道他是一名基督教徒，所以很快就被义和团抓住了。他们要求他背教，他不仅拒绝这样做，而且在他的迫害者面前公开表白他的信仰。他们试图让他停止，但他坚持去劝诫他们和旁观的人群。他们最后割下他的嘴唇，然后割掉他的舌头，最后把他的四肢一个一个地砍下，直到他断气。或许，这是我们所知道的最为残忍、也最为痛苦的事例了。

另一名学生在被抓住后，面对“你是基督教徒吗”的问题，先是回答“如果我是，你们准备怎么处置我”，然后说：“是的，我是基督教徒。”他们当场把他杀死。

吴子高(Wu Hsi K'ou)是一名三年级学生，在山海关附近被抓住，一名异教徒让他去给他做工。这名异教徒留下他，安全地度过了风暴时期。等到军队到来后，给了他衣服和钱，送他离开。

在遵化，一个茶叶店的店主救了一名学校学生，把他当作儿子带回家，照料他，一直度过了危险时期。后来，这名学生的叔叔来找他，店主就把这名学生安全地交给了他的叔叔。

文兰(Wên Lan)曾经是一所女子学校的学生，在遵化当了教师。当教会和学校的人都四散而逃时，她和她的祖母以及其他一些人逃到了山区。有两天的时间，他们没有吃任何东西。最后，他们想，还不如冒个险，即使被义和团发现，也和饿死差不多，就找了些柴火，点起了一堆火。火堆冒出的烟泄露了他们的藏身之处，义和团来了，把他们抓住了。

他们一伙人中有一名原先的书院学生，在铁路工作，对他的信仰开始失去了热情。在路上，文兰用英语劝诫他忏悔，准备去死。他试图制止他，害怕义和团知道他们是基督教徒。但是她说：“我们要直接告诉他们，我们是基督教徒。”她鼓励这一小伙人忠诚地去死。当他们即将被处死的时候，她请求让她对大家说几句话。在得到准许后，她对她的信仰作了真诚的表白，并且向她的一伙说：“我们就要去天堂了。”然后，她用一块手帕蒙上头，说：“现在杀死我吧。”她被两刀杀死。

王京林(Wang Ching Lin)曾经学过医，后来进入正规的大学学习。他在城内被杀死，据说他的身体被砍成六块。

一名学生助手被抓住，义和团要求他背教。他拒绝了好几次。最后，他们准备了一个容器接他的血，让他跪在容器上，开始慢慢地割他的脖子。他失去了勇气，同意烧一炷香，从而救了自己的命。

杨普(Young Pu)是一名基督教仆人，和传教士在一起，远离他的家人。他的妻子被义和团抓住，用刀砍伤。她是一个面貌姣好的女人，他们显然想要留下她这条命。他们试图劝说她成为其中一名义和团的妻子，她拒绝这样做。然后他们剃光了她的头，给她穿上一件尼姑的袍子，但她拒绝打扮成这样的形象。最后，在徒劳地试图劝说她背教之后，他们决定没有别的办法，只能杀死她了。她有两个小孩子，由于她被绑着，大孩子就领着小孩子跑到她的身边，乞求义和团饶了他们的妈妈。结果，义和团在同一个地方，把母亲和两个孩子一起杀死了。

马夫人

在骚乱爆发之初，圣公会的一名中国布道员被杀死了，留下了他的妻子和两个孩子。马(Ma)夫人便化了装，带着两个孩子藏到了一个庙里。她丈夫的一个朋友魏(Wei)先生看到了她，对她无助的境况感到非常难受。尽管他不是一名教会成员，但由于他与外国人关系友好，也处于义和团的危险之中。作为预防措施，他设法取得了义和团一名首领的善意，以保护自己。他找到了这个人，告诉他马先生的死讯，请求他说，如果马夫人和孩子被带到他那儿，请他救下他们的命，因为只有马先生是基督教徒。

不久以后，马夫人和她的孩子就被带到了祭坛，他们问她："你是基督教徒吗?""是的，我是。"那名义和团首领有些困惑，最后把她送进了监狱。他写了一封信给魏先生，问他到底怎么一回事，为什么他说她不是基督教徒，而她自己说是。我们不知道他们之间后来怎么交流的，但尽管马太太仍然忠实于她的信仰，她还是在几天后被释放了，没有受到任何伤害。

天主教徒

新教教会逃难的教徒忠诚地证实了自己的宗教信仰，而许多地方的天主教徒也以同样的态度面对死亡。

洪(Hêng)执事说："在一个地方，我看到了一家天主教徒的死亡。母亲和两个孩子被绑走，一个邻居乞求留下了那个小孩子，让他收养，但母亲和大孩子被带走砍死了。我听见她叫：'啊，主啊！啊，主啊！收下我的灵魂吧！'她的灵魂一定上了天堂。"

一个在山西幸免于难的女孩文翠(Wên Tsui)说，天主教徒非常勇敢。即将被杀死的孩子说："你们带给我们巨大的荣耀，这是我们最快乐的日子！"

通州的李(Li)执事谈到，一名天主教徒化装藏起来了，在被抓住审问的时候，承认自己是教徒，为自己的信仰而被杀死。

开平地区英国监理会基督教徒受迫害记[①]

李福(Li Fu)是应各庄(Ying Ke Chuang)的布道员,在滦州被义和团抓住,背上和肩上几处被烧伤,肚子被刺伤,幸运的是伤得不深,没有危及生命。他的双脚脚踝后面都被用刀切断,一辈子都将变成残废。然后,他又被用绳子紧紧地绑住,紧得直到现在胸上还留下捆绑的痕迹。他们把他送到了滦州的衙门,在那儿,他的迫害者们要求知县杀死他,但是不知道是出于恐惧还是出于仁慈,知县拒绝杀他,只是把因伤而晕倒流血的李福关进了监狱。在监狱里,他住了大约三个月,只有一名狱友照料他。狱友给他洗伤口,让他吃自己的饭。一直到欣德斯(Hinds)先生 9 月回到天津,写信给滦州知县,他才得到释放。这个可怜的人在折磨他的人手里受到了极大的痛苦,他要求他们立即结束他的痛苦,甚至要他们把他活埋。他的妻子和孩子也都遭受到残酷的对待。李夫人的衣服被扯到后背上,和她的丈夫一起被用绳子绑到一辆车上。一个四岁的孩子被抓着双脚,像扔一块木头一样被扔到院子的另一边。另一个孩子后背上中了一枪,但不致命。李福最后得到一大笔钱作为他们所受全部痛苦的赔偿,但他计划把这笔钱的一部分捐献给一个福音堂以资修建,或者用来资助在他受难地区的一名布道员。

李书吉(Li Shu Chih)是永平府城内福音堂的成员,被一群以一名满洲富人为首的乌合之众抓住,绑起来,带到了我们的福音堂,在那里进行了所谓的审讯。他在这里表白自己是一名基督教徒,而且坚决拒绝背教,尽管人们再三要他这样做。他被打了五百板子,然后关进了城里的监狱。在那儿遭受了两个月的可怕苦难,最后带着对福音的信仰和希望死去了。

张守臣(Chang Shou Chên)是小集(Hsiao Chi)的布道员,和他的妻子以及家中的其他七个成员一起,被活活烧死在他们家里。

张玉文(Chang Yu Wen)是一个十七岁的小伙子,非常真诚的教会成员。由于勇敢地抵御了要他背教的所有诱惑,被砍成碎块,钉到墙上,以每块五百两银子出售——他还只是个孩子。

在离永平府三十里的何庄(Hê Chuang),二十三名教会成员和望道者被杀死,其中大多数人本来有机会背教。死去的人当中的杰出者有:

何明章(Hê Ming Chang)。他是一名长老,他的妻子和小儿子也遇难。何先生与妻子、孩子逃到了山里,但被追了回来。他拒绝听从他们所有的要求,被活活烧死。他的妻子和孩子被何夫人的哥哥从悬崖上扔下,她哥哥跟着跳下去,把母亲和婴儿踢死。

杨林(Yang Lin)和妻子,杨怡清(Yang Yi Ch'ing)及其妻子、女儿,杨寿(Yang Shou)一家七口。他们一起被抓住,带到一座庙里,在那里被关了几个小时,但他们都拒绝背教,结果在半夜被杀死。他们的尸体被砍成碎块,分别扔在了不同的地方。

徐杨氏(Hsü Yang Hsi)和女儿。她们是上述杨怡清的妹妹和外甥女。她们俩人都

① 应作者请求,由海德利(John Hedley)牧师撰写。

没有受洗。徐太太是一个寡妇，三十二岁。她丈夫的一个叔叔不喜欢她，因为她不愿意再嫁，于是他就把义和团带到他们家。他们在他家里打伤了母亲和女儿，然后把她们扔到滦河里。叔叔占有了财产，但在传教士第一次访问了永平府以后，又把契约等送给了布道者。知县处理了这件案子，对土地进行了分配。

陈希孔(Chên Hsi Kung)。他是白家店子(Pai Chia Tien Tze)的教师，有功名。这人的勇气和担当精神令人吃惊，以致迫害他的人在杀死他之后，挖出了他的心，要看看是什么让他这样坚韧。他的心在村里的石头上放了好多天。

陈仁义(Chên Jên Yi)。这个小孩子只有十岁，但在还是个婴儿时就已经受洗。这个孩子被抓住，问他是不是基督教徒。对此，他回答说是。又问他愿意不愿意放弃耶稣，他极其勇敢地拒绝了，被当场砍掉在地。他的两个哥哥和两个侄子，尽管没有受洗，也同时被杀死。

第三十六章
山西基督教徒的火与刀

9月19日，一位名叫王兰普(Wang Lan Pu)的中国本土助手到达了北京，陪同他的是一位非教徒朋友，这个朋友友好地和他一起走了数百英里，看着他安全地穿过了骚乱的地区。他的故事非常有意义，不仅仅是故事本身，还在于它阐明了义和团令人难以置信的狂热在短短几天的时间里，在任何人都不可能想到它会产生出这样的结果之前，是怎样传播、扎根、结出可怕的果实的。王先生的故事与通州美国公理会潞河书院的毕业生费起鹤(Fei Chi Hao)先生仅仅两天前讲述的故事非常相似，那个故事讲述了太原府地区的大多数传教士被杀害的悲惨情节。

听过费的故事后，我们就让王先生讲述他自己的故事。这个故事，笔者曾经仔细地听了三次，最后一次作了详细的笔记，提供了许多细节。笔者不仅没有试图加以修饰，还省略了一些有关他本人和他家人苦难的句子，或者因为太不重要，不必叙述，或者因为太过恐怖，难以描述。

> 四月(5月)的时候，我们这儿有个持续十五天的大集，集上卖马匹和骡子，同时还有一些精彩的戏剧演出，因此吸引了大量的人群。在这个集上，义和团进行了宣传鼓动，并且制订了攻打中国内地会的福音堂的计划。这个福音堂刚刚修筑完工。
>
> 当地的知县听说了正在发生的事，亲自来到这里，驱赶威胁要攻打教堂的人群。他对他们使用了鞭子，直到他们被驱散。这样的情况发生了两次，但在第三次的时候，暴徒已经控制不住了，知县本人也遭到殴打，眼镜被打掉了，轿子也被毁成碎片。这天是星期日，传教士正在福音堂里做礼拜。他们逃到屋顶上，然后又到一个姓周(Chou)的教会成员家里避难。这名周姓教徒是个木匠，骚乱者们跟随着来到这里，把他的木匠铺推倒。在混战中，知县丢掉了他的官帽。当时还有一名军官，他和知县一起把传教士拉森(Larsson)和他的同伴(刚刚到达，我不知道他的名字)放到他们中间的车上，然后手里拿着鞭子，分别坐到车子的两边，以保护外国人。跟在他们后面的暴徒们扔着土块等物，车子的帘子被撕成碎片。
>
> 这时已是中午时分，当传教士们到达的时候，他们的衣服都被撕成了条。知县给他们另外找了衣服，把他们带进了他的衙门，说他会偿还他们的损失。这名官员姓阮(Rwan)，来自中国南方的某个地方。他对基督教比较友好，因为他小时候上过教会学校，以前也常常来到我们的福音堂，到处看看。
>
> 传教士们在衙门里待了两三天，起初没有人注意到这些外国人，他们都忙着抢福音堂里的东西。福音堂被拆了，一直拆到地基，所有的东西都被拿走了。其他地方的

福音堂也全都被焚毁了。知县在夜里把传教士送到了应州，因为暴徒们不断地来到衙门，想得到他们。知县把自己的车借给他们，由一名军官和两名士兵或者衙役护送。他还为教会成员雇了一辆长车，所以在浑源，没有人被杀死。到了后来，当教徒们返回来的时候，在城里遭到追赶和辱骂，如果不愿意背教，就涂上污物，但他们没有一个人背教。

和我一起工作的卡尔博格(Karlberg)先生和我一直在应州。这个月的廿六和廿七，百姓开始祈祷下雨，但是知县认为不会造成什么麻烦。他要求那些参加祈雨仪式的人登记下他们的名字，就是那些领导人，这样就知道谁要负责任了。他找来一些士绅，要他们制止一切可能的麻烦。不久，义和团的首领就到了应州，要求大家一起杀死外国人。甚至孩子们也开始学习和演练技艺，在三天的时间里，整个事态就发展到了高潮。知县请卡尔博格先生和我进入衙门，我们在那儿待了几天。由于我们是夜间进入衙门的，所以没有几个人知道我们在那儿，外面也没有发生骚乱。在衙门派出的人的护送下，卡尔博格先生骑着马，用了不到两天就到达了朔平，那儿到处都没有骚乱。

六月初一，形势开始变得极其恶劣，知县想让我也离开。他让我穿上一套衙门的送信人的服装，给了我一匹衙门的马，同时给朔平知府写了一个文件，告诉他这里的情况。作为给官府送信的人，我应该会安全许多，尽管这一路上有很多人认识我。我还带有给第一个县城左云县的知县的文件。天黑时，我到达了左云，立即就去了衙门，恰好看到暴徒在放火烧那儿的福音堂。教会成员在衙门里看到了我，当时他们一个人也没有受到伤害。我在那儿过了大半夜，但由于不太安全，第二天早上很早就在一个衙门里的人的护送下上路了，到天亮的时候已经走了二十里路。

到半晌午的时候，我到了朔平府。我直接骑马去了衙门转交文件，然后到教会大院去传递消息。这里一切还十分平静。我们四个人去见知县，知县接到我们的请求后又去见知府。知府说："你们想怎么做就怎么做吧。"意思是他不关心这些事。他是一名满人，满人全都仇恨基督教徒，并没有什么具体的原因，只是因为他们心中有一个魔鬼让他们这样做。在这之后，知县也没有自己的计划。我们请求他派人护送我们到张家口，他答应派一个人把我们送到他的县界。他要了五六辆车，商定了价格，然后通过衙门的人支付了车费。

我们返回了福音堂，很高兴似乎有了一个逃走的方法。就在我们忙着进行准备的时候，一伙暴徒聚集起来了。大门在一瞬间就被撞开，抢劫开始了。我们看到事情已经无法控制，就再次逃到了衙门。知县给了我们一个小房间，让所有的传教士住，为基督教徒准备了另外一个房间。这些房间都是外间，不是里间。他的安排非常应付公事，对我们来说不是好的预兆。这时，人群还没有变得野蛮，他们完全忙于抢劫东西。我们在中午到达了衙门，我们的房子在这之后不久就被焚毁了。

这时，有人想到一个天才的想法，就是向人们说，我带着刚刚从北京下达的朝廷命令来到城里，要把所有的外国人带着镣铐送到北京去。这样，所有被困在这儿的人的生命就能够从暴徒手中得到拯救，而当我们离开这个城市，摆脱危险以后，再把镣铐取下来。传教士们对此表示同意，认为这是一个聪明的办法。于是找来了一名铁匠,打造了六副手铐,每人一付。由于我得把衙门的马送回去,而且我自己的家人也需要照料,所以大家觉得我最好还是返回应州。我就留在了衙门的马棚里。这一整天,传教士们激动得吃不下饭去,当他们到达衙门以后,没有人让他们吃任何东西,甚至都没有喝口水。由于非常疲劳,我就睡下了。一会儿以后,有人大声地叫我的名字,每个人都明白这意味着危险来临了。我无法逃跑,只好出去,见到了一大群义和团和满人,他们开始猛烈地殴打我,把我拖到仍在燃烧着的福音堂里,把我扔进了火中。

很快我就完全失去了知觉,处于半死的状态,心想我就要死了。我后来得知,义和团摸了摸我,看看我是不是真的死了,结果认为我是死了。他们拖着我走了最后一段路,就是为了把我扔进火里。在旁边站着的两个人对我很好,他们向义和团说了好多求情的话,让我死在我所在的地方。他们中的一人来自附近的村庄,另一人是城里的一个地痞,经常在街上的福音堂里见到我。他喜欢我们的教义,只是下不了悔改的决心。他们试了试我的心脏和脉搏,看到我没有什么致命伤,就在旁边等着我活过来。结果,夜晚的寒风帮助我苏醒了。这时,那些暴徒已经离开,回到了衙门,想把传教士也拖出来杀了。那里有十多名基督教徒,他们拼命地殴打他们,有的人可能被打死了,但他们没有动那些传教士。

我的救命恩人们帮着我起来,把我带回到了衙门,想把我放到我原先所在的地方。但无论怎么说,衙门里的人都不愿意。“如果他死在这里,那算是谁把他杀死的?”但是,他们把我的马、衣服、被褥、钱袋以及我的文件给了那两个人。于是,他们一人牵着我的马,另一人背着我出了城。他们两人把我架上了马,不过由于我十分虚弱,还在昏迷中,他们只能一人扶着我,另一人牵着马,我才能坐在马上。他们一路带着我走到一家客栈,我们在那里碰巧遇到了传教士家里的厨子。我们不敢在那儿停留,于是他们又一起把我扶上了马。

厨子回了他在汾州府的家,来自城里的那个人一路跟着我,走完了第一天的旅程。在路上,在一个离城四十里的镇子里,我遇到了一些旅行的人,他们告诉我,当天早上,有十三名传教士在朔平府被杀死了。我在两个不同的地方听到这一消息,断定它是真的。他们可能被带上镣铐,不能做任何的反抗。由于我没有钱,就给了护送我的两个人一些衣服,表示对他们的友善的感谢。我拖着虚弱的身体,要用三天的时间才能到应州。

在离那儿四十里远的一个镇子里,有人告诉我,回到应州已经没有什么意义,因为那里在六月初三(6 月 29 日)就被毁掉了。我还听说,我的母亲和其他人被知县用一辆车送到朔平府,但他们在走到半路的时候被义和团追上,又被带了回去。我的母亲、我的兄弟、姊妹、我的小孩子和一个姓吴(Wu)的老妇女被活活烧死了(我的妻子二月就去世了)。不仅是他们,护送他们的衙役头也被扔进了火里。他们把车子烧了,把骡子杀了,把我住的院子里的狗和鸡一起扔到了火里。人没有绑起来,就这样扔到火里,但每当他们想冲出来的时候,就会再被赶回去。这是一个缓慢而痛苦的死亡,我想都不愿意想它。

所有的教会成员都一起被抓住了,只有我的一个兄弟例外。他有时会去做一点买卖，为了自己赚钱而销售基督教书籍，当时正好不在家。知县知道了这些事，尽了最大努力去救他自己衙门的衙役的命，但是，他们告诉他，如果他在这件事上硬来，他自己也要被扔进火里。

尽管听到了这些可怕的故事，我还是不能放弃回家的想法，我要回去弄明白这些是不是都是真的，另外还要把马还给衙门。于是，我自己就继续往回走。离城十里的时候，遭到三四十名义和团的攻击，他们高兴地认出了我，命令我下马，紧紧地把我绑起来，把我拖回到了城里。他们叫来了义和团的大师兄，这人是个白铁匠，其职业是修理铁锅。他甚至都不认字，但现在成了“大师兄”了。知县很快就知道我来了的消息，也听说大师兄在审问这个案子。知县十分礼貌地邀请大师兄来见他，大师兄就来了。

知县说他一直就十分怀疑这些人是不是真正的义和团，怀疑他们能不能像他们所说的那样刀枪不入。他现在想试验一下。“让你的人上法吧，如果能的话，让自己刀枪不入，我来用枪打他们。如果真的伤不了你们，你们可以对王信差想怎么杀就怎么杀，你们要是真正的义和团，我也会成为一名义和团。如果不是那样，我就知道你们不是真正的义和团，你们所说的就是假的。”这名大师兄只是从一个村子或者一个地方找了些义和团跟着他，但是他想了想，觉得这也是一个公平的提议，就同意了，但希望他本人不在队列中，只是站在一边，这样他就能够告诉神灵什么时候真的到了。他还坚持，试验一定要等到他宣布神灵到了的时候才能开始。对此，知县同意了。

这时，已经是夜里很晚了，将近半夜了，但是这个消息传了出去，全城的人都打着火把和灯笼出来观看。城墙一带有个真武庙，义和团就集结在庙的前面，暂时停止他们的攻击，准备演练，以等待测验。

许多旁观者来到城墙下面，找个好地方来观看。知县指定来守卫我的四个衙门里的人想要给我松绑，这样我们就能一起观看了。知县发出了仔细的指示，亲自看着把子弹和火药装进枪里。预见到可能会出事，他安排了二百名打架、摔跤和射击方面的好手来保护他，而他用来试验义和团的，也正是这些人。等到大师兄喊“神来啦”的时候，知县——他也拿着一把枪——一声令下：“开枪！”四五名义和团直接被打死，还有六七名受伤摔倒在城墙上，他们中间没有一个人没有受伤。然后，他们全都四散而去。

知县现在把我叫过去，告诉我，他甚至不能保护他自己的衙门的衙役头，我要留下的话，十分不安全。他给了我二十两银子和一些铜钱，还给了我一封带给太原府（我想去的地方）的官信，主要是为了在路上保护我。尽管非常不适合骑马，甚至一点都不愿意挪动，但我还是当晚就离开了。我们那时对巡抚对传教士的态度还一无所知，否则的话，我绝对不会想到要到太原去。

走了大约三十里，我遇到了大麻烦。在一个大村庄，有一群人怀疑我，断定我是一名外国人的信徒。他们说我随身带着用黄纸剪成的小人和外国的迷药，对我进行了搜查。这样，他们就看到了我的银子，也看到了那封官信。正是那封官信救了我的命。这群人现在开始分裂了，有人喊：“不管这一套，杀了他，把他结果了。”而其余人说：“他是一名官差，让他走他的官路吧，不干我们的事。”他们就这样争执了半天，一些好心人为我说了些好话,几乎每一群暴徒中都有一些这种好人,并不是所有人都是坏人。

后来我得知,原来有一小伙人私下里商量好,最好放我走,然后他们为了自己的目的再来追赶我,抢劫并杀死我,然后把银子分了。但我当时并没有想到这一点,只是尽快地走了。当我走了七八里路的时候,几个人赶上我,叫喊着要我离开大道,走一条小道,因为后面有一大伙人想要追赶和杀死我,他们有刀和枪。这让我十分困惑,我不能断定这是不是一个杀害我的阴谋。他们非常着急,于是我就服从了,离开了道路。当时,前面有个关口,附近有座山。这不是一条车道,只能走驮东西的骡子。我来到一个村庄,求他们让我休息一会儿,但他们不愿意和我打交道。

但是在另一个小村庄,有一位老人对我很好,建议我不要去太原府,那里有八百或九百里远,而到直隶省城保定府,只有六百里左右的路。我在这里停留了三天,直到追赶我的人可能全都回去了,我才绕过那座山,重新回到大道上。在这之后,我到了著名的五台山所在的五台县。我在村里的朋友派了一个人护送我,为此我不得不和他们分了我的银子,这样我剩下的钱就不多了。过了这里以后,在一个叫太翁(Tai Ving)的地方,我又遇到了义和团,再一次受到检查。我这一次的说法和上一次不一样,说我是一名回家的商人。我把官信撕了,它现在只能让我受到牵连。在不同的地方如果不讲述不同的故事,是不可能的,这实在是没有办法。我越是往前走,就发现义和团越来越厉害,于是我决定再回到山里去。走了一百二十里,到了一个叫做"阜平"的城市。我当时并不知道是哪两个字,但"福"意味着快乐,"平"意味着平安,我就想,这是上帝打开了这样两条道路。尽管第一个字错了,但我确实得救了。我把我的故事讲给客栈主人听,他建议我用剩下的那点钱做点小买卖。

他有一个邻居,知道怎样用油做油炸圈饼,就把我带到他那儿,把我所有的东西都给了他作为保证。就这样,我和他一起做了两个多月的买卖。那个地方没有任何义和团。到了八月,我想我该走了。到这时,我得到了一吊半钱,此外还有好多东西。我不敢去保定府,因为我听说那儿所有的外国房子都被烧了,许多教会成员被杀死了。我没有听说那儿的传教士被杀死的消息。在去北京的路上,锡克士兵抢走了我以及和我在一起的那个人的钱。我现在真高兴,又看到了这么多基督教徒在一起,述说和聆听上帝的仁慈。

注:下面是迄今知道的在朔平府被杀的传教士名单:

瑞华盟会:波森(S. A. Persson)夫妇,卡利森(N. Carleson)先生,拉森先生,卡尔博格先生,伦德尔(J. Lundell)小姐,英格瓦尔(J. Engvall)小姐,海德兰德(M. Hedlund)小姐,约汉松(A. Johannsson)小姐。

宣道会的有布洛姆博格(C. Blomberg)夫妇和孩子。

第三十七章 十二个月的外国占领

围困得到解救以后，入侵的军队立即就把北京分割了，一方面是为了方便巡逻，另一方面，各支军队也把各自分到的区域作为到其他地方进行军事行动的基地。俄国人和日本人的军队似乎人数最多，但是由于军队不断地来来去去，所以没有一个统计数字能够准确到一天以上。

大约一个月以后，突然宣布俄国军队准备撤退。此后不久，俄国使馆确实离开北京，前往天津，但它在天津只待了很短的时间，就又返回了北京。它带头进行的这一行动，并没有得到其他列强的响应。很明显，对满洲的占领引起了大量的麻烦，如果其他列强的军队能够在俄国的建议下被劝说离开北京的话，俄国就会因为为中国做了件好事而得到好处，同时又有利于其自身的利益。

在剩下的几个月里，一直到这年年末，从天津和北京出发，向各个方向进行了越来越多的军事远征。某些远征规模很大，并且得到了充分的报道，而有些远征并没有引起多大的注意。最重要的一次远征是到保定府，既有军队从天津出发，也有军队从北京出发，计划同时到达。这次远征的结果，表明了这样一个有八个不同国家的军队参与的军事行动与生俱来的虚弱。从天津出发的法国军队比英国、德国和意大利的部队早到了一个星期，流行的消息说他们勒索了一笔巨额的“赎金”，作为这个城市免遭破坏的代价，而这笔钱归他们自己所有。无论这个消息是真还是假，似乎都不可能完全确定。对任何地方的军事行动都难以加以追踪，其中的事实也难以得到证实。而这件事上的模糊程度，至少要八倍于通常那些事件，其中有些事实似乎根本就无从得知。

人们不久就感觉到，如果是一个一等的强国与中国打交道的话，事情的进展就会很清楚、很稳定。如果是两个强国与中国打交道，就会有两倍以上的耽搁，事情的进展也会慢两倍。要是有三个强国的话，就会增加许多冲突，进展速度就会以更大的比例减缓。到了所有八个国家都要加入的时候，它就变成了一个极其复杂的、实际上不能解决的问题。效率的减低程度，是所涉及的国家的数量的平方，或者是所涉及的将军数目的立方。

在保定府，对直隶布政使廷雍的行为进行了调查，他在整整一年中一直是义和团运动的支持者。作为审判的结果，他被判处斩首。和他同时被判斩首的还有保定城守尉和一名参将，他们拒绝保护外国人，当焚烧教堂和杀害传教士的时候，他们的士兵在旁边观看，无所作为。在占领北京之后所有的军事行动中，这一行动的本身最具正义性，而其结果也最为有益。但是，它却有悖常情地被批评为一种对于“复仇”的嗜血性的迫切需要，不是西方国家应该做的事！

德国军队前往位于北京西北四天路程的张家口进行远征,很多人都知道是由于一名高级军官由木炭烟而造成的偶然窒息。这次远征到底有多少价值,很难准确地判断。为了造成精神上的影响,对皇陵进行了一次攻击,但是其结果只不过激起了中国人的愤怒,败坏了军队的道德而已。当身处敌人的国家时,如何把士兵控制住,始终是一件棘手的事情。

义和团起义的情况似乎使得入侵的各国军队司令官们相信,国际法的原则现在不能适用于中国。此外,当作战的士兵们看到其他人那些无视法律的行为时,也会受到传染,从而造成军纪的败坏。战争本身就是对法律的否定,在很大程度上,士兵本身一定会作出判断,决定法律可以在多大程度上被废除。如果不断进行的那些规模较大的远征的情况是这样或者大致是这样的话,那么,公众知之甚少或者毫无所知的那些较小的远征的情况,就更是这样了。

但是,如果认为联军的任何部队中的所有指挥官和所有士兵都无视法律,行为野蛮,那就大错特错了。因为如果真是那样的话,其结果就会出现像阿穆尔河沿岸所发生的那种情况,在那里,数千名无助的、无辜的村庄居民被屠杀,他们的尸体被扔进宽阔的江水中,最终把江水都阻断了。不过,军队就像个人一样,人们对他们作出判断,不是看他们所做的最好的事,而是看他们所做的最坏的事。在这种情况下,就必须承认那些最坏的行为确实是极其恶劣的。很多事例表明,外国军队来到中国北部,似乎就是为了一个明确的目的,那就是在最短的时间里,尽可能多地去违犯第六、第七和第八戒律。这些行为所产生的总体效果,就是许多地区出现了让人难以置信而又难以描述的混乱状态。有大量的证据表明,对非战斗人员进行了任意的杀害,根本不必一一引证。对于这一点,通常所进行的唯一辩护就是这样回答:“哦,是的,当然了,战争都是这样,你还指望它能怎么样呢?”

关于劫掠和大规模的抢劫活动,无论是远征军进行的这类活动,还是在一些小股军队曾经到过的地区里发生的这类活动,都已经有过大量的报道,但是,要了解全部的可怕罪行,恐怕还需要很长的时间。对中国官员和中国城市进行的敲诈勒索可以(也已经)被列举出来,它表明,以所谓的“保护”和“赎金”名目进行的勒索总数足以在一个相当长的时期里,耗尽这个国家的财力。在一些例子中,同一个城市和镇子被多次光顾,反复地进行勒索。远征的“势力范围”没有得到清晰的划分,更没有得到完美的尊重,从而使同一个城市可能遭到不同军队的士兵的攻击。这一事实,使得相当多的地区或多或少地处于某种无政府状态。

应该特别提到两次远征,它们可以作为已经被提到的那些远征的典范。这两次远征都是德国人进行的,其中第一次的目标是距离天津大约六十英里、位于大运河边的沧州。沧州的知县对外国人一直十分友好,这些外国人刚刚把伦敦会的传教站迁到城市附近,并且修建了许多房子。负责直隶清军的军官是梅提督,他不仅与居住在该省这个地区的各色外国人都有着良好的关系,而且在此前十二个月的大部分时间里,无论什么时候,也无论什么地方,一直都把与能够找到的义和团作战当作他的主要任务。很可能,在击败、驱散和制止义和团活动方面,他比中国其他任何一个人都做了更多的工作。

德国人袭击了沧州,抢劫了知县和提督的衙门。在他们发动攻击的时候,提督谨慎地退到了一段距离以外。他们释放了在城中监狱里找到的所有义和团囚犯,然后以胜利者的姿态回到了天津。在天津,他们向上海发送了一份电报,向世界宣告了这次"成功的攻击",声称"德国人在沧州击溃了梅提督的军队,抢夺了他们的辎重,杀死了四十三名士兵"。

对于那些知道事实真相的人,这种不可救药的蠢行对于山东和其他地方那些今后可能会处在德国人统治下的居民来说,不是什么好兆头。所以,当听说梅提督抱怨"我还有什么脸去见各方面的人啊"的时候,有什么值得奇怪的呢?

德国人攻击了天津和北京之间的永清县县城,孟鹤龄先生和孙(Robinson)牧师于6月初在这里被杀害。德国人杀死了将近一百五十人,自己没有任何伤亡。这种行为实在是无法辩解,以致英国人只好拿出已经从这座城市勒索的罚金,用这笔钱来救济德国人的野蛮行为所造成的可怕痛苦!当德国人的这些行动和其他大量的类似行动引起人们注意的时候,他们的军事当局对英国《泰晤士报》记者莫理循博士大为恼怒,因为他首先陈述了那些了解事实的人的态度。这件事的结果,并不是威胁中的要把已经有意轻描淡写的莫理循博士送上"军事法庭",而是对德国的军事行动进行了一定的限制。

这个阴沉的冬天的一切行动所产生的结果,就是以各种不同的、但是同样具有说服力的形式,给中国人上了一课:外国人在道德上比中国人低劣。这是中国人始终知道并且相信的,但是之前还从来没有能够见识过。

许多年以前,李鸿章的一个儿子在天津受教于一个外国人时,告诉这个外国人说,父亲曾经说过,他先前认为,外国人整体上比中国人更诚实、更可相信,但和外国人长期而密切的交往,让他认识到的却是相反的情况。确实,在争夺与中国政府的合同时,一些需要与总督打交道的大公司并不总是能够表现出他们那个文明的最好品质。

但是,随着中国被外国军队占领,面纱——如果有面纱的话——被撕了下来。报纸上所报道的西方在华军队那些无法无天的行为,可能被大大地夸大了。这种情况从一开始就极其恶劣,尽管后来不断地得到改善,但这无疑部分地是由于"媒体曝光"的结果,这种曝光在任何地方都具有其威慑力。

无论如何,虽然进行了所有的减轻其影响的努力,但对于那些只是(或者只能)通过流言的传播、通过歪曲事实的本土报刊等媒体来了解事实的中国人来说,他们得到的印象显然进一步降低了西方人和西方道德在中国人心目中本来就不太高的评价。在他们看来,有一个十分简单而且方便的解释——外国人没有认真学习过"四书"和"五经"的内容,所以他们根本不可能从中受到教益。尽管他们也会明白地承认,在中国发生的这些最恶劣的事,中国人自己在他们征服的任何外国也会做,而且可能会做得更多,但是,西方国家一直声称中国人道德低下,把自己视为他们的教导者,不仅仅教导他们一些抽象的原则,而且在日常生活中也给他们作示范。在中国人幡然醒悟之后,这样的事实更进一步刺激了他们。

外国占领的这一段时间,也使得中国人清楚地认识到一些有见识的人所提出的预见,那就是外国人没有足够的能力管理广阔国土上的中国人。中国古老而凝聚的文明已经运作了几千年,有着所有一切运行的方法和规则。西方人带着冷静的自信来了,想要把一件事(或许两件事)显示给他们,西方也实际上这样做了。中国人就像水适应冲进水中来的船,或者就像空气包围着飞行着的弹体一样,适应着西方人复杂多变的性情。但是,当船或者弹体过去以后,水和空气就又回到原来的样子,随时准备类似的东西再一次到来。

尽管一些人甚至一些在中国和远东有着长期经验的人，在谈及外国人可以轻而易举地管理中国时十分洋洋得意，而且总是会引用“印度”作例子，但是对于那些不带偏见的评论家来说，非常清楚的是，中国和印度之间实在没有可比性。印度是一个种族和语言的博物馆，而中国基本是一个不仅有着共同思想和共同理想，而且有着共同的历史、语言和制度的国度。通过这一次的事件，人们应该明白，没有中国人自己的同意，地球上没有一个强国能够真正地统治他们，尽管许多强国可以战胜和尽力控制住他们。如果中国人在这一年的沉重压力下能够成功地看到，当中华帝国处于“列强”联合“势力范围”之下时，这些国家想要对这个帝国做些什么，那么他们所学到的东西，就要比其他任何人现在所知道的以及未来几年可能知道的所有东西还要多。

从中国人最初了解外国人开始，中国人就知道外国人中间存在着不可避免的分裂。中国政府和突厥人的政府也曾联合(也相互竞争)起他们的力量和才能，尽其所能地利用这一点来对抗所有外国人。在过去一年里，所有列强有着最大的让它们联合起来的推动力，而这种联合也只持续到使馆解救为止(此后就不再有联合)。这一现象让中国人再次认识到，列强之间的分裂就意味着它们的虚弱。

可以肯定，中国必然会逃脱最初看来似乎不可避免的那些惩罚。同时可以肯定，十一个不同的国家会一直在它的门口撕咬着，等待得到它们所要求得到的东西以及对于未来的“保证”。中国人能够并且会答应它们所有的要求，因为他们一直都是这样做的，而且在他们最为衰弱的这个时刻，他们也不可能不这样做。中国人个人在遇到麻烦时，会对他未来要做什么作出最多的许诺，只要能再给他一个机会。中国政府现在的窘迫处境是它的任何臣民都难以想象的，在这种情况下，它也只能采取这样的政策，而那些“专家们”则在寻找实现这一点的方式——很可能能够找到这样的方式。至于以后会是什么样，就是另外一个问题了，因为即使在停滞的东方，未来也总是会充满了惊喜。另外，像快乐的中国人一样，我们也希望未来会有最好的结果，并且以我们所能拥有的耐心等待它的到来。

慈禧太后近来就保护传教士和基督教徒问题，发布了一道最令人满意的谕旨。“去年没有做到这一点，违背了我们经常表达的希望，因而造成许多人死亡。从今以后，在这方面不会再有失误。”这听上去多么地充满忏悔，然而又空虚得像柔顺的竹子一样，它在各方面最强大的压力下被迫屈从，而一旦这样的压力消失，就又会恢复它原来的样子！

在华盛顿，现在流行的是带着伍廷芳先生提供的有色眼镜来观察中国局势。在这一危难时刻，在国外有伍先生实在是中国的最大的一笔财富。对他来说，可以很轻松地说，中国政府已经准备好接过在各地维持秩序的任务，而且也有能力维持好秩序。但是，这在西方可能不会被理解为，中国政府的命令要得以实施，需要依赖于官员们和人民的情绪。从正面横扫中国的这场大风暴的产生，有着复杂和长期积累的原因，不可能在一个月或者一年内就平息下去。同时，除非所有的迹象都具有欺骗性，否则，各个地方在每间隔一段时间后报称的平静状态，就会经常性地被发现只是一种表面现象。

在元月和二月期间，当在是否同意列强提出的惩处最重要的一伙罪犯这一不可改变的要求的问题上，朝廷仍然迟疑不决的时候，据说山东巡抚袁世凯统率的军队立即就感觉到了这种态度的影响。他们显然是得到命令，随时准备向北方进军。人们普遍认为，来自南方的一大支部队也集结在某个地方，以支援山东军队与外国人决一死战的行动。即使列强能够把这支军队击败,也会使整个乡村变成对入侵者毫无用处的荒芜地区。尽管这可能仅仅是谣言,或者最多是应对紧急情况的一种准备措施,也可能只不过是虚张声势,但无论是哪一种情况,都同样显示了中国人精神的坚定性。

仅仅一道宣称四海之内都恢复平静的谕旨,不可能平息已经被激发起来的狂热情绪,因为引起骚乱的那些根本因素,比以往任何时候都更加深刻地进入到了中国人的民族意识里。在这一军事计划流传的同时,在离笔者家不到二十英里的一个村庄里,山东义和团又开始出现,进行了一次正式的操练(就像去年宣布实际敌对时的操练一样)。这是一个重要的情况,和它一起出现的,是一份公开的告示。这份告示在统率他们的"大仙"的指示下,想重新发动去年的那类行动。这位"大仙"正式地告诉义和团,去年的起义由于索要赎金和抢劫基督教徒的房子而浪费了他们的机会,而这一次,所有这些行动都要绝对禁止,在新的攻击中,所有基督教徒以及他们的狗和鸡都将被杀死,要斩草除根。

这些重新出现的企图,以及伴随它们而在各处出现的土匪,可能只不过是地区性的,但是并不能因此而减少对它们的重视,因为这是一个迹象,它表明了许多中国人在有可能做到的情况下想要做的事。没有理由对袁世凯巡抚和其他有着同样思想的军官的意图表示怀疑,但是我们必须要在很大程度上把"个人的差别"考虑进去。没有一个汉人,也没有一个满人,无论他是什么级别,能够在他的下属共同反对的情况下完成好他的职责。正如中国人的一句格言所说的:"阎王好见,小鬼难求。"袁世凯曾经发布了最为严厉的布告,为未来三年里彻底消灭导致针对外国人的麻烦而提出了激励和奖励办法,但是在许多地区,这些布告并没有张贴,百姓并不知道他的态度。

过去十二个月的另外一个特色,就是中国最大的对手俄国的动作。和在其他时间里一样,俄国扮演了仁慈的保护者的角色。美国公众特别不喜欢怀疑,哪怕是最微小的怀疑,他们完全不能理解中国形势的基本情况,常常把一些仓促作出的决定视为安全可靠的。中华帝国和俄帝国之间的特殊关系竟然没有引起美国人的注意,并不令人感到奇怪。一个不带偏见的观察者能够十分清楚地看到,从来没有任何一个敌人像俄国所做的和仍然在做的那样如此严重地威胁到中国政府。然而,中国人——尽管他们都是些目光敏锐的观察家,善于深入地了解事情的动机和意图——自己对于他们的帝国与他们庞大的邻国间的形势,都没有表现出清楚的认识。有的时候,当中国的政治家在被问到对卷入这一形势之中有什么看法时,只是回答说:"我们怎么才能阻止它呢?"对于这个问题,真是难以作出令人满意的答复。

在早春期间,俄国控制满洲的严重形势使整个世界都激动起来,不过,除了对此发出照会和提出质问以外,世界各国最终还做了些什么,目前还不清楚。从本质上看,现在的形势和几年以前并没有什么不同,只是中国人这次比较愚蠢,他们随意地攻击俄国的城市和居住地,用一句中国谚语说,就是把刀把子放到了俄国人手里。这样好的机会,无论其他列强说什么和做什么,俄国人都不可能放过。

自从与日本的战争在1895年春天结束以来,一直就明确地预示要出现这样的事态,但当时对之没有采取任何行动。贝斯福勋爵在其论述"中国的崩溃"的颇具影响的著作中,发表了天津英国工部局代表们提交给他的请愿书。他们告诉他,满洲当时实际上就已经成为俄国的一个省。尽管这种情况没有能够成为既成事实,但至少是一个名义上的事实。但是在我们的国家,似乎没有对此给予多少关注,只是记载了这一声明而已。

这里是一扇大门,一扇如果关闭就将影响亿万美元的美国贸易的大门,而它现在显示出正在被人猛力关闭的迹象。当时,美国国务院从各个不同的来源得到了书面保证,每一个国家都在理论上赞同并且将在实际上支持推动在同等条件下向所有国家门户开放的计划。没有一个国家比俄国更热切地赞同这一主张了,因为它与俄国的政策、愿望和实际行动完全一致。美国外交取得到这样一个决定性的、独一无二的胜利,其他那些历史上从来没有做出利他行为的国家根本不可能取得这样的胜利,所以我们都十分高兴。有关"中国门户开放"的文章在这一段时间里,充斥了各种杂志。而与此同时,俄国继续进行它的准备工作。当义和团天赐的愚蠢行为给了它黄金机会时,它敲掉了塞在轮子下的楔子,猛地关上大门,把钥匙放到军队的箱子里。它在这个地区驻扎了大量的军队,并且告诫其他的军队离开。它当着所有列强的面,与中国草拟了一个苛刻的协议。这样,它就能够温和地笑对英德协议了,因为它现在可以和这一协议和平共处了。同时,它会诚恳地借用韦伯斯特(Daniel Webster)的名言说:"至少,过去得到了保证。"

俄国正式地同时也只是在名义上撤回了它签订《满洲条约》的要求,可能要归因于某些最有关系的列强达成的局部性协议,同时也是因为整个帝国的中国人爆发出来的未曾预料到的感情,俄国人肯定不愿意去对抗这样强烈的感情。可能没有人会相信,北方的这个大帝国会真正放弃敌对的意图,这只不过意味着它见风使舵,在等待更为合适的时机,尽管出于外交目的,它可能不会这样说。中国有句古老而又饶有意义的格言"猴子手里不掉枣",同样的话也可以用在熊身上——特别是可以应用到那些知道中国枣子好吃的生物身上。中国和日本的每一个朋友,必然会同情后者(还有前者)的困难地位,它们将被迫选择一个时机来进行不可避免的斗争,而任何人都难以预见到这一斗争的结果。

列强提出的惩治参与去年暴行的有罪官员的名单,即使在中国人自己看来,都是令人吃惊得少。应该予以处死的官员人数不到十五人,尽管有好几个国家的二百四十名不能自卫的无辜男人、女人和儿童在官员的命令下被故意杀死,其中大多数人死在衙门里,或者被专门派来杀他们的士兵杀害。俄国人在这个问题上炫耀性的仁慈态度,是那个能够容忍在阿穆尔河岸野蛮屠杀无辜中国人的国家的奇异表现。

如果回想一下这些人的所作所为,回想一下他们中许多人阴谋消灭他们辖区内所有外国人的野蛮和残忍,每一个了解情况的人都会认为,在和谈完成后应该出现的新中国,这样的官员一刻也不能得到宽容。在美国,有一种声音似乎很流行。它认为,要求处死不到四十名中国官员以作为对中国政府所犯罪行的部分补偿,是一种"嗜血性"的表现。具有这种看法的人根本没有能力理解中国的情形,更为重要的是,他们也没有能力领会应该如何向中国人表达这样的事情。

无论是被感情所打动,还是被试图通过减少罪犯的罪行而获取中国人的好意并进而利用这种好意的愿望所推动,如果西方列强忽略了过去,对这样一些不仅被我们看作是罪犯而且也被中国人看作是罪犯的人手软的话,那么就会不可避免地使所有的中国官员和中国百姓,对于如此容易蒙骗的西方人产生一种普遍的轻蔑。中国人将会把这样的结果归之于各种原因,但绝对不会是其真正的原因。他们肯定就会认为,在未来,不必害怕那些手里拿刀拿了如此长的时间、却又没有以中国人认为应该使用它的方式来使用的列强。

中国人将会根据这样的看法来行动,这几乎是可以完全肯定的。

在列强还占领着天津、保定和北京城,并且按照中国法律而不是西方法典对中国犯罪者进行惩罚的时候,对于中国作恶者的这种错误的同情特别地不合时宜。据说,德国人在他们的辖区内砍下了数百名中国人的人头,其中许多人只不过犯有极其微小的罪行。这种行为仅仅被看作是军事管理层的问题,对之似乎没有进行多少关注。相反的,对1900年所犯的巨大国际罪行的惩处,却因为私利或者感情而受到了阻碍。

这里应该提到,在中国的外国报纸现在刚刚又开始关注殉教的许多传教士遭受苦难的悲惨情景。进行这类报道是一件痛苦而微妙的事情,尤其是涉及一些有关女士的事例。有人努力压制这些事实,担心它们的传播会影响内地的传教工作。但是,这样的担心反而导致了最令人震惊的细节的披露,这些细节据说是从目击者口中得到的。了解到所有的真相当然更好些,因为它迟早会被透露出来,而且只有冷静地思考全部的事实,才能得出明智的结论,知道应该做些什么以防止类似暴行的再次发生。

阻止这类暴行再次发生的前景,绝对不会像人们期待的那样充满希望。十个月以来,中国的这一地区实际上就像是登上了一支外国舰队,在充满风暴的大海上颠簸。现在,到了必须把这些乘客和水手们送回他们原先所在的并不适宜海上航行的中国式古老舢板上的时候了。舷梯已经全部放了下来,水中也停满了等待接人和货物的小舢板,但是水高浪大,换船并不是一件容易进行的事,有些人也许会掉入水中淹死。

安全转移首先要做的一步,是朝廷返回北京。但是,只让皇帝一个人返回北京——许多外国人和许多最爱国的中国人所期望的——的主张,似乎并没有被提出来。西方的读者一定要记住,这就意味着慈禧太后和中国政府的关系——一种在本质上是一体的关系——完完全全地仍然是一年前她下令攻打使馆时的那种关系。人们不知道,她还有没有权利统治一个被她带到毁灭和崩溃边缘的帝国的问题,是不是得到了认真的考虑。

在这个充满各种变化着的色彩而又以暗色为基调的形势中,最令人忧伤的一点,是列强根本没有注意到合法皇帝被废黜的情形;没有注意到他与他的帝国政府之间现在的反常关系是不能令人满意的,是充满危险的;没有注意到被认定的大阿哥只是一个年轻的无名之辈,他一旦掌握权力,很可能会在一年之内完成这个国家的毁灭;没有注意到把中国和世界搞成现在这个样子的慈禧太后,将继续掌握着无可争议和无可反抗的最高权力。

虚幻地认为这些情况与列强所能做的事没有什么关系是自欺欺人,正是这些情况造成了现在的危机,对它们置之不理就是制造未来的灾难。对此,那些有见识的人早就清楚地看到了,并且不断地提前发出警告。但是,一年以前的这个时候,对明显地即将到来的危险没有采取任何措施,列强之间令人绝望的不和使得它们不可能采取真正一致的行动。

李提摩太牧师应山西巡抚和中国和谈大臣的邀请访问了北京,起草了一个解决山西省新教教案的方案。这一方案十分公正和公平(和天主教提出的要求形成鲜明的对比),以致中国的报纸评论异口同声地对之表示嘉许。考虑到百姓在去年骚乱中是根据命令而行动的,李提摩太建议:在每个县惩处一名义和团首领以示告诫;赔偿教徒的损失,抚养寡妇和孤儿;在全省筹集五十万两银子,每年支付十分之一,用来修建学校,使山西人民文明开化,从而避免未来再受到蒙蔽——由一名受过教育的外国人和一名受过教育的中国人负责此事;在有基督教徒被杀害的地方竖立纪念碑;当再派传教士前来时,官员、乡绅、士子和百姓要有礼貌地接待,并且为过去的事表示歉意;在所有问题上对基督教徒和非基督教徒一视同仁;保留骚乱者的名单,如果再犯,将受到惩罚。在山西工作的新教差会——中国内地会、美国公理会、英国浸礼会、福音会和一个独立的组织都同意了这些原则。

这些建议提交给了李鸿章,据说他对这些要求十分适度感到极其高兴,大声地说在中国从来没有见到过李提摩太博士所表现出来的这种开明和大度,如果这些建议得到实施,中国就不会再有针对传教士的麻烦了。从 1876 年到 1886 年,李提摩太博士一直居住在山西,他在这一阶段初期的赈灾活动中表现出来的献身精神和机智干练,他与巡抚以及巡抚之下各级官员们之间的诚挚关系,以及他被普遍认为是在华最知名、最有代表性的传教士的威望,更进一步增加了他的建议的分量。

最近,在中国的九个重要传教士团体的代表用英文和中文发布了关于传教士和当前危机关系的一个"声明"。它具有作出解释的性质,同时也是为自己进行辩护。它的公正性和十分得体的语言,使之得到了上海主要外国报纸的赞许性评论。这里,应该引用《字林西报》与这一声明有关的一篇文章中的一段话:"有人指责传教士表现出了不正确的愿望,要求对去年暴行的作恶者进行报复。除了在极个别的例子中,这样的指责是没有道理的,就像马克·吐温对梅子明博士及其同事在北京及其附近地区的行为的无知指责一样。如果人们能够带着真诚的愿望审察整个问题,从而不带任何偏见地获知事情的真相,那么他们就会承认,作为一个整体,传教士的行为不仅不应该受到上述的责备,而且值得表扬和感谢。他们,和我们所有人一样,都渴望看到去年所进行的那类暴行在未来不再出现。只要人的本性没有改变,要想阻止犯罪,就只有让人们知道犯罪之后会得到惩罚。如果对去年的犯罪者们不进行惩罚,或者惩罚得不重,就有可能使他们的罪行再一次出现。"

十分可能,康格公使很快就要再次离开。简单的事实是,在现在的情况下,其他任何人都不能够取代他,或者不应该取代他。和其他所有公使一样,他没有能够预见到中国这场大风暴的到来,但是当大风暴到来的时候,他证明了自己是一个可以信赖的人,不仅只是对美国人来说是这样,而且对整个的防御来说,都是这样。他所做出的贡献没有得到应有的报答,因为在华盛顿流行的说法是,由于他的洞察力比华盛顿的任何人都要深刻和准确,所以他的"思想受到了影响"!就像林肯总统希望有更多的像格兰特将军一样喝"威士忌"喝上瘾的将军一样,美国驻国外的使馆最好能够储存一些有着康格先生那样的判断力和刚毅精神的公使。

一些既缺乏知识也缺少公正,从而不能正确地理解现实情况的人吹毛求疵的批评,激起了许多人的正义感。这些人满意地看到,康格先生毫不犹豫地承担了责任,不断地向美国公民提出在风暴和紧张时刻采取行动的忠告。他下面的一句话,回答了所有现在的批评。他说:"我已经做好准备,为传教士在围困之前、围困中间和围困之后的行为进行辩护。"

那些认为如果不进行道德改造,帝国就绝对不可能再生的朋友们最好记住,现存的情况并不能改变我们对中国的责任,而只是需要修正我们现在的行动。如果有什么事能够确定的话,这就是:一个某种形式的新中国必将出现。为了这个新中国,我们应该观察,或者还应该等待,但决不能无所事事,也不能像一些人那样失去希望。对所有的传教方式都应该重新加以审查,就像轮船驶入无水的干船坞进行检查一样。但是,每一次检查,总是期待着比上一次更加漫长的新航行。

第三十八章
前　景

中国的大动乱向我们提出的问题实在太多，并且涉及各个方面，即使是从一个大家都能理解的角度来概括这些问题，也难以在结语一章中完成。下面，我们只能指出导致这场大运动产生的一些较为深层的因素。在现存的具体情形下，这些因素在全人类国际关系的演变过程中必然会出现。其他国家在一种就像月亮对海水的引力一样不可抵抗的力量的推动下来到中国，与之进行交往。在它们看来没有疑问的是，任何国家都没有权利或者权力拒绝这样的交往。就这样，中国被迫与西方发生关系，不情愿地接受了那些她只想在不能规避或者不能违抗的时候才愿意保留的条约。

如果西方国家坚定不移地遵循额尔金爵士的原则——从不提出不合理的要求，而一旦提出正当要求以后就绝不后退——的话，中国可能就会和平地被纳入与其他国家的正常关系当中，从而给她自己和我们都带来无法形容的利益。实际上，西方国家对中国的冲击，一直都遇到了规避、欺诈、谬误、自大和不能容忍的傲慢。这一切不断地引起冲突，并且总是造成相同的后果。

1900 年发生的事情，在相当程度上表明了中国人一直抱有的、现在仍未放弃的那些枉自尊大的认识的虚妄。它们还显示了近代历史上从未有过的“厚颜无耻的谎言”、极端的野蛮残忍和无比的傲慢，尽管这个国家普遍信奉一个高尚的理论上的道德体系。列强使中国遭受屈辱的结果，就是给自己带来了西方文明从未遇到过的最为严重的问题。无论是对于中国来说，还是对于世界来说，这一问题的解决都是极端重要的。人们早就十分明白，各个列强的愿望和希望得到的利益不仅不相一致，而且难以协调。这种矛盾和冲突产生出一个令人不快的重要事实：只有通过各种相互抵抗的力量的协调，才有可能取得进展。

与中国达成的协议，大致包括以下的内容：派出一个使团前往德国，对德国公使遭到杀害一事进行道歉；在被亵渎了的墓地竖立纪念碑；禁止进口武器和军火；摧毁大沽和其他炮台；在北京设立由外国卫兵守卫的使馆区，同时在其他地方驻军；或许达到四亿五千万两银子的赔款，需要在未来三十到五十年间支付；惩处这次起义的一些被指定的罪魁祸首；有外国人被杀的城市五年内停止科举考试；在全国张贴布告，公布这些惩处，严厉禁止所有反外国人的结社，违者处死，并且发布谕旨，明确确认有关官员以后要为他们辖区内发生的暴行负有责任。

在这些条件中，无疑有一些会因为不甚明智而遭到反对，但是大多数最了解情况的人可能都会认为，这些条件本身并没有不公正的地方。然而，仅仅这些条件是完全不够的，因为它们主要是惩罚性的、剥夺性的和破坏性的,不包含有未来希望的种子。帮助这个人口最多、最为古老的帝国重新振兴的一个独一无二的机会,似乎被丢掉了。对此,简单而又充分的解释就是:参与制订和议的众多列强不希望中国重新振兴。在没有外部力量阻碍的条件下,竟然没有能够通过外交活动取得建设性的成果,真是一堂很少见到的令人印象深刻的外交失败的直观教学课。除非中国以某种形式得到实质性的改变,过去的情形就有可能会慢慢地再次出现,但是要指望西方国家的首相们或者它们驻中国的公使们来推动这些变化,那是徒劳的。

长期以来,人们一直颇有信心地怀抱着这样的期望:通过与西方文明的接触,通过商业,通过轮船、铁路、电报和矿业,中国将会逐渐得到新生。现在已经表明,这样的期望根本就没有道理。和其他任何事物相比,正是这类"投资文明"更多地导致了中国动乱的发生。它们本身就是一些缺少道德质量的能够引起骚乱的力量,不仅没有补救它们在中国这样的帝国以及在中国人这样的人民中间不可避免地会造成的罪恶,而且没有任何在未来要使中国得到新生的趋向。

还有一个方法,就是教育。张之洞在我们引用过的著作中曾经鼓吹过这一方法,通过这一方法,光明就会慢慢地照耀到中国,使得未来再也不会出现1900年那样的所谓"圣战"。

教育确实是一个极有价值的、不可或缺的手段,在某种程度上,它已经得到了运用,但必须要比现在多一万倍地去加以运用,中国大众的愚昧才能得到驱除,被光明所取代。但是,存在着许多种教育。那类只涉及一套物质事实或者精神事实的教育,无论进行得多么彻底,要用以管理人类的行为,从来都是不足够的。因为它们只是智力的教育,未能触及到人性的最高部分,显然是一柄能在两面发挥作用的双刃剑。

中国人自身已经认识到,严厉禁止进口武器弹药最终将迫使他们成为破坏性工具的生产者,其生产规模或许在任何国家都没有出现过。尽管中国人从来都不好战,但是可以想象得到,他们一旦崛起,其人口的绝对数量将会使他们成为人类的一个威胁。化学知识、计算落体曲线的能力以及抛射体的速度能够限制住中国人吗?当他们手中有了无数的阿拉丁神灯时,还会乖乖地等着被人欺负吗?

确实,和其他任何非基督教民族相比较,中国从来没有被道德力量之外的其他力量所深深地打动过。西方科学在中华帝国注定要取得的迅速而不可抗拒的进步,必将会逐步地破坏中国人对于《易经》——中国哲学金字塔的基础——的信仰。那些具有永恒真实性的内容仍然会留存在不朽的书版中,但是它的整体架构将会被摧毁,中国人的理想也将无情地、不可逆转地破灭。在已经过时的那些力量即将瓦解的这一关键时期,哪些新的道德理想将会取代旧的道德理想呢?

基督教在中国一直是一个扰乱者,就像它从来就是一个扰乱者,而在其他地方也一直是一个扰乱者一样。基督教有幸(或者不幸)通过依靠使用武力而得到的通商条约被介绍给中国人,它的目的受到中国人的厌恶——不过,在这方面,贸易权也有着和基督教同样的遭遇。基督教另外还有一个不利因素,就是在中国人心目中,它的某种形式和政治工具始终不可分离地联系在一起。中国人的这种担心,或者出于理性,或者出于本能的反对。基督教在中国的传播方式中有许多东西一直受到正当的批评,在这个至关紧要的关头,应该把它们大胆地揭露出来，坦诚地承认，诚实地放弃，用新的更好的方式取代那些被证明错误的和无益的方式。

但是基督教本身是近代文明的组成部分，它和近代文明不可分割的关系，就像光和热不能和太阳分割开来一样。就中国人来说，他们想把灵性力量从他们的帝国驱除出去的企图，是中世纪对抗20世纪的起义。而一部分在基督教国度里成长起来的人，在一个非灵性的物质世纪里，想把基督教具有分化性、又具有建设性的力量绑缚在他们在中国的活动上，只能是一种试图扭转人类发展潮流、阻滞人类灵性法则缓慢却不可阻止的前进步伐的徒劳努力。让我们明确地记住，基督教在中国的发展将会也必定会充满冲突，这种情况不一定比其他地方更为突出，但一定不会比其他地方缓和。它将像在罗马帝国那样破坏偶像崇拜，在旧结构的废墟上建设起一个新的结构。这个新结构要远比罗马帝国更为美好，因为中国种族的道德理想要比那个古老国家的道德理想更为高尚，也更为纯净。

基督教一旦被采用，即使只是不太完整地得到实践，就可以期望它能改变朝廷的生活，就像在西方国家所做的那样，尽管那里的基督教化并不充分。它还将把中国人关于“天、地、人”的知识统一起来，并且第一次使之得到完成，从而使干枯的中国学术变得活跃起来。通过新的标准、新的道德原则的引进，它将开始把中国官场肮脏的马棚变纯净。在正确的条件下，这个任务绝不是不可能完成的。对于中国的人民大众来说，至少可以使他们的生活变得有价值，以一种现在完全难以想象的、通过灵性启蒙而产生的方式，用黄金链环把现在和未来联结起来。

最佳形式的基督教把千年王国介绍进中国的历程只能是缓慢的，因为不经过所有的中间阶段，就不可能达到任何目标。但是，它将在中国历史上第一次实现《大学》开篇所引用的商汤的名言：“日新，新民。”这样，这个帝国就能够适应由于西方文明——带着它装着恶和善的潘多拉盒子——的冲撞而改变了的形势。

中国最近的未来，一方面取决于她与列强的关系，一方面取决于朝廷的态度、官员们的态度、士子们的态度和百姓的态度。要接近这些阶层，最好、也最直接的方式可能就是通过本土教会进行了。这个教会经受了如此多的痛苦，用它的生命，用它的许多成员英勇的死亡对其信仰作出了见证。一篇著名的杂志文章就表达了这样的真理，赫德爵士在这篇文章中坦率地宣称，尽管引起官员的反对和民众的怨恨，但如果“基督教能够取得强有力的进步”，它就有可能“广泛地传播到整个国家，把中国变成友好国家中最为友好的一个，变成一切有利于和平和友善的事业最重要的支持者”。他认为，这“将刺破义和团气球，释放出那些鼓吹种族仇恨计划、毒害和危害世界未来的毒气”。

我们应该承认困难的局面，并且坚定地面对它。除非中国在本质上得到改变，它就将继续“危害世界未来”。其他一些力量一直在某种程度上进行试验，但都表现出难以补救的不足。基督教只在较小的规模上进行了尝试，并已产生出了自己的果实。如果它能彻底地得到检测，并有机会发展它的潜力，它就将在智力上、道德上和灵性上给中国带来新生活的灵丹妙药。

中国内幕：中国危机的故事

China From Within
Or The Story of The Chinese Crisis

司米德(Stanley P. Smith)　著

伦敦：马歇尔兄弟公司
(London：Marshall Brothers)
1901 年出版

第一章
导　言

要向读者有联系地讲述导致当前危机的那些事件和原因，就必须触及中国和外国国家在过去六十年里所进行的交往。尽管在那之前中国和外国交往的历史也具有深刻的意义，但是限于本书的容量，这里只能简单地提及一些事实。在宗教方面，聂斯脱利教派[①]从 7 世纪到 13 世纪试图把基督教传播进中国，罗马天主教从 13 世纪开始进行这方面的努力，并且取得了不同程度的成功，而新教差会的先驱者马礼逊(Robert Morrison)于 1807 年来到中国。在商业方面，阿拉伯贸易从 9 世纪就开始了，但是与西方国家的贸易直到 1600 年前后才多少有了一些分量。从那时开始，这一贸易一直在稳步地发展，并于大约六十年前进入了一个全新的阶段。

现在，我们就从英国和中国之间 1841 年爆发的那场划时代的战争开始。这场战争以璞鼎查(Henry Pottinger)代表英国于 1842 年 8 月 26 日签订《南京条约》而告结束。这一条约制定了以下条款：(1)中国在 1845 年底之前支付四百万英镑以上的赔款；(2)香港岛割让给英国；(3)向外国贸易开放广州、厦门、福州、宁波和上海五个通商口岸。

在这些通商口岸，外国人得到了土地使用的特许权，有权建房居住。

商人建立起他们的商号，传教士建立起他们的教堂，西方的宗教和商业开始比过去更为有力地发展它们把中国基督教化和文明化的各种善行(鸦片和其他一些事情除外)。

我们于 1857 年进入了另一个时代。英国和中国之间进行的第二次战争尽管和第一次战争一样有着罪恶的起源——鸦片，但是仍然处在上帝的掌控之中，上帝允许这一罪恶，是为了更高的善，为了中国进一步的开放。

1858 年 6 月 26 日，英国和法国——联合进攻中国的两个国家——的特命全权代表额尔金(Elgin)勋爵和葛罗(Gros)男爵签订了《天津条约》。

这一著名条约的影响极其深远，它确保：(1)对基督教的宽容；(2)外国公使驻节北京；(3)持有护照的外国人可以在整个国家旅行。

但是外国人并没有能够立即享有这些权益。出于对于外国人的恐惧和不信任，咸丰皇帝反对外国公使驻节北京。结果，英国和法国政府分别要求额尔金勋爵和葛罗男爵再次采取行动。1859 年 6 月 25 日，联军在大沽炮台被击退。但是它们又派出了援军，并于次年即 1860 年 8 月 21 日占领炮台。25 日，额尔金勋爵和葛罗男爵在天津设立了他们的官邸。

---

① 在中国称为“景教”。——译者注

10月24日,他们签订了《北京条约》。条约规定,中国政府应该:(1)支付八百万两银子军费;(2)准许中国签约劳工自由出国,他们不会因此而失去国籍;(3)将香港对面的九龙割让给英国。

法国虽然没有索要领土,但要求归还原先属于遭到迫害的天主教徒的房产——这一要求提出了可以追溯一个世纪的许多问题,从而造成了不小的摩擦。

1861年,传教士在北京开始了他们的工作。

从1861年到中国人与外国人进行的第三次战争——中日战争——结束后的1897年,在打破中国的排外、发展与外国人的交往方面,迈出了巨大的步伐。游客和传教士深入到了每一个省份,铺设了铁路,开办了矿山,电报线把省城连结起来,在通商口岸发行的报纸设法传播到了内地。军队的数量和力量在逐步发展,开始深刻地影响着中国的思想。

在本书写作的时候(1900年),有一个在华差会拥有一百四十多个驻有传教士的教站和两百多个分站,在中国十八个省中的十四个省开展工作。这仅仅是六十个差会中的一个,尽管从数字上看是最大的一个。哪里有外国传教士,哪里就成为一个光明点。中国人特别好奇,向传教士提出了包括天地之间许多方面的问题,而传教士的回答往往能够在许多问题——不仅仅是《福音书》中上帝的大爱这一最高问题——上让民众得到启蒙。接着,是医药传教士进行的慈善工作。接受他们医治的民众对医疗疾病的基本知识一无所知,几乎一点都不了解解剖学,"对静脉、动脉、神经和筋腱不加任何区别",而且把针灸——有时候会把针扎到一些致命的地方——看作是包治百病的万能药。很显然,医药传教工作给中国民众留下一个很好的印象,它打开了一些原先根本找不到任何入口的地方,并且在为数不少的地区,让信任取代了怀疑。接着,是出版这一更为重大的工作。圣书团体一年发行总数几百万的宣传基督教的材料,圣经会以八分之一便士销售《福音书》,《新约》的价格还不到一便士。主要由传教士和基督教徒翻译的西方科学书籍受到了中国学者的热烈欢迎,尤其是广学会在这方面做了许多工作。这个学会没有多少经费,但具有极其重要的价值。它翻译了西方有关基督教和世俗世务方面一些最好的书籍,包括政治、政治经济学等一些从基督教角度写作的书。在1898年政变以前,这类书籍供不应求。

这些力量,和我们的商业、新发明以及我们高素质的领事、商人在有思想的中国人心中留下的总体印象一起,在整个帝国制造出范围广泛的思想动荡,并于1898年发展成为维新变法运动。领导这场运动的,是年轻的皇帝。中日战争给中国的统治集团造成的重大屈辱,给了维新派实现其愿望的大好机会。年轻的皇帝启动了一场千年王国思想的大变革。中国统治集团中一些较为开化的人,现在面对着一个需要加以充分解释的事实。中国,有着值得夸耀的四万万人口的中国,被一个被她嘲笑为"矮人国"、人口只有中国十分之一的国家所击败。这就是事实。对此该作何解释呢?日本采用了西方的思想,向西方的科学开放了它的学校,以西方模式建设它的陆军和海军,在战争方式上尊重《日内瓦公约》。它的众多人民信奉基督教,基督教甚至越来越得到它的统治者的尊敬。它的人民的权利由一个议会来维护。简言之,日本开始学习基督教文明。

第二章
光绪皇帝和维新运动

光绪皇帝生于1871年8月15日，今年(1900年)三十岁。“光绪”一词的意思是“光辉的延续”。严格地说，这一词是他统治时期的称号，而不是他个人的名字，他的名字是载湉。皇帝是醇亲王的儿子，醇亲王是道光皇帝(1820～1850年在位)的第七子。光绪皇帝于1875年1月12日继他的堂哥同治皇帝之后，登上皇位。同治皇帝是咸丰皇帝和现在的太后的儿子，咸丰是道光皇帝的第四子和继任者，道光皇帝的三个大儿子都因为过度吸食鸦片而死。因此，现在的太后是光绪皇帝的姨母。

在还是个孩子的时候，皇帝就喜欢外国玩具。随着年龄的增长，他对科学玩具产生了特殊的兴趣，兴趣之大，以至于这类玩意儿几乎都可以在紫禁城内找到。后来，他学习了英语。当中国教会的女性成员捐赠给慈禧太后一部《新约》的时候，他第二天就自己买了一套《旧约》和《新约》，然后开始大量购买基督教书籍以及各种科学著作。1898年初，皇帝派人买了一百二十九种不同的书籍，其中八十九种是由广学会发行的。他当然不可能对如此多的书都进行了研究，但仅仅购书一事就表明了他的思想倾向。

随之而来的便是维新谕旨了，在几个月的时间里发布了总共大约三十道这类谕旨。其中一些不太令人震动的谕旨要求：在北京建立一所大学，学习英语和西方科学；鼓励工艺、科学和现代农业；设立专利局；扩建铁路，设立帝国邮政局。一些较为激进的谕旨要求：皇族的子弟要学习外国语言，到外国游历；废除科举考试使用的八股文——一种已经流行了五百年的文章形式；给予臣下以密折形式向皇帝上奏的权利；将佛教和道教的庙宇改为学校，以教育民众。这类谕旨的颁布，是广泛阅读的直接结果，是自由开化的思想产物。它们对整个国家的影响十分明显，学者们变得非常友好，以一种前所未有的方式频繁光顾教会大院。基督教似乎要浪潮般地席卷全国，把大量的民众带进教会。然而，就在一切都显得如此令人满意的时候，就像一个晴天霹雳一样，慈禧太后于1898年9月发动了政变，维新俱乐部就此关闭。这个月的28日，在未经审判的情况下，她将六名最杰出的维新派杀头处死，这都是一些出身高贵、极有天赋的年轻人；她将其他一些人终身监禁，把另一些人流放到帝国的边远地区；她取缔了本土报纸，禁止建立维新团体；她把一些反对维新的人提拔到掌权的位置；她发布了一系列与皇帝维新谕旨完全相反的谕旨；她对维新派领袖康有为(他得到皇帝的事先警告，逃出北京，侥幸保住了性命)的头悬赏十万两银子。她收集了大约三百个著名维新者的名字，准备在以后加以迫害，并且试图以各种可能的方式消灭和铲除与进步和维新相联系的一切事物。

绝对不能以为，所有这一切都是一个女人干的。太后完全依赖于她的谋臣来了解外部世界的消息,在自己身边聚拢起一小伙反动的顽固派。在这伙人身上,中国的三大祸根——自傲、无知和迷信——得到最高程度的表现。他们对外国人的莫名仇恨极其强烈,以至于他们中间的一个时髦话题就是希望能有一张外国人皮来作他们的床垫。正是这些人——刚毅、徐桐、赵舒翘、王文韶和崑冈——向太后的耳朵里灌输了有关学习西学的学校里发生的恶劣行为,并且预言如果她采用西方的学问和风俗,中国就会出现可怕的自然灾害。在成为他们的领袖之前,她已经成为被他们所蒙骗的人。

这一重大的反维新运动的直接起因,来自皇帝授权可以向他密折奏事的谕旨。[①]

礼部一名叫王照的章京,上奏要求用基督教新教取代儒教作为帝国的国教,要求设立议院,并且要求用西式服装取代辫子和中国服式。礼部尚书和侍郎向皇帝驳斥了王照的主张,并且违抗谕旨,将他的奏折扣留。让大多数人震惊的是,皇帝强硬地谴责了尚书和侍郎的行为,提拔了王照,并且将尚书和侍郎革职,永不叙用。

这一行动使得问题尖锐化起来。顽固派刚毅、徐桐以及上面提到的其他人,和被革职的礼部尚书一道上奏太后。根据《北华捷报》的报道,“在这之后不久,北京一名最为顽固、最臭名昭著的保守派、荣禄的秘密食客和被保护人、一个名叫杨崇伊的御史,突然向太后呈递了一份密折,指陈了引进西方文明的维新变法将会给整个国家带来的危险,认为外国列强不久以后就将支配整个帝国,清朝将会逐渐灭亡。因此,这名御史恳求慈禧太后重新掌握政权,因为这是拯救帝国的唯一办法”。

这道奏折的真正作者是统率军队的荣禄,他与太后站在一起,决心要实现他推翻皇帝的个人野心。

不久以后,荣禄在颐和园朝见了太后。“他建议她召见皇室亲贵端王和郡王载濂,要他们帮助她废黜皇帝,粉碎他的维新派谋臣,同时许诺从端王的年轻儿子中挑选皇帝的继承人,以获取端王的效忠。这两位王爷唯一需要做的,就是在某一天率领皇室所有的王公大臣前往颐和园,要求废黜正在使皇室和帝国走向毁灭、沦为外国列强奴隶的‘不称职’的皇帝,并且恳请慈禧太后本人暂时重新掌握政权,以挽救局势。另一方面,徐桐、刚毅、赵舒翘和其他人则率领不属于皇室的大臣和官员,对端王等人提出的要求表示支持。”

“当反对光绪皇帝和维新派的阴谋在酝酿之中的时候,后者也企图尽力挫败他们的敌人。他们很快就得知,荣禄前往颐和园拜见了太后。荣禄掌握着京畿地区的主要军队,没有他的帮助,顽固派绝对不能实现他们的计划。因此,皇帝决心要把荣禄消灭掉。为了做到这一点,他决定利用在荣禄庞大的陆军中指挥着武器最精良、训练最好的部队的袁世凯。”袁世凯曾经担任清朝驻朝鲜的代表,现在担任山东巡抚。在当时,他“指挥着按照最先进的德国体系训练和管理的一万二千五百名士兵”。

袁世凯被皇帝提拔为工部侍郎,并且公开觐见了皇帝。在这之后,“他立即被邀请参加了皇帝身边的主要维新派在康有为寓所里举行的一次秘密会议。会上,人们告诉他,皇帝当晚要在宫中秘密召见他,然后命令他带三千士兵返回天津,在总督府内逮捕并且立即处死荣禄(荣禄当时担任直隶总督,驻节天津)。袁世凯下一步需要做的,就是在这之后立即率领他的部队乘坐火车前来北京,随身携带从荣禄那儿拿到的总督大印。到达北京以

---

① 以下内容见1900年9月19、26日,10月3日《北华捷报》。

后,袁世凯要立即进军颐和园,把它包围起来,禁止任何人出入。皇帝决定把太后作为国家囚犯囚禁在那儿,直到维新派政府坚实地扎下根来,慈禧太后及其顽固派们再也没有能力在帝国恢复保守的旧秩序时为止”。

但是,袁世凯倒戈,站到了荣禄一边,把消灭荣禄的计划泄露给他。荣禄听到这一消息后,迅速赶往北京,“立即前往紫禁城找到太后宠爱的太监、臭名昭著的李莲英。‘这个一脸假笑的人’是荣禄在取悦太后方面最密切的盟友和同谋者。荣禄讲了这一消息后,李莲英立即把他领到了太后的私人房间。荣禄一看到太后,就匍匐在地,大叫:‘太后救我!太后救我!’太后回答:‘你在这儿很安全,不是吗?有人跟着你来到这儿要取你的性命吗?来,起来,说说你的事。’”

他很快就讲完了他的故事。

慈禧太后站起身来,冲进皇帝的房间。

在揭露了皇帝的阴谋,并且给了他一顿最可怕的责骂以后,她最后说:“说到底,你还是个不懂事的孩子。回到你的内间去!看来,我是要重新掌权以拯救帝国了。你好像在用你的极端无知和愚蠢,竭尽全力地要把国家毁掉。啊,那些叛逆!那些叛逆!”这时,她那双锐利的黑褐色眼睛里闪烁着火焰,据后来讲述这一历史事件的宫廷官员说,那是一种“只有在即将下令处死一些人的时候才会闪烁”的火焰。

皇帝被监禁在他的房间里。

接之而来的是恐怖和血腥的统治。根据荣禄的建议,太后命令大太监李莲英逮捕了皇帝的所有太监,把他们拖到审判罪犯的地方,不加审讯,就把他们全部用乱棍打死——按照古代法律,在宫中不允许使用刀剑或者危险性武器。在上述事件发生后的第一天有二十三名、第二天有十九名、第三天有十一名太监在那儿被打死。

在其他一些地方,太后下达了密旨,称维新派为“大逆不道”,在帝国管辖的任何地方,一经发现,马上逮捕,并立即处死。

荣禄和李莲英建议太后将皇帝处死,但太后回答说:“别太着急,保持冷静。重要的是,没有向我上奏之前什么都不要做。”她命令军机处在两小时之内召集会议。在会上,慈禧太后、荣禄、端王和庆亲王一致同意,由于皇帝身体虚弱,不能承担治国的重任,由太后掌握国家权力。

“皇帝当然不知道这事,但当太后派她的太监李莲英到皇帝的宫中取他的印玺时,光绪这才感觉到,一切都要真正地失去了,他的敌人现在要用他的印玺实行即将开始的保守统治。”从那以后,以皇帝的名义发布了多少道“矫诏”,多少道完全违背人们所知道的他的愿望和目标的诏令啊!中国所谓的“政府”此后所实行的政策,其目的就是要彻底结束“中央王国”和“外夷”的交往,把那些在内地的外国人赶到通商口岸,然后再从那里把他们全部赶回自己的国家,收回通商口岸中的租借地。中国将成为一个和所有国家隔绝的国家,独自存在于它广阔的领土上,永远地、一成不变地维持着古代的传统和习俗。

第三章

顽固派及其政策

慈禧太后及其顽固派谋臣们的政策很快就表现了出来。在政变以后的三个月,慈禧太后于 1898 年 11 月 5 日发布了一道谕旨,命令建立和组织民团,就像她自己所说的:“在需要的时候,把整个国家变成一个武装的兵营。”①

这些民团就是欧洲后来所知道的“义和拳”。它的中文名字有三个字:“义”的意思是“正义”、“志愿”或者“爱国”;“和”的意思是“和睦”;“拳”的意思是“拳头”,这个字有时候也被改为“团”——“一帮”。“拳”字体现了“紧密团结”的思想。“义和团”这整个词就意味着一些或者一帮紧密团结起来的人,或者是为了爱国的目的而和睦地聚结在一起的人。他们对外宣称的目的是支持现在的满清王朝,消灭外国人。这是一个重新复活的组织,在嘉庆朝时期,它曾经于 1810 年左右遭到过镇压。他们声称能够通过降神附体而获取神奇的力量,通过使用某种魔法和念咒,外国人的子弹和刀剑就不能够伤害他们。

在中国,如果你问一个本土人他属于什么宗教,十分普遍的回答是“大教”。他的这一回答,意思就是他和他的国家的绝大多数人一样,信奉一种把儒教、佛教和道教混合在一起的宗教。经常可以看到一句十分普遍的名言刻在石头上或者雕在木头上,悬挂在中国绅士的大门上,这就是“三教归一”。一般中国人的思想确实不太在意宗教的事,他可以同时是三种宗教系统的信徒,而这三种宗教系统却是天生矛盾和相互对立的。没有事实能够较为明确地表明,现在这些麻烦的根源并不在于宗教方面。中国政府公开支持这三个宗教,它还有大约三千万名回教徒作为它的臣民。另外,还有大量的秘密教派,这类教派中有许多以行善为目的,中国政府同样准许它们发展。中国政府还使基督教合法化,并且发布谕旨,以赞许的语言谈到它的传播者,所以,中国政府不可能会因为宗教的不同而危及基督教的存在。和戈登一起镇压了太平天国起义的中国著名爱国者曾国藩说:“让新教进来,让他们和天主教一决雌雄。”这样的话表明了在正常情况下中国官员们对待宗教的态度。这样看来,义和团宣称他们和大众一样,是“大教”的信徒,应该是意料之中的事。所以,他们会有三位一体的神灵。他们祭祀关帝,他被称为“儒教的战神”,也是王朝的保护神;他们祭祀关真子(Kuan Ch'eng-tsi)——老子的化身,道教的创始人;他们还祭祀欢喜佛,由此来表明他们对佛教的忠诚。

然而,他们并没有引起人们的密切注意。

“1899 年 3 月 16 日,佛教喇嘛阿巴特(Abbot)向慈禧太后为购买军事装备而设立的

① 1900 年 7 月 18 日《北华捷报》。

一个特别基金捐助了一大笔钱。道教首领张天师此后拜见了慈禧太后，建议杀死外国人。

“1899 年 5 月和 6 月，刚毅前往几个通商口岸，目的是向各地的总督和巡抚下达明确的组建民团的命令。他出发的时候带着很高调的钦差大臣的头衔，但不久以后，甚至中国人都开始称他为钦命勒索大臣。大笔大笔的钱被索取到手，那些日子每一天都能看到有关购买和进口威力强大的新武器的消息。早在 9 月 4 日，上海的报纸就报道说，义和拳正积极准备训练，以推进反对外国人运动。”

“9 月 28 日发布了一道谕旨，命令所有文武官员严格遵守‘康熙皇帝的十六道圣谕’和‘雍正皇帝的广训’，反对异端邪说，并且每个月用几天时间向民众进行宣讲。”这可能是一道支持儒教的谕旨，因为在康熙的圣谕中，佛教、道教和基督教(那时人们所知道的唯一形式——罗马天主教)是一样的，都受到了谴责。

到这时，山东的义和拳已经有了坏名声，并且正在开始引起注意。义和拳在山东的发展是由于一名激烈排外的官员担任该省的巡抚，他的名字是毓贤。该省的前任巡抚李秉衡(由于天主教主教和神父被杀而在德国人要求下被革职)居住在该省边界附近，也煽动起许多事端。为了表明毓贤的排外倾向，在山东省城的美国传教士保证，下面的叙述是真实的①：

“翰林孔尚林(K’ung Shang-lin)喜欢西学，因而颇有名声，曾遭到毓贤当面斥责：‘你是孔子后裔，为什么要和洋教打交道呢？你是不是也想变成一个洋鬼子啊？’”

他对举人、学习英文的学生段大智(Tuan Ta-chi)说：“吾与尔父挚友，劝尔若希冀仕途登达，应远离洋人。皇上已为其迷惑，喝其药，众目睽睽，已被其伤害。”

有一个曾经在纽约的中国领事馆工作过的人，名叫余则达(Yu Tse-ta)，毓贤这样斥责他：“你们这些去国外的人，还有你也一样，都要对这些问题负责。外国人已经停止来了，是你们鼓励他们再来，因为他们要是不在这里的话，你们就找不到有希望的位置了。”

这些传教士还确认了流传很广的流言，这些流言无一例外地都认为毓贤支持义和拳，仇恨一切外国事物。据说，义和拳的旗子上有他的名字，而他的官兵秘密地向他们提供武器。在他离开山东时，大量的义和拳排列在街道两边，请求他再回来。当他担任巡抚时，所有本土人都认为，“洋教”再也不会兴盛了。人们后来确认，毓贤确实曾经建议，应该让所有的基督教徒都剪去辫子。

济南府的美国传教士在 1900 年 1 月 14 日正式指控毓贤的备忘录中，提到了下述事实：

1. 毓贤不愿意让他的下属向他报告有关起义的正确消息。由于他的态度，各地知县进行虚假的报告，或者干脆不作任何报告。甚至济南洋务局监督潘(P’an)，都很难见到他。在起义之初的关键时期，毓贤告诉他说：“这些教会问题实在太棘手，不要用它们来烦我。”

2. 毓贤向北京呈送了大量有关起义的虚假报告。

(1)在毓贤 1899 年 12 月 1 日和 3 日提交给总理衙门、又被总理衙门送交给美国公使康格(Conger)先生的报告中，他把韩家庄(Han-chia-chuang)的基督教徒描述成入侵者，

① 1900 年 8 月 15 日《北华捷报》。

说他们设下埋伏,在义和拳回家的时候攻击他们,并且偷走他们的马匹。我们从罗马天主教主教马天恩(Marchi)先生和其他来源那儿得到的有关事实,与巡抚的陈述完全不同。事实如下:来自方圆三十英里、总数有五百到七百人的义和拳在天主教村庄韩家庄附近聚会,公开的目的是要抢劫这个村庄。那儿的基督教徒几个星期以前就已经看到他们的教友在邻近的乡村遭到暴徒的暴力,但官员们没有进行任何制止。所以,出于绝对的必要,他们只好进行准备,以保护自己。他们用多刺的酸枣树做成防御栅栏,把村庄围了起来。在遭到义和拳进攻的时候,他们英勇地进行了反抗,并且取得了成功。

(2)在同一个文件中,毓贤说:“我请求总理衙门告诉康格先生,让他要求传教士们制止中国教徒闹事,要他们遵守秩序。”由于毓贤提到的所有案子都属于法国和意大利教会,在这样的事实——无论这些事实能否得到证实——基础上指责美国传教士行为不当,绝对是一种误导。事实上,美国传教士一直不断地让他们的中国教徒明白,他们接受基督教,并不意味着允许他们违背中国法律。就我们管理之下的基督教徒来说,说他们会去进行任何进攻性行为,是绝对不可能的事。他们人数是这样少,分布的地区又这样分散,和义和拳相比非常虚弱,发动进攻性行动将会是灾难性的。此外,传教士反复教育他们,避开每一个可能发生冲突的场合,做符合基督教信仰的事,对义和拳不进行任何反抗,在个人安全受到他们的威胁时,尽快地躲开。我们的教徒始终没有人员损失,甚至也没有多少个人暴力事件发生,在某种程度上是这些教育的结果。

(3)在同一个文件中,毓贤报告说:“高唐和博平的士兵正在巡逻,有严厉的命令要他们逮捕骚乱者。在教案问题上,总是立即采取行动,无论日夜,全力以赴。”

考虑到遭到逮捕的人数格外地少,以及在此时和之后都有大量抢劫基督教徒的行为未曾受到任何惩罚,因此可以宣布上述陈述非常虚假。

(4)毓贤在离开济南前夕写给朝廷的奏折中,报称起义已被镇压,各地都十分平静。就在这个时候,安立甘会的卜克斯(Brooks)先生在距离济南仅仅五十五英里的地方被义和拳杀死。这支义和拳总共有三四百人,进行抢劫、放火和勒索。

3.毓贤似乎从来没有自行进行过任何对抗义和拳的活动,他所采取的所有行动或者像是行动的行动,都是领事或者外交团施加压力的结果。

4.毓贤不仅自己不反对义和拳,而且在这一运动至关重要的一个阶段,他还将一些反对义和拳的官员革职或者申斥。我们希望对他在这方面的行为予以特别的关注,无论是出于无知还是有意为之,这类行为只能被解释成来自对义和拳的同情,而义和拳也是这样理解的,从而使起事在有可能被镇压下去的情况下,反而得到了持续不断的发展。

余则达于1899年3月被任命为郯城知县,对付那里的反外运动。由于面对许多反对意见,他自己也处于不小的危险之中。他关押了六名骚乱者,而毓贤强迫他释放了这些人。毓贤指责知县发布的一个布告,并且以固执和不胜任的理由将他革职。他还以同样方式,处治了另一名姓陈(Ch'en)的知县。造成更为严重后果的,是他把在战斗中击败了义和拳并把他们驱散的袁世凯①革职。毓贤指责袁滥杀无辜。在这场于10月发生在森罗殿的战斗中,很可能有一些旁观者被杀死。骚乱者并没有穿着能把自己区别开来的制

① 原文如此。应为袁世凯的同父异母兄袁世敦。——译者注

服,而在中国,要聚集起一大群人来十分容易。尽管如此,像毓贤这样的行动,仍然无异于对于起义的直接鼓励。此外,毓贤在担任曹州知府时的表现,表明他并不是一个特别反对流血的人。

5.毓贤面对来自北京各方面的压力,在镇压拳乱问题上只是装装样子而已。被派出去的相当数量的军队,由于公开地表示支持义和拳而使混乱局势更为恶化。除了逮捕了几名首领和解决一些小冲突以外,他们什么都没有做。人们根据可靠的信息,普遍认为毓贤禁止士兵与义和拳作战。无论究竟下达了什么样的命令,事实都是无可争议的:军队无所作为,起义没有因为他们的出现而遭到阻碍,反而从中得到了帮助。当义和拳攻击上面提到的天主教村庄的时候,从省里来的军队距离他们不到一英里远,但是仅仅满足于袖手旁观。在大齐庄(Ta Chi Chuang),义和拳劫掠了十三家,在那里度过了好几个小时,而两英里远的一队骑兵什么也不做,尽管官员此前曾经得到通知,知道将要开始对基督教徒进行攻击。

6.毓贤在自己及其下属发布的布告中,直接或者间接地反复申明,有许多良民参与了这一起义,他们所进行的练习是合法的、有益的,麻烦是由基督教徒的错误行为引起的,起义是复仇精神的自然表达。这些布告尽管威胁要对骚乱者采取严厉措施,但是肯定起了坏作用,因为没有做出任何努力,去实行这些威胁。济宁州的莫约翰(John Murray)牧师说:“在毓贤巡抚去年 8 月前来巡视并发布布告之前,我们很平静,尽管我们周围的天主教徒到处都在遭受苦难。而在那之后,我们听说我们也要遭到相同的命运,而这一切现在都成了现实。”传教士还记载了在北京的美国公使康格先生写给他们的信,信中写道:“几乎不必怀疑,对于山东的糟糕形势,前任巡抚毓贤即使不能承担全部责任,也要承担相当大的责任。”从他在山东的表现来看,这位屠杀者在担任山西巡抚时扮演了可怕的角色,也是在意料之中。

第四章

煽动性的谕旨

俄国在1897年占领了旅顺港，德国于次年攫取了胶州（湾），英国在同一年租借了中国的威海卫。在日本提出割让辽东领土的要求后，俄国在为中国挽救这一领土的活动中起了主要的作用，所以对于中国愿意将旅顺港租借给俄国，没有人感到吃惊。英国租借威海卫的方式也没有让中国人感到不满，双方的默契是英国在把威海卫改造成海军基地后，将帮助训练中国的海军，并与俄国在北直隶湾的力量相抗衡。不过，德国的情况有所不同，那是一个赤裸裸的掠夺，是一场事先没有宣战的战争。同时，它也是一次报复行动，因为一名德国天主教主教和一名神父在山东被杀。① 德国的行动得到了欧洲国家的普遍赞成。就德国行动来说，可以认为，如果时任山东巡抚的李秉衡能够恪尽职守，和北京政府一起，遵守与外国列强签订的条约的话，这些谋杀事件本来是可以避免的。无论如何，夺取胶州的行动无疑深深伤害了中国的感情，她感到她在世界面前丢了“面子”，而丢“面子”是非基督教徒的中国人绝对不能原谅的事。第二年，即1899年，意大利要求得到浙江作为势力范围，并且要求租借三门湾，但这一企图没有成功。慈禧太后及其一伙认为，永远停止租借任何领土的时间现在已经到了。在此前大约两年的时间里，西方和通商口岸的报纸发表了大量不负责任的鼓吹瓜分中国的文章，这些内容自然会向外传播到内地，而人们的谈话比印刷品更加地不负责任，从而激怒了许多人。我们记得，我们教站的一名有知识的中国基督教徒就说：“所有这些说法有什么证据吗？泰西的皇帝和国王是不是真的走到一起，决定这样做啊？如果不是的话，所有这些无益的流言有什么好处呢？”

可能没有一个人比太后更清楚地知道，列强并没有作出这样的决定——她肯定会知道英国议会在这个问题上采取的坚定态度。然而，她和她的谋臣们仍然于1899年11月21日发布了一道有害的谕旨，利用她至高无上的权力把一个她必定知道是个谎言的信息传达给了她的百姓。但是，正是这样一种遮蔽真相的做法，反而使得这个文件更加能够让中国人相信。在这之前，政府向民众发布了诗歌形式的教谕，告诉人们外国人向他们统治下的百姓征收了多么沉重的税收。我们记得在这一年的8月，曾经见到过这些教谕。

这些文件和其他一些煽动性作品的结果，就是有力地刺激起了中国民众对外国的仇恨。每一个人都知道，对于侵犯了他们所认定的权利的任何事物，民众都怀有深深的憎恶。那些掌权的人官方地教导中国民众说，外国人想要夺取整个中国，夺走他们所有的权利，向他们征收沉重的税收，把他们变成一个被奴役的民族。

---

① 被杀的两名德国传教士都是一般神父。——译者注

我们全文复录了这道有害的谕旨:

现在时势日艰,各国虎视眈眈,争先入我堂奥。以中国目下财力兵力而论,断无衅自我开之理。惟是事变之来,实逼处此,万一强敌凭陵,胁我以万不能允之事,亦惟有理直气壮,敌忾同仇,胜败情形,非所逆计也。近来各省督抚,每遇中外交涉重大事件,往往预梗一和字于胸,遂至临时毫无准备,此等锢习,实为辜恩负国之尤。

兹特严行申谕,嗣后倘遇万不得已之事,非战不能结局者,如业经宣战,万无即行议和之理。各省督抚必须同心协力,不分畛域,督饬将士杀敌致果。和之一字,不但不可出于口,并且不可存诸心。以中国地大物博,幅员数万里,人丁数万万,苟能各矢忠君爱国之诚,又何强敌之可惧,正不必化干戈为玉帛,专恃折冲樽俎也。将此通谕知之。[①]

这一文件背后的敌意,就像它不加隐讳的语言一样明白。最值得注意的是,它所列举的外国造成的危害,实际上只有对领土的夺取,对传教士和贸易都没有提及。

12月发布的下一道谕旨有着同样的煽动性,它命令所有督抚积极准备反对"虎视眈眈"的外国人的战争。在这道谕旨之后,总理衙门向各省督抚发出了一个文件,其中有这样的句子:

本衙门接到太后及皇帝的特别谕旨,给予你们武装反对所有进入你们辖地的侵略者的全权和自由,如果必要时可以宣布战争状态,而不必事先向北京请示,因为耽误时间对你们的安全可能是致命的,它会使敌人站稳脚跟,攻击你们的军队。最后,你们如若始终优柔寡断,或者过分相信入侵敌人的声明,你们将要为其后果负责,章高元总兵在山东的所作所为,可为前车之鉴。

还有比这更能制造麻烦的语言吗?我们又一次注意到,造成过去痛苦的根源以及对于未来的忧虑所在,仍然是夺占领土的政治行动。

"我们可能还会记得,章总兵是德国军舰夺取胶州湾的时候青岛炮台的指挥官。这些谕令提到他,足以表明它们的煽动性。这些谕令所蕴涵着的远远超过其语言的重大意义,很快就表现了出来。一些帝国军官被派往沿海和长江各省,报告各省高级官员们所采取的防御措施,并且确定他们还需要什么武器弹药才能完成他们的命令。"

"这些谕令的传播,以及在街头巷尾把它们读出来的士子们对它们的解释,在整个国家掀起了爱国的浪潮。对于民众来说,这些谕令并不是激励他们进行合法防卫,而是刺激他们进行挑衅。随之发生的义和团运动的进一步发展,就明确地反映了这一点。到1899年底,义和团实际上已经变得难以控制。在官员们几乎不加掩饰的纵容下,义和团把他们反对外国人的宣传带进了一个又一个省份。"[②]这一年的最后一天,第一个受害的外国人——英国安立甘会的卜克斯,被义和团残忍地杀死。

① 1899年12月27日《北华捷报》。(译文据故宫博物院明清档案部编《义和团档案史料》上册,中华书局1959年版,第37~38页。——译者注)

② 1900年8月15日《北华捷报》。

第五章
从第二次政变到北京的无政府状态

自从1898年9月政变，皇帝被迫将他的印玺交给太后以来，以他的名义发布的各种各样的谕旨，实际上都是太后及其一伙的产物。和改革一样，皇帝是不断地让顽固派感到疼痛的刺。他们中有为数不少的人建议把他毒死，但像是有天意眷顾一样，太后不让这样做。然而，他作为皇帝的地位，一直是她企图长期掌握最高权力的一个威胁，因此她决心要废黜他，在皇族中间选择一个孩子做皇帝。她完全相信她可以对她的百姓为所欲为，但她认为在表明自己的态度以前，应该试探一下外国政府代表们的看法。就在这个时候，她担心可能会最强烈地反对废黜皇帝的国家——英国，在南非陷入战争之中。战局在12月遭到可怕逆转的消息——马格斯芬坦、斯多姆堡、科伦索等地的战事——传到了宫中，对那里的事态发展产生了不小的影响。他们说："什么！用精良的步枪和大炮武装起来的几万名农民，竟然能把英国这个世界强国打得走投无路吗？中国有数万万人，怎么就不能像只有几万人的他们那样做呢？"

无论如何，太后的谋臣们令人满意地做好了法国和俄国政府的工作，它们表示，对于选择一位新皇帝一事，不会进行任何反对。"当庆亲王把他谈判成功的消息告诉慈禧太后时，她高兴得在地上跺着脚，叫道：'好！那么英国就不会对我们怎么样了。'对此，庆亲王以一种轻蔑的口气回答说：'那些傻瓜！他们就是真的要干涉又能怎么样？我们不怕，我们现在已经准备好了，能够应对所有的不测。再说，他们现在又能做什么呢？什么也不能做！陛下一定知道，英国现在还不知道在哪里呢！'太后说：'当然了，那就这么定了。'于是就发生了废黜一事。"①

第二次政变发生在1900年1月。

慈禧太后选出的准备取代合法皇帝登上皇位的孩子，是一个四五岁的小男孩，名字叫溥儁。他的父亲是臭名昭著的义和团首领端王，端王的父亲是道光皇帝的第五子，由于丑行而被驱逐出皇室。慈禧太后不仅想要废黜合法的皇帝，她还想要把他合法统治的二十六年视为无物，算作是两任皇帝之间的空位时期！但是这个精明的女人打错了算盘，来自汉人和满人的电报和抗议从各个方面向她涌来。太后看到自己招惹起一场难以承受的风暴，便改变了策略，表白说她从来没有想要废黜皇帝，而只是要准备一个皇位继承人，因为光绪皇帝本人没有男性后嗣！她的行为遭到人们的深恶痛绝——可耻地对待一个掌握在她手中的深得人心的年轻皇帝，使她招人厌恶。她必须找一个替罪羊，民众的愤怒必须被

---

① 1900年1月30日《北华捷报》。

转移,就让它落到基督教徒的头上吧!

下面引用的莫理循(Morrison)博士的话,载于他对北京使馆围困的精彩记载中,发表在1900年10月13日和15日的《泰晤士报》上:

义和团是反对基督教和反对外国的组织,由于它的爱国目标和忠顺性质而得到纵容。此外,它在直隶省的出现,恰好处在局势已经开始变得令人担忧之时。乡村出现了饥荒,一点雨也没有下。冬小麦没有收成,春小麦不能播种,95%的土地荒了。粮食价格上涨,不安和不满到处蔓延。人们开始产生出这样的情绪:这些灾祸应该归之于上天对于慈禧太后篡权,要废掉天子——合法皇帝——所拥有的真正权力的愤怒。就是在这个关头,义和团进入了这个省。它的宣传像野火一样蔓延:'正在吞噬国家的是洋人,让中国遭到天怒的是洋教,让上天不再风调雨顺的是可恶的外国铁路和电报。'对慈禧太后的憎恶变成了对于外国人和外国宗教的激烈愤怒,这个老谋深算的女人就这样把民众的抗议转移了方向。她鼓励受过训练的义和团的发展,把他们看成是能够保护她的王朝的工具。她巧妙地设计谕旨,对义和团和基督教徒进行不利于后者的比较,从而煽动对基督教徒的仇恨。对基督教徒的恶意影射发展成为公开的攻击,最终由一道要求铲除他们的谕旨而达到了顶点。

在1900年最初几个月,义和团运动迅速发展,一些王公贵族和高官显贵与义和团的首领们结成了同盟。再引用莫理循博士的话:

到4月,到处都可以看到义和团。男孩子们在演练,并且武装着刀剑。刀剑价格已经上涨到正常价格的两倍,制作刀剑的工匠们都大赚了一笔。街道上销售着排外的文字材料,基督教徒们得到警告,说他们是"该死的人"。然而,传教士以外的外国人对这个运动不屑一顾。

到5月,干旱在继续,骚乱在发展。传说有八百万人从天上降了下来,要把外国人全部消灭,然后就会下雨。基督教徒由于信奉洋鬼子的宗教,得罪了神灵,引起了天怒,一滴雨也不降下来,成千上万的人要饿死。为了煽动无知的人进一步反对外国人,传言说外国人向井水中投毒。接着,在直隶省南部,针对中国基督教徒的圣战开始了。首先要攻打他们,把他们消灭以后,再去除掉白人。从该省传来中国基督教徒被屠杀的悲惨故事,基督教徒的财产遭到抢劫和焚毁。

与此同时,军队开始公开地倒向义和团一边。"董福祥提督统率的排外暴徒,公开地向他们表示亲善,被他们称之为'亲兄弟'。那些有中国朋友的外国人私下里得到警告,要他们离开北京,因为他们有生命危险。园丁和洗衣工躲了起来,教师和仆人也逃到了乡下。对于中国人来说,为外国人工作非常不安全。"

5月28日,北京和保定府之间的铁路开始遭到破坏。第二天,沙孟(Chamot)夫妇勇敢地救出了一伙法国工程师——有十三名男人、九名女士和七名儿童。沙孟夫妇和其他四五个人,走出北京大约十五英里,于当天把他们带了回来。

莫理循博士说:"这次迅速而又勇敢的救援行动,是围困中最令人满意的事件之一。""北京一天比一天变得更加动乱,'派来保护外国人'的清朝士兵用石头攻击外国人。在外国人的请求下,派来了外国卫兵。他们于5月最后一天到达,人数为三百四十名。"

与此同时,由三十人组成的一伙外国人,在试图从保定沿河逃到天津的途中遭到伏击,有几人被杀,其他人只能边打边逃。他们到达天津的时候,死去的人比幸存的人还多。6月2日,听到了又有两名安立甘会成员被残忍杀害的惊人消息。“孙(Robinson)牧师首先被杀死,孟鹤龄(Norman)先生成功地逃到知县的寓所避难,但知县把他交给了狂怒的暴徒,他被杀死。”

6月6日,发布了一道谕旨,激起了“强烈义愤”。谕旨最后几句话是:“教民拳民,均为国家赤子,朝廷一视同仁,不分教会!”这道谕旨完全无视这一事实:义和团对基督教徒进行的大肆屠杀和他们的种种残忍暴行,正是根据了撰写这一上谕的那些无赖的直接命令!

> 在乡村,骚乱传播到了北京东面的地区,在通州的美国传教士的处境非常危险。他们要求派来卫兵,但康格先生只能拒绝,因为他不愿意让从使馆卫队中勉强挤出的士兵冒险穿过如此危险的地区。然而,一名无畏的美国传教士却成功地做到了不敢派士兵来做的事情。6月7日黄昏,美国公理会的梅子明(W. S. Ament)牧师乘坐一辆大车离开北京,带着其他二十辆大车走了十四英里,穿过动乱的乡村,到达了通州。这个充满勇气和献身精神的行动,在我们这些了解乡村情况的人看来,真是一个英雄事迹。他把当时在通州的整个传教士群体——包括《中国人的素质》的天才作者明恩溥(Arthur Smith)博士在内的五名男士、十一名女士和七名儿童——以及他们的基督教徒仆人们一起安全地带回了北京。

另一个突出的英勇行为是把董文学(Addosie)神父、他的两名同事、一名法国修士、五名仁爱会修女和大约二十名中国修女从南堂救了出来。解救他们的是法国使馆的福礼玺(Fliche)先生,和他一起行动的还有沙孟先生和他勇敢的妻子。

10日,义和团“第一次得到了公开的官方承认”,因为端王被任命为总理衙门大臣。同一天,西摩(Seymour)将军从天津动身,率领一千八百名各国海军陆战队员和水兵,前来救援使馆。

6月11日,第一名外国人在北京被杀。

> 那一天,日本书记官杉山彬试图从永定门离开北京,去迎接西摩将军的救援部队。人们知道这支军队当时正在从天津到北京的途中,显然是预计他们将在这一天到达北京。当他到达永定门的时候,遇到了把守城门的董福祥的士兵。端王这一天下达了秘密命令,不允许任何外国人出城或者进入城内。因此,士兵们拦住了他,问他是谁。杉山彬告诉他们,他是日本使馆的成员。“你是日本公使吗?”“不,我只是使馆的书记官。”“那像你这样的小官,怎么会有权坐这样一个大官的车啊?”于是,他们把他拉下车,开始殴打这位不幸的书记官。杉山彬要求带他去见董福祥提督。“什么!你还想给我们的大提督说话!哎呀,你官太小了,没这个荣耀!”最后,一名头戴红顶的甘军军官出现在现场,杉山彬向他求助。这个恶棍非但没有救他,反而干脆下令把这名日本书记官的头砍下来,向他们的战旗献祭,并且在城门附近张贴告示:“因为他想逃出城去。”第二天,端王就这一卑鄙的谋杀而向董福祥表示公开的祝贺。[①]

12日、13日和14日是大屠杀的可怕日子。城里到处都是义和团“杀死洋人”的喊声

① 1900年8月8日《北华捷报》。

和正被杀害的基督教徒的呻吟声,全城有数千人被残忍地杀死,数百万英镑的财产被大火无情地焚毁。“在 13 日和 14 日可怕的夜晚里,端王的弟弟澜公和总理衙门的赵舒翘坐在他们的车上到处巡视,对这一场面幸灾乐祸。然而,清政府后来却把这场就发生在紫禁城城墙脚下、在官员监督下进行的屠杀说成是当地土匪们干的。”

13 日,义和团攻击了奥地利使馆和美以美会,结果在两处都被赶走。在美以美会,枪上装有刺刀的海军陆战队发起冲锋,把他们驱散。与此同时,在紫禁城内,唯一能被接受的建议是那些疯子们的建议。慈禧太后决定在宫中召集一次御前会议,讨论并且决定应该采取何种行动。让这个自称为文明的国度蒙受了从未有过的羞辱的这次会议,将作为一次最为邪恶的会议遗臭万年。这一会议举行于 6 月 16 日。

第六章
御前会议

以下有关这次御前会议的生动记载来自于一位亲眼目击了他所记述的这次会议的北京官员。记载抄录自1900年8月8日的《北华捷报》，同时也参考了《文汇报》[①]和其他报纸。这一记述实在太有意思，我们不能不在这里把它转载出来：

6月16日，慈禧太后突然传出诏旨，召集所有满族的王公贵族以及六部九卿等满汉大臣入宫，参加马上召开的御前会议。当所有人都来到宫里的时候，太后首先秘密召见了满人，而所有汉人则留在外面等候，这令人感到十分不安。满人结束了他们的秘密会议回到外面以后，太后又把他们和汉人官员一起重新召进宫内。所有人都跪在太后和皇帝面前，等待太后首先说话。

她说："外国这样恫吓和欺负我们，再也无法忍受了。因此，我们必须团结起来，和所有洋人战斗到底，在各国眼里保住我们的面子。所有满族王公贵族和大小臣工，都决心要和它们决一死战，我赞许他们的爱国抉择。所以，我对大家宣布这一决定，希望大家都能报效国家。"

听到这话，曾任驻俄国公使、东北铁路总办等职的许景澄（汉人）跪到慈禧太后面前，恳求她重新考虑她的决定，因为在做出和所有外国开战这样重大决定之前，要对许多问题进行仔细权衡。听到这里，刚毅突然打断了他："你错了，这一次和外国开战，与前几次不一样了。我们现在有义和团，他们刀枪不入，我们可以轻松地把敌人收拾了！"

这时，前芜湖道台、现任总理衙门大臣的袁昶（汉人）说："陛下，我在义和团攻击洋人之后亲自见识过他们的威力，因为我家就在那附近。我穿着便服察看了刚刚发生过战斗的地方，看到地上到处都是死去的义和团的尸体，也有大师兄和首领的！我亲眼看到他们每一个人的胸前或背后都中了一两颗子弹。陛下，这难道不能证明刚毅所说的义和团刀枪不入是吹嘘吗！"太后说："你一定是弄错了。你看到的那些死尸一定是地痞无赖的，不可能是义和团的。"这就堵住了袁昶的嘴，他不敢再和他的女主子争论了。接着，曾侯曾广銮（汉人）——前驻英国公使的儿子，本人在英国长大并接受教育——来到前面，跪在太后面前，说："我请求陛下重新考虑你的决定。如果我们必须开战，也不应该这样不加区别，我们怎么能成功地和整个世界开战呢？我们应该选择我们的敌人。有好几个国家对我们一直很友好，我们对它们没有一点抱怨，我们

① 外国人在上海出版的英文晚报，英文名为 *Standard*。——译者注

是不是也要和它们开战啊?最重要的,我恳求陛下保护使馆,不管我们今后怎么做,保护使馆都应该是我们的首要义务。"汉人一伙里的其他人也说了意思大致相同的话。他们看到到场的所有满人,除了一人(总理衙门大臣那桐)以外,全都决心开战,对汉人一伙中发言的人怒目而视,所以他们只敢要求,如果必须开战,应该选择几个与之作战的国家,希望通过这样的办法来争取时间,等待形势变化,以阻止战争。

最后,先前提到的那桐也来到前面,和他的汉人同僚一道恳请。这让他的满人同胞生气到了极点,在挤满了人的朝见大殿里,可以听到满人一侧大声喊着"败坏血统"、"卖国贼"一类的话。但是,那桐没有退缩,继续说道:"陛下,如果我们必然开战,最好不要在北京城内打,而应该在城外,如果可能的话到海边去打。如果陛下命令清军出去攻打使馆,帮助义和团,就会有难以预料的灾祸,到那时,事情就难以挽回了。我说这话,是为了我们所有人的最大利益,而不是像看上去那样,是出于个人的私心。"说完这些话,他看了看他的满人同胞所在的地方,然后就不说话了。在他说话的时候,太后一直盯着他,而当他说完后就看了看刚毅,似乎是期待他能对那桐的话作出些回应。于是,刚毅就上前说:"如果像他们(指汉人一伙)说的,战争应该在京城外面打的话,我建议陛下派许景澄出京,去把外国救援的军队阻止在半道上,因为他很熟悉对外交往,而且很讨外国人喜欢。"这些话表明,他(刚毅)对许景澄第一个站出来反对满人的政策十分生气,似乎是希望他在穿过北京城外的骚乱地区时被人杀死。太后接着说:"哦,是了,这很对,我还让那桐和许景澄一道去完成这件差事。"反对是没有用处的,这两名高级钦差当天下午不得不离开北京。

这里,我应该提到,在汉人一伙与满人一伙在这场非常重要的御前会议上争论的整个过程中,皇帝陛下一直保持着抑郁的、甚至十分悲伤的沉默。他能做什么呢?失去了权力和影响,受到满人的蔑视,沉默无疑是表达他反对满族王公大臣政策的唯一的消极方式了。但是,到最后,皇帝陛下看到他的同族的战争政策占了上风,就再也控制不住了,冲动地转向在他左前面大约一英尺坐着的太后,恳求她再考虑一下与所有外国开战的决定,说政府一旦开战,以后再想实现和平就困难了,国家很快就会毁掉。陛下又说了些话,但似乎是突然停了下来,因为太后没有像宫廷礼仪要求的那样听他讲话,而是把后背转向了皇帝,公开地对他表示侮辱。这是对汉人一伙的最后一击,他们的话完全淹没在满人的喧闹声中了。满人一致要求决一死战,并且带着深深的厌恶看着他们的汉人同事,他们现在已经把这些人看作是他们事业的敌人和叛徒了。

事态的变化使得汉人一伙只能再找机会向慈禧太后重新提出他们主和的主张了。他们的目标是让她发布一道谕旨,驱散各地的义和团,如果遭到反抗就予以镇压。由于他们自己没有军队,就把唯一的希望放在山东巡抚袁世凯和聂提督[①]身上,因为他们是能够服从太后谕旨,使汉人一伙实现他们消灭义和团的政策,威慑住狂暴的满人,使国家恢复和平的唯一的汉人将领了。但是,端王和刚毅阻止了汉人一伙的所有行动,那一天的形势看上去非常糟糕。从那天以后,北京城里一群群的武装的义

① 直隶提督聂士成。——译者注

和团、甘肃军队、荣禄指挥的武卫中军或称“北洋军”的满族士兵,完全不受纪律的约束。

满人一伙在6月21日,也就是德国公使被杀死的第二天,又来到宫中,要慈禧太后发布一道谕旨给统率北洋军的荣禄,命令他率领他的军队进入北京,正式攻打使馆,毁掉使馆以后,再返回天津,消灭那儿的外国人,一直到把他们全都赶到海里为止!就在太后快要同意发布这样一道谕旨的时候,皇帝进行了干预。他跪在太后面前,用动情和绝望的声音请求她不要派官军攻打使馆,因为那样就等于她正式批准了此前讨论的对外国列强开战的主张,让整个帝国陷入战争之中,使事态不可挽回。

皇帝陛下用绝望的声音说:“如果你们所做的和将要一步步去做的事,只会让我一个人去受苦,去死,我会高兴地去赴死,以挽回你们给中国带来的灾难;但是我恳求太后陛下,不要毁了整个帝国千百万可怜的无辜百姓。我问陛下,他们做了什么错事,要遭受你和你的谋臣们要采取的毁灭性行动必将给他们带来的灾难呢?我恳求陛下不要这样做,否则就太迟了。我求你再重新考虑一下你的决定,如果实行这样的政策,会把祖宗们传给我来照看和保护、使之不受伤害的帝国给毁了。我宁愿死一万回,也不愿意看到我不幸的无数臣民们遭受所有的苦难。”说到这里,皇帝陛下完全控制不住了。即使是铁石心肠,也会被他绝望的话所打动。可是,唉,太后仅仅是轻蔑地看了皇帝一眼,拉起她的衣服,又把脸转了过去,根本不理会跪着的皇帝。皇帝在说到最后一句话时,冲动地向前迈进了一步,拉住他皇婶的衣服边,一副无助、绝望、无能为力的样子。端王和他的满人一伙站在御座附近,大声地说话,而太后则轻蔑地耸了耸肩:“皇帝对这些事懂什么啊?”不幸的皇帝的心和他的反对意见就这样被打得粉碎。皇帝陛下立即站立起来,哭泣着离开了宫殿。

端王、刚毅、启秀和义和团的其他一些满人朋友似乎松了一口气,因为在皇帝动情地为他的百姓求情的时候,他们曾担心太后在下令要荣禄的官军进京攻打使馆内的敌人时,会犹豫不定。接着,迅速发布了毁灭性的谕旨,在这之后,参加会议的汉人一伙中没有一个人敢于发表支持暂缓行动的意见了。同一天下午,荣禄的先遣部队进入了北京,带着他们的步枪和机关枪,每个人都装备着最先进的有弹仓的枪。

由于皇帝具有改革倾向,并且急于维持与西方的和平,满人就说他是一名基督教徒,背叛了他的种族的传统。

勇敢的汉人许景澄和袁昶那天采取了反对满人主战意见的立场,从而给自己带来不幸的后果。大约一个月以后,他们未经审判就被处死。“处死他们一事表明,我们笼统地称作北京政府的机构,实际上只是无政府。在端王和刚毅之外的其他军机处成员都不知道的情况下,两名不幸的爱国者于7月28日被处死。”[①]7月29日的谕旨说他们“声名恶劣”,而且“大不敬”,宣布他们已被处斩。

这可能是事实。不过,《文汇报》[②]的记者说他们的罪行是,在将御前会议决定的消灭所有外国人的血腥谕旨传送给长江地区总督时,许景澄和袁昶自作主张,将“消灭”改为

---

① 1900年8月8日《北华捷报》。

② 1900年10月16日。

"保护"。这名记者补充说:"他们被叫了来,承认说,尽管他们知道事情已经不可逆转,但他们不能向长江地区的总督们传送这样一道谕旨,所以他们冒着生命危险做了这样的事。当天下午,他们就被砍了。这就是那位亲吻过窦纳乐(Macdonald)夫人和康格夫人,并且不断地说'大家都是一家人,大家都是一家人'的亲切的老妇人干的事。"[①]

上面最后一句话说的是慈禧太后。她在1898年9月的第一次政变以后,邀请各国公使的夫人到宫中,以上述的态度对待她们。这是在进行了一次不合体制的行动之后,为了赢得"面子"而使用的聪明诡计。

法国公使毕盛(Pichon)还有另外一个说法,认为许景澄和另外一人之所以获罪,主要是因为他们为董福祥下令刺杀的德国公使买了一口棺材。袁昶和另外两人则是因为对屠杀外国人的计划不感兴趣!

现在要来说说御前会议及其结果——消灭在中国的所有外国人的谕旨了。

首先,注意太后向满人一伙提出的之所以作出这样一个可怕决定的理由——"外国列强对中国的恫吓和欺负"。

第二,这是一个表现中国政府的三大祸根——自傲、无知和迷信的典型事例。

第三,这样一道谕旨反映了狂热仇恨的深刻程度。

关于第一点和最后一点,我们放到另外一章去论述。至于第二点,首先看"自傲"。傲慢自大让中国的当权者们如此盲目,竟然会相信他们能够公然对抗整个文明世界。想想这其中包含着多么巨大的"无知",然后再看看号称"刀枪不入"的义和团的"迷信"吧。李鸿章在试图为他的女主子寻找借口的时候,一针见血地把这一点指了出来。"她有一些不好的谋臣,相信了义和团真能刀枪不入。"这好像是说,如果他们确实能够刀枪不入,结果真的就把中国所有的外国人都杀死的话,那就会证明她采取的路线是正确的了。

我们不太能够接受《文汇报》记者的说法:爱国者许景澄和袁昶把命令"消灭所有外国人"的谕旨传达给长江地区的总督时,把"消灭"一词改成了"保护"。这种说法就其本身来说是不可能的。此外,我们还有一些远在内地的传教士具有这些谕旨传达到了他们所在省份的确凿证据。在遥远的云南,这道血腥谕旨传到了那儿,半个月以后,又下达了一道保护外国人的谕旨。后一道谕旨的来到,一方面是为了在该省所有传教士都被谋杀之后,挽回一些人的"面子",另一方面也是中国军队被联军击败的结果。当然,在某些省份,当这一谕旨到达时,总督和巡抚们对它置之不理,但在其他一些地方,就远远不是这样了。不过,未来的历史学家们必须要记录下这一事实:在1900年6月20日和25日之间,中国的中央政府发布谕旨,下令将这个国家的所有外国人一律屠杀和消灭。外国的公使们、商人们、传教士们、政府雇用的外国人,无论是比利时的铁路工程师们,还是赫德(Robert Hart)——他以其超群的管理能力创建了中国海关,每年给她那贫乏的岁入带来五百万英镑的收入——这样为中国工作了四十年的忠诚朋友,不分男女老幼,全部要被当作一场公共祭祀的祭品,送上满族人仇恨的祭坛。

不过,我们现在要去看一下比较令人高兴的一面,去留意陕西署理巡抚端方的充满人性的勇敢行为。足够令人奇怪的是,他竟然是一个满人。这只能说明有各种各样的满人,

① 1900年11月10日《文汇报》。

对鞑靼人的性格不能作出一概而论的概括。我们还得感谢《北华捷报》,它发表了驻西安府——端方驻节的城市,该省省城,现在是实际上的中国首都——记者的文章。请特别注意我们引用的这篇文章最后提出的三个论点:

> 署理陕西巡抚端方保护了大约八十名外国人的生命和财产,我们只能充满感情地说,正是由于他的照顾,这些外国人才能活到现在。
>
> 当下令杀死外国人的6月20日谕旨和25日谕旨到达西安府时,这位人道的巡抚非常难过,当着其他高级官员的面哭了,有好多天都吃不下饭,睡不好觉。他立即压下了这些极端的谕旨,并且发布了严厉的命令,要求不惜一切代价,不顾所有的危险,维持好秩序。
>
> 当义和团决心要发动一次起义的时候,端方巡抚派出守卫他的骑兵,抓捕了"义和团"的头目,将他们处斩。当大量的揭帖秘密地张贴出来,指责外国人造成了该省的干旱和痛苦,号召爱国的志愿者们一起来消灭威胁他们的和平和财产的敌人时,这位巡抚在几个小时之内就将这些煽动性的揭帖撕掉,用内容相反的布告取而代之。
>
> 当一伙自称祈雨的人聚集起来,要毁掉一名瑞典传教士的财产,并且可能会危及到他的生命时,这位巡抚派出骑兵迅速赶到现场,把房子封锁起来加以保护。
>
> 当几伙传教士离开陕西前往汉口时,他主动地致电那儿的总督张之洞,请他迎接和保护这些旅行的人。他还进一步派出自己的卫兵护送这些传教士。由于他们的旅途要路过河南的西北部,他还命令陕西的卫兵们,在张之洞派出的卫队把他们接走之前,不得离开他们。
>
> 应该让公众知道这位有能力而又开明的满族巡抚的警觉性和仁爱精神,我还希望,以后能够以某种方式向他表示正式的感谢。
>
> 在我看来,张总督、刘总督和端方巡抚这些人的为公精神和果断行动,说明了以下三点:(1)对于辖区内发生的不法行为和屠杀事件,高级官员们不仅要根据中国法律承担法律责任和具体操作上的责任,也要承担真正的责任和道德上的责任。(2)要维护法律和秩序,所需要的并不是另外建立一些不同的权威,而是要保证那些已经存在的权威的实施。(3)无论何时,也无论何地,只要省级官员们为了法律和秩序而实施他们的权力,严重的骚乱和屠杀实际上是不可能发生的。[①]

文章中所表达的"应该让公众知道这位开明的满族巡抚的仁爱,并且向他正式表示感谢"的希望,要是真能实现多好!但愿他能想尽一切办法,从现在在西安府的那群"歹徒"手中,肩膀上扛着他的脑袋逃出来!

① 1900年8月《北华捷报》。

第七章
黑暗的力量

上一章讲述的御前会议召开于6月16日和6月21日之间，不过在这期间以及在6月21日之后的几天里，还发生了一两件非常重要的大事。

大沽炮台于6月17日遭到攻击并被占领后，这一消息很快就传到了北京，刺激着那里的满人采取了更为疯狂的行动。在16日——即此前一天——的御前会议上，已经宣布了“与外国人决一死战”的政策。外国的海军指挥官们出于上帝赋予的判断力，认为事态极其可疑，他们必须采取行动，夺取他们的“基地”。假使他们当时没有这样做的话，在北京和天津的外国人现在怎么还会活在这个世界上呢？

6月20日，德国公使克林德(Kettler)男爵被一名有预谋的清军军官杀害。下面，我们引用莫理循博士的记述。

“和克林德男爵在一起的德国使馆书记员柯达士(Cordes)也受了重伤，但是奇迹般地逃脱了。”柯达士先生后来向莫理循博士作了以下这些叙述。

> 6月19日，克林德男爵派我到中国的总理衙门，要求他们把驻扎在附近的令人讨厌的董福祥的甘军撤走。那里的章京告诉我说，现在形势已经改变了，外国海军司令们占领了大沽炮台，因此要控制住中国军队十分困难。这一天5时，总理衙门交给各国公使一份最后通牒，要他们在二十四小时之内离开北京。怀抱着中国仍然还能通情达理的希望，克林德男爵发出了一个照会，要求第二天上午9时会见总理衙门的王公大臣。20日早上，总理衙门没有送来任何消息，于是克林德男爵和我就分乘两顶轿子动身了。在过了东单牌楼后，我看到一个场面，把我吓坏了。一名看上去像是满人的八旗兵穿着全套制服，头上戴着一顶红顶蓝翎官帽，向我们走了过来，在距离轿子窗口不到一码的地方开枪射击。我叫道：“住手！”轿子落到地上，我跳了起来。一粒子弹击中了我的下身，我拖着流血的身体，沿着挤满了中国人的街道逃走。这些中国人毫无同情地看着我挣扎，在我问路的时候理都不理我。我无意中听到一个人说：“一个罪有应得的洋人！”后来，在一条安静的路上，两个商贩给我指了路。在我的公使被害之后半小时，我到了美以美会，昏倒在大门口。

柯达士先生断言：

> 我断定刺杀德国公使是一场有预谋的、事先计划好了的谋杀，一场根据政府高级官员的命令、由八旗兵进行的谋杀。
>
> 中国政府向德国使馆递交了一份厚颜无耻的文件，大意是说两名德国人在乘轿走到通向总理衙门的大街街口时，其中一人向人群开枪，中国人进行报复，把他杀

死了!

几个星期以后才找回了尸体,直到7月18日,官方才正式地提到这一谋杀事件。

中国方面要求公使们继续留在北京。下午4时——正是要他们离开北京的最后通牒提出的最后时间,中国军队按照事先定好的信号,一分不差地向奥地利使馆和法国人的岗哨开火。一名法国海军陆战队员倒了下来,子弹击中了他的前额,他被打死,另一名奥地利人受伤。围困开始了。

与此同时,天津已经“为生命而战斗”了好几天了。天津的瓦特(James Watt)在数名哥萨克的陪同下,在夜间勇敢地骑马穿过布满敌人的乡村,到达了大沽。这一英勇行为传递了有关天津情况的信息,拯救了数千人。各国迅速派出增援部队,天津在24日得到了解救。

在试图前去解救使馆的英勇行动中,西摩将军的一千八百名士兵伤亡了三百人。26日,在离天津不远的地方,他们被俄国人解救。

这时,消灭外国人的谕旨已经通过电报传到了所有十八省的省城。我们已经提到过其中一个省对待这一谕旨的态度,这里还要特别提到,该省巡抚的思想特别适合这类邪恶种子的成长。这个省就是山西,它的巡抚是毓贤。我们可以想象,当这份决定命运的文件送交到他手中时,他脸上所露出的魔鬼般的笑容。他的心里一定会产生出类似这样的一些想法:“我常常想把控制在我手中的每一个外国人都杀死,但直到现在,有了朝廷的命令,我才能够这样做。”他没有放过这样一个机会。这一谕旨或者由驿递或者通过电报送到了该省府、州、县各级城市。在此之前,这个省对外国人一直非常友好,从来没有外国人在这里受到过伤害。而现在,在几个星期的时间里,超过一百名传教士和许多儿童被杀害了。其他一些人,尽管得以逃脱并保住了性命,但是遭受到比死亡还要痛苦的许多残忍行为。一个拥有权力的恶人害了这么多人,恐怕再也没有比这更为可怕的事了。

我们把山西大屠杀的事情放到另一章中叙述,这里我们附上一篇题为《一场中国式屠杀》的文章,作者是《熟悉的中国》一书的作者立德(Archibald Little)夫人。立德夫人以热爱中国人民而闻名,她为了解除残忍的、令人厌恶的缠足陋习给中国妇女和儿童所造成的痛苦而做了许多慈善工作。在这封信的末尾,她鼓吹将北京城墙夷为平地。这是一个应该受到重视的人的意见,但是这种做法是否可行或者是否有益,还是一个问题。

在中国某个地方发生了屠杀!人们以前从来没有听说过这个地方,当人们听到它的名字时也记不住,人们也不认识那儿的人。什么?九个人被杀了!哦,真可怕!但是想想,在南非有数千人被杀了呢!人们喝着早晨的咖啡,无动于衷。

那个7月的早晨,在衢州府,他们可能也在喝咖啡。像1900年7月中国的许多城市都发生了骚乱一样,这个城里也发生了骚乱。一名女士从那里发出的最后一封信——一封愉快、唠叨的信——还在说道着他们的勺子。万一发生攻击,他们能躲到哪里去啊?不过,她认为她知道一个地方!有两名女士住在一起,一名年长的和一名年轻的,年长的是英国人石(Sherwood)小姐,年轻的女孩是美国人马(Manchester)小姐,挂记着勺子的是年长的女士。紧靠她们住的是汤明心(Thompson)夫妇和他们的两个幼子。7月21日来了——我记得那一天,因为我们那儿也听说要出现骚乱,所以我就坐着一乘没有顶子的轿子进了城,心想:让人们看到一名英国女士还像平常一样到处走,而且没有一点害怕的样子,会有好处的。这一天,在衢州府城,从较远的地方来了一小帮人——他们属于斋教,就是制造古田惨案的那一个教派。他们来到了房子跟前,汤明心先生出来站在阳台上,想和他们讲理,但是不起作用。最后,他觉得必须得把他妻子和孩子带到道台的衙门,才能得到保护。在这段时间里,那两名女士则躲在附近一个友好的中国人——虽然是异教徒——家里,在那儿一直躲到被带到道台衙门的时候。人们就在光天化日之下,抢劫了欧洲人的两所房子。

这时,道台传出话来,说他无能为力,这让请求保护的人十分害怕。道台没有多少士兵,而又十分清楚人们有多么激动,尤其是那些进到城里的外乡人,所以他拒绝见这些欧洲人。当然,各种记载有些出入,但有一种说法称,不幸的丈夫和妻子在道台衙门的前院里等了一个小时,不敢出去,也进不去大门。在这一小时不安的等待中,他们心里想了些什么呢?丈夫和妻子——父亲和母亲——之间就他们的责任又说了些什么呢?小孩子们可能十分茫然,感到累了。他们没有等太久,汤明心先生在绝望中终于猛击大门,但得到的回答仍然是"大人不想见你们",那人还从后面向人群做了一个砍头的手势,意思是你们对他可以想怎么做就怎么做。攻击从后面开始了,大量的砖头扔了过来!这位在这些人们中间进进出出地为他们所有人做了十年善事的英国人,竟然是被人用衙门差役带的一种可怕的三齿叉给杀死的,这种东西通常是用来抓住和撕扯盗贼的衣服的,是些野蛮的工具。还是不要详细叙述这些行为是怎么进行的了吧。知府下属的一名官员是外国人的朋友,也被杀死了。有人说,妻子和孩子们被砍下了头,母亲双手抱着她的孩子。据我们所知,大致如此。汤明心夫人求他们说:"你们不要伤害我的孩子。"她得到的回答是殴打。然后,他们的尸体被拖到街上,扔进了天主教神父的院子里。同时,杀红了眼的人群在街上乱撞,杀死他们看着不顺眼的任何人。所有被杀死的人最后都被扔进同一个院子里。随着白天的逝去,这些人又开始想:其他欧洲人到哪里去了?我们能够想象得到,那两名女士是怎样度过这漫长、炎热的一天的吗?在祈祷和颤抖中吗?还是在当前的受难中从信仰里得到了提升?有命令说,任何私藏欧洲人的人都将和欧洲人一样被杀死。她们避难的那家人告诉她们,他们现在不再能保护她们了。但是,她们可以安全地一直待到晚上。到了晚上,她们在黑暗中溜到了街上,一前一后沿着墙边悄无声息地走着。她们想到哪里去呢?她们有什么希望吗?我们永远都不会知道这些,但是我们能够看到两个颤抖着的身影,身上的衣服飘动着,悄悄地走着,极力不引起人们注意,几乎消失在黑暗的墙影里。街上的人开始怀疑:"在那儿走的是谁?怎么不拿灯啊?能是谁呢?啊!是欧洲人!"立即就来了一大群人,每一个人都来攻击她们。

尸体堆上又增加了两具尸体。第二天早上,两条船来到了城附近。每个人都在叫喊着,全城处于狂热的骚动状态。第一条船上有一名女士探出头来,想看看发生了什么事。我们不知道这是一名英国女士还是美国女士,因为两国的人都有。随着一声大叫,人群开始攻击船只。一名抱着孩子的女士不想离开,于是他们拖着她的双脚,把她拖下船。短刀和其他野蛮的工具又开始挥动起来了,我真不忍心描述这样的场面。在她们后面几英里的一条船上有一名英国人,据说他跳上了岸,在遭到攻击时试图逃命。人们说他的头一下子就被砍了下来,最后被杀死在地上的一个洞里,就这样算是埋了。他们所有的衣服都被那种野蛮的叉子扒了下来——扒掉夏天的衣服实在是太容易了！最后,被折腾得不成样子的尸体就像中国人晒的鱼干一样,被挂到一棵树上。人们惊奇地盯着看,自己都不相信自己干下了这样的暴行。周围的中国人讲起这个故事时,都感到这一切残忍和可怕得令人难以置信。这令人震惊的场面深深地打动了一位贫穷的妇女,她找来两口棺材,把尸体放了下来,一口棺材装了那名女士,一口棺材装了孩子。疯狂的人群仍然十分狂暴,杀死每一个看上去陌生的人。他们屠杀了十天,据说有一千具尸体放在了一起,全都没有埋葬。周围的人用木板筑起了遮挡墙,想阻止臭气散发,有些人甚至搬家走了。这一次,又有人通过墙上的一个洞溜了进去,试图给剥去衣服的外国人的尸体盖上点东西。一个厚厚的中式蚊帐把他们包裹了起来,至少算是有了一块裹尸布。

那么,讲述这一故事的那位天主教遣使会神父是怎么逃脱的呢？这里,我们会看到他们是些多么好的人。当我去看圣文森的修女,询问她们修会的遭遇时,那九名新教教士的悲惨死亡让女修道院院长失声痛哭。她说:“他们是那么好的人。我们可能会有一些分歧,但他们都是真正的圣徒。”这时,她紧紧地握着双手。当我再去问遣使会神父时,他们也向我讲了这一惨案,哭泣着讲述汤明心先生为他们做过的所有事情。汤明心先生刚刚拯救了一名生病的神父的生命。汤先生给他看病,护理他,把自己家里的营养食品送给他,邀请他住在那儿,就像那位还在生病的人流着泪所说的,像一个父亲一样尽其所能地照顾他。他自己因为健康的原因离开后,一名强壮的巴斯克神父接替了他。这位巴斯克人接着告诉我,他在一个偏远的乡村教站愉快地工作,突然听到了那些神圣的新教教士受到攻击的消息。他就逃进了山里。他不能够一走了之,因为他还有一个有一百二十名小女孩的学校。据我了解,所有这些小女孩都和他一起藏在群山中间的一个山谷里。那儿既没有阴凉的地方,也没有水,他只能在夜间下山找些吃的。五天后,他带着孩子们又回到了他的家。在中国基督教徒的帮助下,他们给房子修筑了防御工事。由于受到了可怜的新教教士的命运的警告,当道台请他们到衙门去的时候,他坚决地拒绝了这一邀请。过了半个月,两千五百名士兵来到了,道台这时有了勇气来对付骚乱了,于是给神父传过话来,要他做好准备,第二天要派一支武装卫队和一条兵船来,把他送到省城去。

神父最初表示拒绝,但道台坚持说只能这样做。于是,他为孩子们做了他能做的一切,把她们分散到了他熟悉的一些家庭里。第二天他们来了,走在前面的是一些吹着号的人,后面是士兵和一名带着两顶轿子的官员,因为他们要坐轿走大约六英里才能到达兵船那里。神父化了装,尽量地让自己看上去不像一名神父和欧洲人。他戴上大草帽,穿着短短的乡村裤子,而那名官员只是说:“你不害怕吗？我非常害怕。在轿子里尽量往后坐。”巴斯克神父说他会这样做,还在脸前面拿了一把扇子。不过,在他最终进到前后都有士兵保护的兵船里之前,不止一次地听到人们说:“那顶轿子里是谁啊？怎么看上去像是欧洲人？”

无论如何,他安全地离开了。不过,他说:“我十五天不知道我的孩子们的任何消息了……真想再见到她们。他们想把那些尸体埋了,但我不相信现在还会有异教男人有勇气去动那些尸体。有一千具尸体躺在这样炎热的天气下……你可以想象到那样的情景。”他一边说,一边泪流满面。

这只是一次惨案,我也只能讲述其中一部分细节,以免给死者的亲戚朋友增加痛苦。但是你们,你们这些坐在英国的一块修剪整齐的草坪边上读这篇文章的人,能够想象你们的朋友一家突然遇到这样的事情吗?中国人对我们欧洲人这样深恶痛绝,意味着什么呢?如果欧洲人还想继续在他们中间居住的话,就必须采取一些措施,来消弭这一仇恨。每一个人似乎都会同意,在来到中国的人里,再也找不到比这些死去的人更善良、更好、更可爱的人了。

欧洲国家正在聚集它们的武装力量,它们想用这些军队做些什么,以使中国对我们所有人来说都更为安全呢?

诚然,这些人是传教士。但是在中国另外一个地方,有一名即将被杀死的传教士,正因为他是一名传教士而不是修铁路的而得以逃生。如果不进行一次庄严的训育,铁路怎么修筑?矿山怎么开采呢?而欧洲的军队打算如何来进行这种训育呢?

一定要在撤离北京之前,把北京的城墙夷为平地。让紫禁城继续留在那儿,让未来的一代代人观瞻,让它作为我们死去的人们的纪念物。但是要让北京成为中国所有城市的笑柄,让它成为人们用手指指着嘲笑的城——一座没有城墙的城。没有什么能比一座没有城墙的城更会遭到中国人的蔑视了。用炸药就能做到这一点!最好的事情,就是让北京的百姓自己来毁掉他们的城墙,由他们自己的官员来支付这一工作的报酬,但是要在外国士兵监管下进行。

由于一名外国人的逃脱,我们得以听到衢州惨案的具体情节,但是其他所有死去的人可能也都经受了同样的苦难。

第八章
山西的屠杀

有了来自北京中央政府的进行屠杀的谕旨，有了山西巡抚毓贤这样的人，一场狂烈的迫害风暴会不受控制地席卷这个命中注定的省份，就一点也不会令人感到奇怪了。

流进海洋的河流，大多数都默默无闻，而长江和黄河的水在入海以后很远，还能改变海洋的颜色。在汇聚到这个世界的苦难海洋中的那些痛苦中，有时会出现像长江、黄河的水那样引人注目的巨大痛苦。在试图估价“义和团”运动所造成的所有苦难和悲痛时，我们的精神几乎都崩溃了。恐惧和焦虑造成的痛苦，折磨和伤口带来的疼痛，伤残的身体给一生造成的拖累，失去亲人的悲凉，极度的匮乏以及随之而来的饥饿，要描述成千上万名我们的同胞们所经受的这一切，实在是一件可怕的事情。

估计有大约四万名基督教徒被屠杀，他们所遭到的苦难永远都无从得知。还有不计其数的不是基督教徒的人所遭受的苦难也是如此。他们或者是一些因为和外国人打过交道而“犯罪”的人，或者是一些与外国人根本没有关系的人。后一种人的唯一“错误”，是不幸生活在处于暴徒控制下的那些极度混乱的地区。

我们只能把我们的叙述限制在山西的大屠杀，不过也会涉及直隶的屠杀以及山东、河南发生的死里逃生的遭遇。只要可能，我们就会让受难者自己去描述他们的遭遇。对于那些无人得以幸存的事例，我们将提供我们所能够提供的最为可靠的信息。

事实上，这些惨案的受害者几乎无一例外地都是传教士，这还没有包括那些在北京和天津受难的人。

总的来说，山东、直隶、河南三省的传教士大都得以逃命，有关他们危险经历的一些故事，可以说明这些脱逃奇迹般的特性。

赊旗店(She-k'itien)的传教士孔好义(Conway)夫妇、金恩斯(Gershom Guinness)医生和沃特森(Watson)小姐躲藏了十五天，感觉自己随时都可能会被杀死。他们在一个下着大雨的晚上离开，趁着夜色被人护送——付给三个护送他们的人三十五英镑——到一条小船上。他们藏在席子下面，旅行了好几天。当他们在某处躲藏的时候，一位母亲被迫让她一个月大的婴儿保持绝对的安静，从而使婴儿的身体非常虚弱。无论如何，在那些日子里，保持安静是极其必要的，因为那些追逐他们生命的人，就站在他们所藏身的阁楼的屋顶上！

更为奇妙的是下面一伙人在经历了三个月的危险后被救出的过程。以下是他们的经历，录自1900年10月29日的《文汇报》：

在保定府被法国人救出的传教士青季莲(Green)和贾贵安(Gregg)以及青季莲

的家人说,在听到义和团接近他们的时候,他们离开了位于山西边界的教站。有人威胁要杀死他们,他们就住进了一座庙里。他们在那里平安地住了一段时间,但是为了逃避义和团,他们再次出逃,逃进一个山洞避难。他们的下一个避难处是一个农民的房子,他们在这里躲藏了一些时日,但最终被一伙义和团发现。义和团打中了青季莲先生的头,并且威胁要放火烧掉房子。于是,这伙传教士就投降了,被带到了正定府。

在这里,清朝官员下令把这伙传教士送到天津。于是他们就被带到一条有卫兵护卫的船上,在河上走了一整天以后,船停了下来,卫兵把这伙人放到岸上,然后离开了他们。

他们又开始向天津走,但是义和团又一次抓住了这群逃难者,把他们带到营地。然后他们又被送到新安,有一半路是被抓着头发拖着走的,还有三英里是手脚被绑在棍子上抬着走的。

在新安,他们被带到主要官员的衙门里。在那里,贾贵安小姐的头被放到一块石头上,一名手持斧头的官员假装要砍下她的脑袋。这时,保定府藩台的命令来了,要把他们送到保定去。他们于7月13日到达了保定府,从那以后一直和藩台住在一起。

下面是加拿大长老会的古约翰(J. Goforth)牧师和他的同工们的危险经历,这是他自己的叙述,录自1900年8月1日的《北华捷报》。

他们平安地到了黄河,在那里遇到了北京福公司的哲美森(Jameson)。在一段时间里,他们得到了哲美森的护送人员的帮助,随后他们分开了。他下面记叙的是从一个敌对的集镇动身的情况:

7日晚上,我们到达两小时之后,客栈主人带来一个消息,七十多个手持武器的人要来抢夺这个客栈和我们所有的东西。我们用车辆和各种东西封锁了客栈大门,收集了一些石头等物,准备在院子里进行防御。那天晚上平安地过去了。

到了早上,我们的车夫拒绝继续前进,直到我们保证支付他们所有损失以后,他们才答应动身,这让我们直到上午8点半才出发。这时,镇子里的头领命令我们离开,说他会派一队有武装的人护送我们到离这里三十里的地方。他知道他正在把我们送进一个陷阱,并且非常清楚地把他的欺骗行为表现了出来。当我们动身的时候,街道上挤满了人,连墙上都是。在南门外面,至少有一万人前来围观。不久,我们看到了两帮人,有好几百人,都拿着刀、长矛和枪。其中一伙站在那儿等我们,另一伙在墙边上,准备从后面攻击我们。我们什么办法也没有,只能继续前进。我们一伙有十一个成人(五个男人)、五个孩子。我们只有三把手枪。那些人向我们冲了过来,向我们有顶篷的车上投掷石头。幸好我们的大车排成了排,而且上面覆盖着遮蔽炽热阳光的毯子,所以没有一块石头进入车里。这招不行,他们又用刀在后面刺我们的牲口。当所有的牲口都纠缠到一起以后,我们就只好自己保护自己了。我的胳膊和手上有九处受伤,只有一处比较严重,在后脑勺上,那一下子把我打倒在地。我还挨了八棍子,其中一棍子差点把我打晕,我感觉似乎一切都完了。他们还攻击我妻子和八个月的孩子乘坐的大车。一个歹徒拼命地向我妻子刺来,但被她用一个枕头挡开了;他又刺来一下,又被她用被褥挡住。我的九岁小男孩好多次勉强躲开攻击,我的六岁的女孩也是这样。我带着妻子和孩子离开了大车,让他们去抢东西。有的人跟着我们,公开地说:"我们不能让你们向南走,我们必须把你们杀了。"小女孩的胸前被一块很大很硬的土块狠狠地打了一下。我妻子向他们求情,说他们平时对待孩子都很仁慈。这似乎产生了好的效果,他们就离开了我们。我们接着到了一个村庄,在那儿受到了很好的对待,人们给我们的伤口上药,还给孩子们吃的和穿的。

我的四个小孩中的一个丢在了另外一辆车上,这些人立即说他们去找找她,把她带回来。这些人是回民。有人当着我们的面警告他们,想让我们离开,说我们全都要被杀死。然而,这些人说他们会为我们而战斗。

至于我们这伙人中的另一个成员格里菲斯(Griffiths)先生,古约翰先生说,他有一把手枪,但在第一次攻击时就被一块石头打坏在他手里。然后,他拿起一根大棍子,背靠大车,像一个英雄一样战斗,让那些拿刀的人没有办法,尽管他自己也被刺得很厉害。尹慈谋(McKenzie)先生用他的手枪,吓退了暴徒,他自己也伤得很重。受伤最重的雷实礼(Leslie)医生也有一把手枪,他上年11月刚刚结婚,他的妻子已经病了很长时间,病得很重。在他保护她的时候,一个持刀的家伙偷偷上来,差点砍断他的右手。由于主要的肌腱被切断,他的这只手终生残废。他的膝盖也受了伤,一条腿的肌腱被刺穿,一生都将跛行。至于我自己,我的脖子要么是被刀背、要么是被一把非常钝的刀砍了一下,起初我觉得我的头快要掉了,一两天以后发现头疼得不能大声说话。雷实礼医生的伤口现在愈合了,我希望我的头也能在一个月里痊愈。最初,我认为我可能会有机会,作为翻译或者随军牧师和军队一起北上,但这个希望没有实现。我身体很弱,准备回家了。

由于篇幅有限,我们不能继续讲述这伙勇敢的人们的可怕经历了。他们设法到达了樊城,在那里,借助哲美森先生的慷慨行为,他们得以乘船去汉口,一共损失了价值一万两银子的财产。

在我们位于山西省潞安府的教站工作的盖落洼(A. E. Glover)牧师——一名牛津的文科硕士——和他的妻子以及姜玉贞(Gates)小姐,有着十分可怕的经历,那真是可以称为"九死一生"。他们所有的东西都被抢走,只剩下遮羞的衣服。有一次,人们在他们眼前把工具磨得十分锋利,他们想一定要用这东西来杀死他们了,但是他们还是保住了命。这是他们在山西的经历。在他们经过的下一个省——河南,也有一位亲义和团的巡抚。

"在到达河南时,传教士们在公共监狱里住了一晚上。郑州知县用手在他们的脖子上比划着,直埋怨自己运气不好,让他们来晚了,不能杀死他们,因为下达了新的命令,要把他们作为罪犯送出该省。在信阳州,一位姚(Jao)姓官员给他们提供了银子、衣服和食物,甚至还有一些奢侈品。五天以后,顾纯修(Cooper)一伙到达,他们进入了友好的湖北。"

盖落洼夫妇的男孩和女孩挺过了痛苦的折磨,活了下来。在汉口,盖落洼夫人早产,生下了一个小孩,但只活了十天。此后不久,这位以基督教的坚韧、忍耐精神勇敢面对苦难的母亲,也跟随她的孩子走了。

顾纯修一伙的苦难故事于1900年9月29日刊登在《泰晤士报》上,从而广为人知。在四十九天的可怕旅途中,他们经历了如此众多的苦难,有任何人能够活下来,都是一个奇迹。确实,有为数不少的人死去了。折磨、饥饿、干渴、裸露、殴打、咒骂、掷石头、鞭打、车轮轧、涂泥巴，甚至还有强奸——这些苦难甚至超过了圣保罗所经受的苦难。但是我们的同胞的见证是，没有人发出一句怨言。相反的，他们用一种对他们的迫害者无穷的爱和怜悯，经受着所有这一切，甚至很高兴他们"被看作是为上帝之名来经受耻辱的人"。米(Rice)小姐死在山西，索行仁(Saunders)先生的两个孩子"由于疲劳和食物困乏而死，埋在了河南"，顾纯修夫人和胡(Huston)小姐死在湖北。顾纯修先生的小孩子在他们到达汉口后不久也死去了，留下了遭受失去妻子和孩子打击的顾纯修先生。

除了两个新来的人以外，其他人和在保定府遭到屠杀的传教士之间的个人友谊都是神圣的回忆，我们必须要用几行令人伤心的话来讲讲他们被屠杀的可怕故事。

> 美国人泰勒(Taylor)先生、辛格斯(Sincox)夫妇和他们的三个孩子，在他们家里遭到义和团的袭击。他们的房子被点着，他们被烧死。莫罗(Morrow)小姐被剥去衣服，赤裸着身体被拖过街道。他们割掉她的两个乳房，然后砍下了她的头。霍奇(Hodge)医生夫妇和一名女客被埋在他们的家里。而古尔德(Gould)小姐则是在被从房子里拖出来的时候受惊吓而死。毕得经(Pitkin)先生受到攻击时正在布道，在跑回房子拿枪的时候被击中。贝格(Bagnall)夫妇和孩子逃向一伙清军寻求保护，但被交给了义和团。他们砍下了孩子的头，把其他人刺死。

这些殉教者都表现出了最好的品质，他们富有才华，美丽而有知识，具有献身精神，富有感情。

现在，我们必须让我们的脚步再回到山西，这一次的情形更为恐怖。仍然应该了解事实，以下的记载选自《京津泰晤士报》和1900年9月26日的《北华捷报》，可以认为是非常真实的。

> 山西巡抚在统治山东期间由于一贯支持该省义和团运动而受到指控，现在，他在新辖区内，又犯下了魔鬼般的暴行。在北京被解救之后几天，出现在英国使馆控告毓贤的，正是总理衙门大臣、在李鸿章之后担任直隶总督的王文韶的孙子。他指控毓贤以要派官兵把传教士护送到沿海地方为借口，把太原府所有的外国传教士都邀请到他的衙门。在把他们骗来以后，他把他们全部杀死，然后上奏北京的朝廷，要求对他这一杰出的业绩给予奖励。尽管这一叙述在当时让人十分震惊，难以相信，但后来得到了完全证实。
>
> 1900年9月1日，星期六的晚上，一名在大屠杀中幸免于难的本土基督教教师——他是通州潞河书院[①]的毕业生，受雇于山西汾州府的男童学校，担任教师——到达了天津。他于8月23日离开山西，在经历了许多波折以后，安全地来到这里。他是一名非常聪明、精力充沛的二十二岁的年轻人，在过去两年里，跟从一个传教士夫人学习英语，已经说得很流利、很准确，完全可以用英语进行准确详细的叙述。他的故事如下：
>
> 就现在所知，第一次屠杀发生在6月23日，在平遥附近的孝义县，被杀害的是韦爱美(Whitechurch)小姐和史伊蒂(Sewell)小姐。很久以前，就通过电报得知了她们死亡的消息。在那一天，三百名义和团闯入教会大院，制造了下述惨案。几名粗暴的

① 华北协和大学前身，英文名为North China College。——译者注

年轻人攻击前门,女士们赶快派人向知县投诉,请求提供保护。这名官员亲自来了,看到只有门被毁坏,就责备送信的人,并且打他的手。这等于告诉人群,如果他们进行攻击,不会受到任何惩罚。女士们接着又一次向官员求助,官员回答说他的属下只愿意保护中国人,不想保护外国人。这样,一大群人进入了大院,攻击两名女士。她们在绝望中跪在人群前面,向他们求情,但回答她们的是不断地打在她们头上的棍棒。人群中有人拿着玻璃瓶子打受害者的头,把瓶子都打碎了。在第一次攻击后,这些女士们活了一个小时。她们的衣服被剥掉,手表也被拿走。官员听到她们的死讯后,派人送来两个箱子,当作棺材,放在院子里新建成的洗礼池里。邻近的汾州府的美国公理会派来的一名信使,讲述了这些细节。

按时间顺序的第二个灾难,于6月29日发生在太原府以东七十英里的寿阳县。这是"独立传教士"的一个教站,为首的是都柏林三一学院的毕业生毕翰道(T. W. Piggot)。当时在这里的有毕翰道夫妇、他们的儿子、罗宾逊(Robinson)先生(孩子的老师,刚刚抵达)、杜瓦尔(Duval)小姐(也是一名教师)以及汾州府的艾渥德(E. R. Atwater)牧师的两个女儿。这七个人从他们的家里被赶到不远的山里。不过,他们很快又回到家里,然后被知县逮捕,强行送往省城太原府。在路上,他们戴着手铐和铁枷,而且不允许他们买食物。这段距离大约有七十英里,士兵们不卖给他们鸡蛋,即使一元钱一个也不卖。六月初十(7月6日),他们被送到省城,到达后被关在分开的房间里,不允许毕翰道夫人和她的丈夫相互联系。这一消息被一名逃跑了的摄影师带到了太谷,并且通过信件传到了汾州府。六月初三(6月29日),太原府大多数外国人的房子都被焚毁,就像索行仁先生一伙所报道的那样。传教士逃到了英国浸礼会的法尔定(Farthing)先生的房子里,只有库姆斯(Coombs)小姐由于她的学校女学生的妨碍而没有能够来到这里。当时,有数百名义和团和暴民涌入了屋子,但是几名传教士还是打出一条路并且得以逃脱,但是没有注意到库姆斯小姐落在了后面。在骚乱中,许多人跌倒在地上,遭到践踏,两名女学生因此而死。

库姆斯小姐向参与抢劫和纵火的士兵们求情,以保住她的命。士兵们的回答是把她抓住,扔进了正在焚烧房子的大火里。后来,在她死去的地方除了一堆灰,什么都没有找到。这些避难者在法尔定先生的房子里待了几天。7月7日,巡抚派人来要走了所有外国人的名单。7月9日,星期一,所有新教传教士得到命令,前往巡抚衙门,怀抱着会把他们全部护送到天津去的希望。加上寿阳来的那伙人,从前面提到的法尔定先生房子里来到衙门的人数总共是三十三人。当他们全部进入衙门以后,门就关上了,这些可怜的人一定是极度绝望地意识到,他们受骗了。他们的怀疑没有持续多久。义和团得到命令,进入了衙门,对他们进行屠杀。在这魔鬼般的行为进行时,巡抚的士兵骑马守卫着。还不太清楚这次屠杀的确切细节,只知道当天晚些时候,所有受害者的人头被放在衙门外面示众。不过,人们认为,屠杀是用刀进行的,每一个人死得都很快。同一天还杀死了四十名中国基督教徒,第二天杀死了十名天主教神父,据说是在同样的地方、以同样的方式进行的。

有关的传言已经流传了很久,证据越积累越多,表明毓贤在太原亲手杀死了一些传教士,为屠杀做出了榜样。

“太原府的一名见证人——并不是教徒——写信给他在上海的一名亲戚”,作出了以下陈述(1900 年 10 月 17 日《北华捷报》):

> 毓贤急于要做第一个向他的受害者报仇的人,所以他下达了特别命令,要他的义和团先把所有俘虏带到太原府进行“审判”,路上不要伤害他们。因此,当第一批传教士被送到太原府后,毓贤下令把他们直接带进他的衙门。他们被领到后院的一个射箭场里,然后就站在那儿,相互之间有几英尺的距离。接着,杀气腾腾的巡抚脱下外面的官服,摘下脖子上的朝珠,跨上一匹为他准备好的马,从一位亲兵手中拿过一把长刀,驱马慢慢跑到场地的另一端。他掉转马头,面向受害人,站立在十五丈(大约二百英尺)开外。然后他开始策马向受害人冲过来,边冲边挥动手中的长刀,一下子就砍下了四五个人头。这时,他的马突然停下,不肯再往前跑,毓贤于是被迫下马。接着,其余那些可怜的传教士们就被在场的义和团和士兵们杀死了。毓贤就是这样向他那些属下们“进行示范”的。
>
> 上面的叙述又把我们带到了 7 月 31 日(七月初六)的太谷。三四百名头戴红色头巾的义和团攻击那儿的教会,杀死了布道者刘凤池(Liu Fung-chi)先生和他的助手刘先生。拥有武器的来浩德(Clapp)、卫禄义(Williams)和德富士(Davis)从房子的屋顶上向义和团开枪,一度打得他们很狼狈,教会的女士来浩德夫人、贝如意(Bird)小姐和露美乐(Partridge)小姐趁机逃到教会大院的一个外屋里。据说,传教士在战斗中打死了两名士兵,但传教士很快就被制服,全部都遭到杀害。所有人的人头,据说还有三个人的心,被送到了太原府。有传言说,这个地方同时有一百名中国基督教徒——其中包括六十名天主教徒——也被杀害,但是报信人对这一点并不能确定。
>
> 报信人的最后一个屠杀故事,带领我们到了 8 月 15 日的汾州府,他就属于这儿的教站。当骚乱发生时,这个教站有美国公理会的贾侍理(Price)夫妇和小女儿、艾渥德夫妇和两个女儿,内地会的伦德格林(Landgren)夫妇和爱尔芮德(Eldred)小姐。8 月 15 日,知府命令这伙人离开这里,他答应派二十名卫兵把他们护送到天津。知县一直对他们很友好,此前好多天,一直请求知府不要赶走这些人,因为他们所做的事都是对地方有好处的。知府是毓贤为了实现他的恶毒阴谋,最近刚刚任命的。他回答说,他得到命令要把他们赶走,如果知县不想尽责任的话,他就自己用鞭子把传教士赶出去。因此,没有别的办法,就只有走了。尽管知县再次请求拖延几天,因为艾渥德夫人快要生孩子了,但是遭到拒绝。15 日一早,他们在二十名士兵的陪伴下动身了。报信人也在这伙人当中。他们走了二十里时,他知道还有另一伙士兵在十里以外等着他们,准备把他们全都杀死。他知道自己救不了他们,就设法逃跑了。他后来得知,在和另一队士兵会合后,这伙卫兵发出一个信号,这一小伙传教士就被砍掉了脑袋。他相信,他们一定死得很惨,经过一个痛苦的过程才死去。大约两个星期之前,官员们曾经抓住学医的李姓学生,打了他三百板子,强迫他交出了传教士的两支枪和两支连发左轮手枪,所以这伙人一点武器也没有。这个人在又被打了三百板子之后,交出了这个地方中国基督教徒的名单。

带来这个可怕消息的人有一块蓝布,上面有贾侍理的名字,还有这样几个字:“这个人的话是可靠的。”

上面叙述了山西中部和南部的几次屠杀。人们一直担心,该省北部的那些人一定也遭受到同样的命运。到10月初,传来了确切的消息。以下内容录自1900年11月14日的《文汇报》:

> 在山西朔平府工作的瑞典传教士的一名中国助手,最近刚刚抵达这里,他披露了6月初在该城发生的十三名瑞典传教士被杀一事的具体情节。这些传教士聚集在那里举行例行会议,参加会议的还有一些中国基督教徒。由于极度的干旱,整个地区都十分动荡不安。义和团派来的人到了,在城内张贴揭帖,把造成干旱的污名加到外国人身上,号召杀死他们。当骚乱真的发生后,知县允许欧洲人和中国教徒到他的衙门里去躲避暴徒。但是,知府——一名满人——拒绝进行任何帮助。我们的报信人那天晚上逃出了朔平府,停留在离城四十里的地方。他从许多人那儿听说,就在他离开的那天晚上,所有的外国人和中国基督教徒都被义和团和满族士兵杀死了。他自己的母亲、孩子和其他一些基督教徒,被义和团率领的一伙狂怒暴徒烧死在福音堂里。他后来越过边界,逃到直隶,在阜平县做工挣钱养活自己。他说,从各方面来的消息说,在山西大同府,所有的外国人和中国教徒都被官员和义和团杀死了。在大同府,有中国内地会的莫基(Stewart McKee)夫妇、伊安森(I'Anson)夫妇、埃斯普登(Aspden)小姐和史密斯(M. E. Smith)小姐,全都是英国人。
>
> 同一个人说,中国人中间传说,在归化城的所有传教士——大都是斯堪的那维亚人,大约有三十名男士和女士——也全部被杀了。义和团之父毓贤真是报了他因为外国人告状而被暂时撤去山东巡抚的仇了。如果流传中的这些屠杀都是真的,那么仅仅在山西就有一百多名新教传教士遭到屠杀。
>
> 人们公认,毓贤巡抚无疑要为卜克斯(Brooks)先生被杀负责任,他参与了现在的罪行,也是明摆着的事情。但是,我们非常遗憾地认识到,不能把所有责任都推给毓贤就完了。当卜克斯先生一案最终解决的时候,我们说,就目前来说,它的解决还算令人满意,但是它忽略了一个非常重要的细节,这就是毓贤本人。我们认为,允许这样一个人逃脱惩处,实际上是要招致这类罪行的再次发生。当毓贤被直接调任另一个巡抚职位时,每一个人都感到,新的流血事件迟早还会折磨人们的心——每一个人,但是不包括公使们和国内的政府,他们似乎永远都居住在温暖的平静之中,很少会去为未来思考一个深思熟虑的政策。幻想现时的外交官们关心未来的安全,实在是一个早已破灭的想法。那些怀抱这一幻想的人都是老派人物,已经过时了,或者说,他们的时代还没有到来。在不远的未来,那些不能或者不愿意自己动动脑子的公使们,有没有可能会被迫留意那些能让他们跳出被官样文章紧紧束缚着的狭小视野的思想呢?被毓贤的命令砍下脑袋的那些人的亲戚朋友们——即使是传教士,也会有富有的、有影响的朋友,就像毕翰道先生古老的爱尔兰家族一样。毕翰道夫人家族一听到他们亲爱的人身处危险,立刻就电汇五千英镑,以使他们能够得到释放——有权利要求能知道,在英国政府有力量将山东巡抚撤职甚至处死的情况下,为什么他们袖手旁观,允许这样一个人去另一个更大的地方制造痛苦呢?

不能不对山西省传教工作的开始和结束——这个结束毕竟只是暂时的——进行一下

比较,很少有一个如此顺利的开始,最后却是如此悲剧性的结局!新教传教工作开始于1878年,那一年,山西遭遇大旱,造成了任何地方未曾有过的死亡率。我们知道,在有些村庄,一千个家庭里只有一百人活了下来。在许多地方,整个村子都死光了。有报告说,在两千万人口中,死亡人数达九百五十万人到一千三百万人!

外国人——主要是英国人和美国人——向赈灾基金捐助了大约十万英镑[①],六十九名外国人进行放赈工作,有四人由于风餐露宿和过度劳累而死。山西政府为他们中的惠廷(Whiting)先生在省城太原府举行葬礼,以示尊敬。对于政府的这一隆重举动,中国驻伦敦公使郭嵩焘发表意见说:"倾听到遥远国度里受难的呼喊,迅速前去进行援救,这一崇高的慈善活动表明,人们认识到了曾经被忘记的'普天之下皆兄弟'的道理。同时,这些活动并不只是仁慈情感的一时冲动,而是一种持续性努力,它将一直持续到上天作出可靠的承诺,降下充沛的甘霖,持续到不再需要兄弟般的救援人员时为止。所以,这样的慈善活动更加值得我们记忆。居住在世界各个地方的英国人这一自发的仁慈行动,给中国政府和中国人民留下深刻的印象,它必将进一步加强中国和英国之间现在令人高兴地存在着的友好关系。那些慷慨给予的人,也承担起了管理赈灾的责任。这里,我不会忘记向在散布赈款中高尚地倒下的那些人的家庭,表示我衷心的感谢和哀悼。"

然而,想想吧,在二十二年以后,一百多个勇敢的男人和女人又"高尚地倒下了",他们没有倒在散布解救身体饥荒的赈款的过程中,而是倒在传布纯正的福音以解救灵魂饥荒的过程中,倒在传布坚实的科学以解救精神饥荒的过程中,倒在传布医学成果和进行外科手术以减轻同样一群人的痛苦的过程中!他们怎么"倒下"的呢?他们死后又得到了什么荣耀呢?头被放在笼子里,心被切下来送给血腥的巡抚,尸体被打,被毁伤,被侵犯,被砍,被焚烧,这就是二十二年持之以恒的爱所得到的回报!

中国公使在表示感谢的照会里谈到,所给予的帮助"不是仁慈情感的一时冲动,而是一种持续的努力"。那些骄傲的满人是不是想通过制造一种恐怖统治,让传教士和其他人永远不再踏进山西呢?在12月的黑暗日子里,当斯多姆堡、马格斯方丹、科伦索的失败和战局的逆转使大不列颠处于阴郁忧伤的气氛之中时,英国后退了吗?这个国家唯一的回答就是更大的努力,就是女王的士兵们更为壮烈的牺牲精神。上帝的士兵面对山西的灾难,会表现出不同的精神吗?不会!像"上帝就是爱"和"爱永远不会失败"一样确然无疑的是,山西的人民和山西的官员们必将会看到,要使他们得到拯救的愿望并不是"一时的冲动",基督教博爱的"持续努力",最终将会驱除他们无根据的怀疑、不人道的残忍和无理由的仇恨。

① 参见卫三畏《中国总论》,第737页。

第九章
北京的围困

这一章，我们将几乎全部利用莫理循博士的记载。不过，首先引用的一段录自1900年8月3日的《北华捷报》：

6月20日早晨，各个使馆的人都搬进了英国使馆的院子，当时几乎没有人会想到，围困将会持续一周或者十天以上，结果，许多人来的时候，只带了够几天吃的食物，而有的人根本没有想到要带东西来。不过，有些聪明人忙活了一个下午，用骡子和大车把外国商店里所有的东西都搬空了，数千磅的粮食从附近的粮店里运进了被围困的区域。

在御河附近的中国磨坊里找到了五吨多河南产的麦子，这个有着四个石碾的磨坊也被搬进了使馆，每天有大量的麦子在这里被碾成粗面粉。到晚上6点，当中国人开始猛烈攻击的时候，运送进使馆或者处于防线以内的粮食，已经足够支持十个星期。地下水供应相当好，一般都是不经煮沸即行饮用，直到围困结束时，没有一个人因为饮用这些水而导致发热。到这时候，所有的外国公使和这里的每一个人都明白，我们现在处在一个非常危险的境地。因此，立即决定修筑防御工事，由美以美会的贾腓力(F. D. Gamewell)牧师负责这一工作。在将近两个月的时间里，他为此而日夜操劳。事实上，当印度士兵从南门进入使馆大院时，贾腓力先生还在和他的手下在院子北头修筑工事。

21日早晨，一个组织准备就绪，开始工作。美国公理会的都春圃(Tewkesbury)先生担任了公共福利委员会主席，这个委员会负责管理涉及使馆大院所有人的普遍性福利的问题。

欧利斐(Oliver)教授、经(King)先生和骆三畏(Russell)教授负责食品供应和储藏品的分配，芳泰瑞(Fenn)先生负责磨坊的工作，天津的厚巴德(Hobart)先生负责中国劳工。在三千名中国教徒中，有几百名布道师、教师、医药助手和其他助手，这些人也像劳工一样干活。厚巴德先生把他们编上号，十到三十人组成一队，进行工作。雷思德(Stelle)先生和高厚德(Galt)先生负责劳工登记，记录他们的工作时间。梅子明(W. S. Ament)博士负责管理征收来的物品。韦里蒂(Velity)先生、盈亨利(Ingram)先生和尤因(Ewing)先生负责管理中国教徒居住的区域。

英国使馆的学生和中国海关、银行等机构的年轻人，组成了一支志愿卫队，协助保护使馆。这些人干得十分漂亮，无一例外地都非常勇敢。

德贞(Dudgeon)医生和英格利斯(Inglis)医生组成了一个卫生委员会，负责管理使馆区域总的卫生和健康状况。十分幸运的是,围困中有一些训练有素的护士,她们和许多女医生——她们也做着护士的工作——一道,使伤病员得到了很好的照料。

英国使馆的窦尔慈(Tours)先生是救火部的头儿,在围困的第一周里,火是最为危险的因素。女士们组成了一个沙包委员会,据说她们在前六周制作了五万个沙包。几乎每一个能够制作沙包的东西都制成了沙包,桌布、床幔、门帘、丝帘、地毯和窗帘,以及从防线内的商店里找到的洋布、中国土布、丝绸,都被用来制成了需求量很大的沙包。

下面的内容摘自莫理循博士的记载:

6月22日,由于奥地利指挥官托曼(Thomann)上尉的错误,导致了一场惊慌,差点酿成大祸。他毫无理由地下令放弃了使馆区的大部分地区。由于他的这一错误,在所有公使的请求下,窦纳乐(Claude MacDonald)爵士担任了总司令。又重新占领了被放弃的阵地,只有一处工事例外。

从一开始就十分明显,英国使馆的巨大危险来自大火。戈颁(Cockburn)先生的住房后面燃起了一场大火,费了很大力气才把火势控制住。就是在这时,有人建议推倒翰林院一些不太重要的房子。结果,这个建议被否决掉。据说,这种不顾一切的做法会伤害敏感的中国政府,因为翰林院是“中国最神圣的建筑”。我们那些年龄最大的人对中国人了解得如此之少!

一场大风从翰林院向使馆刮来,最近的建筑物与公使的寓所只有几英尺的距离,如果它被点燃,公使寓所就会十分危险。突然之间,火警就出现了,烟雾从翰林院升了起来。这座北京最古老的建筑、伟大的帝国学府、中国所有学术的中心,连同它收藏的那些珍贵的书籍、手稿,都被大火所吞噬,每一个不值勤的人都急忙跑到使馆的后部。翰林院是夜间被清朝官军占领的,在要消灭所有外国人的狂暴情绪支配下,他们毫不犹豫地点燃了翰林院的建筑。首先必须要把大殿里的敌人清除掉,于是就在墙上打开一个缺口,普尔(Poole)上尉率领一队海军陆战队员和志愿者冲了进去,分头在院子里进行搜查,然后回到了有着庄严柱子和纪念石碑的主要亭阁。中国人从其他燃烧着的房子冲向大门,遭到了突然的打击,许多人被打死,但他们还是完成了罪恶的行动,其他一些藏有大量图书的房子也被这些胜利的侵入者们毁掉了。对于一个为了向外国人报仇,竟然毁掉它自己的神圣建筑,毁掉它的学者们多少世纪以来的骄傲和荣耀的国家,究竟能够怎么看待它呢?

接着起火的是荷兰使馆、道胜银行以及海关的所有建筑。四面八方都有大火,烟雾非常浓烈。与此同时,枪炮也一直不停地进行着射击。

之后,克虏伯大炮开火了。人们开始为妇女和儿童修筑遮蔽炮弹的掩体。25日,为了让使馆里的人解除防御,中国人狡猾地出示了一块木板,上面写着:“朝廷命令保护使馆,停止开火。将在御河桥上传递一份文件。”在派人去取文件的同时,有一百支步枪瞄准着他。但是,根本没有收到文件,这更加增强了人们的警惕性。7月1日,瓦格纳(Wagner)先生被一枚爆炸的炮弹打死,他是第一位为了被围困的妇女和儿童而献出生命的文职人员。这是不幸的一天。下午,为了夺取一门克虏伯炮,进行了一次最具灾难性的袭击。这支队伍由十六名意大利的、四名奥地利的、两名法国的、七名英国的海军陆战队员和五名英国学生组成,都是一些勇猛顽强、敢打敢冲的人。他们落入了一个陷阱,结果有三名士兵和一名军官被打死,五人受伤。这次袭击没有涉及更多的人,已经是不幸中的万幸了。

没有被缴获的那门大炮第二天又露面了,不断地向中国教徒居住的肃王府开火。敌人推进到离中国教徒们非常近的地方,极其狂暴地向教徒们接近。他们站在墙头上咒骂教徒,向教徒们扔石头,并且施放炮弹,在教徒们头顶上爆炸。直到我们在休战以后看到《京报》的时候,才知道焚烧和杀死教徒的命令原来来自这个国家的最高层。

日本人被迫再次向后撤退,他们已经遭受到了很大的损失。日本人承担着防御的重要职责,他们的勇敢得到了所有人的赞扬。当围困得到解救以后,人们发现,在所有的海军陆战队员中,只有五人没有受伤,有一人五次受伤。柴大佐在围困初期就招募了一支"教徒志愿军",训练他们,指导他们,用从敌人那儿缴获的步枪把他们武装起来。这些人有效地补充了日本人的力量,尤其是减轻了枯燥乏味的哨兵的工作。他们毫不畏惧地在防御工事内进行抵御,他们中的许多人受伤,有的人被打死。我们这些看到过他们在炮火中战斗的人,对他们的行为有着极其深刻的良好印象。同样给我们留下良好印象的,是中国苦力们在炮火中表现出来的勇气和冷静。有一天早上,他们有五个人在修筑美国工事的坡道时受伤。没有他们的帮助,我们的危险会增加十倍。许多人在炮火下工作的时候受伤或者被打死。

每一个人都在为防御做工作,有一名公使——所有人都争着要做些事情——为窦纳乐爵士工作。

7月3日,迈耶斯(Myers)上尉、瓦鲁布莱维斯基(Vroublevsky)上尉和阿醴芬(Nigel Oliphant)先生率领着一些英国人、美国人和俄国人,成功地袭击了中国人在城墙顶上的一个工事。中国人在那儿建立了一个小炮台,其中心距离最近的美国岗哨只有二十五英尺远。

实在不能允许中国人的这个阵地继续存在下去了,必须要袭击这个工事,把中国人赶走,没有别的办法。

计划在凌晨3点发动攻击,一支很强的部队在3点以前从使馆派了过来。这支集合在一起准备进行攻击的联合部队,有墨菲(Murphy)军士、格利高里(Gregory)下士率领的二十六名英国海军陆战队员以及志愿者阿醴芬,瓦鲁布莱维斯基上尉率领的十五名俄国人,另外还有十五名美国人。所有的人都由迈耶斯上尉指挥。在问他们是不是愿意参加攻击的时候,有一名美国人要求退出,于是被送下了城墙。这样,全部兵力就成了五十六个人,其中十四名美国人。中国人离得如此之近,从我们的工事到他们的工事,只有几个跳步的距离。他们首先冲了过去,向炮台进行了猛烈的攻击。"洋鬼子"在工事后面开火,向敌人的挡墙扫射。大吃一惊的中国人向空中胡乱开枪,然后仓促逃跑,被打死在没有掩蔽的城墙顶上。瓦鲁布莱维斯基上尉和他的分队特别勇敢,因为他们的责任是从正面攻击中国人的工事,而英国人和美国人则从后面发起攻击。缴获了两面写有"马提督"的旗子,董福祥的十五名中国士兵被直接打死,受伤的人一定也不少。此外,还缴获了一些枪支弹药。然后,在敌人猛烈的射击下,这支联合部队退回到曾经属于中国人的工事里,并且利用它来抵御那些修筑了这个工事的敌人。迈耶斯上尉被一支下落的长矛击倒,膝盖受了伤。

这次成功袭击的消息,给被围困的人带来许多快乐。中国劳工被派到城墙上,在那儿修筑起一个有壕沟防御的坚固堡垒。设置了一些障碍,使得营地更为安全。不幸的是,迈耶斯上尉的伤比原来预想得要严重,不能够重返战斗岗位,使馆要塞从而失去了一个英勇能干的军官的服务。他在城墙上的职责,由最为能干的史密斯(Percy Smith)上尉和其他一些军官轮流执行。

大多数炮弹现在的目标是法国和德国使馆以及沙孟的旅馆。这座旅馆遭受到了91次攻击,还受到好几次火烧,但是大火都被扑灭了。尽管炮火很猛烈,那儿的工作仍然在继续,因为北京社群的一半人——俄国人、法国人、德国人和奥地利人——的食物需要在这里准备。沙孟真是太能干了,他向军队和一群避难的教徒提供食物,屠宰自己的骡子和马匹,碾磨自己的麦子,一天烤制三百个面包。他被炮弹炸出了厨房,就在营业室里烤制。他的勇气激励了中国人,他们带着极大的自信在炮火中跟随着他。

接着,突然又爆发了一次新的试图攻陷英国使馆的进攻。皇城城墙上架起了能够发射球形炮弹的大炮,有八磅的,也有四磅的,从北面俯视着翰林院和英国使馆。借助于望远镜——距离只有三百五十码——可以清楚地看见那些军官,识别出他们的孔雀翎和官帽。在这些炮旁边,在城墙上又增加了一排石头,为射击手们做成射击孔,让他们能够封锁御河以及我们与东面的联系。球形炮弹打进了翰林院,穿透了英国使馆里的房顶。有一枚炮弹穿透了餐厅的两面墙,从女王画像后面飞出去。有两枚炮弹打穿了学生房间的墙,而窦纳乐爵士几分钟之前一直就站在那儿,观察准备炮轰我们的敌人。另一枚炮弹打进一名女士的房间,她当时还在床上,炮弹就落到了她身边。还有一枚炮弹打进车辆里。皇城的城墙上一共有三个炮阵,架设有五门炮,慈禧太后和她的谋臣们可以从城墙上看到炮轰的情况。这些炮日复一日地把球形炮弹发射进英国使馆,发射进一个挤满了妇女和儿童的院子。这就是罗丰禄阁下向索尔斯伯理(Salisbury)爵士所描述的"对英国使馆给予了有效的保护"。

7月5日,英国使馆的欧利丰(David Oliphant)被打死。他当时正在翰林院砍伐井边上的一棵树,被藏在上驷院一个房顶上的一名狙击手击中,一小时后死去。他只有二十四岁,是一名特别有希望、有能力的学生,极度冷静和勇敢,得到了普遍的赞许。作为对他这一年级最为优秀的学生的奖励,他前不久刚刚在大法官法庭得到一个职位。下午,他在炮火中被送到他的墓地,来自十三个国家的哀悼者们为他送行。

中国人一天天地向我们逼近。在肃王府,他们从东北方向逐步推进,以切断英国使馆与在东面的其他使馆之间的联系。他们焚烧房子以开辟前进道路。他们始终掩蔽着,在长棍子上绑上蘸了煤油的布当作火把,照亮了附近的山墙。如果房顶够不着的话,他们就把煤油火球扔上去。如果还扔不上去的话,他们就把装有燃烧布团的箭发射上去。他们就用这样的方式,同时使用猛烈的炮火,在肃王府的房子和院落中间前进着。

到8日,肃王府的阵地已经十分危险,因为日本人的力量减少到十三名海军陆战队员和十四名志愿者,而随着人员的减少,他们却不断地被要求去防御更长的防线。向他们派去了增援人员,有海关志愿者、学生志愿者以及六名英国海军陆战队员。在整个防御期间,所谓的增援无非就是五个人或者十个人,而所谓的强力增援也就是十五个人,没有什么比这一事实能够更好地说明我们要塞在人员上的缺乏了。我们的增援力量以人来计算,而不是以连队来计算。就凭借这样的力量,防守着一条从东面肃王府外院开始,穿过几个院子,一直延伸到最西北角的挖有壕沟的防线,一直坚持到最后。在西北角,一座假山上部署着一支混合力量,由十五名意大利人和五名奥地利人组成。但是这个阵地十分暴露,这些南欧人很难一直待在他们的哨位上。据说他们不缺乏士气,但是他们的长处在于攻击。他们缺少安坐在敌人听力范围内的沙包掩体后面所需要的那种沉稳的、有耐心的勇气,总是会跑来跑去。9日,突然出现一阵惊慌,人们一阵乱跑,阵地也被放弃了。负责的文职人员、意大利使馆的卡塔尼(Caetari)十分冷静,劝说他的士兵们返回了阵地。五名奥地利人被送走,由英国海军陆战队员取而代之。再后来,在那儿设置了一个英国哨位。这一阵地一直受到关注,因为如果肃王府失掉了,就会给英国使馆带来危险。架设在五十码以外的一门克虏伯炮可以射到这里,向这个阵地发射炮弹和榴霰弹。

与此同时,法国使馆和德国使馆遭到了猛烈的攻击。中国人和法国人离得很近,甚至都能听到中国军官在鼓励他的士兵们。中国人就在使馆里,他们的炮向公使的寓所进行轰击。13日下午,在中国人魔鬼般的叫喊声、"咔嗒咔嗒"的步枪声和重炮的轰炸声中,出现了一声闷响。一个地雷爆炸了,炸出了一条进入法国使馆的通道!

这座小堡垒中的人们被迫从主楼中撤出,退守到防线后面,坚守着这条防线。被撤离的房子都被烧了,而当大火燃烧完了的时候,清军的旗子在法国公使居住过的房子的废墟上升了起来。而正当这一悲剧在北京发生的时候,中国驻巴黎公使却在向总统保证,他的政府正在"保护"法国使馆!

对德国使馆的攻击也很猛烈,他们要塞的兵力只有一名军官和三十一名士兵。敌人冲进和使馆并排着的俱乐部里,来到了网球场上,而索登(Soden)伯爵和一小伙德国士兵勇敢地和他们进行肉搏,把他们赶了出去。俄国和德国的援军也来到了,但已经不需要他们的帮助,攻击结束了。被打死的中国人的制服表明,这次攻击是由荣禄的部队进行的,同时得到了董福祥的野蛮士兵的援助。有些死者装备有最新式的毛瑟枪和最新的德国陆军左轮手枪。

14日,信使递送了庆亲王"等"的一封信,这是将近一个月以来从外面来的第一封信。人们以嘲笑的态度阅读了这封信,认为它是一个企图引诱公使们离开从而轻而易举地把他们杀死的狡诈阴谋。我们听说,中国人刚刚得到了天津城被占领的消息。(天津的外国租界于6月24日得到解救。)

他们竟然请公使们"不可带持枪洋兵一人"离开使馆,"暂寓总署"!15日送交了一个回复,谢绝了这一邀请。

枪炮仍然十分猛烈。16日早晨,级别较高的英国军官斯特劳茨(Strouts)上尉被击中,一小时以后死去。他始终冷静、自制,对自己要求很严格,同时总是想着他的士兵们。16日,从外部世界传来一个信息,是用密码写给美国公使康格先生的。从7

月 17 日起,一直处于某种停战状态,虽然时有射击,但有组织的攻击停止了,克虏伯炮也不轰击了,所有活动都减少到了某种程度。没有一个人能够预见到,四百七十三名文职人员、四百名士兵组成的防御部队,两千七百五十名基督教徒和大约四百名中国仆人们,在整整两个月的围困中,竟然能够坚持下来。

7 月 18 日,从日本方面听到了救援军正在前来的令人高兴的消息。

十天以后,窦纳乐爵士收到了来自外部世界的第一封信,是驻天津领事贾礼士(Charles)先生写来的。这封信告诉他们,盖斯里(Gaselee)将军已经到达了天津。信中说:

在这之后不久,中国人进行了一个邪恶的努力,试图控制处在我们安全保护下的基督教徒。7 月 27 日,他们写信给窦纳乐爵士说,"听说使馆内居住着相当数量的教徒,由于地方狭小,天气炎热,这些教徒必定会给使馆带来很多不便。现在民心已经平静,可以把这些教徒全部送出,让他们各归其业。他们不必怀疑,也不必害怕。如果你们同意,应当估其人数,择定日期,让他们离开使馆,这样一切将会和睦"。外交团的回复大意是,就在他们考虑这两封信——一封信提出要将他们安全地送往天津,一封信提出教徒们可以十分安全地离开使馆——的时候,从北堂方面传来猛烈的枪炮声,显然那里正在遭受攻击。昨天和前一天晚上,在北御河桥上修筑了一个工事,从这个工事后面不断地向英国使馆开枪射击。法国和俄国使馆也一直受到攻击。由于所有这一切都和上述信件所说的情况不相符合,因此在没有得到解释之前,不会对这些建议做进一步的考虑。

总理衙门很快就送来了他们的解释。饥饿的北堂难民似乎是想冲出来夺取食物,所以他们就开了枪。这封信继续说:"现在已经请求朝廷发布谕旨,如果教徒不出来掠抢,就会得到保护,不会受到不断的攻击,因为他们也是朝廷赤子。因此,这样的行动(不断地向教徒开火)将会逐步停止。"

人们带着愤慨读了这样一封冷漠的信件,公使们没有一丝丝想要离开北京的意图。但是,8 月 4 日发布了一道谕旨,命令荣禄将外国公使们安全地送到天津,"用示朝廷怀柔远人,坦怀相与之至意"①。

接着,由于知道了我们的援军正在从天津顺利地进军,总理衙门向公使们表现出了小小的好意。他们向萨尔瓦葛(Salvago Raggi)侯爵表示,听到意大利国王去世的消息,他们感到悲痛。他们还通知他,一道特别谕旨已经委派罗丰禄表达皇帝和慈禧太后的哀悼。在听到爱丁堡公爵去世的消息时,总理衙门也向英国公使作出了同样的表示,这给了窦纳乐爵士一个机会,他利用这个机会提请总理衙门注意他们行动中不一致的地方。罗丰禄在伦敦觐见女王陛下转达朝廷的哀悼,表现出友好关系的维系,但它与北京存在着的敌对状态以及使馆在两个月的时间里得不到任何食物的情况完全不相协调。窦纳乐爵士完全可以补充说,他没有任何理由认为,当中国驻伦敦公使撰写给外务部的文件时,他在波特兰宫的官邸会堆积着沙包,会有十二磅的炮弹在他卧室地板上爆炸,会有士兵在对面工事里向他的家人居住的房间里发射排枪。

① 译文据故宫博物院明清档案部编《义和团档案史料》上册,中华书局 1959 年版,第 422 页。——译者注

8月10日,星期五,一名信使成功地穿过了敌人的防线,给我们送来了盖斯里将军和福岛将军的信件。一支强大的救援军正在向北京进发,如果没有重大情况发生的话,将于13日或14日到达北京。这样,我们所面临的危险就是,敌人可能会在救援军到达之前进行攻击使馆的最后努力。人们预期的事情果然发生了。在最后两天,我们遭受到猛烈的射击和炮击,我们伤亡了许多人。一枚炮弹在窦纳乐爵士的卧室里爆炸。但是我们的防御现在非常好,我们的墙也具有了防弹作用。我们夺取了蒙古市场,打死了准备在五天之内攻陷使馆的陕西军队的一名指挥官。

8月12日,并不代表本人的"庆亲王等"写信,要求会见外国公使以讨论停战的条件。我们对此表示了同意,并将会见时间定在了次日上午11时,但是大臣们并没有来到。在最后的时刻,他们"事情太多"或者是吓坏了,未能前来。前一天在不断的射击中度过,而到了夜间,射击更为猛烈。然后,在8月14日凌晨3时,我们都被东面传来的炮声和表示欢迎的排枪声唤醒了。"外国军队已经到了城墙下面,正在炮击齐化门"的消息到处传送。天亮以后,我们大多数人都来到城墙上,去观看炮轰齐化门的情形。我们知道,联军会以不同国家的部队分头前进。大家都克制着内心的激动,知道现在军队随时都可能会到达。吃中午饭时,难吃的马肉午餐开始了,但还没有等到我们吃完,使馆里就响起了叫喊声:"英国人来了!"大家都冲到门口,来到通向水门的御河街上。将军和他的随员们坚定的身影通过水门进来了,后面跟着锡克第一团和拉其普特第七团。他们从御河街上走了过来,在无法形容的激动场面中,向英国使馆前进。围困被解救了。

最好补充上北京同文馆总教习丁韪良(W. A. P. Martin)所说的下面一段话。丁韪良是在华人员中最为博学的人之一,他本人也经历了围困。在这里引用他有关莫理循博士——本章那些令人震骇的片断的作者——的话,是十分恰当的。他说:

> 德国公使为其他所有人献出了他的生命,另一位同样献出生命的人是秀耀春(James)教授。他在为中国教徒商议一个避难处的过程中,在走过一座桥时被击中。人们看到他倒了下去,但一直没有能够找到他的尸体。他死得光荣。应该提到的另外一个人是莫理循博士——一个我们在整个世界上能够看到的那种勇敢的人,一个充满了仁慈之心的人。他竭尽全力去救助中国教徒。此前,莫理循博士说过一些得罪了许多传教士的话,但现在他以拯救数百名教徒的行为进行了充分的补救。应司快尔(Squiers)夫人(美国使馆参赞夫人)的请求,这名勇敢的人去照看处在刚刚被焚毁了的老教堂废墟中的教徒们。他亲自带回了不少于四百名教徒,他们都是笔者所见到过的最为不幸的人。他们沿着使馆街走了过来,又累又饿,身体虚弱,衣衫褴褛。莫理循博士看到一个人,肩上背着他的老母亲。他为她找到了一个避难之处。还有一名老妇女走在路上,她的儿子是一名前任中国使节,现在正作为中国政府的代表出席巴黎博览会。一个具有这样地位的人却不能让他的母亲生存在自己的国家,因为她是一名基督教徒!他的房子被烧了,他的家被毁了。这样的仁慈精神扩大到了所有的中国教徒身上,为了拯救他们的生命做了最大的努力。两千名天主教徒和新教徒聚集到了一名蒙古亲王的宅子里,还有三千名或者四千名聚集在天主教堂里。在天主教堂,樊国梁(Favier)主教在四十名海军陆战队员的帮助下与敌人作战,成功地抵御了两个月。尽管英国使馆的防御十分勇敢和机智,但在整个围困中最为杰出的

地方是天主教堂。

人们有时候会说,对中国教徒的安全给予了太多的关注。那些了解情况的人的看法是,如果没有那些基督教徒,英国使馆就不可能守住。他们做了些什么呢?那些基督教徒们提供了各种帮助。他们是劳动力,在传教士有技巧的组织下,在炮火中耐心地完成着修筑工事的任务。[①]

就像这一著名围困的情形无可比拟一样,使使馆得到解救那一系列令人注目的事件也同样是独一无二的。

这一点,很好地反映在法国公使毕盛先生写给法国总统的报告中[②]:

被围困的人能够进行抵抗并且得到拯救,真是令人感到惊奇。他们得以逃脱似乎注定要面临的大屠杀的唯一原因,是一系列非同寻常的事件。这些事件的发生,与其说是人的意志,不如说是一些不能预见的情况的出现。

如果外交团的所有成员像他们曾经想要做的那样,于 6 月 20 日前往总理衙门的话,那么他们都将会被杀死,或者至少要遭到中国士兵的枪击。偏巧只有德国公使一人前去出席他要求举行的会见,结果他就被刺杀了。如果在 22 日撤出了法国、德国、美国和俄国使馆,或者这一撤离像当时曾经认真考虑过的在此后几天发生的话,英国使馆就会在半月之内被占领。如果我们不是在围困刚刚开始的时候就在被放弃了的房子里发现了大量的稻米和谷物,从而养活了九百名难民和两千四百名中国教徒两个多月的话,我们就会由于饥饿而被迫投降。

如果攻击我们的人不把大量的炮兵派到天津,从而只留下少量优秀炮手在北京的话,我们就没有能力抵御他们的炮火。如果中国人再勇敢一点,奋力攻击我们的院墙和工事的话,我们可能就会被在人数上占据优势的敌人所击垮。如果我们不是从 7 月 17 日开始的某种间歇性停战——其原因难以理解——中得到喘息的话,我们所遭到的损失可能就会让我们失去抵抗的力量,我们的弹药也会在我们有可能得到解救之前就消耗光了。如果于 8 月 14 日抵达北京的各国部队晚一天到达的话,很可能会发现没有一个人还活着。中国人已经在英国使馆下面挖掘了一条五十四米长的地道,如果用它进行爆炸的话,将会杀死好几百人,妇女儿童们的避难之地就会向攻击者们打开。他们在城墙上也进行了同样的工作,这将会炸毁俄国和美国的工事。他们在法国使馆里挖掘的地道,也接近于完成。

所以说,我们的得救取决于一系列难以用合乎逻辑的推理和理性的考虑加以解释的事件。

这里有一个重要的忽略,这可以从一个日本人的记载中得到补充。他说,在 8 月 2 日,康格公使收到了美国将军的一封信,说他正从天津动身。“这封信的作者还说,上帝肯定会将他仁慈的保护扩展到这一人道主义的使命,从而使之能够及时地抵达它的目的地。”

① 1900 年 8 月 3 日《北华捷报》。

② 1900 年 11 月 10 日《文汇报》。

第十章
对北京的惩罚

在这里插入明恩溥牧师一篇有关北京受到的惩罚的文章，我想我们不必向读者说任何抱歉的话。我们已经说过，明恩溥牧师是《中国人的素质》这本所有对中国感兴趣的人都应该阅读的著作的“天才作者”。我们的朋友那支流畅的笔，以一种最能打动人的方式，描写了因为满族一伙的野蛮罪行而降临他们首都的复仇女神。这篇文章写于8月份，他的一段结语自然会多少有点过时。删掉有关我们前面几章已经叙述过的事情的几个段落，我们十分不情愿，因为没有几个作家能够比这位作者更能帮助我们理解“中国的内幕”了。①

中国首都于1860年10月第一次被英国和法国军队占领，它刚刚又一次在与第一次完全不同的情况下被占领。在两次占领之间的整整四十年里，中国和列强之间关系的管理，主要是通过总理衙门——一个不正常地附属于管理低等国家和附属国的部门的机构——来进行的。总理衙门通常由十几名各种等级的官员组成，其中许多人没有任何对外事务的经验，实际上也根本不了解外交事务。他们被任命到这个职位上，有时候正是因为他们对于所讨论的问题毫无所知，从而根本不可能阻止一些必要事务的进展，而如果他们是一名监察官员的话，就有可能从外部进行阻挠了。在东方外交的一般性阻碍因素之外，中国外交还有着各个列强相互之间的竞争，中国人充分利用了这一点，以阻止——往往是减轻了——可能会作出的让步。在最近一些年里，尤其是如此。这个令人厌倦的机构的车轮就像古代法老的战车一样，“拼命地转动着”，以致索尔兹伯里勋爵有着充分的理由，说它只不过是“一架记录它所承载的压力的机器”。

在进行外交活动和其他交往的四十年里，一代又一代的汉族和满族的政治家们与外国人发生着各种关系。西方人对这些东方人中的大多数人都十分尊敬，但是他们之间的关系主要是公共性的和官方的。尽管总理衙门大臣们偶尔也到使馆出席宴会，但值得注意的是，从来没有外国人到这些官员的家里进行过回访，几年以前试图进行这种活动的努力被证明是一个完全的失败。在外国人在北京生活了一个多世代以后，这个城市的人家仍然紧紧地向传教士以外的外国人关闭着。

各个医院，尤其是伦敦会率先创办的医院，收治的病人数量已经达数十万，甚至可能达到一百万以上，这样就向中国人的心灵打开了许多宽阔的大门，但从整体上看，北京仍然是一个彻头彻尾的反对外国的城市。很久以来，人们就知道，向外国人教授汉语的中国

---

① 这篇文章发表于1900年10月3日《北华捷报》。

本土的博学先生们在街上遇见外国人的时候,会装作不认识他们的学生,因为无论他们个人的看法是什么,在街上和外国人说话会让这些先生们大丢“面子”,或者说是有失尊严。学者们是这样,商人们的情况在相当程度上也差不多。他们非常愿意赚取外国人的金钱,但却蔑视金钱的所有者。在很大程度上,劳动阶级——甚至那些苦力们——也是如此,他们认为自己比他们为之工作的那些外国人要优越得多。这种心理或许和在巴比伦的犹太人对他们的征服者的心理差不多。

历史上从来没有过一个时期,中国人不使用粗鲁的外号来称呼在华北的外国人。他们在背后总是这样称呼他们,也经常当着他们的面这样叫他们。当联军到达的时候,在天津发源的一个最普遍的这类称呼是“毛子”,或者更完全一点:“红毛子”。可以听到一个刚刚学会说话的孩子叫喊着这个词,也可以听到老年的男人和女人在咕哝着这个词。这个词似乎已经深深地扎下根来,任何一个现在活着的人一生都不会放弃它了。北京南城一直以它比鞑靼城更坚决地反对外国人而自豪。它一直反对传教士购置其神圣土地的任何努力,如果这样的努力偶尔会出现成功的例外的话,它所起到的作用,也只不过是更加突出了一般性原则。

最近几年以来,铁路已经修到了南城的城门,而一条电气铁路构成了快速交通线的最后一环。先是在南城建起了一个电报局,后来设在了总理衙门附近。在一个像中国这样的国家,公众的感情非常真实,也非常蛮横,与任何一个西方国家都非常不一样,西方人几乎不可能理解它。它可以被引导,但不能被推动。如果两年前的改革进行时有适当的间歇期,让公众有时间做好改革的思想准备的话,本来可以不出现骚动,也不会出现反对改革的激烈行为。事实上,每一项改革都要往国家航船的甲板上装载四十吨重的货物,结果差一点就把它给弄翻了。反对改革的行动一旦开始,就会带走挡在它前面的一切事物。对于铁路、电报、电气以及一切新事物的仇恨,在时机到来时就会真切地表现出来。

天津的铁路完全被毁坏了,电报线杆被齐根锯断,一切和外国有关的东西,一切能让人以某种方式联想到外国人的东西,都在被毁掉之列。西山为数众多的避暑建筑,包括英国使馆花了很多钱刚刚修建起来的新房子,全部都被拆毁了。跑马场和看台被毁掉了。外国人的墓地亵渎了过去的信仰,结果种了三十多年的柳树被锯倒运走,围墙被推倒,连地基都挖出来运走了,墓石和墓碑被推倒,砸得粉碎。十三座坟墓被挖开,尸体被取出来焚毁,地上撒满了破碎的尸骨、衣服和纽扣。

直隶清军统帅荣禄的军队以及董福祥(一名来自甘肃的无赖,两年前到达北京,从那以后一直施加着邪恶的影响)和马玉崑的军队,被指派来“守卫使馆”。不久以后,这句话的意思很快就变成对使馆开战了。在很大程度上,这些士兵们和义和团的关系就像蝎子和蚱蜢一样,把这个城市变成了一座充满痛苦的城市。自从外国人来到这儿以来,还从来没有见识过这样的痛苦。许多家庭被全家灭绝,还有一些家庭的八个或十个成员中只剩下一两个活了下来。数百家的大门全部被封了起来,这通常意味着这一家已经没有一个人留下了。董提督统率的充满杀气的甘肃军队说着北京人几乎完全听不懂的奇怪方言,却用鲜血写下了他们的名字。对于北京的中国人来说,他们就和来自远方的巴比伦人在古代犹太人眼中的形象一样,是“一群暴躁易怒、带来痛苦的人”。

已经提到了所有基督教徒遭受到的毁灭性打击。外国人的追随者被称作“毛子”,和他们做生意或者以某种方式帮助他们的人被称作“二毛子”,和这些人有关或者帮助他们逃跑的那些人被称作“三毛子”,所有这些人一经发现都可能要遭到抢劫。有这样一个宽泛的基线,就不难明白会涉及多么广大的人群。在大火燃烧的一个星期里,相对很少的外国人的房屋根本不能满足难以平息的劫掠和破坏房屋的欲望。有段时间,人们可以在不同的地方看到六处或者八处大火,其中最大的一次是在前门——即南城前面的大门——外面的一次破坏性极大的大火,那里有着北京最富有的商店和最繁荣的贸易。香港银行的买办(他后来也被当作“二毛子”而被打死)估计,仅仅这一场大火所造成的损失就达到五百万镑!难以说出这场大火到底毁坏了多大一片地区,但被焚毁的地方很多,有些地方面积很大。从俄国和美国使馆向西到前门,在数百码宽、大约四分之一英里长的地段上,现在已经看不到一座房子还原封不动地立在那儿。

在皇城北门北面,可以看到同样的破坏情形。还有其他许多地方也遭到了破坏,尽管情况没有这样严重。当外国人终于可以再次到北京的街道上游历时,映入他们眼帘的是一派令人震惊的荒凉景象。士兵的尸体或单个或成堆地躺在地上,有时候身上盖着一领破席子,但通常情况下都成了现在吃得很肥的野狗的食物了。实际上,死狗和死马污染着城市每一个地区的空气,满是死水的大池子里散发着腐烂了的人和动物尸体的气味,瘦弱的猫从商店前门上打开的洞里野性十足地盯着过路的人,而这些商店都打着诸如“恒福”、“富源”、“万盛”等牌号,写着取自《大学》的经常被人引用的格言——“生财有道”。人们可以在一家三次遭劫、已经十分破败的大门上看到令人愉快的格言——“和平宁静”。在北城和南城数英里长的繁华街道上,没有一家商店开业,街上很少能够看到有人聚集在一起。

义和团运动反对外国,甚至连外国的衣服、手表和火柴等物也都成为禁品。他们的旗子上写着一个在各地都始终不变的口号——“灭洋”。但是,当联军占领了中华帝国的首都,并且为了巡逻的需要把整个城市分配给几个相关国家的部队管理以后,中国人就像水适应盛水的盘子一样,很快就适应了这一新的关系。

日本人由于懂得中国的书面语言,第一个进入了这一新的领域。在三天的时间里,整个城市就满是中间有一个红点的小旗子,数千人家的门上开始张贴出“日本国顺民”这类文字。有段时间里经常可以见到拿着这种旗子的中国人,旗子上只写有“顺民”字样,上半部分空着,留待以后填上他们将要效忠的那个国家的名字——这真是对中国人的“爱国精神”引人注目的注解了。街上的十个人中,可能有八个人拿着不同国家的旗子(只不过是一些低劣的仿制品,大雨一淋就更糟了)。

中国人经常相互告诫不要追随外国人,这种建议却产生出这样的结果,这在人类历史上可能也是独一无二的了。不仅制作了旗子,以作为向某个国家或者未知的其他国家效忠的标志,英语也被迫痛苦地用以宣布这种效忠。哈德门大街上一家旧货棚上的告示写着“日本所有”,另一张告示写着:“尊贵的好先生,请不要向我们开枪,我们是良民。”在一个曾经是义和团坛场的庙宇的几扇大门里,人们读到这样一个令人吃惊的说明:“神基督教人”,这真是“素来苦待你的,他的子孙都必屈身来就你”这一预言从未有过的最为奇特、最想象不到的实现了。在这条胡同的其余房子上,都贴着一再重复的祈求:“请军官饶恕,这里的人是好人。”通过提供所谓的保护而勒索钱财的诱惑非常大,我们不能不羞愧地承认,在跟随军队而来的冒险者和恶棍当中,有一些人给美国和英国的好名声带来了羞辱。在一个特别臭名昭著的事例中,一个人打着"让维斯库克公司"的旗号,向大量穷苦的中国人进行敲诈,从他们那里索取银子、货物,甚至还有他们房产的地契,作为向他们提供保护的代价。实际上,他并没有权力提供这种保护,却在俄国人负责治安的地区无耻地大肆提供这种所谓保护。这个人受到军事法庭的审判,被判处死刑。这一判处一点也不严厉,但并没有执行。

和军事占领相联系的其他一些罪行还包括劫掠活动。某些国家理论上禁止劫掠,但实际上所有国家的士兵都在不同程度上参与了劫掠。每天都可以看到长长的骡队驮着从丝绸店、衣服店、粮店里劫掠的东西——各种各样的东西,应有尽有。英国的政策最为科学,根据这一政策,所有的劫掠物品都被归并进一个公共库藏,为了占领军的利益而出售。俄国方案是一种中世纪的方法,用基督教的外观稍加修正。俄国人的劫掠活动伴随着对于妇女的侵犯,导致数百名中国妇女自杀,致使水井都被堵塞。俄国军队中一些人的残暴行为简直就是丧失人性,但是没有一个国家能够在这一可怕事情上指责其他国家。

所有这一切,都跟随着先前进行的那些骇人罪行降临到了北京。北京不仅没有生意在进行,而且连商业繁荣的根本也被连根切断。在北城,有四家联合钱庄,每家都有一个表示永恒的"恒"字,这些联合钱庄(据说其所有者是宫中的一个太监)被认为和英国银行一样安全。在 6 月的第三个星期,中国士兵掠夺了这四家钱庄,使之不再存在——所有其他钱庄和银行也是如此。街道上到处都是钱票,狂风吹来,和灰土一道四处飘洒,最后无私地落在了几只幸存下来的猪的食槽里。

义和团运动本质上是一场朝廷发动的运动,这一点现在已经得到无可怀疑的证实。黄色的传单上顶头就是"钦命"二字,意思是"遵循朝廷命令",他们的布告上也包含着同样的语言。他们甚至发行了一种新钱,特大特厚,上面写着"天下太平"——一个远远背离事情发展真实情况的预言。

这些计划都策划于满族和蒙古王公的王府,而这些王府现在都被放弃了。据说端王在离开北京之前烧了他的王府,庄亲王的王府则被日本人占据,做了他们的大本营。令人仇恨的传教士和他们成功拯救出来的残存教徒,现在住进了先前试图杀死他们的那些人的漂亮房子里,就像以色列的孩子们占领了迦南土地上围着围墙的城市——那些既不是他们修筑的也不是他们购买的城市——一样。一个国家的首都就是这个国家的缩影,北京现在由"列强"维持治安,进行管理。这些列强用中文发布布告,禁止骚乱,并且告诉那些有抱怨的人到哪儿去投诉。城市的大门是城市生活的中心,也是权力的象征。义和团燃放的一场大火烧到了前门的砖制外箭楼,燃烧了一天一夜的大火形成颇为壮观的景色。后来,另一个箭楼在 8 月意外失火。

日本人轰炸了齐化门的外箭楼,并且毁掉了它。在外国人到达后的第二天,哈德门的外箭楼也被大火所吞噬。它现在已经毁坏,对于那些在 8 月 15 日美国人的大炮轰击三座外箭楼的时候,曾经亲眼目睹了从南面向宫殿进军途中的炮轰场面的人来说,它已经成为一道独特的景色。南城的东便门和沙窝门都被前一天的炮轰打坏了,北城的所有九座城门以及南城剩余的七座城门,由八个联合进行军事行动的国家的士兵把守着。正阳门(除了皇帝通过时,从不打开)外箭楼坚固的吊闸被毁掉了。从宫殿庭院,穿过一个又一个门道,一直到南城南面正中间的永定门,第一次不是为皇帝打开,而是让每一个中国人和每一个外国人都同样地可以畅行无阻。这是一道一下子就被消灭了的"中国长城"。

在永定门内,在大街的西头,是一个叫做"先农坛"的宽敞围地,其中的主要建筑是两个大殿,另外一边还有一座小殿,后者储存着镀金和刷漆的农业器具——犁、耧、钉耙、竹耙、铁铲、扫帚、草叉以及篮子、草帽等小用品。所有这些东西都被随便地扔到露天地里,一些小一点的器具非常方便地为美国步兵师第九团和第十四团提供了燃料,军官们把这些房子当作了他们的大本营。后殿现在成了一座医院,飘扬着红十字旗帜,而前殿则成为占领军中的美国部队的军需总部,长长地摆着一排排火腿、一箱箱烟草、一盒盒军用豆和一桶桶牛肉。皇帝祭祀古老传说中的神农的大理石祭坛,是存放由附近苦力照料的骑兵马匹的合适地方。有一块特别选出的土地,皇帝每年春天都要亲手在上面耕种,向整个帝国辛勤耕作的人做出榜样,而现在则长满了野草,已经分辨不出来了。

在有着土地祭坛的先农坛对面,穿过很宽的街道,是一块每边至少有一英里长的宽阔地方,围墙里面是天坛。许多许多年以来,外国人绝对进入不了这个地方,而在现在的皇帝未成年的时候,任何人要进入到里面都十分困难。这里现在已经看不到一个中国人,英国人在到达北京后立即就占领了这个地方,把看守的人全部都赶走了。人们可以坐着大车,一直来到通向代表着三重天的三层天蓝色圆屋顶的高台上。每一道门都有一个锡克士兵站岗,这是统治一个比鼎盛时期的罗马帝国还要大的帝国的人格化象征。当你经过的时候,这位士兵只是看着你,或者用印度斯坦语问一些听不懂的问题,而当你用几种欧洲话——还有中国话——告诉他你听不懂他的话时,他便行一个表示尊敬的额手礼。

供奉着满族祖先牌位的大殿四门大开,它的北头有一个巨大的牌位,供奉着皇天。一边有四个箱子,供奉着自顺治即位直到现在的二百五十六年中在位的八位皇帝。这八个有着雕刻精致的门的箱子,现在被打了开来,供奉"太祖"、"圣祖"和其他一些神化了的祖先的八个牌位,都被英国军官取走,运回到了大英博物馆——这是对中国人对待外国人墓地的行为极其合理的报复,或者也是祖先崇拜制度所受到的最为沉重的打击。

皇帝的斋堂成了驻扎在城市这一地区的英国军队的大本营。每天都有一车车的劫掠物品——丝绸、扇子、银器和玉器、刺绣衣服等——送到这里,然后再送到英国使馆,在那里为了军队的利益而拍卖掉。一批劫掠物品被送走后,很快又有更多的劫掠物品送了进来。位于后部的皇帝的私人房间成了军官们的卧室,在他们吃饭的时候,有人把这个情况告诉了他们,他们看上去没有多少吃惊,只是疑惑地看了一眼,意思是说:"哦,那又有什么啊,你不知道吗?"

中国一直通过兵部、礼部、工部、户部、吏部、刑部这六个部来治理国家,它们大都坐落在根据其中最重要的一个部——兵部——命名的街道上。宽敞的大门隐藏着中国官场生活的秘密,在以前,外国人在大部分情况下只能从远处注视它们。现在,它们的大门全部打开了,任何人登记以后都可以在各个院落里随意观看。兵部成为一个印度团的大本营,印度边界高山部落的高大而黝黑的战士很快就适应了他们使用的这些宽大房间。精明的日本人设法使同一条街的西边部分重新分配,从而让这一地段落入他们的控制中。然后,他们派了一队骡子日夜工作了好长时间,从户部金库里运走了据说至少三百万两银锭。这个也在东方的民族似乎比北京人自己对北京了解得都要多得多,迅速地把他们的魔爪伸向所有主要的皇家谷仓，据说得到了价值七百五十万金元的稻米。他们就以这样的方式，在没有施加任何外交压力、也没有征求任何“列强”同意的情况下，支取了他们的赔偿费。

就在皇城的南面，紧靠着英国使馆的北面，有一大片高高围墙围着的地方，通常被称作上驷院。那里有几座宽敞的建筑，其中一座是在整个中国所能见到的最大建筑之一。这些建筑用来存放轿式马车和一些为了宫廷使用而制造或赠送的无人描述过的运输工具。应该提到，在整个围困期间，上驷院给被围困在使馆里的人们造成了极大的痛苦，因为它里面修了一个极其有威胁的工事，不断地进行射击。此外，人们还怀疑他们会在距离最近的一些使馆建筑——只有几杆远——下面挖掘地道进行爆炸。这一怀疑后来被证明很有道理，因为地道已经挖了，导火线也准备好了。英国的解救部队一占据使馆，就用炸药在上驷院的墙上炸开了一个洞，黑黝黝的帕坦人和俾路支人就这样进入到落入他们控制的大场院里。

很快地，就从各个门里驶出了漆成红色和黄色的皇家马车，这些车子后来就暴露在8月炎热的太阳下面，任凭风吹雨打。在每座房子里都找到了成堆的随身用品——丝绸椅垫、缎子枕头、华丽的马具以及一些装饰漂亮的和毫无装饰的马饰。一驮驮这类高贵的无用之物被骡子运进使馆里，在那里拍卖，或者被送回到这些“桀骜难驯的蛮夷”（中国人的文件中描述英国人时所使用的词）所在的遥远海岛上去。无论是在上驷院宽敞的院子里，还是在更加宽阔的天坛院子里，都有一些大炮安静地停放着，在等待新的命令。同时，一些骡马在泥地里践踏着成百顶被虫子蛀了的毡制官帽以及大量用于新娘椅轿上的丝绸盖布。曾几何时，它们都是非常高贵而且极其昂贵的物品。不知道有多久没有被人的手或者牲口的蹄子打扰过的高高野草，现在很快地就消失了，一派似乎能够让天使哭泣的景象。

东面和上驷院相邻、北面和英国使馆相邻的，是一些宽大的院子和大房子，这就是翰林院。它是最高级别的帝国中文大学，世界上最为古老、最为著名的学问之府。在围困最初几天，在翰林院燃起的大火会烧到英国使馆和里面的每一个人，人们费了很大的力气才把大火扑灭，但是几乎所有的房子都焚毁了。世界上最古老的民族重要的文字圣殿在一个下午就消失了，最有价值的书籍的木制书版被大火所吞噬，或者被用来建筑路障，或者被英国海军陆战队员烧了。珍贵的文献宝库被扔进了莲花池里，被用来灭火的水弄湿。后来，当它们快要腐烂的时候就被埋了起来，以消灭难闻的气味。存放着罕见的、独一无二的《永乐大典》（类似《世纪大辞典》的词典编纂性著作，但其容量要大数百倍）的贵重樟木箱子被装满了土，用来作为防御壁垒的一部分，而构成这一巨大宝库的无数册书则流散到各个方向，可能流入了欧洲的每一个图书馆，也可能进入了无数的个人收藏之中。为数不少的书籍被扔到垃圾堆里，发霉变味，最后和其他东西一起被埋掉了。翰林们写的成千上万的文章四散在各处，每到起风的时候，就会被军队用来点火。剩余的一些书籍，在将近两个月的时间里，为整个使馆提供了废纸。在厨房里可以见到它们，苦力们在搬砖时把这些书垫在肩上，外面的街道上也堆着书籍，被交通恢复以后路过的大车车轮碾成了碎片。在与中国这次反抗外国人的起义相关的各种形式的报应中，古老和著名的翰林院的命运或许会占据最重要的位置。它的二十或二十五座房子只剩下了两座。人们不会不明白,这座高等学府所代表的思想已经遭到否认,这必然会让那些甚至最为顽固的儒家信徒们相信,过去的时代已经永远过去了。

已经提到了总理衙门在中国与西方关系中所起的作用,它一直是一个东方式推诿的机构,不是要去处理事务,而是要设法阻止事务的处理。它本身就是言行不一、拖延推宕和背信弃义政策的代表,这种政策是中国与其"姊妹国家"交往过程的特点。公正的命运现在降临到它的头上,一伙日本士兵守卫着这个衙门,各国使馆的翻译们在一个规定的日子里来到这里,共同封存了每一个存有与各国联系的文件的档案箱。这样,这些文件就处在被列强各国安全保管的状态,任何一个国家都不能单独地接近它们。这的确是一个伟大帝国所受到的最为严重的羞辱了。

要在上帝和人的面前为义和团活动所造成的痛苦和破坏负责的一个人,就是慈禧太后本人。正是她培育了这一计划,正是她向她声称要扑灭的大火上浇油。由于地位而在重要性上处于第二位的,是去年冬天被选做光绪皇帝继承人的孩子的父亲——端王。据说慈禧太后受他的建议的影响最大,因为他比其他任何人都有着更大的利害关系。

明恩溥博士在这里提到了许多高官的名字和他们的罪行,我们继续引用他的文章,只是需要提醒读者下述段落写于8月。

据说荣禄已经跑了,董福祥也跑了,看到他的建议得到了不折不扣的实行,并且带来了必然的结果,他一定会非常满意。前面已经提到,端王和庄亲王都已经流亡,他们其中一人的王府烧成了灰,另一人的王府成了日本人的大本营。重要的省份——直隶的总督裕禄占据着整个帝国最为显赫的位置,在联军占领天津以后自杀了,使得两三千万中国人失去了统治者。有关充满敌意和寡廉鲜耻的李秉衡的说法不一,但都认为他已经死去,或者是在战斗中受伤而死,或者是服毒自杀——这是对个人命运极度不满的正统的儒家表达方式。

8月15日早晨,在极其匆忙和恐惧之中,慈禧太后化妆成一名普通妇女,乘坐一辆普通的车子,离开了她的宫殿。她的随行人员十分不显眼,以致在两天的时间里都不能完全肯定她是不是真的离去了。她所宠爱的董福祥的军队此前已经将乡村抢劫一空,结果使得这些皇家逃亡者们很难找到足够的东西。据说有许多随从因此舍弃了他们,返回了北京。

明恩溥博士没有办法知道慈禧太后的行踪。他说:"她是去了热河——她丈夫咸丰皇帝四十年前在相同的情况下逃跑到的狩猎苑林——呢,还是正在接受某位蒙古王公的款待呢,现在还无从得知。"他提到了西安府,说:"它的有利之处就是外国人非常难以到达那里。她可以在这里建立起一个装门面的朝廷,努力地实行政府的各种职能,而实际上它已经永远死亡。"

8月28日上午,在占领北京两个星期以后,八个相关国家军队的小部队,以参加这次军事行动的各国军队人数为序,举行了进入紫禁城的正式仪式,在那里受到了高级指挥官的接见。之后,英国野战炮鸣放二十一响礼炮,表示对"中国排外主义"这一最为隐秘的圣地的军事占领现在已经彻底完成。这样就为对北京的惩罚加上了最后的一笔。

满族王公和慈禧太后致力于消灭洋人、把西方文明赶出天朝上国的努力取得了什么结果呢?灾难、屈辱和可耻的失败——虽说不上是史无前例,也是近代以来罕见的。在一场疯狂感情的爆发中,他们将自己流放了,结束了满族的统治,失去了他们仅有的赖以统治的天的意旨。“上帝要谁灭亡,必先让他疯狂。”

第十一章
起义的原因

无论是在政府、社群或者家庭方面，当一件事出现了错误时，人们出自其人性，都会将过失归咎于某个原因，并且试图去寻找一个替罪羊。不过，替罪羊往往是在偏见的作坊里制造出来的。

一些作家们——有的是中国人，有的是外国人——已经试图将这次起义归之于以下一种或者几种原因：对中国领土的掠夺；传教士的活动；商业争夺；对外国报刊、学校影响的嫉恨；中国的（反外）出版物和湖南宣传品的影响；由于偏离了历史悠久的儒家方式，害怕来自上天和祖宗的愤怒；铁路破坏了土地的运气，开矿取走了土地的财富；天主教传教士干涉诉讼，以及他们僭取的政治地位；使用织布机和节省劳力的机器所引起的民众愤怒。

我们不想探讨所有的这些问题，这场动乱的主要原因不是任何一个，也不是所有原因的叠加。

我们认为，这次起义的主要原因是慈禧太后和高级官员——他们几乎全部是满人——的傲慢、无知和迷信。我们已经指出（第六章），在1900年6月16日举行的臭名昭著的御前会议上，这三个“中国的祸害”是如何表现出来的。

当我们说到傲慢、无知和迷信时，我们所说的是三种精神状态，它们结合到一起，像硫磺、硝石、木炭结合到一起一样，就具有了爆炸性和危险性。后面的三样东西结合成火药，点燃后爆炸；而前三者只要达到一定的强度，然后在一定的情况下，就会像龙卷风一样，爆发出难以控制的愤怒和极其危险的仇恨。

傲慢、无知和迷信，如此普遍地存在于中国官员——并不是全部中国官员——的思想里，以至于我们有理由提问：有能够说明中国官员为什么会这样的道理吗？我们相信，深入地研究儒家经典，对这一问题会有极大的帮助。在我们看来，一个仅仅满足于以儒家经典作为精神养料的中国人，要想不在相当程度上产生出这三种祸害，在道德上是不可能的。

那些著作以一种非同寻常的方式谈论中国皇帝，谈论中国皇帝与其他统治者的关系，它们对中国使用了大量溢美之词，而与之相比较，对其他国家却极度蔑视。所有君主都是天子的诸侯和所有国家都是朝贡国的思想，是根植于这些著作之中并且现在仍然影响着中国许多地方的学者思想的教条。

出于这一原因，在过去六十年里给我们在华外交官们造成的实际困难非常大，而且一直连绵不断。看看拖宕许久、令人厌倦的关于觐见问题的会谈吧，它最终的结果，是外国使节可以在不跪拜的情况下觐见中国皇帝,这一点直到1873年6月才得以实现。经典就是这样培养着傲慢。官员们的无知,尤其是在和外国有关的问题上的无知,主要应该归咎于只研究这些经典。

同样一些著作也鼓励了他们的迷信。这里有着多神论的根源,它后来为偶像崇拜打开了大门。吉日、算命、预兆、用树枝和龟甲来占卜天意——所有这些在这里都有其地位。龙、凤、麒麟等想象中的兽和爬行动物,在经典中被认为既可以影响天上的事物,也可以影响地上的事物。

在把中国政府看作是这次起义的替罪羊的时候,我们必须注意和整个问题有关系的另一个道德罪行。我们说的是不诚实。对于整个运动中所表露出来的深不可测的狡诈、欺骗、口是心非和推托的花招,西方国家极其震惊。这些能够得到说明吗?当然,人是堕落的生物,我们也都熟悉《圣经》里有关人的"心"及其"欺诈"的那些话。但是在所有国家里,欺骗都没有达到过这样严重的程度。我们认为,和这种令人不快的事情有很大关系的一个原因,仍然是中国人的经典著作,甚至孔子本人的事例。

花之安(Ernst Faber)博士在谈到许多孔子教导的优点之后,总结了二十四条它的错误和不足。其中一条(第十条)是:"尽管的确不断地要求人们真诚,但是对它的先决条件,也就是诚实,实际上并未提出要求,所要求的恰恰是其反面。"

至于孔子,是一个一直被奇怪地过高评价的人。在中国,中国人把他们的象形文字或者汉字叫做"孔夫子的字"——尽管这些字在他出生以前就已经存在一千多年了。同样,"四书"和"五经"也被称为"孔子的经典",尽管实际上他只是其中一种著作的作者,而且是最没有意思、一点文学美感都没有的一种。它的名字是《春秋》,内容是仅仅二百五十年的历史。理雅各(Legge)说:"我们在这本书中看到的是对事情尽可能最简短的提示……写作中没有丝毫表现文字能力的色彩……发生了什么什么事,如此而已。没有提供细节,也没有表达任何判断。"孟子说这本书:"孔子作《春秋》,乱臣贼子惧。"孔子实际上是把他个人的声名寄托于此后的世纪。他说:"知我者,其惟《春秋》乎?罪我者,其惟《春秋》乎?"

对此,理雅各作出了下述富有意义的评论:"当他说到人们将因为《春秋》而谴责他的时候,他自己心里是不是十分不安呢?事实是,这些记录含糊其辞,并不真实。在这本书完成后的一世纪内对它作出评论的公羊说:'《春秋》出于对高官、血亲关系和有价值的人的尊重,(对真相)进行了隐讳。'我在我的《中国经典》一书的第五册曾经表示,这个'隐讳',有着三个英语词——忽视、隐瞒、错误叙述——所包含的所有意义。"理雅各博士接着说,他真希望能够否定孔子是这本书的作者,但不能做到这一点。他最后说:"诚实是孔子经常要求他的学生们做的一件事,但是《春秋》却引导他的国人在他们认为会对帝国或其圣人们产生有害影响时,对自己和其他人隐藏事实的真相。"

莫理循博士在他有关北京围困的记载中,注意到了这方面的一些令人吃惊的事例。他用下面一段话显示了他对"中国内情"的洞察力:"一个报告外国人威胁要夺取大沽炮台的文件,要等到炮台被夺取之后才送出,这确实非常符合中国人的习惯。他们所不愿意说的事情,他们就会避免去说。坦率对于中国人来说,并不是一个美德。孔子的话非常有意义:'直而无礼则绞。'"

中国和外国打交道的历史不断地重演。卫三畏(Williams)博士在谈到签订《天津条约》以后的中国政府时说:“对一个从来不低下头来看看自己的不足的政府,一个从来不说实话、不做真事的政府,一个从来不把其他国家平等看待的政府,又能做些什么呢?”

可以引用圣人的一些有害的格言和教义,它们无疑不止一两次地被用来哺育这些麻烦的产生。“小心陌生习俗。”“子曰:‘非我徒也,小子可鼓而击之。’”还有他的关于杀人报仇的教义,这应该对中国历史上数不胜数的家族间的流血械斗负有直接的责任。这可能会被认为离题太远,但它与我们要讨论的问题有着十分密切的关系,所以我们才敢把它提出来。这就是说,我们认为,这次起义所有原因之上的原因,是满人高级官员的傲慢、无知和迷信。我们当然不能说这是唯一的原因,但是我们相信它能够说明问题的百分之九十。

我们把那百分之十放到另一面,因为“一个巴掌拍不响”的谚语通常是有道理的。

现在我们从几个方面来考虑引起这次危机的其他因素。

第一,外国人究竟为什么会使得满人这样傲慢和愤怒呢?无论是正确还是错误,我们相信他们的回答会是:“这些外国夺取中国领土尤其是德国夺取胶州的政治行动。”

在朝廷的谕旨中不断地提到外国对中国领土的夺取,我们在前面几章中曾经部分或全文引录了其中一些谕旨。慈禧太后在1899年11月21日给各省督抚们的密旨中这样说:“各国虎视眈眈,争先入我堂奥。”它后面的句子中还提到了“侵略者的无情之手”。12月,给督抚们的另一道密旨要求他们积极准备和那些“像老虎一样吞噬我们土地”的外国人作战。这一运动即将开始时的一道重要布告这样说:“四十年来,洋人乱我帝国,夺取我土地,抢走我利权。”直到在宫里召开的御前会议(见第六章)决定要消灭外国人以后,朝廷的谕旨才提到了宗教。6月21日发布了一道谕旨,以指责性的语言提到了宗教,但即使在这道谕旨里,领土仍然是最激烈的问题。在谈到外国人的时候,它说:“初亦就我范围,遵我约束,讵三十年来,恃我国仁厚,一意拊循,彼乃益肆枭张,欺陵我国家,侵占我土地,蹂躏我人民,勒索我财物。”[①]这是十分充分的证据,表明中国试图在这件事上指责外交官们的行动。对此,可以这样回答:

在华外国人“夺取”的领土数量极少,而且只是“租借的”,外国人满足于把这些土地叫做“租借地”。在现在的情况下,租借地的计划是唯一行得通的计划,也的确是有可能实现的计划。这一计划无疑给中国造成了痛苦,但只要她能够放下她盲目的傲慢,接受西方文明,她无疑就会像同样情况下的日本现在得到了西方国家的信任一样,被准许再次行使她在这些微不足道的小片土地上的管辖权。“租借地”是中国人巨大财富的来源,因为没有它们,对外贸易就不能发展。开矿权的让与也是如此——没有外国机器和外国管理者,中国的矿业财富就永远得不到开发。各种各样的公司给予中国非常优厚的条件。在这个问题上,中国可以扮演“占着茅坑不拉屎的人”的角色,但如果这样做的话,她就会受到比出让特许权更为巨大的损失。同时,满人的蓄意阻挠也会妨碍世界的进步。

关于外国在中国获取领土的问题,丁韪良博士有过相当中肯的评论,他的讲演发表在1900年10月3日的《北华捷报》上:“白人占领了中国的一些领土,他们在这方面表现得十分温和。在讲演者的记忆里,西方列强曾经两次在有可能夺取整个国家的情况下,克制住自己,没有那样做。西方取得一个落脚的土地,刺激了整个帝国的人民。它刺激起了满

① 译文据故宫博物院明清档案部编《义和团档案史料》上册,中华书局1959年版,第162页。——译者注

人,因为他们本身就是外国人,说外国话,使用外国文字,不懂汉文,通过武力占有了这个国家。他们认为外国人一定像他们自己那样,因而对于每一寸土地的损失都非常警惕。"

我们在前面一章提到了德国夺取胶州的行动,在我们看来,毫无疑问,这一行动是点燃满人统治集团傲慢、无知、迷信的"火药"的火花。满人可以说,这一行动不是通过外交活动,而是通过一种强力方式完成的。但是,我们得提防满人施放的"诈术"和"灰尘",不要让它们迷住我们的眼睛,看不到需要关注的真正问题。

满人纵容导致德国行动的山东的杀人凶犯们,这一罪行又应该怎么算呢?这种情况已经一次又一次地在中国发生了,杀害外国人的事件几乎总是有官员——往往是高级官员——作他们的策划者、煽动者和教唆者。如果满族政府能够真正地尊重外国人的条约权利的话,如果山东巡抚李秉衡不是反对外国的话,人们相信根本不会发生这样的谋杀。

许多年以前,一名在汉口的朋友向我们讲述了下面的故事:

那是整个长江流域都动荡不安的时期,柯(Green)牧师和金(Argent)牧师在武穴被杀害,两名斯堪的那维亚人被暴力打死。总督表示他对起义无能为力,说:"民众超出了我的控制能力。"但是,英国领事是一个很强的人,对中国人多少有些了解。他告诉总督,江上有一艘英国炮艇,如果骚乱在四十八小时之内不能得到镇压的话,就将炮轰武昌城,首先对准的就是总督的寓所。电报和衙役们把总督的信送了出去,骚乱就在四十八小时之内结束了!

事情是不是真的这样,我们不能断定,但这个故事所包含的道理仍然是有价值的。因此,说到夺取领土,甚至夺取胶州,中国并没有真正可以抱怨的理由。如果我们对这事追根寻源的话,应该谴责中国没有履行她的条约责任。

第二,如果中国人要关注外国政府的政治行动的话,那么我们就必须承认这些政府的无所作为。允许1898年10月的第一次政变,使反对改革的慈禧太后废黜了进步的年轻皇帝,是一个重大的政治错误。允许1900年1月的第二次政变,是另一个重大的政治错误。允许毓贤担任山西巡抚,是第三个重大的政治错误。这些错误是欧洲各国政府整体性的错误,所有大国多多少少都有关系。采取坚决行动确实十分困难,由于列强间的利益冲突和相互间的猜忌,各国很难达成一致意见。我们不是在讨论问题,而只是指出了三个政治上的无所作为从而导致灾难性后果的事例。

第三,传教士问题。无论是不是能够得到证明,都存在着这一事实:人们普遍地认为是传教士引起了整个的麻烦。满族政府是否曾经认真地评价过传教士的工作,是一个值得怀疑的问题。如果现在的年轻皇帝能够自行其是的话,在这个问题上的所有疑虑在此之前就会完全消散。不过,即使是慈禧太后的政府,也曾经毫不犹豫地称赞过传教士的工作。1891年6月,中国的总理衙门向朝廷呈递了这样一道奏折:"查泰西之教,本是劝人为善,遍行于西国,由来已久。自各国通商以后,条约载明,凡在中国或崇奉或传习天主、耶稣教之人,皆全获保佑身家,其会同礼拜诵经等事,概听其便等语。"①

无论如何,满人充满了怀疑,他们怀疑我们想要得到他们的国家。他们还普遍地认

① 译文据中国第一历史档案馆、福建师范大学历史系合编《清末教案》第2册,中华书局1998年版,第478页。——译者注

为,我们在宗教传播的外衣下面隐藏着政治的动机。“啊,他们来到这里不会什么都不要,他们想先偷走我们的心,然后就是我们的‘江山’。”这种情感在民众中十分普遍,它是从更高的来源传播给民众的。这场起义本质上是反对外国的,它反对传教士,只是因为它反对外国。这样的推理在我们看来是确实可靠的——我们认为,这一点能够得到证实。

首先,反对维新的一派的反外国政策于1898年9月成为中国政府的政策。这一政策从那时起一直得到稳定的实行,到1900年6月发展到顶点。在1899年11月和12月煽动性的谕旨——这些谕旨对外国的仇视几乎无以复加——中,对传教士连一丝一毫也没有提及。6月份最后发布的血腥谕旨通过电报传到了整个中国,它语言简练,但富有深意。它这样说:“洋人必杀”(它没有说“传教士”),“洋人退回(逃跑)即杀”。“从北京通过电报发出的这道谕旨的一个抄件,由一名从河南南阳府总兵寓所里出来的中国朋友于今年7月初秘密给了一名传教士同工。”①

我们所知道的第一个以毁谤性的语言谈到教会和传教士的正式谕旨,于1900年6月21日发布。我们一定还记得,政府当时就是以端王为首的凶手和歹徒组成的寡头集团。他们是一群疯子,完全失去了理智。就在这一天,他们的士兵开始炮击使馆。然而,即使是在这时,语言也不像想象的那样激烈。这道谕旨在谈到外国人的时候说:“迨道光、咸丰年间,俯准彼等互市,并乞在我国传教;朝廷以其劝人为善,勉允所请。”接着是前面引用过的有关侵占“中国土地”的一些话,再接着是:“小则欺压平民,大则侮慢神圣,我国赤子仇怨郁结,人人欲得而甘心,此义勇焚毁教堂屠杀教民所由来也。”“故前日有拳民教民皆吾赤子之谕,原为民教解释夙嫌。朝廷柔服远人,至矣尽矣!”谕旨然后说到外国人对所有这些仁厚行为不知感谢,夺取了大沽炮台。谕旨还许诺向那些英勇作战的人进行奖赏。②

1900年7月2日,又发布了这样一道谕旨:“自各国传教以来,各直省屡有民教相仇之事,总由地方官办理不善,激成衅端,其实教民亦国家赤子,非无良善之徒,只因惑于邪说,又恃教士为护符,以致种种非为,执迷不返,而民教遂结成不可解之仇。现在朝廷招抚义和团民,各以忠义相勉,同仇敌忾,万众一心,因念教民亦食毛践土之伦,岂真皆甘心异类,自取诛夷。果能革面洗心,不妨网开一面。……现在中外既已开衅,各国教士应即一律驱遣回国,免致勾留生事,仍于沿途设法保护为要。”③

6月的谕旨已经造成了大量传教士被杀,7月的这道谕旨拯救了河南的一些人的生命,但也有许多人在这之后被杀害。

这两道谕旨对传教士的指责是:(1)侮辱神灵和圣人;(2)他们通过基督教在教徒和平民之间制造恶感(尽管“地方官”也因此受到谴责);(3)欺压平民;(4)向民众宣传错误的教义,让他们(在争执中还是在诉讼中?)依赖传教士的支持;(5)使民众失去忠诚。

考虑到这些指责提出的时间如此之晚,再考虑到提出这些指责的那些人,我们感觉不值得对它们进行讨论,将会在讨论其他问题时涉及其中某些指责。

---

① 1900年10月10日《北华捷报》。

② 所引谕旨译文据故宫博物院明清档案部编《义和团档案史料》上册,中华书局1959年版,第162~163页。——译者注

③ 译文据故宫博物院明清档案部编《义和团档案史料》上册,中华书局1959年版,第214~215页。——译者注

在这里,或许应该对中国驻外国公使们所说的某些话作一些评论,我们说的是中国驻伦敦公使罗丰禄、驻华盛顿公使伍廷芳、驻圣彼得堡公使杨儒。这些人在使馆围困一事上所扮演的角色已经众所周知,朝廷谕旨的语言已经清楚地表明他们中有的人在这件事上“无所畏惧地撒谎”——就像莫理循博士所断定的那样。热爱真理的人一定会痛苦地回想起伍廷芳在芝加哥地区议会上有关儒教的演讲,而杨儒在一封充满着敌视基督教情感的信中提到中国教徒时竟然说:“他们的皈依只是要用作一个保护衣,以便在欺骗和伤害他们的同胞时不会受到惩罚。”

他还断定:“传教士受到厌恶,是因为他们的目的是想把我们那些不愿意用其他任何宗教取代我们祖先传下来的宗教的人制造成教徒。”对这一评论最现成的回答是:如果他们“不愿意”的话,他们本来就不会成为“教徒”;如果他们“愿意”,那么他们就不是制造成“教徒”的,而是通过他们的自由意志转变成了教徒。

罗丰禄评论说:“根本没有一个中国基督教徒,只是到处都有一些坏人,他们为了想要得到的东西而加入教会。”[①]这样的评论所表现出的巨大的无知,或许只有他在一次宴会上讲演时所说的话才能与之相匹配。那次宴会是在他被任命为驻英国公使时,在天津的外国人为他举行的。在讲演中,他竟然说来参加宴会的人“都是非常优秀的儒家信徒”。

这样的人关于传教士及其工作的看法,对于那些有识别力的人不会产生多大影响,但他们无疑会因为这样的谈话而更加得到那些仇视传教活动的人的欢迎。因此,我们认为,就书面证据来说,起义是由于传教士的传教活动引起的这种说法根本站不住脚。

第四,天主教教士干涉诉讼以及他们要求得到官员品级的行为。某些天主教教士(我们愿意相信他们只是其教会中那些品质低劣的人)通过他们在法庭上的行动,使得法律错误地倾向他们的教徒一边,并且在法国公使政治力量的支持下,威吓甚至恐吓中国官员。关于这一类的传说,我们认为很可能是非常有根据的。

至于他们的官员地位,萨瑟兰(Thomas Sutherland)爵士 1900 年 11 月 7 日在中国协会每年一次的宴会上说:“他断定,一个欧洲国家为其传教士提出得到官员品级的要求,是一种最有害、最错误的行动,这样的行动已经严重侵犯了中国人民的正当权利。”这一评论得到听众的喝彩。

有消息说,李鸿章说,天主教传教士得到官员品级对于义和团起义的爆发确实负有责任。这样的说法当然不能接受,但是耶稣会士在谈到这个问题时,承认它是一个有害的巨大错误。一贯正确的教皇声称是全世界至高无上的“众王之王”,是“天堂权力和世俗权力的双剑”的拥有者,要求那些教士们成为政治代理人。在这个问题上,过去遭受到的严厉挫败并没有让他们吸取教训。

罗马从来没有变化。它不会轻易地懂得,“我的王国不属于这个世界”。

我们认为,天主教在华传教士的行为制造出了冲突,而在这些冲突之上,是某种不可避免的、合乎逻辑的东西。也就是说,这些冲突是由于一种更为灵性的宗教和更为高级的文明的引进而产生的。

现在要说说新教传教士了。中国政府对他们到底有多少正当的抱怨理由呢?下面引

① 《英国圣公会信使》,第 871 页,1900 年 11 月。

用的高葆真(W. A. Cornaby)这篇载于1900年10月17日《北华捷报》上的文章,提供了一种回答:

事实上,在中国的天主教和新教传教士是两个完全不同的教会团体,他们在西方就是这样,在其他各个地方自然也会是这样。由于他们在"传教士地位"这个问题上的立场不同,所以他们在一般情况下所采取的立场也不同。不过幸运的是,双方可能都没有带有多少个人的感情。因为在中国,一个人的同情心要么会变得更为广泛,要么会变得更加狭隘。比较普遍的情况似乎是,人们的同情心健康地扩大了,总是从世界政治的角度来看待事情,同时又不一定需要作出原则上的牺牲。

然而,在几年以前的一篇有关两名16世纪殉教的耶稣会士的同情性文章中,一名爱丁堡评论家说:"在将国家的保护合法化的时候,要想把教皇的宗教和教皇的政治区别开来,几乎是不可能的。"耶稣会士和其他在华神父们与法国政府的关系,比起任何新教传教士与其母国政府的关系来,确实都具有似乎更为密切得多的性质。但是,就中国官员们现在的知识来说,要把天主教系统和新教系统区别开来,几乎是不可能的,尽管作为一个整体来说,新教代理人肯定和任何形式的政治宣传都没有关系。

现在来谈谈当下以及在未来一些时日里极为重要的一个问题:新教传教士(如果我们一定要把他们区别开来的话)在一长串的骚乱及其在1900年最后大爆发的过程中,负有什么样的责任呢?

首先要问一下读者,你们是不是完全相信中国官员的煽动一直是一个有力的因素呢?是不是完全相信慈禧太后在1900年确实处在义和团的最高位置上呢?如果不相信的话,给你们的唯一建议是用一个月的时间好好阅读,就从1895年8月24日《泰晤士报》上的一篇文章开始读起。但是,为了找到这方面的压倒性的证据,我们愿意引用一两段。

中国海关前副总税务司哈富参(R. M. Hobson)说:"一般的中国人都不信宗教,正是因为缺少坚定的信仰,才使他们成为世界上最为宽容的人。但是,尽管不信奉宗教,他们却十分迷信,很容易相信比他们尊贵的人告诉他们的东西。比他们尊贵的人是士绅(官员即是有官位的士绅),这是一些有学问的人,但十分保守,在任何地方都再也找不到比他们更为保守的人。民众的仇恨并非针对基督教宣道师,而是针对一般意义上的外国鬼子,针对被惯耍计谋的士绅们刻意把传教士描绘成的那些邪恶魔鬼。"

这一点和上海的英国报纸的看法相一致。在有关的四家报纸中,至少有三家的意见完全与此一致,剩下一家的看法也大致相同。

或许对整个形势最为公正的评估来自纽约的格拉西(Gracey),他说:"欧洲文明对我们为了方便而称为蒙古利亚的大陆的冲击是不能阻止的,它就像地球引力一样肯定还要继续下去。冲突的激烈程度或许会有变化,但在这一代以及下一代,将不会看到冲突的结束。……最好能够记住这一点,不是把它作为一个预言,而是作为一个公认的、必要的条件。把传教士指责为煽动者是没有用处的,他们是这个文明的一部分。另一方面,宣传传教士得到民众的欢迎,宣传他们不让人讨厌,宣传他们仁慈博爱,宣传他们公正和有人性,宣传他们提升了这个国家的智力水平,也是没有用处的。他们是不折不扣的革命者。不过,任何人想要通过撤回传教士来谋求解决办法,也几乎是没有用处的。一架蒸汽机和一根电线杆是革命性的,一份报纸也是革命性的。……它们都只是同一种文明力量的不同部分。在华传教士鼓励组织的反缠足会,是新文明所代表的社会革命的一部分,医院也是如此。次等文明的人们足够敏锐,很快就会发现传教士是一个新经济的组成部分。传教士的家庭生活以及他个人的存在都是革命性的,他不能让自己摆脱两种文明之间的冲突。

不过,尽管这种"存在"从上面提到的意义上说是"革命性"的,却绝对没有受到开明官员们的敌视,相反还得到重视,传教士的工作得到了赞许。为了说明这一点,我们附上南京的一名知府于1895年发布的一道布告:"在检查了属于本府的传道堂以后,我们发现那里建有免费的学校,贫穷的中国孩子可以在学校里接受教育;那里还建有医院,中国人可以免费得到治疗。我们发现传教士都非常好,不仅不占据人们的东西,而且他们似乎也不需要人们的赞扬。尽管中国人愿意行善,但没有人能比得上传教士。"

关于新教传教士和官员们冲突的直接原因,我们所能正确指出的唯一一点,是教徒们不缴纳寺庙捐款,这无疑是造成朝廷谕旨中经常提到的"教徒和平民之间的恶感"的一个原因。不过,我们也必须小心,不要把这一点看作是事情的根源。传教士和教徒的合法身份和合法地位,以及后者的公民权利,在一系列朝廷谕旨中予以宣布,并且可以在条约义务中找到。根据条约,中国宽容基督教,并且宣布基督教徒可以免于缴纳偶像崇拜的寺庙捐款。谕旨和条约这两者必然决定着成功或者失败。每年都张贴有关寺庙捐款的布告,它真的需要吗?它是一个很古老、很古老的故事。中国需要认真地理解她的条约义务的精神。在中国的许多地方,寺庙捐款一事并没有引起任何麻烦。在拓荒工作中——基督教在那里是一种新奇事物,它特别容易引起麻烦,然而,即使在拓荒工作中,只需要有一个没有任何特别反外偏见的官员,实际上就不会经历任何特别的困难。无论如何,特别值得注意的是,端王及其一党1900年7月2日发布的反传教士的谕旨,在谈到"平民和教民之间的恶感"时,明确地说:"总由地方官办理不善。"如果官员们以公正的精神执行他们自己的布告的话,那么即使是不缴纳寺庙捐款的问题,也不会成为引起传教士和他们之间冲突的真正原因。当然,寺庙捐款与国家的岁入没有任何关系。这样募集起来的钱也没有以任何形式用于公共利益,诸如修路等。这些钱理论上假定要花在祭祀地方神灵的戏剧演出上,但实际上大都进入了村庄首领的口袋。教徒不向村庄首领缴纳这些捐款经常会引起小规模的迫害,有时比较严重,偶尔会被迫提交到法庭上进行解决。新教传教士会劝告他们的教徒忍耐,但如果他们的教徒遭到严重的殴打,他们有时也会向官员提出友善的陈述。一切全依赖于官员是一个什么样的人了。如果他是一个讲理的人,事情很容易就解决了。如果是一名顽固反外的人,就像一些满人那样,很可能不仅不能保护这名教徒的权利,而且这名教徒、基督教徒群体和传教士都会在公共法庭上遭到公开的嘲讽和侮辱。像这样的一类官员根本不承认什么条约。在这一类的案件中,过错到底在哪一方呢?

《北华捷报》在1900年7月11日和25日发表了一篇在义和团运动发展到北京之前撰写的预见性文章,很适合在这里摘录一段进行介绍,尽管它的某些看法的根据有些过时。在谈到"现代中国受教育的年轻人"时,作者说:

天已破晓,人们开始看到了他们以前从未看到的事物。许多年轻人到处旅行。他们研究了一些帝国,而在以前,这些帝国的存在就像黄帝的存在一样神秘。美国、德国、法国、英国、甚至日本,都提供了一系列全景的实物教学课,让他们看到了外国是什么样的,外国在做什么,在想什么,在享受什么。事实上,年轻的中国"看到了幻象",于是就开始了"梦想"。年轻人从他们的旅行中回来,对他们自己衰老的、愚笨的、迟钝的政府充满了不满,甚至是蔑视,决心要进行激烈的改革,以让中国跟上各国的前进和思想的发展。此外,许多书籍在过去十年里被翻译成中文,这使得那些一直在国内的读者就像通过望远镜一样去看世界,比以前更加清楚地看到了各个外国的不同个性,看到了统治各国人民的各种政府类型,看到了指导他们的精神行为、激励他们纯洁高尚生活的各种宗教,看到了陶铸他们的思想、为他们未来的生活斗争培养智力的教育制度,看到了这些外国中的大多数国家所享有的普遍快乐、舒适和豪华。更进一步地,这些文字毫不犹豫地让中国的学者们看到了中国的垂死状态,看到了她的人民的贫穷和无知,看到了束缚他们思想的僵化教育,看到了她的刑罚的野蛮性质,看到了她的政府的迟钝和愚笨,看到了她的官员们的倒行逆施。

北京的一些比较开明的人已经明白,必须作出改变了。皇帝投入到新思想的潮流中,伟大的、值得称赞的改革努力一度进行得很顺利。

这时,保守派起来了,他们团结成一个人,极为愤怒地把改革镇压在血和泪之中。太后及其一党发动的政变完成了这一点。这场流产改革的烈士虽然人数不多,但是他们光彩照人。

然后,他又谈到了政府支持的义和团运动,首先假定它只针对传教士:

假定它只是针对传教士的,那么外国列强就不可能不把它镇压下去,把它连根消灭。可能会有一些欧洲人很愿意看到整个传教士团体退出中国,被送回他们各自的大本营,但是这是不可能发生的。英国、美国、德国和法国都有传教士在中国。每个人都有责任作出努力,从而使传教事业取得成功的信念在基督教世界根深蒂固,就像商人们对于必须进行贸易活动的信念一样坚定。

新近,在纽约举行了一次传教大会。数千名来自世界各地的传教士和其他代表聚集到一起,冷静地讨论传教士遇到的问题,策划传教士的活动。那些读了这次大会报告的人必然会明白,这次会议所体现出来的活力是一种世俗之手难以阻止的力量。前总统哈里森(Harrison)在讲演中说:"我一生中曾经参加过许多政治活动,我经常在这个大厅里(卡耐基大厅,可以容纳三千人)发表政治演说。我不知道有哪一个政治活动,哪一个事业,能够像外国传教事业一样吸引如此多热情的听众,在十天的时间里每天两次或者三次挤满了这个大厅。"这样一种力量,如果来到外国在华传教事业和义和团运动之间,那么,义和团就一定会离开,因为这一前进着的、推动着外国教会的力量要比推动这群叛乱者们的力量强大十倍。

假定这群野蛮的人不仅仅针对教会和传教士,而且针对现代进步和现代文明及其所代表的一切,那么要求镇压它的呼声就会更加强大、更加迫切。比方说在中国的商人,还有在中国的工程师和铁路修建者,还有外交官和旅行者。世界上没有任何力量能够阻止他们前来,也没有任何力量能够强迫他们在他们决定离开之前离开。他们出现在这里,是现代商业生活和国际生活发展的重要部分。

假定义和团的仇恨针对的是改革运动,假定义和团认为改革运动招致中国的毁灭,假定他们攻击欧洲人是因为他们相信后者要直接或者间接地为改革运动负责,假定他们相信如果欧洲人被杀死或者被赶出中国,改革运动就会结束,这个国家就会得到拯救的话,那么,又会出现什么情况呢?同样的一种发展进程一定会来到中国,没有任何东西能够阻止它。一个衰老的政府制度和垂死的宗教形式,死死守着他们的地位,反抗现在正在向它们逼近的、更为纯正的政府形式和更为灵性的宗教形式,这就像一棵将要死去的树想要战胜一棵生气勃勃的树及其生存权一样。

我们借用另一个人用来评论一种特殊实体(不难看出这一实体的身份)的语言来结束这一章:在过去的这场冲突中,中国"宣布与作为这一世纪特殊荣耀的那种精神和力量进行不妥协的战斗,她把她的偏爱加在了先前时代并不完美的发展状况上。她谴责上天有关进步的伟大法则——有关从较低水平的教养和福利前进到较高水平的教养和福利的法则,并且试图长久地阻止这一法则的运行。她与19世纪决裂,宣布与它所有的格言、目标和成就相对抗。她和那些普世的、根深蒂固的、不可抗拒的力量进行了一场你死我活的斗争。她试图阻止和扭转世界上最为强大的力量。她宣布与上帝的法则——平静、耐心、坚定不移——相对抗。这样一个事业所能取得的结果,只能是可耻的失败。如果中国不能顺应基督教文明,她的衰落和崩溃就是不可避免的"①。

① 麦肯齐(Mackenzie):《19世纪》,第439、448页。

第十二章
中国的宗教

基德(Benjamin Kidd)博士在十分有趣而且极具启发性的著作《社会进化》中[①],虚构了一名来自另外一个世界的居民,他访问了这个星球,目的是探询我们的社会组织。在注意了外部面貌——街道、人群、建筑、交通方式等——以后,他考察了商业、政府以及各种社会和政治问题。不过,他的指导者没有告诉他有关我们生活中“最显著的特色”的信息,这个特色就是:“在我们城市的每一个拐角的地方,都有一些大的建筑——福音堂、寺庙、教堂。凡是有人居住的地方,都矗立着这样的建筑。”基德博士假定他的指导者是一名科学的代言人,因而拥有公正缜密的心灵,他本应会斟酌和注意所有的现象,也包括灵性现象。令人惊奇的是,基德发现他的指导者对于整个宗教问题“带有某种程度的蔑视,甚至是仇视”。另外,基德在另外一段中说[②],这位访客一定是发现自己“很难接受”这位科学家关于“宗教信仰是从鬼魂和祖先祭祀中发展起来的理论”(还没有把宗教说成一种神经疾病——神经官能症!),“对这样一种气势宏大的社会现象所进行的那些琐碎的、不太有意义的解释,让他感到某种持续的失望感,甚至很不耐烦”。

基德博士在对理性和宗教之间的冲突发表了一些引人注目的评论之后,在第五章中讨论了“宗教的功能”。他指出,科学属于智力的领域,而宗教属于心灵的领域。他认为可以从两个主要的角度——个人的角度和作为一种社会组织的集体角度——来审视人类。这样两种实体的利益必然是对抗性的,一个是私人的和自私的,另一个是公共的和为整体利益的。宗教的产生,就是要确保个人的利益从属于更大的社会组织的利益。然而,为了做到这一点,宗教必须被赋予进行奖励和惩罚的足够力量,而这种裁决性的力量又必须具有超越自然和超越理性的性质。理性,纯粹和简单的理性,永远都不能引导个人放弃他们的自信。因此,宗教的范围并不在人的理性。一种理性的宗教是一种不可能的事物,它的概念就包含着矛盾。宗教的范围存在于人的灵性,存在于人的心里,它的恩惠是通过信仰而收到的。

他认为,对于宗教来说,无论是真宗教还是假宗教,有一点是始终存在的,这就是它们的裁决力量(即奖励和惩罚)无一例外地都是超越理性的。不是非理性,也不是反理性,而是在理性之外。“一种排除了超越理性的因素的信仰,似乎就不再能够发挥宗教的功

---

① 第89～91页。

② 第23页。

能了。"[①]

从这一观点来看，被普遍地看作中国人的宗教的儒教，并不是宗教。因为它的"裁决力量"主要属于现世，如果这些力量能扩展更远的话，个人也只是会通过他的子孙后代的命运好坏而受到"奖励"或者"惩罚"。所有这些都属于理性的领域，没有任何超越理性的内容。

此外，儒教从其现在的情况来看，混合了太多的佛教、道教的思想和实践，让人怀疑中国现在究竟还有没有一种纯粹的儒教。已故的缪勒(Max Müller)教授说："无疑，孔子的教义不能称之为宗教。"[②]威妥玛(Thomas Wade)爵士在北京担任了许多年的英国公使，也是一名精通中国学问的学者。他强调说："如果认为宗教不仅仅意味着伦理的话，我否认中国人有宗教。他们确实有一种祭祀，或者不如说是多种祭祀的混合，但他们没有信条。他们有着种种形式的不成熟的偶像崇拜，他们可以随便嘲笑这些偶像，但他们不敢漠视它们。"威妥玛爵士这里谈到了宗教——儒教、佛教和道教——在中国的奇异混合，我们在前面一章(第三章)里谈到了这一点。

不过，必须承认佛教和道教是"宗教"，也就是说，它们符合基德的定义。至于儒教的政治—道德体系，我们将按照普遍的看法——尽管不那么准确——把它视为一种宗教。

我们现在将要讨论一个问题，古代中国人到底有没有有关真正上帝的知识呢？许多人认为这一问题是一个学术问题，无关正题。这些人会说，现在的宗教状况要更为重要得多。我们想在另外一章里探讨那个问题，同时我们仍然认为现在要讨论的这个问题十分重要。我们在讨论中会尽量不太过于学术性，以免让读者感到厌倦。

一些最优秀、最博学的在华传教士以一种同情性的方式来接近这个国家的学者们，他们会这样对学者们说："在和你们谈论现在存在着的、真正的上帝时，我们并不是在和你们谈论一个中国从来没有听说过的存在，而是在和你们谈论一个你们的祖先和你们国家的创建者们都知道并且崇拜、但被他们的子孙后代们忘却了的存在。"这样的话就像被中国经典培养起来的那样对于"古代"极为尊重，所以不难看到，这样一种接近中国学者的方式立即就产生了和解性的有利效果。不过，问题是这样一种说法会不会令人产生误解。当然，这个问题主要应该通过研究中国经典来加以解决。因为这些传教士的这种看法的基础就是这些经典，所以要研究它们并不困难。

我们将选择两名最杰出的学者——中国经典的翻译者理雅各博士和《自西徂东》(中文)的作者花之安博士。我们首先会通过解释的方式，说明经典在使用"帝"、"上帝"和"天"(在这些段落里并不仅仅意味着可见的天空)这些名词时，其意义是可以相互交换的。

首先看看花之安博士。在其著作《儒学汇纂》中，这样概括了他对"天"的意义的看法："我们或许可以从中推断，中国人的思想不能理解人类之外的人格化存在，而'天'，尽管和有神论有着各种联系，和基督教的上帝仍然离得很远。"还有："这么看来，天这一概念完全不能被看作是基督教上帝的称呼。"[③]

① 第124页。

② 《儒教》，载《19世纪》，1900年9月。

③ 第48页。

在下一章里,他讨论了“上帝”这个名词,认为它是(基督教)上帝的同等物。不过,对此应该进行专门的考察。他的观点的依据是孔子的一段话,是孔子唯一一次使用“上帝”一词的地方。这句话说:“郊社之礼,所以事上帝也。”花之安补充说:“根据我们面前的资料,要对‘上帝’的性质作出更为清楚的判定,是不可能的。”[①]

理雅各博士以完全相同的方式进行了讨论。[②] 在谈到对天地的祭祀时,理雅各博士说:“关于这个国家最古老的思想和祭祀,存在着可能会导致严重误解的危险。幸亏孔子本人让我们避免了这样的危险,因为我们看到他明确地说:‘郊社之礼,所以事上帝也。’对天和地进行的祭祀就是给同样的这个上帝的祭祀。”缪勒教授引用了这里指出的理雅各博士的观点,在上面提到的文章里对之表示赞同。

祭祀“天地”在中国是极其普遍的活动,其中最宏大的祭祀场面是由皇帝进行的。冬至那天,他在天坛圆丘祭天;夏至那天,他在地坛方丘祭地,因为根据中国人的信仰,地是方形的。在祭祀天或地的时候,祭祀的可见对象是一块竖立着的木制牌位。天坛的牌位上写着“皇天上帝之位”,地坛的牌位上写着“后土地祇之位”。这样看来,可以准确地说,“上帝”是天神的个人名字,而“后土”则是地神的个人名字。在《礼记》中有关“上帝”的一段话里,把他说成是“天神”。同时在《礼记》有关“后土”的一段话里,把他(她?)说成是“地神”。比较一下“社,所以神地之道也”这句话,可以认为“社”坛就是祭地之坛。

总结上面的论述,我们发现两名最优秀的研究中国基督教的学者都断定,中国经典中的“上帝”是真正的上帝,他们作出这一论断的根据是孔子的一段话:“郊社之礼,所以事上帝也。”

这些绅士的观点遭到其他基督教学者的强烈反对,但这些反对意见或许分量不足。我们现在提出一个在我们看来要更有分量的看法,这就是最优秀的中国学者的看法。

其一,对于上面引用的“郊社之礼,所以事上帝也”这句话的解释,两名中国最杰出的经学家——其中一名是“文公”朱熹——与理雅各博士和花之安博士的观点完全不一样。他们都说:“为了简短起见,没有提到后土(即地神)。”根据他们的解释,这一段应该读作:“郊社之礼,所以事上帝后土也。”这样看来,在最杰出的中国学者看来,这段著名的话并不支持一神论。但是还要注意:

其二,这段话里提到的“事上帝”的人是武王和周公,如果我们溯追到《尚书》,去看看他们到底祭祀的是谁的话,我们会发现武王自己说的话:“惟天地,万物父母;惟人,万物之灵。”

武王下面又谈到了暴君纣王(公元前1154年)——他是夏朝[③]的最后一名统治者,被商朝的创建者武王所推翻:“他踞膝而坐,不事上帝,也不事天地之神。”上面是理雅各的翻译。

不过,理雅各不得不在注释中补充说:《日知录》[④](一名中国学者的注疏)解释为:“他怠慢和蔑视天地之神,不服事他们。”然后,理雅各补充说:“这把上帝和天地之神混淆了,

---

① 第49页。

② 不过,理雅各博士认为,“天”肯定意味着真正的上帝,而花之安不这样认为。

③ 应为商朝,紧接着的“商朝”应为“周朝”。——译者注

④ 原文为 *The Daily Explanation*,译为《日知录》,未经确认。——译者注

如果我们考虑到第三页上的话，武王绝对不是这个意思。”这里说武王的话就是上面引用的“惟天地，万物父母”。

最后，武王说：“受命文考，类于上帝，宜于冢土。”对于“冢土”一词，理雅各在注释中说，这个词的意思是“祭祀土地大神的坛”。

关于武王的父亲文王，理雅各在对武王“惟天地，万物父母”一句话进行注释时说：“原文中出现的把天和地奉为神的话，起源于《易经》。可以妥当地把文王看作这一著作的作者。”

理雅各博士认为，“把天和地奉为神起源于文王时代”——文王生活在公元前13世纪。同样要注意到是，对天和地的祭祀出现在那个时代之前。在《汤诰》(公元前1766年)中，汤王说：“并告无辜于上下神祇。”而他的孙子和继承人太甲这样谈论他的祖父：“先王顾諟天之明命，以承上下神祇。”

这是公元前18世纪双重崇拜的一个事例，我们在哪里看到了纯正的一神教呢？即使在“上帝”一词在经典中第一次出现的时候，我们读到的是舜(公元前2255年)：“肆类于上帝，禋于六宗，望于山川，遍于群神。”对此，理雅各补充注释说：“我不能不怀疑这里的‘上帝’是真正上帝的名字，有关上帝和上帝崇拜的真理，即使在上古时代也已经被败坏了，就像在这一段的其他句子里所能看到的那样。”

同样重要的是，应该记住，《圣经》的宗教也不是“纯正的一神教”，而是耶和华体系，这是一个不同的概念。一个其中许多人具有神性的自然神论，就是《圣经》经文从《创世纪》(1)到《启示录》(22)的教义。

下面就到了理雅各博士论证最为精彩的地方了。中国人始终知道并且崇拜真正的上帝，至少中国的皇帝“作为人民的代表崇拜上帝”。在这里，我们看到了公元1538年——我们基督教时代的第16世纪——赞美上帝的祈祷文[①]！

我们确实还能找到更早一点的东西。这里给出的祈祷文在第43～51页[②]，其中包含着大量从基督教借来的思想。在提供了这些祈祷文之后，理雅各补充说：“我不想多说一些话，以图加强这些祈祷文在你们思想中所产生的印象。中国人最初的一神教仍然存在于现在的国家祭祀中。……从我们的14世纪中期以后不久，也就是明朝建立之后不久，一个不确定的多神教的所有外在表象都从皇家祭祀中清除干净，我们在明朝的法令中就看到了一系列这一类值得注意的祈祷文。在这些祈祷文中，夹杂着一些对许多地上的或者天上的神灵的迷信崇拜，对此我们可能会也的确会深感痛惜，但这一缺憾并不能掩盖住它们的一神论性质。”

理雅各博士接着在另外一个地方[③]又提到了这些祈祷文。他说：“你们记住这些祈祷文。据说在明朝的夏至日、冬至日的大祭祀中，为数众多的族群全都感谢上帝创造了它们。正是主，正是他一个人是所有事物的真正父母，他创造了天、地和人。我想，我们大多数人在某个时期都曾经对沃斯(Watts)博士的《教义问答入门》十分熟悉。”“其中的第一个问题是：‘孩子，你能告诉我谁创造了你吗？’熟悉那些祈祷文的中国孩子会用和沃斯博

① 《中国的宗教》，第43、95页。

② 《中国的宗教》，第43、95页。

③ 第95页。

士完全相同的话回答说:‘创造天和地的伟大上帝。’”

把整个论证概括一下,这一论证似乎依赖于这样两个信条:第一个是对于孔子某些话的解释,但是,两名最优秀的中国经学家从来没有作出过这样的解释;第二个是认为公元1538年的某些祈祷文包含有未受其他思想影响的纯正的中国思想。不过,人们都知道,中国朝廷(按上面的说法,他们并没有借用别的思想!)在公元643年以后就熟悉了景教形式的基督教,在公元1288年以后就熟悉了天主教形式的基督教了!当读者知道我们曾经看到一名年轻的中国学者说过以下评论时,他们无疑不会感到吃惊:“理雅各博士比我们中国学者都更加理解我们的经典啊!”当我们想起山西新上任的胡巡抚关于西学的一切根源都在《易经》里的看法时,我们就会相信,如果孔子能够见到中国经典的这位优秀博学的翻译者的话,他会在理雅各博士面前极力掩饰对他的感激之情。他不再会说自己“述而不作”了,相反的,(由于理雅各博士在经典中无中生有地发现了基督教思想)孔子成为了一名“有所创作”的思想家,提出了这样的教义:“通过祭祀天和地(基督教徒会把这类祭祀称作“偶像崇拜”),古代的一些君王信奉上帝耶和华。”——这就是理雅各博士明确陈述的“上帝”一词的意义。

英国人所具有的令人高兴的宽宏和公平精神,可能被发扬得太过了(至少前一种精神是这样)。这一点,在南非战争中也表现了出来。在那里,忠于英国的人所受到的对待有时候还不如不忠于英国的人。在宗教问题上也是如此。原先被基督教徒以蔑视和嘲笑的语调谈论的异端宗教体系,主要是通过所谓“比较宗教”的研究,已经被提升到很高的地位,以至于有些牧师对那些没有引用一两句孔子、佛陀和琐罗亚斯德语录的布道,总是感到不太满意。

经典中有许多地方把“天”和“上帝”当作上帝来谈论,并且对这些名词使用了包含有人格和意志的语言,这无疑是真实的;不过,“地”也同样是如此。

我们并不否认,中国的君主在公元前13世纪(18世纪?)以前对“上帝”具有某种形式的最高尊敬,也不否认他们在相对的意义上“知道上帝”。《圣经》说外邦人“虽然知道神,却不当作神膜拜他”(《罗马书》1:21)。另一方面,我们也读到“不认识神的外邦人”(《帖撒罗尼迦前书》4:5)。由此可见,异教的国度对上帝的认识必然是不完善的和相对的。从他们各种各样的万神殿供奉的最高崇拜物所表现的思想来说,和真正上帝的知识十分接近。希腊人有宙斯,印度人有梵天,罗马人有朱庇特,中国人有天、上帝以及后来的“天和地”。我们特别注意到,理雅各博士承认“中国无疑在公元前13世纪把天和地奉为神”。

在华天主教会完全拒绝使用“天”和“上帝”来称谓上帝。

我们所担心会发生的误解,是让阅读《东方圣书》的中国学者和读者们认为,中国经典中的“上帝”与耶和华上帝——独立存在的上帝——完全相同,而不知道这种相同只是相对的,是语言上的类似而已。

在现在的中国,我们会毫不犹豫地和学者们引用经典中有关“天”和“上帝”的一些话;在和乡下人谈话的时候,也会使用“天爷爷”——尽管必然还会有“地奶奶”——作为相类似的名词;或者会向异教中国人使用其他一些最合适的土著名词。问题的关键是,对任何名词都需要进行解释。

我们或许应该把这个问题和圣保罗在马尔斯山的行动同等看待。当他对雅典人说

“就如你们中间有些作诗的说,‘原来我们也是他的族类’”(《使徒行传》17:28)的时候,他用的是宙斯(或者朱庇特)——希腊(或者罗马)万神殿的头——的一名异教徒诗人所说的话。在这一类情况下,这种引用或许是合乎情理的,也会产生出好的结果。但是,保罗在路司得城治好了瘸腿的人以后,当“朱庇特庙的祭司带着牛和花圈,来到门口,想和群众一起献祭”时,保罗必定不想使用这样的语言。需要使用最明确的语言来驱除误解,他就使用了这样的话:“我们传福音给你们,是叫你们离弃这些虚妄,转向那创造天、地、海和其中万物的活神。”(《使徒行传》14:13~14)向中国人引用有关“天”的段落是一回事,而像理雅各博士所做的,到北京祭天的天坛里,并在那里“唱献给中国皇帝崇拜了四千年的真正上帝的赞美诗”,则是另外一回事!他这样做,无疑是出于他那宽宏的心。但我们认为,在这样做的时候,他的感情失去了理性的控制。

我们在《创世纪》1:1中读到的上帝,既在天和地之前,也独立于天和地而存在。我们认为,在经典中找不到这个上帝。我们认为,中国概念里基本上是没有上帝的。我们的一名教会成员无意中听到一些中国人讨论基督教和儒教,一名饱览群书的人说了下面这句非同寻常的话:“耶稣教和儒教是一样的,只是根不同。”这至少可以说是一个“超越理性的”合理推理!

在我们看来,这个问题可以比作托勒密和哥白尼的两种天文学理论:一种在根本上存有缺陷,而另一个则基本上是正确的。在两种理论中,天都是天,但是它们所使用的概念却根本不同。这里,有一个人认为地球是万物的中心和宇宙的焦点,但他能够区别恒星和行星,并记录下了日食和月食,画出了天空,并且给星星命名,等等。不过,当哥白尼体系出现以后,还有谁会想到要坚持托勒密体系呢?各种各样的宗教体系也是如此。有许多形式的宗教,但只有一种真正有资格称为神意的启示。儒教甚至连基督教创建者要求上帝信徒们遵循的“第一条也是最重要的一条戒律”的概念都没有,用花之安博士的话说,这是因为“儒教不认可与一个活着的神的关系”。

尽管我们很乐意承认,在孔子有关人与人关系的教义中,有许多内容在语言上都十分精彩。但是在儒教中,“人际关系”缺乏人与神的神圣关系作为基础;缺乏圣灵的帮助,这种帮助保证我们能够做那些我们知道应该做的事;缺乏那些赋予生命的、“根本性的”东西。说到底,它只是记录日食、月食并且给星星命名的托勒密体系而已。

第十三章 中国需要真正的宗教

我们相信，基督教会各个教派最有灵性的作家们都会同意：基督教的目标是在人的身上复原神的形象；它的本质存在于完美的无私的爱——就是说，因为上帝而爱上帝，因为人而爱人；这种感情随基督赎罪的鲜血表现出的宽恕而来，通过基督的圣灵内在的、持久的指引而产生和维持。

因此说，真正的宗教就是爱。它是仁慈。它来自上帝的圣灵，存在于人的精神、心灵、意志、选择和偏爱中。它希望所有有感觉的生物都能幸福和快乐。它把这一最有价值的目的看作它的目标。追求这样的目标，不是想要从中为自己谋取任何利益，而是无私的。它要求每一个人，按照他们所感知到的在存在等级上的相对重要性来估价所有事物的利益。它以律法和先知的语言，经由世界救世主的权威和赞成所批准，要求去爱至高无上的上帝，要求像爱我们自己一样去爱我们的邻居。这是绝对的宗教，这是真正的宗教。除此之外的所有宗教都是相对的，因而也就都是相对错误的、有缺陷的和虚假的。这是产生出地球上最为圣洁的生活的宗教，是产生出那些伟大的仁慈行为的宗教。这样的仁慈行为在基督教国家的数量，无可争辩地要多于那些不知道基督教的国家，即使是那些有着“仁慈”或者“爱”的教义的国家。因为他们的“爱”是与基督教的“爱”不同的另外一种概念，有着不同的基础、不同的范围和不同的实现。

在已故的赫胥黎(Huxley)教授的儿子为他写的传记中，有一段话很能打动人，它向我们展示了这位非凡的人的内心生活。我们凭借记忆引用了这段话，但其意思大致不错。他说：“爱向我展示了生命的圣洁，我明白了真正的宗教可以不依赖神学而存在。”但是，如果真正的宗教在于仁爱，并因而真诚地希望所有生命都美好的话，我们就不能不认为，那种不考虑伟大、光荣、灵性的上帝的宗教是有巨大缺陷的，因为上帝本人是生命的创造者和维护者。如果一个政治制度在承认好公民有义务希望他们的同胞快乐的同时，却忽略了这一真理，即把他们的善意扩大给国之首脑是他们的最高(最高，是因为他在存在等级上的相对重要性)义务的话，谁又会称之为好的政治制度呢？

明恩溥博士的《中国人的素质》一书最为精彩的一章是《泛神论、多神论和无神论》。我们建议每一个有条件的读者去购买一本，“阅读、标记、学习和消化”这一章的内容。我们认为，在读过这本书以后，作为这一过程的结果，任何人都不会因为“中国有其自己的非常好的宗教”而建议传教士放弃他们在中国的工作了。

这可能是一些读过《东方圣书》的人的看法，他们读了这一丛书的第 3、6、27、28 卷以后，以为现在的中国和书中描写的中国，就像人的面容和镜子里的形象那样完全一致。

中国现在的宗教状况令人悲伤。作为崇拜天、地、太阳、月亮、星星、雷电、雨、风、山、丘陵、河流、树木的人,他们是地道的泛神论者,把神与自然混为一谈。作为崇拜神圣化了的死者和祖先的人,中国人是多神论者。中国人所崇拜的所有"神"都是已经过世的中国人。在中国有直接帮助恶习的"神",赌博者、妓女、窃贼都有他们的"神"——他们行当的保护者。这些干坏事的人崇拜他们,期望他们能给自己带来利益。

但是,总起来说,这些"神"是过去曾经以英雄、政治家、慈善家著名的人,或者是具有女德的女性。有时候,人们会指责传教士攻击中国人对这些"神"和祖先的崇拜。像大多数中伤性语言一样,这种指责有一定道理,但也有不实的地方。我们都知道,"崇拜"一词有着不同层次的意义。如果对这些"神"和祖先的崇拜只是在"尊敬"他们的意义上,也就是崇敬地记忆着那些值得尊敬的逝去的人的话,任何传教士都不会攻击对他们的崇拜。然而,我们一定要指出的是,不应该在供奉这些人的意义上去"崇拜"他们,因为这包含有在世者依赖死者、死者依赖在世者的思想。这是一种错误的情感,它为神职人员滥用教职大开方便之门,而且更为重要的是,它损害了民众的进步和他们真正的福祉。

然后,中国的学者还是我们所说的无神论者。他们成为这样的无神论者的过程如下:

我们在前一章已经指出,"天"在经典里经常被当作有人格的事物来使用,或者被加上人格的观念。比如像这样一些句子:"吾谁欺?欺天乎?""获罪于天,无所祷也。"孔子说:"知我者,其天乎!"他又说:"天生德与予。"他的一个弟子说:"天将以夫子为木铎。"

在基督教时代的第12世纪里,中国出现了一个哲学派别,其中最著名的学者是朱熹。他创作了一部有关经典的注释,被当时的政府所采用,而且一直到今天都被看作对中国圣书的正统讲解。中国的学者们不仅要背诵经典的文本,而且要熟记朱熹的注释。十分自然地,他就成了陶铸一代代中国士子思想的人,其影响极为重要。他是一名彻头彻尾的唯物主义的无神论者。在解释"天"一词的时候,他说:"天即道也。"所有人都能看出这是对这一名词的无神论的解释,因为我们不能给它加上任何人格的或者意志的观念。通过这一解释,他把中国的学者们引导进纯粹的无神论,其结果就是良知的堕落以及随之而来的国家的衰落。

我们这里不能不对朱熹这一著名的名言进行一下论说。英国一名最著名的布道家在一次有关"天"的布道中,提到了这句名言。它是夹在其他两个有关"天"的定义的中间被提到的:"天意味着神圣。""天即道也。""天意味着与上帝合一。"对于中间一句话,他加了一个脚注:"这是孔子最精彩的名言之一。"

整个布道令人敬佩,非常动人,给人以极大启发。它不断地宣传这样的真理:如果说"天"是一个"地方"的话,它就更多地是一个"国家",即神圣的心灵和思想的"国家"。但是,这样的解说并不能令人满意。"天即道也"并不是孔子的话,而是他后来的弟子的话,他的生存年代比孔子要晚一千五百多年。朱熹是在中国意义上使用"天"这个名词,而布道者则是在基督教意义上使用这个名词。这一格言不是一个好的格言,它造成了巨大的危害。中国的学者们之所以从不完善的一神论的相对光明的状态,进入到彻底的无神论的黑暗和由此产生的堕落之中,它要担负主要的(即使不是全部的)责任。

中国人是泛神论者、多神论者和无神论者,传教士就像民众知道用筷子吃饭一样了解这一事实。就像我们说过的,这一事实是令人悲哀的,但更令人悲哀的是民众对于他们的崇拜对象的态度。

明恩溥博士对此有过很好的研究,他的话极为真实:“中国人与他们的崇拜对象的关系的特点就是不真诚。”这就是他的话的意思,而我们还可以再加上“不尊重”。所有在中国内地住过的人都熟悉这样的事实:当中国人崇拜的“神”们总是不答应他们的请求的时候,他们会试图欺骗他们的“神”,或者拿他们的雕像出气,这些行为确实可以完全称得上是“不真诚”和“不尊重”了。这两种坏品行的影响极其深远,并且会彻底地破坏道德——实际上,在中国,“道德”和“宗教”之间是否存在着真正的联系,还是值得怀疑的。

我们自然会被崇拜对象的品德所同化,基督教的一个重要的道德价值就是在崇拜具有自然完美和道德完美的上帝的时候,对这样一个上帝的虔诚思考必然会让人得到提升。与他的交往越是深入,我们就越是浸透着他的圣灵,把自己改变成像他一样的人。不过,要是有一点点不真诚或者不尊重夹杂在里面,宗教的基础就会被破坏。

假如没有对崇拜对象的不真诚和不尊重,那么即使崇拜对象是虚构的和不真实的,那么所造成的危害相对来说也不会太大。但是,如果向一个不真实的崇拜对象所奉献的又是不真诚的、不尊重的崇拜,那必然会带来多么大的道德危害啊!

更有甚者,推动中国人进行崇拜的动机,即使不能说是自私的,也是奴性的。基督教徒崇拜上帝,主要不是因为通过这一崇拜他可以得到什么,也不是因为这一行为可以回馈给他任何的道德上的好处,而是一种无私的行为,因为他认为上帝值得他敬佩和景仰。但是,站到一座中国人的庙宇里,听到中国向他们的“神”们祈祷,如果你从中听不到“讨价还价”的话,或者表示自己卑微的、奴性的恐惧的话,会让我们感到非常惊奇。

在宗教里,在中国现在所实践着的宗教里,没有任何可以使人道德提升的东西,就更不用说让人得到灵性提升的东西了。和教育的职能是“启发”和发展智力同样无可置疑的是,宗教的功能是纯洁人的心灵。如果说教育是让人更为聪明,那么宗教就是让人更为善良。中国饱受没有真正教育和真实宗教的痛苦,不过我们这里的话题仅限于后者。基督教所提供的动机和道德力量,能在比其他任何宗教都更为宽阔的范围内,对纯洁的心灵和神圣的生命产生更大的作用。这一点现在已经是一个历史事实。不同的宗教产生的圣洁,差别不仅表现在程度上,而且还表现在种类上。我们不为基督教进行任何辩护。在任何一个正当地运用基督教的地方,它都用“它的结果”来证明了它神圣的根源。它是一把适用于所有锁的钥匙,无论这些锁有着多么复杂的锁孔。在过去的几个月中向整个世界暴露出来的中国的迫切需要,只有一个根源——缺少真正的宗教。基督教可以满足这一需要,而且只有基督教可以满足。但是,要满足这一需要,基督教应该是一种既简单又以《圣经》为根据的基督教。

当基督教的创立者派保罗到外邦人的土地终生去做使徒的时候,他用值得记住的话对保罗说:“我差你到外邦人那儿去,叫他们的眼睛得开,从黑暗中归向光明,从撒旦权下归向神,又因信我,得蒙赦罪,和一切成圣的人同得基业。”(《使徒行传》26:17～18)

这就是简单!通过对耶稣的信仰,通过和耶稣在一起,来得蒙赦罪,来神圣心灵。啊,这是中国的、中国那些坏统治者们的多么美好的福音啊!啊,强有力的简单啊,去取代儒教、佛教和道教混杂而成的复杂吧!

但是,我们应该向住在玻璃房子里的人投掷石块吗?我们的一些教会组织、教义和活动是不是太复杂了呢?对于罗马天主教的红衣主教沃恩(Vaughan)下面的话,我们会说些什么呢?“天主教会的教义一直遭到拒绝,被谴责为不敬神、迷信和盲目喜欢新东西。这些教义一个一个地被重新思考,被回归本原,直到39条教规作为信仰的规定被取消,被废除。真实临在,为生者和死者唱弥撒祭——有时甚至是拉丁文的,经常性的保留圣餐,定期的私密忏悔,临终涂油礼,炼狱,为死者祷告,对圣母及其圣灵感孕的崇拜,使用念珠,圣徒的代祷,这些活动在英国国教会里向人们教导,被人们接受,人们越来越希望进行这类活动,越来越喜欢它们。独身教士、立誓修道的修道士和修女的机构、教士的静修、民众传道会、禁食和其他苦修——蜡烛、灯、香、苦像、圣母玛利亚和被封圣人的形象、耶稣的苦路、法衣、白色短袖法衣、教士领、四角法冠、长袍法衣、弥撒法衣、圣餐法衣、主教法冠、牧杖、华丽的天主教仪式的采用,以及最近出现的罗马教皇的整个仪式的精心展示,所有这一切,都证明了一个变化和运动,它将推动一个在本世纪初绝对难以想象的教会的出现。”

如果我们想要理解结论的话,我们必须先要回看前提。两个有着不同前提的基督教团体,必然会得到不同的结论。我们所说的前提就是那些和传统有关的事物。我们的主来到地球上的时候,犹太教会已经存在了一千五百年了。但是,他始终到《圣经》中去寻找最终的裁决(就文字作品来说),而且用轻视——即使不能说是蔑视的话——的语言谈论“传统”。一个基督教徒团体在对待基督教的教会历史方面的感觉,就像我们的主对犹太教会那样。就相关文献来说,他们最终求助的是《圣经》,尤其是《新约》。他们知道《新约》以一种可敬的方式谈论传统(《哥林多前书》11:2;《帖撒罗尼迦后书》2:15,3:6),但他们认为,尽管传统有时候可能会超出《圣经》的文字,但它无论如何也决不能离开《圣经》的精神、视野或者它的原则。基督教传统如果这样做的话,他们就会像主对待犹太人的“传统”一样完全地轻视它。

不过,还有一个很大的基督教徒团体的前提是:“传统”和《圣经》有着同样的权威性。塔兰托议会善于、也勇于诅咒,这是罗马天主教说话的典型方式。它宣布,那些否认“传统”和《圣经》有着同等权威性的人“应受诅咒”。

不想扯得太远了,现在让我们谈论一个话题——献祭的祭司。《圣经》在《新约》里对此是怎么说的呢?法勒(Farrar)教长在他的著作《〈圣经〉与教士》中指出了以下事实。他说:

> 1. 我们发现,尽管《新约》充满了关于基督教教士的记载,但一次也没有用“祭司”或者“献祭的祭司”来表述他们。可以肯定,仅仅这一点,对于每一个朴素的心灵来说就具有决定性。
>
> 2. 如果被天主教徒和仪式主义者们用于教士并且视为非常重要的一个词,竟然就是《新约》坚决而且特意拒绝使用的同一个词,那将会是非常荒谬的事情。
>
> 3. 我们全都知道,《新约》对各个层次的基督教教士确实使用了十个其他的名称,但从来没有一次使用“祭司”或者“献祭的祭司”。《新约》称他们为使徒、先知、传福音者、牧师、先生、主持、监督、长老、执事、主管。
>
> 4. 不用“献祭的祭司”一词来称呼长老,是一种刻意的做法。这一点,从“祭司”这一名词是用起来最顺手、最方便的这一事实来看,是十分明显的。因为古代世界到处都是献祭的祭司,而且只有献祭的祭司。异教世界的唯一教士是献祭的祭司。犹太

人的唯一教士也是献祭的祭司。

5.但是,甚至这些也并不是全部。好像是为了坚决地证明不把“祭司”的称号给予基督教教士,这个词被用来指称全部的基督教徒,而不是教士们。圣彼得曾经在一种次要的、隐喻性的意义上,两次把所有的基督教徒称为“献祭的祭司”(《彼得前书》2:5、9)。不过为了阻止任何误解,他又补充说他们能够献出的唯一祭物是“属灵的祭物”。

我们从《圣经》里找到这样一些“祭物”:把我们的身体奉献给上帝(《罗马书》12:1);施舍(《腓立比书》4:18);赞美(《希伯来书》13:15);行善和供输(《希伯来书》13:16)。

但是,所有这些简单方式和《圣经》的教导已经被罗马天主教改变了,他们不满足于“诅咒”那些认为传统并不具有和《圣经》同等权威性的人,用前者来架空后者。罗马天主教认为它的“祭司”是一个实际的阶层,一个祭司等级。当教皇在沃恩主教的鼓动下,表示“安立甘教规”没有效用的时候,他这样说的一个主要理由就是,“在宗教改革运动中,英国教会采取了其教士不是祭司的立场”。

如果我们拒绝传统,诉诸《新约》的话,我们发现:(1)基督教教士中没有“祭司”的职能。(2)除了耶稣的十字架以外,地上没有任何“祭坛”(《希伯来书》13:10～12)。在《福音书》(《约翰福音》13:28)中,我们看到耶稣在进食主的晚餐的时候,是靠在一张“桌子”上。在《书信》(《哥林多前书》10:21)中,我们看到基督教徒是在“主的桌子”上悼念他的死亡的。(3)没有赎罪的“祭物”,只有基督的赎罪的献祭。我们一遍遍地被告知,基督献了“一次”、“一次永远”的祭(《希伯来书》7:27,9:26、28,10:10;《彼得前书》3:18)。这样的献祭永远都不能重复。它不是一次“弥撒”,而是一次“晚饭”(《约翰福音》13:28),不论是在开始时,还是这之后——“主的晚餐”(《哥林多前书》11:20)。那些反对祭司制度的人,就站在这样一个坚实的《圣经》基础之上。

另一方面,坚持祭司制度的人认为:(1)(第二等级)的基督教教士是“祭司”。(2)他在教堂的高坛上拥有他的“祭坛”。(3)他在祭坛上献上寻求和解的弥撒“祭物”。

这就是和《圣经》相对立的传统。

需要指出,可能只是对于英国国教会的一部分来说,沃恩主教的话才是正确的,对这一部分,我们最好称之为意大利派,以和英国派区别开来。它们中的一派坚持祭司制度,一派坚决批判这一制度。还有,人们确实还希望,上述教会的官方文件中的某些表达别太含糊其辞。就说说“祭司”这个词吧。法勒教长(Dean Farrar)作为一名英国基督教徒,在说到他证明宗教改革时期的英国教会抛弃了祭司制度的时候,为真理的事业做出了重要的贡献。但是,在说到这个引起麻烦的词的时候,他说:“每一个人都知道,‘祭司’这个词只不过意味着‘长老’,没有更多别的意思。”这句话让我们想起了麦考利(Macaulay),他在其文集中也喜欢说:“每个学校的学生都知道。”这样的表达方式,一般情况下都有这样的意思,就是我们假定,在“学校的学生”以外,还有许多人对于一些晦涩的名字或者事情毫无所知。在宗教改革时期,新教一派的领袖们无疑会认为,坚持“祭司”的意思是“长老”,而教会中英国派的教士也会维持这种说法。但是,沃恩教长的意思是断定“每一个人”——即使我们把它限制为教会的每一个人——“每一个人都知道‘祭司’就是‘长老’”吗?是不是教会的所有人都知道,“免罪”只能由一名“长者”宣读,所谓“祭司的命令”不过就是“长者的命令”呢？我们推想，在英国教会中会有许多人，他们对于“祭司”、“长老”或者“长者”这些词是否同义的理解，就像他们对“蓝”和“黄”这两个词是否同义的理解一样。更为糟糕的是，被英国派这样加以解释的这个词，成为意大利派的战斗口号，他们在使用这个词的时候，使用的恰恰就是《圣经》和英国派都不同意并且表示抗议的那种意义。

现在，把这一切和这一章的主题关联起来的唯一事件，就是需要指出，坚持祭司制度的看法的逻辑结果会导致向天主教方向发展。在教皇制度下，基督教与政治的联系是如此不可分割，以致我们可以断定，一名天主教“祭司”在接受他的教会所谓的“天主教教义”，并且接受证明教皇的训令、通谕和教令永远正确的那些原则的同时，必然会成为一个政治工具。这种作用即使不在实际中表现出来，也会隐藏在他的心里。由于各种各样的原因，他可能终生都不会把这一点显露出来，但这样的体系必然会带来我们所论及的危害。我们在这里不可能引证太多的东西，但我们可以表明，如果不是不同意教皇是“一个比他自己还伟大的人”的话，康熙皇帝(1662～1723)在18世纪本来有可能会加入天主教会。政治搞坏了这一好事。但是，就文献证据而言，我们愿意从教皇把伊丽莎白逐出教会的训令中摘录出一段。

下面这段话引自1570年从罗马圣彼得大教堂发布的一份非同寻常的文件：“我们以全部的使徒力量宣布，上面所说的伊丽莎白是异教徒，因而将其逐出教门，并且切断她与基督教会的关系。此外，我们还宣布她被剥夺了在上述王国(英国)所拥有的伪名号，以及所有的统治权、尊贵地位和任何特权。”“上述王国的贵族、臣民和百姓，以及所有以任何方式向她宣誓的其他任何人，要永远取消那类誓言以及任何种类的责任、忠诚和服从，因为我们已经剥夺了这个伊丽莎白在那个王国的伪名号。我们下令禁止每一个人，每一名贵族、臣民、百姓和上述其他人，擅自服从她，或者服从她的诫令、训令和法令。对于那些不这样做的人，我们要同样给予逐出教门的处罚。”

所有我们这些新教徒都遭到了教皇的诅咒，这对我们来说没有多少意义。我们对教皇革逐的态度与其说是高度的蔑视，不如说是对罗马主教们犯下这样的判断错误而感到深深的遗憾，对他们的体系对原始基督教令人吃惊的拙劣模仿感到深深的遗憾。维多利亚女王夸口说“她决不改变”，但如果她敢于这样做的话，罗马也会以同样的方式对待她。

我们现在觉得，上面的引述已经足以支持我们所要采取的立场了，这就是罗马无可救药地追求某种有害的、危险的政治。我们为在华的真正宗教辩护。一种建立在一千多年传统基础上的基督教必然是复杂的，而这种复杂性还会与时俱进。另一方面，一种建立在《圣经》基础上的基督教又必然是简单的，而且越是以《圣经》为依据，就会越简单。正是因为“依据《圣经》的”和简单的宗教是“真正宗教”的唯一同义词，我们才以这样的方式来谈论中国的需要。赫德爵士说，中国需要“最好形式的基督教”。

我们从来也没有否认，罗马教会盛产殉道者、在迫害面前坚持信仰的人和圣徒；我们也欣然承认，它为数众多的“祭司”和教会成员是谦卑而虔诚的基督教徒。基督教的根本美德——谦卑、爱、信仰、奉献——既可以在祭司制度下的人群中找到，也可以在其他人群中找到。我们相信，他们的错误是判断方面的错误，而不是心灵的错误。无论如何，他们的体系在国内和海外都带来了危害。不能说这些危害是他们成为圣徒的原因，而只能说尽管有这样一些危害，他们仍然成为了圣徒。

如果有这样一条规定,任何一名基督教教士,如果试图依仗其“教会”地位取得凌驾于中国官府权力之上的支配地位,就将被驱逐出中国的话,我们相信没有一名新教传教士不会诚心诚意地服从这一规定。我们同样地相信,没有一名天主教传教士会有意识地这样做,除非他们的意识具有某种可塑性,能够“有意识地”感觉到,只要能够增进罗马教会的利益,这样的错事也会变成好事。罗马总是要试图把整个世界置于其教会法律之下。

如果《圣经》“有助于教导、训导、纠正和指导,如果上帝的人可以是完美的,完全可以进行任何一件善事”,那么,整个地脱离了《新约》的精神、范围和原则的“人的传统”又有什么用处呢?如果一个制度在自己家里制造出了众多的分裂和争吵,那么,把它作为一个整体拿到外面去装配起来,是不是更为不聪明呢?

我们打开《使徒行传》,会看到一个叫做“擘饼”的简单制度,这一制度经历了几个世纪的发展变复杂了,成为由一名“祭司”主持的“领取圣餐的圣礼”。他拒绝把杯子给“外人”,而主说的是“你们所有人都把它喝了”!这个简单的晚餐竟然成了抵达祭司所认定的某个高度的主要梯子,竟然成了基督教徒的战场,竟然成了要求基督教徒用同一个心灵来纪念他们临终的主的保证!这除了带来复杂的危害以及不再是“小孩子”的成熟,还会有什么呢?

对于沃恩主教所列举的那些非同寻常的事物,也可以这样理解。

在《圣经》的什么地方,可以看到“私密忏悔、临终涂油礼、保留圣餐、崇拜圣母、念珠祈祷、禁欲教士”这类东西呢?至于那一长串罗马天主教的衣帽名称,就更不必说了。如果教会不断地进行传教活动,它就没有时间顾及所有这些事情。

在中国建立的有着全套西方形式的复杂组织,能够最好地满足中国的需要吗?在中国,在那片宽阔的未开垦的土地上,不是存在着一个将简单的、依据《圣经》的基督教传播给他们的大好机会吗?国内的某些更为复杂的系统是不是可以向它们的使者们这样说:“我们相信我们的系统在国内是最好的,但我们把你们派到中国去,希望你们应该根据那儿的实际情况来作出判断,我们会给你们很大的自由行动权。”

我们相信,中国的需要将由那些圣灵充满的男女们的努力来满足。他们采用的将会是摆脱了神职谋略、祭司制度、教会主义和教权主义的最简单的、最依据《圣经》的教会管理形式(不必要和欧洲的形式相一致)。他们不会让浸洗和主的晚餐的意义超出《圣经》中所提到的内容。最重要的是,他们不会利用这些简单的仪式,通过假定附在他们神职地位上的神秘力量而具有的虚幻的优越性,来获取控制其基督教同胞的权力。他们将通过鼓励教会成员参加祈祷和讲道来开发教会潜在的才能——才能往往是潜在的,而在国内永远也不会表现出来,因为教徒会众们受到了“一个人的教士”这一制度的限制,从而离开了《圣经》上的前例(《哥林多前书》14:23、26、31、33)。实际上是让神职人员们进行所有的战斗,而一般会众什么也不能参与。通过让教徒们自己参与每一种形式的基督教活动——灵性的、教育的和社会的,他们就把教会的伟大首领委托给圣徒保罗的最重要的真理突显出来了。这个真理就是:通过信仰基督,使罪得赎,使心灵圣洁。

第十四章
中国内地的女传教士

萨瑟兰爵士在前面提到的中国协会年会的晚餐致辞中，说过下面一段话："我们以及其他的欧洲国家，有责任以某种方式修正我们近年来一直实行着的传教士政策。对于让数百名年轻的未婚女士到中国内地居住是否是一个明智的做法，我表示怀疑。"

他所表达的感情得到了听众们明显的赞同，至少他所使用的语言十分温和。举例来说，《劳埃德》杂志就曾经提出过"传教士应被限制在通商口岸三十英里以内，女传教士应被限制在通商口岸内"的建议，但始终没有制定出类似这种建议的相关政策。

另一方面，一直有人使用大量并不温和的、甚至冲动的语言。在这方面，人们毫不犹豫地谴责差会的领袖们，愤慨地冲他们说出了许多恶言恶语，认为他们应该为柔弱的女人和无辜的孩子遭到残杀负责，似乎他们有着传教士所不具有的一种美德——骑士精神。

对于这些批评者的多数人来说，有一个最显著的事实似乎未曾引起他们的注意。他们的评论好像是在谈论正常情况下发生的事情，而它们实际上却发生在一系列极其不正常——也可以说是独一无二——的事件之中。萨瑟兰爵士就非常真诚地说过："最近发生在中国的悲剧性事件，使我们大多数人直到现在还沉浸在某种令人惶惑的恐惧之中。"

中国的当权政府发布杀死每一个外国人的谕旨，命令其士兵攻击有许多妇女儿童在里面居住的使馆区，在这种情况下，有哪一个团体会鼓励未婚妇女居住在内地呢？由于一连串奇迹般的事件，北京和天津才没有像山西传教士那样遭到恐怖的大屠杀。不过，我们都知道，这并不是因为这两个城市靠近外国人可以转移到的沿海地区。或许可以说，北京和天津的妇女儿童所面临的危险，一直都要比中国最偏僻的内地——除了山西——的妇女儿童更为巨大。

我们可以提问，如果不让未婚女士进入内地，那为什么已婚女士就可以进入呢？已婚女士的存在就意味着孩子的存在，而孩子的存在往往就必然会有未婚女士的存在。如果反对者要求禁止所有妇女儿童进入内地，那么这一要求尽管很不切实际，但至少是合乎逻辑的。不过，禁止所有妇女儿童进入内地可能会带来许多危害：(1)它意味着强制性的独身生活。(2)它意味着中国妇女的非基督教化，或者意味着要由独身男士进行这项工作，而这是极其危险的，中国人对此不会理解并且会强烈反对，从而不断地产生出大量的谣言。(3)意味着纯洁的家庭生活不再存在，而在所有的实例教学中，这种生活给中国的印象最为深刻，他们也最愿意赞赏这种家庭生活。(4)它意味着对《圣经》教导的忽视。对一些人来说，这一点并非是最不重要的。"在那些日子，我要将我的灵浇灌在我的奴仆和婢女身上，他们就要说预言。"(《使徒行传》2:18)"主发命令，传好信息的妇女成了大群。"

(《诗篇》68:11)(5)它意味着把一些生活清白的人从他们做过无数善事的领域中清除出去——那些不相信《圣经》的人应该对此感到高兴。(6)它意味着对一个群体的不必要的干涉,这个群体的成员是自由的行动者,他们有着全部权利,自己去选择如何把自己的生命贡献给他们认为最值得的事业。(7)它意味着这样一个原则,就是只可以有为基督奉献的男英雄,不可以有女英雄。而众所周知,所有的历史都在证明着这样的事实:最后一个倒在十字架下的危险岗位上的是妇女。(8)它意味着对数千名深深感谢她们并且热爱她们的中国人的残酷。(9)它意味着种族进步过程中的后退,因为她们的出现推动了国家间的友好交往。

值得注意,那些最愿意谴责未婚女士在中国内地的工作的人,几乎没有依据或者根本没有依据第一手的资料,他们从来没有亲眼见证过他们谴责的这类工作。

我们亲眼目睹过中国十八个省的十个省的工作,并在其中的七个省广泛地旅行过,我们冒昧地提出有关这个问题的一些事实。

大约九年以前,我们(在另一个人的陪同下)穿越浙江省和江西省,沿着流入鄱阳湖的广信河(Kuang-hsin River)而下,访问了七个传教站。每个传教站都由未婚女士主持,在男人中间的工作由本土牧师进行。第一个传教站有 99 名教徒,第二个传教站 17 名,第三个传教站没有教徒,第四个传教站 42 名,第五个传教站 5 名,第六个传教站 70 名,第七个传教站 10 名,总共 243 名教徒。在每一个有教徒的传教站,女士们都受到热爱和尊重,进行着高尚的工作。教徒们从异教主义的黑暗和迷信之中被引导到基督教的光明和自由之中,为他们的自由欢欣鼓舞,并且在基督教的"大爱"的感召中,试图让他们的邻居也能分享同样的欢乐。

九年过去了,上述七个传教站的教徒人数现在是:第一个传教站 172 人,第二个 55 人,第三个 66 人,第四个 156 人,第五个 112 人,第六个 341 人,第七个 86 人。还开辟了一些分站和其他的传教站,所有教徒的人数超过了 1100 人,大约是 1134 人。

现在,这里的"地上的盐"正在迅速增加。难道因为并不掌握发表公正意见所必需信息的那些人表达的不负责任的意见,就要把这样的工作停下吗?

在沿江而下旅行的过程中,我们遇到过一名在第六个传教站工作的女士。她已经在那儿居住了十二年半,从来没有离开过那儿的人们,既没有度过假,也没有到过沿海。她现在正在国内度过一个完全应得的短暂休息,于是我们就向她询问了几个问题。下面我们就把她的书面回答提供给读者。

对于我们的问题:"官员们怎样对待广信河的女士们?"她回答说:"我可以强调指出,她们受到了很好的对待,也得到了相当的尊重。官员们都极为友好,十分有礼貌。就我所知,她们始终都得到他们这样的对待。"

问题:"在攻击天主教的骚乱中,官员和民众是不是都没有对你的工作进行过多少骚扰?"

回答:"去年,我们沿江一带爆发了针对天主教的骚乱,而我们完全没有受到骚扰,只有河口(Ho-k'ou)(第四个传教站)是个例外,这个传教站被天主教徒毁坏了,因为他们是那儿的麻烦的根源。其他所有的传教站都没有受到任何破坏。我们一度曾经受到了威胁,因为我们是外国人。外国神父引起了这类麻烦,官员们为我们做了能做的一切,但是他得不到民众的支持,因为他偏袒天主教徒,并且最后因此而失去了官职。另一名官员来了,他意志坚强,是一名非常公正和正直的中国官员。民众很快就恢复了秩序,这名官员对我们极为友好。非常令人惊奇的是,我们在去年的骚乱中没有受到伤害,似乎是因为(当然除了上帝以外)我们是女人!人们对法国神父的仇恨十分强烈,我们知道这个时候男士们很危险,于是就写信让我们的主管不要来访问我们。""去年,在我说的那次骚乱发生的时候,河口的教会房产被毁坏了,吉布森(Gibson)小姐和那些与她一起的女士们在县衙门里住了六个月,受到了最为友好的对待。她们在那儿一直住到教会的房子重新修好为止。官员们和河口的士绅们对所发生的事情表示了深深的歉意,并且立即着手修理和重建房屋。当房屋建筑完工时,官员们穿上官服,极其隆重地把这些女士们送了回去。在这之前,他们已经给房子装上了灯和字画等。"

问题:"你是不是总是受到民众的尊敬和友好的对待呢?"

回答:"我可以真实地说,是这样,我的同工们也会这样说。我在广信河地区十二年半的时间里,没有一次离开过那儿的人,甚至没有度过假,也没有去过沿海。我有过许许多多、各种各样的经历,我可以保证,我受到中国人很好的对待。他们对我们总是非常尊敬。我最初经常到从来没有外国人去过的地方,工作非常艰苦,黑暗深重,人们对福音漠不关心。当然也会有些'闲言碎语',但是当我的《圣经》妇女和我在民众中间来来往往的时候,我遇到的人都很友好,从来没有人对我们无礼过。这几年来,整个地区似乎变了个样——大门向各个方向打开了,我们完全可以随便进入。这些田地确实是'从拓荒到了收获'。上帝很快就要再次打开大门,让我们回到那些渴望见到我们的人那儿!"

上面的话是玛奇班克(Marchbank)小姐的见证。她最后说,她刚刚收到本土牧师的一封来信,他证实说那儿的官员正在尽他最大的努力来保护中国基督教徒以及留给他照料的财产。

上面的见证对已故的穆勒(Max Müller)教授的批评作出了令人满意的回答。穆勒教授在发表于1900年11月号的《19世纪》上的一篇论述佛教的文章中,提到了在中国的未婚女士。在谈论新教传教士时,他说:"尽管和耶稣会士一样,他们可能不能让自己适应中国人的偏见,但是他们的无知对中国人造成的冒犯,似乎大大超出了他们的想象。欧洲的差传教会不仅派出了已婚女士,而且派出了未婚女士。那些了解中国的人们警告说,中国人在公共生活中只承认两个群体的女性:已婚妇女和品性恶劣的单身女人。但差传教会不顾这一警告,坚持它们的做法。这些遭到中国人轻视的人的传教活动,能给差传教会带来什么好的结果吗?"

当我们第一次读到这段话的时候,如果不是因为受到错误对待而痛心的话,我们本应会感到它极其荒谬可笑。如果一个人唯一的军事知识只是曾经在海德公园观看过一次阅兵,竟然围绕刚刚发生的南非战争撰写一篇激烈批评我们的将军们的文章,我们会对此感到不可思议。但是,一名牛津大学的教授,对在中国内地工作的妇女们指手画脚,谈论他从未去过的地方、他从未见过的人民和他知之甚少的工作,冷冰冰地谴责那些在中国工作了三十、四十、五十年的差传教会领袖对中国事务"无知",难道就不那么荒谬了吗!

穆勒教授在梵语和比较语言学领域无疑是杰出的,但当他离开这些领域,转向中国内地的妇女工作时,我们一点也看不到他的主张有哪些值得听取。我们把上面提到的那名妇女工作者平实无华的见证和穆勒教授精心组织的论述作一个比较,就会看到一个爱超越学问的明显事例。它表明,在宗教事情上,一个女性心灵的直觉,就像天能够超越地一样,往往能够超越男人理性的论述。穆勒教授似乎还忘记了中国的佛教尼姑。每一个人都会听从穆勒的话,但我们希望有人能够听一听女性不得不说的话。她们受到了猛烈攻击,而且是在她们遭难时受到的。英国人讲究公平对待,这就要求人们倾听她们的声音。无论如何,她们能做一件批评她们的人在这类事上做不到的事情——她们能够“说她们的确知道并且为她们看到的事情作见证”。就像前美国驻中国公使田贝(Denby)所说:“只有在亲眼看到在华妇女工作以后,我才对这一工作有了信任。”

索尔托(Soltau)小姐在中国用了一年多的时间访问传教站,尤其是那些有女士工作的传教站。对于未婚女士在广信河一带的工作,她提供了下面这段独立的证言,这是她写给我们的:“作为在华未婚女士工作的见证人,我看到了下面这些事情:(1)她们在工作中对主的虔诚。(2)她们对所接触到的人的真切的关心。她们用耐心和不倦的爱赢得了妇女和儿童。(3)她们在教导无知的妇女时的耐心。(4)她们对基督教男士的影响。女士们在公共生活中不占据突出的位置,这方面掌握在牧师和布道人员手中。在我看来,由于布道手段方面的弱点,使得基督教男士们走到前面,担负起向男性同胞布道的责任。(5)这些女士对于女性教徒的影响,在于她们以不倦的热情和爱,给女教徒们树立了效仿的榜样,并且把她们培养成《圣经》妇女、学校教师、学校的参观者和看管人。我印象最为深刻的方面:无论是富人还是穷人,对那些女士们都十分尊敬;无论富人还是穷人的家都向她们敞开;她们在民众中间一点也不拘束;人们对她们表现出来信任——从大清早直到日落,人们从各地来和她们讨论问题,请求她们的帮助。她们的家对所有来人开放——总是表示欢迎——‘用她们平静的心去抚慰、去同情’。在某些地方,做了许多发放普通药物的工作,这使她们得以进入富人的家。官员在许多事情中对她们表现出来的极度友善,实在让人吃惊。在寄宿学校,训练女学生们自己做所有的活,就像她们在自己家里被要求的一样——洗衣服、做饭、针线活、刺绣,有时候还纺纱。”

索尔托小姐接下去说到了“浙江省同样的学校”,并且提到女学生们“《圣经》知识掌握得格外好”。对于《新约》使人得自由的真理给中国妇女生活所带来的希望和光明多少有些了解的人,也都会知道这一知识的价值:“除了家务事以外,这些女学生们还学习了汉字和罗马字母、地理和算术。”

索尔托小姐最后又谈到了这些未婚女士和她们的工作。她说:“我愿意为她们简单的生活、快乐的服务、祈祷的生命和富有献身精神的不倦工作作见证。”

对此,我们也愿意加上我们的见证:我们认为她们的工作——同情、抚慰和提升民众——是在华最有价值的工作,她们的离开将会是不可弥补的损失。正是她们的性别和地位,使得官员们相信她们绝对不是“政治的工具”。

在发生了如此重大暴行的中国北方,女士们在一段时间以内当然不太可能工作了。可以肯定,最初也只有男性能够进入那儿的内地。但是,一旦建立起一个自由进步的政府,一旦乡村迅速地安定下来,过去的唯一痕迹就只是隐藏着的记忆了。铁路很快就会铺设到乡村,矿山开采也在全力进行中,各个阶层的外国人与中国民众的友好关系将会重新建立起来。

当事态以这样的方式平静下来的时候,把女士——无论是已婚的还是未婚的——关在外面的想法无疑就是过时的和荒谬的了。列强不会等到未来安全的所有保证都已经具备以后,再去解决中国的问题。它们肯定会要求中国认真地履行条约的文字和精神,而不会因为一小撮满族疯子的狂热行动就把条约权利废除掉。

关于这一章的主题,我们还要增加一件个人事件。

多年以前,在穿过太平洋回国的时候,我与一名进入了上海上流社会的女士聊了起来。她守寡多年,活泼而又聪明。她并不知道在对一个什么人说话,开始以轻视的语气谈起了传教活动。当她说到"我尤其不喜欢一个传教会,这就是戴德生(Hudson Taylor)的差会"时,我感觉我已经忍耐得足够了,于是就回答说:"我恰巧就是中国内地会的成员,你能友好地告诉我,你为什么特别不喜欢这个差会吗?"她真诚地笑了起来,向我道歉,然后说:"哦,有一点是因为它把年轻的女孩派到内地去。"正好我当时刚刚从广信河地区访问回来,能够告诉她我所亲眼见到的这些"年轻女孩"所做的事情,她们的献身精神和工作所带来的成功。

在那以后,我们常在一起谈话。到了在温哥华上岸的时候,她想要知道中国内地会的地址,她说,这是因为"我想给这个差会捐点钱"。我们乘坐不同的火车穿越大陆,我在纽约有事做,在那儿停留了一两天,然后定了一张前往伦敦的船票。当我登上轮船的时候,让我感到吃惊的是,我所看到的几乎第一个人就是这位女士。在穿越大西洋的时候,我们又聊了好多关于传教的事情。到我们的旅途结束的时候,她对我说了这样的话:"我真希望我能够再回到年轻时代,那样我就能够作为一个传教士亲自去中国。"在我看来,这件事引人注目地表明,偏见和误解往往会在准确的信息面前消失掉。

第十五章

结　语

理雅各博士对孔子的生平及其教义曾经作过赞赏性的介绍，这确实非常大度，但也失之过于宽厚。在他的序中，他对中国的经典作出了这样的结论："我现在必须离开圣人了，希望我对他还算公平。但是，在长期研究他的性格和观点以后，我不能把他看作一个伟大的人。他没有能够站到时代的前面，尽管他站到了同时代大量官员和学者的前面。他没有对具有世界意义的任何问题投放出新的光明。他没有给宗教带来任何推动力。他对进步没有任何同情。他一直发挥着重要的影响，但这种影响今后将衰落下去。我的看法是，这个国家对他的信仰将迅速而全面地消失。"

这些写于1861年的话在一点点地实现着。年轻的皇帝1898年发布了一道谕旨，命令满族旗人将他们的孩子送到国外去学习外国语言和政治。就在今天(11月26日)，我们还在报纸上看到，中国驻德国公使和其他一些中国高官建议，应该把过去的这场暴行的煽动者送到国外去，让他们在外国悔改，并且学习西方国家的国家管理、社会学和语言。而和所有这一切相对立的，正是孔子的谆谆告诫："严夷夏之大防！"

在在世的中国学者中，张之洞即使不能算是最伟大的，也肯定是最为著名的。他在1898年发表了一篇论文，论文题目极有意义——《劝学》。他向他的国人表明，他们需要向西方国家学习许多东西，尽管孟子说过"吾闻用夏变夷，未闻用夷变夏者也"。而支持山东义和团运动的李秉衡和毓贤，就经常把孟子的这一段话挂在嘴边。

这名友好的总督对于儒教在中国重建中的作用，仍然抱有很大希望。不过，在上面提到的文章中，他对基督教作出了下述不抱偏见的评论："方今西教日炽，(佛道)二氏日微，其势不能久存。佛教已际末法中半之运，道家亦有其鬼不神之忧。"[①]

像总督这样的人，尽管坚持中国经典，但仍使自己不断地遭到来自同胞的不友好的嘲笑和奚落。正是中国的经典哺育了傲慢自大的认识，在中国制造出一种既盲目又有害的"爱国主义"。这些爱国者的信条是："仇恨'洋人'，因为他们是外国人；仇恨所有'洋'物，因为它们是外国的。"盲目的爱国者们不能忍受这样的想法：中国应该在某些事情上对外国人负有责任。《北华捷报》现在正在刊登的高葆真牧师的名为"中国问题"的系列文章，对此进行了很好的论述。在《车辙》这一章里，他说：

> 彭玉麟尚书十多年前在他名为《中国崇洋》的书中，对外国新事物的非独创性作了精心的论述。

---

① 译文据张之洞《劝学篇》，载《张文襄公全集》卷二〇二。——译者注

他说:“墨子(公元前4～5世纪)言化……此化学之祖也。均发均悬……此重学之祖也。临鉴立景二光夹一光……此光学之祖也。亢仓子云:蜕地之为水,蜕水之为气,汽学之祖也。《礼经》言:地载神气,神气风霆,风霆流形,百物露生,电气之祖也。关尹子言:石击石生光,雷电缘气以生,可以为之。淮南子(卒于公元前122年)言:黄埃青曾,赤丹白礜,元砥历岁生澒,其泉之埃,上为云,阴阳相薄为雷,激扬为电,炼土生木,炼木生火,炼火生云,炼云生水,炼水反土。中国之言电气详矣。泰西智士,从而推衍其绪,而精理名言,奇技淫巧,本不出中国载籍之外。儒生于百家之书,历代之事,未能博考,乍见异物,诧为新奇,亦可哂矣!”①

他还说:“不要以为外国人真正有技艺,在这些技艺方面最为出色的还是中国人(特别提到的技艺为鱼雷、电话、机器和火车),只是他们不关注这些事物罢了。”多年以前,一名天津的中国人的话比彭玉麟的话更为离谱,他指着电报线对传教士说:“你们国家有这些中国东西吗?”

无论如何,仔细阅读上面引用的这些言之凿凿的陈述,我们可能会明白,所有困难的症结在于“外国人”这个词。彭玉麟是一位确定无疑的爱国者,但中国各个阶层中有许多人,可能不是爱国者,但他们具有的强烈民族感情足以让他们说出这样的话:“用什么办法把我们拉出车辙都行,就是不能被外国人拉出来。”

如果真是这样的话,我们对高葆真牧师的进一步评论就不会感到惊奇:“像湖广总督张之洞这样的开明官员,他们创办制铁厂、兵工厂和纺织厂,雇用外国人,并不是外国人的奴仆,但是他们必须要承受民众的谩骂,并且被冠之以‘洋奴’的绰号。甚至在这些‘洋’工厂里获得好工作的数千人的邻居和亲戚,也这样对待他们。”只要中国经典被中国人看作最终的裁决者,这样的情况就永远都不会改变。

高葆真牧师对于“官僚体系”也有一些精彩的评论。

他首先引用了慈禧太后的两道懿旨,其中一道的主旨是“官僚制度是优秀的”,而另一道的主旨是“许多官员本身并没有表现出这一制度的优秀”。不过,何天爵(Chester Holcomb)先生对后一点表示质疑。对此,高葆真先生回答说:“大多数欧洲人以及或许三亿中国人支持我们的看法,在这种情况下,难道一定要我们和他们的意见相反,说尽管这个官僚体系已经十分腐败,但许多官员个人却是一些值得尊敬并且受到高度尊敬的人吗?”

然后,他继续说,由于官员薪水不高,他们实际上不可能把“靠良心的孔子学说付诸实践”。他认为,如果孔子能够活到现在的话,他也不会同情这个官僚体系。“如果孔子——传教士确实承认他是一名圣人——能够再次回到他曾经走遍了的中国北方的话,完全可以想象得到,官员们会怎样对待他。在传教士所在的那些省份,他所受到的待遇可能不会比传教士们好多少。”“当官员们打着孔子的旗号已经不能谋生的时候,他们会多么蔑视他!这就像德拉登(Dryden)在他的诗里提醒我们的那样:‘不过这是他们的责任,有学问的人都这么想,要支持他的事业,他们的吃喝都还靠着他。’”

高葆真接着问道:

像这样的一个官僚体系,能够从基督教文明或者外国人的出现中得到什么呢?

① 译文据彭玉麟《广学校》,载郑振铎《晚清文选》,上海书店1987年版,第299页。——译者注

民众无数次地起义,以反抗官员们的勒索。尽管传教士们努力告诫他的教徒们,要做顺民,要尊重权力,但对来自不知官僚体系为何物的国度的人们进行的任何一种教育,能让民众变得对压榨勒索更加顺从吗?"顺民,是啊,为什么要做顺民!民众正在逐渐地产生是与非的原则,这样,他们怎么还能继续做顺民呢!"

芝加哥的一名中国银行家王兴(Wang Sing)最近对一名记者说:"所谓文明的进步……我不喜欢它前进的每一步!"和他一样,中国的官员们也在一直这样呼喊着。这是因为"民众的兴起"必然会带来官僚体系的衰落。坐在"我们的"轿子里在上海滩转转,会让"我们"感到外国人的影响很可能会遍及整个中国。如果真是这样的话,那么,"我们的"日子就屈指可数了,而"我们的"既得利益怎么办呢?

"建立在上海滩中心地区的海关大楼代表着外国人的一个阴谋,他们在接受固定的薪水的同时,把海关的全部收入从官员的口袋里转入到了中国政府手中。到时候,难道我也不得不向蛮夷学习并且沦落成为蛮夷吗?"

"一个来自蓝色天空的声音回答说:'是的,要不就走!'"

《中国人的素质》的作者明恩溥在其中一章《缺乏真诚》中说:"无需多说,据我们所知,中国政府似乎就是我们正在讨论的这个特点的极大范例。在外国对华关系的整个历史中,以及在我们所知道的中国官员与老百姓的全部关系中,都能找到这样的例子。那些不断颁布却从未有过失当言辞的告示,就是一个简单的例子。各级官员颁布的告示比比皆是,内容包罗万象,措辞精巧得当,缺的只有一个,那就是真实,因为这些堂皇的命令并没有打算实施。所有有关人员都明白这一点,从未有过误解。"

这里,我们的作者引用了另一位作者的话:"中国政治家的生活与国事文件就像卢梭的忏悔一样,充满着最崇高的感情和最卑鄙的行为。他杀了一万个人,然后引述孟子的一段话,讲人的生命是神圣的。他把修河堤的钱装进了自己的腰包,结果使全省惨遭洪水之害,然后他再悲叹耕者失其田。他与人达成一项协议,私底下说是暂时哄骗一阵子,然后他去声讨伪证罪。"

我们的作者继续说:"毫无疑问,中国也可能有清廉正直的官员,但很难找到,而从其所置身的环境来看,他们完全是无助的,根本无法实现自己心中可能存有的美好愿望。把那些有良好条件熟读'四书五经'的人的实际情况,与这些经典上的教诲进行一下对比,我们就会有这样一个生动的认识:这些教诲在把社会带向高标准方面,实际上是多么的无能为力。"①

但是,更为光明的日子在前面等待着中国。过去历史的所有类似情况告诉我们,在现在正在经历着的阵痛之后,一个更好的中国将会诞生。《新约》已经来了,而且要在中国扎下根去。这本书里那些无与伦比的文字的担承者们,以基督的名义宣布着深远且广泛的罪的宽恕,传播着爱上帝、爱人的使人得自由的真理,宣传圣灵是人的天赋,是生命必需的唯一推动力,从而使人能够把这些真理付诸实践。从年轻的皇帝向下,已经有数百万人或多或少地接触到了这一传播希望的教义。

一个新的中国——年轻的中国——已经存在了,它正在当前严寒的冬天里聚集力量,

① 明恩溥著作的译文据秦悦译《中国人的素质》,学林出版社 1999 年版,第 247 页。——译者注

等待在即将到来的温暖春天里爆发出来，将改变我们在悲观年代里认为不可能改变的许多东西。

让我们的读者们认真地读一读改革派颇有分量的声明，还有“一名改革者”寄给《字林西报》编辑的一封信，这封信发表在10月10日的《北华捷报》上。

我们认为，读了这些，读者们一定会明白，中国驻圣彼得堡、圣詹姆斯宫和华盛顿的公使们对基督教传教士及其教徒的诽谤表明，在基督教即将战胜异教主义的前夕，他们还像古代罗马的统治者们一样，对基督教的力量毫无所知。读者们还会明白，那些中国的改革派们已经明白了这样的事实：伟大中国的解放和发展，在于基督教文明和一个未被教会主义污染的基督教。

致《字林西报》编辑

先生，为了中国的福祉，请你们发表下面的文章，好吗？

由于内部争论、变节行为和处置失当，中国改革派迄今为止在与强大对手的斗争中完全失败了。但是，这一失败只是暂时的，进步和真理最终必将取得胜利，烈士们最近洒下的鲜血只能是一种献祭，它必然在这个伟大的帝国开辟出一个新的启蒙时代。

在现在这一时刻，当解决所谓的中国问题的各种各样的方案都提了出来的时候，最好应该知道中国人本身，至少是那些开明的中国人，如何看待现在的形势。正是这样一种考虑，促使我将改革派们在当前危机开始的时候通过的下述宣言寄给你们。我们认为，这里面所包含的解决办法是唯一的一个既富有正义，又不受任何国际因素影响，同时又能够阻止骚乱再次发生的解决方案。真诚地希望列强在最后的解决方案中，能够考虑到光绪皇帝本人以及开明的中国人所代表着的中国人更高的渴望，不要随意使用它们的力量，从而毁掉这样的渴望。我们应该明白，现在的危机并不仅仅是一场种族斗争或者宗教斗争，因为这些方面的冲突给中国人和外国人带来了同样的痛苦。它是旧与新、黑暗与光明、进步与反动、腐败与正义、压制与自由之间的殊死决斗。

一名改革者

10月4日

下面就是信中所提到的宣言：

下列签名者为国人代表及改革派成员，鉴于满清王朝必将崩溃，目睹其至狂至愚之行为给中国国家造成的严重局势，特于今日聚会，经商议后，兹向全世界宣布：

依据人民是政治权力本源和人民之声是上帝之声的普世原则，中国国家不再承认满清政府是适合统治中国的政治机构。

这一政府显然有负于人民的赡养，未能保护人民的生命和财产。不仅如此，它还系统性地掠夺人民的财物，最终使整个国家充满了贫穷、匮乏、萧条和不满。

它完全没有能够维护中国的领土完整，结果使得中国遭受外国的攻击、侮辱和侵犯。

它的对内对外政策具有压制性和反动性。与列强连续不断的冲突并没有改变它的妄自尊大和愚昧无知，在与外部世界的交往中，它始终表现出一种精心的意图，要拒绝所有的光明和真理进入中国所处的黑暗之中，从而也拒绝了放任主义的工商政策。这种做法使它一直落后于时代，没有机会去获得近代思想和社会进步所具有的生机勃勃、不可阻挡的精神。

当我们深入到这个政府行政体系内部去看的时候，我们发现它已经垮掉，从根上烂了。无论是中央政府还是地方政府，每一个部门和机构都充满了腐败。总之，整个政治结构交织着令人瞩目的虚妄，任何一种试图发展商业或者政治利益的开明力量都无法再支持它。

有鉴于此，我们作出如下决议：

(1)决议：由于全能的上帝、创造地上万物的主把这个伟大的国家给予中国人作为其特殊的遗产，我们今后以及永远都要让它成为无愧于我们恩赐者的遗产，我们有责任把旧中国改造成新中国，让幸福代替苦痛充满这个国度，让它成为中国国家和全世界的福祉。

(2)决议：我们坚定地相信，列强解决当前复杂问题最简单的办法，就是废黜和流放篡位者和她那伙顽固守旧的人，恢复改革的倡导者和代表者光绪皇帝的皇位。这样做将会立即恢复公众信心，减少公众不满，消除使国际关系复杂化的可能因素。

(3)决议：如果光绪皇帝已不在世，我们建议组成一个临时政府，选举一名主席，直到找出一名最适合做皇帝的人，能够长久地坐在中国的皇位上。

(4)决议：新的中国政府将是一个君主立宪政府，它的基本原则是“大宪章”和英国政府的不成文宪法。在这个立宪帝国的组织和行政方面，我们恳请西方的智者在其各自政府的批准下前来中国，用他们的意见和经验帮助我们。

(5)决议：我们旨在建立一个立宪帝国，它无论在形式上还是实际上，在立法方面还是行政方面，在理论上还是实践上，都将是一个模范政体，无愧于20世纪产生的最高智慧和教化。

(6)决议：我们有着过去二十个世纪的经验、光明和智慧，我们的首要责任是要教育民众了解新秩序；研究他们的需要；保护他们的人身和财产；废除所有的社会和政治罪恶；建立坚实的财政政策；管理财政金融；确立国家银行体系；建立普世的各级学校制度；改良和推进农业；鼓励和促进贸易；在平等的基础上把整个中国向外国贸易开放。

(7)决议：为维护公众秩序，保护国内和外国的商业，要毫不耽搁地组织最为先进的陆军和海军。为达到这一目的，要建立陆军和海军学校，以培养军官。

(8)决议：帝国的每一个国民都拥有人身保护权和在所有法庭上由陪审团审判的权利，所有人一律平等。

(9)决议：新政府下的每一个国民都将享有思想和信仰自由、个人判断和言论自由。无论是外部的命令还是任何种类的神权，都不允许妨碍或者干预民事权力和人民权利的实行。

(10)决议：新的立宪帝国在掌控帝国政府以后，将承担条约确定的旧政权对外国列强的所有责任和义务，将诚信地清偿国际债务，履行所有的条约义务。最后，将进行一切努力，确保新政府及其行政系统每一个部门和机构的诚信和廉洁，以实现民治、民有、民享的伟大政治原则。

在许多人看来，光绪皇帝是一个意志软弱的人，实际上不是这样。他一度曾经不得不放弃他的权利、倾向和追求，但他这样做只是不得不屈服于不可抗拒的力量，他能活到现在已经是一个奇迹了。我们听说他每天都向上帝祈祷，让他回到皇位上去。让我们和他一起祈祷吧，我们相信，如果回归皇位，他能够实现和他的名字相联系着的那些有益的改革。

那么，前景会怎样呢？如何才能减少在最近两三年里急剧加强的可怕的种族仇恨呢？慈禧太后那些危害性极大的谕旨把火花煽成了大火。她所有号召力的基础，是士子们的偏见和民众对于外国侵占领土的愤慨。现在，中国落入了外国列强手中，外国军队占领了它的首都，那么，我们看到了什么呢？没有一个列强要求一英寸的土地，它们特别否认有这样的企图，表示愿意保证中国的领土完整。满族人对事情的想象被证明是一个巨大的错误。中国会诚实地承认这一点吗？它能把这一点向它的"士农工商"表明吗？对外国人的怀疑会变成信任吗？仇恨会被善意所代替吗？令人感到遗憾的是，某些一流的评论杂志——它们影响着有教养的舆论——上刊载的一些文章不仅不会增进国内的健康观点，也不会推动列强在华行动取得最令人高兴的结果。

赫德爵士在 11 月号的《半月评论》上发表了一篇文章，在我们看来就像是为满清的错误行为辩解。爱国主义和一种盲目的保守主义混在了一起。《观察家》批评他的主要论点"只不过是他在清朝受薪雇员这一职位上的看法而已"。

在发表于《19 世纪》的文章中，穆勒教授实际上以基督教徒挑衅为理由，免除了义和团的罪名。在谈到归正宗的传教士时，他说："他们依靠外国列强的保护，似乎在各个不同的场合，尤其是在他们的教徒的问题上，刺激着中国人的民族感情，从而推动中国人做出了我们刚刚看到的那些暴行。"他对中国教徒的这些攻击，要比他对妇女传教士的攻击更为不公正。成千上万的中国新教教徒放弃生命、以死殉教，他们中的大多数人并没有进行任何挑衅活动，这样的事实有力地回应了穆勒教授对中国教徒的攻击。我们那些对教徒的损失感到十分悲痛的牧师们从来没有想到，在有关我们像孩子一样疼爱的那些人的问题上，那些自称信奉基督教的人竟然会从背后这样伤害我们。我们知道毓贤持有这样一类看法，但是没有想到德国人和英国人会赞成他的主张。

穆勒教授进一步说："为中国教徒争取任何特权，哪怕是极其微小的特权，都是欧洲强国的轻率行为。在中国社会中，任何企图提高这些基督教徒社会地位的努力必定会引起嫉妒、甚至仇恨。我们在有了过去的经验后，一定会十分清楚，是否应该派遣甚至是否应该允许基督教传教士到那些其政府反对他们存在的国家，是非常值得怀疑的。在每一个地方，总是会发生同样的故事：先是商业活动，然后是领事，然后是传教士，然后是士兵，然后是战争。"

在最后一句话里，他差不多引用了索尔兹伯里爵士善意的却也是最令人感到遗憾的话。但是，真是"每一个地方，总是会发生同样的故事"吗？我们在中国就没有读到这样的故事。我们迄今所知道的，外国士兵在中国进行的第一场战争是有着富有意义的名字的鸦片战争，而传教士与这场战争的关系，可以说比月亮上的人还要少。确实，在南京的成功和谈交给了一名英国传教士马儒翰(J. R. Morrison),尽管他没有因为他的服务而收取英国政府的任何报酬。马儒翰此后不久去世,英国全权特使璞鼎查爵士认为这是“一个重大的国家灾难”。同样,确实,另一名英国传教士,天津的宝复礼最近陪同盖斯里将军和英国军队,在其他军队之前几小时进入了北京;另一名美国传教士贾腓力在使馆被围期间负责修筑防御工事。

领事又怎么样呢?“然后是领事,然后是传教士”,这是穆勒的次序。而我们知道,传教士来到中国要比领事们早一千年,即使是近代传教士来到中国也要比领事们早。至于炮舰,它们在有利条件下可以向几英里外发射炮弹,但是对于离最近的通商口岸一百到五百英里的数百名传教士来说,它们没有什么作用。

已故的穆勒教授宣称欧洲国家“为中国教徒要求任何特权”或者“谋求提高他们的社会地位”,“是一种轻率的行动”。他还宣称:“是否应该允许基督教传教士到那些其政府反对他们存在的国家,是非常值得怀疑的。”他说的是些什么呀?我们不能假定他对《天津条约》一无所知。这一条约确保了对基督教的宽容,这位教授一定不会反对这一点吧,我们不能想象“比较宗教学”的实际创立者会反对宗教宽容。此外,在对基督教表示宽容的时候,中国政府给出了这样做的理由,是因为基督教教人“爱人如己”。它是在这样的基础上得到承认的,任何一个政府不这样做的确就是愚蠢的。什么政府不知道利他主义的实际价值呢?什么政府对于真宗教给予它的帮助不会赶快表示感谢呢?英国敢放弃它那些敬畏上帝的人民吗?说真正的基督教徒不会给政府带来任何麻烦,反而会增加它们的力量,这的确是真实的。有这样的基督教徒就不需要监狱了,因为他们不违反任何法律。如果传教士用他们的生活去展现对上帝和人无私的爱,从而产生出圣人的道理,并且把这些道理传播进中国,中国那些称得上政治家的官员们还会说这些道理是“罪恶的教义”吗?还会认为传播这些教义会给中国带来危害吗?地球上没有一个政府有权利反对这样的教师的存在。相反的,每一个政府都应该热烈欢迎他们。

另外,中国政府同意教徒不应该缴纳偶像崇拜的庙捐,并不是一种“特权”,除非说成为一名基督教徒也是一种特权。这两者是不可分开的一个整体。不能说“教徒的社会地位因此而得到了提高”,相反的,如果说他们的社会地位有什么变化的话,那应该是降低了。

这位教授的话远远落后于时代。中国已经宽容了基督教,它还将必须宽容基督教。像伍廷芳、杨儒、罗丰禄这样的人无疑会仇视基督教,尽管其中最后一个人在布里斯托尔声称皈依了基督教。如果这位教授认为这些人的看法代表了中国最开明的人的看法的话,他就落入了一个陷阱,即使是十足的儒学家也不会同意他的看法。听听最著名的中国湖广总督张之洞关于“宗教宽容”的话吧:

> 此时为圣人之徒者,恐圣道之陵夷,思欲扶翼而张大之,要在修政,不在争教,此古今时势之不同者也。中外大通以来,西教堂布满中国,传教既为条约所准行,而焚毁教堂又为明旨所申禁。……彼教不过如佛寺道观,听其自然可也,何能为害?如仍颓废自甘,于孔、孟之学术,政术不能实践力行,学识不足以济世用,才略不足以张国威,而徒诟厉以求胜,则何益矣?岂惟无益,学士倡之,愚民和之,莠民乘之,会匪、游民藉端攘夺,无故肇衅,上贻君父之忧,下召凭陵之祸,岂志士仁人所忍为者哉?

荐绅先生、缝掖儒者,皆有启导愚蒙之责,慎勿以不智为海外之人所窃笑也。[①]

我们不是要攻击已故的、有学问的、值得悲悼的穆勒教授,但是我们认为,他有关在华差传教会的错误看法不是被我们驳倒的,而是被上面引用的中国最真诚的爱国者和最能干的政治家的文章驳倒的。他并不像包括已故穆勒教授在内的其他人一样,认为"新教传教士,尤其是他们的教徒,刺激中国人的感情,从而推动他们犯下了这样的暴行"。一名传教士写的文章,不可避免地要被人指责为片面的有偏见的评论。尽管如此,我们还是要加上 1900 年 10 月 31 日《北华捷报》发表的下面一段话,它可以说代表了上海主要世俗报纸的观点。

当中国当前危机的历史可以由非当事人来写的时候,当北京的英雄主义光辉——啊,这种英雄主义来得太晚了,没有能够避免一个开放的心灵和审慎的先见本来完全可以阻止的这场灾难——消失了的时候,也就能够清楚地看到,这场灾难非但不是由传教士引起的,而且如果能够听从传教士警告的声音,局面本来是可以得到挽救的。一名著名传教士曾经请求英国公使为光绪皇帝提供贫困者法律援助,却得到大意是管好你自己的事的回复。从那时开始直到孟鹤龄和孙牧师被害,传教士不断地向北京发出有关事态发展趋向和目标的警告,这些警告也不断地被忽略。

这一切有什么用呢?过去的就过去了。我们要做的就是不要让已经发生的事情再次发生。过去不可挽回,未来属于我们。如果在中国有一个群体比其他群体更有资格谈论事件起因的话,这个群体就是传教士。一般的传教士都能掌握最能干的领事所不具备的信息来源,他们和开明官员们十分友好,往往会得到他们的信任。他们熟悉中国人的立场,了解中国人的思想过程。在来华外国人中间,他们的地位是独一无二的。如何利用这一地位来保护传教士的在华利益——这一利益归根结底必然与外国的整体利益相一致——呢?目前,传教士的在华利益缺乏表达,建议传教士团体立即建立起一个中国协会那样有着强有力的代表执行机构的组织。这样的一个执行机构,以其广泛的信息来源和判断能力,一定会得到尊重,它所表达的意见必定会对所有在华外国人有着极其重要的价值。它自然会以自己工作的利益来观察事件,向领事、公使,必要时还包括国内政府提出建议。六个月前,如果是一个这里所建议的这种代表团体而不是某些个人提醒世界去注意山东和直隶准备要做的事情的话,我们那些天赐的外交官们是不是很可能就会采取非常不同的行动呢?未来还会是过去那个样子吗?在未来的安全保证下,传教士和教徒会免遭各种痛苦和苦难吗?提请有思想的公众,尤其是传教士群体去思考这些问题。

无论如何,作为传教士,我们绝不会往自己脸上贴金。我们中间有谁不会对我们工作中的缺陷和遭受到的失败而痛惜呢?

我们刚刚收到了李提摩太(Timothy Richard)牧师的下述信件,他的话说出了传教士群体的感情。李提摩太牧师是广学会的干事,是最有能力、最具献身精神的在华传教士之一,与清朝的最高级官员保持着友好关系。他说:

这是一个严酷的考验之年。我们的工作是如同稻草一样呢,还是会像火中的金

① 译文据张之洞《劝学篇》,载《张文襄公全集》卷二〇二。——译者注

子一样浴火而出呢?作为传教士,我们所有的关系都经受了考验:我们与中国政府的关系,与外国政府的关系,与国内整个基督教会的关系,与国外无数异教徒的关系。我们是不是把作为先知、作为各民族教师、作为牧师、作为世界走向上帝的指导者、作为众王之王的基督全部展示出来了呢?

我们在教育方面、灵性方面和政治方面都受到了衡量,看看我们是不是达到了应该达到的标准。啊,我们那些最优秀的人全都感觉到了,我们是多么的不完美,多么的不够格啊!

然而,尽管如此,我们还是要保持乐观。赫德爵士在上面提到的文章中说:"没有其他的东西,只有最优秀形式的基督教的参与或者奇迹般的传播——一个不是不可能、但几乎不能期待的宗教胜利——才能避免这样的结果(外国人被驱逐出中国)。"让我们记住这些古老的格言:"殉教者的鲜血是教会的种子","最黑暗的时刻前面就是黎明"。还有最为重要的《圣经》的许诺,让我们记住:"在人所不能的事,在上帝却能。"

现在,我们必须要结束这部书或者不如说是这部汇编了。我们希望,读过它以后,一些还没有决定好如何安排自己的生命的人,可以被引导着去考虑为这个伟大国家的需要做些服务。如果英国许多最有天赋、最有学问和最为圣洁的人到这个伟大的异教土地,那么英国不会是输家,而只会是赢家。

"你们要给人,就必有给你们的。并且用十足的升斗,连摇带按,上尖下流的,倒在你们怀里。因为你们用什么量器量给人,也必用什么量器量给你们。"——这是一个对个人、教会和国家都有效的原则。

"有施散的,却更增添。有吝惜过度的,反致穷乏。"(《箴言》11:24)

古代的先知深知至高者的意图,最智者将会全身心地致力于与至高者的意志进行智力的合作,通过这一合作来加速这一意志的实现。

"田地怎样使百谷发芽,园子怎样使所种的发生,主耶和华必照样使公义和赞美在万民中发出。"(《以赛亚书》61:11)

在北京的中心：
樊国梁主教围困日记

The Heart of Pekin

Bishop A. Favier's Diary of The Siege

1900年5～8月

弗拉里(J. Freri, D. C. L.)牧师　编

波士顿：马里耶有限公司

(Boston: Marlier & Company Limited)

1901年出版

第一部分

一、中国的传教组织[①]

中国的传教组织

为了便于引入后续内容,或许应该先介绍一些中国天主教传教组织的基本统计情况。

目前,大约有十个传教组织在中国进行天主教传教活动。这些组织包括巴黎外方传教会、方济各会、多明我会、耶稣会、遣使会、米兰外方传教会、圣母会、仁爱会等等。几年前,苦修会的修士在北京附近建立了一处修道院,他们在此劳作修行,过着清贫的生活,与中国僧侣懒散放纵的生活形成鲜明的对比。

教区总数为四十个,有四十名主教,大约八百名欧洲传教士以及五百名本土神父。据估计,整个中国本部的本土天主教徒的数量为七十万人。

我们特别关心的北京教区的历史可以追溯到1288年,它当时被交由圣方济各会负责。大约在1582年,当著名的利玛窦(Matteo Ricci)神父和其他神父把北京作为活动中心时,耶稣会士们接管了这一教区。1784年,由于耶稣会被取缔,教皇克雷蒙特十四按照法国国王路易十六的要求,把北京教区交给了遣使会的神父们。人们通常把遣使会称为“拉撒路会”,也称“圣味增爵会”。从那以后,这一教区一直在他们管理之下。

根据北京教区的遣使会主教樊国梁(Favier)的最新报告,在1899年年底,教区共有三十一处教堂,五百七十七个传教站,四万六千九百名天主教徒。这一年有二千三百二十二名成人接受洗礼,六千五百零六人加入教会。传教人员有大约二十八名欧洲传教士和三十名本土神父。有一个苦修会修道院,有五名神父、十八名唱诗班成员以及三十三名修士。还有圣母会的十八名成员,以及仁爱会和圣若瑟会的修女们。

在1900年8月11日的伦敦《周报》上,有关于北京传教活动的生动描述,其中有以下段落:

> 莫涅(Marcel Monnier)先生在其趣味十足的《亚洲之旅:中央帝国》一书中,记述了北京遣使会的情况,内容如下:
>
> “在这些传教会中受到的欢迎真是热情,去那里的路十分好找。和那些在陌生的

① 原书分第一、二两大部分,第一大部分又分为三个标题,但原文缺第一标题。阅全书,我们以“中国的传教组织”作为第一标题概括之。——译者注

中国人中间生活了如此多年的人们交谈,感觉时间过得飞快。他们适应了中国的语言和风俗习惯,还研习了中国的文学、艺术和历史。他们具有罕见的语言天赋,运用不多的华丽辞藻,就把古往今来的人物故事描述得栩栩如生。他们思维活跃,而又不蹈虚空,深知自己是在一片收获渺茫的土地上耕耘。他们始终坚忍不拔,满怀热情,用全部的愉悦面对自我选择的工作中的巨大困难。

"仅仅从宗教传布一个角度看待这些教堂是错误的,它们的活动表现在许多不同的方面。北京的教堂之间相隔较远,分别坐落在四个主要方位上,正如它们的名字所表明的那样。这就是北堂、南堂、东堂和西堂——即北面、南面、东面和西面的教堂。在这些教堂周围,不仅有神父的住所、修道院和初学院,还有学校以及年轻人学习木器和金属器具制作的作坊。另外还有一处印刷所,年轻的本土排版工人可以同样熟练地排印汉字和拉丁字符。"

医院和药房

东堂附近有一所医院,圣味增爵会的仁爱会修女们在法国使馆医务人员的协助下,在这里悉心照料着那些患有严重疾病的人。这些患者表现出的疼痛、悲伤、抱怨以及诸如此类的病态现象,在欧洲医院里极为少见。这是全北京仅有的一所此类医院,不用说总是人满为患,有时候可以看到有上百名痛苦的病人在等候医生的到来。那些在医院排不上号的人就去药房,在那里治疗疾病,清洗伤口,还能得到一大碗米饭。在这个教堂——它由葡萄牙耶稣会在二百多年前建立,是北京现存最为古老的天主教驻地——周围,一些骨瘦如柴、疾病缠身、高烧不退的人们一刻不停地进进出出。

传教会的总堂是北堂——即北面的教堂。它坐落于北京城的皇城地区,紧靠紫禁城。北堂大门上方刻着一条龙,两侧各有一个小亭廊。墙上镶嵌的大理石板上镌刻着皇帝的诏书,说明一百多年前把这片土地赐予法国的情形。几年以前,皇帝想扩展宫殿范围,收回了神父们原先占有的地方,给予他们现在的地方作为交换,于是由皇帝出资在这里建造起现在的教堂、主教公署以及所有的附属建筑——总花费超过十五万美元。教堂正面悬挂的一块大匾上记载着这一史实。北堂是教区主教的驻地,他声名远扬,受到所有那些有幸遇到他、认识他的人们的爱戴,他就是遣使会主教樊国梁。

学校与圣母会

在城墙外大约一英里,靠近栅栏(Cha-la-eul)村古老的法国人墓地的地方,有一所圣母会创办和管理的优秀学校,约有一百名本土学生在此就读。这所学校不负盛名,许多曾经在这里学习过的年轻人现在在政府和海关中占据着很好的职位。中国驻巴黎公使馆的一名新成员——曾(Tsing)公使,就曾经是这所学校的学生。

二、风暴来临前的雷鸣声

这一年年初,樊国梁主教因教会事务去了欧洲。当他听说已经看到风暴即将来临的迹象时,就立即赶了回来。1900 年 5 月 18 日,他在北京写了下面这封信①:

1900 年 5 月 18 日,北京

我在欧洲确实只停留了很短时间,因为再多的友情也不能让我更久地离开我的教区。现在我已经回来了,对此甚感欣慰。我凭直觉感到将会有重大事件发生,一场大风暴正在酝酿之中。如果遇到飓风,一名指挥官必须坚守他的岗位,即使这意味着要把他绑在桅杆上。

要理解这场发展如此迅速的反基督教暴乱活动,我们就必须调查它的起因。请允许我先作一些初步的解释。

太后考虑到光绪皇帝没有子嗣,还密谋剥夺她的摄政权,于是就指定了一名新皇帝,或者更准确地说,一名皇位继承人。这名中国的未来君主在十二岁至十四岁之间,是 1860 年去世的咸丰皇帝的五弟"瑞郡王"②的孙子。

上面提到的"瑞郡王"的儿子也叫端王,是皇位继承人的父亲,对欧洲人及其宗教充满了仇恨。他会产生出这样的仇恨,自然大有缘由。六皇子恭亲王 1860 年后摄政,他的弟弟七皇子后来又作为光绪皇帝的父亲接替了他,而他们都是"瑞郡王"的弟弟,按理说在 1860 年摄政的应该是"瑞郡王"。另外,同治皇帝死后无嗣,需要选择一名继位的皇帝。结果,并没有按照规矩选择"瑞郡王"的儿子,而是选择了七皇子的儿子。这两件不公之事让"瑞郡王"极为恼火,便和他的家人退居奉天。选择新的皇位继承人一事,使端王在太后那儿产生了很大影响力。端王回来了,仍然怀抱着对欧洲人、对条约、对 1860 年以来发生的一切的长期愤恨,同时对欧洲事务、对所取得的进步和所给予的各种特许权又毫无所知。事实上,他依旧满怀四十年前的所有旧有观念。那些顽固派以及所有对欧洲和基督教恨之入骨的著名人物都集结在端王周围,从而形成了两个立场分明的派别:一派是端王一伙,另一派则是 1860 年以来掌权的王公大臣。这些人希望向前进步,颁布了保护宗教的法令。最后,太后于 1899 年 3 月 15 日亲自签署了一道这样的法令。尽管顽固派那时就开始重掌政权,但这一法令并没有被取消。

义和团、大刀会等各种名目的教派首先在山东发难,在过去七八个月里,这一叛乱已经蔓延到整个直隶,其活动直逼北京。

---

① 引自《传信部编年史》,1900 年 9、10 月。

② 此处述"端王"(载漪)的身世比较紊乱,且有不符史实之处。据史载:端王(载漪)原为咸丰皇帝之五弟"惇亲王"奕琮之次子,后过继给"瑞郡王"奕誌为子,袭贝勒爵,1894 年被封为"端郡王"。原文将端王(载漪)之继父亦称为"端王"(端郡王),实误,应译"瑞郡王"为是。下同。——译者注

义和团确实是一个邪恶教派，吃符念咒、妄想迷幻、甚至降神附体在他们中间都是普遍现象。博学之士可能会把他们的超常行为归之于磁场力或催眠术，也可能会把他们看作歇斯底里和狂热情绪的受害者。但是在我们看来，他们似乎更像是魔鬼手中的工具。

对基督教徒的仇恨使得他们无恶不作。他们在每个村庄都建立了自己的组织，在指定的日子里一起去攻打某个基督教徒的居住地。5 月 12 日，星期六，他们放火烧了高洛村，杀死七十多人。紧接着，其他一些村庄也被焚毁。教徒们四散而逃，遗弃了他们所有的财物。北京城也不安全，那里有很多义和团成员。他们到处张贴揭帖，宣称要烧毁教堂，消灭欧洲人。这一运动似乎得到高层官员的认可，乱民从四面八方涌向北京，他们的旗帜上写着这样的口号:“扶清灭洋”、“奉旨灭洋”。由此看来，危险已经迫在眉睫。

出于谨慎，我们采取了一切预防措施。我还给所有的高官们写了信。在我的要求下，士兵被派到一些教会大院。但是，士兵人数根本不够，而且有些士兵心怀恶意。不过，我相信，要是没有他们，情况恐怕只会更加糟糕。

在紧迫的形势下，我要求大家共同祈祷和平，只有天主才能赐予我们和平。此外，我给外国公使写了一封正式信件。他召集了外交团会议，外交团一致决定，强烈要求中国政府迅速采取行动，否则就要召集外国军队。尽管局势十分危险，但所有人都坚守在自己的岗位上。教徒的表现令人赞叹，有人建议他们背教，但是他们宁愿选择逃离、破产甚至死亡。有的慕道友接受了血的洗礼。

5 月 28 日。十天前我就开始写这封信了，但是被十天的悲痛一再打断，每时每刻都有新的不幸消息传来。高洛村的屠杀令人恐怖，被害人数超过八十人。小孩子的四肢被撕裂，妇女或是被烧死在教堂里，或是被刀刺穿身体，男人有的被刺死，有的被子弹打死。还有传言说，一些人被钉死在十字架上。有二十个人在屠杀发生时不在现场，才幸免于难。一个十八岁的小伙子被扔进一口井里，他在里面待了四十八小时，直到行凶者离开后才逃了出来，刚刚到达我们这儿。在另一个村庄，有两名教徒被砍成碎块。在第三个村庄，有几个人被杀死。教徒们至少放弃了三十个村庄，六个村庄和村里的教堂已经被烧成一片废墟。那些遭到追击的可怜中国人跑到山里或者大城市里去避难，我们这里也收留了两千多名难民。尤其是最近的几天，简直是一场悲惨的经历。

武装起来的义和团于 5 月 26 日联合行动，攻击了紧靠北京城门的栅栏(Chala)。这个地方那天晚上未被毁掉，真是一个奇迹。幸运的是，我们提前采取了预防措施，把仁爱会的修女们带进了城。第二天，可怕而又真实的消息传来，义和团以前所未闻的野蛮烧毁了大约九十五英里的京汉铁路，一直烧到京城附近的终点站。全部东西——材料、车站、仓库——都被毁掉了，我们还不知道铁路沿线所有的外国人是否都被救了出来。

我们的北堂大院本来也要在这天晚上被烧毁的，几天前就已经发布并张贴出了告示。我们得以逃脱，我觉得是个奇迹。各国公使已开会商讨，决定召集特遣部队前来。如果他们不能在八天以内到达，那就肯定不是公使的责任了。

中国军队占领了铁路,并且重新恢复了与天津之间已经中断了四十八小时的联系。

今天早晨,皇帝颁布了一道毫无用处的谕旨,但是既没有对教会驻地也没有对北京使馆区进行保护,使它们免遭攻击。乡村的基督徒居住区处于极端危险之中,每一分钟都有可能传来新灾难的消息。无论如何,我们必须充满希望,我们在天主的手中,没有他的许可,我们不会失去一根头发。

这就是我们今天——5月30日——所面临的形势,我希望几天后可以写下一些好消息。但是,反对外国人的起义和迫害基督教徒的活动似乎组织严密,我们可能无可指望。或许,我们和那些可怜教徒的祈祷会平息天主的怒气吧。

三、云雾消散以后

从上次提到的那天(5月30日)一直到这年9月,我们只收到过一封短信,说有一些教徒被残害,此外再没有得到过有关北京天主教徒的任何消息。当与欧洲的正常通信于9月重新恢复以后,我们收到了一些最重要、最有意义的文献,其中就有北京教区主教、遣使会的樊国梁神父的日记以及其中附带的信件。

1900年9月,天津

我们的教徒的表现令人钦佩,所有人都极为虔诚地祈祷,将个人的生死置之度外。派往使馆的信差随时都有生命危险,有的信差再也没有回来。8月10日,为了告诉公使我们已处在弹尽粮绝的境地,一名信差献出了生命。可怜的年轻人!他被剥了皮,义和团把他的皮和头颅扔在我们墙外几码远的地方。

看到女教徒省下自己的那份微薄食物,去喂她们的孩子,真是让人感到悲伤。她们已经很长时间没有奶水了,只能用一块铁片当勺子,把稀粥送进那些可怜的孩子的嘴里。两个月的时间里,我们又增加了三十多名新出生的婴儿。

一天早晨,在做弥撒之前,这些英勇的女教徒中的一个跪在我面前说:"主教,主教,给我点小米吃吧,那样我才会有奶水啊。"她头天晚上刚刚分娩,但我还是不得不含泪拒绝了她,因为实在没有什么东西可以给她了。

我们只好用树叶、大丽花和昙花的根、百合花的茎和球根来做饭,把它们一起煮熟,这才能使分给每个人的食物稍多一点。

晚上,为了避免被子弹击中,尤其是为了避免来自地雷的袭击,所有人都集中到一个地方。两三百个孩子因为饥饿哭个不停,酷热的高温令我难以入眠,我感觉就像是听到一群注定要被送上祭坛的小羊羔的凄惨叫声。但是,就连这哭叫的声音也在一天天变小,因为我们已经埋葬了一百七十名天真的儿童。

痛苦、饥饿、疾病和子弹使教徒人数大为减少,花园里已经埋葬了四百多名死者。他们都像虔诚的基督徒那样死去,说:"我们为自己的信仰而死,死于这一信仰的仇恨者手中,仁慈的天主会把我们带入天堂。"

仁爱会修女们的表现也令人敬佩。她们或许比我们还要备受艰辛,因为她们把自己的一切都给了她们的孩童们。除了一两个修女由于神经衰弱而显得忧惧以外,其他所有人都表现出了男人般的勇气。最后一次地雷爆炸产生出的可怕冲击,结束了受人尊敬的女院长如里亚(Jaurias)的生命。她已经七十八岁了,疾病缠身。她死得很安详,因为直到解围以后天主才把她带走。

我该怎样说说我们的传教士们呢?我的副主教在各处照料着一切事情,鼓励、安慰、帮助每一个人。他不停地穿行在那些最为危险的地方,丝毫不在意子弹或炮弹的袭击。修道院院长带着他那些年轻人,日夜守卫在教堂屋顶上、工事里和战壕内。修道院的学生们和我们的一位未登神品的同事,填补着那些死伤士兵的位置,像训练有素的士兵一样用枪射击。有的人被子弹击中,但没有人被打死,感谢天主!

我们的经理司铎始终以令人惊奇的冷静履行着他的职责,处理一切事务。尽管他身体虚弱,但是以超常的坚毅力忍受着各种困苦。我们的本土教士也尽其所能,维持教堂内的秩序。他们管理工人,负责分配食物,维护室内的平静,给将要死去的人施以圣事。只有我自己没做什么值得一提的事情。我一直待在自己的房间里,向天主祈祷,向圣母玛利亚祈祷,向圣洁的天使祈祷,向所有庇护我们的圣徒祈祷。我努力让自己保持着在这种情况下必须具有的顺从、忍耐和冷静,也努力把这些精神传达给其他人。

我估计仅仅北京教区的受害者就至少有两万人,我感觉这一估计并没有夸大。这两万名被杀死、被焚烧、被肢解或者被扔进河里的受害者,本来只要稍做一点跪拜偶像的表示,就可以保住他们的生命。我认为,用一种不涉及心灵的迷信行为拯救自己的人,在一百个人里面不会超过两个。尽管中国官员提出要把我们护送到一个安全的地方,但是没有一个传教士离开自己的岗位,没有人愿意放弃他的教徒。现在,尽管救援部队已经到达,但仍然有二十五名以上的人被围困在他们的住所,愿天主保佑他们!

在北京,三处大教堂、七处小教堂、学校、医院和(本土的)若瑟院的建筑全部被毁。埋葬着(三个世纪以来的)传教士——从利玛窦到都士良(Sarthou)主教——的墓地遭到洗劫,墓碑被推倒,尸骨、甚至棺材都被烧成灰烬,扬散在风中。北堂是唯一没有被毁掉的建筑物,不过也受到炮弹的损坏。董文学(Addosio)、艾儒略(Garrigues)、金葆光(Doré)和文德来(Chavanne)神父都在北京被杀害,教区的几名中国教士也同样失去了生命。

教区共有一百七十七处[①]教徒聚会的会口,几乎每个会口都有教堂,现在只剩下不到四分之一了。教徒的房子被洗劫一空后就烧掉了。据我所知,北京城只剩下一处教徒住宅了。

一言以蔽之,这次的毁坏非常彻底,四十年来的工作几乎被破坏殆尽。但是,传教士并没有灰心,我们会从头再来,我们坚信最后的胜利,因为"殉教者的鲜血是基督教会的种子",除非天主有意惩罚不幸的中国,这个几世纪以来一直辜负他的仁慈的

① 原文如此,《拳时北堂围困》记为五百七十七处。——译者注

国家。我们乞求天主再赐宽恕,许许多多的人,甚至包括一些官员,与这些暴行并没有关系。我们热爱并永远热爱可怜的中国百姓,为他们祈祷,也为我们自己祈祷:“感谢我们的天主。”

第二部分

穿过死亡的幽谷:5月到8月日记①

我能够从北京发出最后消息的那天是5月30日。请允许我简单叙述一下,在天主使我们得到解救之前,我们被围困在北堂里的可怕情景。

5月30日,星期三——今天,我们得到证据,证实义和团得到了中国政府和官兵的支持,放火焚毁铁路建筑的就是这些官兵。总理衙门试图延宕外国部队的派遣,但是外国公使们坚持这点,回复说如果不能乘坐火车,部队就步行前来。从晚9点到11点,义和团放飞的一些红色小灯笼飘荡在城市上空,这是他们集结的信号。中国士兵拥有充足弹药。

5月31日,星期四——总司铎刘克明(Guilloux)神父——是我要求他来北京的——和高若翰(Capy)神父一起出发,前往天津。他们能够到达目的地吗?我们毫无把握,他们说道路都被士兵阻断了。10点时收到了杜保禄(Dumont)神父的电报,又有七个教徒村被焚烧了!12点半,我收到法国公使的一封信,他和俄国公使想尽一切办法,让前一天晚上在大沽登陆的法国和俄国水兵能够通过铁路到达北京。3点半,一名中国官员从我们的朋友那儿前来看我们。他告诉我们,太后不能镇压反对欧洲人的运动,那些开明的官员已经被革职,或者自己辞去了职务。七十五名法国人、七十五名俄国人、七十五名英国人、四十名意大利人、二十二名日本人以及六十名美国人于3点半离开天津,前来北京,预计将在今天晚间到达。

6月1日,星期五——难民从各个地方来到这里。我们在霸州(Pa－tchoo)的教堂已被完全毁坏。勇敢的格里高尔(Lon Grégoire)神父最后一个离开他的住所,逃脱了义和团的毒手,但若瑟会的修女和婴孩会收养的孩子都惨遭杀害。9点半,法国公使来探望我们,告诉我们三十名水兵即将到达。他们在10点时果然来到北堂,陪伴他们的是在北京的几乎所有法国人。总理衙门曾明确要求,外国部队只能用来保护使馆人员,但是,毕盛(Pichon)先生却把近乎一半的特遣部队带到我们这里,我们对他真是感激不尽!午夜,刘克明神父发电报告诉我们,大量霸州难民到达天津,河上到处都漂着遇害教徒的尸体。

6月2日,星期六——我们在各处设了防所。负责指挥水兵的是少尉亨利(Paul Henry)先生,他是一名二十三岁的小伙子,既虔诚又勇敢——一个真正的布列塔尼人。

① 此标题原文为“5月到6月日记”,但阅全文,实为5月到8月,故将“6月”改“8月”为是。——译者注

天津传来坏消息,租界本身遭到了攻击。工程师们已经离开保定府,中国官员想让我们的欧洲同行们也离开那儿,他们拒绝了这一要求,表示要始终同他们的教徒在一起。愿天主保佑他们!

6月3日,星期日,圣灵降临节——教皇委托我以他的名义送给太后一封信和一份礼物,我便想完成这项秘密使命。皇帝陛下不在城内,指派庆亲王以他的名义接待我。这件事于今天完成,庆亲王在自己的王府里接见了我,一些高官簇拥在亲王周围。我完全按照皇室礼仪向亲王转交了信件和礼物,亲王极为恭敬地予以接受,并表示感谢。此外,我还呈递了一封写给太后的请愿书,对目前的局势进行了说明,请求保护我们的教徒,惩处义和团。亲王答应处理此事,我相信该请愿书将在第二天交给皇帝陛下。

6月4日,星期一——我们的指挥官查看了北堂,看来三十个人根本不足以保卫它,因为北堂的围墙有将近一千四百码长!我们决定,如果遭到极为猛烈的攻击,所有人就要全部集中在大教堂里,现在正在制定大教堂的防御计划。我们共有大约一千名中国男子以及将近两千二百名妇女、儿童,此外还有包括修女、修士在内的七十名欧洲人。1点钟,使馆的几位绅士来访。他们告诉我们说,派往南堂的十五名士兵已经被迫撤回,因为不可能组织起有效的防御,他们无异于去送死。万一受到攻击,我们的那些同事、仁爱会和若瑟会的修女、圣母会的修士,以及居住在那里的众多教徒,会发生什么样的事情啊?愿天主保护他们!晚上6点,武装起二十名教徒充当守卫,危险越来越大了。

6月5日,星期二——早晨,我给本会总会长发去如下电报:“在北京和天津,所有人都处在极度危险之中。”刘克明神父送来的快信向我们通报了很多起纵火事件和更多的屠杀基督徒的事件。在我们这里,每个人都在忙着修筑工事,制造长矛,储存更多的食物。晚上6点,意大利公使派来十名水兵守卫仁慈堂,有几名意大利修女和婴孩会的修女一起住在那里。7点半,顺天府尹来访,告诉我说:“你们没有什么可害怕的,义和团不敢攻打北堂。”

这位大官也许真的这样想,但在我看来,他的论断大错特错。

6月6日,星期三——我们在增加防御措施。听说太后派出两名军机大臣,试图通过规劝来阻止义和团!这根本不会有任何用处。

6月7日,星期四——我们正在修建一处小型塔楼,以保护教堂东面的围墙。我前往使馆,那里的人们还怀抱着希望,因为刚刚颁布了一道新谕旨,要比以前的那些谕旨更令人满意。但我不抱什么希望,并且再次告诉他们很快就要发起攻击了。8点,栅栏圣母会的修士们都来到北堂。

6月8日,星期五——各个方向都有村庄在燃烧,到夜间,起火的地方更多了。能够听到各处的枪声,我们只有小心守望,直至天亮。

6月9日,星期六——在“库”(“库”是一处大场院的北部,这处场院的南部便是皇帝赐给我们建造教堂的地方)那儿看到了一些义和团。我又去了一趟使馆,那里整体性的乐观态度还没有消失。太后带着她的朝廷回到了城内,发布了一道非常强硬的新谕旨。府尹本人也写信告诉我,他已经接到一道特别命令,保护北京的教堂。我对他的话一点也不相信,它们根本不会算数。

6月10日,星期日——我又给巴黎发了一封电报,因为我担心短期内不能再发电报了。然后我前往使馆,董福祥提督的士兵的暴乱行为让使馆的人很是不安。西摩(Seymour)中将率领着一支新部队,已于今晨离开天津,我们希望明天能够看到他们的到来。义和团全都离开了京城,官军守卫在城墙上,配备有大炮。8点,北京到天津以及北京到保定府之间的电报线被切断。这些情况都是一些危险迹象,如果援军还能够到达,那倒真是会大大出乎我的意料。

6月11日,星期一——从教堂的顶上,我们看到欧洲人在西山的避暑寓所燃起了火。差一刻10点,许多义和团举着他们的旗帜,沿着皇城城墙行进。情况十分危急,每个人都各就各位。我去了使馆,感觉那里的人们仍然很有信心,期待着西摩中将的军队和大部队的到来,因为海军将领们已经接到命令,一旦电报线被切断,他们就要立即派出他们的全部兵力,而现在电报线已经断了。对此,我并不抱多少希望。义和团的大头目端王和对义和团友好的大臣,刚刚被任命为总理衙门的成员。晚上5点,日本使馆的一名书记官前去迎接预计抵达的救援部队,结果在南门附近被董福祥的士兵杀害。这些士兵和义和团联合起来,阻止所有欧洲人进入或者离开北京。

6月12日,星期二——义和团放火烧了栅栏仁爱会旁边的草垛。晚上7点,新的警报让我们拿起武器,但是我们的担心只是一场虚惊。半个小时以后,毕盛先生写信告诉我们,总理衙门的新成员来拜访了他,他们非常友好,并告诉我们,西摩中将将会顺利地进入城内。愿天主保佑这些官员的话是真诚的,但是我们不能相信他们。

6月13日,星期三——董福祥提督公开进行暴乱,北京的基督教徒开始逃离他们的家,其中三人在汉人城[①]被义和团杀害。我们从使馆得知,西摩中将及其部队昨天在廊坊过夜。廊坊距离我们这里大约有四十英里,而且铁路已经被焚毁,我们现在几乎不敢奢望外国军队能够到来。中午,我们得到消息,法国公墓被烧成一片废墟,看守人、他的妻子和孩子都惨遭杀害。可怕的夜晚,火光连天,喊杀声不断,妇女们都到大教堂里去躲避。9点半,我们看见东堂中壮观的圣若瑟堂燃起了大火。快到10点的时候,传来不祥的喧闹声,我们听到义和团正在我们西面下达命令。11点,两名教徒证实圣若瑟堂被焚。我们一直警戒到天亮,因为到处都能听到义和团的号声。

6月14日,星期四,基督圣体节——早晨8点,我们在教堂顶上看到东堂经久未熄的大火,还看到其他几个地方也在燃烧。我们和这些地方都失去了联系。皇城大门紧闭,由端王的军队把守。11点半,南堂里古老的圣母堂、住宅、书院、医院、育婴堂全都被火吞没。真是一幅可怕的景象!

接近午夜时,南面响起了阵阵枪炮声。是西摩中将到了吗?……在我们四周,义和团的喊杀声不绝于耳。杀!杀!烧!烧!一直到凌晨2点,所有人都没有睡觉,到处查看。2点以后,喊声逐渐变小,义和团好像撤走了。

6月15日,星期五——所有的修女都预料到可能死亡,领了圣体。妇女和儿童在大教堂里躲避。8点,我们从一名逃脱的教徒那里得知,南堂的传教士、修士、修女、圣若瑟会的儿童都安全地到了使馆。一支由勇敢的、具有献身精神的志愿者组成的小分队,于凌晨1点前去解救了他们。11点半,我们看到西堂的钟楼烧了起来,它的砖被火烧得通红,

① 即北京南城,因居民多为汉人,故被西方人称为“汉人城”。——译者注

所有一切肯定都被烧毁了。3点,我们派往使馆的信差回来了,带回了两封信,一封是毕盛先生的,另一封是南堂董文学神父的:“没有救援部队的任何消息。正与义和团作战。东堂艾儒略神父肯定已被杀害。许多教徒在使馆北面肃亲王的王府里避难。”

6点,我们得知西堂金葆光神父被杀害。7点,大群义和团成员从东面、南面和西面包围了我们的教堂。半小时后,听到了他们可怕的呐喊声。他们无疑就要攻打我们了。修女和所有孩子来到大教堂里,那里已经有一千八百名吓坏了的妇女和儿童。幸亏她们及时地来到这里,因为到差一刻8点的时候,义和团就到达了教堂南面。他们的首领骑在马上,是一名喇嘛或者和尚。他身后是一面红色大旗,四周是一群念咒上体的年轻人,他们全都穿着红色的衣服。他们来到我们南面的街上后,先是烧香跪拜,然后以密集的队列行进。我们的大门处的水兵让他们前进到二百码以内后,向他们发射了一排子弹,打倒了四十七个所谓“刀枪不入”的义和团,而跟在后面的数千名义和团随之逃窜。我们立即追了出去,缴获了五把大刀和一支长矛。义和团被打退后,马上放火点燃了在南面与我们毗邻的房子。天主保护我们,改变了风向,让风不向我们这边吹。此外,我们使用湿物覆盖,使用水龙,使用了所有能够协助天主的东西。

随着义和团而来的有一万多名随时准备抢劫的人,失败让他们十分愤怒,发出了更加震耳的喧闹声和呐喊声,直至午夜过后才停息下来,但是他们没敢发起新的攻击。

第一次正式交锋让我们充满了希望,因为它显示出敌人的怯懦。教徒们的装备只有大约五百支长矛和七八支旧枪,但是第一仗的胜利增添了他们的勇气,他们完全可以和水兵们一起守卫一千四百码的围墙。

6月16日,星期六——我们从一名难民那儿得知,在平则门外被杀害的许多教徒表现出令人敬佩的坚贞精神,他们中没有一个人背弃信仰,真是令人感到非常欣慰。12点半,发出警报,听到了义和团的叫喊声。守卫西华门的官兵也来到了,他们显然不是来保护我们的,而是来攻打我们的。向我们提供食品的人拒绝卖给我们任何东西,因为他受到了威胁,如果卖给我们哪怕一点儿食品,就会被杀死。快到4点半的时候,前门一带燃烧起了猛烈的大火。义和团在烧毁了教徒的所有房子以后,现在开始焚烧出售欧洲货物的商店了。派往使馆的一名信差5点的时候回来了,依然没有西摩中将的消息。7点半,每个人都回到自己的岗位上。三百多名士兵和为数众多的义和团包围了我们,修女和教徒又在教堂里度过了一个难过的夜晚。白天时颁布了一道谕旨,向全中国正式宣布,北京的教堂已被烧毁。

6月17日,星期日——凌晨2点到3点半,从使馆那边传来一阵阵的枪炮声。快到10点时,义和团和官兵把我们完全封锁起来。不过,有一名教徒舍身逃出,并给我们带回了毕盛先生的话:“前门两千多处房子被焚毁,其中包括中国人的二十六家大钱庄。”整个下午都十分不安宁,我们周围到处都可以看到义和团和他们燃起的大火。

6月18日,星期一——我们正在加强防御,以抵御可能进行的炮轰,因为我们的教堂房子的南面安放了几门炮。端王本人就在不远的地方。4点半,一大群义和团坐着大车来了,准备向我们发起攻击。差一刻6点,天主送来一场大雨,阻止了这次进攻。

6月19日,星期二——西堂的一名佣人在城里四处流浪了几天后,终于来到我们身边。他告诉我们,金葆光神父和二十名教徒一起被烧死在他的房间里,他没有使用他的武器。几天以前,这位勇敢的神父对我说:“主教,如果有人攻击我,我可以使用我的枪吗?”我回答说:“在正当防卫的时候当然是可以的。”他又问道:“但是,如果只是保护我自己,不使用枪不是更好吗?”我这时对他说:“那是肯定的,不做任何抵抗而为天主去死,是真正的殉道。”这位可敬的兄弟就是这么做的!

街道上,十门炮的炮口对准了我们。他们这是保卫宫殿,还是要攻击我们呢?

6月20日,星期三——一名教徒冲破封锁来到我们这里,告诉我们说,德国公使在去总理衙门的路上被杀害,其他公使接到命令,要他们在二十四小时之内离开北京。

6月21日,星期四(天津大屠杀三十年纪念日)——一名勇敢的教徒不顾自身安危,再次去了公使馆,带回了毕盛先生的这封短信:“法国使馆人员和其他几名公使都被迫撤离到英国使馆。德国公使确实已被杀害,他的翻译受伤。奥地利使馆已经撤空,将被烧毁。离开北京的计划已被放弃。让我们准备走完最后一段路吧,但我们仍然要怀抱希望。”

亨利先生的上司达尔西(Darey)中尉写信告诉他,“你应该接到了来和我们汇合的命令,但是现在还要留在你的岗位上”。蒙天主之意,我们并没有接到这条汇合的命令,否则我们所有人都会失去生命。形势严峻,我们会不会跟随天津的殉道者而去呢?我们要做好一切准备。

6月22日,星期五,圣心节——我们完全被封锁,不再能够和外面任何人保持联系了。

被围困的人员如下:

樊国梁主教、林懋德(Jarlin)副主教、教区总会计葛珑璧(Ducoulombier)神父、大小修院院长任道远(Giron)神父、新近抵达的教读文德来(Chavanne)神父、尚未取得圣品的学生康衢泰(Gartner)先生、狄德缓(Denis)修士、梅士吉(Maes)修士、圣母会省长和该会院长及四名修士、仁爱会的二十二名修女(其中有八名是本土人)、三十名法国水兵、少尉指挥官亨利先生、十名意大利水兵、一名副官以及少尉奥利维里(Olivieri)先生、大小修院的一百一十一名学生、九百名避难的青壮年男人、一千八百名妇女和儿童、学堂和育婴堂的四百五十名小姑娘、五十一名还在摇篮中的婴儿。总人数大约为三千四百二十人,其中有七十一名欧洲人。

按每人每天一磅计算,我们的粮食足以维持一个多月。我们的武器包括四十支水兵用枪,中国人手里的七八支各式各样的枪、一些破刀以及五百支长矛——或者不如说是五百根装有铁头的长棍子。这就是我们的全部武器,而我们要守卫的战线却有整整一千三百六十码。

我曾在一封主教信中决定,于今天举行教区对圣心的奉献仪式。6点半,跪在祭台下的神父刚刚开始诵读奉献祝文,一枚炮弹就击穿了教堂的一扇窗户。当时所有人都在教堂里,炮弹打死了一名可怜的妇女。人们自然十分恐慌,所有人都挤进小教堂和西侧的更衣室内,因为我们受到的攻击来自东面。每隔几分钟就能听到炮弹的爆炸声,教堂里很快就空无一人。十四门克虏伯炮不停地发射出最新式的施拉普纳炮弹,一些小砖柱子和花窗被炸成碎片。大教堂的正面毁坏严重,钟楼坍塌了,但大理石的十字架仍然屹立着。3点半左右,攻击非常猛烈,我们都以为最后时刻已经来临。快5点时,一门普通的中国炮在离我们大门三百码处发射了一炮，击中了门板。

如此肆无忌惮的行为激怒了指挥官亨利和林懋德副主教，他们带领四名水兵和三十名教徒在猛烈开火之后冲了出去，缴获了那门大炮，并冒着枪林弹雨把它运了回来。在这次英勇的行动中，两名教徒牺牲，两名教徒受伤。过了一会儿，炮声停了。义和团喊声震天，放火烧了我们教堂南邻的房子。他们没有走远，即便走远，他们的朋友端王的士兵也会留在这里。仅今天一天，他们就向我们发射了五百三十枚炮弹！我们为死去的三名男士和一名妇女感到悲痛，不过，遭受到如此多的炮弹攻击，这一损失可以说是很小了。

6月23日，星期六——晚上还算平静，但是攻击在9点时又开始了，和前一天同样猛烈。我和亨利指挥官坐在大门旁边的小条凳上，看到我们壮观的大教堂正面的大理石被打成了碎片。这时，一个熟练的炮手发了一炮，击中十字架的底座，十字架被击毁，掉落在教堂前的柱廊里。十三年前，当我把这个漂亮的大理石十字架安装在教堂顶上时，是多么的快乐啊！不过，如果天主眷顾我们，它还会再回到原来的地方。

下午4点，炮轰停止了。今天向我们发射了三百六十枚炮弹，但没伤着一个人。大家都热诚地祈祷，随时准备去死。天主和圣母显然在保护着我们。

6月24日，星期日——从早晨开始，官兵就藏在被焚房子的墙后面，用毛瑟枪向我们发射了数千发子弹。他们的枪都是最新式的连发枪。我们算了一下，到中午时只打来三十炮，发射的炮弹都是些实心弹，几乎没有造成什么破坏。下午4点左右，一个由四门炮组成的炮队布置在我们教堂北面的后库里。鞑靼兵向我们东面的所有防卫哨纵向射击，要命的炮弹打到教堂和院子里，两名教徒被打死。意大利人的弹药不多，指挥官亨利率领十名法国水兵冒险前往，使他们得到了一些弹药。他们从七百五十码外发射排枪，把炮队打哑了。鞑靼兵损失了五十多人，急忙撤走了他们的炮。我们士气高涨，健康状况良好，天主显然在保护我们。我们现在希望敌人的攻击不要比过去三天更为激烈，让我们能够抵御得住。愿天主赐予我们足够的食物，并使救援军来得不要太迟！

6月25日，星期一——晚上和上午差不多同样平静，但是使馆方面好像正在进行激战。昨天向我们开火的炮安静地躲在壕沟后面，而城墙上的炮向我们抛射过来不少炮弹。在过去三天里，我们已经经历如此多的这种炮声，对之几乎一点也不在意了。义和团在屋顶上放了一些假人，这种孩子般的伎俩根本不会让我们浪费弹药。每人还有二百七十五个弹药筒，只有在必要的时候我们才会使用它们。

6月26日，星期二——义和团放火焚烧我们邻近的所有房子，并且在皇城城墙后面安放梯子和架子，以便能够更方便地射击我们。他们从各个方向向我们开火，但没有一个人被击中。下午，使馆方面又有激战。

6月27日，星期三——从早晨6点开始，义和团再次从南面攻击我们。他们打着一面红色大旗进入我们的街道，或许还以为我们大门口的岗哨在前几天的攻击中已经被摧毁了。结果和第一次一样，准确的枪击把他们打得四散而逃。我们追击他们，收回了他们丢弃的武器。在这次不到一百码的出击中，副兵官的肩膀不幸中弹受伤。敌人从屋顶、梯子和架子上持续向院子和门廊扫射了六个多小时，一名小女孩被打死，一名妇女头部受伤。晚上11点左右，一大群义和团又袭击我们，向大门投掷炸弹，发射火箭。与此同时，他们又用偷来的救火水龙向大门喷射煤油。在这期间，官兵的毛瑟枪也不停地朝我们射击。大家的表现都很出色,保住了大门,只有一名教徒受伤。我们的水兵真是让人敬佩,他们全都穿着无袖圣衣,带着十字架,感觉天主在保护着他们。

6月28日,星期四——一个足够平静的白天过后,晚上6点,我们遭到了猛烈的攻击,每分钟向我们发射四十二枪之多,真是一个可怕的夜晚。义和团重新开始向大门发起攻击。我们的士兵被激怒了,决定在午夜时分冒险出击。他们朝着正在不到三十码远的地方向我们喷射煤油的义和团冲去,有十名义和团民被杀死,其余的人逃跑了。缴获了两个喷射煤油的水龙和一些火药、子弹,甚至还有几箱衣服。虽然官兵一直猛烈地开火,那座最危险的房子最终还是被我们烧掉了。我们缴获的喷射煤油的两个水龙中,还各有大约二十五加仑煤油。

6月29日,星期五,圣彼得和圣保罗节——我们向英勇的亨利指挥官表示祝贺。我们谈到了他的家乡"翁热",谈到了他的父母再次见到他时会有的喜悦。他对我们说:"你们会看到,我们将保住北堂。我们中的有些人或许活不到那一天,我愿意为这样一个有价值的事业去死,希望天主会为我打开天堂之门。如果我一定要死,我也要在你们不再需要我的时候去死。"

我像往时那样,恳请他不要冒不必要的危险。他是那样英勇,那样充满勇气,那样勇于献身,我真替他担心。

义和团好像有意让我们度过愉快的一天,除了像往常一样有些枪弹打穿窗户或者打在墙上以外,一切都很平静,没有向我们进行任何真正的攻击。晚上10点,一场可怕的暴风雨袭来,雷电好像落到宫殿上。尽管如此,使馆方面还是有激烈的枪炮声。

6月30日,星期六——早上,可怜的副兵官乔尼克(Joannic)的死讯让大家十分悲伤。就在我们都以为他没事了的时候,他的伤口却生了坏疽,几小时之内就导致了他的死亡。唉!我们既没有内科医生,也没有外科医生。他死前备领圣事,像一个勇敢的布列塔尼人那样死去。

11点半,出乎我们意料,炮击又开始了。十二枚大口径炮弹在空中爆炸,没有伤到任何人。一刻钟以后,炮击和来自东面的激烈枪击突然停止了。这是怎么回事?我看到在距我们一千二百码的地方,有二十个衣着华丽的人站在宫中湖心的白塔山上。有人说这可能是端王、太后和其他大臣来观看轰炸情况,就像观看焰火表演一样。我们的水兵很想用莱贝尔枪向这群人开火,但是,我觉得应该制止他们,以免激化已经非常强烈的仇恨。

5点半,我们把副兵官的尸体埋葬在花园中。葬礼简单而仓促,因为无情的炮弹不断地落到出席者的周围。勇敢的教徒都很悲伤,他们说:"为什么不让我们一百个人去死,代替这位英勇的水兵啊?"

7月1日,星期日——8点左右,我们听到南面传来阵阵炮声,是援军到了吗?我们在绝望中,依然怀有一丝希望。我们开始第一次吃驴肉,接着就要吃骡肉和马肉了。总共有十八头牲口。儿童中间爆发了天花,每天都有七八个孩子死去。

7月2日,星期一——攻击不像前几天那样猛烈了,但是食物十分匮乏,可怜的教徒们吃不上蔬菜,吃不上咸菜,情绪开始低落。气温高达38℃,空气很潮湿。十二天没收到任何消息了,真是太长了啊!

7月3日,星期二——一场特大暴雨让我们十分担忧,如果雨季已经开始了的话,被解救的所有希望就只能放弃了。众所周知,每个中国人都抽烟,可我们已经没有烟草了,人们只好把梨树叶子晒干磨碎当烟抽。死亡人数不断增加,现在每天埋葬的儿童多达十五名。

7月4日,星期三——今天早晨,使馆遭受到更为猛烈的攻击。中午时分,我们看到士兵和义和团在皇城城墙北面修筑一个很大的土台子,显然是想安放大炮,好从后面八百码远的地方轰击我们。我们的枪手打死了十二名匪徒。

晚上5点,义和团再一次出现在我们的大门对面。我们将缴获的炮装好炮弹,对准了他们。那个炮手是一名中国教徒,原先在端王的部队当过兵。他没有接到命令就过早地开了炮,结果敌人都逃了,只有几个人受伤。在我们这里避难的教徒中有几个钟表匠,能够造出很好的供莱贝尔枪、毛瑟枪和其他枪支使用的枪弹,所以我们不会缺少弹药。

7月5日,星期四——我们已经能够为从敌人手里缴获来的炮制造火药了。这门炮架设在仁慈堂,当炮火从北面威胁我们时,我们便开炮还击。但是,和攻击我们的大炮相比,它实在是太小了。整个白天,我们都受到来自皇城城墙南面的攻击,但没有带来任何严重后果。

7月6日,星期五——我们开始担心粮食不足了。大米、小麦、豆子、小米——所有的粮食都一一过秤,总量比我们期望的还要多些——有将近六万磅,按每人每天一磅计算,我们二十天之内还不必担心。等到二十天以后,我们或许已经放弃抵抗,也或许已经被解救了。晚上5点,听到一阵异样的噪音,那是一支朝教堂扔过来的火箭。它穿过一扇窗户,箭尾留下长长一道火光。我们捡起这支火箭,看到它由一根大约两英尺长的铜管制成,装有一个坚硬的三角箭头,尾部是一个大约十英尺长的木柄。这些火箭和实心弹一样,可以轻易地穿透屋顶,同时又能够引发大火。

7月7日,星期六——从凌晨4点半开始,义和团朝我们的屋顶扔了两个小时的火药罐,其中有二百五十多个燃烧起来,但是我们的防护措施做得很好,木桶、澡盆和水盆里都装满了水,男人们带着挂钩和水龙严阵以待,所以火势没有蔓延开。6点,北面的炮开始开火,起初只是向我们发射了些实心弹。我们立即用排枪回击,已经安放好的炮也向他们发了几炮。鞑靼人吃了一惊,马上换上了克虏伯炮,第一枚开花弹就把我们的炮手炸成了碎片。这个阵地已经难以守御,仁慈堂西面的所有建筑都被炮弹穿透。此外,整整一天,向我们的房顶上投掷了几百支火箭。今天是围困以来形势最为危急的一天。直到傍晚时候,开花弹才换成了中国炮弹,其中有些并没有爆炸。在十二小时之内,总共向我们发了三百六十炮,但我们只有一人死亡,七人受伤。如果不是天主保护,所有的一切今天就都被烧毁了。

7月8日,星期日——我们从早晨就开始加固前一天被炮弹炸坏的一些地方,但是炮轰在9点时又开始了,而且比以前更为猛烈。最初发射的是实心弹,后来是开花弹。钟楼完全毁掉了。总共发射了一百零二枚炮弹和一些新火箭,但和前一天一样,没有烧到任何东西。

7月9日,星期一——凌晨5点,义和团又开始投掷火药罐。激烈的枪炮打了一天,发射了一百零七枚炮弹,但我们只有两名教徒受伤。我们开始有些疲惫了,这令人十分担忧,尤其是敌人正在进行准备,似乎要从南面和西面炮轰我们。从11点直到午夜,我们都能听到使馆方面激烈的交火声。

7月10日,星期二——平静的早晨过后,战斗又在10点钟开始了,北面的大炮不断地造成毁坏。2点,攻击愈发激烈,架设在南面的两门大炮让我们的大门和教堂受到了严重毁坏。我们发射的一阵排枪让它们沉寂了一会儿,但中国炮兵用铁板保护着他们的炮手。大门处的水兵大卫(David)头部中弹,半小时后就死去了,为他做了圣事。但是,有五个人依然守卫在这个危险岗位上,其余的人则躲到了防弹工事里。向我们发射了一百零七枚实心弹,每个二十五磅重,其中一枚打碎了房间的窗户,落在我刚刚离开的床上。又是一个天主创造的奇迹!这种奇迹,我们已经数不胜数了。

7月11日,星期三——一处防弹工事塌陷了,人们冒着炮火迅速地把它修好。一颗毛瑟枪子弹打穿了林懋德副主教的帽子,它如果再稍低一点点儿,我就失去这位副主教了。多亏圣母救了这位可敬而勇敢的副主教。

1点半,炮击又开始了。几分钟后,一次可怕的爆炸震动了我们所有的房屋。在仁慈堂东面,泥土和碎石飞起三十多码高,就像一个柱子一样。我们全都向它跑去。幸运的是,这个地雷埋得不够深,我们得以逃脱,只有几座房子受到毁坏,但没有倒塌。一人被打死,几人受伤。感谢天主。轰击又开始了,修女们刚刚离开小教堂去吃晚饭,一颗炮弹就打进堂里,落在她们刚刚坐过的凳子上。

晚上,我们放火烧了义和团昨天刚刚占领的房子。我们在房子里找到了二十桶煤油和一些刀枪,把它们和其他东西一起烧掉了。

7月12日,星期四——今天早晨十分安静,我们还以为士兵们撤退了。但是10点半左右,又开始向我们发射猛烈的炮火,一直持续到晚上6点。尽管发炮间隔时间较长,但是有五十枚击中了目标,也就是我们的大门,它现在已经面目全非了。

7月13日,星期五——由于担心有地雷,我们决定在凌晨2点进行一次探查。结果发现了一些洞,把它们填平了。这些洞是埋地雷的第一步,里面放着一卷卷的电线,显然是要用它们来引爆火药。中午,炮轰又开始了。一名水兵的头部被碎砖头打成重伤,另一个人受了擦伤。晚上7点到9点,使馆方面传来枪炮声。

7月14日,星期六——有几处房子阻碍从大门向外射击,几名教徒便放火把它烧了。11点左右,一名意大利水兵在仁慈堂被子弹击中头部而死。一名教徒试图弄清发射子弹的地方,也同样被打死。今天一天还算平静,只有几百发子弹打过来。

7月15日,星期日——可能是中国炮兵后悔昨天没有攻打我们,从早晨9点又开始了他们的轰击,南面和西南面的大炮给大门和教堂造成了最为严重的破坏。白天只打了一百四十炮,晚上又继续进行。夜间又进行了探查,发现并毁掉了两处还未安放好的地雷。

7月16日,星期一——义和团继续投掷火药罐,但没有什么效果。从上午9点到晚上10点,他们向我们开了数百炮。一名女教徒被打死,一名水兵的双眼被碎砖头打伤,有一只肯定保不住了。

7月17日,星期二——今天或许是围攻以来最为安静的一天了,没有炮声,枪声也很稀少,义和团好像又在准备什么行动。我们开始向勇敢的布列塔尼人的守护女神圣安娜进行九日祈祷,如果我们获救,尊敬的亨利指挥官就会呈献上我们许诺的报恩牌。

7月18日,星期三——多日来总能听到仁慈堂西边皇城城墙下面有巨大的声响,于是我们努力进行反地雷的工作。11点左右,我们看到敌人正从我们东邻的喇嘛庙撤走,五十辆大车运走箱子、包袱等物,还有一些义和团的官兵。是救援部队快要到了呢,还是喇嘛们知道附近要发生爆炸呢?真是令人难以猜测!

唉!第二种猜测对了。5点时,地雷爆炸了。二十五人死亡,二十八人受伤,仁慈堂西面被炸成一片废墟!我们急忙冲了过去,等待义和团发起攻击,但他们并没有来。不幸的是,我们的死者中有圣母会的若瑟(Joseph)修士。他是一个二十五岁的小伙子,正领着人们进行反地雷工作。他虔诚而勇敢,人们都爱戴他,为他感到悲痛。爆炸引起了恐慌,似乎到处都能听到地下发出的声响。妇女和儿童到处躲避,害怕被炸死。尽管十分危险,但大多数人还是躲到大教堂里,因为那里是我们这片建筑的中心点。

7月19日,星期四,圣味增爵节——为若瑟修士举行了葬礼。与义和团交火。水兵弗兰克(Franc)未能注意保护自己,以致头部中弹,我们刚刚来得及给他做完赦罪祷告,他就死去了。

7月20日,星期五——我们的教徒再次去烧了那些最为危险的房子。6点左右,义和团放火烧了大门南面的一处房子。仁慈堂一带还在进行反地雷工作,教徒们并不需要我们去督促,因为他们没有忘记18日那天的灾难。

7月21日,星期六——食物越来越少了,即使十分节省,也只能维持十五天了。我们试图从一个离我们仅二百码远的小商店弄些食物,但是遭到官兵和义和团的狙击,教徒们空手而归。

7月22日,星期日——枪炮声持续了一整夜,敌人显然是害怕我们出去寻找食物。两名教徒受伤,一颗子弹射进一名水兵的耳朵后面,使他失去了左眼。我们的一个中国人看到义和团正在皇城城墙后面挖一条大沟,四名枪里装满子弹的士兵便爬上梯子,打死了二十名敌人和两名官员。晚上,大雨倾盆,防弹工事里难以居留。

7月23日,星期一——平静了半天以后,随着持续不断的锣声和号角声,数千名义和团和许多官兵聚集起来,向我们发起攻击。

攻击同时从北面、东面和南面进行。几名水兵被打死,还有几名受了重伤,让我们失去了五支枪。我们曾经对圣母会的许多修士和修道院中一些未登神品的中国学生进行过训练,所以,我们的三十支莱贝尔枪始终都有人使用。此外,还有十名意大利人守卫着仁慈堂。攻击十分猛烈。一千多名义和团、喇嘛和官兵试图翻过围墙,结果在地上留下一百五十具尸体以后逃走了。端王的士兵恼羞成怒,向我们的大门疯狂射击,毫不夸张地说,一小时之内发射了五千多发毛瑟枪子弹,但没有伤到我们一兵一卒。号声响起,他们退去,我们终于得到安宁,而这时已经是晚上9点了。

7月24日,星期二——我们看到,在东北方向靠近寺庙的地方,有许多戴着黄头巾、扎着黄腰带的义和团。他们是一队喇嘛,打着一面法国旗子。他们的幼稚伎俩让我们忘记了现时的痛苦,不禁笑了起来。4点半左右,锣声再次响起,义和团又集合了。我们以为又要发动攻击,但他们并没有来,看来昨天的教训还是起了作用。日间有三名教徒受伤。在南面又发现了一处地雷坑道。从教堂顶上可以看到有许多旗帜,夜间城墙上有许多灯笼。

7月25日，星期三——十分安静的一天。教徒们出去烧毁了一些布防的屋子，没有受到任何阻碍。义和团在皇城城墙后面挖了很深的壕沟，不知道要干什么，我们的水兵打死他们十二个人。

7月26日，星期四——1点，听到剧烈的爆炸声。大家起初都以为是地雷爆炸，每个人都跑到自己的岗位上，但是什么都没有发生。一名大胆的义和团民把一颗炸弹扔进我们的东墙，它虽然爆炸了，但没有造成什么破坏。3点，遣使会的文德来神父突然死去。几天前，他在岗位上值勤时受伤，那颗子弹可能有毒，因为他是出黑色痘而死的。

7月27日，星期五——我们清楚地听到南面和东面传来激烈的炮声，大家都希望是军队来了。夜晚，有几支火箭升空，都会让我们以为是使馆正在发信号与城外的部队联络。越是期盼着的事，就越容易相信。

7月28日，星期六——我们再次对粮食问题感到十分担忧。我们把每人每天的配额定为八盎司，这样我们还能维持十天。10点钟左右，又听到了炮声。一门炮就在离仁慈堂一百码的地方，炮手很快被我们打死，但这门炮转移到稍远一些的地方，又向我们发射过来七十五枚炮弹。敌人的弹药似乎也不多了，随便什么东西都装到炮里发射过来，甚至还有石头。夜间，向我们打了三十五炮，还从坡道上发射来大量枪弹。

7月29日，星期日——炮击持续进行。士兵们发射了一百一十五枚实心弹，枪弹更是无可计数。我们所有的防墙都毁掉了，有三名教徒被打死。

7月30日，星期一——夜间的情况很危险，他们不断地向仁慈堂开火。从早晨7点，大炮就在官兵猛烈枪击的协助下开始工作了。亨利指挥官和十二个人迅速赶到围墙缺口处。许多义和团民冲进来，携带着浸满煤油的柴束，企图点燃北墙。

亨利指挥官以一敌众，打死了几百名义和团。不幸的是，一颗子弹击中他的脖子，还打伤了两名水兵。亨利指挥官从梯架上下来时，又有一颗毛瑟枪子弹击中了他的肋部。尽管身负两处致命伤，他依然坚持，最终倒在走廊上。他躺在一名神父的臂弯里，神父为他做了临终圣事。二十分钟后，这名勇敢的士兵和虔诚的教徒死去了。在围困期间，我们只有一次洒下泪水，就在这一天。我们的情绪从未这样低落过。棚长埃利亚斯(Elias)担任了士兵的指挥官，而林懋德副主教在照管我们的布列塔尼人，指挥官的死让他们哭得像孩子一样。日间发射来一百五十枚炮弹。我们怀有一线希望，因为指挥官曾经说过:“你们不再需要我的时候，我才会死去。”他现在和圣毛里求斯、圣乔治在一起了，和他们一起在天堂保护我们。

7月31日，星期二——义和团向我们这边射箭，箭上系着写有相同字样的信，内容如下：

> 字示天主教民知悉，今天津等处洋人皆已平剿尽净，汝等守此弹丸之地，内无粮米，外无救兵，苟识时务，当自出教投诚，必不杀害。尔等有能杀一洋人，献首级者，赏银二百两；有拿一活者，送到本团，赏银五百两。指天为誓，绝不食言。若仍执迷不悟，被获之时，虽愿投诚，亦尽杀不贷。乾字团具。[①]

不用说，我们勇敢的教徒没有一个人会受到诱惑，接受他们的条件，尽管每人每天仅

① 译文据包士杰《拳时北堂围困》，1920年铅印本，第22页。与英文原文略有出入。——译者注

能分到十盎司食物。

今天向我们打了八十炮,没有造成多少损坏,只是把屋顶打得几乎成了筛子。

8 月 1 日,星期三——早晨 6 点,义和团又回到了北面,但他们只有三四百人,很快被击溃,至少五十人被打死。

一会儿后,我们听到喇嘛庙那边传来呐喊声和枪炮声,好像是义和团同士兵们发生了争执,士兵杀死了一些义和团。

8 月 2 日,星期四——我们减少了自己和教徒的食物配额,大家都很虚弱,只能勉强维持不被饿死而已。来吃义和团尸体的狗也被我们那些不幸的人捉住杀了,把这一可怜的食品和各种树叶、草根一起吃了。雨季早该来临了,但是没有下雨。天主让道路畅通,以便救援部队前进。

8 月 3 日,星期五——似乎不再有人监视我们了,枪炮声也很稀少。我们甚至打算在凌晨 2 点进行一次出击,寻找粮食来吃。但是要这样做,我们就得让三分之二的水兵去冒生命危险,除非到了弹尽粮绝的地步,我们决不会那样做。

8 月 4 日,星期六——和往常一样,过去四天里,我们白天都没有受到侵扰,但是一到晚上,猛烈的枪击就会开始。义和团和官兵知道我们已经极端匮乏了,尽力阻止我们出去。由于饥饿难耐,几名教徒逃出去,进到烧毁的房子里,从垃圾里捡回来一些烧焦的大米,情况实在凄惨。

8 月 5 日,星期日——我们现在唯一关心的就是食物问题,我们能够抵御炮弹和枪弹,却无法抵御饥饿。我们仔细称了所有的食物,总数为七千磅。于是决定每天向三千人分发一千磅食物,这样我们还能生存七天。我们热切期望救援军能在这一周到达。直到现在,天主一直都在努力地保护我们。

8 月 6 日,星期一——几名教徒实在受不了饥饿之苦,再次冒险出去。结果,义和团抓住了其中三人,把他们带走,砍成碎块。此外还发生了一件让人难过的事,在大门值勤的水兵被击中了右眼。我们可怜的水兵中,已经有三人一只眼睛失明了!

8 月 7 日,星期二——听到远处传来激烈的炮声,士兵和义和团对我们的进攻也虚弱无力,这又使我们盼望是救援军快要到了。但是,我们的教徒已经十分虚弱。他们睡在走廊下面,瘦弱而又苍白,好像晕过去一样。最初武装起来的教徒有五百人,而如果敌人现在向我们发起进攻的话,有二十五个人还能进行反抗就不错了。

8 月 8 日,星期三——一直都很平静,但并没有完全停止向我们开火。一名在树上摘树叶的教徒被子弹击中,像一只被箭射中的可怜小鸟一样摔了下来。

8 月 9 日,星期四——我们一直小心戒备,因为义和团曾断言我们全部都会被杀死。虽然有危险,但我们还是探查了大门东面。一名教徒被打死,两人受伤,但我们发现了一处地雷坑道,及时地把它毁掉了。

8 月 10 日,星期五——我们得知,食物将在两天后用尽,这让我们十分担忧。我们留出了四百磅大米和一头驴子,使守卫我们的人还能够再坚持十天。

当被问到是否应该给我们自己和修女们另外保留些东西的时候,回答不约而同:“不,我们要和教徒一同死去。”不过,也有人说,我们比那些可怜的人更可怜,因为他们还能吃树叶,而我们不能。因此,决定给我们每人分一块两磅的面包。这份最后的食物保存在我们的房间里。

食物配额降低到每人两盎司,这样还能维持六天,可那将是什么样的日子啊!水依然充足,只要有水,生命就可以维持一段时间。

中午,北面和东面的炮再次向我们开火,但只打了五十炮。命中率很低,那些没有经验的义和团在操作这些炮。3点左右,看到南面飘着一只由绳子系住的气球,我们的信心又增加了。

8月11日,星期六——今天又向我们发射了六十炮,但他们发射的不是炮弹,而是旧铁块、钉子、石头,甚至还有砖头。晚上,我们在大门南边又发现并毁掉了一处地雷坑道。

8月12日,星期日——早晨6点一刻,听到剧烈的爆炸声,一颗比其他地雷更可怕的地雷在仁慈堂爆炸了。所有人马上跑了过去。幸运的是,大多数孩子和修女正在堂内做弥撒,否则的话,有一半人可能会被炸死。它所造成的破坏十分严重,仁慈堂东部成为一堆废墟。爆炸处炸出了一个深七码、直径四十码的大坑,五名意大利水兵及其指挥官被埋,八十多名教徒,包括五十一名摇篮中的婴儿,永远被埋葬在废墟之下。尽管枪弹雨点般发射过来,我们仍然尽力去救助那些受伤的人。

圣母会的访客安德鲁(Julius Andrew)修士在营救一名被埋在废墟中的妇女时被打死。他是一个极其勇敢的人,在整个围困期间表现出了超群的智慧、虔诚和献身精神。

立刻赶到灾难现场的法国水兵杀死了五十名试图强行冲进来的义和团民,其他人逃跑了。一直到晚上,我们都在努力营救被埋的人。我们救上了意大利部队的指挥官奥利维里先生,他遍体鳞伤,但没有生命危险。在他的五名水兵中,有两个人被找到时还活着,但伤势严重,没有什么希望了。在仁慈堂设立了一个岗哨,由几名法国士兵驻守。在需要时,由修道院的一些学生防守那条八十码长的缺口。从早晨8点开始,炮击就没有停止,有一百多枚炮弹发射过来,我们的情况危急万分。

8月13日,星期一——所有人都饱受饥饿之苦,大家情绪十分沮丧。但是听到远处传来的阵阵炮声,我们又有了些许希望。11点,仁慈堂又有一颗地雷爆炸了,多谢天主!这处地雷埋放得不够深入,造成的危害相对较小。

晚上,我们听到义和团大声叫喊:"洋鬼子快来了,要死就死吧,但你们得先去死。"

晚上4点,勇敢的水兵罗伯斯(Robours)站岗时被子弹击中前额而死。我们的食物只能维持两天了,那是些什么食物啊!

8月14日,星期二——东南面正在进行一场激战,从教堂上可以听到炮声、机枪声和排枪声,可以看到中国人的旗帜从城墙上消失了。11点,炮轰更为猛烈,我们看到人们正在逃跑和迁移。尽管又从各处向我们发炮,但我们心中充满了希望。我们愿意说话了,嘴角露出了微笑,因为救援军显然已在攻打北京了。晚上5点,我们看到远处的墙上站着五名外国军官,一名海军陆战队士兵正在向东面发出信号。离那儿不远,飘扬着一面美国旗帜。到晚上9点,炮火愈加激烈,我们看到两三百名受伤的中国人被抬走了。

8月15日,星期三,圣母升天节——北京东面的一个城门在天亮前燃烧起来,炮声、排枪声和机枪声从7点到9点接连不断。救援部队可能正在发起进攻。我们看到,昨天那五名军官站立的地方出现了许多欧洲士兵。

直到晚上9点,我们一直盼望着他们来解救我们。圣母在她光辉的升天日把救援军带进北京,明天就会派他们来解救我们。天主保佑！三千人只剩下四百磅食物了！天主好像已经计算过我们的粮食,他还能计算得比这更为准确吗?

8月16日,星期四——6点钟,我刚刚做完弥撒,在走廊下向天主谢恩,就听到从南面过来的大部队的激烈开火声。7点半左右,枪声明显地越来越近。到快8点时,枪声距我们只有大约三百码远,在皇城的西华门后面。这个门已经关闭,由许多官兵把守着。在从这个门通向紫禁城的大街上,建起了几个由米袋堆成的坚固工事,由至少一千五百名手持连发枪的人守卫,这还不包括驻守在有枪眼的布防建筑中的义和团和官兵。

我们的人爬到墙上,认出驻扎在西华门后面的是一些欧洲士兵,其他的是中国士兵。我们不知道这是最后一次攻击呢,还是准备中的解救行动。不管怎样,我还是用军号吹了三遍《比若老爹的军帽》。外面没有传来任何回应,也没有任何欢呼声,但是在里面,枪炮雨一般向我们发射过来。一颗炮弹在我脚下爆炸了,我刚刚有时间躲到砖柱后面。半个小时以后,一名爬上皇城城墙的勇敢教徒跑过来对我说:"他们的确是欧洲人,我看到一名军官穿着带条纹的白色制服。"我们已经在教堂顶上树起了一面很大的法国国旗,上面写着:"请马上来解救我们。"修道院院长和他的学生在北面二百码远的地方树起另一面国旗,并且再次吹起了军号。教徒看到的那名军官朝着国旗走过来,于是给他递过去一把梯子,他握住了去到那里的副主教的手。这是一名日本军官。他问道:"你们能打开皇城的大门吗?"我们势单力薄,根本无法做到。于是他回答说:"好吧,我会想办法强行打开它。"然后他就下到了墙那边。

这时,我们看到另外一支身穿蓝色制服的军队,带着大炮快速向这边行进。有人向我喊道:"这次我们不用怀疑了,他们是法国人。"他们直接前进到国旗那里,在墙那边架好梯子,我们则在墙这边架好梯子。几分钟以后,马尔蒂(Marty)连的五十名士兵和他们的指挥官就来到我们中间。在这期间,日本兵爬上了南面稍远处的城墙,打开了一扇城门。驻扎在对面的法国炮队完成了最后的工作,尽管每分钟有上千发子弹发射过来,他们还是占领了堡垒。

进入我们防线内的海军陆战队的步兵们及时地穿过我们的院子,在爬上并烧毁了布防建筑之后,与防守那里的敌人短兵相接,攻占了后面的堡垒。

战斗结束了,八百多名义和团和官兵的尸体倒在地上。我们只有两人死亡,我们为此感到悲伤。另外,还有三人受伤,其中包括指挥官马尔蒂。

这时大约是10点。法国公使毕盛先生和弗雷(Frey)将军在北堂停留了十五分钟,不用说,我们从心底发出了相互问候和祝贺。我们得救了!

樊国梁

义和团暴乱析论

The Outbreak in China
Its Causes[①]

卜舫济(F. L. Hawks Pott)牧师　著

纽约:詹姆斯·波特公司
(New York: James Pott Company)
1900 年出版

① 此处为两个短语:The Outbreak in China 和 Its Causes。但是,英文原版中每一页的页眉处标示的题目为"The Outbreak in China"(中国的暴乱,即义和团暴乱),没有一页上有"Its Causes",而且,汉译中的"析论"本身包含有"分析原因"的意思,因此将题目译为《义和团暴乱析论》。——译者注

导　言

近来，全世界的目光前所未有地聚焦中国。空前的排外暴乱令我们惊讶，初时毫无防备，手足无措。然而，一切巨大灾祸都是各种力量寂然无声秘密运作的结果，中国发生的暴乱也不例外。那些与人们朝夕相处的传教士自然最了解人们的思想，他们早就预测到我们正处于一次暴乱前夕。东方的主要报纸《字林西报》(*North China Daily News*)也透露了这一时期的正确信息，多次向人们发出了可能要发生大灾祸的警告。不过，关于这些令人不快事件的预言，并没多少人注意。各国驻京公使似乎对眼前将要发生的一切熟视无睹，他们各自代表的国家却认为他们的言论玄妙费解，因此很少有人相信这些不祥的说法。虽然这次暴乱对西方人像是晴天霹雳，但并非没有前兆，本来是可以预测的。

现在我要搞清楚这次暴乱的原因。有些人可能认为多此一举，他们会说："既然暴乱已经发生了，我们不必浪费时间去推测它的原因，只要努力镇压、恢复法律和秩序就够了。"正是由于人们往往这样去考虑问题，笔者才认为尽可能弄清这次暴乱的起因是极其重要的。除非我们弄清起因，否则我们就无法找到应对这次暴乱的最好方法。就像是一名医生只有在诊断病情后才能对症下药一样。我们只有认清这次暴乱的起因，采取将其永久根除的有效措施，才能保证今后不会发生类似的暴乱。

要追溯中国目前动乱的起因绝非易事，缘此次暴乱就像传说中的九头蛇(hydra)①，有许多头，我们不可能指认任何一件事情就是暴乱的唯一原因。我们甚至可以将此次暴乱与九头蛇作进一步的比喻说明，即不仅仅要砍掉这条蛇的所有脑袋，还要烧灼它掉头处的伤口，否则，它的这些头会重新长出来，我们的一切努力都将徒劳无功。

众所周知，外交官是和平使者，现在人们极为担心联军不能很好地完成其正在做的工作，最终必须主要依靠外交手段，在罪犯得到公正的审判前，这一"补救"工作即将开始。

除非采取激烈的措施，中国这场暴乱的最后阶段必将比初起阶段更糟。

希望这份对"中国问题"的研究，能帮助人们更充分地了解中国的局势，更完全地认识她深陷苦难的原因，使美国政府和其他西方列强制定出强有力的具有远见的政策。笔者将首先列出这些原因，然后逐一进行讨论。

一、诱因

1. 民众贫穷

2. 官员腐败

3. 固有排外风气

---

① hydra是希腊神话故事中的蛇，九头蛇乃是约定俗成的说法，即有许多头的蛇之意。——译者注

二、甲午战后中华帝国渐趋崩溃
1. 德国强占胶州湾
2. 俄国租借旅顺港
3. 英国租借威海卫,拓展九龙
4. 意大利欲夺三门湾
5. 扩展租界
三、引进铁路,给予外国财团特许经营权及外国资本输入中国
四、慈禧太后政变与排外运动兴起
五、义和团暴乱
六、传教事业

一、诱　因

一个人生病时，我们要寻找生病的原因，国家也一样。

第一，毫无疑问，中国暴乱的诱因之一是民众的贫困。中国大多数人都生活在饥饿的边缘，北方各省尤其如此。因此，北方的暴乱最为激烈。民众贫穷是因为人口密集，贫富不均，不知创造财富的最佳方式以及未能开发地下资源。黄河两岸地区的贫困还有更深层的原因。河水经常大面积泛滥，破坏性很强，湍急的河水常常溢出堤岸。在中国，黄河以“中国之痛”著称，或许像有人所说将其称为“中国的耻辱”更合适。这些周期性的灾难本可以预防，但是当局迄今未下决心采取措施消除这一造成贫穷的重要根源。

中国人一般很知足。据明恩溥（A. H. Smith）先生说，“他们不期盼更幸福的生活，只想安于现状”。然而，难熬的贫困必定摧残人，使贫穷的人随时可参加许诺能改善生活条件、让他们过上好一点生活的任何暴动。

第二，贫困之外，地方官员长期的残暴压榨，必定也极大地强化了民众暴乱的诱因。

中国的政治理论相当理想化，但正如柯乐洪在《转变中的中国》一书中所言，中国“展示出人类已知制度在理论和实践之间最广泛的不一致，最纯洁的理想掩盖着最卑劣的目的，是个事实上‘腐坏最大限度地利用了最坏环境’（corruptio optimi pessima）的可怕典型”。从皇帝到衙门属吏，无时无刻不在剥削压榨。政府运作主要是为了维护统治者的利益，地方官只想着如何敲诈掠夺人民而养肥自己。

中国总体上可视为一个和平的国家，但毫不夸张地说，在帝国的某些地方，几乎无时没有叛乱。所有的叛乱，部分是由于统治阶级的巧取豪夺和不公正造成的。每当民众再也无法忍受苦难，而官员们又我行我素时，地方性的叛乱就发生了。因为除了“神圣的反抗权利”之外，没有其他的解决方式。

第三，除上述两点诱因之外，还有一点不容忽视，这就是固有的排外情绪。这种排外情绪之在中国，并非是过去没有、现在新滋生的，而是自中国与欧洲各国建立外交关系伊始就有了。简单回顾一下历史，就不难明白中国数千年间何以从未同亚洲以外的国家交往。在那漫长的岁月中，中国是一块未被发现的土地，有其独特的发展模式。在中国，当人们称外国人为“洋鬼子”时，并不意味着这是搜肠刮肚寻思出来的一个特别粗俗的词语，这样称呼外国人，人们感觉很自然。那些这样称呼外国人的中国佬，其自大与傲慢与生俱来，就像其他民族特性一样根深蒂固。1840 年，当英国人要求进行商贸往来时，中国人认为这些人是前来乞求好处的。甚至于迟至 1873 年，首次谕允外国使臣在京城觐见时，也是安排在为接待贡使而单设的一个偏厅中进行的。一系列事件或许使少数中国人认识到了西方文明，了解了西方国家的强大和富有，但对于大多数中国人来说，西方人依然是夷狄,是应当憎恨而不能与之交往的人。

无论何时,只要遇到发泄憎恶情绪的良机,那些中国人就会争先恐后地利用起来。除了与外国人做买卖的商人之外,中国人看不出与外国人交往会得到任何好处。他们把国家灾难的根源归之于对海外夷狄要求的让步。

二、甲午战后中华帝国渐趋崩溃

中国在甲午战争中惨遭败北，海陆军彻底崩溃，震惊了西方各国。本来，舆论一直关注中国的潜力，期望其能成为自信的日本的强大对手。我们现在关心的是这一“幻想破灭”后的结果。中国的孱弱暴露在世界面前，导致西方许多国家在同北京朝廷谈判时完全改变了态度。“尸体引来群鹰。”甲午战争前，各国还是尊敬中国的，认为必须通过外交手段来获取中国的让步。甲午战后，西方列强的态度越来越具有侵略性，意识到诉诸武力威胁可从中国攫取想要的一切。根据 1895 年 4 月 17 日签订的和约，辽东半岛（包括旅顺港）、台湾、澎湖列岛割让给日本，并赔偿白银二亿两。中国吁请西方各国伸出援手，俄国、德国和法国让自己扮演了正义朋友的角色。在三国的斡旋下，日本不得不放弃了吞并辽东半岛的打算。可以说从这时候起，外国的侵略就已经开始了。作为回报，俄国要求将西伯利亚铁路经满洲拓展至海参崴，并修筑支线至沈阳和旅顺港。法国要求将东京铁路修筑至广西境内。德国要求获得某些开矿权和金融特权。

我们几乎不能指责外国列强的这些勒索。中国坚定地拒绝沿着西方进步的轨迹前进，同她进行外交周旋，已经证明非但解决不了任何问题，反而会使情况变得更糟。列强对她实施高压政策，很大程度上应归因于她的衰弱和拒绝改革。

第一，德国强占胶州湾。

通过割让领土来瓜分中国的第一步是德国强占胶州湾。我要简单叙述一下这次事件的始末。1897 年 11 月 1 日，两名德国罗马天主教传教士能方济（Franz Nies）和韩理（Richard Henle）在山东南部被一帮武装的强盗杀害。那时具有强烈排外思想的李秉衡任山东巡抚，他对一切具有排外性质的敌对行为视若无睹，甚至有暗中支持的嫌疑。事发后，德国迅即要求赔偿，进行武力威胁，给了中国沉重的一击。德国马上派军舰到胶州湾，中国的驻军被逐出要塞。一小队德军在海岸登陆，并留在那里，直到达成德国满意的解决办法。中国无力抵抗这次仅有三支舰船和六百人的入侵。德国公使向总理衙门开列了以下六点要求：（1）因两名德国传教士在兖州[①]被害，赔偿德国白银二十万两；（2）重建暴乱中被破坏的教堂；（3）支付德国占领胶州湾的费用；（4）将退职山东巡抚李秉衡革职，永不叙用；（5）对杀害德国两名传教士的凶手及暴乱发生地的政府给予最严厉的惩罚；（6）a. 给予德国在山东境内独家开采煤矿的权利；b. 给予德国在事发省修筑铁路的特权；c. 永久允许德国在胶州湾蓄存煤炭。根据谈判的结果，德国实际上得到了她要求的一切，并持久地占领胶州。《字林西报》1897 年 12 月 3 日发表评论，预言：“德国在山东的行动，显然揭开

---

① 按所发生的地点，实在兖州府属的巨野县。——译者注

了瓜分中国的序幕。”

第二,俄国租借旅顺港。

其他列强不甘落后,紧步德国后尘。俄国要求按照同样的条件租借旅顺口和大连湾。长期以来,俄国在远东的政策一直是人们注目的焦点。她显然是要在满洲和北中国施展支配性影响。扩张铁路体系,便令人信服地证明了这一点。由于缺乏海港,俄国未能成为欧洲强国,从而正计划着成为东方强国,以求平衡。为了达到这一目的,拥有终年不冻港一直是她的首要目的。

谈到俄国的政策,前任上海总领事佑尼干(T. R. Jernigan)先生于1898年4月在《费城制造商报》(*Philadelphia Manufacturer*)上评论说:

> 俄国正准备花钱完成其在中国蓄谋已久的铁路建设,并非是期望立即获得商业回报,而是作为一种政治和军事征服手段,以保障其在中国的优势地位,如果必要的话,得以成功地攻击亚洲两个最富庶、人口最密集的国家。世界贸易中心转移的主要因素是首先获得重要的战略位置。这一计划虽说不上包罗万象,也可认为是涵盖面极广的,如果实现,不仅将引发世界贸易中心的转移,而且人们将承认俄国的优势,使世界强势从西方移向东方。

1896年《中俄密约》签署,这些条款是由精明的俄国公使喀西尼伯爵(Count Cassini)谈判达成的。该条约将旅顺港和大连湾让与俄国。准许俄国将其铁路延至满洲,并由俄国派驻军队保护铁路,建立要塞来保卫海参崴南部的西伯利亚铁路。作为回报,俄国同意与中国结成共同防御同盟,并且派军官至满洲、直隶、山东、山西、陕西和甘肃训练中国军队。

条约公之于世时,人们简直难以相信。英国对此最为鄙视。一系列事件表明,这一切都是中国和俄国一直秘密活动的结果。俄国肆意用金钱来影响有权势的中国官员们。对俄国的蚕食,中国从未强烈抵抗。1898年3月,当俄国要求中方割让旅顺港和大连湾时,中国政府轻易就应允了,甚至未有任何假装要保卫自己领土的行为。

在旅顺港,俄国获得了世界最强大的海军基地之一,从而为完成其向东扩张的计划迈出了重要一步。

第三,英国政府租借威海卫。

过去某些时间,英国在中国的政策相当软弱。虽然英国最先把开放的中国推向了世界贸易舞台,但她却几乎没有利用自己的优势。可以说不论英国为自己争取了什么商业利益,她都愿意与其他国家分享。后来,瓜分中国问题成了英国的主要烦恼。英国别无选择,强烈反对令人恐惧的分割中国行动。她担心俄国在北方的扩张一定程度上影响其继续维持中国的“现有良好秩序”(a going concern)。英国对中国的政策并非是侵略性的,她一直把中国官员视为做一切事情都非常诚恳的人,因而一直比其他列强遭受更多的蒙混愚弄。

柯乐洪先生在谈到英国对华政策时,认为其特点是:“柔弱,没骨气,不合逻辑。随着国内外形势变幻莫测,与见多识广的英国公使的判断相反,英国无疑走上了一条导致其在亚洲地位下滑的路线。”

然而,英国不能袖手旁观,坐视德国、俄国在中国获取如此重要的战略基地。结果是日本刚从威海卫撤离，英国政府就提出要租借威海卫。中国一如既往，无力抵抗，迫不得已顺从英国的意愿，将威海卫军港租借给英国二十五年。作为回报，英国将帮助中国支付日本赔款。1898 年 6 月 24 日，英国国旗在威海卫上空升起。除了这一租借，1899 年，中国政府最终还屈从了英国将其香港领土延伸至大陆的要求。4 月 16 日，英国国旗在九龙半岛上空升起。

在叙说下一个问题之前，最好先回答一下逐渐窃夺中国领土的直接后果。可以断言：这样做的后果会激怒中国人，使他们史无前例地反对外国人。头脑清醒的官员已经意识到中国的虚弱，不得不答应这些割让领土的要求，然而人民大众却对中外局势一片茫然，依旧愚钝无知。中国衰落的消息在传播过程中总是被淡化，民众一直想象中国拥有难以言喻的力量，把那些参与各种协议的人当作卖国者，认为他们商定这些协议是为了牟取私利。就中国民众而言，这些租借行为的主要后果是不断增强了他们对外国人固有的憎恨。

中国人与外来者的多次摩擦，可以充分证明这一点，德国占领胶州湾，则很好地说明了这一问题。1 月 24 日，一个德国哨兵在即墨被杀害。德国官员这次自立公堂，将杀人的中国店主公开处死。1899 年 3 月，山东再次发生严重暴乱。九名属于罗马天主教的当地基督徒被处死，其中两个被活活烧死。三个德国人——汉纳满(Hanneman)中尉、福舒特(Forschulte)先生和幕茨(Moots)先生恰巧路过动乱地区。他们被一群彪形大汉截住，并被攻击了很长时间。当时他们带了武器，所以拼命挣扎自卫。他们杀死很多中国人后，逃到了沂州府。作为对这次袭击的惩罚，德国派兵占领了沂州府，命令烧毁当地的两个村庄。不论这次行动是否正当，毫无疑问，它进一步增强了山东人民对德国人的敌意。

俄国人在满洲也是摩擦不断。俄国士兵总是使用最高压的手段。但是，由于中俄之间的那种默契，所有难题都悄然化解，最野蛮的暴行也都被默默忍受下来了。

划定威海卫边界的过程障碍重重。中方官员企图使用惯常伎俩，拖延行事，尽一切努力来阻碍和平解决。此时，煽动性的传单在民众中广为流传，激励人们把英国人从自己的土地上赶出去。在英国军官指挥下的当地人组成的武装与中国士兵之间发生了一场小规模交战，中国士兵被击败了。然后中国像往常一样接受了不可改变的事实，官员默认了最初的协议。

由于列强不断侵占中国领土，排外情绪空前高涨。

有人开始意识到国家领土的完整受到威胁，前所未有地担心中国被瓜分，他们准备举行重大的起义来摆脱遏制、胁迫自己国家的羁绊。这种怨恨情绪不仅在民众中高涨起来，而且也在愚昧的官员中蔓延。他们不停地进行教唆，当局没有采取任何坚决行动将动乱消灭在萌芽中。

第四，意大利欲夺三门湾。

当意大利也紧步其他强国后尘，于 1899 年春要求割让浙江省三门湾时，中国非常明确地表明了要拼死抵抗对其领土的进一步掠夺的决心。中国强烈抵制这一要求，让各国大吃一惊。这种态度的转变很大程度上是因为慈禧太后当政。我们在后文中还要提到慈禧及她的政策。中国所做的每一项准备都表明，如果意大利不发动战争，就不能夺得三门湾，这一事件以意大利撤回其要求而宣告结束。成功抵制意大利，对清帝国的近期政策有举足轻重的影响。人们认为："挫败意大利，开了个大胆的好头。现在所必须做的就是要强烈反对类似的要求,外国也不会强行夺取。”中国人往日的骄傲在成功的假象面前极大地膨胀起来。

第五,扩展租界。

要求扩大其在上海、汉口及天津的租界,也表明列强企图加紧对中国的控制。

关于上海,从外国定居者的角度看,扩大租界非常有必要,他们极渴望扩展。然而,当我们考虑到同意给予额外土地来扩大租界实际上意味着让渡领土时,我们当能明白中国人自然会觉得是很不恰当的事。外人居住区实际上就是租借地。中国在租借地中保留的唯一重要权利,就是当居住在租界里的中国居民触犯法律时,由中国法官主持,外国法官陪审进行审判。虽然十分不情愿,在北京外国公使的一再要求下,中国最终不得不表示同意,让与了大约十平方英里的土地。

总而言之,我想要说的是从中国人的立场看,割占胶州湾,租借旅顺港、威海卫,英殖民地延伸至九龙及各租界的扩张,似乎都是侵略行为。中国民众从未同意过,官员们暗地里也是反对的。中国逐渐被列强包围的情势使中国人意识到除非做点什么来扭转局势,否则中国作为一个独立、完整的国家将时日不多。基于这种理解,以及随之而来的排外情绪,关于最近暴动的原因,我们就非常清楚了。

三、引进铁路，给予辛迪加经营特权以及外国资本输入中国

近来，中国越来越被当作西方过剩产品的巨大市场，以及西方资本输入的重要场所。世界上的商业国家——美国、英国、德国，为了占有中国这个具有广阔前景的市场互相激烈竞争。法国主要是出于政治目的而对中国感兴趣，俄国则主要出于领土目的，但是他们也吵吵嚷嚷要分一杯羹。四亿人需求的前景，过去一直很诱人，将来也是极其诱人的。

首先说一下投资铁路建设的情况。到目前为止，中国仅有三百一十七英里已建成的铁路。列强意识到他们面临着巨大的机遇，相互争夺在中国建设一个遍布全国的巨大铁路网的特权。贝斯福勋爵(Lord Charles Beresford)在《分崩离析的中国》(*The Break-up Of China*)一书中列举了当时正在建设的铁路、规划中的铁路以及获得不同铁路特许经营权的列强名单。

在建的铁路有：(1)芦汉或京汉铁路，干线长达七百英里，由比利时和法国的资本家投资修筑，连接北京和汉口。(2)山海关—牛庄铁路，全程一百七十英里，连接有重要煤矿资源的山海关和牛庄，是英国一家公司出资修建的。俄国把满洲作为他们的势力范围，竭力想要从英国资本家那里夺取这一特权，但没有成功。(3)斯特莱腾斯克(Stretensk)—海参崴一线，其中有一千英里在中国境内。俄国政府的这一特权具有重要的战略意义，建设速度很快，即将竣工。(4)俄国至满洲的铁路。该路要把斯特莱腾斯克—海参崴铁路与大连湾和旅顺港连接起来，这一经营特权也给了俄国政府。

规划中的铁路：(1)太原府—正定铁路，总长一百三十英里，是京汉铁路的支线。这条铁路的修筑权归华俄道胜银行(Russo-Chinese Bank)。(2)胶州—沂州—济南铁路。这是山东境内的一个三角铁路，完全在德国掌控之下。(3)天津—镇江铁路。它北至京汉铁路东南，属英德经营的铁路。(4)汉口至广州铁路。该路将连接长江与广州，价值极大，为特许英美经营的铁路。(5)英国福公司铁路(The Peking Syndicate Railway)，为开发山西丰富的矿藏而建，连接长江支流汉江边上的城市襄阳(Siangyang)。(6)东京—南宁府(Tonquin-Nanning Fu)铁路、谅山—南宁铁路(Langson-Nanning)及北海—南宁(Pakhoi-Nanning)铁路，合同均被法国获得。(7)上海—南京铁路。该路将联结南京与沿海地区，由英国人出资。(8)苏州—杭州—宁波铁路。该路将把这三座重要的城市与上海连接，也特许英国经营。(9)缅甸延伸线。该路欲将云南省会与缅甸连接。

我列出以上在建和拟建铁路及其特许经营国名单，目的是要传达国际财团目前在中国竞争的某些信息。我们这里所关心的并非是拥有一个完善的铁路系统将对中国所具有的极大价值，而是这些铁路的特许经营权要求在中国人身上产生的影响。

虽然已经花了大笔的钱来勘查这些线路,但是数不清的障碍推迟了它们的建设。如果当局对此事态度认真的话,那么许多铁路不会像现在一样仅仅存在于纸面上。中国官员在大多数情况下都把这些外国投资要求当作机会,借以让威胁中国的西方列强出洋相。

这些精明的官员已经发现,中国使用的外资越多,就会被自己的敌人控制得越紧,少了行动的自由。

除了官员们的反对——通常他们都是暗地里反对,我们应当记住,民众看到自己的国家被铁路分割开来时所怀有的怨恨。在中国建设第一条铁路的故事——从上海到吴淞的短线,大家太熟悉了,毋庸赘述。只要说明这一点就足够了:内地广大民众对铁路的恐惧,就像 1877 年上海周围村子里的村民所表现出来的一样。

中国人最迷信风水。他们认为好运与厄运在任何情势下都是由风水决定的。根据他们的推理,任何粗暴打乱风水的事情一定会导致灾难。铁路必定会扰乱风水,因为修筑铁路必须开山架桥,整平高地,填平洼地。除了影响风水之外,破坏祖坟是修建铁路更大的障碍。因为铁路必须尽可能经最短、最直的路线通往目的地,很少顾及全国各地星星点点的坟墓。

下面举例说明民众如何看待引进铁路的事。只需要提到这一点就很清楚了:每一队在中国工作的测量员必须要有强大的军队保护,才能成功地完成任务。帕森斯(Parsons)将军在测量粤汉铁路时,几乎没有遇到抵抗,但是那是官方尽了力去保护的结果。波廷杰(Pottinger)上尉在云南铁路委员会勘察时就不那么幸运了,他们遇到了坚决的抵抗。事实上,在通过四川部分地区时他不得不用武力开路。换句话说,中国民众不想要铁路,不懈地坚持修建铁路只能增强他们的排外情绪。

我们一定要记住,除了铁路财团外,中国还受到大量矿业财团及商业使团的冲击,对中国人来说,他们并没有清楚地认识到这些商业先驱的利他精神。我们知道对中国来说,开采煤矿是有好处的,但是中国人部分出于迷信,部分出于骨子里的保守,并不这样认为,他们尤其反对在这些事情上引入外资。

因此,我认为如果正视这些事实,努力发挥想象,从愚昧的中国人的观念来看问题的话,我们就不难理解外国资本家这么大量地涌入中国,会如何极大地烦扰中国民众的思想了,这也是导致最近暴动的原因之一。

四、慈禧太后政变与排外运动兴起

说到现在要说的这次著名政变，有必要简单回顾一下导致其发生的一系列事件。1898 年春天，在国家航船似乎缓慢却必定走向灭亡的时候，改革运动初露端倪。光绪皇帝受到一群年轻官员的极大影响，这些官员们胸怀改革帝国的计划，其领袖人物是康有为，一个有能力和性格坚强的人。光绪积极地投身到由这些热心、激进的爱国者发起的改革中。1898 年 7 月 19 日颁布诏书，在全国范围内实行新的科举制度。回想一下，在当时的中国，成功通过科举考试是官员录用的基本条件，我们就可以明确看到这次改革会有什么样的深远影响。考试不再局限于中国经典知识和写作从经典中抽取题目的文章（八股文），而要考查“中国史事、国朝政治，时务专问五大洲各国之政、专门之艺”[①]。

要完全抛弃八股文。在颁布上述法令[②]的批示中，皇帝指出：“毋庸置疑，楷法优美，固赏心悦目，但却无关实用，以往楷法长期为学子晋身之阶，此后则不再作必要条件。然善楷法者亦非无用武之地，若有政府部门需用此项人才，当特降谕旨考试，以补所需。”[③]

上述谕令如果贯彻实施，将会提拔一些能理解、处理当今问题的官员来取代现任官员，因为现任者的知识和情感都局限于过去。

改革建议还有如下几点：(1)完全重组政府，设立新衙门，裁撤闲散机构。(2)为促进科学知识发展，开设学堂，学行之有效之西法。(3)准国家各级官员不分职位高低直接向皇帝上书。一位改革者甚至大胆建议“皇帝和全国人民剪掉长辫，易服西装。另有人建议国家奉基督教为国教。有人还建议皇帝奉慈禧太后去日本拜访天皇，以便使他们亲眼见证，与丢掉了往日过时风俗、一切都西化的日本相比，中国的境况是多么可怜。这样的旅行中的所见所得抵得上千条万条纸面上的意见”。

这些建议和改革的影响令人吃惊。一经公布，国内很多人衷心赞成。1898 年 9 月 1

---

① 这段文字并非是“诏书”原文，很可能为某报报道文字。这里的“诏书”，实际上应是 1898 年 7 月 19 日光绪皇帝批复张之洞、陈宝箴《请饬妥议科举章程并酌改考试诗赋小楷之法》奏折发布的上谕。上谕原文为：“乡会试仍定为三场。第一场试中国史事、国朝政治论五道；第二场试时务策五道，专问五大洲各国之政、专门之艺。……”（详见朱寿朋编《光绪朝东华录》第 4 册，中华书局 1958 年版，总第 4141 页）——译者注

② 这里的所谓“法令”，指的应是经光绪批复的张之洞、陈宝箴拟定的“章程”和科举考试改革办法，光绪对二人奏折中陈述的章程办法的批示为“着照所拟”。（详见朱寿朋编《光绪朝东华录》第 4 册，中华书局 1958 年版，总第 4137～4141 页）——译者注

③ 与上述“诏书”一样，这里的光绪批示也非上谕原文，很可能是作者摘录的某报报道内容。光绪批示的原文为：“至词章楷法，虽馆阁拟撰应奉文字，未可尽废。如需用此项人员，自当先期特降谕旨考试，偶一举行，不为长例。嗣后一切考试，均以讲求实学实证为主，不得凭楷法之优劣为高下，以利硕学，而黜浮华。”（详见朱寿朋编《光绪朝东华录》第 4 册，中华书局 1958 年版，总第 4141 页）——译者注

日的《字林西报》报道说:

> 我们的记者报告了内地令人鼓舞的迹象,各地已经准备接受废除测试学识和作为官方录用重要手段的八股文。虽然这一改变严重影响了数量巨大的先生和学生,但因为其合理性和必要性而被接受。全国成千上万准备参加科举考取功名者,正在放弃中国经典的学习,试图求取一些西学知识,他们担心主考官的西学知识还不如他们。各地省级官员们正在被迫建立教授西学的各级学堂,那些痴迷于自己官位及前途的顽固官员们,现在正转而求助于以前他们蔑视的传教士,以求得到建议和帮助。

很容易想象,北京腐朽保守的官员们和慈禧太后对所有这些革新都持惊愕和怀疑态度。皇帝忍无可忍,终于下令将拒绝代呈改革者王照密折的礼部两位尚书及四位侍郎全部革职,并将保守的李鸿章逐出了总理衙门。

政变的直接原因是发现了一个要将慈禧软禁起来的阴谋。软禁了慈禧,她就无力来阻挠新政了。通常认为是康有为建议皇上,如果要巩固自己的地位就必须扳倒慈禧,并除掉其心腹——统领所有北方陆海军的荣禄。为了解决后一个问题,皇上赐给现在的山东巡抚袁世凯一道密旨,令其赶赴天津,即刻除掉荣禄。直到那时,袁世凯还一直以改革者面目示人。但是,在接到光绪密旨后他背叛了皇帝。他并没有取荣禄性命,反而向他泄露了皇帝的旨意,然后跟他一起调动大批人马进京拱卫慈禧。他们刚到京城,光绪就被废黜了。动作如此突然,以至于改革党全然没有觉察。有关此次政变的解释,第一次出现在皇帝于1898年9月22日颁布的圣旨中。全文如下:

> 北京,9月22日
>
> 现在国事艰难,庶务待理。朕勤劳宵旰,日综万机,竞业之余,时虞丛脞。恭溯同治年间以来,慈禧端佑康颐昭豫庄诚寿恭钦献崇熙皇太后两次垂帘听政,办理朝政,宏济时艰,无不尽美尽善。因念宗社为重,再三吁恳慈恩训政,仰蒙俯如所请,此乃天下臣民之福。由今日始,在便殿办事。明日(23日)朕率诸王大臣在勤政殿行礼,一切应行礼仪,着各该衙门敬谨预备。[①]

从此恐怖统治开始了。凡是与改革运动有关的官员都受到了逮捕、流放、斩首的处分。康有为乘一艘英国军舰逃往上海,从上海又逃到了日本。

此外,还宣布皇帝病了,无力管理朝廷事务。这当然是用来蒙混驻北京的外国公使们的阴谋诡计。

慈禧继续把极端排外、保守的满族官员收拢在自己身边。荣禄作为直隶总督兼北洋大臣被留在北京。1898年9月26日颁发了一道谕旨,完全废除皇帝试图进行的所有改革。谕旨是以光绪帝的名义发布的。提到废除闲散无用衙门一事时,谕旨说:

> 即如裁并官缺一事,本为沙汰冗员,而外间不察,遂有以大更制度为请者。举此类推,将以讹传讹,伊于胡底!若不开诚宣示,诚恐胥动浮言,民气因之不靖,殊失朕力图自强之本意。
>
> 现在详察情形,此减彼增,转多周折,不若仍袭其旧。着将詹事府等近来裁撤的其他五处衙门照常设立,毋庸裁并。其各省应行裁并局所冗员,仍着各该督抚认真裁

① 上谕原文见朱寿朋编《光绪朝东华录》第4册,中华书局1958年版,总第4200页。——译者注

汰。至开办《时务官报》及准令士民上书，原以寓明目达聪之用。惟现在朝廷广开言路，内外臣工条陈时政者，言苟可采，无不立见施行，而疏章竞进，辄多摭拾浮词，雷同附和，甚至语涉荒诞，殊多庞杂。嗣后凡有言责之员，自当各抒谠论，以达民隐而宣国是。其余不应奏事人员概不准擅递封章，以符定制，《时务官报》无裨治体，徒惑人心，并着即行裁撤。

大学堂为培植人才之地，除京师及各省会业已次第兴办外，其各府州县议设之小学堂，着该地方官察酌情形，听民自便。其各省祠庙不在祀典者，苟非淫祀，着一仍其旧，毋庸改为学堂，致于民情不便。方今时势艰难，一切兴革事宜，总须斟酌尽善，期于毫无流弊，以副朝政励精图治、不厌求详之至意。①

1898 年 9 月 29 日的谕旨，也是以光绪帝的名义颁发的，显示出他完全屈从于慈禧太后了：

朕恭奉慈闱，力崇孝治，此中外臣民之所共知。康有为学术乖僻，其平日著述，无非离经叛道、非圣无法之言。前因其讲求时务，令在总理各国事务衙门章京上行走，旋令赴上海办理官报局，乃竟逗留辇下，构煽阴谋。若非仰赖祖宗默佑，洞烛机先，其事何堪设想！康有为实叛逆之首，梁启超与之狼狈为奸，着一并严拿惩办。其余杨深秀，康有为之弟康广仁，军机章京谭嗣同、林旭、杨锐、刘光第等，前经将各该犯革职拿交刑部讯纠。旋有人奏，若稽时日，恐有中变。倘语多牵涉，恐致株累。是以未俟复奏，于昨日（9 月 28 日）谕令将该犯等即行正法，以结此案，免致再生枝节。②

如此一来，这次轰轰烈烈的改革运动便被扼杀在摇篮里了。最遗憾的是，驻北京的外国代表们对此事视若无睹，仅仅把这次政变当作一次东方皇宫内部的家庭争斗，因而觉得与己无关。除了英国政府默许了康有为的出逃外，没有一个人在皇帝最需要帮助的时候伸出援助之手。

假如说西方各国寻求干涉中国事务的时机的话，此次危机则正当其时。但是，他们让这一千载难逢的机遇从手指缝中溜走了。爱国的改革者被杀害时，竟然没有任何人抗议。这一群虔诚的年轻人被嘲笑成空想家。人们认为，如果允许他们施行其计划，将会毁掉整个国家。

没有人想到慈禧发动的这次反对改革的运动是现在的排外运动的序幕。然而，事实证明恰是如此。慈禧坐稳了位子之后，就有了异乎寻常的梦想。她一直有排外倾向，且已开始为其爆发做准备。在军事方面的准备显而易见，京城驻满了部队，董福祥奉命率甘肃部队进驻北京。每个人都想知道这一切是为了什么，认为也许中国真的决定要与俄国一比高低，把自己从可恨的斯拉夫人的控制下解脱出来。北京的外国公使们做梦也没有想过这次行动正是精心策划的“把外国人赶入黄海”阴谋的一部分。上文已评说过慈禧成功地阻止了意大利欲夺三门湾的要求。

---

① 作者引用的上谕有所删节，原文详见朱寿朋编《光绪朝东华录》第 4 册（中华书局 1958 年版，总第 4203～4204 页）。——译者注

② 作者这里引用的上谕与原文出入较大，依照作者行文并参校原文顺次回译。原文详见朱寿朋编《光绪朝东华录》第 4 册（中华书局 1958 年版，总第 4205～4206 页）。——译者注

慈禧在1899年11月21日的密旨中，清楚地表明了她的意图，并将之传达给各省总督、巡抚、鞑靼将军和各省总兵。密旨最近曝光，全文如下：

> 现在时势艰难，各国虎视眈眈，争先入我堂奥。以中国目下财力、兵力而论，断无衅自我开之理。万一强敌凭陵，胁我以万不能忍之事，惟有理直气壮、敌忾同仇，胜负情形，非可逆料。各省督抚每遇中外交涉重大事件，往往预存一和字于胸，遂至临时毫无准备。此等锢习，实为辜恩负国之尤。特严行申谕，嗣后遇万不得已之事，非战不能结局者，断无即行议和之理。各省督抚必须同心协力，不分畛域，督饬将士，杀敌致果。和之一字，不但不可出诸口，并且不可存诸心。以中国地大物博，幅员数万里，人丁数万万，苟能各矢忠君爱国之忱，又何强敌之可惧？正不必化干戈为玉帛，专恃折冲樽俎也。①

我们要特别关注最后这句话，“正不必化干戈为玉帛，专恃折冲樽俎也”。这些话不是意味着挑战吗？

在慈禧的命令下，总理衙门函咨各省督抚，进一步强调必须继续坚定不移地抵制外国人提出的要求。这份函件最重要的内容如下：

> 本署奉皇太后、皇帝特旨：准予各督抚全权便宜行事，武力抵抗外敌对各该辖区的入侵，如果有必要，毋须候朝廷旨意再行宣战，免致延误时机，容敌以可乘之机，稳住阵脚，致己身陷险境。

总理衙门传递的咨文，激起了全国上下的爱国热情，其内容鼓励挑战，极大地增强了排外情绪。

慈禧的排外政策，进一步表现在她把最坚决排外的官吏安排在最有影响的职位上。山东巡抚李秉衡因两名德国传教士被害，根据与德国达成的协议而被罢免，由同样排外和仇视外国人在中国利益的毓贤补缺。毓贤在任期间，山东又开始发生各种暴行。后来李秉衡本人也被慈禧恢复职位，受命为长江水师巡阅大臣。慈禧之宠臣李鸿章也官复原职，一段时间后，被委任为两广总督。

慈禧准备迈出的另外重要一步，是1899年6月15日任命刚毅——一个完全无知的极端保守的宫廷政治家，赴各地检视防御工事及要塞，并筹集经费弥补国库亏空。刚毅在视察南方各省的过程中，成功地完成了“钦命筹饷大臣”的使命，为女主子征集了二百万两白银。毫无疑问，这笔钱花在了军备上，用来购买枪支和弹药。

慈禧太后还尽力向日本献媚，派两名使者去日本，目的是与这一岛屿帝国形成攻守联盟。她的计划是要联合黄种人讨伐白种人。结果两名使者泄露了太多本应保守的机密，被召了回来，极失脸面，提议订约之事毫无结果。慈禧的这些计划毫无疑问受到了国内各派系的阻挠。庆亲王是皇室成员，是一个强大派系的领袖，而荣禄是另一个。这两个人之间水火不容，两大派系之间不止一次险些爆发内战。

慈禧篡夺皇权闹剧的最后一步行动，是今年(1900年——译者)1月份企图完全废掉光绪，另立一个傀儡新君。光绪得到皇位确实应感激他这位皇伯母(姨妈)，因为他并非先皇同治的合法继承人。将他推上皇位，是因为他年幼，这样慈禧作为摄政者可以继续主政

---

① 上谕原文见朱寿朋编《光绪朝东华录》第4册，中华书局1958年版，总第4443页。——译者注

国家。当光绪推行一系列改革措施时，虽然在她的卵翼之下，她也一定觉得胸口暖了一条毒蛇。她发动政变篡权，不再利用光绪，但只要光绪在北京，就永远是危险的源头，因为他总是召集国内改革分子的中心。相应的，在 1900 年 1 月 31 日，即中国的农历新年，光绪要宣布退位，端王载漪之子——一个叫溥儁的孩子将要继承大统。这个新闻如同晴天霹雳，积压在改革派心头的怒火又一次被点燃。

慈禧的阴谋很明显，即废掉光绪帝，把一个小孩子推上皇位，使现在守旧的政权永存。全国各地纷纷抗议，反对这一做法。甚至连西方列强代表都被鼓动反对这一次皇位篡夺行动。以下是上海电报局总办及其他一千二百三十人签名发给总理衙门各位亲王大臣的电报：

> 昨日卑局奉到二十四日电旨，内称圣躬违和，思退位让贤，沪上人心沸腾。探闻各国有调兵干预之说，务求王爷、中堂大人公忠体国，奏请皇上力疾临御，勿存退位之思，上以慰皇太后之忧勤，下以弥中外之反侧，宗社幸甚，天下幸甚。
>
> 签字上书者：总办经元善等共一千二百三十一人
>
> 农历十二月二十六日

慈禧看到这份电报大为震怒，同时，也因外国人反对她实施阴谋，深感颜面无光。

恐怖统治立刻开始了。她下令逮捕经元善，经逃到澳门，在那里被捕入狱。有人为他捏造罪名，指控他侵吞公款。若非外国人干涉，他早就被处死了。其他的改革者们也被无情地追杀，慈禧试图将他们斩草除根。

不过，公开反对还是让慈禧改变了她的计划，宣布溥儁是当然继承人而不是皇帝。光绪被幽禁了，但保住了性命。

我详细追述了导致这次政变的各环节的情形以及政变之后的一系列事件。这么做的目的是让大家明确慈禧对目前事态负有的责任。在继续讨论义和团运动之前，我想说清楚，慈禧本人一直是反对改革、宣传排外的领导者；她是激活整个运动的天才祸首，所有的一切都是按她的意志做的，并受她的思想激励。

任何头脑清醒的人，尤其是像美国公使这样驻北京的人，竟然轻率地将慈禧和维多利亚女王作比较，实在令人费解。尽管如此，我们还是在田贝上校(Colonel Denby)近期的一篇文章中发现了令人惊骇的谄媚之言，而且几乎是有史以来最没远见的谄媚。

慈禧顽固、盲目、酷虐的排外情绪，虽然不是中国现在暴动的唯一原因，但或许是主要原因。

五、义和团暴乱

中国是一个典型的“充斥着秘密组织”的国家。有一些团体的名字已经被西方所熟知，例如清帮[①](High-Binders)和三合会(Triad Society)。许多组织的历史都能追溯到满洲王朝——大清建立时，他们起初的主要目标是“灭清复明”。

随着时间的流逝，这些组织的最初目标已经模糊。有一些还退化成了“纯粹的阴谋家达到不可告人目的的工具或好聚众闹事者”。这些组织成员之间的关系有点像共济会，有着固定的礼仪。遇到麻烦时，很容易挑起骚乱，煽动叛乱。

过去几年，中国最显著的秘密组织是哥老会、大小刀会(The Great and Little Second Societies)[②]与义和拳，现在流行的称呼是“义和团”。

慈禧篡权之后，这些组织就从她和为她出谋划策的人们那里得到暗示，立刻开始制造麻烦。这些组织的首领们知道慈禧会秘密地同情和支持义和团事业，不会派大规模的军队镇压他们。他们打出了“保清灭洋”的旗号。如此一来，足以令人感到奇怪，原来把驱逐满洲人作为主要目标的各组织竟都成了现在清王朝的忠诚支持者，而且正准备协助慈禧实现她最钟爱的驱逐外国人这一计划。

义和拳，现在流行的称呼是“义和团”，发源于山东。他们的名字或许是表明作为真正的爱国者，要为国家的祥和而奉献自己的力量和资源。

1899年秋天运动开始，他们在各处征募和训练新成员。他们的作战方法很独特，在战斗时靠护身符和咒语来保护性命。他们大多数使用弓箭刀矛，很少有人有现代武器。他们相信护身符和咒语让他们刀枪不入，外国人的枪弹根本伤害不到他们，因而可以无所畏惧地冲向敌人。事实上，狂热精神正是他们的主要特点。他们的劫掠开始时是烧毁教堂，驱赶教民，活动范围遍及山东和直隶。由于官方很少反对，他们大胆起来，接着开始袭击基督徒。他们憎恨当地罗马天主教徒和基督教徒，是因为他们认为这些教徒站在外国人一边。当地基督徒通常被义和拳称呼为“二毛子”。

变乱初起时，毓贤任山东巡抚，虽然全省的传教士一遍又一遍地呼吁要给基督徒足够的保护，但他对他们的请愿完全不理会。据报道，由袁世凯的弟弟袁世敦率领的一支军队镇压义和拳赢得了胜利。但是，义和拳只是被打散了，又在另一地区聚集了起来。

---

① “清帮”之名起于清代乾隆时，原系粮运组织，后结为帮派，与天地会(亦名三合会)并称为南北的两大民间组织，这里姑以此名中译之。——译者注

② 此词之中译名称不好确定，以当时中国南方而言，当属“兄弟结拜，歃血为盟”这样的准组织；但就义和团运动时期而言，只好姑译之为“大小刀会”。——译者注

1899年12月，在山东西北部的《字林西报》的记者注意到中国政府处理持续发展的暴乱时态度懒散，局势变得毫无希望。报道说：

> 暴乱发生时，这里的外国人也绝没有坐以待毙，而是接连不断地给天津的领事发电报，电告和写信给他们在省城的朋友们，希望他们通过洋务局给山东巡抚施加压力。洋务局是一个处理与外国人有关事务的衙门。洋务局现在通知我们：可以放心了，因为保护外国人的命令已经下达给各县知县。然而世人皆知，无论这些官员意向如何，他们手头没有军队来抵抗成千上万甚至数十万的义和团；而朝廷军队奉命只是做做样子，毫不作为。在这种情况下，任何领事能做的只是与直隶总督（如果他在那儿）或山东巡抚直接交涉。每个高级官员都承认收到了求助信并答应采取措施，然后他们便如上述那样做官样文章。很难说这些像火山一样的暴力下一刻会在哪里喷发，或者说可能造成怎样的破坏。
>
> 中国政府既不能也不愿意治理这个省是再明确无疑的事了，更不用说与之相邻的省了。如果任何外国政府，不论是德国还是其他国家，要把他们的势力范围扩大到山东，将受到大部分本地人及众多在那里的外国人的热烈欢迎。

《字林西报》的编辑在1899年12月5日的一篇题为《北方战火将临》的社论中作了预言，不幸已经被他言中。他说：

> 我们想要强调的是：除非迅速压制义和拳及其附属组织的活动，否则我们可能会重蹈余蛮子称霸四川时期出现的无法无天状况的覆辙。事态可能不完全相同，但是应当受到保护的外国人可能会受到严重的生命威胁。义和拳公开表明是一个爱国组织，其目标是帮助政府做政府不能做的事。在这一点上，有一些首领可能是很真诚的，然而这使得他们更危险。这样的运动不可避免而又迅速地聚拢粗野邪恶之人，他们总是渴望免费的食物，尤其是渴求劫掠和抢劫。只有一个方法能有效地对付这样的叛乱，这就是适用于大火灾的方法——在它们蔓延之前将其扑灭。否则，到时可能没有力量能够遏制这种为作恶而释放出的巨大能量。

对可能爆发的暴动视而不见的唯一旁观者是各国驻北京公使。他们似乎被东方宫廷的魅力所迷惑，从没有任何迹象表明他们明了当前形势。

袁世凯取代毓贤接任山东省巡抚，毓贤被召回北京。起初大家认为慈禧害怕骚乱继续下去，才派袁世凯率其训练有素的士兵以重拳出击。然而事实远非如此。毓贤一到北京，便被慈禧优礼召见，受命山西巡抚。结果是义和拳深受鼓舞，他们不仅对手无寸铁的本地基督徒下手，而且将注意力转向了外国传教士。他们杀害的第一个外国传教士是华北英国圣公会的卜克斯(S. M. Brooks)牧师。卜克斯先生被指派在平阴传教。他妹妹作为同一差会的薄清洁(H. J. Brown)牧师的新娘最近来到中国。在去泰安看望妹妹，随后返回住地的途中，他受到义和拳的袭击，后来又被斩首。英国政府将杀人者告上法庭。此案是由山东省官员与英国领事甘伯乐(C. W. Campbell)先生共同审理的，作为惩罚，几个替罪羊被斩首。然而，结果却增强了义和团的嗜血性。

《字林西报》于1900年2月14日发出了重要预言："除非立即逮捕义和拳运动领袖，否则的话，简直可以肯定地说开春将发生在华外国人从未见过的暴动。整个国家，黄河上下、长城内外将处于暴乱中。暴乱不仅会彻底毁灭外国人在中国的所有利益，而且会将所有外国人逐出北京,逐出天津,就目前情况看,不难预见到这一点。长期以来,某种程度上一直存在着这样的危险。除非立即采取强有力的联合行动,未来任何事情都有可能发生。那些想要避免暴乱的人将会做出相应反应。”我们忽视了这一警告,结果很不幸地遭遇了为我们所熟知、为文明世界所震惊的事情。袁世凯没有镇压住暴乱,或许他的失败应归因于他知道慈禧并非要真正镇压,而他手下的士兵也大都同情义和团。

这位巡抚发送给省内传教士的指示显示出了他的软弱无力。1900 年 3 月 19 日的《字林西报》对他的这些指示作了如下评论:

> 我们的记者报道说,“就中国政府而言,整个事情非常像在一所公立学校里的情况,即女教师不允许好孩子去院子里玩,以免坏孩子欺负他们。只不过这里的问题是,女教师和坏孩子们似乎是同伙,而学校董事会即外国公使们同意这样做,是因为他们担心不这样会有人制造骚乱,毁掉学校”。我们听说袁世凯将军已经通知他的部下联系各差会负责人,指令今后“传教士不能随意外出,只有在必须处理重要事情之时才能出行。在这种情况下,他们需要向当地官员提出申请,由官员们提供一支军队随行保护”。如果传教士撞见装备精良的义和拳,有这样的保护,其价值是可以想见的。在详细说明了一些不太重要的要求之后,袁世凯继续说道:“假若有任何传教士不按这些要求做,义和拳制造麻烦的话,当地官员则不对他们的安全负责。”

没有必要在此一一列举中国最近发生的事件。我的叙述就到此结束。目前人们所知的已充分证明,如果不是最高当局的鼓励,永远都不会发生义和团运动。从一开始,慈禧就把义和拳看作最重要的盟友。当时机成熟的时候,将利用他们“把外国人赶到黄海里去”。在发布的反对义和团的谕令中,总有那么一种不诚实的说法。虽然警告义和拳不要制造麻烦,但慈禧一直称他们为“义民”。最近的事件可以清楚证明中国政府是共犯。毋庸置疑,暴乱是在慈禧还没来得及准备好时发生的。但是当暴乱既成事实时,我们发现政府军队与义和团一致行动。使外国公使滞留于北京以及要谋杀他们都是慈禧一手设计的。慈禧及其宠爱的顾问端王已很清楚地露出了马脚。攻占天津后在衙门发现的公文,充分证明朝廷卷入了这一事件。

我们可以得出结论,这次暴乱是在政府尚无充分准备的情况下由义和拳促成的;但是,在义和拳出现之前,暴乱已不可避免,早晚都要爆发。我们很难想象,慈禧及其党羽竟表现出如此惊人的无知、愚昧、荒唐。但是,毕竟中国人企图把白种人赶出中国与印度人要驱逐英国人出印度并无本质的不同。狂热、种族仇恨及对完全屈从于外人的担心,极其强烈地支配着人类的活动。

六、中国的传教事业

中国最近的暴乱经常被一些肤浅的评论家归因于中国目前的传教活动。有人指责传教士:(1)诋毁人民的宗教信仰;(2)干涉政治事务,依靠强大的世俗力量协助工作,当感到自己身处危险时,即请求炮舰的保护;(3)摆出帝国官员的架子和享受官员的特权;(4)传播招致叛乱的教义。

为了确定这些指控是否言之有理,诉之有据,以及传教事务在多大程度上要为中国此次暴动负责,我们必须消除偏见,认真审视这些指控。

(1)第一条指控传教士反对一切偶像崇拜,贬低儒教,嘲弄佛教,因而遭到人们的反对。

有人问:"假如有一些信奉新教教义的福音传教士在英国出现,这些传教士来自我们所憎恨并蔑视的种族,并且指责《圣经》,诅咒《使徒信经》(*Apostles' Creed*),他们将会受到何种礼遇呢?"[①]

坦白地说,就传教士整体而言,我们不能认可这一指控。考虑到在中国的传教士数量很大,而宗教狂热分子易于心智失控,难免有些人会言行失检而危及或损害他们的事业。但是,我们远不能就此认为传教事业要对近期中国的暴乱负责。中国人作为一个民族来说,是非宗教的,对精神事务极度冷漠。他们也不尊重佛教,佛教对中国人来说是外来宗教,如有人对佛教教义及偶像崇拜进行抨击,他们也明显表现出"喜闻乐见"的态度。假如中国人拥有虔诚的宗教信念,还有些许理由将此次暴乱的原因归结为他们的感情被激怒。

对于孔教及圣人本人的学说,中国人不论高低贵贱都怀有最深切的敬意。但是我们认为传教士们作为一个整体,不可能故意抨击孔子的伦理准则。传教士毕竟是有某些常识的人,他们很快发现适当借用一些儒家经典中的论点来支持自己的诉求,比去批判这位伟大圣人的学说要好。我们要牢记于心的是中国人本质上并不怎么欣赏偶像崇拜。儒家弟子将热心于同基督徒携手谴责偶像崇拜。孔子的追随者蔑视佛教及道教,他们把佛、道崇拜看成是妇女、儿童以及无知之人的事,对博学之士毫无价值。

对我们西方人来说,宗教是至关重要的问题,在中国则并非如此。任何以第一条指控为基础的论点都是完全靠不住的。但是,我们在作这一辩护的同时,当然应当记住,在某种意义上,基督教一定会遭到中国人的反对。基督教创始人说:"我来并不是叫地上太平,乃是叫地上动刀兵。"[②]不论基督教传播到哪里,根据其基本教义,都会引发革命力量。基

---

① 寇松(Curzon):《远东问题》(*Problem Of The Far East*),p. 289.

② 《圣经·马太福音》10:34。——译者注

督教反对祖先崇拜,除了其中牵扯宗教问题外,基督教还认为崇拜祖先在中国危害无穷,会使中国人永远沉湎于过去,而不是面向未来。基督教号召其皈依者视上帝的旨意比世俗皇帝的旨意更重要。罗马天主教的教皇被教徒认为是上帝在人间的化身,我们可以认为这必定导致灾难性的后果。关于对"God"一词的恰当翻译有争议,而天主教皈依者被迫接受罗马教皇的决定,把教皇的决定看得比皇帝的旨意更重要即说明了这一点。但是有些新教团体强调的不是要建立一个可见教会,而是致力于在中国建设一个拥有自己的法律和组织,进而使中国的基督徒与其他中国人不一样的社会。随着基督教在中国立足渐稳,信徒们必定会受到异教徒的排斥,不可避免地会遭到迫害。然而我认为,完全由宗教导致的迫害尚未到来,若非其他更现实的原因,最近对基督徒的大屠杀则不会发生。事实上,很多异教徒现在对基督教还是深有好感。人们对基督徒的乐善好施印象深刻,乐于接受来自教会学校、教会医院及其他传教士建立的慈善机构带来的益处。

(2)关于基督教的第二项指控,说因为它干预政治,依赖强有力的世俗武器,在危难之时寻求炮舰的保护,因而是不得人心的。据说在本土基督徒卷入诉讼或其他争端时,传教士们一般会干预他们所在地区的内政,为当地的基督徒要求特权。

对于这项指控,恐怕至少罗马天主教的传教士们难辞其咎。毋庸置疑,近年来罗马天主教的神父们不断地给当地官方施加压力,要求从他们教徒的利益出发判决诉讼案件。由于希望在诉讼案件中获得教堂强有力的帮助,因此很多人加入了天主教会。基督新教也并非全然没有干预政治,但却只有在认为是正当的情况下才会干预。

然而,我们要清楚的是对于这种诉讼,传教士插手就能赢得审判,而中国人自己经办则几乎一点可能性都没有。在中国,只有贿赂才能赢得官司,一旦有无辜的人落入中国官吏手中,又没有钱行贿,那么他将身处困境之中。传教士看到法庭毫无公正,知道如果他代为求情,便能惩罚有罪之徒,释放无辜之士,他就会插手这样的诉讼。这样的做法是否明智,可以争论,但是只要中国依旧像现在这样腐败,这样的办法就有极大的诱惑力。不过,诚实地说,大多数新教传教士认为,只有在其他处理方式都失败了的情况下,才能使用这种办法,他们的行动和观点是一致的。我们希望我们能积极地看待天主教传教士的这种做法,但恐怕我们必须承认,不断地干预地方司法,不管值不值得保护的教徒都予以保护,通过教会庇护来引诱人们入教的做法,必定会引发中国人的敌对情绪。

关于这项指控的后半部分即请求武力帮助,经常有这样的批评:"虽然传教士们把自己装扮成基督的战士,但他们在危险的时候却记得自己是这个帝国或那个共和国的公民,吵闹着要用炮舰来保证对基督教福音的尊重。"① 有时会流传一种滑稽的说法,说早期传教活动是受亨利·马丁(Henry Martyn)的精神指引的,但是现在更多地则是依赖亨利·马提尼枪(Martini-Henry)。这种指控有根据吗?首先,这是真实的吗?我们认为,这种指控是建立在十分夸张的基础上的。只有在发生猛烈的暴行之后,传教士才会请求武力帮助。假如在中国的传教士们是在食人族和野蛮人中间传教的话,他们就会期望自己掌握自己的命运,而不会考虑请求本国政府保护。但事实并非是那种情况。他们是依靠条约权利而居住在中国境内的,他们的安全是由中国政府来保障的。但很不幸的是,这些权

① 寇松(Curzon):《远东问题》(*Problem Of The Far East*),p. 298.

利是通过战争获得的，不过他们肯定不会因此而放弃这些权利。中央政府一再强调保护所有从事和平传教事业的传教士们的生命和财产安全。例如，1891 年 6 月 13 日《京报》登载的上谕说：

> 各国传教，载在条约，曾经降旨饬令各省随时保护……至泰西之教，本是劝人为善，即从教之人，亦系中国子民，仍归地方官管辖……各国商民教士，地方官必当随时设法保护身家，勿任奸徒扰害。[①]

如有屠杀情事发生，传教士有责任抗议并要求赔偿。在西方人眼里，条约是神圣的，一经签署，中国政府必须遵守自己的承诺。如果传教士大声抗议，如果其本国政府更有力地支持他们的话，我们就不会处于现在这种不幸之中。各国政府没有因中国违反条约而要予以相应的惩罚，特别是在传教士问题上。这使得中国相信，毕竟传教士的生命无足轻重，即使谋害几个，也不会导致什么严重的后果。

在谴责传教士之前，我们回想一下在古田教案之后，英国圣公会（The C. M. Society of the Church of England）实际上没有要求英国政府向中国索赔。我们认为错误的柔情原则支配了该会，提到他们对上述问题的态度是为了表明：指控传教士总是要求本国政府为他们复仇是多么的不公平。

（3）对传教士的第三项指控是他们摆出一副朝廷官员的架势。

对于这项指控，我们不得不承认，对罗马天主教传教士来说，是正当的。罗马天主教一直抱着要拥有世俗权力的观念。在中国的罗马天主教的传教士们接受了中国皇帝所赋予的同朝廷官员同等的地位和特权，并且远远超越了上谕中关于传教士可以建立自己的法庭并管理自己的皈依者的规定。

授予罗马教教阶官衔的全文如下（在此我引用全文，因为我发现太多人不知道天主教在中国极其令人厌恶的态度）：

上谕（1899 年 3 月 15 日）[②]

> 天主教在中国各省地方建立教堂，久奉国家允准奉行。兹因欲使民教相安，便于保护起见，议定地方接待教士事宜数条如下：
>
> 一、分别教中品秩，如主教其品位既与督抚相同，应准其请见总督巡抚。……护理主教印务之司铎，亦准其请见督抚。摄位司铎、大司铎，准其接见司道；其余司铎，准其请见府厅州县官员。
>
> 二、各省出有重要教案，所在之主教、司铎等，须转请教皇专托保护天主教之国之公使或领事官，同总理各国事务衙门或地方官办理了结，可先径向地方官商办了结，以免多费周折。该地方官遇主教、司铎等员来商，应迅速和衷商办拟结。

圣公会及其他新教差会一致拒绝要求任何类似特权。因为新教传教士们清楚地知

---

① 上谕原文见朱寿朋编《光绪朝东华录》第 3 册，中华书局 1958 年版，总第 2902 页。——译者注

② 事实上，这并非真正的上谕，而是《总理各国事务衙门奏定地方官与教中往来事宜五条》。上谕批示："如所议行。"另，这里所引述的也远非作者所说的"全文"，仅列出了其中的两条规定，还略有删节。总理衙门经皇帝谕允的五条办法，详见朱寿朋编《光绪朝东华录》第 4 册（中华书局 1958 年版，总第 4327 页）。正文中"分别教中品秩"，原文为"分则教中品秩"。"则"似应为"别"之误。——译者注

道,虽然拥有这样的特权会极大地增强他们的权力,然而随之而来的却是极大的危险,只能令中国人反对他们的事业。

我们必须在这里再次指出:我们确信罗马教会在这件事上的政策是最近暴乱的原因之一。但同时我们不应忘记,若非中国政府在维护秩序和镇压反基督教骚乱时所表现出的软弱无能,罗马天主教也永远都不会要求或享有它现在所拥有的权利。

(4)对传教士的第四条也就是最后一条指控,只需几句话就可辨明。有人说,他们散播注定要导致叛乱的教义。

对于这项指控,传教士们可能愿意承担罪名。他们认为他们所做的事情就像是"往旧瓶子里倒新酒"。他们很自豪成为启蒙中国人这场伟大运动的领导者。他们建立大中学堂,讲授什么是真正的文明以及如果中国想要跻身于世界先进国家的行列必须学习什么。他们翻译有关宗教、伦理、政治、经济及科学方面的书,尽其所能,向他们身边的这一潭死水注入活力。

可以说,传教士是中国改革党的真正创建者。那现在怎么办呢?为了那些保持中国现状的人们旧的放任主义政策,放弃现在的努力,一切就都会顺利?我们并不这样认为。一想到可能扰乱贸易就感到不安而缩手缩脚,是极其短视的行为,这是为了眼前利益而放弃将来潜在的巨大利益。

基督教传教士们从来没有煽动闹事,但是如果他们的教义有助于引发革命,建立一个新中国,那么全人类都应该感激他们。身为传教士,一定要把他所得到的一切传授给别人,不能因为害怕产生不可预知的后果而停止工作。

综上所述,我们的结论是:虽然基督教在传播过程中常常伴有反基督教暴乱,但是传教士受到攻击是因为他们是外国人,而不是因为他们是基督教的传播者。

七、如何应对暴乱后的局势?

我已竭尽所能地探讨了这次暴乱的起因。我们已经注意到这次暴乱非常危险,几乎发展成一次针对外国人的全国性的暴乱。我们把这次暴乱的主要责任全部归因于慈禧和她的排外集团。

大家认为现在最亟待解决的问题有两个:一是应该怎样来平息这次暴乱?二是暴乱平息后将如何处理中国问题?

对于这两个问题,我在这里只作最简单的回答。

正如我们一开始指出的那样,最最重要的问题是西方列强要清楚地意识到他们要处理的不仅仅是一次地方暴乱,并且应该充分了解中国政府是整个事件的同谋。

一定要使中国彻底名誉扫地。必须对慈禧太后、端王、刚毅、董福祥及其他祸首实行最严厉的惩罚。一定要让中国最终接受这样的教训,那就是,条约是不能公开和不断地违反的,一定要给予她这样的惩戒以免再犯。仅仅占领北京是不够的,还要做其他一些必要的事。哪里有排外暴动,哪里就要进行惩罚性征讨,屠杀无辜妇女、儿童的罪人和负有责任的人,应当为他们的野蛮暴行付出足够的代价。要让多少年来的傲慢与自负随风逝去。只有这样才能确保我们最近目睹的事情不会在光天化日下再次发生。

八、怎样处理中国问题？

中国受辱，并受到了应有的惩罚，接下来怎么办呢？这是一个未来几个月将一直萦绕在外交官头脑中的问题。有两种可选的解决方式：一是如果光绪帝活着的话，必须恢复帝位，由一个强大的外国联合保护制度予以支持。中国必须实施改革。在中国完全有能力自治之前，政府经济、军事、教育及其他部门必须由外国人监管。或者是第二个办法：中国必须被西方列强瓜分，帝国的完整遭到破坏。我所要做的就是尽我所能罗列出这两个不同政策的正反两方面的观点。

第一，支持光绪复位，维持中国完整的论点：

(1)这个政策深受中国大多数官员和民众的欢迎。

(2)这是最简单、最快捷、最经济的解决方式。

(3)它对现行贸易关系和特权影响最小。

(4)它维持“门户开放”政策，确保各国贸易利益均等。

(5)这是一个由英、美、日公开支持的政策。

反对这一政策的论点：

(1)参与联合保护的各国不可能和谐开展工作，不同国家的利益差别太大，必定导致无休止的猜忌和进一步的纠纷。

(2)中国官员们又会重施“以夷制夷”故伎，挑拨一个国家反对另一个国家。

(3)现在不仅仅是要对中国政府进行监督，以使其适应今天的发展要求，而是要对其进行彻底的改造与重建。现在，整个国家就像是一盘散沙，缺乏凝聚力。

(4)俄、德、法对这种解决方法永远不会感到满意，因为他们对东方另有野心。

(5)这种办法充其量不过是权宜之计，只是延缓了厄运的发生而已。

第二，支持瓜分中国的论点：

(1)瓜分中国已经开始，永远也无法扼制。俄、德、法永远不会放弃既得利益。

(2)只要友好地达成协议，划分好不同的势力范围之后，便可消除未来纠纷。

(3)由各国在各自的势力范围内进行改革，远比在联合保护制度下在全国范围内进行改革容易得多。混合组成的行政管理、司法体制、军事或其他组织等等，永远不能有效地推进改革。

(4)可永远杜绝中国最终落入任何一个国家比如说俄国之手的可能性。

(5)和平与秩序将得到永久的保障，各势力范围内的人民，将享有与划分给其治理各势力范围的国家里的人民一样的福祉。

反对瓜分的论点：

(1)首先,调整不同国家诉求的难题,可能会导致战争和流血。

(2)将来有可能在边界问题上产生摩擦。

(3)这个政策本身在中国不受欢迎,必须要通过战争来实施,继而便会导致无休止的反抗。

(4)由于不同势力范围实行不同关税,故妨碍国际贸易。

(5)很难理顺各国在中国的已有投资。

我罗列以上正、反这些论点,留待外交官们来权衡,或许我的陈述已经足够说明这个问题的复杂性。

进行预测总是一件危险的事,但是如果我可以充当先知,中国的未来对我来说可能是这样的:不论外交上这个问题是怎么解决的,俄国在北部、德国在东部、法国在南部的侵略将会继续。中华帝国将会被局限于长江流域的几个省。英、美、日将会竭力保护中国这一地区的完整,并保护其不再受到侵犯。剩下的这个中国是会成为一个强大开明的国家,还是会继续成为东方的一个撕裂的伤口,如同土耳其是西方的一个撕裂的伤口一样,没有人能够预测到。

我们最为关注的是美国的政策。她拥有巨大的力量,可以行善,也可以作恶。其最明智的方针应是既不参与对中国的联合保护,也不参加任何瓜分中国的行动。她应竭尽全力来发挥其影响力以尽快弥补这次暴乱带来的损失,尽快地找到对于不同国家利益纠纷的可能的最合理的解决方案。她所处的位置几乎就像一位仲裁者,应努力发挥作用,以便此次暴乱的结果将不完全是进一步攫取土地,也不仅仅是贸易的增长,而是远东基督教文明的进步。

后　记

《义和团运动文献资料汇编》(简称《汇编》)采自不同语种之文献资料，其编、译、审工作经历了艰辛的过程。撇开内容不提，仅从出版类型言，它具有本文献丛刊他书所未有的特点：一、除中文外，尚有四种外文(包括西文和日文)之译文；二、所选译之西方传教士文献，相当部分仍具古典色彩，而日文几乎全系“文语”；三、本《汇编》体例，先是采取中文繁体竖排、译文简体横排，中经反复，最后又统一为简体横排。本《汇编》之能出版，实与国家清史编纂委员会各级领导和国家清史纂修工程领导小组等大力支持分不开。在此，我要特别向国家清史编纂委员会马大正副主任、国家清史纂修工程领导小组办公室顾春副主任，以及编委会项目中心徐兆仁主任，文献组陈桦组长，清史纂修工程出版中心赵海明、孟超主任等致以衷心的感谢！

还要特别指出的是，文献组派出著名清史专家黄爱平和王汝丰两位教授具体指导我们的编译工作，数年来极力督促，在各个重要环节上同我们艰苦与共，克服道道难关；出版中心派出王立新和乐嘉辉两位同志审核，为提高本书质量亦付出心血。他们之功，实不可没。

最后，还要感谢山东大学出版社马新总编辑、于良春社长、刘旭东副社长等的大力支持，他们高度重视，为本书出版创造了有利条件；陈海军、马银川、武迎新等责编加班加点认真编校，其敬业精神令我难忘。特志此以为后记。

路　遥

二〇一〇年九月

图书在版编目(CIP)数据

义和团运动文献资料汇编. 英译文卷. 上/路遥主编. —济南:山东大学出版社,2012.2

ISBN 978-7-5607-4206-9

Ⅰ.①义…

Ⅱ.①路…

Ⅲ.①义和团运动—史料

Ⅳ.①K256.706

中国版本图书馆 CIP 数据核字(2010)第 187777 号

责任编辑 马银川

美术编辑 张 荔

出版发行 山东大学出版社

地　　址 山东省济南市山大南路 27 号(250100)

印　　刷 山东新华印刷厂

规　　格 787×1092 毫米

印　　张 237.5

字　　数 5475 千字

版　　次 2012 年 2 月第 1 版　2012 年 2 月第 1 次印刷

定价(全八册) 1380.00 元

凡购本书,如有缺页、倒页、脱页,由本社营销部负责调换